公路水运工程试验检测专业技术人员
职业资格考试用书

交通工程

(2023年版)

交通运输部安全与质量监督管理司
交通运输部职业资格中心　组织编写

人民交通出版社股份有限公司
北京

内 容 提 要

本书为交通运输部安全与质量监督管理司和交通运输部职业资格中心组织编写并审定的《公路水运工程试验检测专业技术人员职业资格考试用书》之一。本书共分三篇，第一篇为交通工程检测基础，第二篇为交通安全设施，第三篇为机电工程。本书详细阐述了交通工程理论知识、交通工程检测相关的基础知识及通用试验方法；重点讲解了交通工程的产品及设施的分类、组成、功能、性能、试验方法和技术要求等；介绍了工程质量要求和检验检测方法等。本书以颁布的标准、规程为重点，理论联系实际，强调实用性和可操作性，将交通工程的基础知识和检测专业技术介绍给读者，旨在让读者更快地理解标准、规程，更好地运用标准和规程，更快地提升检测能力。限于篇幅，本书未能一一列举标准内容，读者应结合相关标准规范学习。

本书可作为公路交通工程试验检测技术人员考试复习教材，也可供相关专业技术人员和高等院校交通工程专业师生教学参考。

图书在版编目(CIP)数据

公路水运工程试验检测专业技术人员职业资格考试用书. 交通工程：2023年版 / 交通运输部安全与质量监督管理司，交通运输部职业资格中心组织编写. — 北京：人民交通出版社股份有限公司，2023.1

ISBN 978-7-114-18394-2

Ⅰ.①公… Ⅱ.①交… ②交… Ⅲ.①交通工程—试验—资格考试—自学参考资料 ②交通工程—检测—资格考试—自学参考资料 Ⅳ.①U41②U61

中国版本图书馆 CIP 数据核字(2022)第 252226 号

书　　名：	公路水运工程试验检测专业技术人员职业资格考试用书　交通工程(2023年版)
著 作 者：	交通运输部安全与质量监督管理司 交通运输部职业资格中心
责任编辑：	刘永超　黎小东
责任校对：	赵媛媛　龙　雪
责任印制：	张　凯
出版发行：	人民交通出版社股份有限公司
地　　址：	(100011)北京市朝阳区安定门外外馆斜街 3 号
网　　址：	http://www.ccpcl.com.cn
销售电话：	(010)59757973
总 经 销：	人民交通出版社股份有限公司发行部
经　　销：	各地新华书店
印　　刷：	北京市密东印刷有限公司
开　　本：	787×1092　1/16
印　　张：	33.5
字　　数：	810 千
版　　次：	2023 年 1 月　第 1 版
印　　次：	2023 年 2 月　第 2 次印刷
书　　号：	ISBN 978-7-114-18394-2
定　　价：	100.00 元

(有印刷、装订质量问题的图书，由本公司负责调换)

《公路水运工程试验检测专业技术人员职业资格考试用书 交通工程》(2023年版)

主 编

黄孙俊 乔晓琳 朱 辉

主 审

苏文英

PREFACE | 前　　言

交通基础设施建设质量安全工作事关交通运输行业高质量发展，事关人民群众生命财产安全，事关经济社会稳定发展，抓好质量安全工作功在当代、利在千秋。公路水运工程试验检测是交通运输基础设施建设的关键岗位，在质量把关、隐患排查和安全监测等环节发挥着重要作用。实施好公路水运工程试验检测专业技术人员职业资格制度，建设高素质、专业化的专业技术人员队伍，既是不断提升交通建设工程质量，实现交通运输安全发展的重要保证，也是为加快建设交通强国、当好中国现代化的开路先锋提供质量安全人才支撑。

为方便考生备考，我们组织来自全国公路水运工程试验检测相关单位和部分高校的专家，依据《2023年度公路水运工程试验检测专业技术人员职业资格考试大纲》，对《公共基础》《道路工程》《桥梁隧道工程》《交通工程》《水运材料》和《水运结构与地基》六个科目的考试用书进行了修订。新版考试用书贯彻了习近平总书记关于交通运输工作的重要论述和指示批示精神，始终坚持以人民为中心的发展思想，树立了工程建设质量安全工作新理念、构建新格局，把质量安全作为交通基础设施建设的核心，坚持高质量发展，坚持统筹发展和安全。落实了《交通强国建设纲要》《国家综合立体交通网规划纲要》对新阶段公路水运工程建设质量安全提出的目标任务，体现了交通建设的新标准、新工艺、新技术、新设备、新材料的发展对试验检测专业技术人员职业能力的新要求，注重理论联系实际，针对性、实用性和指导性强，可以作为广大考生复习备考的参考用书。

在此一并向所有参与编写及修订工作的单位及专家表示感谢！

由于水平有限，疏漏之处在所难免，敬请批评指正。

编写组

2022年12月

CONTENTS 目 录

第一篇 交通工程检测基础

第一章 交通工程概述 ·········· 3
- 第一节 定义及研究内容 ·········· 3
- 第二节 交通安全概述 ·········· 10
- 第三节 交通工程设施 ·········· 12
- 第四节 交通安全设施 ·········· 14
- 第五节 交通机电系统 ·········· 17

第二章 相关检测基础 ·········· 22
- 第一节 外观质量及结构尺寸 ·········· 22
- 第二节 材料力学 ·········· 27
- 第三节 化学 ·········· 34
- 第四节 光学 ·········· 40
- 第五节 电工电子技术 ·········· 47
- 第六节 电气工程 ·········· 55
- 第七节 通信工程 ·········· 70
- 第八节 软件测试 ·········· 87

第三章 交通工程质量要求与检测标准 ·········· 98
- 第一节 交通工程质量要求及控制 ·········· 98
- 第二节 交通工程检测标准 ·········· 100

第四章 交通工程试验检测抽样方法 ·········· 110
- 第一节 基本概念 ·········· 110
- 第二节 交通工程设施抽样检验技术 ·········· 113

第二篇 交通安全设施

第一章 交通安全设施环境适应性试验 ·········· 123

第一节	盐雾试验	123
第二节	温湿度试验	129
第三节	耐候性试验	132
第四节	防腐质量检验	133

第二章 道路交通标志及反光材料 147
第一节	道路交通标志概述	147
第二节	道路交通标志反光材料	149
第三节	道路交通标志检测方法及技术要求	159
第四节	LED主动发光道路交通标志技术要求	167
第五节	道路交通标志生产及施工工艺	171

第三章 道路交通标线及材料 173
第一节	道路交通标线概述	173
第二节	路面标线涂料	176
第三节	其他形式的道路交通标线材料	199
第四节	道路交通标线检测方法和技术要求	203

第四章 护栏 212
第一节	概述	212
第二节	波形梁钢护栏	213
第三节	混凝土护栏	232
第四节	缆索护栏	233
第五节	生产及施工工艺	237

第五章 隔离设施 242
第一节	概述	242
第二节	试验方法与技术要求	246
第三节	生产及施工工艺	253

第六章 防眩设施 256
第一节	概述	256
第二节	试验方法与技术要求	261
第三节	生产工艺及施工方法	267

第七章 突起路标及轮廓标 269
| 第一节 | 突起路标 | 269 |
| 第二节 | 轮廓标 | 287 |

第八章 交通安全设施工程验收检测 301
第一节	概述	301
第二节	交通安全设施工程施工质量检验	302
第三节	交(竣)工验收前的工程质量检测	308

第四节　检测结论……………………………………………………………………………… 311

第三篇　机　电　工　程

| 第一章　通用检测方法……………………………………………………………………………… 315
| 第一节　环境适应性…………………………………………………………………………… 315
| 第二节　机械振动……………………………………………………………………………… 323
| 第三节　IP 防护……………………………………………………………………………… 327
| 第四节　电磁兼容……………………………………………………………………………… 331
| 第五节　电气安全性能………………………………………………………………………… 332
| 第六节　IP 网络通用测试…………………………………………………………………… 336
| 第二章　监控设施…………………………………………………………………………………… 341
| 第一节　车辆检测器…………………………………………………………………………… 341
| 第二节　气象检测器…………………………………………………………………………… 348
| 第三节　闭路电视监视系统…………………………………………………………………… 357
| 第四节　可变标志……………………………………………………………………………… 365
| 第五节　道路视频交通事件检测系统………………………………………………………… 385
| 第六节　交通情况调查设施…………………………………………………………………… 390
| 第七节　监控(分)中心设备安装及软件调测………………………………………………… 394
| 第八节　监控系统计算机网络………………………………………………………………… 396
| 第九节　监控设施质量检验评定……………………………………………………………… 398
| 第三章　通信设施…………………………………………………………………………………… 403
| 第一节　通信管道……………………………………………………………………………… 403
| 第二节　通信光缆、电缆线路工程…………………………………………………………… 423
| 第三节　同步数字体系(SDH)光纤传输系统 ………………………………………………… 424
| 第四节　IP 网络系统………………………………………………………………………… 425
| 第五节　波分复用(WDM)光纤传输系统 …………………………………………………… 426
| 第六节　固定电话交换系统…………………………………………………………………… 427
| 第七节　通信电源系统………………………………………………………………………… 428
| 第八节　通信设施质量检验评定……………………………………………………………… 428
| 第四章　收费设施…………………………………………………………………………………… 441
| 第一节　概述…………………………………………………………………………………… 441
| 第二节　收费设施车道设备产品……………………………………………………………… 447
| 第三节　收费设施质量检验评定……………………………………………………………… 459
| 第五章　供配电设施………………………………………………………………………………… 466
| 第一节　概述…………………………………………………………………………………… 466

第二节　供配电设施质量检验评定 ·· 467
第六章　道路照明设施 ··· 470
　　第一节　概述 ··· 470
　　第二节　公路照明设置要求 ··· 472
　　第三节　公路 LED 照明灯具检测方法和技术要求 ·· 476
　　第四节　道路照明设施质量检验评定 ··· 477
第七章　隧道机电设施 ··· 483
　　第一节　概述 ··· 483
　　第二节　通风设施 ··· 486
　　第三节　照明设施 ··· 488
　　第四节　本地控制器 ··· 491
　　第五节　环境检测设备 ··· 494
　　第六节　隧道紧急电话与有线广播系统 ··· 500
　　第七节　隧道火灾报警设施 ··· 503
　　第八节　应急疏散及消防设施 ··· 507
　　第九节　发光诱导设施 ··· 510
　　第十节　隧道监控中心设备及软件 ··· 511
　　第十一节　隧道机电设施质量检验评定 ··· 512

参考文献 ·· 518

第一篇

交通工程检测基础

交通工程学原理

第一章

交通工程概述

公路交通是覆盖范围最广、服务人口最多、使用最广泛的交通运输方式。近几十年来,国家公路建设取得了飞速发展。截至2021年底,我国公路总里程已经达到528.07万km,形成了以高速公路为骨架、普通干线为脉络、农村公路为基础的全国公路网。交通工程设施作为基础设施为保障车辆有效利用公路,安全、快速、舒适、经济地到达目的地发挥着巨大作用。

随着新一轮科技革命和产业变革的加速推进,以数字化、网络化、智能化为主线的智慧公路建设得以快速发展,交通工程设施中的新技术、新材料、新工艺、新产品(简称"四新技术")层出不穷,其重要性也愈发突出。加强交通工程设施检测对判断交通工程产品或系统的性能和工程建设质量,保证公路运输正常运行及充分发挥公路最大通行能力,具有重要意义。

交通工程设施是交通工程学的一部分,了解交通工程学的相关内容有助于理解和掌握交通工程检测技术。

第一节 定义及研究内容

一、交通工程学的定义

交通工程学是为解决交通问题提供基础理论及基本技术,集自然科学与社会科学于一体的综合性科学,它涉及工程(Engineering)、法规(Enforcement)、教育(Education)、环境(Environment)、能源(Energy)、经济(Economy)等诸多领域,我们也称交通工程学为"6E"科学。

交通工程学是交通工程学科研究与发展的基本理论,是从道路工程学科中派生出来的一门较年轻的学科,它把人、车、路、环境及能源等与交通相关的几个方面综合在道路交通这个统一体中进行研究,以寻求出行效率最大、交通事故最少、通行速度最快、运输费用最省、环境影响最小、能源消耗最低的交通系统规划、建设与管理方案。

纵观交通工程学在我国研究、发展和应用的40多年历史,综合我国各类交通工程教材、交通工程手册对交通工程学的描述,交通工程学可以定义为:交通工程学是研究人、车、路与交通环境之间关系规律及其应用的一门工程技术科学,它的目的是应用科学原理最大限度地发挥路网的通行能力,安全、快速、舒适、经济地运送客货,它的研究内容主要是交通特性、交通规划和设计、交通安全和交通运营管理等。这个定义包含了交通工程学的研究对象(人、车、路、环境和交通管理)、研究内涵(揭示研究对象之间的关系和规律)以及在我国五大学科门类中所属类别(工程技术科学)。

二、交通工程学研究的主要内容

交通工程学科作为交通运输工程学科的一个重要分支,随着社会经济科学技术与市场全球化的发展和交通需求的增长,交通工程得到了迅速的发展,从而使交通工程学科的内容日益丰富,结合实际工作经验,交通工程学的研究内容可分为以下几个方面:

1. 交通特性

任何一门应用学科都是伴随着社会实践而发展起来的,交通工程学是为了解决道路交通问题而产生的。要解决某一地区的交通问题,首先应掌握构成该地区交通要素的人(驾驶员和行人)、车、路以及交通流的特性,即交通特性。

1)人的交通特性

驾驶员和行人是构成交通的主体,是道路和车辆的使用者,其行为直接受生理和心理因素的影响,应当从交通心理学的角度来研究驾驶员的视觉特性和反应特性,酒精对驾驶的危害性,驾驶员的驾驶适应性,以及疲劳、情绪、意志、注意力等对行车安全的影响。人的交通特性贯穿于交通工程学的各个方面。例如,汽车的结构、仪表、信号、操作系统应当适合驾驶员操纵,交通标志的大小、颜色、设置位置应考虑驾驶员的视觉机能,道路线形的设计要符合驾驶员的视觉和交通心理特性,制定的交通法规、条例应合情合理等。另外,由于新技术的应用,目前交通工程学也十分重视交通环境中新的设施、设备和技术对人们交通行为的影响。

(1)驾驶员的交通特性

驾驶员通过自己的感官,接收外界交通状况信息,产生感觉,然后通过大脑的一系列综合反应产生知觉。知觉是对事物的综合认识。在知觉的基础上,形成所谓的"深度知觉",如目测距离、估计车速和事件等。最后驾驶员凭借这种"深度知觉"形成判断,从而指挥操作。这其中,起控制作用的是驾驶员的生理、心理素质和反应特性。

①视觉特性:眼睛是驾驶员在行车过程中最重要的生理器官,视觉为驾驶员提供80%的交通情况等信息。因此,驾驶员的视觉机能直接影响信息获取和行车安全。对于驾驶员的视觉机能主要从视力、视野和色感这三方面考察。

②反应特性:反应是由外界因素的刺激而产生的"知觉-行为"过程。它包括驾驶员从视觉产生认识后,将信息传到大脑知觉中枢,经判断,再由运动中枢给手脚发出命令,开始动作。"知觉-反应"时间(从刺激到反应之间的时距)是控制汽车行驶性能最重要的因素。

(2)行人的交通特性

步行交通是与人类生活密不可分的一项活动。步行能够使个人与环境及他人直接接触,达到生活、工作、学习、交往、娱乐等各种目的。为满足步行者的生理、心理和社会需要,并保证他们不消耗过多的体力、不受其他行人的干扰、不发生交通事故,就必须提供必要的设施。

2)车辆的交通特性

车辆是构成交通流的客体,主要用途是载运人和货物,是交通流的主要表现形态。传统内燃机汽车和纯电动汽车是当前较为常见的两种类型的汽车。其中,传统内燃机汽车一般由发动机、底盘、车身和电气设备四个基本部分组成;纯电动汽车由电力驱动控制系统、底盘、车身和辅助系统四个基本部分组成。

现代车辆越来越复杂,有众多的特性和参数,其中车辆拥有量和车辆运行特性是与交通工程学密切相关的两个参数。

①车辆拥有量:车辆拥有量是一个城市或一个地区交通状况的具体体现。研究车辆历年的增长率、按人口平均的车辆数、车辆增长与道路增多的关系、车辆组成以及车辆拥有量的发展趋势,可为交通规划提供依据。

②车辆运行特性:研究车辆的尺寸大小与质量,研究车辆的操纵性、通行性、加速性、制动性等与安全可靠性、经济特性、交通效率的关系。

3)道路的交通特性

道路是交通的载体,是道路交通的重要组成部分之一,从大的方面讲,桥梁、隧道也是道路的组成部分。道路交通特性主要研究道路规划指标如何适应交通的发展,道路线形标准如何满足行车要求,线形设计如何保证交通安全,以及道路与环境如何协调等。按交通性质和道路所在位置,一般将道路分为公路和城市道路,本书侧重于对公路部分的相关内容进行介绍。

(1)道路的组成

道路由路基和路面组成。

①路基(图1-1-1)。路基指的是按照路线位置和一定技术要求修筑的作为路面基础的带状构造物,路基与桥梁、隧道相连,共同构成一条线路。路基依其所处的地形条件不同,有两种基本形式:路堤和路堑,俗称填方和挖方。路基经常受到地质、水、降雨、气候、地震等自然条件变化的侵袭和破坏,抵抗能力差。因此,路基应具有足够的坚固性、稳定性和耐久性。

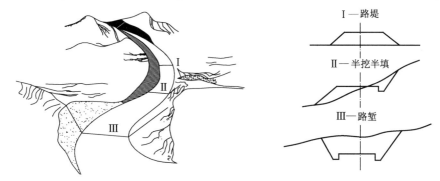

图1-1-1　路基基本形式图

②路面(图1-1-2)。路面结构层指的是构成路面的各铺砌层,按其所处的层位和作用,主要有面层、基层和垫层。路面不但要承受车轮荷载的作用,而且要受到自然环境因素的影响。由于行车荷载和大气因素对路面的影响作用,一般随深度而逐渐减弱,因而路面通常是多层结构,将品质好的材料铺设在应力较大的上层,品质较差的材料铺设在应力较小的下层,从而形成了路基之上采用不同规格和要求的材料,分别铺设垫层、基层和面层的路面结构形式。

(2)公路线形

从修建成本角度考虑,公路需要与地形地貌、山川河流、村庄城镇相结合,不可能是一条直线;从交通安全角度考虑,公路线形也不是一条简单的平曲线或竖曲线,而应该是一条自由舒展的三维立体线形,它既能满足行车的力学性能,又能满足线形连续、指标均衡、视觉良好、景观协调、安全舒适等要求。

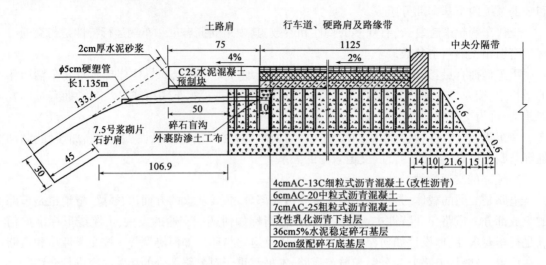

图1-1-2 道路路面结构示意图(尺寸单位:mm)

公路线形包括平面、纵断面和横断面线形,如图1-1-3所示。平面线形有直线、圆曲线、回旋线、缓和曲线以及组合线形,表征这些线形的指标有直线长度、平曲线长度、曲率半径、视距等;纵断面线形主要是直线和圆曲线,有凸形纵断面和凹形纵断面,表征指标有纵坡坡长、最大坡度、最小坡度、最小竖曲线半径等;纵断面线形应平顺、圆滑、视觉连续,并与地形相适应,与周围环境相协调。

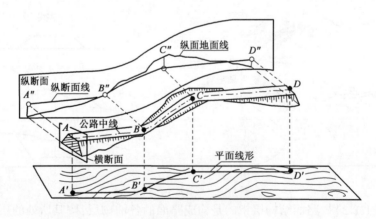

图1-1-3 公路线形组成示意图

(3)桥梁基本构成

桥梁主要由上部结构、下部结构和附属结构组成,如图1-1-4所示。

(4)隧道基本结构

隧道结构构造由主体构造物和附属构造物两大类组成。主体构造物是为了保持岩体的稳定和行车安全而修建的人工永久建筑物,通常指洞身衬砌和洞门构造物。附属构造物是主体构造物以外的其他建筑物,是为了运营管理、维修养护、给水排水、供配电、通风、照明、监控、通信、安全等建造的。

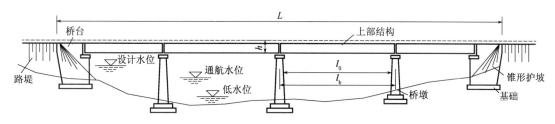

图 1-1-4 桥梁的基本构成示意图

4）交通流的特性

交通流通常用交通量、车速和车流密度三个参数来表征。交通流的运行有其规律性,既要对交通量、车速、车流密度的变化规律及其相互关系进行研究,又要对车头时距分布和延误的变化规律进行研究。只有对交通流进行定量分析,掌握了各种特征参数的具体数据,才便于针对具体情况进行科学的交通规划、线形设计和交通管理。

另外,掌握交通流的运行特性对划分道路的服务水平、进行技术改造也有重要意义。

5）服务水平

道路服务水平是驾驶员感受公路交通流运行状况的质量指标,通常用平均行驶速度、行驶时间、驾驶自由度和交通延误等指标表征。根据交通流状态,服务水平分为六级。其中,一级服务水平,交通流处于完全自由流状态;二级服务水平,交通流处于相对自由流状态;三级服务水平,交通流状态处于稳定流的上半段;四级服务水平,交通流处于稳定流范围下限;五级服务水平,为交通流拥堵流的上半段,其下是达到最大通行能力时的运行状态;六级服务水平,为拥堵流的下半段,是通常意义上的强制流或阻塞流。

2. 交通调查

交通调查是交通工程学的重要部分,是进行科学的交通规划、设计、运营、管理、控制和评价等的基础。交通调查的关键是从调查的目的出发,根据被调查对象的特性,采用合适的调查方法、通过可靠的技术手段,采集有效、及时的交通数据。交通调查的内容非常丰富,主要包括:交通流要素调查、交通规划调查、交通事故调查、交通管理调查、交通环境调查等等,如表1-1-1所示。

交 通 调 查 内 容　　　　表 1-1-1

序号	调查项目	调查内容
1	交通流要素	对描述交通流特性的主要参数(交通量、车速、密度及有关车头间距、占有率等)的调查
2	交通规划	土地利用与交通基础设施调查,交通生成、分布与分配特性等调查,其中常见的有起讫点(OD)调查、居民出行调查等
3	交通事故	对交通事故发生次数、伤亡、性质、地点、原因的调查
4	交通管理	交通政策法规(限行、收费等)、交通运行规则(单向、双向通行等),交通组织与控制方案等的调查
5	交通环境	交通对环境造成污染等方面的调查,如噪声、废气、振动、电磁场干扰等的调查,有时还需调查交通对名胜古迹、景观、生态与居民心理等所产生的影响

3. 交通流理论

交通流理论是研究各种不同状态的交通流特性,研究如何利用各种交通流特征参数来表征其相互关系,寻求最恰当的模型描述各种交通状态,推导表达公式,为制订交通治理方案、增加交通设施、评定交通事故提供依据。交通流理论也是机电工程中车辆检测器、道路视频交通事件检测系统和交通情况调查设施的基础理论之一,了解其基本原理有利于理解上述系统或设施的检测方法和技术指标。交通流理论包括交通流三参数相互关系,交通流动力学特征,车辆跟驰理论、概率论、排队论、流体力学方法在交通流分析中的应用。

1)交通流三参数基本关系

交通量Q、行车速度v、车流密度κ是表征交通流特性的三个基本参数。车流密度大小反映一条道路上的交通密集程度。交通流三参数之间的基本关系式为:

$$Q = v\kappa \qquad (1-1-1)$$

式中:Q——平均流量(辆/h);

v——区间平均车速(km/h);

κ——平均密度(辆/km)。

2)车辆跟驰理论

跟驰理论是运用动力学方法,研究在无法超车的单一车道上车辆列队行驶时,后车跟随前车行驶状态的一种理论。在道路上行驶的一队高密度汽车,车间距离不大,车队中任一辆车的车速都受前车速度的制约,驾驶人只能按前车所提供的信息采用相应的车速。这种状态亦称为非自由行驶状态。非自由行驶状态的车队有制约性、延迟性和传递性三个特性。跟驰理论只研究非自由行驶状态下车队的特性。

4. 交通管理

交通管理包括的内容比较多,如交通管理的原则、措施、设施、法规等;又如根据交通条件和道路情况,如何进行交通组织优化,使交通流迅速通过,减少交通延误;再如根据车流特性,如何采取交通管理措施,保证交通安全等。

利用交通信号进行控制是目前最常见的一种交通控制方式,它可以从时间上将不同流向的车流进行分离。如何高效地利用道路的时空资源,如信号配时优化、交通渠化、车道功能划分、绿波控制、面控制等都是交通管理研究的内容。值得强调的是,我国大多数城市中,机动车与非机动车混行的现象相当普遍,这与国外的交通状况存在显著差别。从我国经济发展的状况看,这种现象将长期存在。我们必须从我国的实际情况出发,研究适合我国交通特点的交通管理方法。

5. 智能交通

智能交通(Intelligent Transportation Systems,ITS)是基于现代电子信息技术,综合运用信息技术、人工智能、电子控制、地理信息、全球定位、影像处理、有线/无线通信等多种技术,所构建的一个具有快速准确的交通信息采集、处理、决策、指挥调度能力的管理系统。

近几年来,随着人工智能、云计算和信息通信技术的迅猛发展,交通工程设施由智能化向网联化和智慧化方向发展,自动驾驶、智慧公路、智慧隧道等新业态层出不穷。智能交通能使交通工程设施发挥最大的效能,提高了交通管理服务的质量,从而获得巨大的社会效益和经济效益,也为我国从交通大国向交通强国的转变提供了一个新思路。为顺应这种趋势,交通工程检测技术也应与时俱进。

三、交通工程学的特点

交通工程学是一门发展中的综合性科学,它从交通运输的角度,把人、车、路、环境与能源作为统一的有机整体进行研究和应用,兼具自然科学与社会科学双重属性。

1. 系统性

交通与整个社会经济系统的关系密切,自身又是由诸多相互联系、相互作用、相互制约的要素组成的有机整体,是一个多目标、多约束、开放性的大系统。因此交通工程学最重要的方法论基础就是系统分析和系统工程。以系统分析原理来认识交通问题,以系统工程原理来解决交通问题,是交通工程学科发展的必由之路,也是现代交通工程学的一个显著特点。

2. 综合性

交通工程学研究的内容涉及工程、法规、教育、环境、能源、经济等诸多领域,又与地理、历史、政策、体制等诸多因素有关,是一门集自然科学与社会科学、"硬"科学与"软"科学于一身的综合性很强的科学。

3. 交叉性

交通工程学研究的对象具有多方面的边际性或交叉之处,与其他相关科学互相交叉或联系。随着科学技术水平的发展,交通工程学与其他科学的交叉性更加明显,如智能交通系统(ITS),是交通工程学、电子工程学、信息工程学、自动控制学等多科学在交通运行管理中的应用和交叉。

4. 社会性

交通系统是社会经济系统的一部分,它涉及社会生活的各个方面,特别是交通规划、管理和法规等,差不多与社会各个方面均相关。同样,交通系统的建设管理水平直接影响到城市、区域的经济发展及人民生活水平的提高。

5. 超前性

交通系统是为社会经济发展、人民生活水平的提高服务的,是区域城市发展的载体、社会经济活动的支撑体系。"要致富,先修路"形容的就是:社会经济要发展,生活水平要提高,交通必须先行。加之交通工程本身的建设与使用期限长,要使交通工程建设能适应今后一段时期的运输要求,就要预测或设想今后一个较长时期的交通需求情况和工程实施后的深远影响。因此,必须超前考虑、提前规划。

6. 动态性

交通流本身就是一个动态系统,又是一个随机系统,具有典型的随机特性,其在道路网络上的分布随时间与空间不断变化,常常表现为空间与时间上的过分集中且分布不均,甚至可能由于某一偶然因素而改变其正常分布,动态性十分显著。

第二节　交通安全概述

交通事故是一个全球都存在的严重问题。据世界卫生组织统计,在一些工业发达国家,全国的总死亡人数中的4%死于交通事故,而在15～24岁的男青年死亡人数中,有50%死于道路交通事故。就我国而言,仅2019年交通事故就发生了247646起,直接经济损失达到了134618万元。随着大数据、物联网、云计算、人工智能和5G通信与交通产业的深度融合,以及新能源汽车、辅助驾驶汽车和自动驾驶汽车等相关产业的发展,也给交通安全带来了新的挑战。交通事故已经成为我国社会性的大问题。

因此,研究和掌握发生交通事故的规律,研究交通事故与人、车、路之间的相互关系以及减少交通事故发生的措施,对保证交通安全极为重要。交通安全研究的主要内容有:交通事故的定义、分类、表达方式、变化规律、影响因素,交通事故生成机理以及安全保障措施等。近些年,国内外学者也借鉴了安全学科的研究方法,从安全理论研究交通安全问题,引入了事故致因理论、风险评估、安全评价,还提出了本质交通安全的基本体系,研究不发生交通事故的道路安全系统。

一、交通安全与交通事故

1. 风险与危险

风险是指系统客体所面临的一种威胁,这种威胁一旦发生,将导致系统客体受到伤害。系统论和能量转移论的观点认为,风险是生产或生活系统所面临的威胁,这种威胁是由于不稳定能量向原本稳定的系统运移的一种趋势所导致,这种能量运移的客观趋势,随时可能击穿系统的能量屏蔽功能,出现能量意外泄漏,导致系统受到伤害或损坏,包括人员、设备和环境等客体。

风险包括可接受风险和不可接受风险。不可接受风险即危险,对于系统来说,危险可能发生,也可能不发生,发生的后果有大有小。因此,危险可定义为:超出了人们的预期而给人或物造成伤害或损失事件的可能性与后果的综合。

2. 安全

安全是相对危险而言的,通常指免受人员伤害、财产损失、设备损坏或环境破坏的一种客观状态。

3. 道路交通安全

道路交通安全是指人们在道路交通系统中,按照交通法规的规定,安全地行车、走路,避免发生人身伤亡、财物损失或环境破坏的一种交通运行状态。安全是一种状态,安全管理的主要任务是通过持续的危险识别和风险管理过程,将人员伤害或财产损失的风险降低并保持在可接受的水平或其以下。

4. 事故

事故是指在生产活动过程中，由于人们受到科学知识和技术力量的限制，或者由于认识上的局限，当前还不能防止，或能防止而未有效控制所发生的违背人们意愿的事件序列。它的发生，可能迫使系统暂时或较长期地中断运行，也可能造成人员伤亡、财产损失或者环境破坏。

事故与安全是对立的，但事故并不是不安全的全部内容，而只是在安全与不安全一对矛盾斗争过程中某些瞬间突变结果的外在表现。

系统处于安全状态并不一定不发生事故；系统处于不安全状态，也未必完全是由事故引起。危险不仅包含了作为潜在事故条件的各种隐患，同时还包含了安全与不安全的矛盾激化后表现出来的事故结果。

事故发生，系统不一定处于危险状态；事故不发生，也不能否认系统不处于危险状态，事故不能作为判别系统危险与安全状态的唯一标准。

事故总是发生在操作的现场，总是伴随隐患的发展而发生在生产过程之中，事故是隐患发展的结果，而隐患则是事故发生的必要条件。

5. 交通事故

依据《中华人民共和国道路交通安全法》（2011年修正），交通事故（Traffic Accident）是指车辆在道路上因过错或者意外造成人身伤亡或者财产损失的事件。与原《道路交通事故处理办法》中的道路交通事故定义相比，新定义有了明显变化：交通事故不仅是由特定的人员因违反交通管理法规造成的；也可以是由于地震、台风、山洪、雷击等不可抗拒的自然灾害造成的。构成交通事故要有四个要件，即车辆、道路上、交通违法行为或过错、损害后果。从系统论和能量转移论的观点来看，交通事故是由于不稳定因素产生的能量向车辆运移，以致击穿了车辆固有能量屏蔽能力，使车辆运行状态失控。要避免交通事故必须消除不稳定因素，要减小事故的严重程度必须采取相应的安全预防措施。

二、公路本质安全

公路本质安全是指公路基础设施本身固有的、内在的、能够从根本上防止事故发生的功能。安全是公路的本质属性，公路本身应是安全的。公路本质安全包括以下四种基本安全要素。

1. 明确性

公路设施的基本功能和路权应能明显识别或予以明确标识，不因公路本身的功能或路权不明确而诱导使用者犯错误，引发交通事故。

2. 主动性

公路设施本身因地质、工程、经济等综合原因而不得不存在的低标准路段或不良点段，应采取明示、诱导、防护、减缓乃至消除等主动工程措施，尽可能降低事故发生概率。

3. 宽容性

驾驶员即使操作失误，也不应受到严重伤害或引发其他严重交通事故，甚至以生命为代价。

4. 冗余性

公路及附属设施发生故障需养护、维护作业时，能暂时维持正常工作或自动转变为安全状态。

这四种安全要素应是公路基础设施固有的，即在其设计建设阶段就应被考虑融入公路主体工程中的基本属性。高度重视发展公路本质安全的系统工程技术，实现公路建设和运营安全，使公路交通系统安全化提高到一个理想的水平，这是世界各国不懈追求的。

三、交通安全设施与交通安全

交通安全设施是为保障道路交通的安全与畅通，根据公路条件、交通流特点和交通管理的需要，依照有关的法律、法规和技术标准，在公路上设置的附属设施和装置。交通安全设施设置合理，对保证安全、降低事故损失、实行有效规范的引导等有着重要作用。现代化道路必须具有完善的管理机构和与之配套的交通工程设施，才能确保有效地使用道路，达到安全、快速、舒适、经济的目的。

交通安全设施是交通工程设施的重要组成部分。安全设施可为公路使用者提供各种警告、禁令、指示、指路信息和视线诱导，排除干扰，提供路侧保护，减轻潜在事故的严重程度，防止眩光对驾驶员视觉性的伤害。

交通部从 2004 年开始用 3 年时间在我国实施了以"消除隐患，珍视生命"为主题的公路安全保障工程，对国省干线公路上的急弯、陡坡、视距不良等路段开展以交通工程措施为主要手段的综合整治，改善安全防护设施，为行车安全创造条件，促进公路交通的可持续发展。2014 年，国务院办公厅发布《国务院办公厅关于实施公路安全生命防护工程的意见》，提出"2020 年底前，基本完成乡道及以上行政等级公路安全隐患治理，实现农村公路交通安全基础设施明显改善、安全防护水平显著提高，公路交通安全综合治理能力全面提升"。2021 年，交通运输部办公厅发布《交通运输部办公厅关于开展公路交通标志标线优化提升专项工作的通知》，要求"采取优化调整措施，提升交通标志标线与关联路网协调适应水平"。经过十多年的综合整治工作，安保、安防工程等均取得了显著效果，我国道路交通事故死亡人数显著下降。

第三节 交通工程设施

从交通工程学的定义来看，交通工程设施是交通工程学的一部分，是实现交通管理最终目标的物质体现。广义上，为交通服务的设施都是交通工程设施。考虑我国道路交通的发展、实践和管理应用状况，本书将交通工程设施限定为满足道路交通管理和运营而建造、设置的构造物和装置，不含服务区、停车场、收费站等基础设施。

一、交通工程设施的定义

交通工程设施是指与道路基础设施相配合，为提高道路通行能力、减少交通事故、降低交通公害程度、增加经济效益,使道路出行者快速、安全、舒适地到达目的地,而沿道路或管理场所设置的构件、装置、设备或系统的总称。

二、交通工程设施的功能与作用

道路不仅应满足交通出行容量方面的要求,还应能有效地减少交通出行的安全性、舒适性以及交通运行和环境等方面的问题。因此,在道路及其沿线设置交通工程设施对提高行车安全性,提高道路通行能力和运行效率,保证车辆连续运行、降低能耗,保护交通环境,提高出行的舒适程度和方便程度具有重要意义。

1. 提高行车安全性

提高行车安全性主要体现在减少交通事故与伤亡人数,减轻事故严重程度及出行人员的疲劳程度等方面。为了有效地提高行车安全性,只重视道路本身构造上的设计是不够的,还必须有完善的交通安全设施、交通管理设施、交通监控设施等。交通安全设施的合理设置具有减少交通事故的功能,其中护栏除了具有减少交通事故的作用之外,还有降低事故严重程度的功能。标志、标线和防眩设施可提高驾驶人员的舒适感,从而降低他们的疲劳程度。监控系统的可变信息标志和限速标志等设施,可使驾驶员在事故前方做好准备,避免二次事故发生。

2. 提高道路通行能力和运行效率

提高道路通行能力和运行效率主要体现在提高道路的车公里运量和车辆行程速度,减少延误和行程时间,增加车辆利用率和出行时间的可预知性等方面。健全的交通法规、完善的交通管理设施、先进的交通监控系统等交通工程设施,可极大地提高道路通行能力。一条具有先进监控系统和完善交通管理设施的高速公路,其通行能力和行车速度可达到一般公路的2.5~3.0倍。利用监控系统掌握的实时交通信息,如交通量、行车速度、车辆密度、阻塞时间等,可以预测任何出行起讫点之间的最佳出行线路和出行时间。当这些预测信息被预先告知给出行者时,对提高交通运行效率无疑是大有帮助的。

3. 保证车辆连续运行

驾驶人员因驾驶作业会发生生理和心理上的变化,长时间开车会引起疲劳,这时感觉、知觉、判断能力、意志决定、运动等都受到影响,视力下降,作业粗糙,注意力不集中,对环境判断发生错误。休息服务设施能消除驾驶人员的疲劳与紧张,给长途行驶的汽车加油、加水及提供必要的维修检查,可保证长途行车的连续运行。

4. 降低交通能耗、保护交通环境

交通工程设施的合理设置具有提高行车速度、减少停车次数的功能,同时也提高了汽车燃油的使用效率,减少了燃料消耗量,降低了汽车尾气和噪声对环境的污染。

5. 提高出行的舒适程度和方便程度

高速公路监控系统和通信系统减少了驾乘人员因停车延误引起的烦躁情绪,完善的标志与标线使驾驶人员不致迷失方向,也减少了行车困惑,使其运行自如。先进的监控系统还可预报出行时间,从而方便出行者事先安排出行计划。

三、交通工程设施的分类

从目前实际应用的状况分析,交通工程设施分为交通安全设施和交通机电工程(也称交通机电系统)。

交通安全设施包括:交通标志、交通标线(含突起路标)、护栏和栏杆、视线诱导设施、隔离栅、防落网、防眩设施、避险车道和其他交通安全设施(含防风栅、防雪栅、积雪标杆、限高架、减速丘和凸面镜)等。

交通机电工程包括:监控设施、通信设施、收费设施、供配电设施、照明设施、隧道机电设施等。

四、交通工程及沿线设施的等级与配置原则

交通工程及沿线设施一般分为A、B、C、D四级。其中,A级适用于高速公路,B级适用于作为干线公路的一级公路和二级公路,C级适用于作为集散公路的一级公路和二级公路,D级适用于三级公路和四级公路。

交通工程及沿线设施包括交通安全设施、服务设施和管理设施三种,各项设施应按统筹规划、总体设计、分期实施的原则配置,并结合交通量的增长与技术发展状况等逐步补充完善。

第四节 交通安全设施

一、交通安全设施基本功能

交通安全设施是指为维护交通秩序、确保交通安全、充分发挥道路交通的功能,依照规定在道路沿线设置的交通标志和标线、防撞护栏和隔离栅等交通硬件设施的总称。

交通安全设施主要起安全防护和服务诱导作用,通过科学、合理地设置交通安全设施,最大限度地保障公路使用者的人身和财产安全,为公路使用者提供诱导服务,使其安全、快速、舒适地到达目的地。

二、公路交通安全设施的种类

《公路交通安全设施设计规范》(JTG D81—2017)将公路交通安全设施分为交通标志、交通标线(含突起路标、立面标记等)、护栏和栏杆、视线诱导设施(含轮廓标、合流诱导标、线形诱导标、隧道轮廓带、示警桩、示警墩、道口标柱等)、隔离栅、防落网、防眩设施、避险车道和其他交通安全设施(含防风栅、防雪栅、积雪标杆、限高架、减速丘和凸面镜)等。

常见的反光膜、路面标线涂料、防腐涂料这三种产品是制造交通安全设施的原材料,不是交通安全设施。另外,交通信号灯主要用于城市道路交通管理,既是安全设施也是管理设施,但在公路工程中通常划归为机电工程。

1. 交通标志

道路交通标志是用颜色、形状、字符和图形等向道路使用者传递特定信息，用于管理交通的设施。交通标志的要素主要包括类型、分类、颜色、形状、线条、字符、图形、尺寸、设置、材料、支撑和结构等。从工程心理学的角度来看，交通标志要素要满足醒目度、易读性和公认性的要求。

交通标志(图1-1-5)为车辆、行人提供禁止、限制、指示某些交通行为的信息，对流量起着调节、控制、疏导作用；为车辆、行人提前预告前进方向某一路段的地理状况和周围环境，以防止错驶、绕路，提高行车、走路的效率；交通标志的合理设置，可以有效降低交通事故的发生，有利于提高道路交通的安全性。

图 1-1-5　指路标志

2. 交通标线

交通标线(图1-1-6)是由施划或安装于公路上的各种线条、箭头、文字、图案及立面标记、实体标记、突起路标等所构成的交通设施，它的作用是向公路使用者传递有关公路交通的规则、警告、指引等信息。

交通标线是重要的交通控制设施，合理设置的交通标线对于保障公路交通流的平稳有序运行、保障公路交通的安全和效率、明确并保护各方交通参与者的通行权具有重要意义。

3. 安全护栏

安全护栏(图1-1-7)是一种纵向吸能结构，通过自体变形或车辆爬高来吸收碰撞能量，从而改变车辆行驶方向，阻止车辆越出路外或进入对向车道，最大限度地减少对乘员的伤害。

图 1-1-6　交通标线

图 1-1-7　波形梁钢护栏

4. 视线诱导设施

视线诱导设施主要包括轮廓标(图1-1-8)、合流诱导标、线形诱导标、隧道轮廓带、示警桩、示警墩、道口标柱等设施。各类视线诱导设施在设置时，要注意相互协调、避免相互影响。公路视线诱导设施属于主动引导设施，对提高夜间的行车安全水平有重要作用，在条件允许时,可以适当地增加设置,以发挥其节能、价廉的优点。

5. 隔离栅

隔离栅(图1-1-9)应能阻止行人、动物误入高速公路或需要控制出入的一级公路。它可有效地排除横向干扰,避免由此产生的交通延误或交通事故,保障公路的通行安全和效益的发挥。

图1-1-8 轮廓标　　　　　图1-1-9 隔离栅

6. 防眩设施

防眩设施能够防止夜间行车受对向车辆前照灯眩目影响,保证行车安全并提高行车舒适性。防眩设施通常设置在高速公路、一级公路的中央分隔带上。其形式多种多样,总的来说有网格状的防眩网、扇面式的防眩棚、板条式的防眩板(图1-1-10)及植树防眩等。

防眩设施可防止对向车辆前照灯的眩目,改善夜间行车条件,增大驾驶员的视距,消除驾驶员夜间行车的紧张感,降低事故发生率。防眩设施还可以改善道路景观,诱导驾驶员视线,克服行车的单调感。

图1-1-10 防眩板

三、交通安全设施其他要求

(1)在满足安全和使用功能的条件下,应积极推广使用可靠的新技术、新材料、新工艺、新产品(简称"四新"技术)。

(2)应根据设施的功能要求,本着安全合理、经济实用、技术先进、因地制宜、确保质量的原则选择公路交通安全设施的形式。

(3)交通安全设施应结合路网与公路条件、地形条件、交通条件、环境条件进行总体设计。同一条公路采用的交通安全设施设置原则和设计方案宜保持一致。交通安全设施之间、交通安全设施与公路主体工程和其他设施之间应互相协调、配合使用。

第五节　交通机电系统

一、交通机电系统基本功能

交通机电系统是交通工程设施的重要组成部分，是发挥公路设施交通功能的主要辅助系统，是对公路实施现代化管理(实时和数据管理)的主要工具。

交通机电系统是以电子、电气、控制、通信、机械和交通工程等技术为基础的综合性系统，其基本功能是利用其分布于公路沿线的各种机电设施，采集公路交通量、气象、路面状态、交通事件等信息，经分析及处理后，通过可变信息标志、交通信号灯和车道指示器等设施，实现对公路交通运营的管理，确保公路交通安全、畅通，发挥路网综合运输能力。同时，也为道路使用者提供更多有帮助的信息，协助其合理地选择行驶路径，缩短行程、减少延误，充分发挥公路运输通畅直达、自由选择的行动优势，为道路使用者出行与路网资源的高效利用提供最优的服务。

二、交通机电系统一般构成

交通机电系统一般是由监控、通信、收费、供配电、照明和隧道机电等子系统和设施构成。

1. 监控系统

监控系统一般由信息采集、信息处理与信息发布三个子系统组成。监控系统可分为集中式和分布式两种控制模式，可以采用主线控制、匝道控制和通道控制等方式。系统常采用检测率、误报率、平均检测时间等指标评价交通事件自动检测算法的性能；采用系统响应时间、交通事故率下降比例、交通延误下降比例、总出行时间下降比例等指标评价系统的综合性能。

(1)信息采集系统

①车辆检测子系统：在主线及出入口匝道、互通、隧道内等处设置，用来采集所需的交通流数据(车速、车流量、占有率、区间车速等)，作为监控中心信息处理系统分析判断、生成控制方案等功能程序的主要数据。

②气象环境检测子系统：主要检测大气温湿度、风力、风向、能见度、降雨量、路面湿滑、路面结冰等影响交通服务水平的气象、路面状况等环境因素。

③闭路电视(CCTV)子系统：通过视频图像采用实时或轮询方式监视监控区域内交通状况。闭路电视子系统主要由摄像、传输、控制、显示/记录四大部分组成。

④交通情况调查设施：在一定时间或连续期间内，对通过道路某一断面的机动车进行识别，统计流量，测量车速、车头时距、跟车百分比、车头间距、时间占有率等交通数据，并记录和传输的自动设备。

⑤道路视频交通事件检测系统：采用图像处理、目标识别和目标跟踪等技术进行道路交通事件、交通参数检测的设备。

⑥无线对讲子系统：通过高速公路巡逻车上的无线对讲系统来采集路况及突发事件信息。

(2)交通信息处理系统

交通信息处理系统是监控系统的核心环节,是监控策略制定、信息分析、方案生成、控制决策、措施启动等功能的主要承担子系统,通常由计算机系统、室内显示设备和操作控制台等组成。

(3)交通信息发布系统

交通信息发布系统主要包括可变信息标志、可变限速标志、车道控制标志、交通信号灯和交通广播等设施。

2. 通信系统

交通工程中的通信系统主要指高速公路通信系统,它是高速公路现代化管理的支撑系统,为公路管理业务提供大容量的网络传输平台和高质量的语音、数据、图像等信息交换服务。

1)通信网的构成与主要分类

(1)通信网络的构成

一个完整的通信网络应由终端设备、传输设备(包括线路)、交换设备三大部分组成。

①终端设备的主要功能是进行待发送的信息与信道上传送的信号之间的转换,产生和识别系统内的信令或协议。

②传输设备的主要功能是有效可靠地传输信号。

③交换设备的主要功能是完成信号的交换,交换还可以分为:空分交换、时分交换、电路交换、分组交换等。

④通信网络除三大部分"硬件"外,还包括一套"软件",即各种规约,如信令、协议等。

(2)通信网的主要分类

①按信道分类:有线通信网、无线通信网。

②按信号分类:模拟信号网、数字信号网、数模混合网。

③按通信距离分类:长途通信网、本地通信网、内部通信网。

④按信源分类:语音通信网、数据通信网、文字通信网、图像通信网。

2)高速公路通信系统的功能作用与特点

通信系统是高速公路的重要组成部分,是高速公路管理、运行不可缺少的基础设施,是高速公路实现安全、畅通、舒适、经济和高效运营的必要手段,是高速公路现代化管理的支撑系统。它要实现监控系统和收费系统的数据、语音和图像等信息准确而及时的传输,保持高速公路各管理部门之间业务联络通信的畅通,并要为高速公路内部各部门和外界建立必要的联系;同时,高速公路通信系统作为交通专用通信网的重要组成部分,是交通信息的主要传输载体,为各种网络服务及会议电视系统提供传输通道。

高速公路和其他联网收费公路通信系统宜采用基于专网的通信网;其他公路在考虑通信传输方案技术经济性和公网传输资源可利用性的条件下,可采用基于公网或专网的通信网。通信系统可由传送网系统、业务网系统、支撑网系统、通信光电缆、通信电源系统、通信管道等组成。

(1)传送网系统。

传送网系统由干线传送网和路段接入网两层传输系统组成。

①干线传送网系统提供省级通信中心之间,省级通信中心与路段通信分中心之间的信息

传输功能;

②路段接入网提供通信分中心与通信站之间的信息传输功能。

(2)业务网系统。

业务网系统由数据通信网、语音业务网、呼叫服务系统、广播系统等组成。

①数据通信网由满足数据传输的广域网、区域网和局域网组成;

②语音业务网采用电路交换技术或软交换技术;

③呼叫服务系统采用省级呼叫服务中心和路段呼叫服务分中心两级架构,两级呼叫中心应能协同工作;

④广播系统由有线广播主控设备、功放设备、扬声器和传输介质等构成。

(3)支撑网系统。

支撑网系统由同步网、公共信令网、网络管理网等组成。

①同步网由全国基准时钟、省内区域基准时钟和路段同步供给单元构成;

②公共信令网应采用中国7号信令标准,采用三级信令网结构,由信令转接点、信令点和信令链路组成。

③网络管理网由路段通信分中心的网元管理系统和省级通信中心的子网管理系统构成。

(4)通信光电缆由光缆、光纤连接及分歧设备构成。可分为主干光缆和辅助光缆。

(5)通信电源由交流供电系统、直流供电系统、防雷接地系统、电源监控系统等构成。

(6)通信管道主要由主干管道、分歧管道、人(手)孔等组成,具备光电缆敷设和线路保护基本功能。

3. 收费系统

高速公路收费系统主要由收费中心管理系统、收费站管理系统和车道收费系统三部分构成。

(1)收费制式:可采用均一制、开放式、封闭式或混合式。

(2)收费方式:宜采用半自动收费、自动收费或不停车收费方式。

(3)通行券(卡):宜选择多次重复使用的高速公路复合通行卡(CPC)、一次性使用的纸质磁性券或一次性使用的纸质二维条形码券等。

(4)电子不停车收费方式(ETC):ETC是目前较为先进的路桥收费方式。通过安装在车辆风窗玻璃上的车载电子标签与在收费站ETC车道上的微波天线之间的微波专用短程通信,利用计算机联网技术与银行进行后台结算处理,从而实现车辆通过路桥收费站不需停车而能缴纳路桥费的功能。

ETC系统主要由车辆自动识别系统、中心管理系统和其他辅助设施等组成。其中,车辆自动识别系统有车载单元(On Board Unit,OBU)又称应答器(Transponder)或电子标签(Tag)、路侧单元(Road Side Unit,RSU)、车辆检测器等组成。OBU中存有车辆的识别信息,一般安装于车辆前面的风窗玻璃上,RSU安装于收费站或ETC门架处,车辆检测器安装于车道内或地面下。中心管理系统有大型的数据库,存储大量注册车辆和用户的信息。当车辆通过收费车道时,检测器感知车辆,RSU发出询问信号,OBU做出响应,并进行双向通信和数据交换;中心管理系统获取车辆识别信息,如汽车身份识别号(ID)、车型等信息,与数据库中相应信息进行比较判断,根据不同情况来控制管理系统产生不同的操作,如计算机收费管理系统从该车的预付款项账户中扣除此次应交的过路费,或送出指令给其他辅助设施工作。其他辅助设施有:车辆摄像系统、自动控制栏杆、交通信号显示设备等。

ETC系统的主要优点是:减少停车缴费次数,改善收费广场和道路通行能力;减少现金付款,方便用户,防止作弊;降低收费广场建设规模,减少征地;减轻因停车付费带来的环境污染;降低能耗和运营成本等。

国内公路电子收费系统采用5.8GHz微波频段的核心设备(包括电子标签读写器、电子标签等)。

由于电子收费系统通过路侧电子标签读写器和车载电子标签之间的无线通信自动完成收费交易,系统所要求的可靠性、兼容性和标准化程度均远高于人工半自动收费(MTC)系统。

2020年1月1日全国全面取消省界收费站之后,全国高速公路入口车辆ETC使用比例已达到90%以上。2019年颁布实施的《电子收费专用短程通信》(GB/T 20851—2019)中有着对ETC系统使用的车载单元(OBU)和路侧单元(RSU)的相关要求。该标准为系列标准,共分5个部分,对车载单元和路侧单元的软硬件都有明确的要求。车载单元的主要技术指标有:载波频率、频率容限、调制系数、占用带宽、位速率、协议符合性、互操作性、环境条件、电磁兼容、安全、接口、可靠性;路侧单元的主要技术指标有:载波频率、频率容限、等效全向辐射功率、调制系数、占用带宽、前导码、互操作性、接收误码率、电磁兼容、环境条件、安全、接口、可靠性、通信区域等。这些指标对规范产品质量,保证互联互通起着重要作用。

(5)区域联网收费。

①一般由联网收费管理中心(包括密钥管理中心)、区域收费管理中心(包括通行券及票据管理中心)、路段收费分中心(或者区域收费分中心)、收费站四级组成一个收费路网,实施封闭式联网收费。

②联网收费网络系统是由若干层次局域网和通信系统提供的通信链路构成的广域网组成,宜选用传输控制协议(TCP)/网间协议(IP)。广域网技术宜选用IP技术、SDH技术、帧中继技术或三网合一技术等。

(6)按车(轴)型收费。

按照交通运输部、国家发展改革委和财政部关于调整收费公路计费方式有关工作要求,自2020年1月1日起,货车通行费计费方式将由计重收费统一改为按车(轴)型收费。按照新的车型分类标准,客车车型仍按照座位数分成4类,其中车长小于6m的8座和9座小型客车由原来的2类车调整为1类车。货车和专项作业车均是按轴数与最大允许总质量分为6类车型。

目前多数按车(轴)型收费系统包括以下几个部分:入口治超系统、信息显示屏、收费系统等。

4. 供配电系统

供配电系统是电力系统的重要组成部分。从技术的角度看,供配电系统是指电力系统中以使用电能为主要任务的电力网络,处于电力系统的末端,一般只单向接受电力系统的电能,不参与电力系统的潮流调度。供配电系统按照负荷性质、用电容量、工程特点和地区供电条件,合理确定供配电方案。应采用效率高、能耗低、性能先进的电气产品。

基于《公路工程质量检验评定标准　第二册　机电工程》(JTG 2182—2020)的相关内容,本专业涉及中压配电设备、中压设备电力电缆、中心(站)内低压配电设备、低压设备电力电缆、风/光供电系统、电动汽车充电系统和电力监控系统。

5. 照明系统

公路照明包括路面照明、工作照明和景观照明等。公路照明能够将必要的视觉信息传递给驾驶员,预防由于视觉信息不足而出现交通事故。同时,良好的照明可以减轻驾驶员的疲劳,提高夜间公路交通的安全性和舒适感。

6. 隧道机电系统

《公路工程质量检验评定标准　第二册　机电工程》(JTG 2182—2020)将隧道机电系统划分为车辆检测器、闭路电视监视系统、紧急电话与有线广播系统、环境检测设备、手动/自动火灾报警系统、电光标志、发光诱导设施和可变标志等18项细分类别。

(1)隧道环境检测子系统:由环境亮度、能见度、CO浓度、风速风向等环境检测设施组成,一般由视频检测处理器、视频连接附件和视频检测管埋软件等组成。

(2)紧急电话子系统:通常安装于隧道内,以便于驾驶员在车辆发生故障或出现交通事故时及时向监控中心通报,同时监控中心利用显示的呼叫电话所在的地点和编号,采取相应的应急措施。

(3)隧道火灾报警子系统:有手动报警和自动报警两种方式,包括区域报警、集中报警和控制中心报警等模式。根据不同模式,隧道火灾报警子系统主要由火灾探测器、火灾报警控制器、区域显示器、手动按钮等设备组成。

第二章

相关检测基础

第一节　外观质量及结构尺寸

交通工程设施的外观质量一般是指产品(设施或系统)的外形尺寸、色调、光泽、平整度和图案等凭人的视觉和触觉感觉到的质量特性。一般情况下外观质量是通过检测人员的感官，必要时辅助相关的设备(如放大镜、光泽度仪和粗糙度仪等)来进行检验。因此，该类型的评定具有一定的主观性，对技术人员的经验、能力提出了较高的要求。交通工程设施的结构尺寸一般从外形、尺寸和允许偏差等方面进行考量，主要测量长、宽、高、厚度、角度等几何尺寸。

各类交通工程设施的外观质量要求既需要满足各类产品标准中对产品本身的外观质量要求又需要符合《公路工程质量检验评定标准》中对工程项目的外观质量要求。

一、外观质量要求

1. 通用产品外观质量要求

本节仅对交通工程产品的通用外观质量要求进行介绍，具体各产品的特殊要求参见本书第二、三篇及各产品标准的相关内容。

1）交通安全设施

交通安全设施产品外观质量一般对表面缺陷、平整度、均匀性、形变程度、一致性等方面提出相关要求：

(1)表面不应存在裂纹、起皱、颜色不均匀、划痕、破损、变形、锈蚀、漏镀等缺陷。

(2)表面平整，边缘圆滑，无毛刺、无飞边，整体成型完整、无明显歪斜等。

(3)表面颜色和性能等均匀一致。

(4)对于粉末材料，还应要求其清洁无明显杂质等。

2）交通机电设施

交通机电设施产品外观质量一般对设备外壳、镀覆件、涂层、印刷文字和铭牌等方面提出相关要求：

(1)外壳上不应有凹坑、划伤、变形或裂缝等，表面应平整、光滑、清洁，无毛刺、蚀点、无永久性污渍等。

(2)镀覆件表面色泽均匀,不应有起泡,涂层应平整均匀、颜色一致,无明显变形、凹凸不平等缺陷。

(3)铭牌、标志、文字、符号应清晰、牢固、端正,不易脱落。

2. 工程质量评定中通用的外观质量要求

《公路工程质量检验评定标准 第一册 土建工程》(JTG F80/1—2017)和《公路工程质量检验评定标准 第二册 机电工程》(JTG 2182—2020)中均要求"外观质量应进行全面检查,并满足规定要求,否则该检验项目为不合格"。

1)交通安全设施

交通安全设施工程质量评定中对外观质量的具体要求如表1-2-1所示。

交通安全设施工程质量评定中外观质量要求　　　　表1-2-1

序号	产　品		技　术　要　求
1	交通标志		安装后标志面及金属构件涂层应无损伤
2	交通标线		不得出现设计要求以外的弯折
3	护栏	波形梁钢护栏缆索护栏	(1)护栏各构件表面应无漏镀、露铁、擦痕; (2)护栏线形应无凹凸、起伏现象
		混凝土护栏	(1)混凝土护栏表面的蜂窝、麻面、裂缝、脱皮等缺陷面积不得超过该面面积的0.5%;深度不得超过10mm; (2)混凝土护栏块件的损边、掉角长度每处不得超过20mm; (3)护栏线形应无凹凸、起伏现象
4	突起路标轮廓标		表面无污损
5	隔离栅 防落物网 里程碑 百米桩		混凝土立柱表面无裂缝、无蜂窝

2)交通机电设施

交通机电设施工程质量评定中要求机电系统不应存在的限制缺陷如表1-2-2所示,各子系统特殊的要求详见《公路工程质量检验评定标准 第二册 机电工程》(JTG 2182—2020)相关内容。

交通机电设施工程质量评定中要求机电系统不应存在的限制缺陷　　　　表1-2-2

名　称	限　制　缺　陷
外场设备基础	表面的蜂窝、麻面、裂缝等缺陷面积超过该面面积的1%或深度超过10mm,长度超过20mm的损边、掉角,裸露金属基底大于$1cm^2$的锈蚀
外场机箱外部连接线	金属机箱与接地线未连接,进出线管与箱体连接处未做密封
机箱、立柱表面	涂层剥落、表面锈蚀单处面积大于$1cm^2$或总面积大于$5cm^2$,单个划痕长度大于5cm或划痕总长度大于10cm

续上表

名　　称	限 制 缺 陷
机箱内部	元器件未固定或固定不牢靠,线缆无标识,无永久性接线图,机箱内有杂物、积水
室内外设备及布线	机柜内有杂物,光、电缆排列不整齐、绑扎不牢固,进出线管口未封堵,无标识,电源线、信号线未分开布设,未做好保护处理

二、常用的结构尺寸测量设备

1. 游标卡尺

游标卡尺是一种测量长度、内外径、深度的量具。游标卡尺由主尺和附在主尺上能滑动的游标两部分构成(图1-2-1)。主尺一般以毫米为单位,而游标上则有10、20或50个分格,根据分格的不同,游标卡尺可分为10分度游标卡尺、20分度游标卡尺、50分度游标卡尺等,游标为10分度的有9mm,20分度的有19mm,50分度的有49mm。游标卡尺的主尺和游标上有两副活动量爪,分别是内测量爪和外测量爪,内测量爪通常用来测量内径,外测量爪通常用来测量长度和外径。

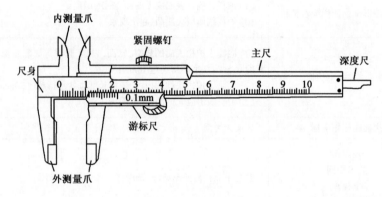

图1-2-1　游标卡尺示意图

2. 钢卷尺

钢卷尺用于测量长度,主要规格有1m、2m、3m、5m、10m、15m、30m、50m等,分度值为1mm。温度、拉力和钢卷尺不水平都是导致使用中产生误差的原因,为降低影响,在使用时应按照尺上标注拉力进行,并定期检定,注明检定时的温度、拉力与尺长。

3. 钢直尺

钢直尺是最简单的长度量具,它的长度有150mm、300mm、500mm和1000mm四种规格。钢直尺用于测量零件的长度尺寸,它的测量结果不太准确。这是由于钢直尺的刻线间距为1mm,而刻线本身的宽度就有0.1~0.2mm,所以测量时读数误差比较大,只能读出毫米数,即它的最小读数值为1mm,比1mm小的数值,只能估计而得。

4. 螺旋测微器

螺旋测微器又称板厚千分尺,主要用于板厚的精确测量(图1-2-2)。螺旋测微器是依据螺旋放大的原理制成的,即螺杆在螺母中旋转一周,螺杆便沿着旋转轴线方向前进或后退一个螺距的距离。因此,沿轴线方向移动的微小距离,就能用圆周上的读数表示出来。螺旋测微器的精密螺纹的螺距是 0.5mm,可动刻度有 50 个等分刻度,可动刻度旋转一周,测微螺杆可前进或后退 0.5mm,因此旋转每个小分度,相当于测微螺杆前进或后退 0.5/50 = 0.01mm。可见,可动刻度每一小分度表示 0.01mm,所以螺旋测微器可精确到 0.01mm,估读到毫米的千分位。

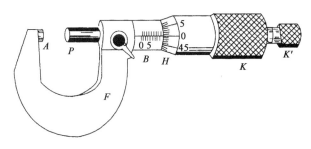

图 1-2-2　螺旋测微器示意图

5. 超声波测厚仪

超声波测厚仪是根据超声波脉冲反射原理来进行厚度测量的,当探头发射的超声波脉冲通过被测物体到达材料分界面时,脉冲被反射回探头,通过精确测量超声波在材料中传播的时间来确定被测材料的厚度。凡能使超声波以一恒定速度在其内部传播的各种材料均可采用此原理测量。

1)超声波测厚仪一般测量方法

(1)在一点处用探头进行两次测厚,在超声波测厚仪两次测量中,探头的分割面要互为 90°,取较小值作为被测工件厚度值。

(2)30mm 多点测量法:当测量值不稳定时,以一个测定点为中心,在直径约为 30mm 的圆内进行多次测量,取最小值作为被测工件厚度值。

(3)精确测量法:在规定的测量点周围增加测量数目,厚度变化用等厚线表示。

(4)连续测量法:用单点测量法沿指定路线连续测量,间隔不大于 5mm。

(5)网格测量法:在指定区域画上网格,按点测厚记录。此方法在高压设备、不锈钢衬里腐蚀监测中广泛使用。

2)影响超声波测厚仪示值的因素

(1)工件表面粗糙度过大,造成探头与接触面耦合效果差,反射回波低,甚至无法接收到回波信号。对于表面锈蚀、耦合效果极差的在役设备、管道等,可通过砂、磨、锉等方法对表面进行处理,降低粗糙度,同时也可以将氧化物及油漆层去掉,露出金属光泽,使探头与被检物通过耦合剂能达到很好的耦合效果。

(2)工件曲率半径太小,尤其是用小径管超声波测厚仪测厚时,因常用探头表面为平面,与曲面接触为点接触或线接触,声强透射率低(耦合不好)。可选用小管径专用探头(6mm),较精确地测量管道等曲面材料。

(3)检测面与底面不平行,声波遇到底面产生散射,探头无法接收到底波信号。

(4)铸件、奥氏体钢因组织不均匀或晶粒粗大,超声波在其中穿过时产生严重的散射衰减,被散射的超声波沿着复杂的路径传播,有可能使回波湮没,造成不显示。超声波测厚仪可选用频率较低的粗晶专用探头(2.5MHz)。

(5)探头接触面有一定磨损。常用测厚探头表面为丙烯树脂,长期使用会使其表面粗糙度增加,导致灵敏度下降,从而造成显示不正确。可选用500号砂纸打磨,使其平滑并保证平行度。如仍不稳定,则考虑更换探头。

(6)被测物背面有大量腐蚀坑。由于被测物另一面有锈斑、腐蚀凹坑,造成声波衰减,导致读数无规则变化,在极端情况下甚至无读数。

(7)被测物体(如管道)内有沉积物,当沉积物与工件声阻抗相差不大时,超声波测厚仪显示值为壁厚加沉积物厚度。

(8)当材料内部存在缺陷(如夹杂、夹层等)时,显示值约为公称厚度的70%,此时可用超声波探伤仪进一步进行缺陷检测。

(9)温度的影响。一般固体材料中的声速随其温度升高而降低,有试验数据表明,热态材料每增加100℃,声速下降1%。高温在役设备常常碰到这种情况。应选用高温专用探头(300~600℃),切勿使用普通探头。

(10)层叠材料、复合(非均质)材料。要测量未经耦合的层叠材料是不可能的,因超声波无法穿透未经耦合的空间,而且不能在复合(非均质)材料中匀速传播。对于由多层材料包扎制成的设备(像尿素高压设备),测厚时要特别注意,测厚仪的示值仅表示与探头接触的那层材料厚度。

(11)耦合剂的影响。耦合剂用来排除探头和被测物体之间的空气,使超声波能有效地穿入工件达到检测目的。如果选择种类或使用方法不当,将造成误差或耦合标志闪烁,无法测量,应根据使用情况选择合适的种类。当在光滑材料表面施测时,可以使用低黏度耦合剂;当在粗糙表面、垂直表面及顶表面施测时,应使用黏度高的耦合剂。高温工件应选用高温耦合剂。其次,耦合剂应适量使用,涂抹均匀,一般应将耦合剂涂在被测材料的表面,但当测量温度较高时,耦合剂应涂在探头上。

(12)声速选择错误。测量工件前,根据材料种类预置其声速或根据标准块反测出声速。当用一种材料校正仪器后又去测量另一种材料时,将产生错误的结果。要求在测量前一定要正确识别材料,选择合适声速。

(13)应力的影响。在役设备、管道,大部分有应力存在,固体材料的应力状况对声速有一定的影响,当应力方向与传播方向一致时,若应力为压应力,则应力作用使工件弹性增加,声速加快;反之,若应力为拉应力,则声速减慢。当应力与波的传播方向不一致时,波动过程中质点振动轨迹受应力干扰,波的传播方向产生偏离。相关资料表明,一般应力增加,声速缓慢增加。

(14)金属表面氧化物或油漆覆盖层的影响。金属表面产生的致密氧化物或油漆防腐层,虽与基体材料结合紧密,无明显界面,但声速在两种物质中的传播速度是不同的,从而造成误差,且随覆盖物厚度不同,误差大小也不同。

6. 涂层厚度用仪器

涂层厚度是金属构件防腐层的重要指标。常用防腐层有镀锌层、镀铝层、高分子涂层、金属加高分子复合涂层。

1）磁性测量仪

采用磁感应原理,利用从测头经过非铁磁覆层而流入铁磁基体的磁通量大小,来测定覆层厚度。也可以测定与之对应的磁阻大小,来表示其覆层厚度。覆层越厚,则磁阻越大,磁通量越小。利用磁感应原理的测厚仪,原则上可以有导磁基体上的非导磁覆层厚度。一般要求基材磁导率在500以上。如果覆层材料也有磁性,则要求与基材的磁导率之差足够大(如钢上镀镍)。当软芯上绕着线圈的测头放在被测样本上时,仪器自动输出测试电流或测试信号。早期的产品采用指针式表头,测量感应电动势的大小,仪器将该信号放大后来指示覆层厚度。近年来的电路设计引入稳频、锁相、温度补偿等新技术,利用磁阻来调制测量信号。还采用专利设计的集成电路,引入微机,使测量精度和重现性有了大幅度的提高(几乎达一个数量级)。现代的磁感应测厚仪及磁吸力测厚仪的分辨率达 $0.1\mu m$,允许误差达1%,量程达10mm。

磁吸力测厚仪可用来精确测量钢铁表面的油漆层,瓷、搪瓷防护层,塑料、橡胶覆层,包括镍铬在内的各种有色金属电镀层,以及化工石油行业的各种防腐涂层。

2）电涡流测厚仪

高频交流信号在测头线圈中产生电磁场,测头靠近导体时,就在其中形成涡流。测头距离导电基体越近,则涡流越大,反射阻抗也越大。这个反馈作用量表征了测头与导电基体之间距离的大小,也就是导电基体上非导电覆层厚度的大小。由于这类测头专门测量非铁磁金属基材上的覆层厚度,所以通常称为非磁性测头。非磁性测头采用高频材料做线圈铁芯,例如铂镍合金或其他新材料。与磁感应原理比较,主要区别是测头不同,信号的频率不同,信号的大小、标度关系不同。与磁感应测厚仪一样,电涡流测厚仪也达到了分辨率 $0.1\mu m$、允许误差1%、量程10mm 的高水平。

采用电涡流原理的涂层测厚仪,原则上对所有导电体上的非导电体覆层均可测量,如航天航空器表面,车辆、家电、铝合金门窗及其他铝制品表面的漆,塑料涂层及阳极氧化膜。覆层材料有一定的导电性,通过校准同样也可测量,但要求两者的导电率之比至少相差3~5倍(如铜上镀铬)。虽然钢铁基体亦为导电体,但这类任务还是采用磁性原理测量较为合适。

第二节 材料力学

力学是研究物质机械运动规律的科学,是机械工程、土木工程、道路桥梁、航空航天工程、材料工程等的基础。力学具备完整的学科结构和体系,在人类的实践活动中无处不在,并且深刻地影响着人类的实践活动。本节侧重于介绍与交通工程检测和实践相关的材料力学基本概念。

一、力的定义

力是物体对物体的相互作用,力具有大小、方向、作用点。力的国际单位是牛顿,简称牛,符号为N。

力作用的结果可使物体的运动状态和形状与大小发生改变。交通工程检测中常见的有重力、拉力、压力、弯曲力、剪切力等。实践中需要注意重力与质量的区别。物体含有物质的多少叫质量,质量不随物体形状、状态、空间位置的改变而改变,是物体的基本属性,通常用 m 表示,在国际单位制中质量的单位是千克(kg),例如我们在对突起路标进行抗压荷载试验时,施加的是正向压力,当通过一质量为10kg的钢板加压时,应对试验结果进行修正,修正后的结果为:试验机示值(N) + 10×9.8(N),10kg 钢板产生了约98N 的压力加在了突起路标上。

二、材料力学

材料力学是机械类、土木类等各专业的基础,是固体力学的一个分支。材料力学主要研究构件和机械零件的强度、刚度和稳定性问题。通过研究构件在轴向拉伸或压缩、剪切、扭转和弯曲基本变形下的强度和刚度以及压杆的稳定性问题,逐步将研究内容由简单应力状态推广到复杂应力状态,由基本变形推广到组合变形,由静载问题推广到动载和疲劳问题。

材料力学的任务就是在满足强度、刚度和稳定性的条件下,以最经济的代价,为构件确定合理的形状和尺寸,选择适宜的材料,为构件设计提供必要的理论基础和计算方法。掌握材料力学的基本原理,有利于理解某些交通工程产品标准中所要求的检测方法和技术要求。

三、基本参数和原理

1. 外力和内力

来自构件外部的力称为外力。按照外力的作用方式可分为表面力和体积力。其中,表面力是作用于物体表面的力,又可分为分布力和集中力;体积力是连续分布于物体内部各点的力,例如物体的自重和惯性力等。

物体因受外力作用而变形,其内部各部分之间因相对位置改变而引起的相互作用称为内力。材料力学中的内力是指物体内部各部分之间因外力而引起的附加相互作用力,也称为"附加内力"。这样的内力随外力的增加而增大,达到某一限度时就会引起构件破坏,因而其与构件的强度是密切相关的。

2. 应力、应变和变形

材料构件单位面积所承受的力称为应力。

当材料构件在外力作用下不能产生位移时,它的几何形状和尺寸将发生变化,这种形变就称为应变。物体受力产生变形时,体内各点处变形程度一般并不相同,应变就是用以描述一点处变形程度的力学量。

材料受力后发生的变形分为弹性变形和塑性变形。当外力撤销后材料可以恢复原来形状的变形称为弹性变形;当外力撤销后材料不能恢复原来形状的变形称为塑性变形。

3. 正向应力与剪应力

同截面垂直的应力称为正应力或法向应力;同截面相切的应力称为剪应力或切应力。

应力会随着外力的增加而增长,对于某一种材料,应力的增长是有限度的,超过这一限度,材料就要破坏。对某种材料来说,应力可能达到的这个限度称为该种材料的极限应力。极限应力值要通过材料的力学试验来测定。

将测定的极限应力作适当降低,规定出材料能安全工作的应力最大值,这就是许用应力。材料要想安全使用,在使用时其内应力应低于它的极限应力;否则,材料就会在使用时发生破坏。

有些材料在工作时,其所受的外力不随时间而变化,这时其内部的应力大小不变,称为静应力;还有一些材料,其所受的外力随时间呈周期性变化,这时内部的应力也随时间呈周期性变化,称为交变应力。

材料在交变应力作用下发生的破坏称为疲劳破坏。通常材料承受的交变应力远小于其静载下的强度极限时,破坏就可能发生。另外,材料会由于截面尺寸改变而引起应力的局部增大,这种现象称为应力集中。对于组织均匀的脆性材料,应力集中将大大降低构件的强度,这在构件的设计时应特别注意。

4. 材料的力学性能

材料的力学性能是指材料在不同环境(温度、介质、湿度)下,承受各种外加荷载(拉伸、压缩、弯曲、扭转、冲击、交变应力等)时所表现出的力学特征。交通工程中常用的材料品种很多,但交通工程检测中力学性能试验主要以低碳钢材料的拉伸试验为主,故本节主要介绍低碳钢拉伸的力学性能。

低碳钢是指含碳量在0.3%以下的碳素钢。这类钢材在工程中使用较为广泛,而且在拉伸试验中表现出的力学性能也最为典型。《金属材料 拉伸试验 第1部分:室温试验方法》(GB/T 228.1—2021)对试件的形状、加工精度、试验条件等都有具体规定。试验时使试件受轴向拉伸,观察试件从开始受力直到拉断的全过程,了解试件受力与变形之间的关系,以测定材料力学性能各项指标。

试验时,将试件装在试验机上,受到缓慢增加的拉力作用。对应着每一个拉力 F,试件标距 l 有一个伸长量 Δl。表示 F 和 Δl 关系的曲线,称为拉伸图或 F-Δl 曲线,如图1-2-3所示。

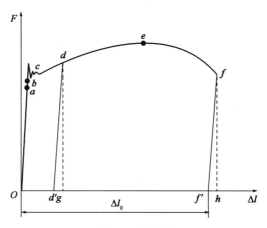

图1-2-3 拉伸图

F-Δl 曲线与试件尺寸有关。为了消除试件尺寸的影响,将拉力 F 除以试件横截面的原始面积 A,得出试件横截面上的正应力 $\sigma = F/A$。同时,将伸长量 Δl 除以标距的原始长度 l,得到试件在工作段内的应变 $\varepsilon = \Delta l/l$。σ 为纵坐标,ε 为横坐标,作图表示 σ 与 ε 的关系,称为应力-应变图或 σ-ε 曲线,如图1-2-4所示。

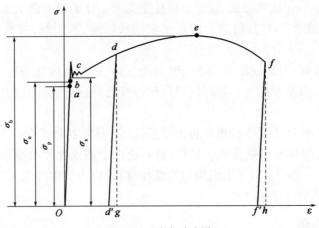

图 1-2-4 应力-应变图

根据试验结果，低碳钢的力学性能可分为以下几个阶段。

(1) 弹性阶段

由图 1-2-4 知，在拉伸的初始阶段，σ 与 ε 的关系为直线 Oa，这表示在这一阶段内 σ 与 ε 成正比，即：

$$\sigma \propto \varepsilon \qquad (1\text{-}2\text{-}1)$$

或者把它写成等式：

$$\sigma = E\varepsilon \qquad (1\text{-}2\text{-}2)$$

这就是拉伸时的胡克定律。式中 E 为与材料有关的比例常数，称为弹性模量。因为应变没有量纲，故 E 的量纲与 σ 相同，常用单位是吉帕，记为 GPa（$1\text{GPa} = 10^9\text{Pa}$）。由式（1-2-2）并从 $\sigma\text{-}\varepsilon$ 曲线的直线部分可以得到：

$$E = \frac{\sigma}{\varepsilon} = \tan(\alpha) \qquad (1\text{-}2\text{-}3)$$

所以 E 是直线 Oa 的斜率。直线 Oa 的最高点 a 所对应的应力，用 σ_p 来表示，称为比例极限。可见，当应力低于比例极限时，应力与应变成正比，材料服从胡克定律。

超过比例极限后，从 a 点到 b 点，σ 与 ε 之间的关系不再是直线，但解除拉力后变形仍可完全消失，这种变形称为弹性变形。b 点所对应的应力 σ_e 是材料只出现弹性变形的极限值，称为弹性极限。在 $\sigma\text{-}\varepsilon$ 曲线上，a、b 两点非常接近，所以工程上对弹性极限和比例极限并不严格加以区分。

在应力大于弹性极限后，如再解除拉力，则试件变形的一部分随之消失，这就是上面提到的弹性变形；但还遗留下一部分不能消失的变形，这种变形即为塑性变形。

(2) 屈服阶段

当应力超过 b 点增加到某一数值时，应变有非常明显的增加，而应力先是下降，然后做微小的波动，在 $\sigma\text{-}\varepsilon$ 曲线上出现接近水平线的小锯齿形线段。这种应力基本保持不变，而应变显著增加的现象，称为屈服或流动。在屈服阶段内的最高应力和最低应力分别称为上屈服极限和下屈服极限。上屈服极限的数值与试件形状、加载速度等因素有关，一般是不稳定的。下屈服极限则有比较稳定的数值，能够反映材料的性能。通常把下屈服极限称为屈服极限，用 σ_s

来表示。

表面磨光的试件屈服时,表面将出现与轴线大致成45°倾角的条纹(图1-2-5)这是由于材料内部晶格之间相对滑动而形成的,称为滑移线。因为拉伸时在与杆轴成45°倾角的斜截面上,切应力为最大值,可见屈服现象的出现与最大切应力有关。

材料屈服表现为显著的塑性变形,而零件的塑性变形将影响机器的正常工作,所以屈服极限是衡量材料强度的重要指标。

(3) 强化阶段

经过屈服阶段后,材料又恢复了对变形的抵抗能力,要使其继续变形必须增加拉力。这种现象称为材料的强化。在图1-2-4中,强化阶段中的最高点 e 所对应的应力 σ_b 是材料所能承受的最大应力,称为强度极限。它是衡量材料强度的另一重要指标。在强化阶段中,试件的横向尺寸有明显的缩小。

(4) 局部变形阶段

过 e 点后,在试件的某一局部范围内,横向尺寸突然急剧缩小,形成颈缩现象(图1-2-6)。由于在颈缩部分横截面面积迅速减小,试件尺寸继续伸长所需要的拉力也相应减小。在 σ-ε 曲线中,用横截面原始面积 A 计算出的应力 $\sigma = \dfrac{F}{A}$ 随之下降,降到 f 点时,试件被拉断。

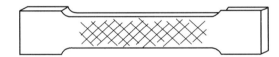

图1-2-5　试件屈服现象示意图　　　　图1-2-6　试件颈缩现象示意图

(5) 延伸率和断面收缩率

试件拉断后,由于保留了塑性变形,试件长度由原来的 l 变为 l_1。用百分比二者比值称为延伸率,用百分比表示如下:

$$\delta = \frac{l_1 - l}{l} \times 100\% \tag{1-2-4}$$

试件的塑性变形($l_1 - l$)越大,δ 也就越大。因此,延伸率是衡量材料塑性的指标。低碳钢的延伸率很高,其平均值为20%~30%,这说明低碳钢的塑性性能很好。

工程上通常按延伸率的大小把材料分成两大类:把 $\delta > 5\%$ 的材料称为塑性材料,如碳钢、黄铜、铝合金等;而把 $\delta < 5\%$ 的材料称为脆性材料,如灰铸铁、玻璃、陶瓷等。

原始横截面面积为 A 的试件,拉断后颈缩处的最小截面面积变为 A_1。二者比值称为断面收缩率,用百分比表示如下:

$$\phi = \frac{A - A_1}{A} \times 100\% \tag{1-2-5}$$

式中:ϕ——衡量材料塑性的指标。

(6) 卸载定律及冷作硬化

如把试件拉到超过屈服极限的 d 点(图1-2-4),然后逐渐卸除拉力,σ-ε 曲线将沿斜直线 dd' 回到 d' 点,斜直线 dd' 近似平行于 Oa。这说明,在卸载过程中,应力和应变按直线规律变化,这就是卸载定律。拉力完全卸除后,应力-应变图中,$d'g$ 表示消失了的弹性变形,而 Od' 表

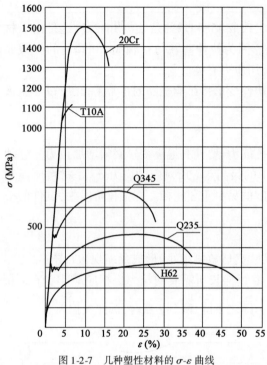

图1-2-7 几种塑性材料的 σ-ε 曲线

示不再消失的塑性变形。几种塑性材料的 σ-ε 曲线如图1-2-7所示。

卸载后,如在短期内再次加载,则应力和应变大致上沿卸载时的斜直线 dd' 变化,直到 d 点后,又沿曲线 def 变化。可见,再次加载时,直到 d 点以前材料的变形是线性的,过 d 点后才开始出现塑性变形。比较图1-2-4中的 $Oabcdef$ 和 $d'def$ 两条曲线,可以看见在第二次加载时,其比例极限(即弹性阶段)得到了提高,但塑性变形和延伸率却有所下降,这种现象称为冷作硬化。冷作硬化现象经退火后可以消除。

工程上经常利用冷作硬化来提高材料的弹性极限。例如,起重用的钢索和建筑用的钢筋,常用冷拔工艺以提高强度。另外,零件初加工后,由于冷作硬化使材料变脆变硬,给下一步加工造成困难,且容易产生裂纹,往往需要在工序之间安排退火,以消除冷作硬化的影响。

5. 失效、许用应力与强度条件

1)失效

由脆性材料制成的构件,在拉力作用下,当变形很小时就会突然断裂。塑性材料制成的构件,在拉断之前先已出现塑性变形,由于不能保持原有的形状和尺寸,它已不能正常工作。断裂和出现塑性变形统称为失效。

2)极限应力和许用应力

由试验可知,对于脆性材料,当应力达到其强度极限 σ_b 时,构件会断裂而受破坏;对于塑性材料,当应力达到屈服极限 σ_s 时,将产生显著的塑性变形,常会使构件不能正常工作。工程中,把构件断裂或出现显著的塑性变形统称为破坏。材料破坏时的应力称为极限应力,用 σ_0 表示。为保证有足够的安全程度,将极限应力除以大于1的系数 n 作为材料的许用应力。

3)强度条件

当受拉或受压杆件横截面上的最大应力不大于许用应力时,杆件就可以安全正常地进行工作,用公式表示为:

$$\sigma_{max} = \left(\frac{F_N}{A}\right)_{max} \leq [\sigma] \tag{1-2-6}$$

四、力学用仪器设备

交通工程设施力学性能测量精度较高,因材料要求不同,控制方式不同,拉伸速度范围很宽,为 1~500mm/min。一般要求配置电子万能材料试验机才能完成试验任务。

电子万能试验机一般由驱动单元(电动机等)、传动单元(滚珠丝杠、减速机等)控制单元(测控软件、硬件等)和测量单元(力值传感器)构成。

选用注意事项如下:

1. 量程范围

拉力范围的不同,决定了所使用传感器的不同,也就决定了拉力机的结构,但此项对价格的影响不大(门式除外)。交通工程试验用小力值的拉力约为 100N,大力值约为 1000kN。

2. 试验行程的问题

行程在 600~1500mm 即可。材料伸长率超过 1000% 的,可以选用行程为 1000mm 或 1200mm。

3. 标准配置问题

智能化的基本配置:主机、传感器、微型计算机、打印机。如果微型计算机功能强,可以直接打印,另外,也可配备普通计算机,可进行复杂的数据分析,如数据编辑、局部放大、可调整报告形式、进行成组式样的统计分析等。传感器配光电感应是其中比较先进的技术,一般可用 10 万次以上。

4. 输出结果

试验结果输出可任意设置为最大力值、伸长率、抗拉强度、定力伸长、定伸长力值、屈服强度、弹性模量、最大试验力 8 项。这可以说是微型计算机操作时,输出的最全面的结果。国外一些厂家的产品,一般可以输出这 8 项。国内有的厂家可以输出 5~6 项,有的厂家就只能输出最大力值、平均值、最小值 3 项。

5. 可做测量项目

拉力机一般要求一机多用,即在配备不同夹具的基础上,可做拉伸、压缩、弯曲、撕裂、剪切、180°剥离、90°剥离试验。

市场上有一些高档拉力机除以上项目外,因其传感器精度高(有的达到 1/350000)还可以测试摩擦系数。

6. 产品机械装置主要配置

传动:有丝杠传动和齿条传动。前者昂贵,用于高精度、测试重复性高的传动;后者便宜,用于低精度、测试重复性低的传动。

丝杠对精度测量具有决定作用。常用的有滚珠丝杠、梯形丝杠、一般丝杠。其中,滚珠丝杠的精确度最高,但是其性能的发挥要靠计算机伺服系统操作,整套价格也比较昂贵。采用一般丝杠和梯形丝杠就可以达到 0.1%~1% 的精度。

7. 试验速度

一般配置电拉或选用伺服系统,调速范围在 1~500mm/min 就足够了,这样既不影响精度,价格又在合理范围之内。

8. 测量精度

精度包括测力精度、速度精度、变形精度、位移精度。精度值一般指负荷传感器的精度达到 ±0.5% 或 1%，即达到 0.5 级或 1 级。

第三节 化　　学

化学是研究物质的组成、结构、性质及化学变化规律的科学。作为一门重要的基础学科，化学渗透在日常生活中的方方面面，本节仅简要介绍交通工程检测中涉及的化学方面的基本概念和基础知识。

一、化学实验基础知识

1. 化学实验安全规则

(1) 必须了解实验的环境，熟悉水、电、急救箱和消防用品等的放置地点和使用方法。离开实验室前，仔细检查水、电是否关好。

(2) 实验室内药品严禁任意混合，更不能尝试其味道，以免发生事故。注意试剂、溶剂的瓶盖、瓶塞不能搞错。

(3) 绝对禁止在实验室内饮食、吸烟。使用有毒试剂(如氟化物、氰化物、铅盐、钡盐、六价铬盐、汞的化合物和砷的化合物等)时，严防其进入口内或接触伤口，剩余药品或废液不得倒入下水道或废液缸内，应倒入回收瓶中集中处理。

(4) 当产生 H_2S、CO、Cl_2、SO_2 等有毒的、恶臭的、有刺激性的气体时，应该在通风橱内进行操作。

(5) 有机溶剂(如乙醇、苯、丙酮、乙醚等)易燃，使用时要远离火源。应防止易燃有机物的蒸气外逸，切勿将易燃有机溶剂倒入废液缸，更不能用开口容器(如烧杯)盛放有机溶剂，不可用火直接加热装有易燃有机溶剂的烧瓶。回流或蒸馏液体时应放沸石，以防止液体过热暴沸而冲出，引起火灾。

(6) 使用具有强腐蚀性的浓酸、浓碱、溴、洗液时，应避免接触皮肤和溅在衣服上，更要注意保护眼睛，需要时应配备防护眼镜。

(7) 加热、浓缩液体的操作要十分小心，不能俯视正在加热的液体，以免溅出的液体把眼、脸灼伤。加热试管中的液体时，不能将试管口对着人。当需要借助于嗅觉鉴别少量气体时，绝不能用鼻子直接对准瓶口或试管口嗅闻气体，而应用手把少量气体轻轻地扇向鼻孔进行嗅闻。

(8) 使用电器设备时，不要用湿手接触设备，以防触电，用后切断电源。

2. 化学实验意外事故的处理

(1) 割伤：伤口内若有异物，应先取出，涂上红药水或创可贴，必要时送医院救治。

(2) 烫伤：切勿用水冲洗，更不要把烫起的水泡挑破，可在烫伤处涂上烫伤膏。

(3) 酸(或碱)伤：酸或碱洒到皮肤上时，先用大量水冲洗，再用饱和碳酸氢钠(或2%乙酸溶液)冲洗,最后再用水冲洗,涂敷氧化锌软膏(或硼酸软膏)。

(4)酸(或碱)溅入眼内,应立即用大量水冲洗,再用2% $Na_2B_4O_7$ 溶液(或3%硼酸溶液)冲洗眼睛,然后用蒸馏水冲洗。

(5)溴腐伤:先用 C_2H_5OH 或10% $Na_2S_2O_3$ 溶液洗涤伤口,然后用水冲净,并涂敷甘油。

(6)在吸入刺激性或有毒气体,如煤气、硫化氢、溴蒸气、氯气、氯化氢时,应立即到室外呼吸新鲜空气。

(7)遇毒物误入口内时,立即用手指伸入咽喉部,促使呕吐,然后立即送医院治疗。

(8)不慎触电时,立即切断电源,必要时进行人工呼吸。

总之,发生意外事故后,除了进行必要的临时性处理,还要及时送往医院救治。

3. 试剂存放要求

(1)化学试剂按其纯度和杂质含量的高低分为四种等级,如表1-2-3所示。

化学试剂的级别　　　　　表1-2-3

试剂级别	保证试剂(G.R.)	分析纯试剂(A.R.)	化学纯试剂(C.P.)	实验试剂(L.R.)
	一级	二级	三级	四级
标签颜色	绿色	红色	蓝色	棕色或黄色

(2)化学试剂的存放。

固体试剂一般存放在易于取用的广口瓶内,液体试剂存放于细口的试剂瓶中。一些用量小而使用频繁的试剂可盛装在滴瓶中。见光易分解的试剂一般存放在棕色瓶中。试剂瓶的瓶盖一般都是磨口的,但盛强碱性试剂(如NaOH)溶液的瓶塞应换成橡皮塞,以免长期放置互相粘连。易腐蚀玻璃的试剂(如氟化物等)应保存在塑料瓶中。

对于易燃、易爆、强腐蚀性、强氧化剂及剧毒品的存放应特别加以注意,一般需要分类单独存放,如强氧化剂要与易燃、可燃物分开隔离存放。低沸点的易燃液体要求在阴凉、通风的地方存放,并与其他可燃物和易产生火花的器物隔离放置,更要远离明火。闪点在 -4℃以下的液体(如石油醚、苯、乙酸乙酯、丙酮、乙醚等)理想的存放温度为 $-4\sim4$℃;闪点在25℃以下的物质(如甲苯、乙醇、丁酮、吡啶等)的存放温度不得超过30℃。

盛装试剂的试剂瓶都应贴上标签,并写明试剂的名称、纯度、浓度和配制日期,标签外面可涂蜡或用透明胶带等保护。

4. 三废处理

在化学实验中会产生各种有毒的废气、废液和废渣,常称为三废。三废应进行特殊的处理。有毒的废渣应深埋在指定的地点,有回收价值的废渣应该回收利用。

(1)有毒废气的排放:当做会产生有毒气体的实验时,应在通风橱中进行,应尽量安装气体吸收装置来吸收这些气体,然后进行处理。例如卤化氢、二氧化硫等酸性气体需用氢氧化钠水溶液吸收后排放。碱性气体用酸溶液吸收后排放,CO可点燃转化为 CO_2 气体后排放。

(2)废酸和废碱溶液:经过中和处理,使pH值在6~8范围内,并用大量水稀释后方可排放。

(3) 含镉废液:加入消石灰等碱性试剂,使所含的金属离子形成氢氧化物沉淀而除去。

(4) 含六价铬化合物:在铬酸废液中,加入 $FeSO_4$、亚硫酸钠,使其变成三价铬后,再加入 NaOH(或 Na_2CO_3)等碱性试剂,调整 pH 值在 6~8 范围内时,使三价铬形成氢氧化铬沉淀后再除去。

(5) 含氰化物的废液:方法一为氯碱法,即将废液调节成碱性后,通入氯气或次氯酸钠,使氰化物分解成二氧化碳和氮气而除去;方法二为铁蓝法,将含有氰化物的废液中加入硫酸亚铁,使其变成氰化亚铁沉淀除去。

(6) 含汞及其化合物:有较多的方法,其中一种为离子交换法,此法处理效率高,但成本也较高,所以少量含汞废液的处理不适宜用此方法。通常处理少量含汞废液采用化学沉淀法,即在含汞废液中加入 Na_2S,使其生成难溶的 HgS 沉淀而除去。

(7) 含铅盐及重金属的废液:方法为在废液中加入 Na_2S(或 NaOH),使铅盐及重金属离子生成难溶性的硫化物(或氢氧化物)而除去。

(8) 含砷及其化合物:在废液中鼓入空气的同时加入硫酸亚铁,然后使用氢氧化钠将 pH 值调整至 9。这时砷化合物就和氢氧化铁与具有难溶性的亚砷酸钠或砷酸钠产生共沉淀,经过滤除去。另外,还可用硫化物沉淀法,即在废液中加入 H_2S 或 Na_2S,使其生成硫化砷沉淀而除去。

二、交通工程检测中常用的化学试剂及配置方法

1. 交通工程检测中常用的化学试剂

化学试剂主要在交通安全设施产品检测中有所应用,其中主要的化学试剂有如表 1-2-4 所示的几种。

交通工程检测中常用的化学试剂或溶剂　　　　表 1-2-4

序号	试验	产品	试剂或溶剂
1	耐溶剂	反光膜	汽油、乙醇
		防眩板	H_2SO_4、NaOH、90 号汽油
		太阳能突起路标	93 号无铅汽油
2	耐盐雾腐蚀	交通工程产品	NaCl 溶液、蒸馏水或去离子水 pH 值调节:盐酸、氢氧化钠或碳酸氢钠(分析纯)
3	金属涂层附着量	热镀锌、锌铝合金及铝锌合金	清洗:苯、三氯化烯或四氯化碳、乙醇
			溶液配制:六次甲基四胺、浓盐酸
		热镀铝	清洗:苯、石油苯、三氯化烯或四氯化碳、乙醇
			溶液配制:氢氧化钠(化学纯)、水
4	镀锌(锌铝合金)层均匀性	隔离栅	硫酸铜
5	不粘胎干燥时间	标线涂料	丙酮或甲乙酮

续上表

序号	试 验	产 品	试剂或溶剂
6	耐水性	标线涂料、玻璃钢防眩板	蒸馏水或去离子水
		玻璃珠	蒸馏水、酚酞、盐酸(0.01mol/L)
7	耐碱性	标线涂料	氢氧化钙饱和溶液
8	玻璃珠含量	标线涂料	醋酸乙酯、二甲苯、丙酮、稀硫酸(或与稀盐酸混合液)、乙醇
9	密度	玻璃珠	蒸馏水或去离子水、二甲苯(化学纯)
10	折射率	玻璃珠	已知折射率的液体

2. 常用溶剂及试剂的取用

1）蒸馏水

将自来水(或天然水)蒸发成水蒸气,再通过冷凝器将水蒸气冷凝下来,所得到的水就叫蒸馏水。由于可溶性盐不挥发而留在剩余的水中,所以蒸馏水就纯净得多。一般水的纯度可用电阻率(或电导率)的大小来衡量,电阻率越高或电导率越低(电阻率与电导率互为倒数),说明水的纯度越高。蒸馏水在室温下的电阻率约为 $10^5\Omega \cdot cm$,而自来水一般约为 $1.3 \times 10^3\Omega \cdot cm$。

2）去离子水

自来水经过离子交换树脂处理后,称为离子交换水。由于溶于水中的杂质离子被去除,所以又称为去离子水。

3）固体试剂的取用

取用固体试剂一般使用牛角匙(或不锈钢药匙、塑料匙等)。牛角匙两端为大小两个匙,取用固体量大时用大匙,取用量小时用小匙。牛角匙使用时必须干净且专匙专用。

要称取一定量固体试剂时,可将试剂放到纸上及表面皿等干燥洁净的玻璃容器或者称量瓶内,根据要求在天平上称量。称量具有腐蚀性或易潮解的试剂时,不能放在纸上,应放在表面皿等玻璃容器内。

颗粒较大的固体应在研钵中研碎,研钵中所盛固体量不得超过容积的1/3。

4）液体试剂的取用

（1）从细口试剂瓶中取用试剂的方法

取下瓶塞,左手拿住容器(如试管、量筒等),右手握住试剂瓶(试剂瓶的标签应向着手心),倒出所需量的试剂,如图1-2-8所示。倒完后应将瓶口在容器内壁上靠一下(特别注意处理好"最后一滴试液"),再使瓶子竖直,以避免液滴沿试剂瓶外壁流下。

将液体试剂倒入烧杯时,亦可用右手握试剂瓶,左手拿玻璃棒,使玻璃棒的下端斜靠在烧杯中,将瓶口靠在玻璃棒上,使液体沿着玻璃棒往下流,如图1-2-9所示。

（2）用滴瓶取用少量试剂的方法

先提起滴管,使管口离开液面,用手指捏紧滴管上部的橡皮头排去空气,再把滴管伸入试剂瓶中吸取试剂。往试管中滴加试剂时,只能把滴管尖头放在试管口的上方滴加,如图1-2-10所示,严禁将滴管伸入试管内。一个滴瓶上的滴管不能用来移取其他试剂瓶中的试剂,也不能用自己的滴管伸入公用试剂瓶中去吸取试剂,以免污染试剂。

图1-2-8 往试管倒取试剂　　图1-2-9 往烧杯倒入试剂　　图1-2-10 往试管滴加液体

三、交通工程检测中的一些化学操作

1. 酸碱滴定

酸碱滴定法是基于酸碱反应的滴定分析方法,也称中和滴定法。在酸碱滴定中,滴定剂一般是强酸或强碱,如盐酸、氢氧化钠等;被滴定的是各种具有碱性或酸性的物质。酸碱滴定法根据消耗的已知浓度的滴定剂的体积确定被滴定溶液中的酸性物质或碱性物质的量。

为确定滴定剂与被滴定溶液反应的终点,需要事先在被滴定溶液中加入酸碱指示剂。酸碱指示剂一般是弱的有机酸或有机碱,它的酸式和共轭碱式具有明显不同的颜色。当溶液的pH改变时,指示剂失去质子由酸式转变为碱式,或得到质子由碱式转化为酸式,发生明显的颜色变化,指示滴定终点。以酚酞为例,其在碱性溶液中为红色的醌式结构,在酸性溶液中转变为无色。

酸碱滴定法滴定终点判定受溶液温度影响,所以滴定时溶液温度应符合规范要求。

2. 耐阴极剥离试验

防腐的钢构件由于防腐层存在的局部缺陷,在阴极电流的作用下,缺陷位置发生阴极反应,导致防腐层失去附着力,进而从金属表面分离,称为阴极剥离。

耐阴极剥离试验采用实验室加速模拟试验的方法,将防腐层金属基体作为阴极,在防腐层上制造人为缺陷(盲孔),用 NaCl 溶液作为电解液,通过外加电流模拟阴极保护电流,在一定温度作用一定时间之后,测定人为缺陷孔处防腐层的剥离距离,以平均剥离距离作为评价指标,试验装置如图1-2-11所示。

耐阴极剥离试验过程需要监控电压和温度。剥离距离测量时,可以通过在试样未浸没区域上钻一个对比孔,用来作为人为缺陷孔在试验后撬剥操作的参照,以此来确定人为缺陷孔周围的防腐层比对比孔更易剥离,从而确定剥离距离。

3. 缓蚀剂

缓蚀剂是一种以适当的浓度和形式存在于环境(介质)中时,可以防止或减缓腐蚀的化学物质或几种化学物质的混合物。通常,缓蚀剂用在金属表面起防护作用,加入微量或少量这类化学物质可使金属材料在该介质中的腐蚀速度明显降低直至为零。缓蚀剂的缓蚀效果与它的使用浓度以及介质的pH值、温度、流速等密切相关。

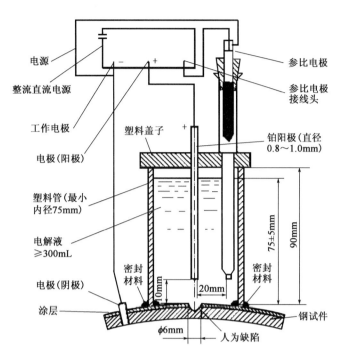

图 1-2-11 耐阴极剥离试验过程图

由于盐酸与锌、铝、铁均可以发生剧烈反应,所以在用重量法测定镀锌(锌铝合金)层附着量的试验中需加入六次甲基四胺阻止试验溶液与钢材基体的反应,且要求试验中应保持试验溶液温度不高于38℃。

4. 耐液体化学试剂(介质)性能

在交通工程专项资质中有一类参数是通过将试样浸泡在化学试剂中,经过一定时间后检查或测试试样的性能变化。该类反应通过考察化学试剂与样品表面发生物理、化学作用引起样品性状变化的速度和程度评判样品质量。为保证试验的重现性,相关标准对试验条件做了规定,避免体系温度对反应速度的影响以及化学试剂与样品表面反应引起的成分及浓度变化影响试验结果。

《塑料 耐液体化学试剂性能的测定》(GB/T 11547—2008)中要求:

浸泡温度不大于100℃时,允许偏差±2℃;浸泡温度大于100℃时,允许偏差±3℃。

为避免试验过程中试液中被提取物质浓度增大,所用试液量按照试样的总表面积计算,每平方厘米不少于8mL的试液。试样应完全浸泡于试液当中(必要时可系重物)。允许将成分相同的几组试样浸泡于同一容器中。试样表面不允许相互接触,也不允许与容器壁及所系重物有所接触。

浸泡过程中,每24h至少搅动试液一次。试验时间超过7d时,每到第7d应更换等量新配试液。

《玻璃纤维增强热固性塑料耐化学介质性能试验方法》(GB/T 3857—2017)中要求:

恒温槽温度控制精度±2℃。

将试样浸没在化学介质中,试样应垂直于水平面,互相平行,间距至少为6.5mm,试样边缘与容器或液面的间隔至少为 13mm。

定期检查试验介质，确保试样全部浸入化学介质中，并与液面间隔至少 13mm；必要时应更换新鲜的试验介质，对易挥发或不稳定的试验介质需要增加更换次数。

第四节 光　　学

光是动植物乃至自然界赖以生存和发展的重要物质，光学是研究光的行为和性质，以及光和物质相互作用的物理学科，人类从外界获取的信息有 70% 以上来自于光。近代科学实践证明，光是个十分复杂的客体。对于它的本质问题，只能用它所表现的性质和规律来回答：光的某些方面的行为像经典的"波动"，另一方面的行为却像经典的"粒子"。这就是"光的波粒二象性学说"，任何经典的概念都不能完全概括光的本性。

现代光学已扩展到从微波、红外线、可见光、紫外线直到 X 射线的宽广波段范围内，关于电磁辐射的发生、传播、接收和显示，以及跟物质相互作用的全波段电磁波的研究。

交通标志标线和诱导设施的主要功能就是向人眼传递清晰的光学信息，本节主要介绍交通安全设施和机电工程设施中经常用到的一些光学基础知识。

一、光的基本知识

光是能量的一种形式，其本质上是电磁波，任何一个光源都属于电磁波辐射源。

能对人的视觉产生刺激并能被人眼所感受的电磁波称为可见光，波长范围在 380～780nm，不同波长的可见光具有不同的颜色，在光谱（如图 1-2-12 所示）上从右到左的颜色依次为红、橙、黄、绿、青、蓝、紫。在电磁波谱中与可见光波段衔接的，短波一侧是紫外线（又可进一步分为近紫外线、远紫外线和真空紫外线），长波一侧是红外线（又可进一步分为远红外线、中红外线和近红外线）。

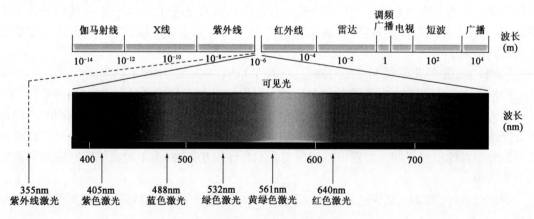

图 1-2-12　电磁波谱及可见光谱

光在同一介质中是沿直线传播的，在真空中的传播速度近似为 $c = 3 \times 10^8$ m/s，在其他介质中的传播速度均小于真空中的传播速度。其在水中的传播速度约是真空中的 3/4。

二、光度学参数

道路照明和隧道照明涉及辐射度学的内容。辐射度学主要研究电磁波辐射的测试、计量和计算,其在可见光范围内称为光度学。光度学指标是道路照明和隧道照明的基础性指标。

1. 辐射通量

以电磁波形式发射、传输和接收的能量统称为辐射能,用 Q_e 表示;单位时间内通过某特定区域或某立体角的辐射能称为辐射通量,用 φ_e 表示。辐射能与辐射通量的关系为:

$$\varphi_e = \frac{dQ_e}{d_t} \tag{1-2-7}$$

2. 光通量

研究表明,在明视觉状态下,当辐射通量相同时,人眼对不同波长可见光的灵敏度不同,对波长为 555nm 的黄绿色光的灵敏度最高,也就是说当辐射的能量相同时,人眼感觉波长为 555nm 的黄绿色光最亮,其对人眼的刺激程度最大。

人眼对各种波长的平均相对灵敏度,称为光谱光效函数或视见函数 $V(\lambda)$。

光通量是用"标准人眼"来度量的辐射通量,即人眼主观感受到的客观物理量。它等于辐射通量与光谱光效函数 $V(\lambda)$ 的乘积。

光通量的单位是流明,符号为 lm。流明是发光强度为 1 坎德拉的均匀点光源,在 1 球面度立体角内发射的光通量。

光通量是每单位时间到达、离开或通过曲面的光能的数量。如果将光作为穿越空间的粒子(光子),那么,到达曲面的光束的光通量与 1s 时间间隔内撞击曲面的粒子数成一定比例。

因为 1 单位立体角内发射 1 流明的光,光强为 1 坎德拉。sr 为球面度,是立体角的单位。立体角的最大数值为 4π 球面度。如果一只 40W 普通白炽灯的光通量为 350lm,则它的平均光强为:

$$\frac{350 \text{lm}}{4\pi sr} = 28 \text{cd} \tag{1-2-8}$$

需要注意的是,光源的光通量大小与灯具的光通量大小是不同的,光源的光通量只是光源本身的光通量,而灯具的光通量是光源及壳体组成灯具后测得的。由于灯具反射器或者透镜的反射损失,光源的光通量一般大于灯具的光通量。例如,一盏额定功率为 100W 的高压钠灯输出的光通量约为 7000lm,高压钠灯光源本身的光通量约为 11000lm。

3. 辐照度

辐照度表示受照面单位面积上接受的辐射通量,用 E_e 表示,表达式为:

$$E_e = \frac{\varphi_e}{dA} \tag{1-2-9}$$

式中:dA——面元。

4. 光强

光源在三维空间内发出的光通量具有不均匀性。因此,采用参数光强 I 来表示光源在不同方向上光通量的分布特征,它表示点光源或面光源上面元 dA 在单位立体角 dΩ 内所辐射的光通量 dφ。

5. S/P 值

在不同的视觉状态下,人眼对光的敏感度是不同的,S/P 值表示采用人眼暗视觉状态下的光谱光效函数 $V'(\lambda)$ 计算的光源光通量与采用人眼明视觉状态下的光谱光效函数 $V(\lambda)$ 计算的光源光通量的比值。作为光源的特性参数,光源的 S/P 值越高,光源在中间视觉和暗视觉中的光效就越高,对暗环境下的照明越有利。传统高压钠灯的 S/P 值较低,一般小于 1;LED 灯具、荧光灯等类型光源的 S/P 值较高,一般情况下等于或者大于 1;蓝光成分较多的 LED 灯具的 S/P 值能达到 2。

在隧道的中间段,人眼的视觉处于中间视觉范畴,采用 S/P 值较高的 LED 灯具,在消耗同样电能的条件下,驾驶者能够感知到亮度等级较高的照明,有利于行车安全和节能。

6. 色温

假定某一纯黑物体能够将落在其上的所有热量吸收而没有反射出去,同时又能将热量转换为光,全部以"光"的形式释放出来,当其发射的光的颜色与某个光源所发射的光的颜色相同时,这个黑体加热的温度称为该光源的颜色温度,简称色温,通常用热力学温度(K)表示。色温是表示光源光谱质量最通用的指标。

白炽灯的辐射光谱与黑体比较接近,色品坐标点基本处于黑体轨迹上;而白炽灯以外的其他光源,如 LED 灯具等,其光谱分布与黑体相差较远,相对光谱功率分布所决定的色品坐标不一定准确地落在色品图的黑体温度轨迹上,只能用光源与黑体轨迹最近的颜色来确定该光源的色温,称为相关色温(correlated color temperature,CCT)。

色温(或相关色温)在 3300K 以下的光源,颜色偏红,给人一种温暖的感觉。色温超过 5300K 时,颜色偏蓝,给人一种清冷的感觉。通常气温较高的地区,人们多采用色温高于 4000K 的光源,而气温较低的地区则多用 4000K 以下的光源。

7. 显色性

太阳光和白炽灯均辐射连续光谱,在可见光的波长范围内(380~780nm),包含着红、橙、黄、绿、青、蓝、紫等各种色光。物体在太阳光和白炽灯的照射下,显示出它的真实颜色,但当物体在非连续光谱的气体放电灯的照射下,颜色就会有不同程度的失真。我们把光源对物体真实颜色的呈现程度称为光源的显色性。

为了对光源的显色性进行定量的评价,引入显色指数的概念。以标准光源为准,将其显色指数定为 100,其余光源的显色指数均低于 100。显色指数用 R_a 表示,R_a 值越大,光源的显色性越好。

三、道路照明质量参数

1. 照度

照度表示光源投射到物体表面单位面积上的光通量,单位为勒克斯(lx),其表达式为:

$$E = \frac{d_\varphi}{dA} \tag{1-2-10}$$

当入射角度不垂直于入射面时,照度的大小遵循朗伯余弦定律,即物体表面的照度大小等于光通量除以面积和入射角余弦的乘积。

照度因所在平面或者曲面不同分为水平照度、垂直照度、柱面照度和半柱面照度。照度是客观、可精确测量的物理量,与观察者的观察方向和位置无关,通常作为道路照明质量评价标准之一。

2. 亮度

亮度是表示人眼感受物体表面反射光强弱的物理量,也表示从物体表面反射出的在特定方向上单位立体角内的光通量,单位为坎德拉/平方米(cd/m^3)。物体表面的亮度主要与以下三个因素相关。

(1) 投射在物体表面的光通量。
(2) 物体表面的反射率。
(3) 观察方向或者角度。

亮度和照度都可以作为道路照明质量的评价指标,但是亮度和照度有本质的不同。亮度与照度的关系如图 1-2-13 所示,路面上 A 点和 B 点的照度相同,当路面的镜面反射特性较强时,B 点的亮度要低于 A 点的亮度。照度与观察者的位置、观察方向无关,一般用于室内观察者的位置和观察角度经常变化的场所的照明质量评价,如办公区、体育场和生产车间等。亮度大小与灯具的光强分布、观察面的反射率、观察者的位置和方向相关。在道路驾驶中,驾驶者的视线夹角与前方路面的角度基本固定,一般为 0.5°~2°,路面亮度的高低取决于经路面反射后的光线进入驾驶者眼睛的多少,因此亮度指标更适合用于隧道照明质量的评价。

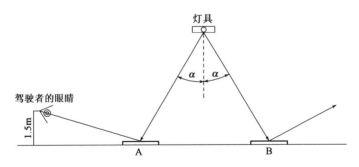

图 1-2-13 亮度和照度的关系

3. 对比度

目标物能否被看见或者是否看得清晰、明确,不仅与观察者的视力条件相关,还与目标物本身的物理条件和环境相关。目标物与背景之间必须在亮度和颜色上与所在的背景有一定的差别,物体才能被人眼觉察到,即物体与背景之间必须有一定的对比度。

人眼能够觉察到的目标物与背景之间最小的对比度称为阈值对比度。影响阈值对比度的因素有背景亮度等级、眩光程度、视角大小、观察时间长短和观察者的年龄等。阈值对比度随着背景亮度的增加和目标物视角的增大而降低。

4. 可见度

1946年Blackwell提出采用真实对比度与阈值对比度的比值大小来衡量目标物的可见度，国际照明委员会在1972年的19号技术报告中引入了这一概念。可见度在形式上只与对比度相关。但实际上它是视角、背景亮度和对比度三个参数的函数。

与亮度和照度两个指标相比，可见度更适合用于评估道路照明系统的好坏。因为它更直接地体现了驾驶者的视觉表现。

5. 光幕亮度

光幕亮度是失能眩光的重要影响因素之一。光幕亮度的大小表征叠加到人的视网膜上的白色光幕程度，它是由射入到人眼零散的光线造成的(2°视角以外的光线)。

6. 眩光

按照国际照明委员会的定义，眩光是一种视觉条件，这种条件的形成是因为视野中的亮度分布不适当，或视野内亮度变化的幅度太大，或在空间、时间上存在极端的亮度对比，引起观察者不舒适或降低观察目标物的能力，或同时产生这两种现象。

根据眩光产生的后果主要归结为三种类型：不适型眩光、光适应型眩光和失能型眩光。

不适型眩光是指在某些太亮的环境下感觉到的不适，例如坐在强太阳光下看书或在一间漆黑的房子里看高亮度的电视，当人眼的视野必须在亮度相差很大的环境中相互转换时，就会感到不适。这种不舒服的情况会引起眼的一种逃避动作而使视力下降。

光适应型眩光是指当人从黑暗的电影院(或地下隧道)走入阳光下双眼视觉下降的一种现象。主要原因是由于强烈的眩光源在人眼的视网膜上形成中央暗点，引起长时间的视物不清。当某些人患有眼底疾病(尤其是黄斑病变)时，由于视网膜上光感受细胞的明适应功能受到损害，对这种眩光的反应会更重。

失能型眩光是指由于周边凌乱的眩光源引起人眼视网膜像对比度下降从而导致大脑对像的解析困难的一种现象，类似于幻灯机在墙上的投影受到旁边强光的干扰而导致成像质量下降的现象。

眩光作为一个十分重要的照明质量评价指标，在室内照明和室外照明中都有着很广泛的应用，具有代表性的指标有国际照明委员会的统一眩光指数(unified glare rating,UGR)和眩光指数(glare rating,GR)、英国的眩光指数(glare index,GI)、美国的视觉舒适概率(visual comfort probability,VCP)、德国的眩光限制系统(亮度限制曲线)和北欧的眩光指数方法等。多年来，在公路照明领域主要使用阈值增量TI作为照明系统的质量评价指标。

从交通安全的角度来看，失能眩光所产生的负面影响要远大于不舒适眩光所产生的影响，它是造成交通事故隐患的主要光学因素之一。

7. 频闪

道路照明灯具沿纵向等间距地安装在道路路侧、隧道顶部或者两侧，在行车过程中，灯具的发光面在驾驶者视野边缘周期性地出现和消失，对驾驶者的视觉造成干扰，降低了驾驶者对路面和周边环境的视认能力，这种现象称为频闪效应。频闪效应的影响程度取决于以下几

方面:
(1)单位时间内出现在人眼视野中的频闪光源数量,即闪烁频率。
(2)驾驶者经历频闪的总的时间长度。
(3)在一个频闪周期内亮度最大值与最小值的差值及两者的变化速率。

行车速度和纵向布灯间距确定后,可以计算闪烁频率。室内实验测试表明,当频率低于 2.5Hz 或者高于 15Hz 时,不会对驾驶者的视觉造成干扰,频闪效应可以忽略;当频率为 4~11Hz,且经历的时间大于 20s 时,视觉干扰最为严重。闪烁频率与行车速度、布灯间距相关,因此在道路照明尤其是隧道照明时应避免闪烁频率在 4~11Hz。

四、光的反射

1. 光的传播规律

几何光学中,光的传播规律有三条:
(1)光的直线传播规律——在同种均匀介质中光沿直线传播;
(2)光的独立传播规律——两束光在传播过程中相遇时互不干扰,仍按各自途径继续传播,当两束光会聚同一点时,在该点上的光能量是简单相加;
(3)光的反射和折射定律——光传播途中遇到两种不同介质的分界面时,一部分反射,一部分折射,反射光线遵循反射定律,折射光线遵循折射定律。

上面的传播规律是光在理想的均匀介质中发生的,遵循反射规律的反射也叫镜面反射,通常平行光线入射到光滑表面上时反射光线也是平行的。当光入射到实际的材料表面时还会产生漫反射和逆反射。

漫反射:平行光线射到凹凸不平的表面上,反射光线射向各个方向,这种反射叫作漫反射。

逆反射:反射光线从靠近入射光线的反方向,向光源返回的反射。

普通的材料都会产生镜面反射和漫反射,只有经过特殊加工的材料才产生逆反射,逆反射材料是一类重要的交通安全设施专用材料,这部分内容在交通安全设施中还会重点介绍。

2. 全反射和临界角

1)全反射

当光从光密介质进入光疏介质时,折射角大于入射角。当入射角增大到某一角度时,折射角等于 90°,此时,折射光完全消失,入射光全部返回原来的介质中,这种现象叫作全反射。

2)临界角

光从光密介质射向光疏介质时,折射角等于 90°时的入射角,叫作临界角,用 C 表示。

临界角是光由光密介质射向光疏介质时,发生全反射现象时的最小入射角,是发生全反射的临界状态。当光由光密介质射入光疏介质时:
(1)若入射角 $i < C$,此时既有反射,又有折射,而不发生全反射现象。
(2)入射角 $i \geq C$,则发生全反射现象。

临界角的计算:

$$\sin C = \frac{1}{n} \tag{1-2-11}$$

式中：n——光密介质的折射率。

全反射的发现奠定了光纤传输的理论基础，是通信技术发展的一次革命。

五、色度学

色度学是研究人眼对颜色的视觉规律、颜色测量理论与技术的科学，它是一门以物理光学、视觉生理与心理、心理物理等学科为基础的综合性科学。色度学与物理光学等学科的基础不同，物理光学可以认为是客观的科学，是与人的主观无关的。而色度学却是一种主观的科学，它以人类的平均感觉为基础，因此它属于人类工程学范畴，以对光强的度量来说，物理光学以光的辐射能量这个客观单位来度量，而色度学却以色光对人眼的刺激强度来度量。每个人的视觉并不是完全一样的，在正常视觉的群体中间，也有一定的差别。目前在色度学上为国际所引用的数据，是由在许多正常视觉人群中观测得来的数据而得出的平均结果，从技术应用理论上来说，已具备足够的代表性和可靠的准确性。

色度学的主要任务是研究人眼彩色视觉的定性和定量规律及应用。彩色视觉是人眼的一种明视觉。彩色光的基本参数有：明亮度、色调和饱和度。

明亮度是光作用于人眼时引起的明亮程度的感觉。一般来说，彩色光能量大则显得亮，反之则暗。

色调反映颜色的类别，如红色、绿色、蓝色等。彩色物体的色调决定于在光照明下所反射光的光谱成分。例如，某物体在日光下呈现绿色是因为它反射的光中绿色成分占有优势，而其他成分被吸收掉了。对于透射光，其色调则由透射光的波长分布或光谱所决定。

饱和度是指彩色光所呈现颜色的深浅或纯洁程度。对于同一色调的彩色光，其饱和度越高，颜色就越深，或越纯；而饱和度越小，颜色就越浅，或纯度越低。高饱和度的彩色光可因掺入白光而降低纯度或变浅，变成低饱和度的色光。因而饱和度是色光纯度的反映。100%饱和度的色光代表完全没有混入白光的纯色光。

色调与饱和度又合称为色度，它既说明彩色光的颜色类别，又说明颜色的深浅程度。

应强调指出，虽然不同波长的色光会引起不同的彩色感觉，但相同的彩色感觉却可来自不同的光谱成分组合。例如，适当比例的红光和绿光混合后，可产生与单色黄光相同的彩色视觉效果。事实上，自然界中所有彩色都可以由三种基本彩色混合而成，这就是三基色原理。

三基色是这样的三种颜色：它们相互独立，其中任一色均不能由其他两色混合产生；它们又是完备的，即所有其他颜色都可以由三基色按不同的比例组合而得到。有两种基色系统，一种是加色系统，其基色是红、绿、蓝；另一种是减色系统，其三基色是黄、青、紫（或品红）。

不同比例的三基色光相加得到的彩色称为相加混色，其规律为：

$$红 + 绿 = 黄$$

$$红 + 蓝 = 紫$$

$$蓝 + 绿 = 青$$

$$红 + 蓝 + 绿 = 白$$

当前国际上通用的表示颜色的方法,是国际照明委员会(CIE)制定的"1931 CIE-XYZ"表色系统。

为统一量值,在色度计量中应使用国际照明委员会所推荐的标准照明光源。对光源的色度计量,实际上就是对光源的相对光谱功率分布的计量;对不发光的透射样品或反射样品的色度计量,则是对样品的光谱透射比或光谱反射比的计量。

通常实际使用的色度计量器具主要有标准色板、色度计、色差计及光谱光度计等。

六、逆反射

逆反射是光线反射的一种特殊类型。依据逆反射原理制成的材料或物体称逆反射材料或逆反射体。利用逆反射材料制造的交通标志、标线、突起路标、轮廓标等是一大类公路交通安全设施。掌握有关逆反射的术语和定义,对准确理解逆反射类交通安全设施的功能、作用以及质量要求和测试原理至关重要。

交通行业标准《逆反射术语》(JT/T 688—2007)定义了41个术语,按照这些术语的作用可分为基础术语、几何条件术语和应用术语三部分。

基础术语包括:逆反射、逆反射元、逆反射材料、反光膜、逆反射体。

几何条件术语包括:逆反射体中心、光源点、观测点、逆反射体轴、照明轴、观测轴、第一轴、第二轴、基准标记、照明距离、观测距离 d、基准半平面、入射半平面、观测半平面、入射角 β、入射角分量 β_1、入射角 β_2、观测角 α、视角 v、余入射角 e、余视角 a、方位角 ω_s、道路标线方位角 b、道路标线方位角补角 d、显示角 γ、rho 角 ρ、旋转角 ε。

应用术语包括:发光强度系数 R_I、逆反射系数 R_A、线性逆反射系数 R_M、逆反射亮度系数 R_L、逆反射光通量系数 R_Φ、逆反射因数 R_F、逆反射分量 R_T、旋转均匀性。

第五节 电工电子技术

掌握电路、模拟电子技术和数字电子技术等电工电子技术基础知识,对正确开展交通工程检测,保障检测人员在工作过程中的人身安全是必要的。

一、基础概念

1. 电路

电路是电流的通路,是一种由导线将各种电气设备或元件连接而成的、以实现某些特定功能的电流的通路。电路的结构形式和所能完成的任务是多种多样的,其主要作用包括实现电能的传输和转换,信号传递和处理这两种。例如,电力系统实现电能的传输和转换;收音机和电视机等实现信号传递和处理。

2. 电源

电源为驱动电路工作的激励能源,特指那些将非电能转换为电能的装置。电源是提供电压的装置,是电的源泉。伏特电池是一种方向不变的直流电,包括太阳能电池、温差电池等也是直流电,我们常用的交流电是通过水利、火力、核能推动的交流发电机产生的。

3. 电压

电位是表征电场特性的物理量。电场力把单位正电荷从某一点移动到无穷远(或大地)时所做的功,就是电场中该点的电位。电场中两点之间的电位差称为"电压"。电压有方向性,电压的正方向是从高电位指向低电位。电压的高低,用单位"伏特"表示,简称"伏",符号为"V"。高电压可以用千伏(kV)表示,低电压可以用毫伏(mV)表示。

4. 电流

电流是指电荷的定向移动。电流的大小称为电流强度(简称电流,符号为 I),是指单位时间内通过导线某一截面的电荷量。交流电流用小写字母 i 表示,直流电流用大写字母 I 表示,即:

$$I = \frac{Q}{t} \tag{1-2-12}$$

式中,Q 为电荷量,t 为时间。在国际单位制中,电流的单位是安[培],用字母 A 表示。常用的电流单位还有千安(kA)、毫安(mA)和微安(μA)。

电流具备三大效应:

(1)热效应。电流通过导体要发热,这叫作电流的热效应。如电灯、电炉、电烙铁、电焊等都是电流的热效应体现。

(2)磁效应。给绕在软铁心周围的导体通电,软铁心就产生磁性,这种现象就是电流的磁效应。如电铃、蜂鸣器、电磁扬声器等都是利用电流的磁效应制成的。

(3)化学效应。电流通过导电的液体会使液体发生化学变化,产生新的物质。电流的这种效果叫作电流的化学效应。如电解、电镀、电离等。

5. 电功率

电功率是衡量用电器消耗电能快慢的物理量,也就是电流在单位时间内所做的功,用 P 表示,它的单位是 W(瓦特,简称瓦),此外还有 kW(千瓦)。它们之间的关系是:1kW=1000W

作为表示消耗能量快慢的物理量,一个用电器功率的大小等于它在 1 秒(1s)或 1 小时(1h)内所消耗的电能。如果在 t 这么长的时间内消耗的电能为 W,那么,这个用电器的电功率 P 就是:

$$P = W/t \tag{1-2-13}$$

电功率可以由电压与电流的乘积求得,即:

$$P = UI \tag{1-2-14}$$

每个用电器都有一个正常工作的电压值,叫额定电压。用电器在额定电压下的功率叫作额定功率。

6. 电阻

导体对电流的阻碍作用称为导体的电阻。

电阻器简称电阻(Resistor,通常用 R 表示),是电子电路中使用最多的元件。电阻的主要物理特征是变电能为热能,也可以说它是一个耗能元件,电流经过它就产生热能。电阻在电路中通常起分压、分流的作用,对信号来说,交流与直流信号都可以通过电阻。

电阻都有一定的阻值,它代表这个电阻对电流流动阻挡力的大小。电阻的单位是欧姆,用符号"Ω"表示。

欧姆的定义为:当在一个电阻器的两端加上1V的电压时,如果在这个电阻器中有1A的电流通过,则这个电阻器的阻值为1Ω。

在国际单位制中,电阻的单位是Ω(欧姆),此外还有kΩ(千欧)、MΩ(兆欧)。它们之间的换算关系是:1MΩ = 1000kΩ;1kΩ = 1000Ω。

电阻的阻值标法通常有色环法、数字法。色环法在一般的电阻上比较常见。由于电路中的电阻尺寸一般比较小,很少被标上阻值,即使有,一般也采用数字法,即:101表示10Ω的电阻;102表示100Ω的电阻;103表示1kΩ的电阻;104表示10kΩ的电阻;106表示1MΩ的电阻;107表示10MΩ的电阻。

如果一个电阻上标为22×103,则这个电阻为22kΩ。

7. 欧姆定律

在同一电路中,导体中的电流跟导体两端的电压成正比,跟导体的电阻成反比,这就是欧姆定律。

$$电压 = 电阻 \times 电流 \quad (U = R \cdot I)$$

$$电流 = 电压 \div 电阻 \quad (I = U/R)$$

$$电阻 = 电压 \div 电流 \quad (R = U/I)$$

注意:对这个公式的描述"电阻跟导体两端电压成正比,跟电流成反比"是错的。电阻是导体本身的固有特性,只和导体的长度、横截面积、材料和温度有关,而和电压、电流无关。

8. 电感

电感是闭合回路的一种属性,是一个物理量。当电流通过线圈后,在线圈中形成磁场感应,感应磁场又会产生感应电流来抵制通过线圈中的电流。它是描述由于线圈电流变化,在本线圈中或在另一线圈中引起感应电动势效应的电路参数。电感是自感和互感的总称。提供电感的器件称为电感器。

9. 电容

电容器所带电量 Q 与电容器两极间的电压 U 的比值,叫电容器的电容。在电路学里,给定电势差,电容器储存电荷的能力,称为电容(capacitance),标记为 C。采用国际单位制,电容的单位是法拉(farad),标记为 F。

电容又称为"电容量",其作用主要是:旁路、去耦、滤波和储能。旁路电容是为本地器件提供能量的储能器件,它能使稳压器的输出均匀化,降低负载需求;去耦电容是满足驱动电路电流的变化,避免相互间的耦合干扰,减小电源与参考地之间的高频干扰阻抗;滤波就是充电、放电的过程;储能型电容器通过整流器收集电荷,并将存储的能量通过变换器引线传送至电源的输出端。

10. 安全用电

电击引起的伤害程度与下列因素有关：

(1)人体电阻的大小。人体的电阻越大，通入的电流越小，伤害程度也就越轻。

(2)电流通过时间的长短。电流通过人体的时间越长，伤害越大。

(3)电流的大小。如果通过人体的电流在0.05A以上，就有生命危险。一般来说，接触36V以下的电压时，通过人体的电流不超过0.05A，因此将36V的电压称为安全电压。如果在潮湿的场所，安全电压的规定要低一些，通常是24V和12V。

(4)电流的频率。直流电和频率为50Hz左右的交流电对人体的伤害最大。

此外，电击后的伤害程度还与电流通过人体的路径以及与带电体接触的面积和压力等有关。

11. 绝缘

电气绝缘有两种作用，一种是对于电子信号来说，为了避免信号的相互干扰而采取的措施；另一种是为了安全目的而将带电装置或元件隔离，避免人员触电或电气短路而采取的措施。这里重点指的是后者，即使用不导电的物质将带电体隔离或包裹起来，以对触电起保护作用的一种安全措施。良好的绝缘可以保证电气设备与线路的安全运行，防止人身触电事故的发生，是最基本的和最可靠的手段。

绝缘通常可分为气体绝缘、液体绝缘和固体绝缘三类。在实际应用中，固体绝缘仍是使用最为广泛，且最为可靠的一种绝缘物质。

在强电作用下，绝缘物质可能被击穿而丧失其绝缘性能。在上述三种绝缘物质中，气体绝缘物质被击穿后，一旦去掉外界因素(强电场)后即可自行恢复其固有的电气绝缘性能；而固体绝缘物质被击穿以后，则不可逆地完全丧失了其电气绝缘性能。因此，电气线路与设备的绝缘选择必须与电压等级相配合，而且须与使用环境及运行条件相适应，以保证绝缘的安全作用。

此外，由于腐蚀性气体、蒸气、潮气、导电性粉尘以及机械操作等原因，均可能使绝缘物质的绝缘性能降低甚至被破坏。而且，日光、风雨等环境因素的长期作用，也可以使绝缘物质老化而逐渐失去其绝缘性能。

12. 交流电

所谓交流电即是随时间而改变方向的电流，因导线在实际磁场中无法永远在同一方向移动下去，而必须做周期性的往返运动，因此其产生的电流也会定期改变方向。

图1-2-14所示是一个简单的交流发电机原理示意图。图中环状线圈借着连接其上的转轴不断旋转，并与南北两磁极连成的磁力线相交而产生交流电。转轴前端的电刷则将线圈所产生的电流引出送到输配电系统，再送到工厂或家中使用。简而言之，我们只要想办法让一组环状导电线圈在磁场中持续转动，原则上就可以得到电流。

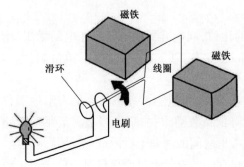

图1-2-14 交流发电机原理示意图

13. 二极管

晶体二极管由 PN 结构组成,是一种半导体器件,具有单向导电性,即当二极管加正向电压(阳极电位高于阴极电位),二极管导通,管压降近乎于 0,理想状态下相当于短路;当二极管加反向电压,电流几乎消失,二极管相当于断开。因此晶体二极管通常用作"电子开关"使用。根据构造可分为点接触型、键型、合金型、扩散型、台面型、平面型、合金扩散型和外延型;按用途可分为稳压、发光、检波、整流、限幅、调制、混频、放大、开关、变容、频率倍增、PIN 等类型。

14. 基本逻辑关系

基本逻辑关系有:与逻辑、或逻辑和非(反)逻辑。实现这些逻辑关系的电路称为:与门、或门和非门。

(1) 与逻辑:输入逻辑变量 A 与 B 同时为"1"时,输出逻辑变量 F 才为"1",否则 F 为"0"。即:$F = A \cdot B$。

(2) 或逻辑:输入逻辑变量 A 与 B 只要有一个为"1"时,输出逻辑变量 F 才为"1",否则 F 为"0"。即:$F = A + B$。

(3) 非(反)逻辑:输入逻辑变量只有一个,当输入逻辑变量 A 为"1"时,输出逻辑变量 F 为"0";当输入逻辑变量 A 为"0"时,输出逻辑变量 F 为"1",两者相反。即:$F = \overline{A}$。

二、基本测量方法

1. 电压的测量

测量直流电压常用磁电式电压表,测量交流电压常用电磁式电压表。电压表用来测量电源、负荷或某段电路两端的电压,必须与被测部件并联。为了使电路工作不受接入的电压表影响,电压表的内阻必须非常高。

1) 直流电压测量

直流电压表按其量程可分为毫伏表(mV)、伏特表(V)、千伏表(kV)。一般选用电磁式电压表。

电压测量的接线方法如图 1-2-15 所示。将直流电压表与待测电路并联,电压表的读数即为被测电路两点间的电压。

2) 交流电压测量

交流电压表按照其量程可分为毫伏表(mV)、伏特表(V)、千伏表(kV)。按接线方式可分为低压直接接入式和高压互感器接入式。

交流电压表使用方法:

(1) 选择合适的量程,被测电压不能超过电压表的量程。如果不能估算出电路上的电压,先用较大的量程试触,粗略估测电压后,再选合适的量程,防止电压过大打弯指针。

(2) 机械调零,把指针调零刻度。

(3) 由于电压表内阻很大,串联在电路会造成断路,故选择并联线路接入,连接图如图 1-2-16 所示;接线按照正进负出原则,即电流从正极流入负极流出。最后测量读数。

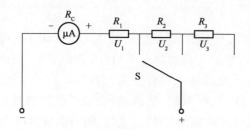
图1-2-15 多量程电压表测量电路图

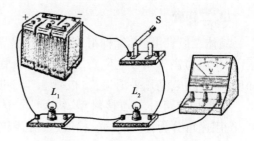
图1-2-16 交流电压表测量电路图

2. 电流的测量

按仪器形状可分为钳形和指针形电流表。

1）钳形电流表

钳形电流表是一种能在不切断电路情况下测量电流的携带式仪表，按照结构和工作原理分为整流式和电磁式钳形电流表。

钳形电流表使用步骤如下：

（1）使用前检查，检查检定合格证是否在检定周期内；钳口绝缘材料是否脱落、破损；表头玻璃外壳是否完整；指针是否在零点位置。

（2）选择合适的量程，检测前估测被测电流的大小，先用大量程，再选小量程，换量程前断开导线再进行。

（3）测量时，握紧钳形电流表把手和扳手，按动扳手打开钳口，尽量将被测电路的一载流电线置于钳口内中心位置，以减小误差，再松开扳手使钳口贴合；若被测电流过小，为使读数准确，将被测导线绕几圈套于钳口测量，测量值为钳口读数除以钳口导线根数；测量裸导线时必须实行绝缘隔离以防发生危险，测量结束时，将量程调到最高档再关闭电源。

2）指针电流表

用电流表测量电流，电流表的使用方法及注意事项：

（1）禁止把电流表直接连到电源的两极上。

（2）确认目前使用的电流表的量程，被测电流不要超过电流表的量程。

（3）电流表要串联在电路中。

（4）测量直流时，正负接线柱的接法要正确，电流从正接线柱流入，从负接线柱流出。

（5）确认每个大格和每个小格所代表的电流值。先试触，出现：①指针不偏转；②指针偏转过激；③指针偏转很小；④指针反向偏转等异常时，要先查找原因，再继续测量。

3. 电阻的测量

根据电阻的测量范围不同，可采用不同的测量方法，以尽可能地减小因测量方法而引起的测量误差。

1）欧姆表测量

（1）测量时，被测电阻应处于断路状态，即应和电源、其他元件断开。

（2）在欧姆表的内部，黑表笔接电池的正极，红表笔接电池的负极，因此电流总是从红表笔入，从黑表笔出。红、黑接线柱对应表示"＋""－"两极。

(3)欧姆表的指针偏转角度越大,则待测电阻阻值越小,所以它的刻度与电流表、电压表刻度正好相反,即左大右小。电流表、电压表刻度是均匀的,而欧姆表的刻度是不均匀的,左密右稀,这是因为电流和电阻之间并不是正比或反比关系的原因。

(4)为减小测量误差,在测量时,应使指针尽可能在满足刻度的中央附近(一般在中值刻度的1/3区域)。当指针偏转角较大时,应选用更高的挡位测量;当指针偏转角较小时,应选用较低的挡位测量。

(5)测量电阻时,每一次换挡都应该进行调零。因为一般欧姆表有×1、×10、×100、×1000四挡,而每一挡的内阻即为表盘中心刻度值乘以所选挡位。所以当所选挡位不同时,内阻就不同。因此,在实际测量中要注意每次选挡(换挡)后要先调零,再测量。

(6)测量时,不能用双手同时接触表笔,因为人体本身也是一个电阻。

(7)测量结束时,应将选择开关拨离欧姆挡,一般旋至交流电压的最高挡或OFF挡。

2)伏安法测量

伏安法测量电路有两种,即电压表前接法和后接法,如图1-2-17所示。

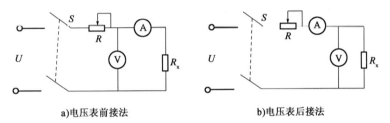

图1-2-17 伏安法测量电路

前接法也称为内接法,电压表的读数包括被测电阻 R_x 两端的电压和电流表的电压降 U_A,被测电阻值为:

$$R_x = (U_v - U_A)/I_A = U_v/I_A - R_A \tag{1-2-15}$$

式中:I_A——电流表读数;
R_A——电流表内阻;
U_v——电压表读数。

电流表内阻越小,测量误差越小,当 $R_x > 100R_A$,电流表的电压降可忽略不计,$R_x \approx U_v/I_A$。

后接法也称外接法,电压表的读数包括被测电阻 R_x 两端的电压和电流表的电压降 U_A,被测电阻值为:

$$R_x = U_v/(I_A - I_v) \tag{1-2-16}$$

式中:I_A——电流表读数;
U_v——电压表读数。

$I_v = U_v/R_v$,R_v 为电压表内阻。电压表内阻越大,测量误差越小,当 $R_x < R_v/100$ 时,电流表的电压降可忽略不计,$R_x \approx U_v/I_A$。

3)单表法测量

若电压表内阻已知,则用单只电压表测量电阻的电路如图1-2-18所示,测量过程如下。

(1)将开关 S 合于位置 1 上,这时电压表测得的电压为电源电压,其读数 $U_1 = U$。

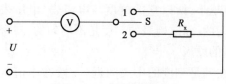

图 1-2-18　电表法测量电路

(2)将开关 S 合于位置 2 上,根据电阻串联分压的特点,这时电压表的读数 U_2 为电源电压的一部分,即:

$$R_x = \left(\frac{U_1}{U_2} - 1\right)r_V \qquad (1\text{-}2\text{-}17)$$

在测量时,需注意:①此测量方法适用于电压表的内阻不太小的情况;否则,两次电压表的计数 U_1 和 U_2 将很接近,误差加大。②测量过程中,两次读取电压表读数时,电源电压 U 必须保持不变,否则将会引入一定误差。

4)单臂电桥测量

电桥是一种灵敏度和精确度都较高的测量仪器,分为直流电桥和交流电桥两种。直流电桥主要用来测量电容、电感等。直流电桥又分为单臂电桥和双臂电桥。

(1)直流单臂电桥测量的电路图如图 1-2-19 所示。

图中 R_1、R_2、R、R_x 是电桥的四个臂,其中 R_x 是被测电阻,其他是标准可调电阻。测量时,调节一个或几个臂的电阻,使检流计的指针指在 0 位,即电桥达到平衡,可得计算公式:

$$R_x = (R_1/R_2)R \qquad (1\text{-}2\text{-}18)$$

其面板布置如图 1-2-20 所示,测量前,用万用电表测量待测电阻阻值范围,再接入电桥。测量时接通电源开关,选择并调节比率臂和比较臂阻值,电桥平衡后,读出倍率和比较臂 R 的阻值,两者乘积为被测电阻数值。

注:被测电阻 = 倍率 × 比较臂电阻。

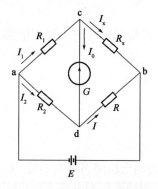

图 1-2-19　直流电桥电路

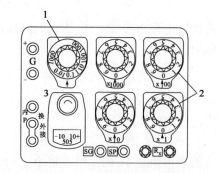

图 1-2-20　直流单臂电桥面板布置图
1-倍率旋钮;2-比较臂读数盘;3-检流计

(2)直流双臂电桥测量:测量方法与单臂电桥一样,但需注意被测电阻应用 4 个端钮,接入电桥时,电压接头、电流接头不能接错,直流电源容量要足够大,能提供较大电流。

三、电磁兼容

作为电子设备,不可避免地会向周围环境辐射电磁波和被环境中的电磁波所干扰,当辐射出的电磁波使得周围环境中的设备或系统的性能下降时就形成了干扰;同时,释放干扰的设备自身也被其他干扰源所干扰。为了使所有电子设备都能在同一个环境中工作,就要求电子设备向外释放的电磁能量尽量小,而设备本身具备抗干扰的能力越大越好,这就是电磁兼容的出处。

1. 电磁骚扰

电磁骚扰是指任何可能引起装置、设备或系统性能降低或者对生物或非生物产生不良影响的电磁现象。

注：电磁骚扰可能是电磁噪声、无用信号或传播媒介自身的变化。

2. 电磁干扰

电磁干扰是指电磁骚扰引起的设备、传输通道或系统性能的下降。电磁干扰的英文是 Electromagnetic Interference，英文缩写是 EMI。骚扰是起因，干扰是后果。

3. 电磁兼容性

电磁兼容性是指设备或系统在其电磁环境中能正常工作且不对该环境中任何事物构成不能承受的电磁骚扰的能力。电磁兼容的英文是 Electromagnetic Compatibility，英文缩写是 EMC，不要与 EMI 混淆。

4. 传导骚扰

传导骚扰是指通过一个或多个导体传导能量的电磁骚扰。

注：过去标准称此术语为传导干扰，主要是指电子设备产生的干扰信号通过导电介质或公共电源线互相产生干扰。

5. 辐射骚扰

辐射骚扰是指以电磁波的形式通过空间传播能量的电磁骚扰。

注：过去标准称此术语为辐射干扰，是指电子设备产生的干扰信号通过空间耦合，把干扰信号传给另一个电网络或电子设备。

6. 抗扰度

抗扰度是指装置、设备或系统面临电磁骚扰不降低运行性能的能力。

7. 静电放电

具有不同静电电位的物体相互靠近或直接接触引起的电荷转移叫静电放电。静电放电轻者引起干扰，重者损坏设备。静电放电的英文是 Electrostatic Discharge，缩写是 ESD。

第六节 电 气 工 程

传统的电气工程定义为用于创造产生电气与电子系统的有关学科的总和。此定义原本十分宽泛，但随着科学技术的飞速发展，目前的电气工程概念已经远远超出上述定义的范畴。斯坦福大学的教授指出："当今的电气工程涵盖了几乎所有与电子、光子有关的工程行为"。

本节从交通工程检测的实际情况出发，对日常工作中接触较多的电力系统、防雷与接地以及电线电缆进行简单介绍。

一、电力系统

电力系统既是电气工程的基础,又是电气工程的重要组成部分,它产生于人们有控制地使用电能的需求。电力系统由发电、输变电、变配电和用电等环节构成,它们分别完成电能的生产、传输、分配与消费等任务,如图1-2-21所示。

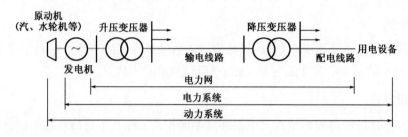

图1-2-21 简单电力系统模型

1. 电力系统基本特征

1)电力系统运行的特点

(1)电能不能大量存储。电能的生产、输送、分配和消费实际上是同时进行的,任何时刻发电机发出的功率等于用电设备所消耗的功率与输送和分配环节中功率损耗之和。

(2)电力系统的暂态过程非常短促,从一种运行状态到另一种运行状态的过渡极为迅速,以毫秒甚至微秒计。

2)电力系统运行的基本要求

(1)保证安全可靠供电。对负荷按照不同级别分别采取适当的技术措施来满足它们可靠性的要求。

(2)保证电能的质量(电压、频率、谐波)。

(3)要有良好的经济性(降低电压网损、降低能耗)。

(4)电能生产要符合环境保护标准(限制二氧化碳、二氧化硫等污染物的排放)。

3)电能质量各项指标

(1)电压幅值:对于35kV及以上电压允许变化范围为额定值的±5%,10kV及以下电压允许变化范围为±7%。

(2)频率:我国电力系统的额定频率为50Hz,正常运行时允许的偏移为±0.2~±0.5Hz。

(3)谐波:为保证电压质量,要求电压为正弦波形,但由于种种原因总会产生一些谐波,会造成电压波形的畸变。为此,对电压正弦波形畸变率也有限制,对于6~10kV供电电压不超过4%,0.38kV电压不超过5%。

4)电力系统常用接线方式

接线方式按可靠性分为无备用和有备用两类:

(1)无备用接线,是指每一个负荷只能靠一条线路取得电能。优点是设备费用小,缺点是可靠性差。

(2)有备用接线:是指负荷可以从两条及以上线路取得电能。优点是可靠性高,缺点是设备费用高。

5）变压器额定电压

（1）变压器一次绕组相当于用电设备，其额定电压等于电网的额定电压，但当直接与发电机连接时，就等于发电机的额定电压。

（2）变压器二次绕组相当于供电设备，再考虑到变压器内部的电压损耗，故当变压器的短路电压小于7%或直接与用户连接时，则二次绕组额定电压比电网的高5%；当变压器的短路电压大于7%时，则二次绕组额定电压比电网的高10%。

（3）变压器额定变比为主接头额定电压之比，实际变比为实际所接分接头的额定电压之比。

6）电力网络中性点运行方式

（1）电力网络中性点是指星形接线的变压器或发电机的中性点。中性点的运行方式或接地方式分为两大类：中性点直接接地；中性点不接地或经消弧线圈接地。

（2）目前我国采用的接地方式为：

①110kV及以上电力网络采用中性点直接接地方式。

②35kV及以下电网采用不接地方式。

③电容电流较大的35kV和10kV电网采用中性点经消弧线圈（电感线圈）接地方式。

2. 有功功率、无功功率视在功率、功率因素计算

（1）有功功率是指能将电能转化为其他能量形式的一种可以直接消耗掉的电功率，比如电机将电能转化为机械能。有功功率按照下式计算。

$$P = P_U + P_V + P_W = U_U I_U \cos\varphi_U + U_V I_V \cos\varphi_V + U_W I_W \cos\varphi_W \tag{1-2-19}$$

式中： P——有功功率（W）；

P_U、P_V、P_W——三相电路各电路的有功功率（W）；

φ_U、φ_V、φ_W——三相电路相位差（°）；

U_U、U_V、U_W——三相电路电压（V）；

I_U、I_V、I_W——三相电路电流（A）。

（2）无功功率。许多用电设备均是根据电磁感应原理工作，如配电电压器、电动机等，电子转子磁场需要从电源获得无功功率建立，从而带动机械用电。无功功率按照下式计算。

$$Q = Q_U + Q_V + Q_W = U_U I_U \sin\varphi_U + U_V I_V \sin\varphi_V + U_W I_W \sin\varphi_W \tag{1-2-20}$$

式中： Q——无功功率（var）；

Q_U、Q_V、Q_W——三相电路各电路的无功功率（var）；

φ_U、φ_V、φ_W——三相电路相位差（°）；

U_U、U_V、U_W——三相电路电压（V）；

I_U、I_V、I_W——三相电路电流（A）。

（3）视在功率是指将单口网络端钮电压和电流有效值的乘积。只有单口网络完全由电阻混联而成时，视在功率才等于平均功率，否则，视在功率总是大于平均功率（即有功功率），也就是说，视在功率不是单口网络实际所消耗的功率。视在功率按照下式计算。

$$S = \sqrt{P^2 + Q^2} \tag{1-2-21}$$

式中：S——视在功率(VA 或 kVA)；
　　　P——有功功率(VA 或 kVA)；
　　　Q——无功功率(VA 或 kVA)。

(4)功率因数是指交流电路有功功率对视在功率的比值。用电电器设备在一定电压和功率下，该值越高效益越好，发电设施越能充分利用，用 $\cos\varphi$ 表示。功率因数按照下式计算。

$$\cos\varphi = \frac{P}{S} \tag{1-2-22}$$

式中：$\cos\varphi$——功率因数；
　　　P——有功功率(VA 或 kVA)；
　　　S——视在功率(VA 或 kVA)。

3. 低压配电系统接线

1) 低压配电系统接线的基本要求

应根据用电设备的负荷性质、功率大小和分布状况，选择配电系统的接线方式。接线方式应考虑以下要求：

(1)电能质量：如电压降的影响、谐波的干扰、冲击性负荷或频繁操作导致的电压波动与闪变。

(2)供电可靠性：重要负荷(如医疗手术、供电连续性要求高的工业生产设备、火灾救援时的消防设备和应急照明等)接线的独立性要求，保证发生故障时切断范围最小。

(3)保护电器的设置、选型有利于故障时动作灵敏度和选择性。

(4)适应未来的发展、变化和负荷增加，有利于用电设备的调整、移动。

(5)接线简单，经济合理。

(6)施工、安装和操作、管理、维修方便。

2) 低压配电系统接线方式及特点

(1)放射式接线

放射式接线示例如图 1-2-22 所示(图中表示的为三级放射式接线)，其主要优点有：①较容易满足故障防护要求。②较容易实现选择性动作，切断故障范围小。③易寻找故障部位，便于检查、维修。其主要缺点有：①灵活性稍差。②需要电线、电缆和导管的数量较多。

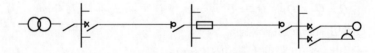

图 1-2-22　放射式接线示例图

(2)树干式接线

树干式接线示意如图 1-2-23 所示，其接线包括以下几种形式：

①高层、多层建筑竖井内垂直装设的封闭式母线。

②多层建筑竖井内垂直敷设的预分支电缆。

③工业厂房屋架(或其他高空部位)装设的裸母线或封闭式母线槽。

④工业厂房成排布置的中小功率设备后上方(高 2.5m 左右)设置的插接式封闭母线。

⑤道路照明由电缆或架空线分支连接到灯具的树式接线。

⑥由滑动式小母线槽以移动方式分接到可移动灯具或小功率用电设备的可移动树干式接线(通常小母线槽兼作灯具安装支持架)。

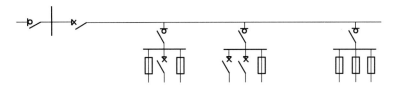

图 1-2-23 树干式接线示意图

主要优点有:①灵活性好,适应用电设备的变化、移动或增加。②需要的电线、电缆和导线较少。其主要缺点为:干线及其分支线(分支点到保护电器之间的线段)故障时停电范围大。

(3)变压器-干线组接线

变压器-干线组接线是树干式的一种形式,当变压器全部或大部分都给该干线供电时采用,接线示意如图 1-2-24 所示。

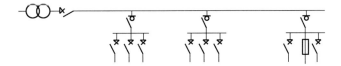

图 1-2-24 变压器-干线组接线示意图

(4)链式接线

链式接线主要适用于可靠性要求不高、小功率用电设备[图 1-2-25a)],插座式回路[图 1-2-25b)],多层建筑照明配电箱[图 1-2-25c)]。其优点主要是节省电线、电缆和导线用量;缺点是链接电路故障时,扩大停电范围。

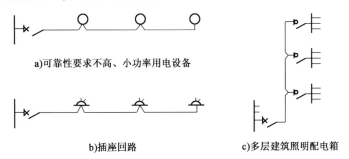

a)可靠性要求不高、小功率用电设备

b)插座回路　　　　c)多层建筑照明配电箱

图 1-2-25 链式接线示意图

4. 低压配电系统接地类型

公路沿线接地类型可分为 3 种:TN、TT 和 IT 型,第一个字母表示电源端与地的关系;T-电源变压器中性点直接接地;I-电源变压器中性点不接地,或通过高阻抗接地。第二个字母表示电气装置的外露可导电部分与地的关系:T-电气装置的外露可导电部分直接接地,此接地点在电气上独立于电源端的接地点;N-电气装置的外露可导电部分与电源端接地点有直接电气连接。公路系统接地形式通常为 TN 或 TT 系统,其中,TN-S 或 TN-C-S 系统多用于室内电子信息、通信网络等系统的配电线路;TT 系统则常用于野外(外场)设备的配电系统。

1)TN 系统

TN 系统电源(配电变压器)的中性点直接接地(通常应在低压配电柜处接地),而电气设备(Ⅰ类)外露可导电部分的保护接地是通过保护接地导体(PE 导体)连接到电源中性点(N 点),利用 N 点的系统接地装置而接地。按照中性导体(N 导体)和 PE 导体的分合配置,TN 系统又可分为以下三种类型。

(1)TN-S 系统:从变电站的低压配电柜的 PEN 母线(保护中性导体)引接出 N 导体,从该柜内的 PE 母线接出 PE 导体,即从低压配电柜起把 PE 导体和 N 导体分离,形成 TN-S 系统,见图 1-2-26 中 L11 馈线。

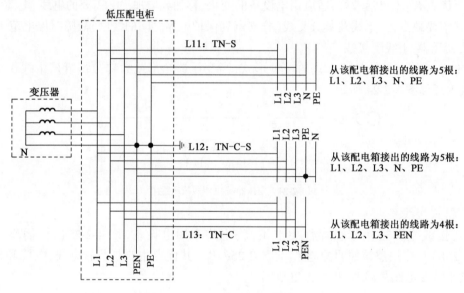

图 1-2-26　TN 系统接线图

(2)TN-C 系统:从低压配电柜 PEN 母线接出 PEN 导体,直至终端配电箱盒终端用电设备,PE 和 N 导体都是合并的,见图 1-2-26 中 L13 馈线。但连接到终端电器、插座的最终一段线路,宜将 PE 导体和 N 导体分开。

(3)TN-C-S 系统:从低压配电柜 PEN 母线接出 PEN 导体,到下一级配电箱(通常在建筑物进线处),将 PE 导体和 N 导体分开。在该分开点之前为 TN-C,之后则为 TN-S,见图 1-2-26 中 L12 馈线。

PE 导体可以另外增设接地。

2)TT 系统

配电变压器的中性点直接接地(通常应在低压配电柜处接地),配电设备和用电设备(Ⅰ类)外露可导电部分应单独做保护接地,通常用 PE 导线连接共同接地,同变压器中性点的系统接地完全分开,并保持必要的距离。其接线图如图 1-2-27 所示。PE 导体可以另外增设接地。

TT 系统的主要优点如下:

(1)能抑制高压线与低压线搭连或配变高低压绕组间绝缘击穿时低压电网出现的过电压。

(2)对低压电网的雷击过电压有一定的泄漏能力。

(3)与低压电器外壳不接地相比,在电器发生碰壳事故时,可降低外壳的对地电压,因而可减轻人身触电危害程度。

(4)由于单相接地时接地电流比较大,可使保护装置(漏电保护器)可靠动作,及时切除故障。

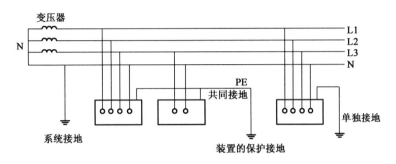

图 1-2-27　TT 系统接线图

3) IT 系统

IT 系统就是电源中性点不接地,用电设备外露可导电部分直接接地的系统。IT 系统可以有中性线,但不建议设置中性线。因为如果在 IT 系统中设置中性线,N 线任何一点发生接地故障,该系统将不再是 IT 系统。其结构图如图 1-2-28 所示。

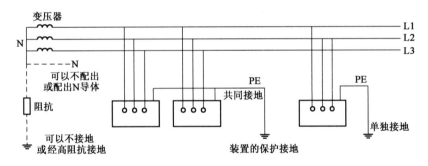

图 1-2-28　IT 系统接线图

二、防雷与接地

雷电是自然界中一种激烈的放电现象,由此引起的雷电灾害被联合国列为十大自然灾害之一,每年都要给国家财产和人民生命造成严重的损失和威胁。特别是随着电子及信息时代的到来,这种损失愈加显现出来。现代电子设备广泛使用 CMOS 集成电路芯片,承受过电压的能力较差,一个很小的过电压就可能使存储的信息受到干扰或丢失,严重时还可能将元器件烧毁,导致系统瘫痪,甚至伤害工作人员。

防雷,是指通过拦截、疏导最后泄放入地的一体化系统方式以防止由直击雷或雷电电磁脉冲对建筑物本身或设备造成损害的防护技术。防雷系统通常由接闪器(接闪针、接闪带、接闪线和接闪网)、引下线、接地装置(包括接地极和接地体)组成。

1. 雷电的形成与危害

1）雷电的形成

大气中带电荷的云团称为雷云，是产生雷电的先决条件。雷云以带负电荷居多，电荷的分布是不均匀的，有很多堆积中心，但一定数量的电荷聚集到一个区域时，这个区域的电势逐渐上升，当它的电场强度达到足以使附近空气绝缘破坏的程度（25～39kV/cm）时，该处空气游离，开始了雷云放电。雷云对地面或大地附着物的放电，称为雷击。按照能量传递的途径，雷击有以下几种形式。

（1）直接雷击

直接雷击也称为直击雷。雷云对建筑物放电初期，只能将雷云附近的空气击穿，形成所谓的向下先导通道。由于先导通道内空气游离不够强烈，放电向下发展到一定距离后因其顶端场强衰减而暂时停歇下来，待电荷中心向通道补充电荷后再次放电，并继续向下发展。如此反复，形成了逐次发展的向下的先导放电通道。

与此同时，因雷云接近建筑物，在建筑物上感应出大量正电荷，建筑物上的正电荷也会发展出向上的先导。当向下先导与向上先导间的空气被击穿时，雷云电荷通过游离的放电通道向建筑物泄放，形成雷电放电。

（2）感应雷击

感应雷击简称感应雷，根据产生的原理不同，分为静电感应雷和电磁感应雷。

①静电感应雷。

静电感应雷是在带电积云接近地面时，由于单一雷云带电的单极性，总是会在附近的金属导体上感应出大量的反极性束缚电荷。而金属导体远离带电积云端会相应产生与雷电同极性的电荷，从而在金属导体与雷云之间，以及金属导体自身产生出很高的静电电压（感应电压），其电压幅值可达几万到几十万伏。这种过电压往往会造成建筑物内的导线、接地不良的金属物导体和大型的金属设备放电而引起电火花，从而容易引起电击、火灾、爆炸，危及人身安全或对供电系统造成危害。

②电磁感应雷。

电磁感应雷是由于雷电放电时，巨大的冲击雷电流在周围空间产生迅速变化的强磁场引起的。这种电磁感应雷对建筑物内的电子设备造成干扰、破坏，又或者使周围的金属构件产生感应电流，从而产生大量的热而引起火灾。

（3）球形雷击

球形雷击简称球形雷。球形雷是一个被电离的空气团，以约每秒几米的速度在大气中漂浮运动，它通常从烟囱、开着的门窗或缝隙进入建筑物内部，在室内来回滚动几次后，可能沿着原路出去，有时也会自动消失，但碰到人、畜后发出震耳的爆炸声，还会出现刺激性气味。

2）雷电的危害

（1）热效应

强大的雷电流（几十至几百千安培）通过雷击点，并在极短时间内转换成热能，雷击点的发热量为500～20000MJ，容易造成燃烧或金属熔化，熔化的金属飞溅又容易引起火灾、爆炸等事故。

(2)电磁效应

由于雷电流量值大且变化迅速,在它的周围空间里会产生强大且变化剧烈的磁场,处于这个变化磁场中的导体可能被感应出很高的电动势。感应电动势可使闭合的金属导体产生很大的感应电流,或使开口金属导体产生很高的开口电压,引发火花放电危险。

(3)机械力效应

其一,闪电的温度很高,瞬间可达 6000~20000℃,它使被击物体内部水分受热急剧气化,或缝隙中分解出的气体剧烈膨胀,因而在被击物体内部出现了巨大的压强,使树木或建筑物遭受破坏,甚至爆裂成碎片,这种破坏又称为被击物阻性热效应产生的机械力破坏。其二,雷电流产生的电磁力可能使电气设备或金属构件受力损坏。其三,雷电放电时,电弧高温使周围空气急剧膨胀,瞬间压强可高达几十个大气压,高压气体扩散形成冲击波,可能对周围的物体产生机械破坏。

2. 现代防雷技术框架

从 18 世纪 50 年代富兰克林发明接闪杆到 20 世纪 60 年代在建筑物顶部安装接闪杆、线、带、网,连接引下线和接地体,为雷电流建造一条低阻抗的流通通道,让雷电流顺畅流入大地泄散,保护建筑物不被直接雷击,称之为外部防雷技术。

20 世纪 80 年代以后,国内外科技工作者利用现代电学、电磁学、电工学、电子学等相关学科的基本理论和技术,采用屏蔽、等电位连接、合理布线、安装电涌保护器等具有隔离、吸收、分离雷电侵入波、雷电电磁脉冲功能的技术和方法,构成了保护建筑物内电气、电子设备的内部雷电防护技术。

建筑物内部雷电防护技术的出现,使雷电保护技术从一维、二维空间的防护转到了三维空间的全方位防护,雷电防护技术也随之由单一的直击雷的防护扩充为直击雷和雷电感应防护的现代化综合防雷技术,如图 1-2-29 所示。

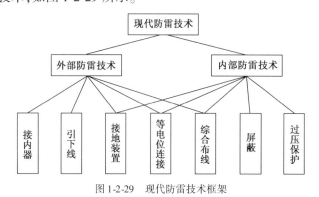

图 1-2-29 现代防雷技术框架

(1)接闪器:由拦截闪击的接闪杆、接闪带、接闪线、接闪网以及金属屋面、金属构件等组成,吸引雷电。

(2)引下线:用于将雷电流从接闪器传导至接地装置的导体,引导雷电。

(3)接地体:接地体和接地线的总和,用于传导雷电流并将其流散入大地,泄放雷电能量。

(4)等电位连接导体:将分开的诸导电性物体连接到防雷装置的导体。用于将分开的诸金属物体直接连接到防雷装置上以减小雷电流引发的电位差,防止雷电反击的发生。

(5)屏蔽体:用金属线材或金属板材把需要保护的空间包围起来的笼式装置,广泛应用在阻挡、衰弱电磁信号干扰和减弱雷电电磁脉冲影响的电子和雷电保护技术中。

(6)电涌保护器:一种非线性器件,用于抑制线路传导过电压及过电流。

3. 接闪器

公路多处于较为孤立的野外和空旷的地带,易遭受雷电的侵袭。除办公楼、收费站、机房及各大系统等应用到多种接闪器,但该部分防雷措施多在建筑专业进行考虑外,其余外场设施多采用单支接闪杆作为接闪器,本节以单支接闪杆为例进行介绍。

1)接闪杆保护原理

接闪杆防雷法,亦称富兰克林法,是一种古老、传统的防雷方法。接闪杆也是结构最简单的防雷装置,其杆状接闪器是直接承受雷电的部分,须高出被保护物体,当雷云出现在地面上空时,由于静电感应作用,大地及接闪杆上将出现与雷云极性相反的电荷。于是,在接闪器的顶端处电场将发生畸变,出现局部集中的高电场区。在雷云的下行先导发展初期,先导向下的发展是随机取向的,并不受地面物体上接闪杆存在的影响。随着阶梯式先导向下发展到邻近地面,接闪杆顶端周围的电场将发生严重畸变,使这里的电场强度明显高于其他地方,这就为先导向接闪杆发展创造了十分有利的条件,因此,容易将先导吸引到接闪杆上,使雷击点出现在杆的顶端,而不致出现在其下面被保护物体上。

一个雷电能击在接闪杆上,而不能击在以它为中心的伞形下面保护空间区域,称之为保护区。

2)接闪杆保护范围计算

如图1-2-30和图1-2-31所示,当单支接闪杆的高度$h \leqslant h_r$(滚球半径)时,距地面h_r处做一平行于地面的平行线,以杆尖为圆心,h为半径做弧线交于平行线A、B两点,以A、B两点为圆心,以h_r为半径做弧线,该弧线与杆尖相交并与地面相切。此弧线以下到地面的空间,就是保护范围。该保护范围是一个对称的圆锥曲面体。单支接闪杆在地面上的保护范围的半径为圆锥曲面在地面切线到接闪杆入地点的距离,在高度h_x的保护半径为在h_x高度与地面平行的平面与圆锥曲面的切割点到接闪杆的距离。

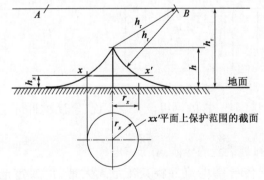
图1-2-30 单支接闪杆的保护范围

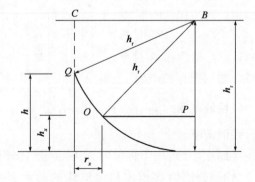
图1-2-31 单支接闪杆的保护范围计算简图

使用几何方法可以推导出单支接闪杆的保护半径r_0为:

$$r_0 = \sqrt{h_r^2 - (h_r - h)^2} \tag{1-2-23}$$

h_x 高度的保护半径 r_x：

$$r_x = \sqrt{h(2h_r - h)} - \sqrt{h_x(2h_r - h_x)} \tag{1-2-24}$$

式中：h——接闪杆的高度(m)；

h_r——滚球半径(m)。

GB 50057—2010 给出第一类防雷建筑物的滚球半径为30m，第二类防雷建筑物的滚球半径为45m，第三类防雷建筑物的滚球半径为60m。

单支接闪杆的高度大于滚球半径，即 $h > h_r$，保护范围的计算和做图法与单支接闪杆的方法相同。由计算可知，当接闪杆的高度大于滚球半径时，其保护范围不再增大，并在其高出滚球半径的部分，即 $h \sim h_r$ 部分，将会出现侧向暴露区，在接闪杆的这部分上将会遭到侧面雷击（图1-2-32）。只有接闪杆的高度与滚球半径相等时，接闪杆才有最大的保护半径。

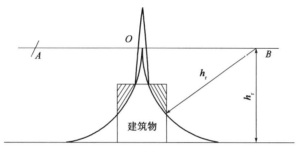

图 1-2-32　$h > h_r$ 时避雷针的保护范围

4. 引下线

引下线是连接接闪器与接地体的金属导体，其作用是将雷电流从接闪器传导至接地体的金属装置，引下线的电阻值小，能顺畅通过雷电流，在防雷装置系统中起传导和分流雷电流的作用。

5. 接地

接地的目的是把过电压和过电流泄流入地。接地是将电子、电气设备及电力系统的某些部分与大地相连接。这种连接是通过设置接地体来实现的，接地体是指埋入土壤中或混凝土基础中做散流用的金属导体。接地体和接地线的总合称之为接地装置，用于传导电流并将其流散入大地。

从接地分类来看，有防雷接地、工作接地、安全接地、重复接地等。把接闪器和雷电电涌保护器件等与埋在地中的接地体连接，把雷电流泄入大地的接地就是防雷接地。

6. 接地电阻

接地电阻越小，散流就越快，被雷击物体高电位保持时间就越短，危险性就越小。常见的四种接地电阻如下：

(1) 工作（系统）接地：接地电阻值在 0.5~10Ω 范围内，对于计算机场地，接地电阻要求不大于4Ω，并且采取共用接地的方法将避雷接地、电气安全接地、交流接地、直流接地统一为一个接地装置。

(2)保护接地:接地电阻值要求在 $1\sim10\Omega$ 范围内。

(3)防雷电接地:接地电阻值一般在 $1\sim30\Omega$ 范围内。

(4)防静电接地:接地电阻值不大于 10Ω。

7. 接触电压和跨步电压

(1)电气设备发生接地故障时,其接地部分与大地零电位之间的电位差称为接地时的对地电压 U_g。

(2)当接地短路电流 I_g 流过接地装置时,大地表面形成分布电位,在该地面上离设备水平距离 0.8m、沿设备垂直距离 1.8m 间的电位差,称为接触电势。人体接触该两点时所承受的电压称为接触电压。

(3)水平距离 0.8m 两点间的电位差,称为跨步电压。

(4)未考虑腐蚀时的接地装置热稳定校验:

$$S_g \geqslant \frac{I_g}{c}\sqrt{t_e} \tag{1-2-25}$$

式中:S_g——接地线的最小截面面积(mm^2);

I_g——流过接地线的短路电流稳定值(A);

c——接地材料的热稳定系数,根据材料的种类、性能及最高允许温度和短路前接地线的初始温度(一般取 40℃)确定;

t_e——短路的等效持续时间(s)。

(5)根据热稳定条件,未考虑腐蚀时,接地装置接地极的截面不宜小于连接至该接地装置的接地线截面的 75%。

8. 避雷器的保护原理

各种电气设备的绝缘都是按一定的耐受电压水平来设计的,为了设备的安全,需要对超过电力、电子和电气设备耐受限度的过电压加以抑制,将过电压降低到绝缘耐受限度以内,这种过电压抑制装置就是避雷器。

避雷器的保护动作特性是通过其动作电压体现出来的,当避雷器两端电压低于动作电压时,避雷器呈现近似开路;当避雷器两端电压达到和超过动作电压时,它将导通,对过电压实施抑制。避雷器设置在被保护设备附近,安装在相导线与地之间,与被保护设备并联,如图1-2-33。在系统正常运行情况下,作用于避雷器两端的电压为系统的相对地工作电压,低于动作电压,避雷器处于开路状态,此时避雷器的存在不会影响到系统的正常运行。如果雷电过电压波沿线路侵入,则作用在避雷器两端的电压会明显高于动作电压,使避雷器导通,通过很大的冲击电流,向大地泄放雷电过电压的能量,并将雷电过电压降低到被保护设备绝缘可以耐受的限度内。

电力系统中采用的避雷器主要有阀式避雷器、氧化锌避雷器、保护间隙和管形避雷器,其中有些避雷器还被用于抑制系统操作过电压。高速公路

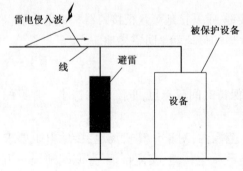

图1-2-33 避雷器保护电气设备原理

上常用的是氧化锌避雷器。

9. 氧化锌避雷器

金属氧化锌避雷器(MOA)是掺入微量的氧化铋、氧化钴、氧化锰等添加剂后的阀片,具有极优异的非线性伏安特性。在正常工作电压的作用下,其阻值很大(电阻率高达 $10^{10}\sim10^{11}\Omega\cdot cm$),通过的漏电流很小(小于1mA),而在过电压的作用下,阻值会急剧变小。氧化锌避雷器在过电压保护上具有以下优点:

(1)无续流,动作负载轻,能重复动作实施保护。
(2)保护可靠性高。
(3)通流容量大,能制成重载避雷器。
(4)温度响应和陡波响应特性较为理想。

三、电线电缆

电线电缆是用以传输电(磁)能、信息和实现电磁能转换的线材产品,按其用途可分为裸导线与导体制品、电力电缆、通信电缆和控制电缆等。本节将就交通工程检测中常见的导线、电力电缆和控制电缆的基本情况进行介绍。

1. 导线

导线是用来传输电能和信号的,其种类繁多,按照性能、结构和特点可分为裸导线、绝缘导线等。

1)裸导线

裸导线没有绝缘层,散热好,可输送较大电流。常用的有圆单线、裸绞线和型线等。

(1)裸绞线主要用于架空线路,具有良好的导电性能和足够的机械强度。常用的有铝绞线(LJ)和钢芯铝绞线(LGJ)。

(2)型线有铜母线、铝母线、扁钢等。扁钢用于接地线和接闪线。

2)绝缘导线

绝缘导线常用作低压供电线路及电气设备的连线,按照绝缘层材料来分又有聚氯乙烯绝缘导线、橡皮绝缘导线等。

2. 电力电缆

电力电缆是用以传输和分配电能的产品,主要用于供输配电。按绝缘材料分为纸绝缘电力电缆、橡胶绝缘电力电缆、聚氯乙烯绝缘电力电缆、交联聚乙烯绝缘电力电缆等。还能分为阻燃电缆和耐火电缆。常用的电力电缆型号、名称及敷设场合见表1-2-5。

常用电力电缆型号、名称及敷设场合汇总　　　表1-2-5

型　号	名　称	敷　设　场　合
VV/VLV	聚氯乙烯绝缘聚乙烯护套铜芯/铝芯电力电缆	可敷设在室内、隧道、电缆沟、管道、易燃及严重腐蚀地方,不能承受机械外力
YJV	交联聚乙烯绝缘聚氯乙烯护套铜芯电力电缆	架空、室内、隧道、电缆沟及地下

续上表

型号	名称	敷设场合
YJV$_{22}$	交联聚乙烯绝缘钢带铠装聚乙烯护套铜芯电力电缆	室内、隧道、电缆沟及地下
ZA(B、C)-YJV	交联聚乙烯绝缘聚乙烯护套A(B、C)类阻燃铜芯电力电缆	可敷设在对阻燃有要求的室内、隧道中
WDZA(B、C)-YJV	无卤低烟A(B、C)类交联聚乙烯绝缘聚乙烯护套铜芯电力电缆	可敷设在对阻燃且无卤低烟有要求的室内、隧道中
WDN(A、B)-YJV	无卤低烟(A、B)类耐火交联聚乙烯绝缘聚乙烯护套铜芯电力电缆	可敷设在对无卤低烟且耐火有要求的室内、隧道及管道中

(1)阻燃电缆

阻燃电缆是指在规定试验条件下,试样被燃烧,在撤去试验火源后,火焰的蔓延仅在限定范围内,残焰或残灼在限定时间内能自行熄灭的电缆。根据电缆阻燃材料的不同,阻燃电缆分为含卤阻燃电缆和无卤低烟阻燃电缆。无卤低烟阻燃电缆由不含卤素(F、Cl、Br、I、At),不含铅、汞、铬、镉等物质的胶料制成,燃烧时产生的烟尘较少,且不会发出有毒烟雾,燃烧时的腐蚀性较低。阻燃电缆分为A、B、C三个类别,其中A类最高。

(2)耐火电缆

耐火电缆是指在火焰燃烧情况下能够保持一定时间安全运行的电缆,分为A、B两种类别,A类在火焰温度950~1000℃时,持续供火时间90min;B类在火焰温度750~800℃时,持续供火时间90min。耐火电缆广泛应用于与防火安全和消防救生有关的场所。

3. 控制电缆

控制电缆用于电气控制系统和配电装置的二次系统。二次电路的电流较小,因此芯线截面通常在10mm²以下,控制电缆的线芯多采用铜导体,其芯线组合有同心式和对绞式。控制电缆按其绝缘层材质,分为聚氯乙烯、聚乙烯和橡胶。其中以聚乙烯电性能最好,可应用于高频线路。塑料绝缘控制电缆如KVV、KVVP等,主要用于交流500V、直流1000V及以下的控制、信号、保护及测量线路。

4. 电线电缆的导体电阻

电线电缆的导体电阻包含直流电阻和交流电阻两部分,由于在交流回路,导体会表现出容抗和感抗的特性,交流频率不同,容抗和感抗就不同。为了统一测试标准和利于对比,一般采用直流电阻作为判断导体是否合格的重要依据之一。

导体直流电阻的大小是电线电缆产品的一项基本性能指标,是一个重要的例行试验和型式试验项目。测试目的是检查产品导电线芯的电阻是否超过标准的规定值,否则会影响电线电缆产品的载流量。同时对整根产品测定其导体电阻还可以发现生产工艺中的某些缺陷,如线断裂或其中部分单线断裂、导体截面不符合标准等。

5. 电线电缆的绝缘电阻

绝缘上所加的直流电压U与泄漏电流I_g的比值称为绝缘电阻R_i,即

$$R_1 = \frac{U}{I_g} \tag{1-2-26}$$

绝缘电阻可以分为表面绝缘电阻和体积绝缘电阻,一般在无特殊说明的情况下均是指体积绝缘电阻。在均匀电场下绝缘电阻与绝缘厚度 δ 成正比,而与电极面积 A 成反比,即

$$R_v = \rho_v \frac{\delta}{A} \tag{1-2-27}$$

式中,ρ_v 为体积绝缘电阻系数($\Omega \cdot cm$),主要受温度、电场强度和杂质的影响。

绝缘电阻是反映电线电缆产品绝缘特性的重要指标,它与该产品能够承受电击穿或热击穿的能力,与绝缘中的介质损耗,以及绝缘材料在工作状态下的逐步劣化等均存在着极为密切的相互依赖关系。因此对用于工作电压为 500V 及以上电压级的产品,一般均需测定其绝缘电阻,甚至对于低压弱电流的通信电线电缆,也把测定绝缘电阻作为控制和保证其绝缘品质的主要参数。

测定绝缘电阻可以发现工艺中的缺陷,如:绝缘干燥不够或护套损伤受潮;绝缘受到污染和有导电杂质混入;各种原因引起的绝缘层穿透等。同时,测定绝缘电阻也是研究绝缘材料的品质和特性,研究绝缘结构,以及产品在各种运行条件下的使用性能等方面的重要手段。对于已投入运行的产品,绝缘电阻是判断产品品质变化的重要依据之一。

6. 电线电缆的工频电压试验

电缆的交流电压试验总地可以分为两类:耐压试验和击穿试验。

(1)耐压试验

耐压试验的基本方法是在电缆绝缘上加上高于工作电压一定倍数的电压值,保持一定的时间,要求试品能经受这一试验而不击穿。对于电力传输用的绝缘电线和电力电缆,每一根出厂前全部要进行这一项试验。因此耐压试验是一项最基本的电性试验。出厂耐压试验绝大多数采用工频交流电压。

耐压试验的目的是考核产品在工作电压下运行的可靠程度和发现绝缘中的严重缺陷(如受机械外伤),但是最主要的是发现生产工艺中的缺点,例如:绝缘有严重的外部损伤;导体上有使电场急剧畸变的严重缺陷;绝缘在生产中有穿透性缺陷或大的导电杂质,绝缘纸带包得不好,有许多纸条重合;绝缘严重受潮等。

耐压试验电压选定的原则是,既要能够发现绝缘中的严重缺陷,同时又不致损害完好的绝缘,以致造成绝缘的暗伤。因此一般耐压试验的电压为电缆额定工作电压的两倍左右。加压时间一般为 15min 以下。

(2)交流击穿试验

电缆的击穿试验是加上电压后一直升压至绝缘击穿,求得电缆的击穿电压值。这类试验的目的是考核电缆绝缘承受电压的能力和与工作电压之间的安全裕度。

交流击穿强度与升压速度有很大关系,连续升压使电缆在几分钟内击穿称为瞬时击穿,基本上没有热的因素,因此是属于电击穿的类型。另一种是逐级升压,从较低的电压(例如 0.5~2 倍的工作电压)开始,保持足够的时间(2h、3h、4h、6h、12h 或 24h),使电缆绝缘在这一电压级中充分地产生电与热的作用,然后再升至另一电压级,逐级上升直至击穿。每一级上升的电压为 0.5~1 倍的工作电压。这一试验中反映了热击穿的因素,较接近于实际工作情况,试验结

果有较好的参考价值,所以经常被采用。

7. 电线电缆直流耐压与泄漏电流的测试

直流耐压试验与交流耐压一样分为耐压试验与击穿试验两种类型。耐压试验的目的同样是为了发现电缆绝缘中的严重缺陷。但由于直流电压对绝缘造成的损害要比交流电压小得多,发现局部缺陷的敏感性比交流耐压好,加之所需设备容量小,成本低,因此广泛地被用来作为电缆敷设后的交接试验,以及运行中电缆的预防性试验。

直流击穿试验的目的主要是分析电缆绝缘在电击穿状态下的特性与有关因素,考核电缆承受直流电压的能力。由于直流电压试验中没有热的因素,因此很少进行长期耐压或逐级击穿。

在直流耐压试验的同时,均需测量并记录不同试验电压,不同加压时间时流经电缆绝缘中的泄漏电流,它反映了电缆的绝缘电阻,对判断电缆的品质是很重要的。

第七节 通信工程

人们要将声音、图像、文字、符号等各种消息传递给接收者,可以采用各种各样的通信方式。广义上来说,通信是指需要信息的双方或多方在不违背各自意愿的情况下采用任意方法、媒介,将信息从某一方准确、安全地传递给另一方。狭义上讲,通信就是信息的传输和交换,即信息的传递。为实现通信采用的技术就是通信技术,研究该技术的学科就是通信工程。随着电磁场理论、信息论、数字信号处理理论、微电子技术和计算机技术的发展,通信技术,特别是数字通信技术,得到了迅猛发展。了解通信工程的基本原理有利于掌握交通工程通信设施检测。

一、通信系统的组成

通信中信息是被携带在电(光)形式的消息信号上进行传输的,传输这些信号所需的一切技术设备的总和称为通信系统,一个点对点通信系统的一般模型如图1-2-34。

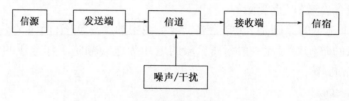

图1-2-34 通信系统的一般模型

1. 信源

信源是信息产生的"源泉"。由于电信号具有传递速度快(接近于光速)、传输距离远、消息容量大、处理方便等优点,所以在很多情况下信源都是将各种原始消息,如声音、图像等转换为电信号,这种原始的电信号又称为基带信号。电信号是通信信号的主要形式。随着光通信技术的发展,光信号也成为通信的常用信号。

2. 发送端（发送设备）

发送端对信源发出的电信号进行适当的处理，使其方便在信道中传输。处理的方法很多，如对信号进行放大、调制等。理论上讲，信号可以进行变换处理，以适应信道特性，或者改造信道，以适应信源发出的电信号。但是，由于技术、成本、性能等多种因素的制约。在实际应用中多采用前一种方式。在实际应用中。发送设备和接收设备组合在一起构成通信设备。典型的通信设备是调制解调器（Modem）。

3. 信道

信道是信号传输的通道，又称传输媒介。电信号以电流、电磁波的形式在信道中传播，光信号以光波的形式在光纤中传输。信道可以分为有线信道和无线信道两大类。

1）有线信道

常用的有线信道有双绞线、同轴电缆和光缆等。在高速公路实际应用中，通信传输介质主要是单模光纤和网线（双绞线）。单模光纤主要用于长距离传播，网线则用于短途传输。

（1）双绞线。双绞线是由许多对线组成的数据传输线，其特点是价格便宜，所以被广泛应用。网线是双绞线的一种，是连接计算机与计算机、计算机与其他网络设备的连接线。双绞线用于和 RJ45 水晶头相连，有 STP（屏蔽双绞线）和 UTP（非屏蔽双绞线）两种，常用的是 UTP。

（2）同轴电缆。同轴电缆（Coaxial Cable）的带宽要比双绞线宽得多，其上限频率由线径和传输距离决定，一般可达几百兆赫以上。其衰减与频率的平方根成正比。因此在远距离传输和宽带工作时需要用到均衡器。同轴电缆主要用于局域网（LAN）、有线电视（CATV）和海底电缆通信中。

同轴电缆由内导体、绝缘层、外导体和保护层组成。由于同轴电缆的特殊结构，电缆内部的信号不会泄漏到外部，同样外部的干扰也不会进入到电缆内部，因此同轴电缆有很好的保密性和抗干扰性。

（3）光缆。光缆是一定数量的光纤按照一定方式组成缆芯，外包有护套，有的还包覆外护层，用以实现光信号传输的一种通信线路，见图 1-2-35、图 1-2-36，即由光纤（光传输载体）经过一定的工艺而形成的线缆。光缆的基本结构一般是由缆芯、加强钢丝、填充物和护套等几部分组成。

图 1-2-35　单根光纤组成的光缆　　　　图 1-2-36　多根光纤组成的光缆

光纤有以下几种分类方式：
①根据制作材料不同，可分为石英光纤、塑料光纤、玻璃光纤等。
②根据传输模式不同，可分为多模光纤和单模光纤。
③根据纤芯折射率的分布不同，可分为突变型光纤和渐变型光纤。
④根据工作波长的不同，可分为短波长光纤、长波长光纤和超长波长光纤。

光纤根据传输模式分为单模光纤（长距离传输）和多模光纤（中短距离传输）。高速公路常用的是单模光纤。

光纤接头常用的结构形式见图1-2-37。

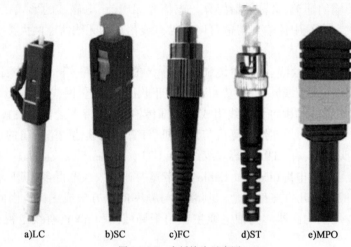

a)LC　　b)SC　　c)FC　　d)ST　　e)MPO

图1-2-37　光纤接头示意图

①LC接口：小方口，常用于连接SFP光模块和预端接模块盒。
②SC接口：卡接式方形（大方口），常用于光纤收发器和GBIC光模块。
③FC接口：圆形带螺纹，常用于用于光纤配线架。
④ST接口：圆形卡口，常用于光纤配线架。
⑤MPO接口：使用精密模具成型在MT插针中，用于高密度应用领域。

2）无线信道

无线信道由无形的空间构成，信号以电磁波的形式在无线信道中传播。

无线信道包含从发送端到接收端之间的无线空间，以天线作为信道的接口设备。电信号在无线信道中以电磁波的形式传播。无线信道的频率范围很宽，从极低频一直到微波波段，其中根据频率的不同和传播方式的不同又可分为很多种信道。但真正用于数据通信的仅仅是其中的一段，频段当前已经成为无线电通信中的宝贵资源。

4. 接收端（接收设备）

接收端的作用与发送端的作用相反，通常是把接收到的信号经过放大、滤波选择、解调后恢复成原来的基带信号。也就是把经过信道传输的信号恢复成原来的信源产生的信号。接收设备的作用非常重要，能否不失真地恢复原来的信号是关键。

5. 信宿

信宿，顾名思义是信息的归宿。信宿的作用是将来自于接收设备的基带信号恢复成原始信号。一般来说,信源的输出和信宿的输入是相同的,两个设备是对应的。例如,发端是话筒,则接收端是扬声器或耳机;发端是摄像机,则接收端是显示器;发端是计算机、则接收端也可以是计算机。

在双向通信中,信源和信宿构成通信终端设备。在终端设备中既有信源又有信宿,如计算机既可以产生信号,又可以接收信号,所以它既是信源,也是信宿。发送设备和接收设备构成通信设备,如调制解调器(Modem),它对要发送的信号进行调制,又对接收的信号进行解调。所以调制解调器既是发送设备又是接收设备。

6. 噪声/干扰

在通信过程中。噪声和干扰是不可避免的。噪声是信道中的噪声以及分散在通信系统各组成部分中的噪声的集中表现。噪声主要来自信道。从某种意义上来说。通信工程的主要工作就是消除噪声和干扰对通信的影响。

在无线通信中所谓的噪声就是指相对于有用信号而言人们不需要的那部分信号。其噪声往往是无法避免的,因此衡量一个通信信道的指标时通常考虑信噪比。信噪比就是有用信号与噪声的功率之比,通常用 SNR 表示。

二、通信系统的质量指标和信道容量

1. 通信系统的质量指标

在设计、检测、比较和评价一个通信系统的优劣时,必然要涉及通信系统的各种性能指标。性能指标也称质量指标,不同的系统其质量指标也不同。对于数字通信系统来说,衡量其优劣的性能指标很多,但归纳起来主要有以下几点。

1) 有效性指标

在数字通信系统中,有效性指标主要用信息传输速率和符号传输速率来描述。传输速率越高,表示系统的有效性越好。

(1) 信息传输速率(R_b)

信息传输速率又称比特率、传信率,是指数字通信系统在单位时间内传输的比特数,用 R_b 表示,单位为 bit/s、b/s、bps(比特/秒),或 kbit/s、kb/s、kbps(千比特/秒),或 Mbit/s、Mb/s、Mbps(兆比特/秒)。

(2) 符号传输速率(R_B)

符号传输速率又称码元速率,是指数字通信系统在单位时间内传输的码元数,用 R_B 表示,单位为 Baud 或 Bd(波特)。在数字通信系统中传输的数字信号的一个波形符号就是一个码元,它可能是二进制的,一个码元对应 1bit 的信息量;也可能是多进制的,例如,在数字调制的 8PSK 中,一个八进制码元所携带的信息量是 3bit。

数字信号的一个波形就是一个码元,码元宽度(或码元周期)为 T 秒时,$R_B = 1/T$,如果一个数字通信系统传输的是 M 进制码元,则该系统的码元速率 R_B 和比特率 R_b 之间的关系为:

$$R_b = R_B H(x) \tag{1-2-28}$$

式中,$H(x)$ 是每个符号所含的信息量的统计平均值,即平均信息量。由于其形式与热力学中熵的形式相似,所以通常又称它为信息源的熵,其单位为 bit/符号。关于信息熵的计算超出了本书的讨论范围,这里只给出以下结论:当信息的各个符号相互独立并且是等概率出现时,则:

$$R_b = R_B \log_2 M \tag{1-2-29}$$

显然,对于二进制码元存在 $R_b = R_B$。

【例 1-2-1】 某数据传输系统采用四进制码元以 4800Bd 的码元速率传输数据,该系统的信息传输速率为:$R_b = R_B \log_2 4 = 4800 \times 2 = 9600 \text{bps}$。

【例 1-2-2】 某信源产生的信息传输速率为 900bps,该信号在八进制系统中传输,该系统的码元速率应是:$R_B = R_b / \log_2 M = 900 / \log_2 8 = 900/3 = 300 \text{Bd}$。

(3) 频带利用率(η)

在数字通信系统中,系统效率单从信道的信息传输速率来评价是不够的,还要用系统信道中单位频带内所实现的信息传输速率来衡量。单位频带内的信息传输速率称为频带利用率,用 η 表示,单位为 bps/Hz。设 B 为信道所需的传输带宽,R_b 为信道的信息传输速率,则频带利用率为:

$$\eta = R_b / B \tag{1-2-30}$$

根据比特率与码元速率(波特率)的关系,进一步可推得:

$$\eta = R_B \log_2 M / B \tag{1-2-31}$$

从上式可以看出,若码元速率相同,加大 M 或减少 B 都可以使频带利用率提高。前者可采用多进制调制技术实现,后者可采用单边调制、部分响应等压缩发送信号频谱的方法实现。

2) 可靠性指标

数字通信系统的可靠性指标主要用传输的差错率来描述。差错率通常用误码率和误比特率来表示。差错率越大表示系统可靠性越差。

(1) 误码率(P_e)

误码率是指在传输的码元总数中发生差错的码元数所占的比例,用 P_e 表示。

$$P_e = \frac{\text{发生错误码元的个数}}{\text{传输总码元数}} \tag{1-2-32}$$

式中,"发生错误码元的个数"和"传输总码元数"均为同一系统同一时间所发生的。显然,P_e 为平均误码率。误码率的大小由传输系统特性、信道质量及系统噪声等因素决定。

(2) 误比特率(P_b)

误比特率又称误信率、比特差错率,是指在传输中发生差错的比特数占传输总比特数的比例,用 P_b 表示。

$$P_b = \frac{\text{发生误差的比特数}}{\text{传输的总比特数}} \tag{1-2-33}$$

式中,"发生差错的比特数"和"传输的总比特数"均为同一系统同一时间所发生的,因此,P_b 为平均误比特率。

在通信系统中传输的各符号一般是独立等概率的,在二进制系统中 $R_b = R_B$,$P_e = P_b$,在多进制($M > 2$)系统中一般 $R_b > R_B$,$P_e > P_b$。

【例 1-2-3】 设某通信系统在 125μs 内可传输 256 个二进制码元,其信息传输速率是:$R_b = 256/(125 \times 10^{-6}) = 2.048 \text{Mbps}$。

若该信息在 4s 内有 5 个码元产生误码,其误码率为:
$$P_e = 5/(4 \times 2.048 \times 10^6) = 0.61 \times 10^{-6}$$

2. 信道容量

信道容量是指信道极限传输信息的能力,即信道无差错传输信息的最大信息速率,记为 C。信道容量一般分为编码信道容量和调制信道容量,在实际通信中主要研究调制信道容量。

在调制信道中,研究的是模拟信号的传输。在加性高斯白噪声背景下,调制信道的参量是调制信道的带宽、信号功率和高斯白噪声功率。著名的香农(Shannon)公式指出了调制信道容量的定量计算方法。

香农公式给出了高斯白噪声信道上可靠传输速率的上限。设计实际的通信系统时,只能尽量接近香农公式计算出的速率,实现了香农极限速率的系统称为理想通信系统。香农公式给出了信噪比和信道带宽的关系,当信道容量一定时,通过增大带宽可以使系统的信噪比要求下降,这是扩频通信的理论基础。

三、信号的传输与处理

按信号的形式不同可以将信号传输方式分为模拟传输和数字传输。传输线路上传输的是模拟信号,就叫作模拟传输,这在早期应用较多。随着通信技术的发展,现代通信中,往往将模拟信号转换成数字信号再传输,传输线路上传输的是数字信号,这种传输方式就是数字传输;按传输方法不同可以将信号传输方式分为串行传输和并行传输;按信号的流向不同可以将信号传输方式分为单工、半双工和全双工传输。

1. 模拟传输和数字传输

1)模拟传输

代表信息的信号及其参数(幅度、频率或相位)随信息连续变化的信号称为模拟信号,模拟信号在幅度上连续,时间上连续的模拟信号称为连续信号,时间上不连续的模拟信号称为离散信号。在通信系统中,往往将时间上不连续的模拟信号称为脉冲幅度调制(PAM)信号。

在模拟传输中,对信号要进行调制处理,将信号变换为适合在线路中传输的形式。模拟传输主要应用在模拟通信系统中,常见的模拟调制方式有调幅(AM)、调频(FM)和调相(PM),调幅波的振幅随着调制信号的某种特征的变化而变化,但频率保持不变;调频波的瞬时频率按调制信号的变化而变化,但振幅不变;调相波的振幅保持不变,但其相位随着调制信号而变化。早期的固定电话网就是最典型的模拟传输系统。

2)数字传输

在时间上和幅度上均取有限离散数值的信号称为数字信号。数字信号幅度离散,在时间上也是离散的。图1-2-38所示是二进制数字信号,它只有两种取值,用 0 和 1 表示。

数字传输中必须对信号进行编码,如果信源是模拟信源,需要将信源进行 A/D 变换,将模拟信号转变为数字信号,然后再进行数字传输。光纤通信系统、卫星通信

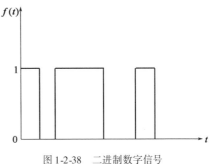

图 1-2-38　二进制数字信号

系统是典型的数字通信系统。

模拟传输与数字传输之间是可以相互转换的,如图1-2-39所示。

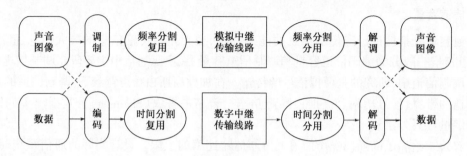

图1-2-39　模拟传输与数字传输之间的转换

3) 模拟通信和数字通信

根据信道传输信号的差异,通信系统的分类如图1-2-40所示。

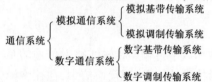

图1-2-40　通信系统的分类

利用模拟基带信号传递信息的系统称为模拟基带传输系统,如麦克风和放大器之间的信息传输。

利用模拟频带信号传递信息的系统称为模拟调制传输系统,如模拟电视、广播等系统。

利用数字基带信号传递信息的系统称为数字基带传输系统,如计算机和外围设备(如打印机等)之间的信息传输。

利用数字频带信号传递信息的系统称为数字调制传输系统,如高清数字电视、光纤通信系统等。

与模拟通信相比,数字通信具有抗干扰能力强;便于加密处理;易于实现集成化,使通信设备体积小、功耗低;利于采用时分复用实现多路通信的优点,因此其更能适应现代社会对通信技术的要求。

2. 串行传输和并行传输

在数字通信系统中,一个特定的符号、一种状态往往都会用一组数字代码来表示。数字通信系统在传输这样的信号时有两种方式,即串行传输和并行传输。

1) 串行传输

将多位二进制码的各位码在时间轴上排列成一行,在一条传输线路上一位一位地传输的方式称为串行传输方式。其只需要1条信号线和1条地线。串行传输的通信成本低但速度慢,一般在远距离传输时采用串行传输方式。RS-232C、IEEE1394、FireWire800、USB等标准都是串行接口的标准,其中USB3.0能达到5Gbps的通信速度。

2) 并行传输

用多条传输线路同时传送多位二进制码的传输方式称为并行传输方式。在这种传输方式中,传输线路的数量一般等于二进制码的位数。并行传输的传输速度快但成本高,在短距离计算机之间或计算机与外围设备(如打印机、显示器)之间常用该方式。

3. 信号发送和接收方式

(1) 单工通信。信号只能单方向传送,在任何时候都不能进行反向传输的通信方式称为单工传输,传统的广播、电视系统就是典型的单工传输系统,传统的收音机、电视机都只能接收信号,而不能向电台、电视台发送信号。

(2) 半双工通信。在半双工传输方式中,信号可以在两个方向上传输,但在时间上不能重叠,即通信双方不能同时既发送信号又接收信号,而只能交替进行。即同一时间内不允许在两个方向上传送,只能有一个发送方,一个接收方,如对讲机使用的就是半双工通信方式。

(3) 全双工通信。这是应用最广的通信方式。在全双工通信方式中,信号可以同时在两个方向上传输。如电话通信就是最典型的全双工通信方式。

四、脉冲编码调制(PCM)编码

为了使声音、图像等模拟信号能在数字通信系统中传输,必须将模拟信号转变为数字信号。模拟信号数字化必须经过采样、量化和编码三个过程。将模拟信号数字化的方法有多种,PCM(脉冲编码调制)编码是应用比较广泛、信号质量较高的一种方法。

PCM 系统中的信号转换和处理过程,一般包括三个步骤:采样、量化和编码。如图 1-2-41 所示。

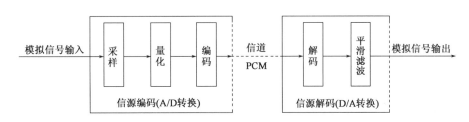

图 1-2-41 简单数字通信系统框图

(1) 采样又称抽样,是指用每隔一定时间的信号样值序列来代替原来在时间上连续的信号,也就是在时间上将模拟信号离散化。

(2) 量化:把信号变换为取值域(振幅域)上离散值的操作。

(3) 编码:量化信号经过模/数变换可以变换成各种各样的编码信号的过程,也是把量化后的样值变换为表示量化电平大小的二进制或多进制代码的操作。编码后的数字信号可以在信道中传输。

五、数字基带传输和频带传输

1. 基带传输

在数据通信中,未经过载波调制的待传信号称为基带信号,它所占的频带称为基带。基带传输是指一种不搬移基带信号频谱的传输方式,也可理解为,在信道中将基带信号不经过载波调制和解调过程而直接进行传输就称为基带传输。

基带传输系统主要由码波形变换器、发送滤波器、信道、接收滤波和器取样判决器等 5 个功能电路组成。

2. 频带传输

频带传输就是将基带信号进行载波调制和解调过程的传输过程。计算机网络的远距离通信通常采用的是频带传输。

基带信号与频带信号的转换是由调制解调技术完成的。

六、通信系统及其应用

1. 时分复用系统（TDM）

时分复用是将提供给整个信道传输信息的时间划分为若干时隙，并将这些时隙分配给每一个信号源使用，每一路信号在自己的时隙内独占信道进行数据传输。时分复用技术的应用十分广泛，如PDH、SDH、ATM等。其缺点是当某信号源没有数据传输时，它所对应的信道会出现空闲，而其他繁忙的信道无法占用这个空闲的信道，因此会降低线路利用率。

（1）准同步数字体系（PDH）

PDH是以PCM为基础，采用TDM方式的逐级复用和解复用的方式。我国采用的是PCM30/32路系统，最基础的信号为传输速率为2.048Mb/s的基群信号。PDH体系中，一般将4个低等级的信息流（支路），通过字节间插复用的方式复用成1个更高等级的信息流（群路或线路）。

由于PDH为准同步体系，同一个速率等级中信号的瞬时速率可能存在偏差，为了解决这一问题，PDH体系通过插入控制位来进行码速调整，这种方法难以从高速信号中识别和提取低速支路信号，需要将整个高速线路信号一步步解复用到所要取出的低速线路信号，进行上下业务后，再一步步复用到高速线路信号进行传输。因此，PDH体系上下业务比较复杂，费用较高，缺乏灵活性。

（2）同步数字体系（SDH）

SDH是一种最典型的电时分复用应用，是为克服PDH的缺点而产生的。

SDH的传输过程可以形象地解释为：SDH的信号实际上起着运送货物的货车的功能，它将各种不同体制的业务信号（如PDH信号）像货物一样打包成大小不同（速率级别不同）的包（信息包），然后装入货车（同步传送模块STM-N帧）中，在SDH的主干道（光纤）上传输。中途节点可以解包装卸其中某个货物包（分插PDH信号），在接收端从货车上卸下打成包的货物（其他体制的信号），然后拆包出原体制的信号。

SDH的复用就是将"货物"打包装入"货车"的过程。SDH的复用包括两种情况，一种是低阶的SDH信号复用成高阶的SDH信号（STM-1复用成STM-N）；另一种是低速支路信号复用成SDH信号STM-N。

各种业务信号要进入SDH帧都要经过映射、定位和复用三个步骤。映射相当于对信号进行打包的过程，将各种速率的信号先经过码速调整装入相应的标准容器中，再加入通路开销形成虚容器；定位即加入调整指针，用来校正支路信号频差和实现相位对准，将帧偏移信息收进支路单元或管理单元的过程；复用是使多个低阶通道层的信号适配进高阶通道层或把多个高阶通道层适配进复用层的过程。

2. 波分复用系统（WDM）

为进一步挖掘光纤传输的频带资源，以满足多种宽带业务（会议电视、高清晰度电视等）对传输容量的要求，克服传统的点到点单个波长的光纤通信方式的局限性，现已将光波分复用系统投入了商用。它使光纤上单个波长（一个波长为一个光信道）的传输变为多个波长同时传输（多个光信道），从而大大提高了信息传输容量。

光波分复用（Wavelength Division Multiplexing，WDM）技术是在一根光纤中同时传输多个波长光信号的一项技术，其基本原理是在发送端将不同波长的光信号组合起来（复用），并耦合到光缆线路上同一根光纤中进行传输，在接收端再将组合波长的光信号分离（解复用），进行处理后恢复出原来的信号。

（1）光波分复用系统的传输原理

光波分复用系统的传输原理如图1-2-42所示。

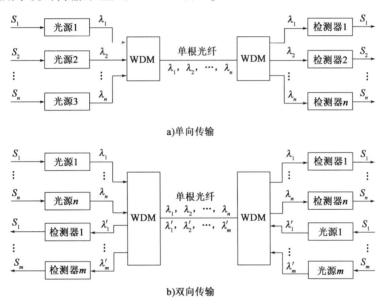

图1-2-42　光波分复用（WDM）系统的传输原理图

（2）光波分复用通路划分

在光波分复用系统中是以波长来表述其通路的，如$\lambda_1 \sim \lambda_8$即为8通路，有8个波长。各通路间的频率间隔一般有50GHz、100GHz、200GHz等。随着间隔的不同，标称中心频率和标称中心波长也不同。

①通路间隔。主要是指在光波分复用系统中两相邻通路之间的标称波长（频率）之差。通路间隔可以均匀相等，也可以不等。

②标称中心波长。在光波分复用系统中，每个信号通路所对应的中心波长称为标称中心波长。目前所开发的普通光纤多工作在1310nm和1550nm窗口。

实用的光波分复用系统至少应提供16个波长的通路，根据需要也可以是8通路、4通路等。

(3)波分复用的方式

WDM 主要有三种复用方式:1310nm 和 1550nm 波长的波分复用、稀疏波分复用(CWDM)和密集波分复用(DWDM)。

①1310nm 和 1550nm 波长的波分复用技术是早期的波分复用,主要用于采用单纤双向传输方式的光纤接入网中,在上、下行方向采用不同的波长。

②稀疏波分复用(CWDM)是指相邻波长间隔较大的 WDM 技术,相邻信道的间隔一般大于或等于 20nm,波长数目一般为 4 波或 8 波;

③密集波分复用(DWDM)是指相邻波长间隔较小的 WDM 技术,相邻信道的间隔为0.4~1.2nm,工作波长位于 1550nm 窗口。可以在一根光纤上承载 8~160 个波长,主要用于长距离传输系统,是目前 WDM 系统的主要使用形式。

WDM 可以承载 SDH 业务、IP 业务、ATM 业务等,它将不同波长的业务信号组合起来传输,传输后将组合信号再分解开来,送入不同的通信终端,相当于在一根物理光纤上提供多个虚拟的光纤通道,大大节约了长途光纤资源。

3. 光网络

按照通信网络的发展历史以及通信中使用的传输媒介,通信网络包括电网络、光电混合网、全光网络、光传送网等。

(1)电网络

电网络采用电缆将网络节点互连在一起,网络节点采用电子交换节点,是 20 世纪 80 年代以前广泛使用的网络。承载电信号的信道有同轴电缆和对称电缆,是一种损耗较大、带宽较窄的传输信道,主要采用频分复用(FDM)方式来提高传输容量。由于电网络完全是在电领域完成信息的传输、交换、存储和处理等功能,因此,受到了电器件本身的物理极限的限制。

(2)光电混合网

光电混合网在网络节点之间用光纤代替了传统的电缆,实现了节点之间的全光化,这是目前广泛采用的通信网络,主要采用时分复用(TDM)方式来挖掘光纤的带宽资源。

(3)全光网络

全光网络(AON)是指信号以光的形式穿过整个网络,直接在光域内进行信号的传输、再生、光交叉连接、分插复用和交换等,中间不需要经过光电、电光转换,因此将不受检测器调制器等光电器件响应速度的限制。但是全光网络的一些关键技术(如光缓存、光定时再生等)尚不成熟,是光通信网络的发展目标。

(4)光传送网

光传送网(OTN)是在目前全光组网的一些关键技术还不成熟的背景下,基于现有光电技术折中提出的传送网组网技术。光传送网在子网内部进行全光处理,而在子网边界进行光电混合处理,可认为现在的 OTN 阶段是全光网络的过渡阶段。光传送网是在 SDH 传送网和 WDM 光纤通信系统的基础上发展起来的,将 SDH 的可运营和可管理的能力应用到 WDM 系统中,同时具备了 SDH 和 WDM 的优势。

(5)自动交换光网络和分组传送网

通信网络有两个基本功能群:一类是传送功能群,可以将任何通信信息从一个点传送到另一些点；另一类是控制功能群，可以实现各种辅助服务和操作维护功能。传送网就是完成传送功能的通信网络。在传统的 SDH、WDM 等光网络运行中，存在一些固有的缺陷，导致网络效率较低，无法针对不同的业务环境提供差异化服务。因此，在不同的业务环境中，有不同的传送网实现技术，例如自动交换光网络、分组传送网等。

自动交换光网络（ASON）是在 ASON/ASTN 信令网控制之下，完成光传送网内光网络连接自动交换功能的新型网络，是具有自动交换功能的新一代光传送网。ASON 将网络的控制功能和管理功能分离，通过控制平面的路由和信令机制实现邻居和业务的自动发现，实现连接的自动建立和删除，支持带宽的按需分配和动态的流量工程，是光网络发展的一个新方向。

分组传送网（PTN）是 IP/MPLS、以太网和传送网三种技术相结合的产物，具有面向连接的传送特征，适用于承载电信运营商的无线回传网络、以太网专线、L2VPN 等高品质的多媒体数据业务。PTN 是基于全 IP 分组内核的，保持了传统 SDH 优异的网络管理能力，融合了 IP 业务的灵活性和统计复用、高带宽、高性能等特性。

七、5G 通信技术

5G 面向 2020 年以后的人类信息社会，其基本特征已经明确：高速率（峰值速率大于 20Gb/s），低时延（网络时延从 4G 的 50ms 减少到 1ms），海量设备连接（满足 1000 亿量级的连接数），低功耗（基站更节能，终端更省电）。结合各场景可能的用户分布、各类业务占比及对速率和时延等的要求，可以得到各应用场景下的 5G 性能指标。5G 关键性能指标主要包括用户体验速率、连接数密度、端到端时延、流量密度、移动性、用户峰值速率、平均频谱效率和能量效率。

八、光通信系统测试基础

1. 光纤通信中的测量量纲

在光纤通信产品的测试中，经常会遇到 dB、dBm、% 等量纲单位。不详细了解这些常用的工程量纲将对工作造成很大麻烦。如有些时候，10dBm 和 -10dBm 的两个光信号功率相加并不等于 0dBm 而等于 10.04dBm。因此，有必要介绍一些常见的工程量纲。

1）dB

Bel，贝尔，是表征功率比值的一个单位，等于功率比值以 10 为底求对数，是为了纪念电话的发明者 Alexander Graham Bel 的杰出贡献而以他的名字命名。为了便于计算，通常使用 dB 来代替 Bel。两个功率比值以 10 为底取对数的 10 倍，单位为 dB，是一个相对值单位，即有运算公式：$a = 10 \times \lg(p_1/p_2)\text{dB}$。

dB 常用于损耗和增益的计算和表示。对数运算中"负号"表示衰减，"正号"表示增强，损耗衰减等定义式中多了个负号，是为了避免计算出现负值。

例如每米透光 99%，10m 后透光为 0.99^{10}，以 dB 表示为每米光损耗 0.1dB，10m 后损耗为 $10 \times 0.1\text{dB}$；衰减 10dB 就是减小为输入的 1/10，衰减 20dB 就是减小为输入的 1/100，等等。

2）dBm

dBm 是相对于 1mW 的 dB 数，即，当参考功率 p_2 为 1mW，功率的对数值量纲单位是 dBm，即有：$p = 10 \times \lg(p_1/1\text{mW})\text{dBm}$。

经常定义于绝对功率：$p_1 = 10^{p/10}$ mW（dBm 与 mW）。

3）dBm 与%

把一个功率值的 $x\%$ 转化为 dB 的公式如下：$a = 10 \times \lg(x/100)$ dB。

例如：光功率下降了 50%，那么衰减值等于：$a = 10 \times \lg(50/100)$ dB ≈ -3dB。

常说的"衰减 3dB 就是功率下降 50%"就是这么计算出来的。

2. 光通信系统中的测量参数

1）光功率

光功率（Luminous Power）是指光在单位时间内所做的功，它在光通信系统测试中的典型应用包括：发送光功率测试、接收光功率测试和光接收灵敏度测试。

发送光功率指发送光端机光源的发送光功率；接收光功率指接收光端机接收到的光功率；光接收灵敏度指在给定的误码率（SDH 光纤数字传输系统：1×10^{-10}）条件下，光接收机所能接收的最小平均功率。

2）光纤接头损耗

光纤的接续损耗（Optical Fiber Joint Loss）主要包括光纤本征因素造成的固有损耗、非本征因素造成的熔接损耗及活动接头损耗三种。

（1）光纤固有损耗

光纤固有损耗的产生主要源于光纤模场直径不一致、光纤芯径失配、纤芯截面不圆和纤芯与包层同心度不佳四方面。其中影响最大的是模场直径不一致。

（2）熔接损耗

非本征因素的熔接损耗主要由轴向错位、轴心（折角）倾斜、端面分离（间隙）、光纤端面不完整、折射率差、光纤端面不清洁以及接续人员操作水平、操作步骤、熔接机电极清洁程度、熔接参数设置、工作环境清洁程度等其他因素造成。

（3）活动接头损耗

非本征因素的活动接头损耗主要由活动连接器质量差、接触不良、不清洁以及与熔接损耗相同的一些因素（如轴向错位、端面间隙、折角、折射率差等）造成。

3）误码

误码，又称差错。对于数字传输系统而言，发送和接收序列中对应单个数字的不一致叫作差错。

4）抖动

抖动（Jitter）是指数字信号各个有效瞬时相对理想时间位置的短时间偏离。这里所谓短时间偏离，是指频率高于 10Hz 的相位变化，而频率低于 10Hz 的相位变化称为漂移。

抖动可能在以下三方面降低通信质量：

（1）引起再生判决过程产生误码；

（2）引起缓冲存储器溢出和空读，形成不可受控的滑动；

（3）包含抖动的信号经数字/模拟信号转换器后，恢复的模拟信号产生失真。

5）输出抖动

输出抖动（Output Jitter）是在设备、数字段和系统的输出端所测量的整个抖动。

6) 输入抖动容限

输入抖动容限(Jitter Tolerance)是指被测设备或系统在接收端所能容许的最大幅度抖动而不会产生比特误码的能力。

7) 漂移

漂移(Wander)是指数字信号的特定时刻相对其理想时间位置的长时间偏移。这里所谓长时间是指变化频率低于10Hz的相位慢变化。

漂移的存在将引起传输信号延时的缓慢变化,使得传输比特偏离时间上的理想位置,结果使输入信号比特在判决电路中不能正确地识别,产生误码。传输接口中的缓存器可以吸收较小的漂移,而大幅度的漂移最终转换为滑动。滑动对业务的影响取决于业务本身的速率和信息冗余度。速率越高,信息冗余度越小,滑动的影响越大。

8) 平均波长

平均波长(Mean Wavelength)代表的是光谱测试曲线上所有测试点的中心波长,按下式计算:

$$\overline{\lambda} = \sum_{i=1}^{n} \frac{p_i}{p_0} \left(\frac{曲线上点间隔}{RBW} \right) \lambda_i \tag{1-2-34}$$

式中: p_0 ——参考功率;

p_i ——测试点 i 的功率;

i ——测试点(每个分立波长为一个测试点);

RBW——分辨率带宽(Resolution Bandwidth),为两个不同频率的信号能够被清楚的分辨出来的最低频宽差异;

λ_i ——测试点 i 对应的分立波长。

9) 中心波长

中心波长(Center Wavelength)是光源加权平均真空波长。典型情况下,平均波长和中心波长很相近。对连续光谱,中心波长定义为:

$$\lambda_c = \frac{\int p_\lambda \lambda \, d\lambda}{\int p_\lambda \, d\lambda} \tag{1-2-35}$$

式中: p ——光源的谱功率密度;

λ ——光波波长。

对分离光谱,中心波长定义为:

$$\lambda_c = \frac{\sum_i p_i \lambda_i}{\sum_i p_i} \tag{1-2-36}$$

式中: p_i ——测试点 i 的功率;

λ_i ——测试点 i 对应的分立波长;

i ——测试点(每个分立波长为一个测试点)。

10) 边模抑制比

边模抑制比(Side Mode Suppression Ratio,SMSR)是指单纵模(SLM)激光器在整个光谱上

主纵模的峰值光功率与最显著边模的峰值功率之比。

11) 光信噪比

在 WDM 系统中,每通路信号的光信噪比(Optical Signal Noise Ratio,OSNR)定义为通路内信号功率与噪声功率的比值,即 S 与 N 均在光有效带宽 Δv 内测量。光信噪比的定义是在 $\Delta v = 0.1\text{nm}$ 带宽内光信号功率和噪声功率的比值。光信号的功率一般取峰值,而噪声的功率一般取两相邻通路的中间点的功率电平。光信噪比是一个十分重要的参数,对估算和测量系统的误码性能和实际工程设计和维护有着十分重要的意义。在测量 OSNR 时,需要设置光谱分析仪滤波器的带宽 RBW 为 0.1nm。

12) 差分群时延

差分群时延(Differential Group Delay,DGD)是指一个给定波长的两个偏振主态模式经过一个给定的传输通道的时间差。平均差分时延是差分时延在时域或频域上的平均值。最大差分群时延定义为系统接收灵敏度劣化 1dB 时的 DGD 值。

13) 偏振模色散

理想的单模光纤具有圆对称结构,使得光纤中两个正交的线性偏振模具有同样的传播特性。但实际的单模光纤总存在不完善性,使光纤的圆对称结构发生破坏,导致光纤基膜两正交分量折射率有差别,显示出双折射特性。如果输入光脉冲激励了两个正交偏振分量,并以不同的群速度沿光纤传输,将导致光脉冲的展宽。这种现象称为偏振模色散(Polarization Mode Dispersion,PMD)。对于长光纤,由偏振模色散引起的差分群时延与光纤长度的平方根成正比。

偏振模色散是两个正交偏振模之间的差分群时延,它在数字系统中引起脉冲展宽,在模拟系统中引起信号失真。

14) 色散

(1) 色度色散

色度色散(Chromatic Dispersion)是指光在光纤中传播时,不同波长的光波群时延不一样所表现出脉冲展宽的物理现象,简称色散(CD)。

(2) 色散系数

光纤的归一化群时延 $\tau(\lambda)$ 对于波长 λ 的导数,定义为色散系数(Chromatic Dispersion Coefficient)。即:

$$D(\lambda) = \frac{d\tau(\lambda)}{d\lambda} \quad [\text{ps}/(\text{km}\cdot\text{nm})] \tag{1-2-37}$$

(3) 零色散波长(Wavelength at Zero Chromatic Dispersion Coefficient)

色散系数为零时对应点的波长为零色散波长。

(4) 色散斜率(Chromatic Dispersion Slop)

光纤的色散系数对于波长的导数,定义为色散斜率。即:

$$S(\lambda) = \frac{dD(\lambda)}{d\lambda} \quad [\text{ps}/(\text{km}\cdot\text{nm}^2)] \tag{1-2-38}$$

式中:$D(\lambda)$——色散系数[ps/(km·nm)];

λ——该斜率处的波长(nm)。

九、以太网系统测试基础

随着智能化交通系统 ITS(Intelligent Transportation System)在高速公路的不断推行实施,现代的高速公路管理已经从单纯的收费、养护管理业务上升至另外一个范畴,即通过智能化的运营管理提供快速、安全的通行环境。如公路养护管理系统、实时交通流管理体系、实时事故响应及救援系统、地理信息系统及全球定位系统技术的应用体系、信息优化和决策体系等。

计算机网络是计算机技术和通信技术紧密结合的产物,它涉及通信与计算机两个领域。它的诞生使计算机体系结构发生了巨大变化,在当今社会经济中起着非常重要的作用,它对人类社会的进步做出了巨大贡献。从某种意义上讲,计算机网络的发展水平不仅反映了一个国家的计算机科学和通信技术水平,而且已经成为衡量其国力及其现代化程度的重要标志之一。

计算机网络按网络规模大小和距离可分为:局域网、城域网、广域网;按网络的交换功能可以分为:电路交换、报文交换、分组交换和混合交换(同时采用电路交换和分组交换);按网络拓扑结构分类可分为:总线型结构、星型结构、环型结构、树型结构、网型结构;按有无域控制器可分为对等网络和客户机/服务器网络;按局域网网络标准可分为:以太网、令牌环、FDDI 及 ATM;按照信号传递方式来分又可以分为:有线网络和无线网络。

计算机网络设备有集线器、交换机、路由器、网关、调制解调器和网卡、网桥等。

1. 集线器

集线器(Hub)的主要功能是对接收到的信号进行再生整形放大,以扩大网络的传输距离,同时把所有节点集中在以它为中心的节点上。它工作于 OSI 七层参考模型(物理层、数据链路层、网络层、传输层、会话层、表示层、应用层)的第一层,即"物理层"。集线器与网卡、网线等传输介质一样,属于局域网中的基础设备,采用 CSMA/CD(载波侦听多路访问/冲突检测)访问方式。

2. 交换机

局域网中的交换机也叫作交换式 HUB(Switch HUB)。局域网交换机的工作方式与电话交换机基本相同,只是电话机是通过电话号码建立两个用户之间的连接,而局域网交换机则使用计算机名或协议地址进行两台计算机之间的连接。

交换机与集线器的区别主要有以下三点:

(1)从 OSI 体系结构来看,集线器属于 OSI 的第一层物理层设备,而交换机属于 OSI 的第二层数据链路层设备。

(2)从工作方式来看,集线器是一种广播模式,也就是说集线器的某个端口工作的时候,其他所有端口都能够收听到信息,容易产生广播风暴,当网络较大时网络性能会受到很大的影响;而当交换机工作的时候,只有发出请求的端口和目的端口之间相互响应而不影响其他端口。

(3)从带宽来看,集线器不管有多少个端口,所有端口都是共享一条带宽,在同一时刻只能有两个端口传送数据,其他端口只能等待,同时集线器只能工作在半双工模式下;而对于交换机而言,每个端口都有一条独占的带宽,当二个端口工作时并不影响其他端口的工作,同时交换机不但可以工作在半双工模式下,而且可以工作在全双工模式下。

3. 路由器

所谓"路由",是指把数据从一个地方传送到另一个地方的行为和动作,而路由器正是执行这种行为动作的机器,是一种连接多个网络或网段的网络设备。它能将不同网络或网段之间的数据信息进行"翻译",以使它们能够相互"读懂"对方的数据,从而构成一个更大的网络。路由器与交换机的区别如下：

(1)交换机工作在 OSI 七层模型的第二层,即数据链路层,而路由器则工作在 OSI 七层模型的第三层,即网络层。

(2)交换机利用物理地址来确定是否转发数据,而路由器则是利用位于第三层的寻址方法来确定是否转发数据,使用 IP 地址而不是物理地址。

(3)传统的交换机只能分割冲突域,而无法分割广播域。

(4)交换机主要是用来连接网络中的各个段,而路由器则可以通过端到端的路由选择来连接两个不同的网络并可实现与 Internet 的接入。

4. 网关

网关用来互联完全不同的网络,它可以将具有不同体系结构的计算机网络连接在一起。在 OSI 七层模型中,网关属于最高层(应用层)的设备。

(1)网关的主要功能

将一种协议变成另一种协议,将一种数据格式变成另一种数据格式,将一种速率变成另一种速率,以求两者的统一。在因特网中,网关是一台计算机设备,它可以根据用户通信用的计算机的 IP 地址,界定是否将用户发出的信息送出本地网络,同时,它还将外界发送给本地网络计算机的信息接收。它可以将具有不同体系结构的计算机网络连接在一起。

(2)网关的协议

网关-网关协议 GGP(Gateway to Gateway Protocol):它主要进行路由选择信息的交换。

外观网关协议 EGP(Exterior Gateway Protocol):它是用于两个自治系统(局域网)之间选择路径信息的交换。自治系统采用 EGP 向 GGP 通报内部路径。

内部网关协议 IGP(Interior Gateway Protocol):HELLO 协议,gated 协议是讨论自治系统内部各网络路径信息交换的机制。

5. 调制解调器和网卡

(1)调制解调器

调制解调器的功能是将计算机的数字信号转换成模拟信号或反之,以便在电话线路或微波线路上传输。调制是把数字信号转换成模拟信号;解调是把模拟信号转换成数字信号。

(2)网卡

网卡是局域网中最基本的部件之一,可以说是必备的。网卡,我们又将它称之为网络卡或网络接口卡。它的主要工作原理为整理计算机上发往网线上的数据并将数据分解为适当大小的数据包之后向网络上发送出去。对于网卡而言,每块网卡都有一个唯一的网络节点地址,它是网卡生产厂家在生产时写入 ROM 中的,且保证绝对不会重复。

6. 网桥

网桥工作在数据链路层,将两个局域网(LAN)连接起来,根据 MAC 地址(物理地址)来转发帧,可以看作一个"低层的路由器"(路由器工作在网络层,根据网络地址如 IP 地址进行转发)。它可以有效地连接两个 LAN,使本地通信限制在本网段内,并转发相应的信号至另一网段,网桥通常用于连接数量不多的、同一类型的网段。

第八节 软件测试

软件工程是应用计算机科学、数学、逻辑学及管理科学等原理,开发软件的工程。它涉及程序设计语言、数据库、软件开发工具、系统平台、标准、设计模式等方面。随着信息化技术不断提高和新基建需求的增加,软件的重要性也越发突出。交通机电工程中包含大量的系统,系统软件的好坏将直接影响交通机电工程的质量。JTG 2182 中也要求实测各大机电工程设施的软件功能。

为更好地掌握交通机电工程检测中的软件功能测试,本节对软件测试的基本知识进行简单介绍。

一、软件测试概论

1. 概述

软件测试是伴随着软件的产生而产生的,软件测试是为软件项目服务的,虽然软件测试的目的是发现软件中存在的错误,但其根本目的是提高软件质量,降低软件项目的风险。软件的质量风险表现在两个方面,一种是内部风险,另一种是外部风险。内部风险是在即将销售的时候发现有重大的错误,从而延迟发布日期,失去市场机会;外部风险是用户发现了不能容忍的错误,引起索赔、法律纠纷,以及用于客户支持的费用甚至失去客户的风险。

软件测试只能证明软件存在错误,而不能证明软件没有错误。软件公司对软件项目的期望是在预计的时间、合理的预算下,提交一个可以交付的产品,测试的目的就是把软件的错误控制在一个可以进行产品交付(发布)的程度上,软件测试不可能无休止地进行下去,只是要把错误控制在一个合理的范围之内,因为软件测试也是需要花费巨大成本的。

2. 第三方测试

第三方测试是指独立于软件公司自身测试的测试。所谓的第三方,是指在软件公司和软件用户之间的一方。第三方测试机构是服务机构,它通过自己专业化的测试手段为客户提供有价值的服务。

对于软件开发商而言,第三方测试机构的测试除了可以发现软件错误,帮助开发商提升软件的品质外,还可以对软件进行客观、科学的评价,有助于开发商认清自己产品的定位。

对于行业主管部门以及软件使用者来说,第三方测试机构独立公正的地位有助于对被测软件进行客观公正的评价,帮助用户选择合适、优秀的软件产品。而对于一些信息工程项目来说,在验收之前,经过第三方机构的严格测试,可以最大限度地避免信息行业的"豆腐渣"

工程。

此外,经过国家认可的第三方测试机构,还为国家软件产品的质量监督抽查提供独立公正的测试支持。

二、软件测试的基础

1. 软件测试目的

测试是以检验产品是否满足需求为目标。而软件测试活动包括了发现错误的任务。软件测试的经典定义是在规定条件下对程序进行操作,以发现错误,对软件质量进行评估。

软件是由文档、数据以及程序组成的,软件测试是对软件形成过程的文档、数据以及程序进行的测试,而不仅是对程序进行的测试。做好软件需求和设计阶段的测试工作非常重要,这是软件全生命周期测试的理念。

测试的目的是花费合理的人力、物力和时间找出软件中潜在的各种错误和缺陷,通过修正错误和缺陷提高软件质量,回避风险。

测试也是对软件质量的度量与评估,以验证软件的质量满足用户需求的程度,为用户选择与接受软件提供有力的依据。

此外,通过分析错误产生的原因还可以帮助发现软件过程的缺陷,以便改进软件过程。通过对测试结果的分析,可以修正软件开发规则,并为软件可靠性分析提供依据。

当然,通过验收测试,也可以证明软件满足了用户的需求,树立人们使用的信心。

2. 软件测试原则

测试是为了寻找软件的错误与缺陷,评估与提高软件质量,测试应遵循以下原则:

(1)所有的软件测试都应追溯用户需求

这是因为软件的目的是使用户完成预定的任务,并满足用户的需求。

(2)尽早地和不断地进行软件测试

在软件生命周期各个阶段都可能产生错误,软件测试应当贯穿软件开发的各个阶段。在软件开发的需求分析和设计阶段就应开始测试工作,编写相应的测试文档。同时,坚持在软件开发的各个阶段进行技术评审与验证,这样才能在开发过程中尽早发现和预防错误,杜绝某些缺陷和隐患,提高软件质量。只要测试在生命周期中进行得足够早,就能够提高被测软件的质量,这就是预防性测试的基本原则。

(3)完全测试是不可能的,测试需要终止

想要进行完全的测试,在有限的时间和资源条件下,找出所有的软件缺陷和错误,使软件趋于完美,是不可能的。

测试也是有成本的,越是测试后期,为发现错误所付出的代价就会越大,因此也要根据测试错误的概率以及软件可靠性要求,确定最佳停止测试时间,不能无限地测试下去。

(4)测试无法显示软件潜在的缺陷

测试可以查找并报告发现的软件缺陷和错误,但不能保证软件的缺陷和错误全部找到,测试只能证明软件存在错误而不能证明软件没有错误。

(5)充分注意测试中的群集现象

经验表明,测试后程序中残存的错误数目与该程序中已发现的错误数目或检错率成正比。根据这个规律,应当对错误群集的程序段进行重点测试,以提高测试投资的效益。

(6)程序员应避免检查自己的程序

基于心理因素,人们认为揭露自己程序中的问题总不是一件愉快的事,不愿否认自己的工作;由于思维定式,人们难于发现自己的错误。因此,为达到测试目的,应由客观、公正、严格的独立的测试部门或者独立的第三方测试机构进行测试。

(7)尽量避免测试的随意性

应该从工程的角度去理解软件测试,有组织、有计划、有步骤地进行测试。

3. 软件测试对象

软件测试应贯穿于整个软件生命周期中。在整个软件生命周期中,各阶段有不同的测试对象,形成了不同开发阶段的不同类型的测试。需求分析、概要设计、详细设计以及程序编码等各阶段所得到的文档,包括需求规格说明、概要设计规格说明、详细设计规格说明以及源程序,都应成为软件测试的对象。

为了把握各个环节的正确性,人们需要进行各种验证和确认(verification & validation)工作。

验证(verification)是保证软件正确实现特定功能的一系列活动和过程,目的是保证软件生命周期中的每一个阶段的成果满足上一个阶段所设定的目标。

确认(validation)是保证软件满足用户需求的一系列活动和过程,目的是在软件开发完成后保证软件与用户需求相符合。

验证与确认都属于软件测试,它包括对软件分析、设计以及程序的验证和确认。

4. 软件测试分类

按照全生命周期的软件测试概念,测试对象应该包括软件设计开发的各个阶段的内容,这里重点讲述开发阶段的测试和程序测试的分类。

1)按照开发阶段划分

按照开发阶段划分,软件测试可分为:单元测试、集成测试、确认测试、系统测试和验收测试。

(1)单元测试

单元测试又称模块测试,是针对软件设计的最小单位(程序模块)正确性检验的测试工作。其目的在于检查每个程序单元能否正确实现详细设计说明中的模块功能、性能、接口和设计约束等要求,发现模块内部可能存在的错误。单元测试需要从模块的内部结构出发设计测试用例,多个模块可以平行地独立进行单元测试。

(2)集成测试

集成测试也叫作组装测试。通常在单元测试的基础上,将所有的程序模块进行有序的、递增的测试。集成测试是检验程序单元或部件的接口关系,逐步集成为符合概要设计要求的程序部件或整个系统。

(3)确认测试

确认测试是指通过检验和提供客观证据,证实软件是否满足特定预期用途的需求。确认测试是检测与证实软件是否满足软件需求说明书中规定的要求。

(4) 系统测试

系统测试是指在真实或模拟系统运行的环境下,检查完整的程序系统能否和系统(包括硬件、外设、网络和系统软件、支持平台等)正确配置、连接,并满足用户需求。

(5) 验收测试

验收测试是指按照项目任务书或合同、供需双方约定的验收依据文档进行的对整个系统的测试与评审,决定是否接收系统。

软件测试的过程如图 1-2-43 所示。

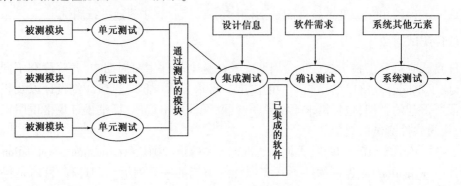

图 1-2-43　软件测试的过程

2) 按照测试实施组织划分

按照测试实施组织划分,软件测试可分为:开发方测试、用户测试(β 测试)、第三方测试。

(1) 开发方测试

开发方测试通常也叫验证测试或 α 测试。开发方通过检测和提供客观证据,证实软件是否满足规定的需求。主要是指在软件开发完成后,开发方对要提交的软件进行全面的自我检查与验证,可以和软件的系统测试一并进行。

(2) 用户测试

在用户的应用环境下,用户通过运行和使用软件,检测与核实软件实现是否符合自己预期的要求。通常情况下用户测试不是指用户的验收测试,而是指用户的使用性测试,由用户找出软件应用过程中发现的缺陷与问题,并对使用质量进行评价。

β 测试通常被也被看成是一种用户测试,β 测试主要是把软件产品免费分发到目标市场,让用户大量使用,并评价、检查软件。通过用户的大量使用,来发现软件存在的问题与错误,把信息反馈给开发者,可以有助于软件产品的成功发布。

(3) 第三方测试

介于软件开发方和用户方之间的第三方机构的测试。第三方测试也称为独立测试,软件第三方测试也就是由在技术、管理和财务上与开发方和用户方相对独立的机构进行的软件测试。一般情况下是在模拟用户真实应用环境下进行软件第三方测试。

3) 按照测试技术划分

按照测试技术划分,软件测试可分为:白盒测试、黑盒测试、灰盒测试,也可划分为静态测试和动态测试。

(1)白盒测试

通过对程序内部结构的分析、检测来寻找问题。白盒测试可以把程序看成装在一个透明的白盒子里,清楚地了解程序结构和处理过程,检查是否所有的结构及路径都是正确的,以及软件内部动作是否按照设计说明的规定正常进行。白盒测试又称结构测试。

(2)黑盒测试

通过软件的外部表现来发现其缺陷和错误。黑盒测试法把测试对象看成一个黑盒子,完全不考虑程序内部结构和处理过程。黑盒测试是在程序界面处进行测试,它只是检查输入和输出是否按照需求规格说明书的规定正常实现。

(3)灰盒测试

介于白盒测试与黑盒测试之间的测试。灰盒测试关注输出对于输入的正确性;同时也关注内部结构,但这种关注不像白盒测试那样详细、完整,只是通过一些表征性的现象、事件、标志来判断内部的运行状态。

灰盒测试结合了白盒测试和黑盒测试的要素,考虑了用户端、特定的系统知识和操作环境。它在系统组件的协同性环境中评价被测试软件。

(4)静态测试

指不运行程序,通过人工对程序和文档进行分析与检查,静态测试技术又称为静态分析技术。静态测试实际上是对软件中的需求说明书、设计说明书、程序源代码等进行非运行的检查。静态测试包括走查、符号执行、需求确认等。

(5)动态测试

指通过人工或使用工具运行程序进行检查、分析程序的执行状态和程序的外部表现。

上述讨论的白盒测试、黑盒测试、灰盒测试,在实现测试方法上既包括了动态测试,也包括了静态测试。

软件测试方法和技术的分类与软件开发过程相关联,它贯穿了整个软件生命周期。走查、单元测试、集成测试、系统测试用于整个开发过程中的不同阶段。几种软件测试方法如表1-2-6所示。

几种软件测试方法　　　　表1-2-6

序号	类　　型	测 试 方 法
1	开发文档、源程序	静态测试、白盒测试
2	单元测试	白盒测试、黑盒测试
3	集成测试	应用近似灰盒测试方法
4	系统测试和确认测试	应用黑盒测试方法

5. 测试过程模型简介

软件测试专家对软件开发过程进行了很好的总结,结合测试实践总结出了很多测试模型,体现了测试与开发的融合。具体的测试模型有V模型、W模型、X模型、H模型等。

V模型是最具有代表意义的测试模型,最早是由Paul Rook在20世纪80年代后期提出的,在英国国家计算中心文献中发布,旨在改进软件开发的效率和效果。

在传统的开发模型中认为测试只是一个收尾工作,而不是主要的过程。V模型是对此种认识的改进，反映了测试活动与分析和设计的关系，从左到右，描述了基本的开发过程和测试过程，非常明确地标明了测试过程中存在的不同级别，并且清楚地描述了这些测试阶段和开发各阶段的对应关系，如图1-2-44所示。图中的箭头代表了时间方向，左边下降的是开发过程各个阶段，与此相对应，右边上升的部分是测试过程的各个阶段。

V模型的软件测试策略既包括低层测试又包括高层测试，低层测试是为了源代码的正确性，高层测试是为了使整个系统满足用户的需求。

V模型指出，单元和集成测试是验证的软件设计，开发人员和测试组应检测程序的执行是否满足软件设计的要求；系统测试应当验证系统设计，检测系统功能、性能的质量特性是否达到系统设计的指标；由测试人员和用户进行软件的确认测试和验收测试，追溯软件需求说明书进行测试，以确定软件的实现是否满足用户需求或合同的要求。

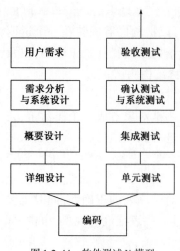

图1-2-44 软件测试V模型

V模型存在一定的局限性，它仅仅把测试过程作为在需求分析、概要设计、详细设计及编码之后的一个阶段。容易使人理解为测试是软件开发的最后一个阶段，主要是针对程序进行测试寻找错误，而需求分析阶段隐藏的问题一直到后期的验收测试才被发现。

6. 自动化测试

目前，企业级应用系统越来越多，这些系统可能包括ERP系统，CRM系统等。这些系统在发布之前或升级之后都要经过测试，确保主要功能都能正常运行，错误最少。如何有效地测试不断升级和不断更换应用环境的应用系统，是每个公司都会面临的问题。如果时间或资源有限，这个问题会更加棘手。人工测试的工作量太大，同时还需要额外的时间来培训测试人员等。为了确保那些复杂的企业级应用在不同环境下都能可靠地运行，需要一个能简单操作的测试工具来自动完成应用程序的功能性测试。

同时，目前企业的网络应用环境都必须支持大量用户和不同的软硬件应用环境。难以预知的用户负载和越来越复杂的应用环境使公司时时担心会发生用户响应速度过慢、系统崩溃等问题。这些都不可避免地导致公司收益的损失。为了在终端用户正式使用前，对应用系统各个环节的质量、可靠性和可扩展性进行测试和评价，就需要适用于不同体系架构的自动负载压力测试工具，以预测系统行为并为系统优化提供依据。

总之，为了更加快速、有效地对软件进行测试，提高软件产品的质量，必然会利用测试工具，也必然会引入自动化测试。

自动化测试就是通过测试工具或其他手段，按照测试工程师的预定计划对软件产品进行自动的测试，它是软件测试的一个重要组成部分，它能够完成许多手工无法完成或者难以实现的一些测试工作。正确、合理地实施自动化测试，能够快速、全面地对软件进行测试，从而提高软件质量，节省经费，缩短产品发布周期。

自动化测试能够替代大量手工测试工作，避免重复测试，同时，它还能够完成大量手工无法完成的测试工作,如压力测试(并发测试)、负载测试、大数据量测试、长时间运行可靠性测试(崩溃性测试)等,概括地说,自动化测试具有提高测试质量、提高测试效率、提高测试覆盖率、更好地重现软件缺陷、更好地利用资源、增进测试人员与开发人员之间合作伙伴关系等优点。

三、软件质量

对软件质量进行评估是软件测试的一个重要目的。软件测试人员必须深刻理解软件质量的定义和度量原理。

1. 质量的定义

《质量管理体系 基础和术语》(GB/T 19000—2016)对质量提出如下概念:一个关注质量的组织倡导一种通过满足顾客和其他有关相关方的需求和期望来实现其价值的文化,这种文化将反映在其行为、态度、活动和过程中。

作为软件质量,在《软件工程 产品评价 第6部分:评价模块的文档编制》(GB/T 18905.6—2002)中也是这样定义的:实体特性的总和,满足明确或隐含要求的能力。

2001年,软件产品质量国际标准ISO 9126定义的软件质量包括内部质量、外部质量和使用质量三部分。也就是说,软件满足规定或潜在用户需求的能力要从软件在内部、外部和使用中的表现来衡量。

2. 软件测试与质量保证的区别

测试只是质量保证工作中的一个环节,但不等于说软件测试就是软件质量保证。软件质量保证和软件测试是软件质量工程的两个不同层面的工作。

1) 质量保证(QA)

质量保证的重要工作通过预防、检查与改进来保证软件质量。QA采用"全面质量管理"和"过程改进"的原理开展质量保证工作。关注软件质量的检查与测量。QA的工作是软件生命周期的管理以及验证软件是否满足规定的质量和用户的需求,主要着眼于软件开发活动中的过程、步骤和产物,而不是剖析软件存在的问题。

2) 软件测试

测试关心过程的产物以及软件产品。测试人员要"执行"软件,对过程中的产物(开发文档和源代码)进行检查,以找出问题,报告质量。测试人员假设软件存在问题,测试是为了找出更多的问题,而不是为了验证正确性。对测试中发现的问题的分析、追踪与回归测试也是软件测试中的重要工作,因此,软件测试是保证软件质量的一个重要环节。

3. 测度与度量

一个实体的质量好坏是需要测量的,而测量就需要首先建立质量指标体系或质量模型,然后使用特定测量方法才能实施测度。测度的运用是建立测量方法的依据,也是解决软件质量测量的关键。

测度是把数字和符号分配给现实世界实体的属性,根据明确定义规则来定义它们运用测度,人们能较好地理解建立质量模型的属性,并评价所建立的工程化产品或系统质量。虽然软件技术度量不是绝对的,但测度的建立提供了基于一套清晰定义规则的系统方法来评价软件质量。软件质量模型和评价技术就是基于运用测度的建立原则发展起来的。

软件工程中使用的"度量"有多种含义,在软件质量中用于测量的一种量化的标度和方法即为"测度",而名词"度量"用来指测量的结果。

4. 内、外部质量模型框架

外部质量和内部质量的质量模型软件,其质量属性划分为6种特性(功能性、可靠性、易用性、效率、维护性和可移植性),如图1-2-45所示。

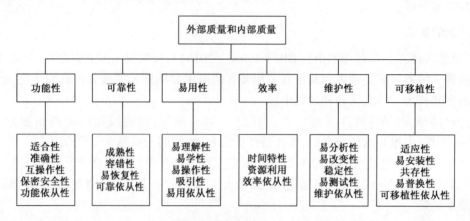

图1-2-45 外部质量和内部质量的质量模型

软件的每个质量特性和子特性都有定义。对于每个特性和子特性,软件的能力由可测量的一组内部属性决定,内部度量的示例在《系统与软件工程 系统与软件质量要求和评价(SQuaRE) 第23部分:系统与软件产品质量测量》(GB/T 25000.23—2019)中给出。这些特性和子特性根据包含该软件的系统提供能力的程度从外部进行测量,外部度量的示例也在该标准中给出。

5. 使用质量的质量模型

使用质量是从用户角度看待的质量,其属性分为4种:有效性、生产率、安全性和满意度。

1)有效性

有效性是指软件产品在指定的使用环境下,使用户获有满足准确度和完整性要求的规定目标的能力。

2)生产率

生产率是指软件产品在指定的使用环境下,使用户可使用与获得的有效性有关的合适数量资源的能力。

3)安全性

安全性是指软件产品在指定使用环境下,获得可接受的对人类、事务、软件、财产或环境有害的风险级别的能力。

4)满意度

满意度是指软件产品在指定使用环境下,使用户满意的能力。

6. 度量之间的关系

将软件的内部质量属性与外部质量需求联系起来是十分重要的,这使得开发中的软件产品(中间和最终的软件产品)的质量特性可以根据最终系统使用质量需求来进行评估。内部度量的值很低,除非有证据表明它与外部质量有关。

四、交通工程检测中软件测试

交通机电工程中各类机电设施均由多个软硬件构成的系统组成,JTG 2182—2020 对部分系统软件的实测项目、技术要求和测试方法均提出了相关要求。基本上是通过功能验证或核查历史记录的方式进行实测。下文依据 JTG/T 3520—2021 的相关要求,对监控系统、收费设施中的软件处理流程及基本功能测试进行介绍。

注:在测试前均应记录当前软件及系统参数的版本信息。均是以实际(模拟)操作与规定流程或功能是否一致作为测试结果。

1. 监控系统软件基本功能测试

(1)图像监视功能测试:应通过监控系统软件按时间、位置等要素查看监视路段的视频图像。

(2)系统工作状况监视功能应按下列规定测试:

①在被测监控系统软件中查看监控设备运行状态数据,核验与实际状态的一致性。

②关闭某一外场监控设备的电源或断开设备的网络连接,通过监控系统软件查询该设备的状态信息,核验与上述操作后设备实际状态的一致性。

(3)信息发布功能测试:应在不影响路网正常运行的情况下,编辑可变标志的信息,预览后发布于所辖路段指定的可变标志,通过外场摄像机或信息查询功能,查看信息发布情况。

(4)统计、查询、打印报表功能应按下列规定测试:

①在被测监控系统软件中查询指令、监控设备状态信息、系统故障信息、交通参数等。

②分别按时间、位置或其他规定的要素或组合要素统计报表。

③打印输出相关报表。

(5)数据备份、存储功能应按下列规定测试:

①查看数据备份的历史记录,核验数据的完整性与连续性。

②模拟服务器故障,查看系统数据的完整性。

③手动备份数据,记录备份数据的详细信息,核验备份数据与记录数据的一致性。

(6)监控系统应急预案或控制方案应按下列规定测试:

①编制应急事件处置预案或控制方案,生成预案或控制方案后进行修改、删除等操作。

②在不影响路网运行的情况下,模拟应急事件处置预案的触发条件或执行控制方案。

③核验事件处置程序与应急事件处置预案的一致性或核验被控制设备状态与控制方案的一致性。

2. 车道软件处理流程及功能测试方法

(1)数据接收功能应按下列规定测试:

①在被测收费车道核验收费站或收费(分)中心向所辖收费车道下发系统参数及相关信息;

②在被测收费车道核验系统时钟;

③在被测出口车道进行车辆处理流程操作,核验费额信息的执行情况;

④在被测出口车道进行优惠车辆处理流程操作,核验优惠信息的执行情况;

⑤在被测收费车道进行状态名单车辆处理流程操作,核验状态名单信息的执行情况。

(2)数据上传功能测试:核验在收费站或收费(分)中心查询的被测收费车道车辆通行数据与收费车道数据的一致性。

(3)入口收费车道处理流程测试:在被测入口收费车道模拟对通过的车辆进行相关处理流程的操作。主要类型车辆处理流程测试频次不应少于1次。

(4)出口收费车道处理流程测试:在被测出口收费车道模拟对通过的车辆进行相关处理流程的操作。主要类型车辆处理流程测试频次不应少于1次。

3. 收费站软件基本功能测试方法

(1)原始数据查询统计功能应按下列规定测试:

①在被测收费站查询各车道收费记录,按规定的要素统计并输出相关报表;

②在被测收费站查询通行卡发放、回收记录,按规定的要素统计并输出相关报表;

③根据上述报表的相关性核查各报表统计数据的准确性。

(2)与车道控制机的数据通信功能应按下列规定测试:

①在被测收费站和所辖收费车道核查系统参数及相关信息的一致性。

②在被测收费站所辖收费车道内进行收费流程操作,记录收费流程产生的信息及当前收费车道的工作状态,在收费站内核验信息的一致性。

(3)与收费(分)中心数据通信功能应按下列规定测试:

①在收费(分)中心和所辖收费站核查系统参数及相关信息的一致性。

②根据历史数据校核被测收费站和所属收费(分)中心的收费数据一致性,至少应包含通行费、车流量、通行卡等数据。

(4)断网数据上传功能测试:人工操作改变被测收费站与收费(分)中心(或其他上级机构)网络的连接状态,核验上传和接收数据的完整性。

(5)查看特殊事件功能测试:核验被测收费站内统计查询的非正常处理流程记录与收费车道内记录的非正常处理流程信息的一致性。

(6)打印报表功能测试:在被测收费站打印测试需要的报表。

(7)车道状态的实时监控功能测试:在被测收费站查看各车道软件系统参数、硬件设备状态,核验与实际车道状态的一致性。

(8)图像稽查功能测试:在被测收费站按时间、班次、车道等要素查询入、出口车道车辆图像。

4. 收费(分)中心软件基本功能测试方法

(1)与收费站数据通信功能应按下列规定测试:

①在收费(分)中心和所辖收费站核查系统参数及相关信息的一致性;

②根据历史数据核验被测收费(分)中心和所辖收费站的收费数据的一致性,至少应包含通行费、车流量、通行卡等数据。

(2)报表统计管理与打印功能应按下列规定测试:
①按测试要求的检索条件,查询具有相关性的报表;
②设定统计条件,统计相应的报表;
③根据上述报表的相关性核验各报表查询统计数据的准确性;
④发送打印报表的指令,核验打印结果。

(3)通行卡管理功能测试:查询历史数据或模拟操作,核验通行卡入库、出库、发放、调拨、回收报表的准确性。应按下列规定模拟操作:
①对一批区别于目前在用的通行卡进行入库操作;
②对入库的通行卡进行发放和调拨操作;
③对通行卡入库、发放和调拨的操作记录和库存量进行核对。

第三章

交通工程质量要求与检测标准

第一节 交通工程质量要求及控制

一、产品质量的概念

产品质量是由各种要素所组成的,这些要素亦被称为产品所具有的特征和特性。不同的产品具有不同的特征和特性,其总和便构成了产品质量的内涵。产品质量要求反映了产品的特性和满足顾客及其他相关方要求的能力。顾客对其质量要求往往随时间而变化,与科学技术的不断进步有着密切的关系。这些质量要求可以转化成具有具体指标的特征和特性,通常包括使用性能、安全性、可靠性、可维修性、经济性和环保等方面。

(1)产品的使用性能是指产品在一定条件下,实现预定目的或者规定用途的能力。任何产品都具有其特定的使用目的或者用途。

(2)产品的安全性是指产品在使用、储运、销售等过程中,保障人体健康和人身、财产安全免受伤害的能力。

(3)产品的可靠性是指产品在规定条件和规定时间内,完成规定功能的程度和能力。一般可用功能效率、平均寿命、失效率、平均故障时间、平均无故障工作时间等参量进行评定。

(4)产品的可维修性是指产品在发生故障以后,能迅速通过维修恢复其功能的能力。通常采用平均修复时间等参量表示。

(5)产品的经济性是指产品在设计、制造、使用等各方面所付出或所消耗成本的程度;同时,亦包含其可获得经济利益的程度,即投入与产出的效益能力。

(6)产品的环保要求是随着人们对环境保护意识的提高而提出的,例如产品不含有害物质、可回收利用、节能等要求。

二、交通工程设施质量通用要求

交通工程设施是用于交通管理的特殊产品,由交通安全设施和交通机电设施组成。大多数的交通工程设施及相关原材料和产品都有相应的国家标准和行业标准等,其质量应首先满足相关标准的要求。

安全设施一般是一种静态的机械装置或构件,设计生产定型后,其形态和结构是不变的,其质量特性主要有：外观质量、结构尺寸、材料要求（机械力学性能）、防腐涂层质量、耐久性，对于交通标志标线等视觉设备还有光度性能、色度性能等要求。

现代机电产品一般是光机电一体化产品，除了安全设施要求的性能外，还有电气安全性能、环境适应性能、通信接口以及在微电脑控制下自动完成的特殊功能要求等。

交通工程设施是看得见、摸得着的实体，材料和加工制造是不可缺少的两个方面，与此相关涉及了众多学科，有金属材料、高分子材料、结构力学、机械加工与制造、光学、物理、化学、表面工程、电子工程、计算机应用、软件工程、通信工程、无线电、自动控制、信息工程、车辆工程、交通工程、道路、桥梁、隧道等学科。承担交通工程设施的检测机构应配备相应的专业人才和检测设备，这样才能满足证实交通工程设施符合质量特性的要求，除人员、设备外，检测机构还应具有符合要求的试验场所。

三、交通工程设施质量状况

近年来随着国家对交通基础设施投资力度的加大，有力地带动了交通工程产业的发展，发布了一批国家和行业标准，促进了交通工程产品质量的提升。从交通运输部官方发布的历年行业监督抽查数据来看，2013年以来，通过抽查全国范围内的道路运输车辆北斗导航车载终端、电子不停车收费设备（ETC）等20余类产品累计抽查2200余个批次，督促一批不合格产品生产企业和工程建设单位完成整改；2019年，为配合深化高速公路收费制度改革撤销高速公路省界收费站工作，开展了电子不停车收费设备（ETC）产品专项抽查，共抽取路侧终端（RSU）、车载终端（OBU）、复合通行卡（CPC）、汽车号牌自动识别系统和补光灯共147个批次，1860组（套）样品，总体合格率为97.2%，有力地保障了产品质量，提升了路网运行效率。

四、交通工程设施质量控制

质量控制是为保证产品的生产过程和出厂质量达到质量标准而采取的一系列技术检查和有关作业活动，是质量保证的基础，而检测是质量控制的基础。将产品质量检验的原理推广应用到工程质量管理便形成了工程质量检测，在建筑工程和交通工程中，产品质量检验和工程质量检验同时并存。美国J. M. 朱兰认为，质量控制是将测量的实际质量结果与标准进行对比，并对其差异采取措施的调节管理过程。这个调节管理过程由一系列步骤组成：选择控制对象、选择计量单位、确定评定标准、创造一种能用度量单位来测量质量特性的仪器仪表、进行实际的测量、分析并说明实际与标准差异的原因、根据这种差异作出改进的决定并加以落实。因此也可以说，检测这个术语来源于产品质量检验，是质量管理的重要组成部分。

在我国公路交通建设领域，广泛采用了生产企业自检、社会监理、政府监督的质量控制模式。生产企业通过检测，提高了产品质量和效益，降低了产品的废品率；购买方（施工单位或建设单位）通过检测，使得产品的质量得到保障，降低了使用风险。

1. 交通工程设施检测的发展

交通工程设施检测同一般产品检测一样，是伴随着产品和工程建设的需要逐渐形成和发展起来的。《中华人民共和国产品质量法》规定"产品质量应当检验合格，不得以不合格产品冒充合格产品"，为开展质量监督检测提供了法律依据。20世纪90年代开始，陆续发布实施的一系列交通工程专业相关标准——产品标准、工程标准、设计标准、方法标准等,为交通工程设施产品和工程检测提供了技术依据。经过数十年的发展,交通工程专业的标准体系基本形成,截至2022年底,已发布实施345项交通工程专业标准,另有42项标准在制定中。与之相适应的是,交通运输行业成立了一大批检验检测机构,为交通建设质量的提高提供了技术保障。

2016年,交通运输部为了进一步规范公路水运工程试验检测活动,保证公路水运工程质量及人民生命和财产安全,修订了《公路水运工程试验检测管理办法》(交通运输部令2016年第80号),并公布了《公路水运工程试验检测机构等级标准》,在公路综合甲级检测机构中设有交通安全设施专业,在交通工程专项中设有全部交通工程专业。交通工程检测为提高产品和工程建设质量,促进产业发展提供了可靠的技术支持。

2. 监督抽查简介

监督抽查是政府实施质量控制的一种手段,依据《中华人民共和国产品质量法》第十五条规定:"国家对产品质量实行以抽查为主要方式的监督检查制度,对可能危及人体健康和人身、财产安全的产品,影响国计民生的重要工业产品,以及消费者、有关组织反映有质量问题的产品进行抽查。"

产品质量监督抽查是国家的一项制度,是从源头上抓产品质量的一项重要手段。交通运输部高度重视交通运输产品质量监督抽查工作,2000年组织了第一次全国范围内交通工程产品的行业监督抽查工作;2012年发布了《交通运输产品质量行业监督抽查管理办法(试行)》,对产品质量监督管理工作职责、检验机构管理、抽样与检验管理、结果处理、工作纪律和检验文书等作出详细规定。近年来,随着监督抽查工作持续推进,原有的办法在抽样组织、检验管理等方面的内容已经不能适应国家有关要求和抽查工作的实际需要。在国家建设交通强国和质量强国的战略要求下,对产品质量监督工作提出了更高要求。党中央、国务院专门印发了《关于开展质量提升行动的指导意见》,提出要全面提升产品质量,2020年5月1日正式实施了《公路水路行业产品质量监督抽查管理办法》。

公路水路行业产品质量监督抽查工作是加强行业产品质量监管、促进标准有效实施、实现高质量发展和建设交通强国的重要措施。目前,道路用沥青、北斗终端、桥梁支座等产品合格率保持在90%以上,护栏、路面标线涂料等重点产品及原材料的合格率也稳步提升,有力地保障了工程建设和运输服务质量。

第二节 交通工程检测标准

一、概述

1. 基本概念

1)标准

标准是为了在一定的范围内获得最佳秩序,经协商一致并由公认机构批准,共同使用的或重复使用的一种规范性文件。标准宜以科学、技术和经验的综合成果为基础,以促进最佳的共同效益为目的。

"标准化的对象"是指需要标准化的主题,可用"产品、过程和服务"表述,含有材料、元件、设备、系统、接口、协议、程序、功能、方法或活动的意思。对这些对象或对象的某一部分都可以制定标准。

"协商一致"是指普遍同意,可进一步理解为有关重要方面没有坚持反对意见,负责制定标准方按程序对有关各方的观点进行了研究和对争议经过了协商。需特别注意的是,协商一致并不意味着没有争议。

"规范性文件"是指为各种活动或活动的结果提供规则、导则或规定特性的文件。这就是说,标准在存在形态上可以是规则、导则、特性要求等文件。

2)标准化

标准化是指为了在一定范围内获得最佳秩序,对现实问题或潜在问题制定共同使用和重复使用的条款的活动。这些活动包括编制、发布和实施标准的过程。标准化的主要作用在于为了其预期的目的,改进产品、过程或服务的适用性,防止贸易壁垒,促进技术合作。

标准与标准化的关系是:标准是标准化的结果,标准化是标准的过程。标准的制(修)订是需要经过科学研究或吸收科学研究的成果,具有研究性质。标准化是一个基本固定的过程,一般不带有研究的内容。所以标准可以作为科技成果,标准化不作为科技成果。在理解时还要注意标准化和标准化学科的区别,标准化学科包含了更多的内容。

3)标准体系

一个国家或行业的标准数量很多,可达上万个。将标准进行分类管理是一种通用做法,按照专业、学科、产业或行业进行科学划分归类,构成了一个个子系统,这些由标准组成的子系统即构成了标准体系,子系统的集合就是标准体系。

据此,我们给标准体系一个定义:一定范围内的标准按其内在联系形成的科学的有机整体,称为标准体系。标准体系是一簇有联系的标准的集合,标准体系具有集合性、目标性、可分解性、相关性和动态性。将标准体系简单理解为标准的集合是片面的。

标准体系一般以树状结构图和体系表的形式表示,交通工程设施标准体系是国家标准体系的一部分,在2004年形成了第一版,现在正在补充修订。

2. 标准的分类

标准的种类繁多,为了不同的目的,可以从不同的角度以不同的方法对其进行分类。标准的分类方法主要有以下几种。

1)按标准的性质分类

按标准的性质不同,标准可分为强制性标准和推荐性标准两类。

(1)强制性标准

强制性标准是指在一定范围内,国家运用行政的和法律的手段强制实施的标准。对于强制性标准,对保障人身健康和生命财产安全、国家安全、生态环境安全以及满足经济社会管理基本需要的技术要求,应当制定强制性国家标准。违反强制性标准要受到经济的、行政的乃至法律的制裁。强制性标准具体包括:

①药品标准、食品卫生标准、兽药标准。

②产品及产品生产、储运和使用中的安全、卫生标准、劳动安全、卫生标准、运输安全标准。

③工程建设的质量、安全、卫生标准及国家需要控制的其他工程建设标准。

④环境保护的污染物排放标准和环境质量标准。

⑤重要的通用技术术语、符号、代号和制图方法。

⑥通用的试验、检验方法标准。

⑦互换配合标准。

⑧国家需要控制的重要产品质量标准。

(2) 推荐性标准

推荐性标准是指并不强制厂商和用户采用，而是通过经济手段或市场调节促使他们自愿采用的国家标准、行业标准、地方标准(主要是产品标准和与之相关的其他技术标准)。对于推荐性标准鼓励各方自愿采用，有关各方有选择的自由。但一经选定，则该标准对采用者来说，便成为必须绝对执行的标准了，即"推荐性"转化为"强制性"。例如我国交通行业标准《路面标线涂料》(JT/T 280—2022)已经设计文件指定变为强制性标准，必须执行。

根据 WTO 的有关规定和国际惯例，标准是自愿性的，而法规或合同是强制性的，标准的内容只有通过法规或合同的引用才能变成强制执行的文件。

2) 按标准化的对象分类

按标准化的对象不同，可将标准分为技术标准、管理标准和工作标准。

(1) 技术标准

技术标准是指对标准化领域中需要协调统一的技术事项所制定的标准，是从事生产、建设及商品流通的一种共同遵守的技术依据。

(2) 管理标准

管理标准是指对标准化领域中，需要协调统一的管理事项所制定的标准，是正确处理生产、交换、分配和消费中的相互关系，使管理机构更好地行使计划、组织、指挥、协调、控制等管理职能，有效地组织和发展生产而制定和贯彻的标准，它把标准化原理应用于基础管理，是组织和管理生产经营活动的依据和手段。

管理标准主要是对管理目标、管理项目、管理程序、管理方法和管理组织方面所作的规定。按照管理的不同层次和标准的适用范围，管理标准又可划分为管理基础标准、技术管理标准、生产经营管理标准、经济管理标准和行政管理标准五大类。

(3) 工作标准

工作标准是指对标准化领域中需要协调统一的工作事项所制定的标准。它是对工作范围、构成、程序、要求、效果和检验方法等所作的规定，通常包括工作的范围和目的，工作的组织和构成，工作的程序和措施，工作的监督和质量要求，工作的效果与评价，相关工作的协作关系等。工作标准的对象主要是人。工作标准的主要内容包括：岗位目标、工作程序和工作方法、业务分工与业务联系(信息传递)方式、职责与权限、质量要求与定额、对岗位人员的基本技能要求、检查与考核办法。

3) 按标准的外在形态分类

按标准的外在形态，标准可分为文字图表标准和实物标准。文字图表标准，即用文字或图表对标准化对象作出的统一规定,这是标准的基本形式。实物标准(亦称样标),即标准化对象的某些特性难以用文字准确地描述出来时,可制成实物标准,如颜色的深浅程度。

3. 标准的级别

根据《中华人民共和国标准化法》(以下简称《标准化法》)的规定,我国标准分为国家标准、行业标准、地方标准、团体标准和企业标准。

按照《中华人民共和国标准化法》规定,由国务院标准化行政主管部门统一管理全国标准化工作。国务院有关行政主管部门分工管理本部门、本行业的标准化工作。县级以上地方人民政府标准化行政主管部门统一管理本行政区域内的标准化工作。县级以上地方人民政府有关行政主管部门分工管理本行政区域内本部门、本行业的标准化工作。推荐性国家标准、行业标准、地方标准、团体标准、企业标准的技术要求不得低于强制性国家标准的相关技术要求。国家鼓励社会团体、企业制定高于推荐性标准相关技术要求的团体标准、企业标准。

1)国家标准

《标准化法》规定,对保障人身健康和生命财产安全、国家安全、生态环境安全以及满足经济社会管理基本需要的技术要求,应当制定强制性国家标准,强制性国家标准由国务院批准发布或者授权批准发布;对满足基础通用、与强制性国家标准配套、对各有关行业起引领作用等需要的技术要求,可以制定推荐性国家标准,推荐性国家标准由国务院标准化行政主管部门制定。

国家标准的编号由国家标准代号、标准发布顺序号和发布的年号组成。国家标准的代号由大写的汉语拼音字母构成,强制性标准的代号为"GB",推荐性标准的代号为"GB/T"。标准顺序号用阿拉伯数字,后面加"—",再加发布年号表示,如2000年发布的GB/T 2001—2000标准。

2)行业标准

《标准化法》规定,对没有推荐性国家标准、需要在全国某个行业范围内统一的技术要求,可以制定行业标准,行业标准由国务院有关行政主管部门制定,报国务院标准化行政主管部门备案。机械、电子、建筑、化工、冶金、轻工、纺织、交通、能源、农业、林业、水利等行业,都制定有行业标准。

行业标准的编号由行业标准代号、标准顺序号和年号组成。行业标准的代号由国务院标准化机构规定,不同行业的代号各不相同。行业标准专业性较强,是国家标准的补充。随着市场经济的发展,行业管理必将加强,行业标准也将会有所发展。

3)地方标准

《标准化法》规定,为满足地方自然条件、风俗习惯等特殊技术要求,可以制定地方标准,地方标准由省、自治区、直辖市人民政府标准化行政主管部门制定;设区的市级人民政府标准化行政主管部门根据本行政区域的特殊需要,经所在地省、自治区、直辖市人民政府标准化行政主管部门批准,可以制定本行政区域的地方标准。地方标准由省、自治区、直辖市人民政府标准化行政主管部门报国务院标准化行政主管部门备案,由国务院标准化行政主管部门通报国务院有关行政主管部门。

4）团体标准

《标准化法》规定，国家鼓励学会、协会、商会、联合会、产业技术联盟等社会团体协调相关市场主体共同制定满足市场和创新需要的团体标准，由本团体成员约定采用或者按照本团体的规定供社会自愿采用。

制定团体标准，应当遵循开放、透明、公平的原则，保证各参与主体获取相关信息，反映各参与主体的共同需求，并应当组织对标准相关事项进行调查分析、试验、论证。国务院标准化行政主管部门会同国务院有关行政主管部门对团体标准的制定进行规范、引导和监督。

5）企业标准

《标准化法》规定，企业可以根据需要自行制定企业标准，或者与其他企业联合制定企业标准，国家实行团体标准、企业标准自我声明公开和监督制度。企业应当公开其执行的强制性标准、推荐性标准、团体标准或者企业标准的编号和名称；企业执行自行制定的企业标准的，还应当公开产品、服务的功能指标和产品的性能指标。国家鼓励团体标准、企业标准通过标准信息公共服务平台向社会公开。企业应当按照标准组织生产经营活动，其生产的产品、提供的服务应当符合企业公开标准的技术要求。

二、产品标准的组成

交通工程检测工程师在检测工作中主要应用两种标准：一是产品标准，二是工程质量检验评定标准。实质上，工程检验评定标准也是以产品标准为基础，所以应重点掌握产品标准。本节主要介绍产品标准的结构内容。

1. 标准的结构

要素是构成标准文件结构的要件之一。按照作用可以分为规范性要素和资料性要素；按照存在状态可以分为必备要素和可选要素。依据 GB/T 1.1—2020 的相关规定，标准文件中各要素及其构成和表述形式如表 1-3-1 所示。

标准文件中各要素及其构成和表述形式　　　　表 1-3-1

要素	要素的类别		要素的构成	要素所允许的表述形式
	必备或可选	规范性或资料性		
封面	必备	资料性	附加信息：标明文件信息	—
目次	可选		附加信息：列表（自动生成的内容）	—
前言	必备		附加信息：注、脚注	条文、移作附录
引言	可选			条文、图、表、数学公式、移作附录
范围	必备	规范性	条款：陈述 附加信息：注、脚注	条文、表
规范性引用文件[a]	必备/可选	资料性	附加信息：清单、注、脚注	—
术语和定义[a]	必备/可选	规范性	条款：陈述 附加信息：示例、注	条文、图、数学公式、引用、提示

续上表

要素	要素的类别		要素的构成	要素所允许的表述形式
	必备或可选	规范性或资料性		
符号和缩略语	可选	规范性	条款:陈述 附加信息:注、脚注	条文、图、表、引用、提示、移作附录
分类和编码/系统构成	可选		条款:陈述 附加信息:示例、注、脚注	
总体原则和/或总体要求	可选		条款:陈述、推荐/要求 附加信息:示例、注、脚注	条文、引用、提示
核心技术要素	必备		条款:要求、指示、推荐、允许、陈述 附加信息:示例、注、脚注	条文、图、表、数学公式、引用、提示、移作附录
其他技术要素	可选			
参考文献	可选	资料性	附加信息:清单、脚注	—
索引	可选		附加信息:列表(自动生成的内容)	—

注：ª 章编号和标题的设置是必备的，要素内容的有无根据具体情况进行选择。

2. 标准的一般内容

前文已经讲到，标准由资料性要素和规范性要素构成。资料性要素一般是格式性的内容，各标准基本相同；规范性要素是体现标准特点的实质性内容。

产品标准的规范性要素一般由8章构成。

第1章是标准的范围。

描述标准的主要结构内容、适用范围或条件、不适用范围或条件。

第2章是规范性引用文件。

将标准中引用的标准按照标准序号由小到大排列，先国家标准后行业标准和地方标准，国际标准也可引用，企业标准一般不引用。需要注意的是，规范性引用标准前有一段引导语，这段引导语经常有些小变动。例如2000年后的引导语是："下列文件中的条款通过本标准的引用而成为本标准的条款。凡是注日期的引用文件，其随后所有的修改单（不包括勘误的内容）或修订版均不适用于本标准，然而，鼓励根据本标准达成协议的各方研究是否可使用这些文件的最新版本。凡是不注日期的引用文件，其最新版本适用于本标准。"2009年以后的引导语是："下列文件对于本标准的应用是必不可少的。凡是注日期的引用文件，仅注日期的版本适用于本标准。凡是不注日期的引用文件，其最新版本（包括所有的修改单）适用于本标准。"

第3章一般是名词术语或定义。

对于引起混淆的非公共性术语给予界定、说明或解释，有些术语随着时间的推移已经变为普通名词，就没必要再解释，例如LED。

第4章一般是产品的分类与命名标识。

对于系列产品分类与命名方法，通过本章规定。产品的命名是指产品的型号规格及标识方法,在国外标准中一般称为订货信息,只要需方提出产品的型号,供方就知道具体是哪一种对应的产品,不需要过多地解释,提高了社会效率。

第5章是标准的技术要求。

该部分是标准的实质性内容。标准的主要工作是确定各项技术要求,这些要求是以科学研究和试验为基础的,有些指标可以直接引用国际标准或先进国家标准,但是应考虑与我国国情的结合。

第6章是试验方法。

一般是对第5章规定的技术要求,提出进行检验、验证的条件、方法及结果判定等内容,以证实产品质量符合标准要求。

第7章是检验规则(分为型式检验、出厂检验)。

型式检验是对产品质量进行的全面考核,一般应对产品标准中规定的所有技术要求进行检验(必要时,还可增加检验项目)。型式检验主要适用于产品定型鉴定和评定产品质量是否全面达到标准和设计要求,是生产企业生产能力的证明。一些重要的产品,如机电产品、国家许可的产品,规定型式检验必须由指定的检验机构进行。

出厂检验作为产品质量长期稳定性的一种控制手段,一般选取在生产过程中容易变动的指标进行抽样检验,出厂检验项目少于型式检验,并且方便易行。

第8章一般是产品的标识、包装、运输和贮存条件。

虽然交通工程产品涵盖的种类繁多,但大部分产品对该部分的要求有一定的通用性,本书对通用的部分进行介绍,各产品的特殊部分参见相关产品标准,不再赘述。

1)交通安全设施

(1)产品标识上至少应有产品的名称、型号规格、生产企业名称、地址等内容,在我国没有产品标识的产品按"三无"产品处理,销售单位和使用单位都要受到处罚。

(2)产品外包装应能保证产品在运输和贮存过程中,不受外力的轻微影响。保持外观完整。

(3)产品在运输时,不得受剧烈的撞击和重压。

(4)一般应贮存于通风、干燥、无酸碱及腐蚀性气体的空间内,贮存和使用过程中,应防止利器刮碰,不与高温热源或明火接触。

2)交通机电设施

(1)标识

①产品标识。

产品标识可采用铭牌或直接喷刷、印字等形式,标志应清晰,其颜色要有利于识别且不易随自然环境的变化而褪色、脱落。产品标识上应注明:

a. 生产企业名称、地址及商标;

b. 产品名称及型号规格;

c. 输入额定频率、额定电压、额定电流;

d. 额定功耗;

e. 质量;

f. 产品编号;

g. 制造日期；

h. 其他必要的技术数据。

②包装标识。

包装标识应按现行《包装储运图示标志》(GB/T 191)的有关规定，标有"易碎物品""向上"和"怕雨"等图案，还应在包装箱上印刷以下内容：

a. 生产企业名称、地址及商标；

b. 产品名称及型号规格；

c. 本标准号；

d. 产品批号及日期；

e. 质量；

f. 外形尺寸；

g. 数量；

h. 包装储运图示标志。

（2）包装

①产品的外包装箱宜选择瓦楞纸箱，内部宜用聚氨酯泡沫板和塑料泡沫等材料缓冲，包装应牢固可靠，能适应常用运输、装卸工具运送及装卸。

②产品包装箱内应随带如下文件：

a. 产品合格证；

b. 产品使用说明书；

c. 装箱单；

d. 随机备用附件及清单；

e. 接线图、安装图、支撑架结构图；

f. 其他有关技术资料。

（3）运输

包装好的产品可用常规运输工具运输，运输过程应避免剧烈振动、雨雪淋袭、太阳久晒、接触腐蚀性气体及机械损伤。

（4）贮存

产品应贮存于通风、干燥、无酸碱及腐蚀性气体的仓库中，周围应无强烈的机械振动、冲击及强磁场作用。

三、交通工程产品检验规则

交通工程产品主要分为交通安全设施产品和交通机电工程产品，其检验规则均按照各自相关产品标准的要求进行。

1. 交通安全设施检验规则

1）出厂检验

主要的交通安全设施出厂检验规则如表1-3-2所示。

主要的交通安全设施出厂检验规则 表1-3-2

序号	产品/材料	检测项目	备注
1	交通标志产品	结构尺寸、外观质量、标志板面色度性能、反光型标志板面光度性能、钢构件防腐层质量	
2	反光膜	外观质量、光度性能、色度性能、抗冲击性能、耐弯曲性能、附着性能、收缩性能、防黏纸可剥离性能、耐溶剂性能	每批产品的数量不得超过3000m²
3	路面标线涂料	不同类别的路面标线涂料产品出厂检测项目不同,根据具体产品类别选择出厂检测项目,汇总起来有:容器中状态、施划性能、涂层外观、密度、黏度、不粘胎干燥时间、凝胶时间、附着性、耐磨性、柔韧性、原材料、软化点、流动度、包装	
4	路面标线用玻璃珠	外观要求、粒径分布、成圆率/缺陷玻璃珠百分数	
5	波形梁钢护栏	外观质量、外形尺寸、防腐层厚度、防腐层均匀性、防腐层附着性	需方有权按标准的规定进行抽检和验收
6	隔离栅	隔离栅网片、立柱、斜撑、门柱等应成批检验,产品检测项目按分部产品标准进行	
7	防眩板	外观质量、结构尺寸、抗冲击性能、产品标识和产品包装	
8	突起路标	外观质量、结构尺寸、逆反射性能、抗压荷载、碎裂后状态、标识、包装	
9	太阳能突起路标	一般要求、外观质量、外形尺寸、匹配性能、发光器件的性能、整体反光强度、发光器件色度性能、发光强度系数、逆反射器的色度性能、闪烁频率、耐溶剂性能、密封性能	
10	轮廓标	不同逆反射材料的轮廓标产品出厂检测项目不同,根据具体材料选择出厂检测项目,汇总起来有:外观质量、结构尺寸、色度性能、光度性能、蓄能自发光材料亮度性能、反光膜对底板或柱体的附着性能、反射器的密封性能	
11	防腐粉末涂料	粉末涂料的外观、颜色、表观密度、粒度分布及产品的标志、包装	

注:为便于描述,将反光膜、路面标线涂料和防腐涂料出厂检验规则列入该表,但需注意其本身属于原材料,不是交通安全设施。

2)型式检验

一般在下列情况之一时,应进行型式检验:

(1)新产品或者产品转厂生产的试制定型鉴定。

(2)正式生产后,如结构、材料、工艺有较大改变,考核对产品性能影响时。

(3)正常生产过程中,定期或积累一定产量后,周期性地进行一次检验,考核产品质量稳定性时。

(4)产品长期停产后,恢复生产时。

(5)出厂检验结果与上次型式检验结果有较大差异时。

(6)国家质量监督机构提出进行型式检验要求时。

3)判定规则

通常情况下交通安全设施产品的检验判定规则基本一致,即:

每项性能试验,至少取样3个,在试样测试结果全部合格的基础上,3个(或3个以上)试样测试结果的算术平均值为试验结果。若某一试样的测试结果不符合标准要求,则应从同一批产品中再抽取双倍数量的试样进行该不合格项目的复验,若复验结果全部合格,则整批产品合格;若复验结果(包括该项试验所要求的任一指标)即使有一个指标不合格,则整批产品为不合格产品。

2. 交通机电工程产品检验规则

因机电工程中各个系统包含的产品种类较多,且产品随技术更新变化较快,无法一一介绍。在理解该部分内容时,可掌握机电产品检验规则的原则,参照各自标准要求进行理解。下文以环形线圈产品为例进行介绍。

1)出厂检验

(1)对于批量不大于3台的检测器产品,由产品生产企业质量检验结构要求、外观质量、功能要求项目,逐台进行检验,检验合格后签发合格证,方可出厂。

(2)对于批量大于3台的检测器产品,出厂检验的样品应从生产线终端随机抽取不少于30%的样品,但不少于3台完整的检测器产品。若3台全部合格则整个检验批合格;若有1台不合格,则需对整个批进行逐台检验,剔除不合格品。

(3)出厂检验中,若出现1项不合格,则对该批产品的该项目进行全部检验,剔除的不合格品允许返修,返修后重新检验。

2)型式检验

(1)产品的型式检验一般由国家法定的质量监督机构组织进行。

(2)型式检验频次或时间参见交通工程设施要求。

(3)型式检验的样品应随机抽取一台完整的检测器产品。

(4)型式检验的项目及顺序按 GB/T 26942—2001 表1 规定执行。

(5)型式检验中,电气安全性能不合格时,该次型式检验为不合格;若其他项目出现不合格,应在同一批产品中加倍抽取样品,对不合格项进行检验,若仍不合格,则该次型式检验不合格。

第四章

交通工程试验检测抽样方法

本章以交通运输行业标准《公路交通安全设施质量检验抽样方法》(JT/T 495—2014)为基础,介绍交通工程检测的抽样技术基础。

第一节 基本概念

一、抽样检验的含义

抽样检验是相对全数检验而言的。全数检验即100%检验,通过全数检验可达到对产品100%合格与否的判定,不存在错判风险;在实际检验中效率极低,对某些项目甚至是不可能的,因为一旦检验完毕,整个产品也就报废,失去了使用价值。

抽样检验是从每批产品中抽取适当数量的部分产品作为样本,对样本中的每一件产品进行检验,通过这样的检验来判别整批的产品质量是否符合标准要求和能否被接收,是一种科学的统计检验方法,即通过样本的质量特性推断总体的质量状况的检验方法。抽样检验的优点是:量少、效率高、经济可行;缺点是:存在错判风险。

二、抽样检验的两类风险

1. 弃真错误和生产方风险 α

设 p 为被检验批的真实质量水平,可理解为实际不合格率。

设 p_0 为双方约定或标准规定的质量水平,也可理解为约定不合格率。

当 $p \leq p_0$ 时,把合格批判为不合格批拒收的错误,称为第一类错误(弃真错误),出现这种错误的概率叫作第一错判概率,用 α 表示,此类概率即生产方风险。

2. 存伪错误和使用方风险 β

当 $p \geq p_0$ 时,把不合格批判为合格批接收的错误,称为第二类错误(存伪错误),出现这种错误的概率叫作第二错判概率,用 β 表示,此类概率又称为使用方风险。

通俗一点说,抽样检验对供方和需方都存在风险。供方的风险来自"弃真错误",即把好的判成坏的而予以拒绝;需方的风险来自"存伪错误",即把坏的判成好的而予以接收。

三、抽样检验的基本要求

实际检验中抽取的样品是否代表了整个检验批的质量水平是抽样检验的关键,这就要求抽样人员在主观上要增强责任心,针对被检批的堆放形态,采用分层、系统、随机的方法,抽取样品,而不能为了简单省事,仅从表层或专抽缺陷产品组成样本。在客观上选择合理的抽样方法和抽样方案(抽样标准),在检验时严格按照产品标准检验判定每个单位样品,按照抽样标准对整个批作出合格与否的判定。

目前国家颁布了23个抽样标准,其中有20个抽样方案、2个方法、1个导则。《公路交通安全设施质量检验抽样方法》(JT/T 495—2014)依据交通产品特点和工程实际情况选择了其中的4个标准,并对抽样方案要素作了具体规定,做到简单、易用、可操作。《公路交通安全设施质量检验抽样方法》(JT/T 495—2014)虽然是对交通安全设施制定的抽样方法,但是对于单位产品特征明显的机电产品也是适用的,例如一批信号灯、一批车道控制器、一批紧急电话、一批IC卡等。需要注意的是,抽样方法只是完成了检测任务的第一步,将样品从批中抽了出来,如何检验是用不同的产品标准来实现的,所以《公路交通安全设施质量检验抽样方法》(JT/T 495—2014)的方法对机电产品也是有效的。

四、抽样检验的常用名词术语

(1)单位产品(Item),可独立描述和考察的事物。一件产品,一个部件,一箱突起路标,一定体积、重量的产品,一套螺栓,一个服务过程等都可看作单位产品。

其实,此定义在《逐批检查计数抽样程序及抽样表(适用于连续批的检查)》(GB 2828—87)中是"为实施抽样检查的需要而划分的基本单位",其更容易理解,不过旧版本的工作是实物产品,没有涉及服务、过程等广义产品。一项服务有多道作业程序,每项程序也都有要求,这些要求就是质量特性,也存在合格、不合格之分。

(2)批(Lot),汇集在一起的一定数量的某种产品、材料或服务。在实际检测中,"批"这个术语通常用作修饰词,不含具体数量的意义,例如一批产品,一批护栏,一批灯具,一批隔离栅等。

(3)连续批(Continuing Lot),待检批可利用最近已检批所提供的质量信息的连续提交检验批。

(4)批量(Lot Size),符号N,批中产品的数量。

(5)样本(Sample),取自一个批并且提供有关该批信息的一个或一组产品。

(6)样本量(Sample Size),符号n,样本中产品的数量。

(7)不合格(Nonconformity),不满足规范的要求。

(8)不合格品(Nonconforming Item),具有一个或一个以上的不合格的产品。

(9)(总体或批)不合格品百分数[Percent Nonconforming(In a Population or Lot)],批中所有不合格品总数除以批量,再乘以100,即:

$$不合格品百分数(\%) = \frac{批(总体)中不合格品数}{批量(总体量)} \times 100 \qquad (1-4-1)$$

(10)(总体或批)每百单位产品不合格数[Nonconformities Per 100 Items(In a Population or Lot)],总体或批中的不合格数除以总体量或批量,再乘以100,即:

$$每百单位产品不合格数(\%) = \frac{批中所有单位产品不合格总数}{批量} \times 100 \quad (1\text{-}4\text{-}2)$$

注:一个不合格产品可有多项不合格,因此每百单位产品不合格数可能大于100。

(11)过程平均(Process Average),符号 p,一系列初次提交检验批的平均质量(用每百单位产品不合格品数或不合格数表示)。

(12)接收质量限(Acceptance Quality Limit),符号 AQL,当一个连续系列批被提交验收抽样时,可允许的最差过程平均质量水平。

(13)检验(Inspection),为确定产品或服务的各特性是否合格,测定、检查、试验或度量产品或服务的一种或多种特性,并且与规定要求进行比较的活动。

(14)计数检验(Inspection by Attributes),关于规定的一个或一组要求,或者仅将单位产品划分为合格或不合格,或者仅计算单位产品中不合格数的检验。

抽样检验分为计数检验和计量检验两大类,计量检验一般对可测量的质量特性有效,例如拉力、抗压强度、几何尺寸等。但不适用于主观特性,例如色泽鲜艳、无裂痕、无严重锈蚀等。计数检验具有较强的适应性,既适用客观量,也适用主观量,交通工程设施的标准一般都是主客观综合标准,用计数型抽样检验具有更好的操作性。

(15)合格判定数(接收数)(Acceptance Number),符号 A_c,作出批合格判断时样本中所允许的最大不合格品数或不合格数。

(16)不合格判定数(拒收数)(Rejection Number),符号 R_e,作出批不合格判断时样本中所不允许的最小不合格品数或不合格数。

注:一般来说,对于一次抽样方案,$R_e = A_c + 1$。例如,合格判定数为1,即允许有一个不合格,则不合格判定数为2,即不允许有2个不合格。

(17)判定数组(Estimating Array),合格判定数和不合格判定数或者合格判定数系列和不合格判定数系列结合在一起,称为判定数组。

(18)抽样方案(Sampling Plan),所使用的样本量和有关批接受准则的组合称为抽样方案。

注:根据批量大小、接收质量限、检验严格程度等因素决定出样本大小和判定数组,有了这两个参数就可以对给定的批进行抽样和判定。

(19)抽样程序(Sampling Procedure),使用抽样方案判断批接收与否的过程。

(20)一次抽样方案(Single Sampling Plan),由样本大小 n 和判定数组(A_c、R_e)结合在一起组成的抽样方案。

(21)正常检验(Normal Inspection),当过程平均优于接受质量限时抽样方案的一种使用方法。此时抽样方案具有为保证生产方以高概率接收而设计的接收准则。

(22)检验水平(Inspection Level),符号 IL,提交检验批的批量与样本大小之间的等级对应关系称为检验水平,有时也称监督水平。

(23)样本大小字码(Code of Sample Size),根据提交检验批的批量与检验水平确定的样本大小字母代码。

(24)批合格概率(Probability of Acceptance),符号 P_a,对一个过程平均质量水平(不合格品百分数或每百单位产品不合格数)已知的批,按给定抽样方案判该批为合格批的可能性大小,称为批合格概率,有时也称批接收概率。

(25)孤立批(Lot in Isolation),脱离已生产或汇集的批系列,不属于当前检验批系列的批。一般来说,在生产线上的连续批,批与批之间的质量水平是可相互参照的,孤立批一般是指批的质量信息缺失,无上下批的质量信息可供参考,供需双方都无可靠的证据说清楚批的质量水平是多少。

(26)极限质量(Limiting Quality),符号 LQ,对于孤立批,为进行抽样检验,限制在某一低的接收概率的过程平均质量水平。

注:实际上,极限质量也是一种不合格品率。

(27)监督质量水平(Audit Quality Level),符号 D_0(或 p_0),监督总体中允许的不合格品数或不合格品率的上限值。当监督总体量较小时用不合格品数表征监督质量水平,用符号 D_0 表示;当监督总体量较大时用不合格品率表征监督质量水平,用符号 p_0 表示。

(28)监督检验等级(Audit Inspection Level),监督抽样检验中样本量与检验功效之间的对应关系,称为监督检验等级。

注:监督检验等级代表了监督检验的严格程度,分第一监督检验等级和第二监督检验等级。样本量越大,检验的功效越高。对于涉及人身安全的产品,监督抽样检验时,应选用功效高的监督检验等级。

(29)错判风险(Type I Error Probability),符号 α,将实际上符合规定质量要求的监督总体判为不可通过的概率。

(30)特殊样本数(Special Sample Size),指对破坏性或检测时间较长的检验项目而规定的样本大小。

注:特殊样本一般从按抽样方案已经抽出的样本中再次随机抽取。

(31)特殊合格判定数(Special Acceptance Number),符号 A_s,特指重要的质量特性和特殊样本规定的质量特性的合格判定数。

(32)试样(A Portion of Sample),指为了满足检验要求,从样品上(中)裁下或取出的样块或部分样品。

第二节 交通工程设施抽样检验技术

一、抽样检验的一般规定

1. 抽样原则

抽样时应遵循科学、经济的原则。抽出的样本质量特性应能代表检验批的质量。通过对样本的检验作出检验批是否可以被接收的结论,使错判和漏判的概率都达到最小。用最少的费用时间和人力作出科学的判定,具有可操作性。

2. 抽样检验的分类

按照检验目的和检验实施主体将公路交通安全设施抽样检验分为工厂验收检验(简称工

厂验收)、工地抽查验收检验(简称工地抽验)、国家或行业组织的监督抽查检验(简称监督抽查)三种。

3. 三种检验的相互关系

工厂验收在供货方检验合格的批中抽样,工地抽验在工厂验收合格的批中抽样,监督抽查可在任何时间地点对产品进行抽样。三种检验,检验项目和抽样频率都不相同,工地抽验是对工厂验收的确认,监督抽查是对前两种检验有效性的确认。

4. 检验中缺陷(不合格品)的分类与处置

(1)公路交通安全设施有缺陷的产品可分为 A、B、C 三类。
A 类:主要质量特性不符合产品技术标准要求。
B 类:外观有较明显缺陷,其他质量特性符合产品技术标准的要求。
C 类:外观有轻微缺陷,其他质量特性符合产品技术标准的要求。
(2)对于从不合格批中剔出来的有缺陷的产品的处置。
对于 A 类缺陷品,应无条件拒收。
对于 B 类缺陷品,经订货方同意后,可以修复的应予以降价、降级使用。
对于 C 类缺陷品,经订货方同意后,可以修复的一般予以接收。
注:产品标准或合同中允许的缺陷不在上述三类缺陷之内。
(3)不合格批的处置。在工厂验收时出现不合格批,应予拒收。经订货方同意,供货方可以对该不合格批进行 100% 的检验,剔除所有缺陷品后重新组批提交检验。

在工地抽验时出现不合格批,供货方需对不合格批进行 100% 检验,剔除所有缺陷品后方可使用。考虑经济和工期等因素,经业主和监理工程师同意,对剔除的 B 类和 C 类缺陷品应修复后降级使用,对 A 类缺陷品不得使用,并应当场销毁。

在监督抽查中没有通过的批,由监督部门按照国家监督抽查有关规定处置。

5. 抽样标准的选用

(1)在工厂验收时,采用《计数抽样检验程序 第1部分:按接收质量限(AQL)检索的逐批检验抽样计划》(GB/T 2828.1—2012),并规定采用检验水平Ⅱ。

(2)在工地抽验时,采用《计数抽样检验程序 第1部分:按接收质量限(AQL)检索的逐批检验抽样计划》(GB/T 2828.1—2012),并规定采用检验水平Ⅰ。

(3)在验收检验中,当供货方不能提供批的质量信息时,应作孤立批处理,按《计数抽样检验程序 第2部分:按极限质量(LQ)检索的孤立批检验抽样方案》(GB/T 2828.2—2008)的规定执行。

(4)对路面标线涂料和玻璃珠等散粒料或液体进行检验时,按现行《色漆、清漆和色漆与清漆用原料 取样》(GB/T 3186)的规定执行。

(5)监督抽查时,批量不大于 250 时,采用《计数抽样检验程序 第11部分:小总体声称质量水平的评定程序》(GB/T 2828.11—2008);当批量大于 250 时,采用《计数抽样检验程序 第4部分:声称质量水平的评定程序》(GB/T 2828.4—2008)。

(6)批的形成与批量大小:通常每个检验批应由同型号、同等级、同种类(尺寸、特性、成分等),且生产工艺、条件和时间基本相同的单位产品组成。批量的大小与施工标段、施工企业及供货单位有关,划分批量应充分考虑上述因素,不同供货单位的产品不能组成同一个批次。

(7)质量特性(检验项目)应与产品技术标准一致,行业标准《公路交通安全设施质量检验抽样方法》(JT/T 495—2014)涉及的公路交通安全设施质量特性应不少于附录A规定的项目,使用方可以附加其他技术要求和特殊样本数。对于其他公路交通安全设施和机电产品,使用方或(和)供方可参照相关标准制定检验项目和规定特殊样本数后按本标准进行抽样检验。

二、抽样检验程序

1. 采用 GB/T 2828.1—2012

1)一般程序

一般程序包括以下方面:①确定单位产品的质量特性;②确定接收质量限;③确定检验水平;④规定检验严格程度;⑤按批的形成与批量大小组成批并提交;⑥确定抽样方案类型;⑦抽取样本;⑧检验样本;⑨判断批质量是否合格;⑩批检验后的处置。

2)实施细则

(1)接收质量限:AQL(不合格品百分数)=4.0。

(2)检验水平:工厂验收时采用一般检验水平Ⅱ。工地抽验时采用一般检验水平Ⅰ。

(3)抽样方案类型:按一次抽样方案。

(4)检验严格程度:依据产品质量情况和批次大小,将严格程度分为正常检验、加严检验、放宽检验三个等级。

(5)转移规则,具体要求如下:

①一般规定:当批次不大于10时,采用正常检验;当批次大于10时,可以使用转移规则,根据批检验结果采用放宽检验或加严检验;

②从正常检验转移到放宽检验的条件:正常检验条件下,连续10个批质量都合格接收,从第11个批次开始转入放宽检验;

③从放宽检验转移到正常检验的条件:放宽检验条件下,出现不合格批被拒收,从下一个批次开始转入正常检验;

④从正常检验转移到加严检验的条件:正常检验条件下,出现连续5个批质量都不合格被拒收,从下一个批次开始转入加严检验;

⑤从加严检验转移到正常检验的条件:加严检验条件下,连续5个批质量都合格接收,从下一个批次开始转入正常检验。

(6)样本数与合格判定数组。

特殊样本数和特殊合格判定数按《公路交通安全设施质量检验抽样方法》(JT/T 495—2014)附录A的规定执行,其他检验项目根据批量、检验水平、检验严格程度、接收质量限和其他相关信息,查 GB/T 2828.1—2012 的有关表格,得到样本数及合格判定数组正常检验、加严检验、放宽检验的常用数据分别如表1-4-1~表1-4-3所示。

注:批量和检验水平决定样本量码(GB/T 2828.1—2012 表1-4-1),样本量码和宽严等级决定样品数和判定数组(GB/T 2828.1—2012 表1-4-2-A~C)。

一次抽样、正常检验时的样本数及判定数组表　　　　　　　　　　表1-4-1

批 量	AQL=4.0,一般检验水平Ⅰ			AQL=4.0,一般检验水平Ⅱ		
	样本量码	样本数	判定数组 $[A_c, R_e]$	样本量码	样本数	判定数组 $[A_c, R_e]$
2~8	A	2	[0,1]	A	2	[0,1]
9~15	A	2	[0,1]	B	3	[0,1]
16~25	B	3	[0,1]	C	5	[0,1]
26~50	C	5	[0,1]	D	8	[1,2]
51~90	C	5	[0,1]	E	13	[1,2]
91~150	D	8	[1,2]	F	20	[2,3]
151~280	E	13	[1,2]	G	32	[3,4]
281~500	F	20	[2,3]	H	50	[5,6]
501~1200	G	32	[3,4]	J	80	[7,8]
1201~3200	H	50	[5,6]	K	125	[10,11]
3201~10000	J	80	[7,8]	L	200	[14,15]
10001~35000	K	125	[10,11]	M	315	[21,22]
35001~150000	L	200	[14,15]	N	500	[21,22]

一次抽样、加严检验时的样本数及判定数组表　　　　　　　　　　表1-4-2

批 量	AQL=4.0,一般检验水平Ⅰ			AQL=4.0,一般检验水平Ⅱ		
	样本量码	样本数	判定数组 $[A_c, R_e]$	样本量码	样本数	判定数组 $[A_c, R_e]$
2~8	A	2	[0,1]	A	2	[0,1]
9~15	A	2	[0,1]	B	3	[0,1]
16~25	B	3	[0,1]	C	5	[0,1]
26~50	C	5	[0,1]	D	8	[1,2]
51~90	C	5	[0,1]	E	13	[1,2]
91~150	D	8	[1,2]	F	20	[1,2]
151~280	E	13	[1,2]	G	32	[2,3]
281~500	F	20	[1,2]	H	50	[3,4]
501~1200	G	32	[2,3]	J	80	[5,6]
1201~3200	H	50	[3,4]	K	125	[8,9]
3201~10000	J	80	[5,6]	L	200	[12,13]
10001~35000	K	125	[8,9]	M	315	[18,19]
35001~150000	L	200	[12,13]	N	500	[18,19]

一次抽样、放宽检验时的样本数及判定数组表　　　　表1-4-3

批 量	AQL=4.0,一般检验水平Ⅰ			AQL=4.0,一般检验水平Ⅱ		
	样本量码	样本数	判定数组 $[A_c, R_e]$	样本量码	样本数	判定数组 $[A_c, R_e]$
2~8	A	2	[0,1]	A	2	[0,1]
9~15	A	2	[0,1]	B	3	[0,1]
16~25	B	3	[0,1]	C	5	[0,1]
26~50	C	5	[0,1]	D	8	[1,2]
51~90	C	5	[0,1]	E	13	[1,2]
91~150	D	8	[1,2]	F	20	[1,2]
151~280	E	13	[1,2]	G	32	[2,3]
281~500	F	20	[1,2]	H	50	[3,4]
501~1200	G	32	[2,3]	J	80	[5,6]
1201~3200	H	50	[3,4]	K	125	[6,7]
3201~10000	J	80	[5,6]	L	200	[8,9]
10001~35000	K	125	[6,7]	M	315	[10,11]
35001~150000	L	200	[8,9]	N	500	[10,11]

(7)抽取样本。

用现行《随机数的产生及其在产品质量抽样检验中的应用程序》(GB/T 10111)规定的方法在待检批中进行简单随机抽样,也可视情况采用其他随机抽样方法。

(8)检验样本。

对抽出的样本按《公路交通安全设施质量检验抽样方法》(JT/T 495—2014)附录 A 规定的检验项目,按相应产品技术标准中的检验方法及样品是否合格的判别准则,逐一检验样本中每一个样品,统计出被检样本中的不合格品数 A。

(9)判断受检批是否合格。

当检验样本中的不合格品数 $A \leqslant A_c$,并且相关不合格数不大于《公路交通安全设施质量检验抽样方法》(JT/T 495—2014)附录 A 中特殊合格判定数 A_s 时,则判该批为合格批;否则,为不合格批。

2. 采用 GB/T 2828.2—2008

1)一般程序

一般程序包括以下方面:①确定单位产品的质量特性;②确定极限质量LQ;③确定检验模式;④按批的形成与批量大小组成批并提交;⑤确定抽样方案类型;⑥抽取样本;⑦检验样本;⑧判断批质量是否合格;⑨批检验后的处置。

2)实施细则

(1)极限质量LQ:工厂验收时 LQ=2;工地抽验时 LQ=3.15。

(2)检验模式:采用模式 A。

(3)抽样方案类型:采用一次抽样方案。

(4)样本数 n 和合格判定数 A_c。

当 LQ = 2 时,按表 1-4-4 规定取。

孤立批 LQ = 2 时的抽样方案表   表 1-4-4

批 量 N	样 本 数 n	合格判定数 A_c	批 量 N	样 本 数 n	合格判定数 A_c
2 ~ 50	N	0	501 ~ 1200	125	0
51 ~ 90	50	0	1201 ~ 3200	200	1
91 ~ 150	80	0	3201 ~ 10000	200	1
151 ~ 280	95	0	10001 ~ 35000	315	3
281 ~ 500	105	0	35001 ~ 150000	500	5

当 LQ = 3.15 时,按表 1-4-5 规定取。

孤立批 LQ = 3.15 时的抽样方案表   表 1-4-5

批 量 N	样 本 数 n	合格判定数 A_c	批 量 N	样 本 数 n	合格判定数 A_c
2 ~ 50	N	0	501 ~ 1200	125	1
51 ~ 90	44	0	1201 ~ 3200	125	1
91 ~ 150	55	0	3201 ~ 10000	200	3
151 ~ 280	65	0	10001 ~ 35000	315	5
281 ~ 500	80	0	35001 ~ 150000	500	20

(5)抽取样本。

用现行 GB/T 10111 规定的方法在待检批中进行简单随机抽样,也可视情况采用其他随机抽样方法。

(6)检验样本。

对抽出的样本按《公路交通安全设施质量检验抽样方法》(JT/T 495—2014)附录 A 规定的检验项目,按相应产品技术标准中的检验方法及样品是否合格的判别准则,逐一检验样本中每一个样品,统计出被检样本中的不合格品数 A。

(7)判断受检批是否合格。

当检验样本中的不合格品数 $A \leq A_c$,并且相关不合格数不大于《公路交通安全设施质量检验抽样方法》(JT/T 495—2014)附录 A 中特殊合格判定数 A_s 时,则判该批为合格批;否则,为不合格批。

3. 采用 GB/T 2828.11—2008

1)监督抽查的一般程序

一般程序包括以下方面:①确定监督总体;②确定单位产品的质量特性;③确定监督质量水平;④确定监督检验水平;⑤确定样本数;⑥抽取样本;⑦检验样本;⑧判断监督总体是否通过;⑨监督检验后的处置。

2)实施细则

(1)确定监督总体:根据监督的需要确定监督总体,监督总体数量不大于 250,当大于 250

时应采用 GB/T 2828.4—2008，不得将监督总体划分为小于 250 的若干批。监督总体中的产品可以是同厂家、同型号、同一生产周期生产的产品，也可是不同厂家、不同生产周期生产的同类产品。

(2) 监督质量水平 DQL：工厂监督抽查时 DQL=2，即用监督总体中的不合格品数是否超过了两个的抽样方案。工地监督抽查时 DQL=4，即用监督总体中的不合格品数是否超过了四个的抽样方案。

当按上述监督质量水平检索抽样方案，抽出的样本数小于 10 时，本标准规定 DQL=0，即无论是在工厂还是工地监督抽查都采用 $(n,0)$ 抽样方案。

注：依据 GB/T 2828.11—2008 附录 A 制定，目的是避免统计抽样合格率时，合格率很低时仍判为合格出现，例如 (2,1) 方案，50% 就可判为合格。

(3) 监督检验水平：当样本数小于 10 时，选用第 0 检验水平，即不合格限定数 $L=0$。当样本数大于或等于 10 时，选用第 I 检验水平，即不合格限定数 $L=1$。

(4) 样本数。

特殊样本数和特殊合格判定数按《公路交通安全设施质量检验抽样方法》(JT/T 495—2014) 附录 A 的规定执行，其他性能指标的样本数根据批量大小和监督质量水平 DQL 查表 1-4-6 得出样本数 n。

小监督总体抽样样本数表 表 1-4-6

批量 N		3~10	15	20	25	30	35	40	45	50	60	70	80
样本数 n	DQL=2	3	4	5	6	7	8	9	10	11	14	16	18
	DQL=4	3	3	3	3	3	4	4	5	5	6	7	8
批量 N		90	100	110	120	130	140	150	170	190	210	230	250
样本数 n	DQL=2	19	21	25	25	30	30	35	35	40	45	50	60
	DQL=4	9	10	11	12	13	14	15	17	19	20	25	25

(5) 抽取样本。

用现行 GB/T 10111 规定的方法在待检批中进行简单随机抽样，也可视情况采用其他随机抽样方法。

(6) 检验样本。

对抽出的样本按《公路交通安全设施质量检验抽样方法》(JT/T 495—2014) 附录 A 规定的检验项目，按相应产品技术标准中的检验方法及样品是否合格的判别准则，逐一检验样本中每一个样品，统计出被检样本中的不合格品数 A。

(7) 判断监督总体（监督批）是否合格。

当检验样本中的不合格品数 A 不大于监督检验水平中的 L，并且相关不合格数不大于《公路交通安全设施质量检验抽样方法》(JT/T 495—2014) 附录 A 中特殊合格判定数 A_s 时，则判该监督总体为监督抽查合格；当 $A>L$ 时，则判该监督总体为监督抽查不合格。

4. 采用 GB/T 2828.4—2008

1) 监督抽查的一般程序

一般程序包括以下方面：①确定监督总体；②确定单位产品的质量特性；③确定监督质量

水平;④确定错判风险;⑤确定抽样方案;⑥抽取样本;⑦检验样本;⑧判断监督总体是否通过;⑨监督检验后的处置。

2)实施细则

(1)确定监督总体:根据监督的需要确定监督总体,一般总体量应大于250,但对于波形梁等大件产品不大于1000,对于螺栓、突起路标等小件产品不大于10000,当超过时,宜将监督总体划分为多个监督批。样本应在监督总体中随机抽取,且总体量与样本量之比大于10。

(2)监督质量水平 DQL:在工厂监督抽查时 DQL = 2.5%,在工地监督抽查时 DQL = 4.0%。

(3)错判风险 α:取 α 为0.05。

(4)监督抽样方案。

监督抽样方案由样本数 n 和不合格限定数 L 组成,用 (n,L) 表示。n 和 L 取值见表1-4-7。

大监督总体抽样方案表　　　　　表1-4-7

参　数	对于钢护栏板等大件产品		对于螺栓等小件产品	
	DQL = 2.5%	DQL = 4.0%	DQL = 2.5%	DQL = 4.0%
n	32	20	50	32
L	2	2	3	3

(5)抽取样本。

用现行 GB/T 10111 规定的方法在待检批中进行简单随机抽样,也可视情况采用其他随机抽样方法。

(6)检验样本。

对抽出的样本按《公路交通安全设施质量检验抽样方法》(JT/T 495—2014)附录 A 规定的检验项目,按相应产品技术标准中的检验方法及样品是否合格的判别准则,逐一检验样本中每一个样品,统计出被检样本中的不合格品数 A。

(7)判断监督总体是否抽查合格。

当检验样本中的不合格品数 A 不大于监督抽样方案中规定的不合格限定数 L,并且相关不合格数不大于《公路交通安全设施质量检验抽样方法》(JT/T 495—2014)附录 A 中特殊合格判定数 A_s 时,则判该监督总体抽查合格;当 $A > L$ 时,则判该监督总体抽查不合格。

注:本标准中监督抽查结果分为合格和不合格。监督抽查合格并不代表监督总体的质量符合标准要求,在 GB/T 2828.4—2008 和 GB/T 2828.11—2008 中用"不否认供货方声称的质量水平"解释,所以用术语"通过"代替"合格";当监督抽查结论为不合格时,监督方有足够的证据证明该监督总体质量不符合标准要求,一般监督质量水平(不合格品数或不合格品百分数)DQL 大于产品标准的总体质量水平,所以用"监督总体不合格"术语。

第二篇

交通安全设施

第一章

交通安全设施环境适应性试验

交通安全设施环境适应性试验主要包括盐雾试验、高低温试验和耐候性试验等。由于防腐质量检验对环境适应性影响相对较大,故将防腐质量检验相关要求与内容,也纳入本章进行说明。

第一节 盐雾试验

一、盐雾试验分类

盐雾试验分为一般盐雾试验和循环盐雾试验,其中一般盐雾试验包括中性盐雾试验(NSS试验)、乙酸盐雾试验(AASS试验)和铜加速乙酸盐雾试验(CASS试验)。交通安全设施中常用的是中性盐雾试验。

中性盐雾试验是出现最早、目前应用领域最广的一种人工加速腐蚀试验方法,它采用5%的氯化钠盐水溶液,溶液pH值调在中性范围(6.5~7.2)作为喷雾用的溶液。试验温度均在35℃,要求80cm^2面积的平均盐雾沉降率在1~2mL/h。

循环盐雾试验是一种综合盐雾试验,它实际上是中性盐雾试验加恒温湿热试验。循环盐雾试验比一般盐雾试验更接近实际腐蚀情况,但试验设备昂贵,试验周期较长,一般交通安全设施产品标准中较少采用,该部分内容将在交通机电设施中介绍。

二、盐雾试验的评价方法

盐雾试验结果的评定方法分评级判定法、称重判定法、腐蚀物出现判定法、腐蚀数据统计分析法四种,交通安全设施盐雾试验结果评定方法主要采用腐蚀物出现判定法。

(1)评级判定法:把腐蚀面积与总面积之比的百分数按一定的方法划分成几个级别,以某一个级别作为合格判定依据,适用于对平板样品进行评价。

(2)称重判定法:通过对腐蚀试验前后样品的重量进行称重,计算出受腐蚀损失的重量,对样品耐腐蚀质量进行评判,适用于对某种金属耐腐蚀质量进行考核。

(3)腐蚀物出现判定法(外观评定法):是一种定性的判定法,以盐雾试验后产品是否产生腐蚀现象来对样品进行判定,一般产品标准中大多采用此方法。

(4)腐蚀数据统计分析法:提供了设计腐蚀试验、分析腐蚀数据、确定腐蚀数据的置信度的方法,主要用于分析、统计腐蚀情况,而不是具体用于某一具体产品的质量判定。

三、中性盐雾试验

1. 试验标准

交通工程设施中性盐雾试验采用的标准有《人造气氛腐蚀试验 盐雾试验》(GB/T 10125),《色漆和清漆 耐中性盐雾性能的测定》(GB/T 1771)和《电工电子产品环境试验 第2部分:试验方法 试验Ka:盐雾》(GB/T 2423.17),分别适用于交通安全设施、非金属防腐涂层及交通机电设施。本节重点介绍《人造气氛腐蚀试验 盐雾试验》(GB/T 10125—2021)的相关内容。

2. 试验设备

中性盐雾试验使用的设备应符合现行《盐雾试验箱技术条件》(GB 10587)的要求。

中性盐雾试验设备一般采用气流式喷雾,所以也叫"气流式盐雾试验箱"。盐雾腐蚀试验箱一般由内胆、外壳、透明顶盖、加热系统、储液罐、喷雾系统、控制单元等构成,喷雾系统依次由气源、调压阀、油水分滤器、电磁阀、减压阀、饱和器、喷嘴等构成。

3. 试验溶液

中性盐雾试验用溶液应符合现行《人造气氛腐蚀试验 盐雾试验》(GB/T 10125)的要求。

试验用溶液采用氯化钠溶液,试验所用试剂采用化学纯或化学纯以上的试剂。

4. 试验步骤

1)准备试样

(1)试样的类型、数量、形状和尺寸,应根据被试材料或产品有关标准选择,若无标准,有关各方可以协商决定。

(2)试验前试样必须清洗干净,清洗方法取决于试样材料性质,试样表面及其污物清洗不应采用可能侵蚀试样表面的磨料或溶剂。试样清洗后应注意避免再次污染。

(3)如果试样是从带有覆盖层的工件上切割下来的,不能损坏切割区附近的覆盖层,除另有规定外,必须用适当的覆盖层如油漆、石蜡或胶带等对切割区进行保护。

2)配制溶液

(1)溶液初配。

在温度为25℃±2℃时,电导率不高于20μS/cm的蒸馏水或去离子水中溶解的氯化钠,配制成浓度为50g/L±5g/L。在25℃时,配制的溶液密度在1.029~1.036g/cm³范围内。

(2)调整pH值。

试验溶液的pH值应调整至使盐雾箱收集的喷雾溶液的pH值在25℃±2℃时处于6.5~7.2之间,用电位pH计测量pH值,pH值的测量应采用适用于弱缓冲氯化钠溶液(溶于去离子水)的电极。溶液pH值用分析纯盐酸、氢氧化钠或碳酸氢钠配置的溶液进行调整。

喷雾时溶液中二氧化碳损失可能导致 pH 值变化。应采取相应措施,例如,将溶液加热到超过 35℃ 才送入仪器或由新的沸腾水配制溶液,以降低溶液中的二氧化碳含量,避免 pH 值的变化。

(3)过滤。

为清除任何可能堵塞装置喷淋孔的固体物质,将溶液过滤后再加入设备的贮槽中。

3)放置试样

试样放在盐雾箱内且被试面朝上,使盐雾自由沉降在被试表面上,被试表面不能受到盐雾的直接喷射。

试样原则上应放平在盐雾箱中,被试表面与垂直方向成 15°~25°,并尽可能成 20°,对于不规则的试样(如整个工件),也应尽可能接近上述规定。

试样可以放置在箱内不同水平面上,但不得接触箱体,也不能相互接触。试样之间的距离应不影响盐雾自由降落在被试表面上,试样上的液滴不得落在其他试样上。对总的试验周期超过 96h 的新检验或试验可允许试样移位。

试样支架采用惰性的非金属材料制成。悬挂试样的材料不能用金属,而应用人造纤维、棉纤维或其他绝缘材料。

4)设置试验条件

盐雾箱内温度为 35℃ ±2℃,整个盐雾箱内的温度波动应尽可能小。

检查与试验期间装载量类似的盐雾沉降率和其他试验条件,确认试验条件在规定范围内后,停止喷雾,将试样置于盐雾箱内再开始进行试验。

盐雾沉降的速度,经 24h 喷雾后,每 80cm^2 水平面积的平均沉降率为 1.5mL/h ±0.5mL/h,氯化钠浓度为 50g/L ±5g/L,pH 值的范围是 6.5~7.2。

用过的喷雾溶液不得重复使用。

试验过程中,氯化钠溶液容器应装有盖子以防止灰尘或其他污染物影响溶液,并防止氯化钠溶液浓度的 pH 值波动。

5)试验周期及试验观察

试验周期应根据被试材料或产品的有关标准选择。若无标准,可经有关方面协商决定。推荐的试验周期为 2h、6h、24h、48h、72h、96h、168h、240h、480h、720h、1008h。

交通安全设施中,交通标志及反光材料的试验周期为 120h;轮廓标反光材料的试验周期为 120h;钢质金属基材防眩板的试验周期为 8h 和 200h;波形梁钢护栏的试验周期为 168h;突起路标的试验周期为 144h。

应尽量减少试验中断,只有当需要短期观察试样和因无法从箱体外补充氯化钠溶液而对贮槽中的氯化钠溶液进行补充时,才能打开盐雾箱。每天打开盐雾箱的总时间应不超过 1h。

如果试验终点取决于开始出现腐蚀的时间,应经常检查试验,每天打开盐雾箱的总时间应不超过 1h。

对于预定试验周期的试样可以定期目视检查,但在检查过程中,不应干扰被试表面,开箱时间应是观察和记录任何可见变化所需的最短时间。

6)试样恢复

对于非有机覆盖层试样:试验结束后取出试样,室内自然干燥0.5~1h,然后用温度不高于40℃的清洁流动水轻轻清洗以除去试样表面残留的盐雾溶液,接着在距离试样约300mm处用气压不超过200kPa的空气立即吹干;对于有机覆盖层试样:用自来水冲洗覆盖层表面,对于有划痕的试样,可用软海绵去除划痕处的污垢和盐残留物。

7)试验结果评定

试验结束后,按照产品标准进行评定,一般采用前面说的四种方法。交通工程设施通常用腐蚀物出现判定法(外观评定法)。

5. 盐雾试验机一般操作步骤

(1)工作室底部应加入蒸馏水,以不超过箱底部溢水孔橡皮的高度为准,以防箱体老化。

(2)箱体上部四周的密封槽,试验前加入蒸馏水,不宜过满,以关闭箱盖后盐雾不外溢为佳。

(3)给空气饱和器(不锈钢圆桶)内加入蒸馏水或去离子水,水位高度为液面计玻璃管上部4/5位置,加蒸馏水时,应打开饱和器上部的进水阀,当加到规定水位时,必须关闭阀门。长时间的试验后,饱和器的水分会消耗,水位降低至下部1/5位置时,应及时补水,以防止缺水后,烧坏饱和器内的加热元件。

(4)用橡胶管把盐雾箱和工作室内喷雾塔底部的进水口连接好,把配制好的盐溶液(按5%浓度)放入盐雾箱背后的储液箱内,盐水由于大气压的作用靠平衡自动流入喷雾塔内,盐水不能低于储水箱的下限标记(即出水口)。

(5)箱体后部的排雾管排出的盐雾对室内设施有影响,允许加长排雾管,使盐雾排出室外,但排雾管不能堵塞,以免影响盐雾的排放。排雾管下方有一排水管,也应把它接到室外。

(6)气压的调节:根据喷雾量大小,按使用说明书调节进气阀的压力。

(7)把箱体里面的漏斗架放好,集雾器上的橡胶管分别和相对应的漏斗连接好,这样在试验中,无须打开箱盖,就可以从外面集雾器上读出里面的盐雾沉降量。

(8)设定所需试验的时间(定时)。

(9)接通电源,设定好试验温度和饱和器温度的值。

(10)设定保护温度,超温保护时自动切断总电源,不要随便拨保护器。

(11)开启试验。

(12)整个试验结束后,应先关掉空气压缩机和出气阀开关,待试验机压力表指针回转到"0"的状态,便可关掉面板上的喷雾开关和电源开关。

6. 交通安全设施产品中性盐雾试验汇总

交通安全设施产品中涉及的中性盐雾试验主要包括反光膜、交通标志及支撑件、突起路标、轮廓标、隔离栅、波形梁护栏的防腐涂层等,具体如表2-1-1所示。

表 2-1-1

交通安全设施产品中性盐雾试验汇总

产品名称	适用标准	试验条件	试样尺寸	安放角度	溶液要求	试验时间(h)	结果描述
反光膜	GB/T 10125—2021	温度(23±2)℃,湿度(50±10)%,试样调节24h以上	反光膜尺寸为150mm×150mm,粘贴在1.0~2.0mm厚的铝合金板上	与垂线夹角30°,相邻两板行间距不小于75mm	氯化钠质量比为(5±0.1)%,pH值为6.5~7.2	120(5×24)	试验后,标准条件下恢复2h,反光膜表面不应有变色、渗漏、起泡或被侵蚀等损坏
交通标志及支撑件	GB/T 10125—2021	温度(23±2)℃,湿度(50±10)%,试样调节24h以上	150mm×150mm	与垂线夹角30°,相邻两板行间距不小于75mm	氯化钠质量比为(5±0.1)%,pH值为6.5~7.2	120(5×24)	试验后,标准条件下恢复2h,标志板及支撑构件不应有变色或被侵蚀等破坏痕迹
突起路标	GB/T 10125—2021	温度(23±2)℃,湿度(50±25)%,试样调节24h	—	与垂线夹角(15~25)°,尽可能成20°	氯化钠相对密度范围为1.029~1.036,pH值为6.5~7.2	144(6×24)	试验后,突起路基体及反射器无变色、侵蚀、溶液渗入等现象
轮廓标	GB/T 10125—2021	温度(23±2)℃,湿度(50±10)%,试样调节24h	—	与垂线夹角30°,相邻两板行间距不小于75mm	氯化钠质量比为(5.0±0.1)%,pH值为6.5~7.2	120(5×24)	试验后,标准条件下观察,轮廓标各部件不应有变色、起泡、斑点或被侵蚀的痕迹,轮廓标的反射器不应出现被剥离或雾气渗入的痕迹,反光膜不应出现渗漏或边缘出现粉化现象;蓄能自发光材料不应出现斑点、气泡、裂纹或切割边缘不均匀等痕迹
隔离栅	涂塑层:GB/T 1771—2007	温度(23±5)℃,湿度(50±5)%,试样调节至少16h,尽快试验	丝状试样:300mm的钢丝试样3节,状试样:300mm的立柱试样3节	与垂线夹角(20±5)°	—	8	试验后,不应出现腐蚀现象,基体钢材在切割边缘出现的锈蚀不予考虑
	镀锌层:GB/T 10125—2021	—	试验样板尺寸为150mm×100mm×1mm	与垂线夹角(15~25)°,尽可能成20°	氯化钠浓度为(50±5)g/L,pH值为6.5~7.2	200	

续上表

产品名称	适用标准	试验条件	试样尺寸	安放角度	溶液要求	试验时间(h)	结果描述
金属防眩板	GB/T 1771—2007	温度(23±2)℃,湿度(50±5)%,试样调节至少16h,尽快试验	300mm 的板状试样3节	与垂线夹角(20±5)°	氯化钠浓度为(50±5)g/L,pH值为6.5~7.2	单涂塑层:8h 双涂层:200h	单涂塑层:试验后,划痕部位任何一侧0.5mm外,涂层应无气泡,剥离的现象;双涂层:8h试验后,划痕部位任何一侧0.5mm外,涂层应无气泡,剥离的现象;200h试验后,基地金属无锈蚀
波形梁钢护栏等其他交通安全设施钢构件金属涂层(热浸镀锌涂层、热浸镀锌铝合金涂层、热浸镀铝锌合金涂层、锌铬涂层、粉末涂层)	GB/T 10125—2021	—	试验样板尺寸为150mm×100mm×1mm	与垂线夹角(15~25)°,尽可能成20°	氯化钠浓度为(50±5)g/L,pH值为6.5~7.2	168(7×24)	试验后,板状构件的焊接部位、紧固件、连接件及钢丝镀锌构件不应出现红色锈蚀现象
波形梁钢护栏等其他交通安全设施钢构件非金属涂层(静电喷涂层、流化床浸塑涂层)	GB/T 1771—2007	温度(23±2)℃,湿度(50±5)%,试样调节至少16h,尽快试验	丝状试样:300mm 的钢丝试样3节;板状试样:300mm 的立柱试样3节	与垂线夹角(20±5)°		168(7×24)	试验后,除划痕部位两侧各0.5mm范围内,涂层应无起泡、剥离,生锈等现象

第二节 温湿度试验

交通安全设施的温湿度试验主要包括：耐高低温性能试验、耐温度循环性能试验、耐低温脆化性能试验、耐低温坠落性能试验、耐温度交变性能试验等。

一、试验环境条件和试样状态调节

试样应按《塑料试样状态调节和试验的标准环境》(GB/T 2918)的规定进行24h状态调节，其中涂料试样的试验环境应按《涂料试样状态调节和试验的温湿度》(GB/T 9278)进行条件，并且在此条件下进行试验：
(1)试验环境温度：23℃±2℃；
(2)试验环境相对湿度：50%±5%。

部分交通安全设施产品的试验环境条件不同，其中隔离栅、轮廓标、交通标志及支撑件、反光膜的试验环境条件为：
(1)试验环境温度：23℃±2℃；
(2)试验环境相对湿度：50%±10%。

突起路标的试验环境条件为：
(1)试验环境温度：23℃±2℃；
(2)试验环境相对湿度：50%±25%。

二、试验标准

1）设备要求

温湿度试验使用的设备应符合《低温试验箱技术条件》(GB/T 10589—2008)、《高低温试验箱技术条件》(GB/T 10592—2008)、《高温试验箱技术条件》(GB/T 11158—2008)和《湿热试验箱技术条件》(GB/T 10586—2006)的要求。

2）试验方法

耐湿热试验试验方法：《漆膜耐湿热测定法》(GB/T 1740—2007)，低温脆化试验：《塑料冲击法脆化温度的测定》(GB/T 5470—2008)、低温试验：《电工电子产品环境试验 第2部分：试验方法 试验A：低温》(GB/T 2423.1—2008)、高温试验：《电工电子产品环境试验 第2部分：试验方法 试验B：高温》(GB/T 2423.2—2008)。温度交变试验试验方法《环境试验 第2部分：试验方法 试验N：温度变化》(GB/T 2423.22—2012)等。

交通安全设施产品的温湿度试验方法由各产品标准规定，具体要求详见各产品标准及表2-1-2。

三、交通安全设施产品的温湿度试验汇总

主要包括：反光膜、交通标志及支撑件、隔离栅、突起路标、轮廓标、波形梁护栏的非金属涂层等。

表 2-1-2

交通安全设施产品的温湿度试验汇总

产品名称	试验条件	试样尺寸	试验设备	试验方法	试验温湿度	试验周期
1. 耐高低温性能试验						
反光膜	温度:(23±2)℃ 湿度:(50±10)% 试样调节:24h以上	150cm×150cm	高低温试验箱	将试样放入试验箱内,开动冷源,将箱内温度逐渐降至-40℃±3℃,使试样在该温度下保持72h,关闭电源,再将试验箱升温至70℃±3℃,并在该温度下保持24h,最后关闭电源,使试验箱自然冷却至室温,取出试样,在标准测试条件下放置2h后,检查其表面的变化	低温:(-40±3)℃ 高温:(70±3)℃	低温 72h 高温 24h
交通标志及支撑件	温度:(23±2)℃ 湿度:(50±25)% 试样调节:24h以上	—	高低温试验箱	试验时,将150mm×150mm的试样放入试验箱内,开动冷源,使箱内温度逐渐降至-40℃±3℃,并在该温度下保持72h,之后关闭电源,使试验箱自然升温至70℃±3℃,并在该温度下保持24h,最后关闭电源,使试验箱自然冷却至室温,取出试样,在标准测试条件下放置2h,检查其表面的变化	低温:(-40±3)℃ 高温:(70±3)℃	低温 72h 高温 24h
轮廓标		—		将产品试样反光膜试样放入试验箱内,开动冷源,使箱内温度逐渐降至-40℃±3℃,试验在该温度下保持72h。再使试验箱升温至70℃±3℃,并在该温度下保持24h(约需5~12h)。最后关闭电源,使试验箱自然冷却至室温。取出试样,在标准测试条件下放置2h后,用4倍放大镜检查其表面的变化		
2. 耐温度循环性能试验						
突起路标	温度:(23±2)℃ 湿度:(50±25)% 试样调节:24h以上	—	高温试验箱	将样品放置60℃的高温箱中保持4h,接着将样品转移至-7℃的低温箱中保持4h,如此一个循环,共试验3个循环	低温:-7℃ 高温:60℃	3×(4h+4h)
3. 耐低温脆化性能试验						
隔离栅	温度:(23±2)℃ 湿度:(50±10)%	—	高低温湿热试验箱	采用高低温试验箱,控制温度在-60℃±5℃,进行168h的试验,试验后在常温环境下调节2h	低温:(-60±5)℃	168h

续上表

产品名称	试验条件	试样尺寸	试验设备	试验方法	试验温湿度	试验周期
4. 耐低温坠落性能试验						
塑料和玻璃钢防眩板	温度:(23±2)℃ 湿度:(50±5)%	500mm	低温试验箱	将长度为500mm试样放置在低温试验箱中,温度降至-40℃±3℃,恒温调节2h后取出试样,板面平行于地面由1m高度处自由坠落至硬质地面,观测试验结果	低温:(-40±3)℃	2h
5. 耐湿热性能试验						
隔离栅	温度:(23±2)℃ 湿度:(50±10)%	—	高低温湿热试验箱	用18号缝纫机针,将涂层划成长120mm的交叉对角线,划痕深至穿基体,对角线不穿对角,划痕点与对角线端点与对角线成等距离。划痕面朝上,置于恒温恒湿箱中	温度:(47±1)℃ 湿度:(96±2)%	8h
钢质金属基材防眩板			恒温恒湿箱	取3片试样,用18号缝纫机针,将涂层划成长120mm的交叉对角线,划痕深至穿基体,对角线不穿对角,划痕点与对角线端点与对角线成等距离。划痕面朝上,置于恒温恒湿箱中		8h
静电喷涂聚酯涂层	温度:(23±2)℃ 湿度:(50±5)%	70mm×150mm				168h (7×24h)
流化床浸塑涂层						
环氧锌基聚酯复合涂层						1000h
6. 耐温度交变性能试验						
热浸镀锌聚酯、浸塑复合涂层、浸镀铝复合聚酯、浸塑复合涂层、热浸镀锌铝合金涂层、浸镀铝合金涂层、热浸镀锌聚酯、塑复合涂层、镀铝锌合金涂层、浸塑复合涂层	温度:25℃±5K	—	温度交变试验箱	试样在低温-40℃的试验箱内保持3h后,在2min内再转移到高温70℃的试验箱保持3h,在2min内再转移到低温试验箱为一胶完整的试验周期	低温:-40℃ 高温:70℃	低温:32h 高温:3h

四、试验注意事项

(1)试验箱空间应足够大,样品周围六个方向距离试验箱内壁不小于200mm。
(2)样品的放置应与实际安装(放)方向一致。
(3)试验箱密封性能要好,温度均匀,而且试验过程中试验箱内壁各部分温度和规定试验温度之差不应超过8%。
(4)试验箱内的温度变化速率不大于1℃/min。
(5)试验箱要留出足够多的观察窗和走线孔,保证在试验过程中能够观察样品,并进行功能验证。
(6)注意高低温,防止冻伤或烫伤或空气灼伤。

第三节 耐候性试验

耐候性试验主要考核产品在太阳辐射条件下的耐久性,耐候性试验有自然暴晒和人工加速试验两类,人工加速试验有氙弧灯、紫外灯、碳弧灯三种,氙弧灯可模拟太阳光所有光谱的辐射,紫外灯只模拟了280~440nm段,碳弧灯虽然与太阳光谱接近但是现在很少使用。

交通工程设施常用的是氙弧灯人工加速老化试验方法。

一、试验标准

公路钢构件非金属防腐涂层、防眩板、突起路标产品的人工加速老化试验主要采用《公路沿线设施塑料制品耐候性要求及测试方法》(GB/T 22040—2008),道路交通标志板、反光膜产品的人工加速老化试验主要采用《塑料 实验室光源暴露试验方法 第2部分:氙弧灯》(GB/T 16422.2—2022);路面标线涂料产品的人工加速老化试验主要采用《色漆和清漆 人工气候老化和人工辐射曝露 滤过的氙弧辐射》(GB/T 1865—2009)。

二、试验条件

《公路沿线设施塑料制品耐候性要求及测试方法》(GB/T 22040—2008)的试验条件如下:
(1)试验设备应符合《塑料 实验室光源暴露试验方法 第2部分:氙弧灯》(GB/T 16422.2—2022)的要求,光源采用水冷氙弧灯并经日光滤光器进行光过滤。
(2)辐照度:波长290~800nm之间的光源辐照度为550W/m^2,在平行于灯轴的试样架平面上的试样,其表面上任意两点之间的辐照度差别不应大于10%。
(3)辐照度控制:在光谱波长340nm处光谱辐照度选择(0.51±0.02)W/(m^2·nm),《公路沿线设施塑料制品耐候性要求及测试方法》(GB/T 22040—2008)中光谱波长340nm辐照度选择为0.5W/(m^2·nm)。
(4)黑板温度设定:(65±3)℃。
(5)喷水周期:试验过程中采用连续照射,周期性喷水,喷水周期为18min/102min(喷水时间/不喷水时间),即每120min,喷水18min。

(6)水质要求:喷淋和氙弧灯冷却用水为导电电阻大于$1M\Omega \cdot cm$的纯净水。
(7)辐射能量。
累积辐射能量按下式计算:

$$Q = ET \times 10^{-3} \tag{2-1-1}$$

式中:Q——累积辐射能量(kJ/m^2);
　　　E——平均辐射照度(W/m^2);
　　　T——总的照射时间(s)。
(8)试验样品尺寸:65mm×142mm。

三、试验结果评定

有具体标准规定,交通工程设施一般从外观质量进行评定,例如"人工加速老化试验后,无龟裂、粉化、皱缩等缺陷,颜色无明显失光。经测量后其色品坐标仍在标准规定的范围内"。

第四节　防腐质量检验

本节主要介绍国家标准《公路交通工程钢构件防腐技术条件》(GB/T 18226—2015)相关内容。

一、概述

金属材料的防腐蚀方法很多,主要有改善金属的本质;把被保护金属与腐蚀介质隔开形成保护层;对金属进行表面处理,改善腐蚀环境以及电化学保护等。

腐蚀是金属钢构件失效的主要原因和形式,由此而产生的经济损失十分惊人。因而采取各种措施减少和延缓腐蚀,提高钢构件的安全可靠性、美观性及延长使用寿命显得日益重要。我国经过几十年的发展,在防腐处理技术领域取得了显著成绩,如热浸镀锌、热浸镀铝等工艺已非常普及,但随着时代的进步,"绿色、环保"的理念逐渐被人们所认知,国外先进国家已认识到不成规模的开放式热浸镀是一种高能耗、高污染的工业,从20世纪80年代初就淘汰了这种作坊式工艺,转而开发"环保节能"的新工艺,在生产上发挥规模效应,实现了既质量稳定可靠,又绿色环保的目标。近几年,我国产业界也取得了实用化的成果,例如环氧锌基聚酯粉末复合涂层,采用喷丸工艺做前处理避免了酸碱污染,采用静电喷涂工艺降低了熔融锌锭、铝锭所需的高温和热损失,采用自动化生产线提高了产品质量和功效,减少了碳排放,对建设资源节约型、环境友好型交通事业具有十分重要的经济效益和社会效益。

二、防腐层分类

《公路交通工程钢构件防腐技术条件》(GB/T 18226—2015)中按钢构件表面保护层材料和工艺分为以下十七种防腐类型。

(1)热浸镀锌涂层
采用热镀的方法,将被镀金属钢构件浸入熔融的金属锌液中,使得钢铁基体与熔融锌液之间发生溶解、化学反应和扩散而形成的涂层。

(2) 热浸镀铝涂层

采用热镀的方法,将被镀金属钢构件浸入熔融的金属铝液中,使得钢铁基体与熔融铝液之间发生溶解、化学反应和扩散而形成的涂层。

(3) 热浸镀锌铝合金涂层

采用热镀的方法,将被镀金属钢构件浸入熔融的金属锌-(5%)铝稀土合金液中,使得钢铁基体与熔融合金液之间发生溶解、化学反应和扩散而形成的涂层。

(4) 热浸镀铝锌合金涂层

采用热镀的方法,将被镀金属钢构件浸入熔融的(55%)金属铝-锌合金液中,使得钢铁基体与熔融合金液之间发生溶解、化学反应和扩散而形成的涂层。

(5) 静电喷涂聚酯涂层

静电喷涂是利用高压静电电场使带负电的纯聚酯粉末微粒沿着电场相反的方向定向运动,并将粉末微粒吸附在工件表面形成粉状的涂层,粉状涂层经过高温烘烤流平固化,变成涂膜稳定的一种涂层。

(6) 流化床浸塑涂层

采用流化床工艺将预热的金属构件浸入沸腾的热塑性粉末涂料中,在构件表面上形成粉状的涂层,粉状涂层经过高温烘烤流平、冷却固化,变成涂膜稳定的一种涂层。

(7) 热浸镀锌聚酯复合涂层

利用静电喷涂工艺在热镀锌构件上再喷一层聚酯涂层,对金属钢构件来说有内层的热镀锌涂层和外层的聚酯涂层而形成的双涂层。

(8) 热浸镀锌浸塑复合涂层

利用流化床工艺在热镀锌构件上再覆盖一层热塑性粉末涂层,对金属钢构件来说有内层的热镀锌涂层和外层的塑料涂层而形成的双涂层。

(9) 热浸镀铝聚酯复合涂层

利用静电喷涂工艺在热镀铝构件上再喷一层聚酯涂层,对金属钢构件来说有内层的热镀铝涂层和外层的聚酯涂层而形成的双涂层。

(10) 热浸镀铝浸塑复合涂层

利用流化床工艺在热镀铝构件上再覆盖一层热塑性粉末涂层,对金属钢构件来说有内层的热镀铝涂层和外层的塑料涂层而形成的双涂层。

(11) 热浸镀锌铝合金聚酯复合涂层

利用静电喷涂工艺在热镀锌-(5%)铝稀土合金钢构件上再喷一层聚酯涂层,对金属钢构件来说有内层的热镀锌铝稀土合金涂层和外层的聚酯涂层而形成的双涂层。

(12) 热浸镀锌铝合金浸塑复合涂层

利用流化床工艺在热镀锌-(5%)铝稀土合金钢构件上再覆盖一层热塑性粉末涂层,对金属钢构件来说有内层的热镀锌铝稀土合金涂层和外层的塑料涂层而形成的双涂层。

(13) 热浸镀铝锌合金聚酯复合涂层

利用静电喷涂工艺在热镀(55%)铝-锌合金钢构件上再喷一层聚酯涂层,对金属钢构件来说有内层的热镀铝锌合金涂层和外层的聚酯涂层而形成的双涂层。

(14) 热浸镀铝锌合金浸塑复合涂层

利用流化床工艺在热镀(55%)铝-锌合金钢构件上再覆盖一层热塑性粉末涂层。对金属钢构件来说有内层的热浸镀铝锌合金涂层和外层的塑料涂层而形成的双涂层。

(15) 环氧锌基聚酯复合涂层

在抛丸(或喷丸)处理形成的清洁金属表面上,经粉末涂料静电涂装形成底层为环氧锌基粉末涂层、面层为纯聚酯涂层的熔结涂层体系。

(16) 锌铬涂层(达克罗)

将水基锌铬涂料浸涂、刷涂或者喷涂于钢铁零件或构件表面,经烘烤形成的以鳞片状锌和锌的铬酸盐为主要成分的无机防腐蚀涂层。

(17) 粉末镀锌涂层

通过机械设备,在化学物质和冲击介质作用下,将锌粉镀到钢构件表面,形成的光滑、均匀并具有一定厚度的涂层。

上述十七种类型,基本涂层共六种,其中:金属涂层有四种,分别为热浸镀锌、热浸镀铝、热浸镀锌铝合金、热浸镀铝锌合金;非金属涂层两种,分别为流化床浸塑、聚酯静电喷涂。金属涂层和非金属涂层可以组合成复合涂层,则形成八种复合涂层。

三、试验方法

1. 一般规定

一般情况下,试样制备和试样数量在具体产品标准中详细规定。

试样尺寸符合相关标准要求的条件下,用于性能试验的试样在成型产品上截取。比对试验所需样品应尽可能在相邻位置截取,并做好标记,以保证试验结果前后的可比性。

在试样尺寸不符合相关标准的要求时,应依据标准要求选用与产品相同原材料及工艺制备所需试验样品。

2. 材料要求

(1) 防腐涂层用材料主要核查原材料的材质证明单是否齐全有效,必要时可对原材料的主要性能指标(如化学成分)进行检验。

(2) 锌铝或铝锌合金涂层的化学成分分析:

《钢表面锌基和(或)铝基镀层 单位面积镀层质量和化学成分测定 重量法、电感耦合等离子体原子发射光谱法和火焰原子吸收光谱法》(GB/T 24514—2009)比较复杂,当发生争议时一般委托专业化学分析试验室执行。原理是用已知元素含量的标准溶液或标准物质的谱线强度与待测物质的谱线强度相比较得到待测物质中元素的含量。

3. 外观质量

一般在正常光线下,直接目测或借助放大镜、几何量具观察。

4. 涂层厚度

1) 钢构件基体上的单涂层厚度、复合涂层总厚度

钢构件基体上的单一涂层及复合总涂层厚度用磁性测厚仪按《磁性基体上非磁性覆盖层

覆盖层厚度测量 磁性法》(GB/T 4956—2003)的规定进行,一般测点数不少于 5 个点,以测量值的算术平均值表示测试结果,若测试值中 10%以上的值超出技术要求范围,即使算术平均值符合技术要求,但该结果仍为不符合 GB/T 18226—2015 的技术要求。

2)复合涂层厚度

(1)显微镜法

显微镜法属于较复杂的测量方法,主要原理是将涂层断面放大后用测量显微镜测量出断面的构造和厚度,比磁性测厚仪精确得多。一般经过切样、制样、镶嵌、研磨、断面化学处理、放大测量分析等步骤。

对于环氧锌基聚酯复合涂层,因内涂层含有锌粉,为了观测锌粉的分布和减少测量误差,规定按照《金属和氧化物覆盖层 厚度测量 显微镜法》(GB/T 6462—2005)执行,即金相显微镜法。

(2)脱层法

对于其他复合涂层内外层厚度,按照以下步骤进行测量:

①准备试验器具:磁性测厚仪、手术刀、划格器、竹片或硬塑料片、放大镜、记号笔、脱塑剂、无水酒精、清洁抹布。

②测量涂层总厚度:用记号笔在被测试样上做好标记,用磁性测厚仪测量标记处的总厚度三次,取三次的算术平均值作为该点的涂层总厚度,记为 T。

③脱塑:先用加热或机械法除去热塑性外涂层,或用脱塑剂除去热固性外涂层后,再用竹片或硬塑料片、无水酒精、清洁抹布对裸露出的内涂层作适当清洁。

④测量内涂层厚度:用磁性测厚仪按《磁性基体上非磁性覆盖层 覆盖层厚度测量 磁性法》(GB/T 4956—2003)的规定测量裸露出的内涂层厚度三次,取三次的算术平均值作为该点的内涂层厚度,记为 T_1。

⑤计算外涂层厚度(单面)T_2:$T_2 = T - T_1$。

(3)换算法

对于金属涂层厚度可按以下方法换算厚度:

热浸镀锌涂层,涂层密度取 7.14g/cm^3,涂层厚度 T = 单位面积附着量 $M/7.14 (\mu m)$。

热浸镀铝涂层,涂层密度取 2.70g/cm^3,涂层厚度 T = 单位面积附着量 $M/2.70 (\mu m)$。

热浸镀锌铝合金涂层,涂层平均密度取 6.60g/cm^3,涂层厚度 T = 单位面积附着量 $M/6.60 (\mu m)$。

热浸镀铝锌合金涂层,涂层平均密度取 3.75g/cm^3,涂层厚度 T = 单位面积附着量 $M/3.75 (\mu m)$。

5. 金属涂层附着量

1)热镀锌、锌铝合金及铝锌合金金属涂层附着量

(1)试样的准备

对于钢丝构件,截取三根,每根长度 300~600mm。

对于钢管构件,在两端及中部各截取长度 30~60mm(视规格大小确定)的管段作为试样。

对于板状构件,截取三块,每块试样的测试面积不小于 10000mm^2,试样表面不应有粗糙面

和锌瘤存在。

附着量采用三点法计算。三根(块)试样附着量的平均值为该试样的平均附着量。

试样用四氯化碳、苯或三氯化烯等有机溶剂清除表面油污,然后以乙醇淋洗,清水冲净,净布擦干,充分干燥后称量,钢管和钢板试样精确到0.01g。钢丝试样精确到0.001g。

(2)试验溶液的配制

将3.5g六次甲基四胺($C_6H_{12}N_4$)溶于500mL的浓盐酸($\rho=1.19$g/mL)中,用蒸馏水稀释至1000mL。

(3)试验方法

试验溶液的数量,按试样表面每平方厘米不少于10mL准备。将称量后的试样放入试验溶液中(保持试验溶液温度不高于38℃),直至镀锌(锌铝合金)层完全溶解,氢气泡显著减少为止。将试样取出,以清水冲洗,同时用硬毛刷除去表面的附着物,用棉花或净布擦干,然后浸入乙醇中,取出后迅速干燥,以同一精确度重新称量。

对于钢丝试样,测量去掉锌层后的直径,两个相互垂直的部位各测一次,取平均值。对于钢管试样,测量去掉锌层后的三个壁厚,取平均值。对于钢板试样,测量去掉锌层后的三个板厚,取平均值。

(4)附着量计算

镀锌(锌铝合金)钢丝试样附着量按下式计算:

$$A = \frac{G_1 - G_2}{G_2} d \times 1960 \tag{2-1-2}$$

式中:A——钢丝单位表面积上的镀锌(锌铝合金)层附着量(g/m^2);

G_1——试验前试样质量(g);

G_2——试验后试样质量(g);

d——钢丝试样剥离锌层后的直径(mm)。

镀锌钢管、钢板试样附着量按下式计算:

$$A = \frac{G_1 - G_2}{G_2} t \times 3920 \tag{2-1-3}$$

式中:A——钢管、钢板单位表面积上的镀锌层附着量(g/m^2);

G_1——试验前试样质量(g);

G_2——试验后试样质量(g);

t——钢管试样剥离锌层后的壁厚,钢板试样剥离锌层后的板厚(mm)。

2)热镀铝涂层的附着量

(1)试样的准备

钢丝:每根试样长度300~600mm。

钢管:每根试样长度30~60mm。

钢板:试样的面积不小于4000mm^2。

对于不规则的样品,用一定直径的钢丝或一定厚度的钢板与被测样品在同一工艺条件下镀铝,钢丝、钢管长度或钢板面积满足上述要求。

用纯净的溶剂如苯、石油苯、三氯乙烯或四氯化碳洗净表面。再用乙醇淋洗,清水洗净,然后充分干燥。

(2)试验溶液的配制

将化学纯氢氧化钠 120g 溶于水中,配制成 1000mL 的氢氧化钠溶液。溶液温度为 60~90℃。

(3)试验操作方法

用天平称量清洗并干燥后的试样的质量,精确至 0.01g。

将称量后的试样浸入试验溶液中,每次浸入一个试样,液面须高于试样。网片试样比容器长时,可将试样做适当弯曲或卷起来。试样不允许与试验容器壁接触。

当试样浸于溶液中,氢的发生变得很少,镀铝层已消失时,取出试样。在清水中冲洗并用棉花或净布擦干。待干燥后再在天平上称质量,精确到 0.01g。

如果试样干燥后发热,将其重新浸入测试溶液中,溶解残留于金属层上的铝,重复上述操作,直至不再引起发热。

对于钢丝试样,测量去掉铝层后的直径,两个相互垂直的部位各测一次,取其平均值。对于钢管试样,测三个壁厚,取平均值。对于钢板试样,测三个板厚,取平均值。

(4)试验结果的计算

镀铝钢丝试样附着量按下式计算:

$$m_A = \frac{m_1 - m_2}{m_2} d \times 1960 \tag{2-1-4}$$

式中:m_A——钢丝单位表面积上的铝层附着量(g/m^2);

m_1——试样剥离铝层前的质量(g);

m_2——试样剥离铝层后的质量(g);

d——试样剥离铝层后的直径(mm)。

镀铝钢管、钢板试样附着量按下式计算:

$$m_A = \frac{m_1 - m_2}{m_2} t \times 3920 \tag{2-1-5}$$

式中:m_A——镀铝层质量(g/m^2);

m_1——试样剥离铝层前的质量(g);

m_2——试样剥离铝层后的质量(g);

t——钢管剥离铝层后的壁厚,或钢板剥离铝层后的板厚(mm)。

6. 涂层均匀性

1)金属涂层的均匀性

依据构件形状和成型工艺在构件每一面的上中下、左中右各取一点,单面 9 个点,双面共 18 个点,用磁性测厚仪测得各点的厚度,得到一个测量列,分别求出测量列的平均值、最小值和最大值,按下式计算涂层的不均匀度。

$$P_u = \max\left\{\frac{|T_{\min} - T_a|}{T_a}, \frac{|T_{\max} - T_a|}{T_a}\right\} \times 100 \tag{2-1-6}$$

式中:P_u——涂层不均匀度(%),取最大不均匀度作为测量结果;

T_{min}——测量列的最小值(μm);

T_{max}——测量列的最大值(μm);

T_a——测量列的平均值(μm)。

2)非金属涂层的均匀性

依据构件形状和成型工艺在构件每一面的上中下、左中右各取一点,单面9个点,双面共18个点,用磁性测厚仪测得各点的厚度,取最大厚度与最小厚度差作为测量结果。

3)铝层有孔度试验方法

(1)试样的准备

钢丝:每根试样长度不小于150mm。

钢管:每根试样长度不小于150mm。

钢板:每块试样任意一边长度不小于150mm。

对于不规则的样品,用一定直径的钢丝或一定厚度的钢板与被测样品在同一工艺条件下镀铝,钢丝、钢管或钢板的长度满足上述要求。

试验前,试样应先用乙醇、汽油、乙醚或石油醚等擦洗(必要时再用氯化镁糊剂轻擦),除去所粘脏物及油脂,再用净水冲洗并用脱脂棉花或净布擦干。试样的截断部分应覆盖石蜡或涂漆。

(2)试验溶液

试验溶液为自来水。

(3)试验用容器

试验用容器采用聚乙烯容器或其他不产生铁锈的容器。

(4)试验步骤

将清洁的试样缓慢地插入自来水中,放置24h或更长时间,静置期间不能搅动溶液,也不能注入新的自来水或倒出自来水。放置规定时间后,观察其表面产生的红褐色的氢氧化铁沉积物的情况。

试样截断处周围10mm以内产生的沉积物不计。

7. 涂层附着性

1)金属涂层对钢基体的附着性

(1)试样准备

对钢丝试样取三根,每根试样长度不小于表2-1-3中规定,试验前可对试样进行矫直,当用手不能矫直时,可将试样置于木材、塑料或铜的垫板上,以木锤或橡胶锤轻轻打直,矫直后试样表面不得有损伤。

芯棒直径及缠绕圈数　　　　　　表2-1-3

钢丝直径(mm)	试样最小长度(mm)	芯棒直径为钢丝直径倍数	缠绕圈数,不小于
2.0	350	5	6
>2.0~3.0	600	7	6
>3.0~4.0	800	7	6

对于板材、管材及连接件,同时镀三块。

(2)试验装置

①缠绕试验装置。

缠绕试验装置如图 2-1-1 所示。

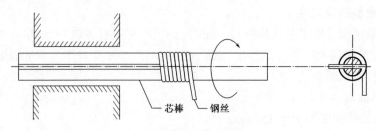

图 2-1-1 缠绕试验装置

试验机应符合缠绕松懈试验的技术要求。

试验机应能保证试样围绕芯棒沿螺旋方向缠成紧密的螺旋圈。

缠绕芯棒直径(自身缠绕除外)应符合上表的规定,但允许偏差不允许有正偏差值,芯棒应具有足够的硬度,其表面粗糙度 Ra 应不大于 6.3μm。

试验机应有对试样自由端施加张力的装置。

②锤击试验装置。

使用镀锌层附着性能测定仪进行锤击试验,镀锌层附着性能测定仪应稳固在木制台上,试验面应保持与锤底座同样高度并与其处于同一水平面上。

(3)试验步骤

①缠绕试验。

将试样沿螺旋方向以紧密的螺旋圈缠绕在直径为 D 的芯棒上。

一般情况下,试验应在 10~35℃室温下进行,如有特殊要求,试验温度应为 23℃±5℃。

缠绕、松懈的速度应均匀一致,缠绕速度为 5~10r/min,必要时可减慢试验速度,以防止温度升高而影响试验结果。

为确保缠绕紧密,缠绕时应在试样自由端施加不大于线材公称抗拉强度相应试验力的 5%。

②锤击试验。

试件应水平放置,锤头面向台架中心,锤柄与底座平面垂直后自由落下,以 4mm 的间隔平行打击 5 点,检查锌(锌铝合金)层表面状态。打击点应距离端部 10mm 以外,同一点不得打击两次。

(4)试验结果的判定

①缠绕试验后,镀锌(铝)层不开裂或起层到用裸手指能够擦掉的程度。

②锤击试验后,镀锌层不剥离,不凸起。

2)非金属涂层的附着性

(1)塑涂层采用剥离试验法

用锋利的刀片在浸塑层上划出两条平行的长度为 5cm 的切口,切入深度应达到涂层附着基底的表面,板状或柱状试样两条切口间距为 3mm,丝状试样的两条切口位于沿丝的轴向的

180°对称面。在切口的一端垂直于原切口作一竖直切口,用尖锐的器具将竖直切口挑起少许,用手指捏紧端头尽量将涂层扯起。以扯起涂层状态将涂层附着性能区分为0至4级如下:

0级:不能扯起或扯起点断裂。

1级:小于1cm长的涂层能被扯起。

2级:非常仔细的情况下可将涂层扯起1~2cm。

3级:有一定程度附着,但比较容易可将涂层扯起1~2cm。

4级:切开后可轻易完全剥离。

(2)涂层采用划格试验法

当涂层厚度小于0.125mm时,按《色漆和清漆 漆膜的划格试验》(GB/T 9286—2021)规定的方法进行试验,用专用工具将试样切割成间距为2mm的网状方格。当涂层厚度不小于0.125mm时,在试样上划两条长40mm的线,两条线相交于中部成30°~40°的锐角。所划线要直且划透涂层。如未穿透涂层,则换一处重新进行,不应在原划痕上继续刻划。试验后,观察刻痕边缘涂层脱落情况。

(3)锌基聚酯复合涂层的附着性

按《色漆和清漆 拉开法附着力试验》(GB/T 5210—2006)规定的拉开法执行,见图2-1-2。主要原理是用黏结强度比涂层结合强度大的黏结剂将涂层和拉拔器黏结在一起,拉拔器的直径规定为20mm,将黏结稳固的试样的拉拔器放置在试验机上,以不大于1MPa/s匀速进行拉伸,记录试样破坏时的最大拉力$F(N)$,按$\sigma = F/314$(MPa)计算附着性。

(4)锌基聚酯复合涂层湿状态附着性

取三个试样,在沸腾的蒸馏水中煮10h后,在23℃±2℃条件下恢复2h,按《色漆和清漆 拉开法附着力试验》(GB/T 5210—2006)规定的拉开法执行,取三个试验的平均值作为试验结果。

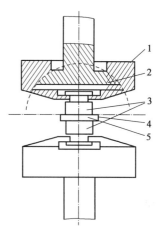

图2-1-2 拉拔试验示意图
1-支柱;2-球节;3-试柱;4-涂层;5-底材

(5)锌基聚酯复合涂层的阴极剥离试验

①试验设备。

本试验配备以下器具:可调直流稳压电源、铂电极、内径75mm±3mm的塑料圆筒、甘汞参比电极、多用小刀、盛有石英砂的钢制浅盘加热板或烘箱(温度可控制在3℃范围内)。

②试验溶剂及试件。

3% NaCl的蒸馏水溶液、涂敷试件约为4mm×100mm×100mm的热轧钢板三块。

③试验步骤。

在试件的中心钻一直径3.0mm或3.2mm的盲孔,盲孔透过涂层露出钢基材。

将塑料圆筒中心对准盲孔放在试件上,并用密封胶粘好构成试验槽,使之不漏水。

向筒内注入300mL的3% NaCl的蒸馏水溶液,并在筒上做出液位标记,将电极插入溶液中与直流电源的正极相连,再将制备出盲孔的试件与直流电源的负极相连。

在23℃±2℃的试验条件下,施加电压于试件和铂电极,用甘汞电极将蒸馏水溶液电位调整在-3.5V。试验过程中按需添加蒸馏水以保持液位不变。

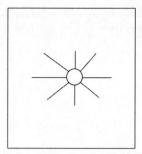

图 2-1-3 试件上划透涂层的放射线

试验结束后,拆除试验槽,取下试件。在 1h 内对涂层表面进行评价。

以盲孔为中心,用多用小刀划出放射线,如图 2-1-3 所示,这些线应划透涂层达到基材,延伸距离至少 20mm。

用小刀从盲孔开始撬剥涂层,检查涂层的抗剥离性能。

从盲孔中心开始,测量各个撬剥距离,并求出平均值,即为试件抗阴极剥离试验剥离距离。

三块试件中,至少两块符合检验指标要求判定为合格。

8. 涂层抗弯曲性能

(1)浸塑涂层抗弯曲性能

取 300mm 长的试样,在 15s 内以均匀速度绕芯棒弯曲 180°,芯棒直径为试样基体直径或厚度的 4 倍。

(2)金属涂层抗弯曲性能

取 300mm 长的试样,在 15s 内以均匀速度绕芯棒弯曲 180°,芯棒直径为试样基体直径或厚度的 1 倍。

9. 非金属涂层耐磨性试验

在加载质量为 1kg 的条件下,按《色漆和清漆 耐磨性的测定 旋转橡胶砂轮法》(GB/T 1768—2006)的方法执行。

10. 非金属涂层耐冲击试验

在试验温度为 24℃±2℃,试样受的冲击能量为 9J 条件下,按《漆膜耐冲击测定法》(GB/T 1732—2020)的试验方法执行。

11. 非金属涂层耐化学试剂腐蚀试验

按照《塑料 耐液体化学试剂性能的测定》(GB/T 11547—2008)的方法进行,浸泡温度为 23℃±2℃,试验试剂依据涂层使用环境及具体需求的不同分别选用或全部选用以下类型:

对于聚酯涂层用 30% 的 H_2SO_4 溶液浸泡 720h,10% 的 NaCl 溶液浸泡 720h,1% 的 NaOH 溶液浸泡 240h。

对于浸塑涂层用 30% 的 H_2SO_4 溶液、10% 的 NaCl 溶液、40% 的 NaOH 溶液分别浸泡 720h。

12. 非金属涂层耐中性盐雾腐蚀试验

1)丝状试样

取 300mm 的钢丝试样三节,用锋利刀片刮掉钢丝一侧的涂层,划痕深至钢丝基体。划痕面朝上,置于盐雾试验箱中,参照盐雾试验方法规定执行。

2)板状试样

取 300mm 的立柱试样三节,用 18 号缝纫机针,将涂层划成长 120mm 的交叉对角线,划痕深至钢铁基体,对角线不贯穿对角,对角线端点与对角成等距离。划痕面朝上,置于盐雾试验箱中,参照盐雾试验方法规定执行。

13. 金属涂层耐中性盐雾腐蚀试验

参见盐雾试验方法。

14. 耐循环盐雾腐蚀试验

按《公路沿线设施塑料制品耐候性要求及测试方法》(GB/T 22040—2008)规定执行。

15. 耐湿热试验

取三片试样,每片大小为70mm×150mm,用18号缝纫机针,将涂层划成长120mm的交叉对角线,划痕深至钢铁基体,对角线不贯穿对角,对角线端点与对角成等距离。划痕面朝上,置于恒温恒湿箱中,按《漆膜耐湿热测定法》(GB/T 1740—2007)的方法执行。

16. 耐低温脆化试验

采用低温脆化温度试验箱,温度控制在-60℃±5℃,用A型试验箱按《漆膜耐湿热测定法》(GB/T 1740—2007)规定执行。主要步骤有:用低温脆化温度试验箱配套的制样器制成条状试样,将试样夹持在试样夹上,放入低温脆化箱中,在规定温度下冲击,观察试样断裂情况,当破损率不大于50%时为合格,试验过程中注意低温冻伤防护。

17. 耐低温性能试验

按《电工电子产品环境试验 第2部分:试验方法 试验A:低温》(GB/T 2423.1—2008)规定执行,参见低温试验方法。

18. 耐温度交变试验

温度交变试验按《环境试验 第2部分:试验方法 试验N:温度变化》(GB/T 2423.22—2012)的规定进行。试验箱可用温度交变试验箱进行,也可用一台高温试验箱和一台低温试验箱组合进行。试样在低温-40℃的试验箱内保持3h后,在2min内转移到高温+70℃的试验箱保持3h,在2min内再转移到低温试验箱为一个完整的试验周期。

19. 耐候性试验

涂层耐候性试验按第三节有关耐氙弧灯人工加速老化试验规定执行。

四、技术要求

1. 金属涂层

金属涂层的技术要求项目基本是相同的,共六项,主要有涂层材料、附着量与厚度、外观质量、均匀性、附着性、耐盐雾腐蚀性能,其中热浸镀锌和热浸镀铝还包括抗弯曲性能。

2. 非金属涂层

非金属涂层的技术要求项目共十二项,主要包括:涂层材料、外观质量、涂层厚度、均匀性、附着性、抗弯曲性能、耐冲击性能、耐磨性能、耐化学溶剂、耐湿热性能、耐盐雾腐蚀性能、耐候性能,其中流化床浸塑涂层还增加耐低温脆化性能。

3. 复合涂层

复合涂层由金属内涂层和非金属外涂层组成，技术要求也是两种涂层都要满足，区别主要是厚度不同，镀铝和镀锌相比复合涂层增加了耐循环盐雾性能。复合涂层的要求有内外涂层厚度、外观、内涂层性能（材料、内均匀性、附着性、抗弯曲性能、耐盐雾腐蚀）、外涂层性能（材料、外观质量、涂层厚度、均匀性、附着性、抗弯曲性能、耐冲击性能、耐磨性能、耐化学溶剂、耐湿热性能、耐盐雾腐蚀性能、耐候性能等十二项，对于流化床浸塑涂层还增加耐低温脆化性能）、复合涂层性能综合指标耐温度交变性能、热浸镀铝复合涂层增加耐循环盐雾性能。

4. 环氧锌基聚酯复合涂层

环氧锌基聚酯复合涂层的内涂层是由掺加了一定比例片状锌粉的环氧树脂组成，外涂层为工程级纯聚酯高分子材料，其技术要求也包含了两种涂层技术要求项目。

内涂层：外观、厚度（均匀性）、附着性、抗弯曲性能、耐冲击性能、耐盐雾腐蚀性能、耐湿热性能，共七项。

复合涂层：外观、厚度（均匀性）、附着性、耐湿附着性、抗弯曲性能、耐磨性能、耐冲击性能、耐化学溶剂、抗阴极剥离性能、耐循环盐雾性能、耐湿热性能、耐低温性能、耐候性能，共十三项。

5. 锌铬涂层

锌铬涂层由于含有重金属铬，生产或使用过程中容易导致环境污染，不宜大量使用，标准中只规定了用于螺栓等小件防腐。其技术要求主要有：外观、涂层厚度、附着强度、耐盐雾腐蚀性能、耐水性能、耐湿热性能，共六项。

6. 粉末镀锌涂层

用于螺栓、螺母等紧固件的粉末镀锌涂层，其性能要求与热浸镀锌相同。

五、防腐粉末涂料

防腐粉末涂料近年来飞速发展，在所有的表面涂饰防腐中，粉末涂料已成为金属表面涂饰防腐的首选。我国从 20 世纪 90 年代开始，将粉末涂料应用到公路工程钢构件（含各类护栏板、立柱、防阻块、柱帽、螺钉、螺栓、防眩网等）涂塑防腐，随着我国高速公路建设的不断发展，粉末涂料防腐技术也取得了长足进步。

1. 防腐粉末涂料的分类与特点

1）分类

粉末涂料是一种含有 100% 固体粉末形态涂装的涂料。它与溶剂型涂料和水性涂料不同，不使用溶剂或水作为分散介质，而是借助空气作为分散介质。

粉末涂料产品依据固化成膜过程，可分为热塑性粉末涂料和热固性粉末涂料两大类。

热塑性粉末涂料是以热塑性合成树脂作为成膜物，它的特性是合成树脂随温度升高而变化，以至熔融，经冷却后变得坚硬。这种过程可以反复进行多次。粉体成膜过程无交联反应发生。通常这种树脂的分子量较高，有较好的耐化学性、柔韧性和弯曲性。用作热塑性粉末涂料的合成树脂主要有聚氯乙烯、聚乙烯、聚丙烯、聚酰胺、聚碳酸酯、聚苯乙烯、含氟树脂、热塑性聚酯等。

热固性粉末涂料是以热固性合成树脂为成膜物,它的特性是用某些较低聚合度含活性官能团的预聚体树脂,在固化剂存在下经一定温度的烘烤交联反应固化,成为不能溶解或熔融的质地坚硬的最终产物。当温度再升高时,产品只能分解不能软化,成膜过程属于化学交联变化。这种类型的树脂主要有聚酯树脂、环氧树脂、丙烯酸树脂和聚氨酯树脂等。

2) 特点

粉末涂料具有节能、节约资源、低污染和高效能的特点,它符合涂料工业高固体分、无溶剂化、水性化和紫外光固化的发展方向。粉末涂料在使用中有许多优点,但也存在一定的缺点。

(1) 粉末涂料的主要优点如下:

①无溶剂,减少公害;
②简化涂装工艺,提高涂装效率;
③粉末涂料损失少,并可回收再利用;
④粉末涂料性能优,坚固耐用;
⑤可实现一次涂装。

(2) 粉末涂料的主要缺点如下:

①调色、换色困难;
②不易涂薄;
③涂膜外观不如液态涂料;
④烘烤温度高。

2. 防腐粉末涂料检测项目及所用仪器设备

防腐粉末涂料检测项目及所用仪器设备如表2-1-4所示。

粉末涂料检测项目及所用仪器设备　　　　　表2-1-4

序号	检测项目	检测仪器设备	测量参数
1	粉体外观质量	—	—
2	涂层外观质量	—	—
3	涂层厚度	测厚仪	厚度
4	涂层附着性	划格器	—
5	涂层耐冲击性	漆膜冲击试验仪	质量、高度、温度
6	涂层抗弯曲性	弯曲试验仪	直径
7	涂层耐化学腐蚀性	天平、量杯	质量、容量
8	涂层耐盐雾性	盐雾腐蚀试验箱	温度、流量
9	涂层耐湿热性能	高低温湿热试验箱	温度、湿度
10	涂层耐低温脆化性	低温试验箱	温度、时间
11	耐候性	人工加速老化试验箱	辐照度、温度
12	挥发物含量	电热烘箱	质量

续上表

序号	检测项目	检测仪器设备	测量参数
13	粒度分布(筛余物)	标准筛、天平	质量
14	表观密度	天平、量杯	质量、容量
15	熔融指数	挤出式塑度仪、天平	质量、时间、容量
16	光泽度	光泽度仪	—
17	拉伸强度	万能材料试验机	拉力
18	断裂延伸率	万能材料试验机	拉力
19	涂层硬度	邵氏硬度计	硬度
20	维卡软化点	维卡软化点测试仪	温度
21	耐环境应力开裂	—	时间

3. 防腐粉末涂料相关技术要求

防腐粉末涂料的相关技术要求及试验方法参见《公路用防腐蚀粉末涂料及涂层 第1部分:通则》(JT/T 600.1—2004)、《公路用防腐蚀粉末涂料及涂层 第2部分:热塑性聚乙烯粉末涂料及涂层》(JT/T 600.2—2004)、《公路用防腐蚀粉末涂料及涂层 第3部分:热塑性聚氯乙烯粉末涂料及涂层》(JT/T 600.3—2004)、《公路用防腐蚀粉末涂料及涂层 第4部分:热固性聚酯粉末涂料及涂层》(JT/T 600.4—2004)。

第二章

道路交通标志及反光材料

第一节 道路交通标志概述

道路交通标志以颜色、形状、字符、图形等向道路使用者传递交通控制、引导信息,引导道路使用者有秩序地使用道路,促进道路交通安全,提高道路运行效率。

一、道路交通标志的功能与作用

世界各国的道路交通标志,大致可以分为美国和欧洲两种模式。美国模式长期以来以文字表达为主;与美国相比,欧洲地区国家众多,语言文字复杂,而且相互交往密切,在这种情况下发展起来的交通标志以图形符号为主,辅以色彩和形状统一,形象而直观。我国的交通标志属于欧洲模式,即通过颜色、形状和图形符号这三种要素的交通标志向交通参与者传递信息、引导交通。

1. 颜色

根据《道路交通标志和标线 第2部分:道路交通标志》(GB 5768.2—2022)的规定,我国的交通标志有红色、蓝色、黄色、荧光黄色、荧光黄绿色、绿色、棕色、橙色、荧光橙色、粉红色、荧光粉红色、黑色、白色共13种颜色。其中红色表示停止、禁止、限制;蓝色表示指令、遵循以及一般道路(除高速公路和城市快速路之外的道路)指路信息;黄色和荧光黄色表示警告;荧光黄绿色表示与行人有关的警告;绿色表示高速公路和城市快速路指路信息;棕色表示旅游区指路信息;橙色和荧光橙色表示因作业引起的道路或车道使用发生变化;粉红色和荧光粉红色表示因交通事故处理引起的道路或车道使用发生变化;黑色用于标志的文字、图形符号和部分标志边框;白色用于标志的底色、文字和图形符号以及部分标志的边框。

2. 形状

根据《道路交通标志和标线 第2部分:道路交通标志》(GB 5768.2—2022)的规定,正八边形用于禁令标志中的停车让行标志;倒等边三角形用于禁令标志中的减速让行标志;圆形用于禁令标志和指示标志;正等边三角形用于警告标志;叉形用于"叉形符号"警告标志;矩形用于指路标志、旅游区标志、告示标志和辅助标志,以及部分禁令标志、指示标志和警告标志等。

3. 图形符号

图形符号是文字、符号和图案的简称,用图形符号表征信息的优点是不受语言、文字的限制,只要设计的图形形象、直观,不同国家、不同民族、不同语言文字的驾驶人员均可理解、认读。

二、道路交通标志的分类

基于不同特点和关注角度,道路交通标志有不同的分类方法。

道路交通标志按作用分类,分为主标志和辅助标志两大类。主标志包括禁止或限制道路使用者交通行为的禁令标志;指示道路使用者应遵循的指示标志;警告道路使用者注意道路、交通的警告标志;传递道路方向、地点、距离信息的指路标志;提供旅游景点方向、距离的旅游区标志;告知路外设施、安全行驶信息以及其他信息的告示标志共六类。辅助标志是设在主标志下方,对其进行辅助说明的标志。

道路交通标志按显示位置分类,分为路侧标志和路上方标志。

道路交通标志按版面内容显示方式分类,分为静态标志和可变信息标志。

道路交通标志按光学特性分类,分为逆反射标志、照明标志和发光标志三种,其中照明标志按光源安装位置又分为内部照明标志和外部照明标志。

道路交通标志按设置的时效分类,分为永久性标志和临时性标志。由于施工作业或交通事故管理导致道路使用条件改变的区域,所使用的道路交通标志是临时性标志。

道路交通标志按标志传递信息的强制性程度分类,分为必须遵守标志和非必须遵守标志。禁令标志、指示标志为道路使用者必须遵守标志;其他标志仅提供信息,如指路标志、旅游区标志。禁令标志中的停车让行标志、减速让行标志不应套用。其他禁令标志、指示标志不宜套用。除停车让行标志与减速让行标志外的禁令标志、指示标志套用于白色无边框的底板上,为必须遵守标志。禁令标志、指示标志套用于其他标志上,仅表示提供相关禁止、限制和遵行信息,作为补充说明或预告,为非必须遵守标志。

三、道路交通标志的设置原则

道路交通标志设置应符合五大基本原则:满足道路使用者需求;引起道路使用者关注;传递明确、简洁的含义;获得道路使用者的遵从;给道路使用者的合理反应提供充足的时间。同时应综合考虑、布局合理,防止出现信息不足或过载的现象,重要的信息可合理重复。标志和标线配合使用时,应含义一致、互为补充,不应产生歧义,并与其他设施相协调,不应与信号灯矛盾。

道路交通标志宜设置在车辆行进方向道路右侧,也可根据具体情况在车辆行进方向道路左侧、两侧同时设置或设置在路上方。为保证视认性,同一地点需要设置两个以上标志时,宜安装在一个支撑结构上,但最多不应超过 4 个。原则上应避免不同种类的主标志并设。停车让行标志、减速让行标志、解除限制速度标志、禁止超车标志、解除禁止超车标志、会车先行标志、会车让行标志宜单独设置。如条件受限制无法单独设置时,一个支撑结构上不应超过两个标志,辅助标志不计。警告标志不应与停车让行标志、减速让行标志设置在一个支撑结构上。警告标志不宜多设。同一地点需要设置两个以上警告标志时,原则上只设置其中最需要的一个。一个支撑结构上并设的标志应按禁令标志、指示标志和警告标志的顺序从上往下、从左往右设置。禁令标志和指示标志应设置在禁止、限制或遵循开始的位置。部分禁令标志开始路段的路口前适当位置宜设置相应的指路标志提示,使被禁止、限制车辆能够提前采取行动。

四、道路交通标志反光材料的使用原则

道路交通标志逆反射材料,应用最广的是反光膜。由于不同种类的反光膜的逆反射性能存在差异,选择反光膜应综合考虑:①背景环境影响大、行驶速度块、交通量大的公路宜采用等级高的反光膜;②交通量小的公路,根据实际情况可选用较其他公路等级低的反光膜;③禁令标志、指示标志、警告标志宜选择比一般情况下逆反射性能高的材料;④多车道道路上、曲线路段及平面交叉处设置的标志,宜选用大观测角度下仍具有良好逆反射性能的材料;⑤门架式、悬臂式等悬空类交通标志,宜采用比路侧交通标志等级高的反光膜;⑥受雨雾等不良天气影响路段的交通标志,宜采用等级高的反光膜。

在下列情况下设置的禁令、指示、警告标志,宜采用Ⅴ类反光膜:①高速公路,以及公路主线小半径曲线及立体交叉小半径匝道路段;②交通较为复杂、视距不良、观察角过大的交叉口或路段;③单向有三条或三条以上车道时;④公路横断面发生变化时;⑤大型车辆所占比例很大时。

第二节　道路交通标志反光材料

一、反光膜的术语及定义

反光膜测试中涉及的逆反射术语和定义,是反光膜逆反射性能测试的前提,本节介绍常用的逆反射术语。

1. 逆反射

逆反射是指反射光从接近入射光的反方向返回的一种反射。当入射光方向在较大范围内变化时,仍能保持这种性质。

2. 反光膜

反光膜是一种已制成薄膜可直接应用的逆反射材料。

3. 逆反射体

逆反射体是指具有逆反射性能的反光面或器件。

4. 逆反射体轴

逆反射体轴是指从逆反射体中心发出的一条特定的射线(图2-2-1)。

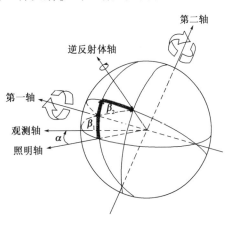

图 2-2-1　测量逆反射体的角度计系统

注:逆反射体轴通常选择照明方向的中心线。当逆反射体为轴对称时,逆反射体轴通常与逆反射体的对称轴一致。

5. 基准轴

基准轴是指从逆反射体中心发出,垂直于逆反射体轴的一条射线(图2-2-2)。

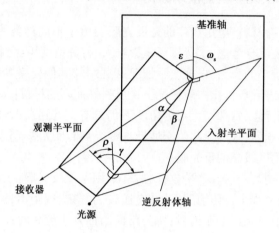

图 2-2-2　各角度之间的相互关系

注:基准轴与逆反射体中心、逆反射体轴给出逆反射体的位置。

6. 照明轴

照明轴是指从逆反射体中心发出,通过光源点的射线(图2-2-1)。

7. 观测轴

观测轴是指从逆反射体中心发出,通过观测点的射线(图2-2-1)。

8. 入射角 β

入射角是指照明轴与逆反射体轴之间的夹角。

注:入射角通常不大于90°,但考虑完整性将其规定为 $-180°\leq\beta\leq180°$。在角度计系统中 β 被分解为 β_1 和 β_2,两个分量。

9. 观测角 α

观测角是指照明轴与观测轴之间的夹角。

注:观测角不为负值,通常小于2°。

10. 旋转角 ε

旋转角是指从逆反射体轴上的观察点逆时针测量,在垂直于逆反射体轴的平面上,从观测半平面到基准轴的夹角。

注1: $-180°<\varepsilon\leq180°$

注2:试样围绕逆反射体轴转动时,当光源和接收器在空间相对固定,方位角 ω_s 和旋转角 ε 的变化是相等的。

11. 发光强度系数 R_I

发光强度系数是指逆反射体在观测方向的发光强度 I 与逆反射体垂直于入射光方向的平面上的光照度 $E_\perp$ 之比,以坎德拉每勒克斯($cd \cdot lx^{-1}$)表示。$R_I = I/E_\perp$。

注1:I 通常由观测体位置的光照度和其距离的平方之乘积来确定($I = E_1 d^2$)。

注2:R_I 通常还写作 CIL 或 SI(特殊强度)。

12. 逆反射系数 R_A

逆反射系数是指发光强度系数与逆反射体的表面积之比,以坎德拉每勒克斯每平方米表示($cd \cdot lx^{-1} \cdot m^{-2}$)。

$$R_A = \frac{R_I}{A} \tag{2-2-1}$$

13. 旋转均匀性

旋转均匀性是指当逆反射体绕逆反射体轴旋转,光源、接收器、逆反射体中心和逆反射体轴保持相对固定的空间关系时,R_A、R_I 基本保持不变。

注1:当逆反射体围绕它的轴旋转,而观测角、入射角(包括分量 β_1 和 β_2)和显示角(γ)保持不变时,方位角 ω_s 和旋转角 ε 都有 360°的变化。

注2:旋转均匀性的程度可以用数字表示。

14. 荧光

荧光是指一种材料特性,白天吸收可见光或紫外光中的短波,以长波再辐射,产生窄发射波段的可见光。

15. 夜间光(逆反射色)

夜间光是指在夜间条件下,即采用标准 A 光源照射时,从接近入射光方向所观测到的逆反射材料的颜色。

二、反光膜的作用原理

粘贴有反光膜的道路交通标志在夜间具有的可视性,是通过反光膜的逆反射性能来实现的。逆反射又称为回归反射,它与常见的漫反射和镜面反射有很大不同。

漫反射是一种最常见的反射形式,发生在光线入射到任何粗糙表面上,比如路面、车辆上所引起的反射。反射光线向各个方向反射,只有很少一部分光线可以被反射回光源方向。

镜面反射是在光线入射到一个非常光滑或有光泽的表面上时发生的。光线在物体表面反射角和入射角相同,但反射光线与入射光线位于反射面法线两侧。这种镜面反射现象可能会在某些漫反射物体上发生,比如被雨水或冰层覆盖的路面。

而逆反射是指光线沿着与入射光方向的邻近方向反射,当照射角在很大范围内变动时仍能保持这一特性。逆反射按其反射单元结构可分为两大类。

一类是玻璃珠型逆反射。当一束入射光水平入射玻璃珠制成的逆反射材料后,经过系列折射与反射得到一束与入射光平行的反射光,而由于所用玻璃珠粒径很小,所以反射光束的光轴和入射光束的光轴几乎重合,也就是反射光线向光源方向返回,如图2-2-3所示。

另一类是微棱镜型逆反射。入射光投射到透明的立方体或三棱体上,每一个棱镜逆反射单元具有三个相互垂直的反射面,入射光线经由三个反射表面折射和反射后,出射光按入射光方向平行地返回,如图2-2-4所示。

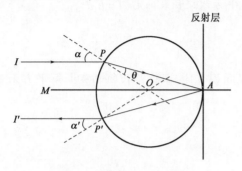 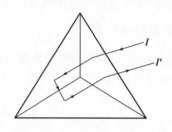

图2-2-3 玻璃珠型逆反射光路图　　　　图2-2-4 微棱镜型逆反射光路图

三、反光膜的结构与分类

反光膜按其不同的逆反射原理,可分为玻璃珠型和微棱镜型两类。按不同的结构,反光膜可分为透镜埋入型、密封胶囊型和微棱镜型三类,如图2-2-5～图2-2-7所示。

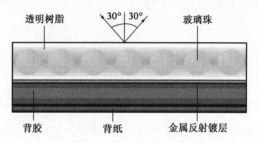

图2-2-5 透镜埋入型反光膜结构示意图

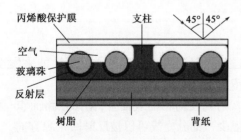 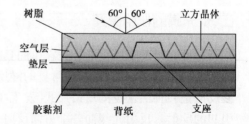

图2-2-6 密封胶囊型反光膜结构示意图　　　　图2-2-7 微棱镜型反光膜结构示意图

反光膜一般都是由表层(保护膜)、反射层(功能层)、基层(承载层)、胶黏层和底层(保护层)等多层不同物质组成的膜结构物体。反光膜的表层一般选用透光性良好的树脂薄膜;反射层则根据不同类型的反光膜,其组成也各不相同,有微小玻璃珠、微棱镜或金属反光镀层等;基层多为树脂有机化合物制成的薄膜;胶黏层一般是环氧树脂胶;底层是厚纸做的保护层。

透镜埋入型是将玻璃珠直接埋入透明树脂里。由于玻璃珠的大小并不完全一致,玻璃珠和背后的反光层的距离也不是一致的,在光线穿过玻璃珠时,并不能保证该玻璃珠的焦点正好落在背后的反光层上,这时反射光线就不能再次通过玻璃珠回到光源,因此该类型的逆反射亮度不高。

密封胶囊型的反光层是直接涂在玻璃珠上的。该类型的特点是当光线从反光膜的空气层入射进入玻璃珠后,几乎所有从玻璃珠折射到外壁的光线都可以返回到玻璃珠。这类产品除了比透镜埋入型产品有更高的反光亮度外,由于在玻璃珠前面存在一层空气层,该空气层解决了膜结构内和膜结构外的温差问题,减少了露水凝结导致的视认难题。

微棱镜型反光膜与玻璃珠型反光膜的技术区别在于,微棱镜技术没有光线的折射,也没有金属反射层,所有光线都从微棱镜的三个面反射出去,这些光线反射都发生在微棱镜和空气的界面中,因此在微棱镜结构中,其棱镜上面和下面都有一个空气层。

反光膜按其光度性能、结构和用途,可分为以下七种类型:

(1)Ⅰ类:通常为透镜埋入式玻璃珠型结构,称工程级反光膜,使用寿命一般为七年,可用于永久性交通标志和作业区设施。

(2)Ⅱ类:通常为透镜埋入式玻璃珠型结构,称超工程级反光膜,使用寿命一般为十年,可用于永久性交通标志和作业区设施。

(3)Ⅲ类:通常为密封胶囊式玻璃珠型结构,称高强级反光膜,使用寿命一般为十年,可用于永久性交通标志和作业区设施。

(4)Ⅳ类:通常为微棱镜型结构,称超强级反光膜,使用寿命一般为十年,可用于永久性交通标志、作业区设施和轮廓标。

(5)Ⅴ类:通常为微棱镜型结构,称大角度反光膜,使用寿命一般为十年,可用于永久性交通标志、作业区设施和轮廓标。

(6)Ⅵ类:通常为微棱镜型结构,有金属镀层,使用寿命一般为三年,可用于轮廓标和交通柱,无金属镀层时也可用于作业区设施和字符较少的交通标志。

(7)Ⅶ类:通常为微棱镜型结构,柔性材质,使用寿命一般为三年,可用于临时性交通标志和作业区设施。

其中,上述各类反光膜结构为通常使用的典型结构,不排除会有其他结构存在。如微棱镜型工程级反光膜为Ⅰ类反光膜。各类反光膜使用寿命为制造商一般承诺的期限,实际使用寿命与其材质和用途有关。如荧光反光膜以及用于临时性交通标志和作业区设施的反光膜,使用寿命一般为三年。

四、检测方法与技术要求

反光膜产品的检验方法主要依据《道路交通反光膜》(GB/T 18833—2012),具体如下。反光膜的技术要求包括一般要求、外观质量、光度性能、色度性能、抗冲击性能、耐弯曲性能、附着性能、收缩性能、防黏纸可剥离性能、抗拉荷载、耐溶剂性能、耐盐雾腐蚀性能、耐高低温性能、耐候性能十四项要求,主要质量评定标准为国家标准《道路交通反光膜》(GB/T 18833—2012)。

1. 试样

按以下方法抽取和准备试样:

(1)随机抽取整卷反光膜试样。

(2)从整卷反光膜试样中,随机沿幅宽裁取 1m 反光膜,沿对角线从其左、中、右位置分别裁取反光膜试样,并按生产厂商提示在背面做出基准标记。

2. 测试条件

试样测试前,应按《塑料 试样状态调节和试验的标准环境》(GB/T 2918—2018)的规定,在室温 23℃±2℃、相对湿度 50%±10% 的环境中放置 24h 以上,然后进行各项测试工作。

3. 一般要求

反光膜通常应以成卷的形式供货。反光膜应均匀、平整、紧密地缠绕在一刚性的圆芯上,不应有变形、缺损、边缘不齐或夹杂无关材料等缺陷。

每卷反光膜长度一般不应少于 45.72m。整卷反光膜宽度方向不能拼接,长度方向的接头不应超过三处,并在成卷膜的边缘应可看到拼接处。每拼接一处应留出 0.5m 反光膜的富余量。每段反光膜的连续长度不应小于 10m。

反光膜应具有颜色的可印刷性能,常温环境下采用与反光膜相匹配的油墨及印刷方式,可对反光膜进行各种颜色的印刷。

除白色以外的其他各种颜色的反光膜,也可通过将彩色透明面膜(称"电刻膜")贴覆在白色反光膜上的方式形成。

4. 外观质量

1)试验方法

在光照度不少于 150lx 的环境中,将反光膜自由平放在一平台上,在 1m 的距离内,面对反光膜和防黏纸进行目测检查。

2)技术要求

反光膜应有平滑、洁净的外表面,不应有明显的划痕、条纹、气泡、颜色及逆反射不均匀等缺陷,其防黏纸不应有气泡、折皱、污点或杂物等缺陷。

5. 光度性能

1)试验方法

裁取 150mm×150mm 的单色反光膜试样,按《逆反射体光度性能测量方法》(JT/T 690—2022)规定的比率法、替代法或直接发光强度法,测试反光膜的逆反射系数。仲裁试验时,反光膜的逆反射系数按《逆反射系数测试方法 共平面几何法》(JT/T 689—2007)规定的方法进行测试。一般情况下,测试时的旋转角 ε 取 0° 或 90°。也可按生产厂商或委托方的要求,选取不同的旋转角进行测试。

2)技术要求

反光膜的光度性能以逆反射系数表述,各类反光膜(包括丝网印刷和贴覆电刻膜后的反光膜,以下同),其逆反射系数 R_A 值不应低于《道路交通反光膜》(GB/T 18833—2012)中表 1~表 7 给出的相应类别的规定。

反光膜如不具备旋转均匀性,即在不同旋转角条件下的光度性能存在差异时,制造商应沿其逆反射系数值较大方向做出基准标记。

6. 色度性能

1) 试验方法

裁取 150mm×150mm 的单色反光膜试样,采用《标准照明体和几何条件》(GB/T 3978—2008)规定 CIE 标准照明体 D_{65} 光源,测量的几何条件取 45°α:0°,分别按《物体色的测量方法》(GB/T 3979—2008)和《逆反射材料色度性能测试方法 第 2 部分:荧光反光膜和荧光反光标记材料昼间色》(JT/T 692.2—2022)规定的方法,测得各种反光膜昼间色的色品坐标和亮度因数。裁取 150mm×150mm 的单色反光膜的试样,采用《标准照明体和几何条件》(GB/T 3978—2008)规定的 CIE 标准照明体 A 光源,入射角 0°、观测角 0.2°的照明观测条件,按《逆反射材料色度性能测试方法 第 1 部分:逆反射体夜间色》(JT/T 692.1—2022)规定的方法,测得各种反光膜夜间色的色品坐标。

2) 技术要求

反光膜在白天表现的各种颜色,即昼间色或表面色,其色品坐标和亮度因数应在《道路交通反光膜》(GB/T 18833—2012)中表 8 规定的范围内,色品图见《道路交通反光膜》(GB/T 18833—2012)中图 3。

反光膜在夜间表现的各种颜色,即夜间色或逆反射色,其色品坐标应在《道路交通反光膜》(GB/T 18833—2012)中表 9 规定的范围内,色品图见《道路交通反光膜》(GB/T 18833—2012)中图 4。

7. 抗冲击性能

1) 试验方法

裁取 150mm×150mm 反光膜试样,将反光面朝上,水平放置在反光膜耐冲击性能测定仪的钢板上。在试样上方 250mm 处,用一个质量 450.0g±4.5g 的实心钢球自由落下,冲击试样中心部位,然后检查被冲击表面的变化。

2) 技术要求

反光膜应具备抗冲击性能,抗冲击性能试验后,在受到冲击的表面以外不应出现裂缝、层间脱离或其他损坏。

8. 耐弯曲性能

1) 试验方法

裁取 230mm×70mm 的反光膜试样,使用反光膜耐弯曲性能测定器,在 1s 内,将试样防黏纸朝里,沿长度方向绕直径 3.20mm±0.05mm 的圆棒进行对折弯曲。如需要,可在试样黏结剂表面撒上适量的滑石粉进行测试,然后放开试样,检查其表面的变化。

2) 技术要求

反光膜应能承受适度弯曲,耐弯曲性能试验后,表面不应出现裂缝、剥落或层间分离等损坏。

9. 附着性能

1) 试验方法

裁取 25mm×200mm 的反光膜试样,从一端去除 100mm 长的防黏纸露出背胶,按生产厂商的使用说明,将其粘贴在 50mm×200mm、1.0~2.0mm 厚并经适当打磨清洗过的铝合金板上,其余 100mm 余留,制成附着性能试样,尺寸如图 2-2-8 所示。

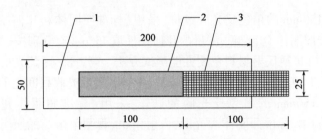

图 2-2-8 附着性能试样(尺寸单位:mm)
1-铝合金底板;2-反光膜粘贴部分;3-反光膜余留部分

将试样反光膜朝下,平放在反光膜附着性能测试仪上,如图 2-2-9 所示。反光膜的余留端上悬挂 800g±4g 的重锤,与试样板面成 90°下垂。5min 后,测出反光膜被剥离的长度 L。

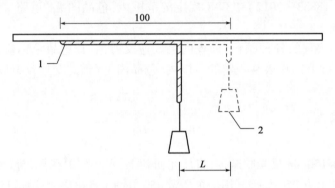

图 2-2-9 附着性能试验(尺寸单位:mm)
1-反光膜试样;2-重锤

2)技术要求

反光膜背胶应有足够的附着力,且各结构层间结合牢固,附着性能试验后,在 5min 后的剥离长度不应大于 20mm。

10. 收缩性能

1)试验方法

裁取 230mm×230mm 的反光膜试样,去除防黏纸,将试样黏结面朝上,水平放置在一平台表面。在防黏纸去除后 10min 和 24h 时,分别测出反光膜试样的尺寸变化。

2)技术要求

收缩性能试验后,反光膜不应出现明显收缩,任何一边的尺寸在 10min 内,其收缩不应超过 0.8mm;在 24h 内,其收缩不应超过 3.2mm。

11. 防黏纸可剥离性能

1)试验方法

裁取 25mm×150mm 的反光膜试样,在其上放置 6600g±33g 重物,使反光膜受到 17.2kPa

的压力,然后置于70℃±2℃的空间里放置4h。取出反光膜,在标准测试条件下使之冷却到室温。用手剥去防黏纸,并进行检查。

2)技术要求

防黏纸可剥离性能试验后,反光膜无须用水或其他溶剂浸湿,防黏纸可方便地手工剥下,且无破损、撕裂或从反光膜上带下黏合剂等损坏出现。

12. 抗拉荷载

1)试验方法

裁取25mm×150mm的反光膜试样,撕去中间100mm的防黏纸,装入精度为0.5级的万能材料试验机夹紧装置中,在试样宽度上,负荷应均匀分布。开启试验机,以300mm/min的速度拉伸,分别记录断裂时的抗拉荷载值。

2)技术要求

抗拉荷载试验后,Ⅰ类和Ⅱ类反光膜的抗拉荷载值不应小于24N。

13. 耐溶剂性能

1)试验方法

裁取25mm×150mm的反光膜试样,按生产厂商的使用说明,粘贴在1.0~2.0mm厚的铝合金板上,制成耐溶剂性能试样。将试样分别浸没在表2-2-1所示的溶剂中,到规定的时间后取出,室温下在通风橱内干燥,检查其表面变化。

溶 剂 试 验　　　　　　　　　　　　　　　　表2-2-1

溶　剂	浸渍时间(min)	备　注
汽油	10	标准车用汽油
乙醇	1	—

2)技术要求

经汽油和乙醇浸泡后,反光膜表面不应出现软化、皱纹、渗漏、起泡、开裂或被溶解等损坏。

14. 耐盐雾腐蚀性能

1)试验方法

按《人造气氛腐蚀试验　盐雾试验》(GB/T 10125—2021),把化学纯的氯化钠溶于蒸馏水,配制成5.0%±0.1%(质量比)的盐溶液(pH值在6.5~7.2之间),使该盐溶液在盐雾试验箱内连续雾化,箱内温度保持35℃±2℃。裁取150mm×150mm的反光膜试样,按生产厂商的使用说明,粘贴在1.0~2.0mm厚的铝合金板上,制成盐雾腐蚀试样。将试样放入试验箱内,其受试面与垂直方向成30°角,相邻两样板保持一定的间隙,行间距不少于75mm,试样在盐雾空间连续暴露120h。试验结束后,用清水洗掉试样表面的盐沉积物,然后置于标准环境条件下恢复2h,进行全面检查。

2)技术要求

盐雾试验后,反光膜表面不应有变色、渗漏、起泡或被侵蚀等损坏。

15. 耐高低温性能

1）试验方法

详见本篇第一章第二节。

2）技术要求

高低温试验后，反光膜表面不应出现裂缝、软化、剥落、皱纹、起泡、翘曲或外观不均匀等损坏。

16. 耐候性能

1）试验方法

（1）试验时间

反光膜各类别的自然暴露和人工加速老化试验时间见表2-2-2。

耐候性能试验　　　　　　　　　　表2-2-2

反光膜级别	自然暴露试验（月）	人工加速老化试验（h）
Ⅰ类	24	1200
Ⅱ类	36	1800
Ⅲ类	36	1800
Ⅳ类	36	1800
Ⅴ类	36	1800
Ⅵ类	12	600
Ⅶ类	12	600

注：各类反光膜仅用于临时性交通标志和作业设施时，自然暴露试验时间一般为12个月，人工加速老化试验时间一般为600h。

（2）自然暴露试验

按《塑料　太阳辐射暴露试验方法　第1部分：总则》（GB/T 3681.1—2021）、《塑料　太阳辐射暴露试验方法　第2部分：直接自然气候老化和暴露在窗玻璃后气候老化》（GB/T 3681.2—2021），将尺寸不小于150mm×250mm的试样安装在至少高于地面0.8m的暴晒架面上，试样面朝正南方，与水平面成当地的纬度角或45°±1°。试样表面不应被其他物体遮挡阳光，不得积水。暴露地点的选择尽可能近似实际使用环境或代表某一气候类型最严酷的地方。试样开始暴晒后，每个月做一次表面检查，半年后，每三个月检查一次，直至达到规定的暴晒期限，进行最终检查，并进行有关性能测试。以自然暴露试验为仲裁试验。

（3）人工加速老化试验

详见本篇第一章第三节。经过规定时间人工加速老化试验后的试样，用清水彻底冲洗，用软布擦干后进行各种检查及有关性能测试。

2）技术要求

自然暴露或人工加速老化试验后，反光膜应无明显的裂缝、折皱、刻痕、凹陷、气泡、侵蚀、剥离、粉化或变形等损坏；任何一边均不应出现超过0.8mm的收缩，也不应出现反光膜从底板边缘翘曲或脱离的痕迹；在观测角为0.2°，入射角为 -4°、15°和30°时，各类反光膜的逆反射系数 R_A 值不应低于表2-2-3中的数值；反光膜各种颜色的色品坐标及亮度因数应保持在GB/T

18833—2012 中表 8 或表 9 规定的范围内。

耐候性能试验后光度性能要求　　　　　表 2-2-3

反光膜级别	最小逆反射系数 R_A	反光膜级别	最小逆反射系 R_A
Ⅰ类	表 1 的 50%	Ⅴ类	表 5 的 80%
Ⅱ类	表 2 的 65%	Ⅵ类	表 6 的 50%
Ⅲ类	表 3 的 80%	Ⅶ类	表 7 的 50%
Ⅳ类	表 4 的 80%	—	—

注：表中的表 1～表 7 指的是 GB/T 18833—2012 中的表 1～表 7。

第三节　道路交通标志检测方法及技术要求

道路交通标志产品的检验方法主要依据标准为《道路交通标志板及支撑件》（GB/T 23827—2021）。

为了保证测试环境条件，要求试样测试前，应在温度 23℃±2℃、相对湿度 50%±10% 的环境中放置 24h，然后进行各种测试工作，同时，一般的测试工作宜在温度 23℃±2℃、相对湿度 50%±10% 的环境中进行。

常规的道路交通标志产品包括标志板和支撑件两部分，其中标志是由标志底板、板面以及滑槽、铆钉等构成的组件，支撑件是支撑和连接紧固件标志板的构件，包括立柱、横梁、法兰盘、抱箍和紧固件等。道路交通标志产品质量技术要求包括上述两方面的内容，主要质量评定标准为国家标准《道路交通标志板及支撑件》（GB/T 23827—2021），具体包括结构尺寸、外观质量、钢构件防腐层质量、材料力学性能、标志板面色度性能、反光型标志板面光度性能、标志板抗冲击性能、耐盐雾腐蚀性能、标志板耐高低温性能、标志板耐候性能、标志板面与标志地板的附着性能、标志板面油墨与反光膜的附着性能十二项要求。近年来，LED 主动发光道路交通标志开始在道路上应用，2015 年颁布实施了国家标准《LED 主动发光道路交通标志》（GB/T 31446—2015），本节对相关分类及组成、检验项目等内容进行介绍。

一、测试准备

测试准备包括试样的制备和测试环境条件的保证两方面的内容。

试样的制备有两种方式，一是可以通过随机抽取标志生产厂商制作的标志板及支撑件，或从其中截取相应尺寸作为试样；二是随机抽取生产厂商使用的原材料，将反光膜及黑膜粘贴到标志底板上，制成标志板试样。

二、结构尺寸

1. 试验方法

结构组成采用目测的方式，外形尺寸、铆接间距、板厚、外径、壁厚等采用精度和量程满足要求的直尺、卷尺、板厚千分尺等工具测量。

标志底板与滑槽焊接时的连接强度按照《金属材料 拉伸试验 第1部分:室温拉伸方法》(GB/T 228.1—2021)、《焊接接头拉伸试验方法》(GB/T 2651—2008)、《铝及铝合金铆钉用线材和棒材剪切与铆接试验方法》(GB/T 3250—2017)规定的方法试验。

2. 技术要求

道路交通标志的标志板及支撑件的形状、尺寸应符合《道路交通标志和标线 第2部分:道路交通标志》(GB 5768.2—2022)的要求或设计要求。其中标志板的外形尺寸允许偏差为±5mm,当外形尺寸大于1.2m时,允许偏差为其外形尺寸的±0.5%。

道路交通标志板按光学特性分为逆反射式、照明式和发光式。逆反射式标志板粘贴的反光膜应符合《道路交通反光膜》(GB/T 18833—2012)的要求,在反光膜上粘贴耐久性与反光膜相匹配的黑膜为面膜,也可在反光膜上印刷油墨或数码打印形成板面信息。需要时可根据地形、日照情况在标志板上增加符合《LED主动发光道路交通标志》(GB/T 31446—2015)要求的主动发光单元或安装符合《道路交通标志和标线 第2部分:道路交通标志》(GB 5768.2—2022)要求的标志照明设施。

标志底板可采用铝合金、铝合金型材、钢板、合成树脂类板材等制作。标志立柱可选用H型钢、钢管、铝合金型材、木材、合成材料及钢筋混凝土管等制作,也可选用钢桁架。采用铝合金板制作标志底板时,厚度不宜小于1.5mm,大型标志板的厚度应根据设计要求制定,在规定的宽度内,厚度允许偏差应满足《一般工业用铝及铝合金板、带材 第3部分:尺寸偏差》(GB/T 3880.3—2012)中规定的范围(表2-2-4);采用挤压成型的铝合金型材制作标志板时,型材宽度一般不小于30cm,厚度应符合设计要求,允许最大偏差应符合《一般工业用铝及铝合金挤压型材》(GB/T 6892—2015)的要求;使用薄钢板制作标志时,其厚度不宜小于1.0mm,允许偏差执行《冷轧钢板和钢带的尺寸、外形、重量及允许偏差》(GB/T 708—2019)的规定;采用合成树脂类板材制作标志底板时,其厚度不宜小于3.0mm,最大允许偏差为±0.2mm;无缝钢管标志立柱的外径、厚度、弯曲度应符合《结构用无缝钢管》(GB/T 8162—2018)的要求;直缝电焊钢管标志立柱的外径、厚度、椭圆度应符合《直缝电焊钢管》(GB/T 13793—2016)的要求。

铝合金标志底板厚度允许偏差(mm) 表2-2-4

厚 度	规定的宽度		
	$W \leq 1000$	$1000 < W \leq 1600$	$1600 < W \leq 2500$
$1.2 < H \leq 2.0$	±0.10	±0.13	±0.15
$2.0 < H \leq 2.5$	±0.13	±0.15	±0.16
$2.5 < H \leq 3.0$	±0.15	±0.17	±0.18

圆形、三角形、八角形等特殊形状标志底板宜使用最大尺寸制作。矩形标志底板在工艺控制的条件下,可使用弯边拼接式、拼嵌拼接式或平板铆接式等底板拼接工艺,示意图见图2-2-10。边缘宜进行卷边加固,卷边形式如图2-2-11所示。对标志底板的边缘和尖角应适当倒棱,使之呈圆滑状。

可选用型铝、型钢等滑槽对标志板进行加固,加固形式和滑槽尺寸应符合设计要求。标志底板与滑槽的加固连接可采用铆接、焊接或其他工艺方法。使用铝合金板制作标志底板时,应使用沉头铆钉连接,铆接间距均匀一致,一般宜为150mm±50mm,且滑槽端部应加强铆接以分散应力,铆钉形状应符合《沉头铆钉》(GB 869—1986)的要求,直径不宜小于4mm,并与标志底板及滑槽相匹配;标志底板与滑槽的焊接工艺质量应稳定可靠,无漏焊、虚焊等现象,焊接强度应均匀,焊接强度值不低于同类材料采用铆钉连接时的强度要求。

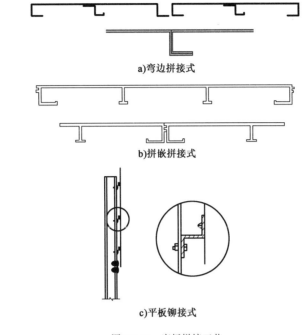

图 2-2-10 底板拼接工艺

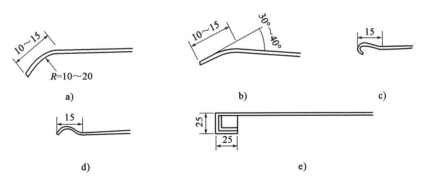

图 2-2-11 标志板卷边形式(尺寸单位:mm)

标志立柱为钢构件时,顶部应加盖柱帽,柱帽结构尺寸应符合设计要求。标志板和立柱的连接可采用抱箍夹紧式或钢带捆扎式,其结构尺寸应符合材料和设计要求。

三、外观质量

1. 试验方法

外观质量包括标志板字符和图形检查、缺陷检查、板面不平度测量、板面拼接缝检查、支撑件表面质量检查五部分内容。

标志板字符、图形用目测方法检查是否符合《道路交通标志和标线 第2部分:道路交通标志》(GB 5768.2—2022)对字符、图形的规定。

对于逆反射性能不均匀缺陷的检查,是在夜间黑暗空旷的环境中,距离标志板面10m处,以汽车前照灯远光为光源,垂直照射标志板面,目测标志板面同种材料、同一颜色、不同区域的逆反射性能,如能辨别出明显差异,则逆反射性能不均匀。其余缺陷应在白天环境照度大于150lx的条件下,目测或用四倍放大镜检查。

板面不平度测量是将标志板面朝上自由放置于一平台上,用钢直尺和塞尺测量板面任意处与直尺之间的最大间隙。

板面拼接检查是在白天环境照度大于150lx的条件下,目测检查面膜拼接方向并用直尺测量检查宽度或平接间隙。

支撑件表面质量检查是在白天环境照度大于150lx的条件下,采用目测方法检查。

2. 技术要求

标志板的字符、图形等应符合《道路交通标志和标线 第2部分:道路交通标志》(GB 5768.2—2022)的规定。在同一块标志板上,标志底板和标志板面所采用的各种材料应具有相容性,不应因电化学作用、不同的热膨胀系数或其他化学反应等造成标志板的锈蚀或其他损坏。

标志板应平整,表面无明显凹痕或变形,板面不平度不应大于7mm/m。标志板面不应存在的缺陷包括裂纹、起皱、边缘玻璃、颜色不均匀、逆反射性能不均匀。支撑件应表面光洁,颜色均匀一致,不应有破损、变形、锈蚀、漏镀及各种焊缝缺陷。

反光型标志板的面膜应尽可能减少拼接,当标志板的长度(或宽度)、直径小于面膜产品最大宽度时,不应有拼接缝;当粘贴面膜无法避免接缝时,应按面膜相同的基准标记方向拼接。拼接分为搭接和平接。搭接时宜为水平接缝,且应为上搭下,玻璃珠型反光膜重叠部分不应小于5mm,微棱镜型反光膜重叠部分不应小于30mm;平接时宜为垂直接缝,接缝间隙不应小于1mm;距标志板边缘5cm之内,不得有贯通的拼接缝。

四、钢构件防腐层质量

1. 试验方法

钢构件防腐层质量参照《公路交通工程钢构件防腐技术条件》(GB/T 18226—2015)规定的方法来进行测试。使用的设备主要包括磁性测厚仪、电涡流测厚仪、超声波测厚仪等。

磁性测厚仪用于磁性基体以上涂层厚度的测量。对于镀锌构件,由于存在锌铁合金层,该设备存在一定的测量误差,当需要对镀锌层厚度进行仲裁检验时,不能采用该方法,而应采用六次甲基四胺法。

电涡流测厚仪用于测量非磁性金属基体上的涂层厚度。超声波测厚仪用来测试标志构件的总厚度,使用该设备时应注意根据不同的材质进行声速设置,同时在仪器测头和被测构件间加入适量的耦合剂,以免产生测量误差。

2. 技术要求

对于钢构件制作的支撑件,其防腐层质量应符合《公路交通工程钢构件防腐技术条件》

（GB/T 18226—2015）的要求。

五、材料力学性能

1. 试验方法

金属材料按《金属材料 拉伸试验 第1部分:室温拉伸方法》（GB/T 228.1—2021），焊接接头强度按《焊接接头拉伸试验方法》（GB/T 2651—2008），铆钉强度按《铝及铝合金铆钉用线材和棒材剪切与铆接试验方法》（GB/T 3250—2017），铝合金板材按《一般工业用铝及铝合金板、带材 第1部分:一般要求》（GB/T 3880.1—2012），紧固件按《紧固件机械性能 螺栓、螺钉和螺柱》（GB/T 3098.1—2010）、《紧固件机械性能 螺母》（GB/T 3098.2—2015），挤压成型铝合金型材按《一般工业用铝及铝合金挤压型材》（GB/T 6892—2015），合成树脂类板材按《公路用玻璃纤维增强塑料产品 第1部分:通则》（GB/T 24721.1—2009）的要求进行测试；其他材料按有关标准的要求测试。

其中，对于金属材料，材料性能测试的量值主要有屈服强度、伸长率、抗拉强度等。屈服强度是当金属材料呈现屈服现象时，在试验期间发生塑性变形而力不增加的应力点，应区分上屈服强度和下屈服强度，见图2-2-12。上屈服强度是试样发生屈服而力首次下降前的最大应力，下屈服强度是在屈服期间不计初始瞬时效应时的最低应力。

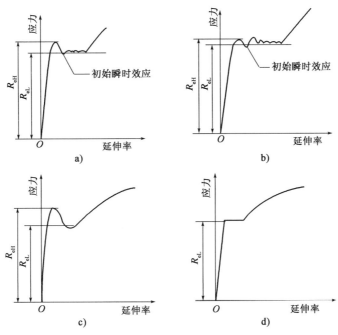

图2-2-12 不同类型曲线的上屈服强度（R_{eH}）和下屈服强度（R_{eL}）

伸长率分为断后伸长率（A）、断裂总伸长率（A_t）、最大力伸长率三类。断后伸长率是指断后标距的残余伸长与原始标距之比的百分率；断裂总伸长率是断裂时刻原始标距的总伸长（弹性伸长加塑性伸长）与原始标距之比的百分率；最大力伸长率是最大力（相应的应力为抗拉强度R_m）时原始标距的伸长与原始标距之比的百分率，应区分最大力总伸长率（A_{gt}）和最大力非比例伸长率(A_g),如图 2-2-13 所示。

金属材料力学性能测试结果应按相关产品标准的要求进行修约,如未规定具体要求,应按如下要求进行修约。

强度性能值修约至 1MPa,屈服点延伸率修约至 0.1%,其他延伸率和断后伸长率修约至 0.5%,断面收缩率修约至 1%。

2. 技术要求

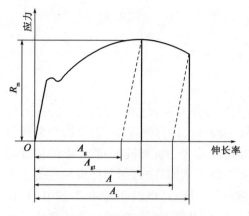

图 2-2-13 非比例伸长率示意图

用于制作标志底板的铝合金板材,力学性能应满足《一般工业用铝及铝合金板、带材 第 2 部分:力学性能》(GB/T 3880.2—2012)的规定;用于高等级道路时,宜采用牌号为 5A02-O、5052-O 或相近性能的其他牌号的铝合金板材;对于门架式、悬臂式等大型标志板或用于沿海及多风地区的标志板,宜采用牌号为 3004-O、3104-O 或相近性能的其他牌号的铝合金板材。

用于制作标志底板及滑槽的挤压成型铝合金型材,力学性能应满足《一般工业用铝及铝合金挤压型材》(GB/T 6892—2015)的规定,同时应具有轻质、高强、耐蚀、耐磨及刚度大等特点,宜采用综合性能不低于牌号 2024-T3 的铝合金型材。

用于制作标志底板的碳素结构钢冷轧钢板、连续热镀锌钢板的力学性能应满足《碳素结构钢冷轧钢板及钢带》(GB/T 11253—2019)、《连续热镀锌和锌合金镀层钢板及钢带》(GB/T 2518—2019)的规定;用于制作标志底板的合成树脂类板材,力学性能应符合《公路用玻璃纤维增强塑料产品 第 5 部分:标志底板》(GB/T 24721.5—2009)的规定;标志底板拼接时,强度应满足设计和材料要求。立柱、横梁、法兰盘、抱箍及紧固件等支撑件的力学性能应符合《结构用无缝钢管》(GB/T 8162—2018)、《直缝电焊钢管》(GB/T 13793—2016)、《碳素结构钢》(GB/T 700—2006)、《紧固件机械性能 螺栓、螺钉和螺柱》(GB/T 3098.1—2010)、《紧固件机械性能 螺母》(GB/T 3098.2—2015)及有关设计要求。

六、标志板面色度性能

1. 试验方法

测试标志板面色度性能时,需制取 150mm×150mm 的单色标志板面试样,或直接在需进行测试的标志板面上,按《道路交通反光膜》(GB/T 18833—2012)的方法进行测试,获取色品坐标和亮度因数值。

2. 技术要求

逆反射式板面黑膜的普通材料色应符合《安全色》(GB 2893—2008)的要求,黑膜色品坐标和亮度因数应符合表 2-2-5 的规定;逆反射式板面的逆反射材料色(包括丝网印刷或数码打印的反光膜)应符合《道路交通反光膜》(GB/T 18833—2012)中表面色或逆反射色的要求。

标志板面的普通材料色　　　　　　　　表 2-2-5

颜色	色品坐标 光源为标准照明体 D_{65}，观测条件为 45/0								亮度因数
	1		2		3		4		
	x	y	x	y	x	y	x	y	
黑	0.385	0.355	0.300	0.270	0.260	0.310	0.345	0.395	≤0.03

七、标志板面光度性能

1. 试验方法

制取 150mm×150mm 的单色标志板面试样，或直接在需进行测试的标志板面上，按照《道路交通反光膜》(GB/T 18833—2012)的方法进行测试，读取逆反射系数值。

2. 技术要求

目前高等级公路和主要城市道路使用的标志多为反光型标志，其标志板面采用反光膜材料制作，标志板面光度性能取决于所使用的反光膜光度性能。反光膜的光度性能以逆反射系数来表示，一般情况下逆反射系数越高，表示光度性能越好，标志的发现距离越短；但过高的逆反射系数造成字体的渗光和视认的眩目，反而对交通安全造成负面影响。

《道路交通标志板及支撑件》(GB/T 23827—2021) 规定，标志板面为反光膜时，其板面逆反射系数数值不应低于《道路交通反光膜》(GB/T 18833—2012) 中的相应规定。

八、标志板抗冲击性能

1. 试验方法

将 150mm×150mm 的试样标志板面朝上，或直接在需进行测试的标志板面上，按照《道路交通反光膜》(GB/T 18833—2012) 的方法进行测试。

2. 技术要求

标志板在生产、储存、运输、安装和使用过程中可能会受到冲击力的作用。若标志板的抗冲击性能差，则容易发生损坏。为此，《道路交通标志板及支撑件》(GB/T 23827—2021) 中规定，抗冲击试验后，标志板在冲击点以外不应出现裂缝、层间脱落或其他损坏。

九、耐盐雾腐蚀性能

1. 试验方法

按照《人造气氛腐蚀试验　盐雾试验》(GB/T 10125—2021)，把化学纯的氯化钠溶于蒸馏水，配制成质量比 5%±0.1% 的盐溶液，使该盐溶液在盐雾箱内连续雾化，箱内温度保持 35℃±2℃。

将 150mm×150mm 的试样放入盐雾箱内，其受试面与垂直方向成 30°角，相邻两样板保持一定的间隙,行间距不少于75mm。试样在盐雾箱内连续暴露120h后取出,用流动水轻轻洗掉试样表面的盐沉积物,再用蒸馏水漂洗,然后置于标准环境条件下恢复2h,对试样进行全面检查。

2. 技术要求

交通标志所使用的材料受到大气环境中盐分的腐蚀,会导致材料性能发生减退,特别是在沿海地区,若发生此类腐蚀,将使标志外形损坏,严重时造成标志失效。为此,交通标志具有适宜的耐盐分腐蚀性能非常重要,此类性能一般通过耐盐雾腐蚀性能检验来考察。耐盐雾腐蚀试验后,标志板及支撑构件不应有变色或被侵蚀等破坏痕迹。

十、标志板耐高低温性能

1. 试验方法

试验时,将150mm×150mm的试样放入试验箱内,开动冷源,使箱内温度逐渐降至$-40℃±3℃$,并在该温度下保持72h。之后关闭电源,使试验箱自然升至室温,在约12h后,再将试验箱升温至$70℃±3℃$,并在该温度下保持24h,最后关闭电源,使试验箱自然冷却至室温,取出试样,在标准测试条件下放置2h,检查其表面的变化。

2. 技术要求

标志板应具有适宜的耐高低温性能,这样可以使标志板在使用过程中不会由于温度的变化发生标志底板和板面材料破坏或失效。为此,在进行耐高低温试验后,标志板不应出现裂缝、软化、剥落、皱纹、起泡、翘曲或外观不均匀等痕迹。

十一、标志板耐候性能

1. 试验方法

标志板耐候性能试验分为自然暴露试验和人工加速老化试验两种类型。

自然暴露试验是按照《塑料 太阳辐射暴露试验方法 第1部分:总则》(GB/T 3681.1—2021)、《塑料 太阳辐射暴露试验方法 第2部分:直接自然气候老化和暴露在窗玻璃后气候老化》(GB/T 3681.2—2021)的规定,取尺寸为150mm×250mm的试样,面朝正南方,与水平面成当地的纬度角或45°±1°进行暴晒。试验开始之后,每月做一次表面检查;半年后,每三个月检查一次。反光膜达到《道路交通反光膜》(GB/T 18833—2012)规定的暴晒期限,按照《道路交通反光膜》(GB/T 18833—2012)规定的方法进行检查及性能试验;合成树脂类板材的标志底板暴晒两年后,按照《公路用玻璃纤维增强塑料产品 第1部分:通则》(GB/T 24721.1—2009)规定的方法进行检查及性能试验。

人工加速老化试验是按照《塑料 实验室光源暴露试验方法 第2部分:氙弧灯》(GB/T 16422.2—2022)的规定,试样的尺寸取65mm×142mm。反光膜达到《道路交通反光膜》(GB/T 18833—2012)规定的试验时间,用清水彻底冲洗并用软布擦干后,按照《道路交通反光膜》(GB/T 18833—2012)规定的方法进行检查及性能试验;合成树脂类板材经过1200h试验后,按照《公路用玻璃纤维增强塑料产品 第1部分:通则》(GB/T 24721.1—2009)规定的方法进行检查及性能试验。

2. 技术要求

连续自然暴露或人工加速老化试验后,标志板应无裂缝、刻痕、凹陷、气泡、侵蚀、剥离、粉化、变形等破坏,任何一边不应出现超过0.8mm的收缩,也不应出现反光膜从标志底板边缘翘曲或脱离的现象;标志底板的材质是合成树脂类板材时,标志底板的耐候性能应符合《公路用玻璃纤维增强塑料产品 第5部分:标志底板》(GB/T 24721.5—2009)的规定,标志板各种颜色的色品坐标及亮度因数应保持在表2-2-5规定的范围内或满足《道路交通反光膜》(GB/T 18833—2012)的规定;标志板面为反光膜、油墨印刷或数码打印等其他工艺制作时,在观测角为0.2°、入射角为-4°的条件下,其逆反射系数值应符合《道路交通反光膜》(GB/T 18833—2012)的要求。

十二、标志板面与标志底板的附着性能

1. 试验方法

裁取200mm×25mm的反光膜及黑膜,将反光膜及黑膜粘贴到标志底板上制成附着性能试样,标志底板尺寸为200mm×50mm,按照《道路交通反光膜》(GB/T 18833—2012)的方法进行测试。

2. 技术要求

此项性能主要考察标志板面材料与标志底板之间结合牢固程度。规定反光膜及黑膜在5min后剥离长度不应大于20mm。

十三、标志板面油墨与反光膜的附着性能

1. 试验方法

该项试验是用丝网印刷的方法,将不同颜色的油墨分别印刷在面积不小于200mm×300mm的标志板面反光膜上,按《液体油墨附着牢度检验方法》(GB/T 13217.7—2009)中规定的方法进行测试。

2. 技术要求

当标志板面采用丝网印刷的方式时,不同颜色的油墨与反光膜结合的紧密程度对于标志板面的耐久性非常重要,这一指标可以通过附着牢度检验来进行考察。标志板面上油墨与反光膜的附着牢度应大于或等于95%。

第四节 LED主动发光道路交通标志技术要求

《LED主动发光道路交通标志》(GB/T 31446—2015)规定了LED主动发光道路交通标志(简称"发光标志")产品的分类及组成、技术要求、试验方法、检验规则及标识、包装、运输与存

储。该标准适用于采用电网或太阳能供电的 LED 主动发光道路交通标志,其他发光标志可参照使用。

有关 LED 主动发光道路交通标志的分类,按供电形式分为电网供电型、太阳能供电型发光标志;按照结构形式分为单一式发光标志和组合式发光标志两种;按照环境温度适用等级分为 A 型、B 型、C 型三种,其中 A 型 $-20℃\sim+55℃$,B 型 $-40℃\sim+55℃$,C 型 $-55℃\sim+45℃$。

单一式发光标志由底板、主动发光单元、壳体、驱动控制电路等组成。组合式发光标志由底板、主动发光单元、壳体、逆反射材料、驱动控制电路等组成。太阳能供电的标志还应包括太阳能电池组件、蓄电池组、充放电控制电路等。

LED 主动发光道路交通标志检测的项目主要包括:

一、材料要求

发光标志产品的外壳、底板等结构件在保证结构稳定的条件下,宜采用符合 GB/T 23827 的轻质金属或非金属材料,以减少产品自身的种类和抗腐蚀能力。单粒 LED 在额定电流时的法向发光强度:红色不小于 5000mcd,黄色不小于 3000mcd,白色不小于 6000mcd;LED 半强角 $\theta_{1/2}$ 不小于 12.5°。发光标志所采用的逆反射材料的性能应符合 GB/T 23827 的有关要求。LED 的平均无故障时间 MTBF 不小于 50000h,其他电子元器件的 MTBF 不小于 30000h。

二、基本要求

发光标志的形状、尺寸、图案及标志中采用的逆反射的文字、颜色应符合 GB 5768.2 中有关的规定,主动发光单元和逆反射材料底板所表示的标志信息应一致。不同种类道路交通标志主动发光单元颜色应符合以下要求:警告标志、作业区标志主动发光单元颜色为黄色;禁令标志边框部分主动发光单元颜色为红色;黑色图案、文字部分主动发光单元颜色为黄色;指示标志、指路标志、旅游区标志、辅助标志、告示标志主动发光单元颜色为白色。构成标志图案、文字、轮廓等的主动发光单元应选择合适的像素间距,在避免产生眩光的情况不宜小于 5mm,像素中心间距不宜大于 35mm,仅用于显示轮廓、不传递具体标志信息内容的主动发光单元像素中心间距不宜大于 40mm。

三、外观质量

发光标志产品构件应完整、装配牢固、结构稳定,边角过渡圆滑,无飞边、无毛刺。安装连接件应设置可调节标志视认角度的机构,以便于安装施工;其活动零件应灵活、无卡滞现象,机壳及安装连接件应无明显变形、凹凸等缺陷。外壳、连接件等的防护层色泽应均匀、无划伤、无裂痕、无基本裸露等缺陷,其性能指标应符合 GB/T 18226 的规定。太阳能供电型标志的太阳能电池组件表面应封装严密,无划痕、气泡,无裸露的接头和电线。

四、色度性能

主动发光单元的色度性能:发光标志主动发光单元的色度指标应符合 GB/T 23828 的要求。逆反射材料色度性能:发光标志逆反射材料色度指标应符合 GB/T 23827 的要求。

五、调光功能

发光标志产品应具有环境照度检测装置,并能根据环境照度自动调整标志发光亮度,避免环境亮度较低时形成眩光。

六、视认性能

(1)视认距离。发光标志视认距离分为静态视认距离和动态视认距离,要求如下:
①静态视认距离应不小于250m;
②动态视认距离应不小于210m。
(2)视认角。在满足视认距离所规定的条件下发光标志产品的视认角应不小于30°。
(3)发光均匀性。标志主动发光单元发光应均匀,在额定工作电流时整个标志范围内相同颜色主动发光单元像素之间的法向发光强度的不均匀度应不大于10%。

七、电网供电型标志电气安全性能

(1)绝缘电阻。发光标志产品的电源接线端子与机壳的绝缘电阻应不小于100MΩ。
(2)电气强度。在发光标志产品的电源接线端子与机壳之间施加频率50Hz、有效值1500V正弦交流电压条件下,历时1min,应无火花、闪络和击穿现象,漏电电流不大于5mA。
(3)安全接地。发光标志产品应设安全保护接地端子,并清楚注明标识,接地端子与机壳连接可靠,接地端子与机壳的连接电阻应小于0.1Ω。
(4)电源适应性。在以下条件下,发光标志产品应可靠工作:
①电压:交流电 $220\times(1\pm15\%)$V;
②频率:$50\times(1\pm4\%)$Hz。
(5)防雷保护。产品的供电接口和控制接口应采取必要的防雷电和过电压保护措施,采用的元器件和防护措施应符合JT/T 817的要求。

八、太阳能供电型标志电气指标要求

(1)电压分级。采用太阳能供电的标志,其太阳能电池组件、蓄电池组、充放电控制电路和负载应选择匹配的工作电压,电压值宜选用直流12V、24V和36V等。
(2)系统匹配性能。采用太阳能供电的发光标志产品,其太阳能电池组件和蓄电池组应选择与负载功耗相匹配的容量,并保留一定的冗余。在连续阴雨条件下,太阳能供电的发光标志产品满载工作时间 T_{ch25} 不小于120h,T_{ch0} 不小于96h;半载工作时间 T_{ch25} 不小于48h,T_{ch0} 不小于36h。
(3)安全防护。太阳能供电系统应具有过充保护、过放保护、防逆充保护、极性反接保护等安全防护功能。
(4)太阳能供电系统的其他指标应符合GB/T 24716的有关要求。
(5)绝缘电阻发光标志产品宜采用铝合金等轻质金属或钢质金属镶边,产品结构应稳定,承受由40m/s风速产生的风压后,不影响产品的使用性能,由此产生的几何变形量应不大于2mm。

九、结构稳定性

发光标志产品宜采用铝合金等轻质金属或钢制金属镶边,产品结构应稳定,承受由 40m/s 风速产生的风压后,不影响产品的使用性能,由此产生的几何变形量应不大于 2mm。

十、环境适应性能

1. 耐低温性能

发光标志产品在通电工作状态下(太阳能供电型发光标志产品在完全充电工作状态下),按 A 级、B 级、C 级分别在 -20℃、-40℃、-55℃条件下试验 16h,试验期间和试验结束后,产品应能正常工作,外观应无明显变形、涂层无明显缺陷。

2. 耐高温性能

发光标志产品在通电工作状态下(太阳能供电型发光标志产品在完全充电工作状态下),按 A 级、B 级、C 级分别在 +55℃、+50℃、+45℃条件下试验 16h,试验期间和试验结束后,产品应能正常工作,外观应无明显变形、涂层无明显缺陷。

3. 耐湿热性能

发光标志产品在通电工作状态下(太阳能供电型发光标志产品在完全充电工作状态下),在温度 +40℃、相对湿度(98±2)%条件下试验 48h,进行耐湿热性能试验 48h,试验期间和试验结束后,产品应能正常工作,外观应无明显任何变形、涂层无明显缺陷。

4. 耐机械振动性能

发光标志产品通电工作时,在振动频率 2Hz~150Hz 的范围内进行扫频试验。在 2~9Hz 时按位移控制,位移幅值 3.5mm(峰值 7.0mm);9~150Hz 时按加速度控制,加速度 10m/s²。2Hz→9Hz→150Hz→9Hz→2Hz 为一个循环,扫频速率为每分钟一个倍频程,共经历 20 个循环后,产品应功能正常,结构不受影响,零部件无松动。

5. 耐盐雾腐蚀性能

发光标志产品的印刷电路板、显示单元及底板、金属外壳和门锁经过 168h 的试验后,应无明显的腐蚀现象,金属构件应无红色锈点,印刷电路板经过 24h 自然晾干后应功能正常。

6. 耐候性能

发光标志产品的外壳防腐层、发光元件、逆反射材料和底板等耐候性能应符合 JT/T 817 的有关要求。

十一、防护等级

发光标志产品应采取防水、防尘措施,外壳防护等级应不低于 IP55 级。

十二、可靠性

在正常工作条件下,像素的年失控率应不大于 3‰;除蓄电池外,整体产品的平均无故障时间 MTBF 不小于 25000h。

第五节　道路交通标志生产及施工工艺

一、道路交通标志的生产工艺

道路交通标志的生产主要包括标志底板的加工、标志板面的制作、钢构件的加工等工艺。

标志底板应根据设计文件尺寸在工厂进行加工成型,并根据设计文件的要求进行剪裁、切割、加固、拼接、冲孔、卷边以及其他的加工工序。其中当标志底板用的材料为铝合金板时,除大型指路标志外,标志板应由单块铝合金板加工制成;大型指路标志可以分割拼装,一般根据板面大小、运输远近来决定,最多可以分割成四块。挤压成型的铝合金型材应根据标志尺寸拼装,板面应保持平整。加工完成后,标志底板应进行脱脂、清洗、干燥等工序,同时应检查铝合金板表面是否残留有污迹。不干净的铝合金板需重洗,清洗处理完成后直到粘贴反光膜前,不得用手直接触摸该铝合金板,亦不应再与油脂或其他污物接触。另外,对于制作标志底板的材料,应根据道路等级以及所在位置的气象条件、腐蚀程度、经济条件等因素综合确定。

标志板面采用反光膜材料时,应在干净、无尘土、温度不低于18℃、相对湿度在20% ~ 50%的车间进行粘贴;板面的形状、颜色、文字、箭头、编号、图形及边框应严格按照《道路交通标志和标线　第2部分:道路交通标志》(GB 5768.2—2022)和设计文件的规定执行;标志反光膜的逆反射性能应符合设计要求;反光文字符号应采用电脑刻绘机来完成;标志底膜应在专用的真空热敏(热敏胶)压贴机或连续电动滚压(压敏胶)贴膜机上完成贴膜;文字符号一般采用(手工贴膜)转移法粘贴;反光膜应尽量减少拼接,当不能避免接缝时,应使用反光膜产品的最大宽度进行拼接,接缝以搭接为主,当需要滚筒粘贴或丝网印刷时,可以平接,其间隙不应超过1mm;当批量生产版面和规格相同的标志时,可采用丝网印刷的方法。采用其他标志面材料时,其制作应符合设计文件的规定。

钢构件加工时,所有构件的钻孔、冲孔、焊接均应按《公路桥涵施工技术规范》(JTG/T 3650—2020)和设计文件的要求在防腐处理之前完成。

二、道路交通标志的施工工艺

1. 标志定位和基础设置

所有交通标志均应按设计文件的要求确定设置位置,标志的桩号不能随意更改。如果在规定位置设置有困难时,在不影响标志视认性的情况下,位置可以做适当调整。标志设置位置应满足如下要求:

(1)警告标志前置距离一般根据道路的设计速度选取。也可考虑所处路段的最高限制速度或运行速度等进行适当的调整。

(2)禁令、指示标志应设置在禁止、限制或遵循路段开始的位置。部分禁令、指示标志开始路段的路口前适当位置应设置相应的指路标志提示,使被限制车辆能够提前绕道行驶。

（3）指路标志设置位置应符合每一具体标志的规定。同时，标志基础的地基承载力应符合设计文件的规定。设计文件中未规定时，地基承载力不得小于150kPa。基础的施工应符合《公路桥涵施工技术规范》（JTG/T 3650—2020）的规定，浇筑混凝土时，应注意正确设置地脚螺栓和底座法兰盘。

2. 标志安装

安装标志时，立柱必须在基础混凝土强度达到设计强度的80%以上时才能安装。连接方法应采用设计文件提供的方法。对悬臂式、门架式标志在吊装横梁时，应使预拱度达到设计文件的要求。考虑到风力的影响，地脚螺栓等连接件应根据设计文件的要求设置双螺母。除另有规定外，标志安装应使其板面垂直于行车方向，视实际情况调整其水平或俯仰角度，并应遵循以下原则：

（1）标志安装应避免标志板面对驾驶人造成的眩光。

（2）路侧标志应与道路中线垂直，或与垂直方向成一定角度。其中，禁令标志、指示标志为0°～10°或30°～45°，如图2-2-14a)所示；其他标志为0°～10°，如图2-2-14b)所示。

（3）路上方标志的板面宜面向来车俯仰0°～15°，如图2-2-14c)所示。

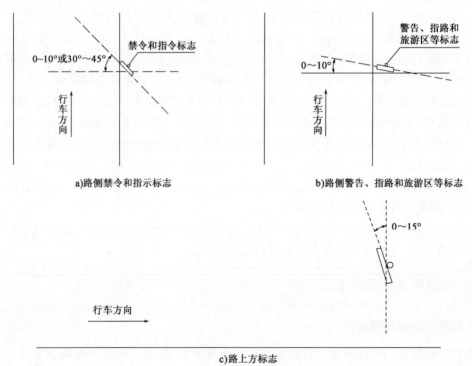

图2-2-14　标志安装角度示意图

第三章

道路交通标线及材料

第一节 道路交通标线概述

道路交通标线诞生于1924年,美国加利福尼亚州在99号国家公路上进行了分道线试验,结果行车秩序井然,交通事故锐减。我国对道路交通标线进行规范始于1955年公安部发布的《城市交通规则》,1972年交通部、公安部联合发布了《交通规则》。1986年由交通部公路科学研究院等单位编制完成了第一部全国统一的《道路交通标志和标线》(GB 5768—1986),其后分别在1999年和2009年对其进行了修订。作为一个系列标准,2017年和2018年又发布了对作业区、限制速度、铁路道口、学校区域等的子标准。现行的《道路交通标志和标线》标准充分考虑了我国道路交通及道路交通标线设置的特点,借鉴了国外的先进技术和经验,结合道路交通标线材料、工艺和结构类型的最新发展,以道路交通标线的设计、管理及道路使用者为主要对象,对道路交通标线的形状、尺寸、图形符号、材料、结构及设计等作了一系列的规定。

在质量控制方面,交通部于1995年颁布了《路面标线涂料》(JT/T 280—1995),对标线的原材料进行了规范,2004年完成标准修订并施行。2022年发布了新修订的路面标线涂料标准,新标准取消了热熔普通型路面标线涂料,反光型及突起型路面标线涂料要求预混玻璃珠含量不低于30%,同时增加了预混玻璃珠成圆率的要求,对总有机物含量、有害物质含量、原材料等都作了新规定。新标准的发布实施对于控制与提高路面标线涂料材料的环保性、减少污染有害物质排放量具有重要意义。标线施工质量检测方面,1996年颁布了《道路交通标线质量要求和检测方法》(GB/T 16311—1996),2005年和2009年完成修订并施行。

随着公路和城市道路建设的快速推进,交通标线及其原材料也得到迅速发展,标线的类型除原有的常温溶剂型、加热溶剂型、热熔型及热熔反光型外,还开发了环保的水性涂料标线和双组分涂料标线,以及具有振动功能的突起结构型振动反光标线。此外,交通管理部门为减少因路面打滑而造成的交通事故,对标线的抗滑性能也提出了要求。彩色防滑路面标线、全天候雨夜标线、视错觉标线等相继获得应用,提高了交通安全管理水平。

一、道路交通标线的功能和作用

道路交通标线是一种方便、简单、实用、经济的道路交通安全设施,人们亲切地称其为道路交通安全的生命线。它是由施划或安装于道路上的各种线条、箭头、文字、图案及立面标记、实体标记、突起路标等所构成的交通设施,它的作用是向道路使用者传递有关道路交通的规则、警告、指引等信息,可以与标志配合使用,也可以单独使用。具体地讲,道路交通标线主要具有以下4个方面的作用和功能。

1. 分离交通

通过在道路上施划的道路交通标线,可实现车辆与行人分离,机动车与非机动车分离,不同种类车辆的分离,不同行驶方向车辆的分离,不同行驶速度车辆的分离,从而保证车辆、行人各行其道,提高道路通行能力并减少交通事故。

2. 渠化平交路口交通

在平交路口施划的道路交通标线,可渠化平交路口交通,充分利用空间和时间,引导车辆和行人各行其道,减少交通阻塞,保障交通畅通。

3. 指示和预告前方路况

交通标线可以将前方路况的特点与信息及时指示和预告给交通参与者,当道路交通标线与道路交通标志或交通信号配合使用时,不仅可以提高交通参与者的注意力,而且可以起到指引方向的作用,保障交通安全。

4. 作为执法和守法的依据

道路交通标线使交通参与者的交通行为规范化,它不仅是交通参与者的守法依据,而且也是管理部门对交通违章、违法行为和交通事故进行处理的法律依据。

二、道路交通标线的分类

道路交通标线按材料分为溶剂型涂料标线、热熔型涂料标线、水性涂料标线和双组分涂料标线,另外还有预成型标线带和立面标记。按性质及用途可以分为非反光标线、反光标线、突起振动标线、防滑标线、雨夜标线和其他标线。

根据现行《道路交通标志和标线》(GB 5768),道路交通标线按功能、设置方式、形态可以划分为表2-3-1所示类别。

道路交通标线的类别　　　　　　　　表2-3-1

分类依据	类别	说明
功能	指示标线	指示车行道、行车方向、路面边缘、人行道、停车位、停靠站及减速丘等的标线
	禁止标线	告示道路交通的遵行、禁止、限制等特殊规定的标线
	警告标线	促使道路使用者了解道路上的特殊情况,提高警觉,准备应变防范措施的标线
设置方式	纵向标线	沿道路行车方向设置的标线
	横向标线	与道路行车方向交叉设置的标线
	其他标线	字符标记或其他形式标线
形态	线条	施划于路面、缘石或立面上的实线或虚线
	字符	施划于路面上的文字、数字及各种图形、符号
	突起路标	安装于路面上用于标示车道分界、边缘、分合流、弯道、危险路段、路宽变化、路面障碍物位置等的反光体或不反光体
	轮廓标	安装于道路两侧,用以指示道路边界轮廓、道路的前进方向的反光柱(或反光片)

三、道路交通标线的施划原则

1. 道路交通标线的颜色

现行《道路交通标志和标线》(GB 5768)明确规定:道路交通标线的颜色为白色、黄色、蓝色或橙色,路面图形标记中可出现红色或黑色的图案或文字。道路交通标线颜色的色度性能应符合《道路交通标线质量要求和检测方法》(GB/T 16311—2009)的规定。白色道路交通标线具有色彩醒目和视认性好的特点,因而在国内外各级公路上被普遍使用。此外,黄色、蓝色或橙色交通标线也出现在国内外各级公路上,它们改变了以往白色标线的色彩单一的缺点,可以减少驾驶员长时间驾驶产生的视觉疲劳,对交通安全十分有利。黄色标线主要用于分隔道路上对向行驶的交通流。橙色标线主要用于道路施工作业区。蓝色标线作为非机动车专用道标线,施划停车位标线时,指示免费停车位。

2. 交通标线虚线的长度

道路交通标线虚线的实线段和间隔的长度与车辆行驶速度直接相关。实线段间距过近,会造成闪现率过高而使虚线出现连续感,对驾驶员产生过分刺激;但闪现率太低,使驾驶员在行驶过程中获得的信息太少,起不到标线的警示作用。因此,闪现率在 2.8~3.0 次/s 之间效果最好。

现行《道路交通标志和标线》(GB 5768)对道路交通标线虚线的线长进行了规定:实线段和间隔的长度分别为 2m 和 2m、2m 和 4m、4m 和 4m、4m 和 6m、6m 和 9m。

3. 交通标线的宽度

驾驶员的行车视觉对纵向和横向标线的宽度有着不同的要求。国内外对纵向标线的研究表明:其宽度对驾驶员心理、生理指标没有影响。现行《道路交通标志和标线》(GB 5768)中规定纵向标线的线宽一般取 10cm、15cm、20cm 和 25cm,最小值和最大值分别为 8cm 和 30cm。

横向标线宽度应比纵向交通标线宽,因为驾驶员在行车中发现横向标线往往是由远到近,尤其在横向标线比较远的时候视角范围很小,加上远小近大的原理,加宽横向标线是很有必要的。现行《道路交通标志和标线》(GB 5768)中规定横向标线的线宽一般取 20cm、30cm、40cm 或 45cm。

4. 交通标线的厚度

道路交通标线因其设计使用寿命不同、标线材料种类不同和应用场合不同,其厚度也有较大区别。《道路交通标线质量要求和检测方法》(GB/T 16311—2009)对不同材料类型标线的厚度有详细规定。

5. 交通标线的反光性

现行《道路交通标志和标线》(GB 5768)明确规定:各等级公路和城市快速路、主干路应设置反光道路交通标线。反光道路交通标线是通过其标线材料中预混逆反射材料(如玻璃珠)或标线施工时在标线表面撒布逆反射材料而实现的。《道路交通标线质量要求和检测方法》(GB/T 16311—2009)规定:对于正常使用期间的反光标线,白色反光标线的逆反射亮度系数不应低于 80mcd·m^{-2}·lx^{-1},黄色反光标线的逆反射亮度系数不应低于 50mcd·m^{-2}·lx^{-1};对于新施划的反光标线,白色反光标线的逆反射亮度系数不应低于 150mcd·m^{-2}·lx^{-1},黄色反光标线的逆反射亮度系数不应低于 100mcd·m^{-2}·lx^{-1}。

6. 道路交通标线的抗滑性

现行《道路交通标志和标线》(GB 5768)明确规定:设置于路面的道路交通标线应使用抗滑材料,标线表面的抗滑性能一般应不低于所在路段路面的抗滑性能。《道路交通标线质量要求和检测方法》(GB/T 16311—2009)规定:防滑标线的抗滑值应不小于 45BPN。

第二节 路面标线涂料

一、路面标线涂料的原材料

路面标线涂料是道路交通标线施划过程中使用量最大的材料,尽管其产品种类包括热熔型、溶剂型、水性和双组分四大类,但其原材料构成均主要包括成膜物、颜料、填料、助剂以及分散介质等;反光型路面标线涂料的成分还包括一定比例的预混或面撒玻璃珠。

1. 成膜物

成膜物为树脂。它将涂料中各组分黏结在一起形成整体均一的涂层或涂膜,同时要求其对底材或底涂层发挥润湿、渗透和相互作用而产生必要的附着力。因此成膜物是涂料最基本也是最重要的成分。

2. 颜料

颜料是一种有色的细颗粒粉状物质,一般不溶于水、油、溶剂和树脂等介质,但能分散在这些介质中。颜料赋予涂层色彩遮盖力、着色力,增加机械强度,具有耐介质、耐光、耐候和耐热等性能,又可称为着色剂、着色颜料。颜料从化学组成来分,可分为无机颜料和有机颜料两大类。有机颜料的着色力、鲜艳度及装饰效果优于无机颜料,但其耐候、耐热和耐光性等不如无机颜料。路面标线涂料所涉及的主要有白色、黄色、橙色、蓝色和红色颜料,常见颜料包括钛白粉、铬黄、镉黄、钼镉红、镉红、钴蓝、群青等。

3. 填料

填料通常指体质颜料,大部分是天然产品和工业上的副产品,其价格相对便宜,在路面标线涂料中填料占较大重量比,可以降低涂料成本。体质颜料和前述的着色颜料不同,在颜色、着色力、遮盖力等方面和着色颜料不能相比,但在涂料中应用可以改善涂料的施工性能,提高颜料的悬浮性和防止流挂的性能,又能提高涂膜的耐水性、耐磨性和耐温性等。常用的填料有重质碳酸钙、轻质碳酸钙、硫酸钡、滑石粉、石英粉、硅灰石、高岭土等。

4. 助剂

助剂作为涂料的辅助材料,用量极少,但对涂料的性能有极大的影响,不同种类的助剂分别在涂料生产、储存、施工和成膜等不同阶段发挥作用,现已成为涂料不可缺少的组成部分。

典型的涂料助剂有:防沉剂、润湿剂、分散剂、消泡剂、催干剂、流平剂、增塑剂、杀菌防腐剂、紫外线吸收剂、防结皮剂。

5. 分散介质

分散介质是能够稀释或溶解成膜树脂,改善涂料体系和涂膜性能的挥发性液体。分散介质的作用是确保涂料体系的稳定性、流变性,同时在施工和成膜过程中起着重要作用。

6. 玻璃珠

反光型道路交通标线的反光性能是通过反光介质对光线的逆反射来实现的。反光型道路交通标线材料最常用的反光介质即玻璃珠,路面标线涂料用玻璃珠根据不同的使用情况,可分为面撒玻璃珠和预混玻璃珠两种。面撒玻璃珠是指涂料在路面画出标线后,播撒在未干的标线涂料表面的玻璃珠;预混玻璃珠是指在路面标线涂料划线以前,均匀混合在该涂料中的玻璃珠。玻璃珠应使用钠钙硅酸盐玻璃制造,不应夹杂含铅或含其他重金属元素的特种玻璃。

玻璃珠在标线或涂料中的应用目的在于为标线提供反光或持续反光效果,这就要求玻璃珠本身要具有透明度好、成圆率高、折射率高的特性。此外,玻璃珠的施工方式、撒布量、嵌入标线表面程度、不同粒径玻璃珠的粒径级配、玻璃珠表面处理方式等也对其反光效果有很大影响。

二、路面标线涂料的成膜机理

路面标线涂料施划于道路表面形成交通标线,由固态粉末涂料或液态水性、溶剂涂料通过物理或化学交联转变成固态涂膜的过程,称之为成膜过程。

不同品种的路面标线涂料的成膜过程不同,其成膜机理也不尽相同。

热熔型路面标线涂料常温下呈固体粉末状态,施工时加热至180～220℃,才能使成膜树脂颗粒熔合,树脂分子间相互交错缠绕进而冷却形成连续完整的涂膜,成膜过程仅发生物理变化。溶剂型路面标线涂料和水性路面标线涂料的成膜过程都是通过涂料中的溶剂(水性路面标线涂料的溶剂为水)挥发来实现的,虽然其成膜机理完全不同但都是物理变化。以上三类路面标线涂料的成膜过程均称为非转变型成膜过程。

双组分路面标线涂料的成膜过程是一种化学变化过程,也称转变型成膜过程。其成膜机理是成膜物分子量较低的树脂与固化剂发生化学反应,通过缩合、加聚等方式交联成网状大分子结构。

三、路面标线涂料的分类和特点

目前,路面标线涂料分类方法很多,主要有以下三种。

1. 按涂料的自身属性划分

按涂料自身属性划分,路面标线涂料可分为热熔型路面标线涂料、溶剂型路面标线涂料、双组分路面标线涂料、水性路面标线涂料四种。《路面标线涂料》(JT/T 280—2022)即按此方法分类,如表2-3-2所示。

路面标线涂料的分类表　　　　　表2-3-2

类　　别	型　　号	涂料中预混玻璃珠含量(质量百分比)	状　　态	形成标线后是否具有振动功能
热熔	反光型	≥30%	固态	否
	突起型	≥30%		是
溶剂	普通型	0	液态	否
	反光型	≥30%		否
双组分	普通型	0	液态	否
	反光型	≥30%		否
	突起型	≥30%		是
水性	普通型	0	液态	否
	反光型	≥30%		否

1)热熔型路面标线涂料

热熔型路面标线涂料在20世纪50年代出现,以其干燥快、成膜厚、具有夜间反光、耐磨性好、耐候性好、使用寿命强等优点,得到广泛使用。

热熔型路面标线涂料常温下呈固体粉末状态,施工时加热至180～220℃,使其熔融后涂敷于路面,5min内冷却凝固成固体附着于路面。热熔型路面标线涂料以热塑性树脂为主要成膜物质,故也称为热塑涂料。目前,通常使用的热塑性树脂有松香树脂和C5石油树脂等。

按使用功能划分,热熔型路面标线涂料包括反光型和突起型两种,《路面标线涂料》(JT/T 280—2022)最新标准取消了热熔普通型路面标线涂料。按施工方式划分,包括刮涂型、喷涂型和振荡型三种。

刮涂是热熔型路面标线涂料最常见的施工方式,其施工工艺相对成熟、施工设备相对简单。干膜厚度一般控制在0.7～2.5mm之间。

喷涂是对热熔刮涂方式进行改进的一种施工方式,充分利用了高温熔融状态下热熔型涂料黏度变小,易于喷涂的特性,其施工设备相对复杂。干膜厚度一般控制在0.7～1.2mm之间。

振荡型路面标线使用热熔突起型路面标线涂料,较之热熔反光型路面标线涂料,其配方组成不同,该涂料在熔融状态下具有更好的触变性能,当采用挤出式专用设备施工时,可以在标线表面上形成规则的凸凹形状,具有振动和雨夜反光功能。

2)溶剂型路面标线涂料

溶剂型路面标线涂料是以有机溶剂为分散介质,将成膜物、颜料、填料和助剂分散其中,《路面标线涂料》(JT/T 280—2022)要求溶剂普通型不内混玻璃珠,溶剂反光型内混30%以上的玻璃珠。

按施工温度划分又可分为常温型和加热型两种类型。

常温溶剂型路面标线涂料含有大量的易挥发溶剂,严重污染环境,干膜厚度一般在0.3～0.4mm之间,使用效果一般。

加热溶剂型路面标线涂料是对传统的常温溶剂型路面标线涂料的改进,提高了固体含量,干膜厚度可达到 0.4~0.8mm。由于加热溶剂型路面标线涂料所需施工设备复杂和昂贵等原因,未在我国大量推广使用,在欧美等国使用较多。

3) 双组分路面标线涂料

双组分路面标线涂料是一种化学反应型路面标线涂料。由主剂(A组分)和固化剂(B组分)组成,主剂的成膜物质包括环氧树脂、聚氨酯树脂和 MMA(PMMA)型树脂等几种类型,主剂常温下为液态,通过树脂与相配套的固化剂组成双组分涂料,其成分构成与其选择的树脂类型和固化体系有很大关系。施工时主剂与固化剂按一定比例混合均匀后涂敷于路面,要求混合后的涂料在一定时间内用完,否则固化后无法使用并导致设备堵塞,难以清理。双组分路面标线涂料与其他道路交通标线材料的最本质区别在于其为化学反应固化,而非物理固化。目前,我国和欧洲普遍采用 MMA(PMMA)型树脂制备该涂料,美国则多采用环氧树脂。

双组分路面标线涂料主要采用喷涂、刮涂和甩涂三种施工方式,喷涂、刮涂施工工艺适用于双组分普通型和反光型路面标线涂料,甩涂施工工艺适用于双组分突起型路面标线涂料,不粘胎干燥时间小于 60min,干膜厚度一般控制在 0.4~2.5mm 之间。

4) 水性路面标线涂料

水性路面标线涂料以水为溶剂,乳液为主要成膜物质,并配之以颜料、填料和助剂等组成。水性路面标线涂料是一种新型的环保涂料,该涂料具有固体含量高、VOC 含量低、对玻璃珠有很好的附着力、反光效果好、涂膜耐磨和抗滑性能好、重涂简单、施工效率高等优点。与水性路面标线涂料相比较,热熔型涂料存在耗能大和重涂施工难度大、需要除掉旧线才能施工等不足,而溶剂型涂料存在严重污染环境的问题。有报道显示,美国、瑞典、芬兰、荷兰、德国、西班牙和澳大利亚等发达国家已普遍采用水性路面标线涂料和无溶剂常温双组分标线涂料施划道路标线。目前,水性路面标线涂料的施工成本介于溶剂型涂料和热熔型涂料之间,具有很好的发展前景。

水性路面标线涂料主要采用喷涂方式施工,不粘胎干燥时间小于 15min,干膜厚度一般控制在 0.2~0.5mm 之间。

2. 按存在形态划分

按涂料的存在形态划分,路面标线涂料可分为固态涂料和液态涂料两大类。

固态涂料主要指热熔型路面标线涂料,液态涂料包括溶剂型路面标线涂料、水性路面标线涂料和双组分路面标线涂料。

四、标线涂料的作用和一般要求

路面标线涂料作为使用最普遍的道路交通标线材料之一,通过一定的施工方式施划于路面形成标线,起到分隔车道、警示驾驶员的作用,从而达到减少交通事故的目的。

路面标线涂料性能的好坏不仅影响道路养护、维护成本,也直接影响交通安全。因此,路面标线涂料施工形成道路交通标线后通常应满足以下几方面的性能要求。

1. 标志效果鲜明

路面标线涂料经过施工形成交通标线后,在其使用寿命周期内应保持标志效果鲜明、醒目,这样可以帮助驾驶员自然、平稳行车,对驾驶员和行人起到良好的警示作用。路面标线涂料形成标线后应具有足够的白度(或黄色度),不易褪色、变色,耐污性好,易于辨认。

2. 附着力强

路面标线涂料施工后应与路面具有较强的附着力,不脱落,从而保证道路交通标线的完整和清晰,达到良好的视认效果。

3. 耐久性好

耐久性是指涂料持久抵抗气候变化、化学侵蚀、表面磨损、环境污染等破坏过程的能力。道路交通标线长期暴露于户外,风吹日晒、行车磨损将引起标线失效,标线频繁养护、维护施工通常会引起交通拥挤,甚至堵塞。因此,耐久性好的路面标线涂料会有较长的使用寿命,以减少养护、维护施工次数。标线材料种类、环境条件、车流量等对道路交通标线的使用寿命均有影响。目前实际应用的路面标线涂料的使用寿命从几个月到几年不等。道路交通标线耐久性研究目前正在引起人们的广泛关注。

4. 反光效果优异

道路交通标线不仅要求白天清晰、鲜明和醒目,也要求夜间反光效果优异。反光型道路交通标线的使用是夜间行车安全的有效保障因素之一,同时也可以大大提高夜间的行车效率。各国对道路交通标线的反光性能都作了相应的规定,《道路交通标线质量要求和检测方法》(GB/T 16311—2009)中规定,白色反光标线的初始逆反射亮度系数应不小于 $150 \mathrm{mcd} \cdot \mathrm{m}^{-2} \cdot \mathrm{lx}^{-1}$;黄色反光标线的初始逆反射亮度系数应不小于 $100 \mathrm{mcd} \cdot \mathrm{m}^{-2} \cdot \mathrm{lx}^{-1}$。在欧洲,当白色反光标线的初始逆反射亮度系数小于 $100 \mathrm{mcd} \cdot \mathrm{m}^{-2} \cdot \mathrm{lx}^{-1}$ 时,标线便视为失效,要求重新施划。

5. 施工干燥时间短

这是由道路交通的不间断性所决定的,道路交通标线施工时间越迅速,造成交通堵塞的影响越小。根据道路路面标线涂料种类的不同,其不粘胎干燥时间一般在 5~60min 之间。

6. 具备防滑性能

道路交通标线作为路面的组成部分,应该具备一定的防滑性能,《道路交通标线质量要求和检测方法》(GB/T 16311—2009)中规定,防滑标线的抗滑摆值应不小于45BPN。

五、交通标线施工质量过程控制

施工质量是影响道路交通标线质量的另一关键因素,《公路交通安全设施施工技术规范》(JTG/T 3671—2021)中,交通标线一章共有一般规定、材料、施工、质量过程控制四节,对施工准备、施工材料、施工过程中的注意事项及质量控制进行规范,对施工环节保证道路交通标线质量提出了具体要求。其中施工一节对交通标线施工中的路面清洁、标线放样、确定参数、预留位置及不同材料标线施工要点均有较详细规定。

JTG/T 3671—2021对交通标线质量过程控制一节中的技术要求与本章第二节所述基本一致,但在本节最后部分规定:根据需要,可按现行《道路交通标线质量要求和检测方法》(GB/T 16311)的规定采用钻芯取样方法,对施工完成后热熔型标线涂料标线预混玻璃珠含量、总有机物含量、重金属含量等进行试验检测。本段内容提供了通过对交通标线成品进行现场取样,检测标线材料质量的取样方法和依据。

六、路面标线涂料通用检测方法和技术要求

1. 试验前准备

1)试样状态调节和试验的温湿度

路面标线涂料的试样状态调节和试验的温湿度为温度23℃±2℃、相对湿度50%±5%。

2)取样

按《色漆、清漆和色漆与清漆用原材料取样》(GB/T 3186—2006)中的规定进行取样,液态样品混合均匀后取样,为减少溶剂挥发或产生交联反应,操作应尽快进行;固态样品混合均匀后按四分法取样。

2. 检测项目及仪器设备

路面标线涂料检测项目及所用仪器设备见表2-3-3。

路面标线涂料检测项目及所用仪器设备　　　　　　表2-3-3

检测项目	所用仪器设备	测量参数
容器中状态	调刀	—
预混玻璃珠含量	天平、电热鼓风干燥箱、恒温水浴箱	质量、温度
预混玻璃珠成圆率	玻璃珠选型器、天平	质量
有害物质含量	气象色谱仪、电感耦合等离子体原子发射光谱仪或原子吸收光谱仪、X射线荧光光谱仪、天平、电热鼓风干燥箱等	质量、温度
施工性能和涂层外观	湿膜涂布器	—
色度性能	色度计	色品坐标、亮度因数
耐水性	量杯、烧杯、秒表	时间
耐碱性	量杯、烧杯、秒表、天平	质量、时间
人工加速耐候性	人工加速老化试验箱、色度计	辐照度、色品坐标、亮度因数
密度	金属比重瓶、天平、游标卡尺	密度、质量、尺寸
黏度	涂-4黏度计、斯托默黏度计	黏度
不粘胎干燥时间	不粘胎时间测定仪、电子秒表	时间
遮盖率	色度计	色品坐标、亮度因数
耐磨性	漆膜磨耗仪	质量
附着性	漆膜附着力测定仪	—
柔韧性	漆膜柔韧性测定仪	—
固体含量	天平、电热鼓风干燥箱	质量、温度
凝胶时间	恒温水浴箱、天平、电子秒表	温度、质量、时间
涂层低温抗裂性	高低温试验箱、秒表	温度、时间
冻融稳定性	高低温试验箱、秒表	温度、时间

续上表

检测项目	所用仪器设备	测量参数
早期耐水性	高低温湿热试验箱、秒表	温度、湿度、时间
软化点	软化点测定仪、温度计	温度
抗压强度	电子万能材料试验机、游标卡尺	力、尺寸
加热稳定性	电炉、色度计	温度、色品坐标、亮度因数
流动度	流动度测定仪	质量、面积
耐热变形性	游标卡尺、秒表	高度、时间
总有机物含量	马弗炉、天平、秒表	质量、时间

3. 容器中状态

1）试验方法

打开包装容器，热熔型涂料采用目视检查，溶剂型、双组分和水性涂料用调刀检查。

2）技术要求

打开包装容器，热熔型涂料应干燥、无结块、无杂质，搅拌后呈均匀松散状态；溶剂型、双组分和水性涂料应无结块、结皮，易于搅拌，搅拌后色泽均匀一致。

4. 预混玻璃珠含量

1）试验方法

称取约 60g 的试样放在三角烧瓶中，加入醋酸乙酯和二甲苯混合溶液约 250mL，在不断搅拌下溶解树脂等有机成分，玻璃珠沉淀后，将悬浮液倒出；加入 500mL 上述混合溶剂，在不断搅拌下继续溶解树脂等有机成分，玻璃珠沉淀后，将悬浮液倒出，反复进行 3 次，加入 100mL 丙酮清洗后倒出悬浮液；将三角烧瓶置于恒温水浴槽沸腾水浴中，加热约 30min，使剩余有机溶剂充分发挥，冷却至室温；加入约 100mL 的稀硫酸或稀硫酸和稀盐酸混合溶液，用表面皿作盖，在恒温水浴槽沸腾水浴中加热约 30min，冷却至室温后倒出悬浮液；加入 300mL 水充分搅拌，玻璃珠沉淀后，倒出洗液，再用水反复清洗 5~6 次；加入 95% 乙醇 50mL 清洗，倒出洗液；将三角烧瓶置于恒温水浴槽沸腾水浴中，加热约 30min，使乙醇充分挥发，将玻璃珠移至已知重量的表面皿中，如烧瓶中有残留玻璃珠，可用少量水清洗后倒入表面皿中，并将表面皿中水倒出；将表面皿放置在温度为 105~110℃ 的电热鼓风干燥箱中加热 1h，取出表面皿，放在干燥器中冷却至室温后称重，如原试样中有石英砂，应在称重前经玻璃珠选型器除去石英砂，同时做 3 个平行试验。

按下式计算玻璃珠含量，取其算数平均值作为测试结果。

$$G = \frac{M}{M_0} \times 100\% \tag{2-3-1}$$

式中：G——玻璃珠含量；

M——玻璃珠质量（g）；

M_0——试样质量（g）。

2）技术要求

预混玻璃珠是路面标线持续反光的关键因素。反光型和突起型涂料中预混玻璃珠含量应不低于30%,并符合《路面标线用玻璃珠》(GB/T 24722—2020)中预混玻璃珠的有关规定。

5. 预混玻璃珠成圆率

1)试验方法

以预混玻璃珠含量试验得到的玻璃珠作为试样,按《路面标线用玻璃珠》(GB/T 24722—2020)规定的方法进行。

2)技术要求

反光型和突起型涂料中预混玻璃珠成圆率应不低于《路面标线用玻璃珠》(GB/T 24722—2020)中的规定。

6. 有害物质含量

1)试验方法

VOC含量实验方法:预期VOC含量小于15%(质量分数)时,按照《色漆和清漆 挥发性有机化合物(VOC)含量的测定 气相色谱法》(GB/T 23986—2009)第9章的方法进行测定;预期VOC含量不小于15%(质量分数)时,按照《色漆和清漆 挥发性有机化合物(VOC)含量的测定 差值法》(GB/T 23985—2009)第7章的方法测定。热熔型、水性路面标线涂料测量条件为101.3kPa标准压力、200℃;溶剂型、双组分路面标线涂料测量条件为101.3kPa标准压力、105℃。

重金属含量试验方法:在200mm×150mm×5mm的基材上,将涂料制备成厚度为0.2~2.5mm、宽度为80mm的带状涂层,涂覆后在温度23℃±2℃、相对湿度50%±5%条件下养护72h,将干燥后的涂层破碎成小块作为试样。铅、镉、汞的测定按《涂料中有害元素总含量的测定》(GB/T 30647—2014)规定的方法进行;铬、砷、锑的测定按《含铅玻璃化学成分分析方法》(GB/T 33503—2017)规定的方法进行。

2)技术要求

路面标线材料中有害物质含量[主要包括挥发性有机化合物(VOC)、重金属(铅、镉、铬、汞、砷、锑)等]过多,会严重危害标线施工人员及交通参与者的人身健康,并造成土壤、水体和大气等环境污染与损害。控制与提高路面标线涂料环保性,减少路面标线材料中污染有害物质含量是十分紧迫和必要的。有害物质限量要求见表2-3-4。

有害物质限量要求　　表2-3-4

类别	VOC含量(g/kg)	重金属含量(mg/kg)					
		铅	镉	铬	汞	砷	锑
热熔	≤50	≤100	≤100	≤100	≤100	≤100	≤100
溶剂	≤350						
双组分	≤200						
水性	≤100						

注:表中VOC含量、重金属含量的单位也可以与其体积和密度进行换算后,以g/L表示。

7. 施划性能

1)试验方法

采用刮涂或喷涂等施划方法在水泥石棉板上涂布涂料,观察测试涂料形成涂层过程中,施划是否顺畅便捷,形成的涂层外观是否完好。

2)技术要求

热熔型涂料在喷涂、刮涂、甩涂、成型时,施划性能应良好;溶剂型、双组分和水性涂料在有气或无气喷涂、刮涂、甩涂、滚涂、成型时,施划性能应良好。

8. 涂层外观

1)试验方法

热熔型涂料涂层外观试验方法:取一定量的试料放在金属容器内,在搅拌状态下加热至200℃±10℃,使试料完全熔融,且在金属容器内上下完全均匀一致、无气泡,将热熔涂料刮板器放置于200mm×150mm×5mm水泥石棉板长边中心处,并立即将完全熔融好的试料导入热熔涂料刮板器中,平移刮板器,制成一条与水泥石棉板短边平行、厚度为1.5~2.0mm、宽度为80mm的带状涂层,见图2-3-1,试板放置1h在自然光下目测。

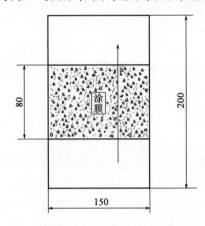

图2-3-1 测定仪滚动方向图(尺寸单位:mm)

溶剂型、双组分、水性涂料用300μm的湿膜涂布器于200mm×150mm×5mm水泥石棉板长边中心处,涂成一条与水泥石棉板短边平行、宽度为80mm的带状涂层,见图2-3-1,试板放置24h后,在自然光下目测。

2)技术要求

干燥后,涂层应无皱纹、斑点、起泡、裂纹、脱落、粘胎等现象,颜色均匀一致。

9. 色度性能

1)试验方法

热熔型涂料熔融后注入模腔尺寸约60mm×60mm×5mm、材质为Q235钢的制样器中,使其自然流平,冷却至室温取出放置24h;溶剂型、双组分、水性涂料按涂层外观的要求制样,在放置24h后的涂层上任取3点,用D_{65}光源45°/0°色度计测定其色品坐标和亮度因数,并取其算术平均值为测试结果。

2)技术要求

其色品坐标和亮度因数应符合JT/T 280—2022中图1规定的范围,各区域角点坐标及亮度因数详见JT/T 280—2022中的表2。

10. 耐水性

1)试验方法

热熔型涂料按色度性能的要求制样,放置24h;溶剂型、双组分、水性涂料用300μm的湿膜涂布器涂布于100mm×50mm×5mm水泥石棉板上,制成约100mm×50mm的涂层,放置24h。

按《漆膜耐水性测定法》(GB/T 1733—1993)进行。在玻璃水槽中加入蒸馏水或去离子水,在23℃±2℃条件下,将试板面积2/3浸泡于23℃±2℃的水中24h。

2)技术要求

在水中浸泡 24h 应无变色、起皱、起泡、开裂等现象。

11. 耐碱性

1)试验方法

热熔型涂料按色度性能的要求制样,放置 24h;溶剂型、双组分、水性涂料按耐水性的要求制样。

按《建筑涂料 涂层耐碱性的测定》(GB/T 9265—2009)进行。在 23℃ ±2℃ 条件下,将试板面积的 2/3 浸泡于氢氧化钙饱和溶液中 24h。氢氧化钙饱和溶液的配制方法是在 23℃ ±2℃ 条件下,以 100mL 蒸馏水中加入 0.12g 氢氧化钙的比例配制碱溶液并进行充分搅拌,该溶液的 pH 值应达到 12～13。

2)技术要求

在氢氧化钙饱和溶液中浸泡 24h 应无变色、起皱、起泡、开裂等现象。

12. 人工加速耐候性

1)试验方法

按涂层外观的要求制样,按不同类型涂料分组,每组样品数量为 3 块,进行人工加速耐候性试验的样品,其色品坐标和亮度因数均应符合 JT/T 280—2022 表 2 和图 1 的规定。

按《色漆和清漆 人工气候老化和人工辐射曝露 滤过的氙弧辐射》(GB/T 1865—2009)中循环 A 的规定进行。试验设备满足 GB/T 1865—2009 方法 1 的要求,300～400nm 之间的平均辐照度为 $60W/m^2$,或在 340nm 处为 $0.51W/m^2$。将试板放置在试板架上,使试板周围的空气可以流通,设置黑板标准温度 65℃ ±2℃ 或黑板温度 63℃ ±2℃,试验箱内的空气温度 38℃ ±3℃,连续运行,每周期润湿时间 18min,干燥时间 102min,干燥期间相对湿度 40%～60%。

热熔型、双组分涂料试验时间为 600h,溶剂型、水性涂料试验时间为 300h。取出试板测定色品坐标和亮度因数,取其算术平均值作为测试结果。

2)技术要求

试验前样品的色品坐标和亮度因数应符合 JT/T 280—2022 中表 2 的要求。经人工加速耐候性试验后,试板涂层不产生龟裂、剥落;允许轻微粉化和变色,色品坐标应符合 JT/T 280—2022 中表 2 的要求,涂层亮度因数变化范围不大于表 2 中规定的亮度因数 20%。

七、溶剂型、双组分、水性路面标线涂料试验方法和技术要求

1. 密度

1)试验方法

按《色漆和清漆 密度的测定 比重瓶法》(GB/T 6750—2007)的规定,使用金属比重瓶进行测定。

2)技术要求

路面标线涂料密度要求见表 2-3-5。

路面标线涂料密度要求　　　　表2-3-5

路面标线涂料类型	溶剂型		双组分	水性	
	普通型	反光型		普通型	反光型
密度 ρ (g/cm³)	≥1.2	≥1.3	1.5≤ρ≤2.0	≥1.4	≥1.6

2. 黏度(溶剂、水性)

1) 试验方法

溶剂普通型路面标线涂料按《涂料粘度测定法》(GB/T 1723—1993)的规定,采用涂-4黏度计进行测量。溶剂反光型、水性路面标线涂料按《涂料黏度的测定 斯托默黏度计法》(GB/T 9269—2009)规定的方法进行。

2) 技术要求

黏度作为一项重要的工艺控制参数,直接关系着涂料储存稳定性、施工性能、涂抹成型及涂层厚度等,各类路面标线涂料的黏度要求见表2-3-6。

路面标线涂料黏度要求　　　　表2-3-6

路面标线涂料类型	溶剂型		水性	
	普通型	反光型	普通型	反光型
黏度 η	100≤η≤150	80≤η≤120	η≥70	80≤η≤120

注:溶剂普通型黏度的单位为秒(s),溶剂反光型、水性黏度用 KU 值表示。

3. 不粘胎干燥时间

1) 试验方法

不粘胎时间测定仪见图2-3-2,轮子外边装有合成橡胶的平滑轮胎,轮的中心有轴,其两端为手柄,仪器总质量为15.8kg±0.2kg,该轮为两侧均质。按涂层外观要求制成涂层,涂后立刻按下秒表,溶剂型、水性路面标线涂料等待5min、双组分路面标线涂料等待10min后使用不粘胎测定仪测试涂料不粘胎干燥时间。

把测定仪自试板短边一端中心向另一端滚动1s,滚动仪器时,应两手轻轻持柄,避免测定仪自重以外的任何力加于涂膜上。测定仪滚动位置及方向如图2-3-1。目测测定仪的轮胎有无试料粘黏,若有,立即用丙酮或甲乙酮湿润过的棉布擦净,此后每30s重复一次试验,直至轮胎不粘黏试料时,停止秒表计时,该时间即为不粘胎干燥时间。

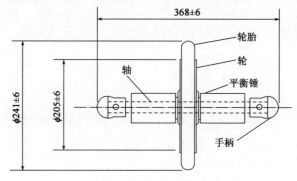

图2-3-2　不粘胎时间测定仪图(尺寸单位:mm)

2)技术要求

为了使标线施划后尽快开放交通,要求涂层能快速干燥。溶剂型、水性路面标线涂料要求不大于15min,双组分要求不大于60min。

4. 遮盖率

1)试验方法

将原样品用300μm的漆膜涂布器涂布在遮盖率测试纸上,沿长边方向在中央涂约80mm×200mm的涂膜,并使涂膜与遮盖率测试纸的白面和黑面成直角相交,相交处在遮盖率测试纸的中间;涂面向上放置24h后,在涂面上任意取3点用D_{65}光源45°/0°色度计测定遮盖率测试纸白面上和黑面上涂膜的亮度因数,取其平均值。按下式计算遮盖率。

$$H = \frac{B}{W} \times 100\% \tag{2-3-2}$$

式中:H——遮盖率(反射对比率);
B——黑面上涂膜亮度因数平均值;
W——白面上涂膜亮度因数平均值。

2)技术要求

白色不小于95%,黄色不小于80%。

5. 耐磨性

1)试验方法

按《色漆和清漆 耐磨性的测定 旋转橡胶砂轮法》(GB/T 1768—2006)制备试板。以直径100mm、中心开有6.35mm孔径的玻璃板为底板,将涂料刷涂或喷涂于清洁干燥的底板上,涂布的第一道漆膜干燥2h后,刷涂或喷涂第二道涂膜,最后一道涂膜涂布后,干燥24h进行耐磨性测试。使用漆膜耐磨仪,荷重砝码为1000g,橡胶砂轮转数达到200转后,测试试板的磨损量。同一试样应制成3块试板,分别计算3块试板的磨耗值,取其平均值。

2)技术要求

路面标线在正常使用期间,要经受车轮的频繁碾压,为保证使用寿命及使用效果,对标线涂料的耐磨性有一定的要求。溶剂型、水性路面标线涂料要求不大于60mg,双组分普通型、反光型要求不大于40mg。

6. 附着性

1)试验方法

按《漆膜划圈试验》(GB/T 1720—2020)进行。在漆膜划圈试验仪上进行圆滚线划痕,按圆滚线划痕范围内的漆膜完整程度评定,以级表示。

2)技术要求

涂料附着性反应路面标线涂料与路面基层材料结合牢固程度,附着性等级越低,结合程度越高,使用过程中不易出现脱落、空鼓的情况。溶剂普通型、双组分普通型路面标线涂料要求不大于4级,水性路面标线涂料要求不大于5级。

7. 柔韧性(溶剂、双组分)

1)试验方法

按《漆膜、腻子膜柔韧性测定法》(GB/T 1731—2020)进行。使用漆膜柔韧性测定仪测定漆膜的柔韧性,首先在马口铁板上制备漆膜得到试板,然后将试板在不同直径的轴棒上弯曲,以不引起涂膜破坏的最小轴棒直径表示漆膜的柔韧性。

2)技术要求

溶剂普通型、双组分普通型路面标线涂料要求不大于5mm。

8. 固体含量(溶剂、水性)

1)试验方法

按《色漆、清漆和塑料 不挥发物含量的测定》(GB/T 1725—2007)进行。取2~5g试样置于已称重的培养皿中,使试样均匀地流布于容器的底部,按 GB/T 1725—2007 中规定的各种漆类焙烘温度,将盛有试样的表面皿放入已调节到规定温度的鼓风恒温烘箱内,焙烘一段时间后,取出放入干燥器中冷却至室温,称重,然后再放入烘箱内焙烘30min,取出放入干燥器中冷却至室温后,称重,至前后两次称重的质量差不大于0.01g为止,然后计算试样固体含量。

2)技术要求

路面标线涂料固体含量要求见表2-3-7。

路面标线涂料固体含量要求　　表2-3-7

路面标线涂料类型	溶剂型		水性	
	普通型	反光型	普通型	反光型
固体含量(%)	≥60	≥65	≥70	≥75

9. 凝胶时间(双组分)

1)试验方法

双组分路面标线涂料特有的参数,将恒温水浴温度调至25℃±0.5℃,以烧杯为容器,用天平称量100g试样,将烧杯放在水浴中(试样液面低于水面2cm)恒温,小心搅拌均匀;当试样温度为25℃±0.5℃时,按比例加入固化剂,启动秒表,搅拌均匀。每隔30s观察,用玻璃棒试验试样流动情况,直至出现拉丝状态时,停止秒表,秒表所示的时间即凝胶时间。

2)技术要求

双组分路面标线涂料凝胶时间要求不小于10min。

10. 涂层低温抗裂性(双组分)

1)试验方法

按涂层外观要求制备试板,并用5倍放大镜观察是否有裂纹,如有裂纹应重新制板;将制备好的试板平放于温度为-10℃±2℃低温箱内并保持4h,取出后在室温下放置4h为一个循环,连续循环3个周期;取出用5倍放大镜观察。

2)技术要求

双组分路面标线涂料要求应无裂纹。

11. 冻融稳定性(水性)

1)试验方法

水性路面标线涂料特有的参数,分别取 400mL 样品放在 3 个加盖的小铁桶内,在 -5℃±2℃条件下放置 18h 后,立即置于 23℃±2℃条件下放置 6h 为一个周期,经连续 3 个周期后,取出试样经搅拌均匀后目测。

2)技术要求

该指标主要考察水性路面标线涂料经受冻结和融化交替变化时的稳定性。经冻融稳定性试验后,应无结块、结皮现象,易于搅拌。

12. 早期耐水性(水性)

1)试验方法

水性路面标线涂料特有的参数,用 300μm 的漆膜涂布器将试料涂布于水泥石棉板上,制成约 50mm×100mm 的涂膜;将制好的试板立即置于温度 23℃±2℃、湿度 90%±3% 的试验箱内,开始计时,每隔 5min 用拇指接触膜表面,然后将拇指旋转 90°,记下膜表面不被拇指破坏所需的时间,即指触干燥时间。

2)技术要求

早期耐水性是指水性路面标线涂料施划初期,涂膜在常温、高湿环境条件下耐水浸破坏的能力,要求指触干燥时间不大于 120min。

八、热熔型路面标线涂料试验方法

1. 原材料

1)试验方法

目测逐项核查主要原材料的检测报告、材质证明单等是否齐全有效。也可对玻璃珠、树脂、聚乙烯蜡等原材料按《路面标线用玻璃珠》(GB/T 24722—2020)、《路面标线涂料》(GB/T 280—2022)附录 A 和附录 B 的规定进行检验。

2)技术要求

预混玻璃珠按 GB/T 24722—2020 中有关预混玻璃珠的规定;树脂按 JT/T 280—2022 附录 A 的规定;聚乙烯蜡按 JT/T 280—2022 附录 B 的规定。

2. 密度

1)试验方法

将熔融试样注在《路面标线涂料》(GB/T 280—2022)规定的制样器模腔(约 20mm×20mm×20mm)中,冷却至室温。用稍加热的刮刀削掉端头表面的突出部分,用 100 号砂纸将各面磨平,共制备 3 块试块。放置 24h 后用游标卡尺测量(精确至 0.01mm),用天平称量试块质量(精确至 0.01g)。按下式计算密度,分别计算 3 块试块的 D 值,取其平均值。如其中任意两块的 D 值相对误差大于 0.1,则应重做试验。

$$D = \frac{W}{V} \tag{2-3-3}$$

式中：D——密度（g/cm³）；
　　　W——试块质量（g）；
　　　V——体积（cm³）。

2）技术要求

密度的技术要求为 1.8 g/cm³ ≤ D ≤ 2.3 g/cm³。

3. 软化点

1）试验方法

按《色漆和清漆用漆基　软化点的测定　第1部分：环球法》（GB/T 9284.1—2015）进行。采用浇注法制备试样，取样 40g 放入清洁容器内，立刻用电炉将容器内的样品加热至 200℃ 左右融化，避免局部过热，注意不带入气泡，因为样品不应被加热到超过易于浇注所需要的温度。操作中从升温到浇注不得超过 15min；预热承受环，至接近浇注样品的温度，然后马上浇注，浇注时环应放在铜板、铝板或白瓷砖上，浇注样品至内环，使其冷却时仍过量，冷却至少 30min 后，用稍加热的刮刀或马口铁板清除多余样品，当试验重复进行时，应使用干净容器和新制样品。采用甘油浴加热，油浴起始温度最大为 27℃，以 5℃/min 的升温速率加热，当试样在钢球重力作用下从承受环中下落 25.4mm 时的温度为软化点。

2）技术要求

软化点作为热熔型路面标线涂料一项重要技术指标，应进行严格把控。软化点过低，标线在气温较高的夏季易发软沾染车轮碾压痕迹；软化点过高，在施工过程中熔融温度就会变得过高，不仅浪费能源，还会在寒冷的冬季易脆剥落。热熔型路面标线涂料软化点要求不低于 100℃，不高于 140℃。

4. 不粘胎干燥时间

1）试验方法

按涂层外观制成涂层后，立即按下秒表开始计时，3min 时开始测试，试验方法见溶剂型、双组分、水性路面标线涂料试验方法和技术要求中的不粘胎干燥时间。

2）技术要求

不粘胎干燥时间 ≤5min。

5. 抗压强度

1）试验方法

JT/T 280—2022 中规定，热熔型路面标线涂料抗压强度包括（23±1）℃抗压强度、（60±2）℃抗压强度两项。按密度的制样方法制备 6 块试块，3 块用于（23±1）℃抗压强度试验，另 3 块用于（60±2）℃抗压强度试验。样品在温度（23±2）℃、相对湿度（50±5）% 条件下放置 24h 后，（23±1）℃抗压强度开始试验，（60±2）℃抗压强度试块在（60±2）℃烘箱或小型高低温箱内恒温 4h 后立即取出，开始试验。

试块分别放在精度不低于 0.5 级的电子万能材料试验机球形支座的基板上，调整试块位置及球形支座，使试块与压片的中心线在同一垂线上，并使试块面与加压面保持平行。启动试验机，设定试验机预负荷为 10N，加载达到预负荷后，开始记录试验机压头位移，并以 30mm/min

的速度加载,直至试块破坏时为止。记录抗压荷载:有明显屈服点的材料,取其屈服荷载为抗压荷载;无明显屈服点的脆性材料,取其出现破裂时的荷载为抗压强度;无明显屈服点的柔性材料,取其压下试块高度的20%时的最大荷载为抗压荷载。按下式计算抗压强度,分别计算3块试块的R_t值,取其平均值。

$$R_t = \frac{P}{A} \qquad (2\text{-}3\text{-}4)$$

式中:R_t——抗压强度(MPa);
P——抗压荷载(N);
A——加压前断面面积(mm^2)。

2)技术要求

热熔型路面标线涂料是以热塑性树脂为主要成膜物质,使用过程中要承受不同载重车轮的碾压以及夏季路面高温的考验,必须有足够的抗压强度防止标线的变形和开裂。(23 ± 1)℃抗压强度:≥12.0MPa;(60 ± 2)℃抗压强度:≥2.0MPa。

6. 耐磨性

1)试验方法

在如图2-3-3所示的材质为Q235钢的制样器模腔涂上一薄层丙三醇,待干后,将涂料熔融试样注入内腔,使其流平,如不能流平,可将试模先预热,并趁热时在中心处开一直径约7mm的试孔。试验方法见溶剂型、双组分、水性路面标线涂料试验方法和技术要求中的耐磨性。

2)技术要求

热熔反光型路面标线涂料要求不大于80mg。

7. 涂层低温抗裂性

1)试验方法

试验方法见溶剂型、双组分、水性路面标线涂料试验方法和技术要求中的涂层低温抗裂性。

2)技术要求

应无裂纹。

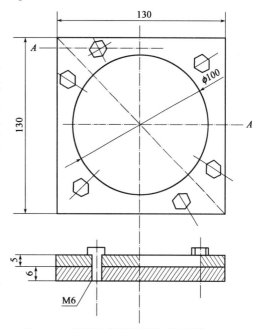

图2-3-3 耐磨性制样器示意图(尺寸单位:mm)

8. 加热稳定性

1)试验方法

取一定量的试料放在金属容器内,在搅拌状态下加热至180~220℃,使试料完全熔融,且在金属容器内上下均匀一致、无气泡;在(200 ± 10)℃条件下持续保温4h,目测观察是否有明显泛黄、焦化、结块等现象;再按照涂层外观的制样方法制备试片,并测定其色品坐标和亮度因数。

2)技术要求

在(200 ± 10)℃条件下持续保温4h,无明显泛黄、焦化、结块等现象;加热4h后,涂层色品坐标应符合JT/T 280—2022表2规定的范围,涂层亮度因数变化范围不应大于表2规定的亮度因数的 6.25%。

9. 流动度

1)试验方法

采用热熔型涂料流动度测试仪进行试验,其对面积测量精度不应低于 $0.1\mathrm{mm}^2$,对质量测量精度不应低于 $0.01\mathrm{g}$。按 JT/T 280—2022 要求的流动度制样器制备试板 3 块。将试板在标准条件下放置 24h,使用热熔型涂料流动度测试仪进行测试。按下式计算流动度,分别计算 3 块试块的 S 值,取其平均值。

$$S = \frac{B}{m} \tag{2-3-5}$$

式中:S——流动度;
B——试样面积(mm^2);
m——试样质量(g)。

2)技术要求

热熔反光型:$(90 \pm 5)\mathrm{mm}^2/\mathrm{g}$;热熔突起型:$(50 \pm 5)\mathrm{mm}^2/\mathrm{g}$。

10. 耐热变形性

1)试验方法

按密度制样方法制备 3 块试样,放置 24h 后用游标卡尺测量高度,精确至 0.1mm。将试块在 60℃环境下保温 2h,之后在试块上放置 $2\mathrm{kg} \pm 20\mathrm{g}$ 的配重,如图 2-3-4 所示,1h 后用游标卡尺测量试块高度。按下式计算耐变形性,分别计算 3 块试块的 B 值,取其平均值。

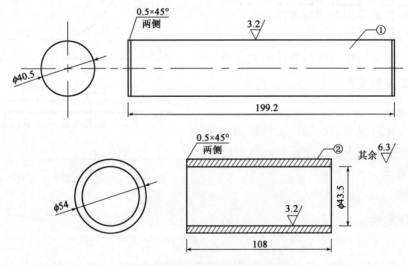

图 2-3-4 配重组件(尺寸单位:mm)

$$B = \frac{H_2}{H_1} \times 100 \tag{2-3-6}$$

式中:B——耐变形性(%);
H_1——配重试验前样品的高度(mm);

H_2——配重试验后样品的高度(mm)。

2)技术要求

耐变形性≥90.0%。

11. 总有机物含量

1)试验方法

(1)按密度的制样方法制备 3 块试块,在标准条件下放置 24h 后,采用机械破碎方法将每块试块破碎成直径小于 2mm 的小块。

(2)将破碎后的试块放入 30~50mL 的瓷坩埚中,并置于干燥器中干燥 24h 后称重(精确至 0.01g)。

(3)将称重后含破碎试块的瓷坩埚放入最高温度不低于 1000℃、温控精度 ±25℃ 以内的马弗炉中,在(500±25)℃试验条件下加热 2h 后降至室温,取出后放在干燥器中,24h 后进行第一次称重(精确至 0.01g)。

(4)将第一次称重后的样品按步骤(3)规定的方法重复试验,直至两次称重后质量差不大于 0.02g 时,则达到恒重状态,停止加热。同时做 3 个平行试验。

按下式计算总有机物含量,分别计算 3 块试块的 T 值,取其平均值。

$$T = \frac{m_1 - m_2}{m_1 - m_0} \times 100 \tag{2-3-7}$$

式中:T——总有机物含量(%);

m_0——瓷坩埚质量(g);

m_1——瓷坩埚与破碎后试块质量(g);

m_2——瓷坩埚与破碎后试块(500±25)℃加热 2h 后质量(g)。

2)技术要求

总有机物含量≥19.0%。

12. 包装

1)试验方法

目测核查外包装是否为热熔型涂料用 EVA 包装袋,逐项核查包装袋的检测报告、材质证明单等是否齐全有效。也可按 JT/T 280—2022 附录 C 的规定进行检验。

2)技术要求

按 GB/T 280—2022 附录 C 的规定。

九、路面标线用玻璃珠检测方法和技术要求

1. 产品的分类与用途

《路面标线用玻璃珠》(GB/T 24722—2020)于 2021 年 7 月 1 日实施,其中关于路面标线用玻璃珠的分类及用途规定为:

(1)根据玻璃珠与路面标线涂料的结合方式不同,玻璃珠可分为面撒玻璃珠和预混玻璃珠两种。

(2)根据玻璃珠的折射率不同,玻璃珠可分为低折射率玻璃珠、中折射率玻璃珠、高折射率玻璃珠三种,其折射率(RI)分别为 1.50≤RI<1.70、1.70≤RI<1.90、RI≥1.90。

(3)路面标线用玻璃珠根据粒径分布不同,分为 1 号、2 号、3 号、4 号四个型号,其粒径分布见表2-3-8。

玻璃珠的粒径分布　　　　　　　　　表2-3-8

型　号	玻璃珠粒径(μm)	玻璃珠质量分数(%)
1 号	850 残留	0
	600~850	15~30
	300~600	30~75
	106~300	10~40
	106 通过	0~5
2 号	600 残留	0
	300~600	50~90
	150~300	5~50
	150 通过	0~5
3 号	212 残留	0
	90~212	96~100
	90 通过	0~4
4 号	1400 残留	0
	600~1400	95~100
	600 通过	0~5

不同粒径分布产品用途规定为:1 号玻璃珠宜用作热熔型、双组分、水性路面标线涂料的面撒玻璃珠;2 号玻璃珠宜用作热熔型、双组分路面标线涂料的预混玻璃珠;3 号玻璃珠宜用作溶剂型路面标线涂料的面撒玻璃珠;4 号玻璃珠为雨夜玻璃珠,宜与非雨夜玻璃珠配合使用,用作热熔型、双组分路面标线涂料的面撒玻璃珠。

2. 检测项目及仪器设备

路面标线用玻璃珠检测项目及所用仪器设备见表2-3-9。

路面标线用玻璃珠检测项目及所用仪器设备　　　　　表2-3-9

检测项目	所用仪器设备	测量参数
试样制备	二份分割器	—
玻璃珠外观	显微镜或投影仪	—
粒径分布	标准试验筛、振筛机、天平	质量
成圆率	玻璃珠选形器、天平	质量
密度	电热鼓风干燥箱、天平、量筒	密度、质量、体积
折射率	显微镜	—
耐水性	锥形瓶、恒温水浴箱、酸式滴定管	—
防湿涂层性能	电子秒表、布袋、盛水容器	时间
磁性颗粒含量	天平、磁性颗粒分选架	质量

3. 检测方法及技术要求

1) 试样的制备

随机抽取一整袋玻璃珠样品。将该袋玻璃珠倒入一干燥容器中,再从该容器倒入另一个容器,如此重复 3 次,使整袋玻璃珠混合均匀。将混合均匀的玻璃珠倒入二分器中分割得到试样。

2) 试验条件

试验应在温度为 20~25℃、相对湿度 50% ±5% 的环境中进行。

3) 外观

(1) 试验方法

目测玻璃珠在容器中的状态,将少许玻璃珠样品放在载玻片上,用放大倍数不小于 10 倍的显微镜或投影仪进行外观检查。

(2) 技术要求

玻璃珠应为无色、白色或淡黄色,表面清洁无明显杂物。在显微镜或投影仪下,非集合体形状玻璃珠应为透明的球体,光洁圆整,玻璃珠内无明显气泡或杂质。在显微镜下,集合体形状雨夜玻璃珠应表面整洁,无明显突出物。

4) 粒径分布

(1) 试验方法

①筛分法。

将若干玻璃珠试样在 105~110℃ 的温度下干燥 1h。在干燥器中冷却至室温后,称取约 200g 样品,精确到 0.1g,倒入一组标准试验筛中。该组筛网的孔径应依次为 1400μm、850μm、600μm、300μm、212μm、150μm、106μm、90μm,标准试验筛的质量应符合《试验筛 技术要求和检验 第 1 部分:金属丝编织网试验筛》(GB/T 6003.1—2012) 的有关规定。盖上试验筛网盖,开动振筛机,振筛机的摇动次数为 290 次/min,拍击次数 156 次/min,振动 5min,取下试验筛,分别称量各筛网上的样品质量及托盘上留存的样品质量,精确到 0.1g。若网眼被玻璃珠堵住,可用刷子从筛网下面将其刷出,作为该筛网上筛余的样品。如果筛后玻璃珠总质量少于最初所取样品的 98%,需重新取样测试。

根据下式,分别计算出各筛网筛余样品的质量分数,精确到小数点后一位:

$$G = \frac{m}{M} \times 100 \tag{2-3-8}$$

式中:G——各试验筛网或托盘上筛余样品的质量分数(%);

m——各试验筛网或托盘上筛余样品的质量(g);

M——筛后样品的总质量(g)。

如此共进行 3 次试验,取 3 次试验结果的算术平均值为测试结果。

根据各标准试验筛网和托盘上筛余样品的质量百分比,对照表 2-3-8 的规定,检查玻璃珠的粒径分布。

②粒径测试仪法。

可使用粒径测试仪测量玻璃珠的粒径,并估算粒径分布。对试验结果有异议时,以筛分法试验结果为准。

(2)技术要求

玻璃珠粒径分布应符合表2-3-8中相关规定。在满足 GB/T 16311 规定的光度性能条件下,可参照标准附录 B 的规则用其他适宜粒径分布的玻璃珠作为预混玻璃珠或面撒玻璃珠。

5)成圆率/缺陷玻璃珠百分数

(1)试验方法

①成圆率。

a.使用玻璃珠选形器进行成圆率试验。玻璃珠选形器示意见图 2-3-5。

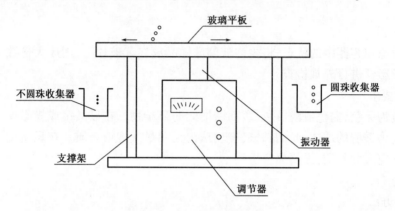

图 2-3-5 玻璃珠选型器示意图

b.用蘸有少许工业酒精的脱脂棉球,清洁玻璃珠选形器的玻璃平板及玻璃珠收集器。

c.从玻璃珠试样中称取约 20g 样品,精确到 0.1g。

d.开启玻璃珠选形器的电源开关,调节玻璃平板的斜度和振动器的振幅,使玻璃板上有缺陷的玻璃珠慢慢向上移动,圆的玻璃珠向下滚动。

e.用小勺慢慢向选形器玻璃平板喂料,使所有圆珠滚落到圆珠收集器中,有缺陷的玻璃珠进入不圆珠收集器内,直至玻璃珠样品全部分离完毕。喂料时应避免使玻璃珠在玻璃平板上堆积或大量滑落的现象。

f.将收集到的圆玻璃珠和有缺陷的玻璃珠分别再次通过玻璃珠选形器进行分离,直至所有的圆玻璃珠通过选形器后,不再分离出带缺陷的玻璃珠,且所有有缺陷玻璃珠通过选形器后,不再分离出圆玻璃珠。

g.分别称出分离得到的所有圆玻璃珠的总质量 N 和有缺陷玻璃珠的总质量 C,精确到 0.1g。

h.玻璃珠成圆率 P 用下式计算

$$P = \frac{N}{N+C} \times 100 \tag{2-3-9}$$

式中:P——成圆率(%);

N——圆玻璃珠的总质量(g);

C——有缺陷的玻璃珠的总质量(g)。

i.按前述规定的方法,筛选粒径为 850~600μm 范围的玻璃珠,从中称取约 20g 样品,精确到 0.1g。按前述方法测得该粒径范围玻璃珠的成圆率。

②缺陷玻璃珠百分数。

将玻璃珠样品单层布撒在载玻片上,制作 6 片。用放大倍数不小于 100 倍的显微镜进行观察,每片载玻片应至少观察 100 粒玻璃珠。记录玻璃珠的形态,各片观察区域内缺陷玻璃珠差值不超过 20 粒,取各片缺陷玻璃珠百分数的平均值。

(2)技术要求

对于低折射率玻璃珠,1 号、2 号玻璃珠成圆率不应小于 80%,其中 1 号玻璃珠粒径在 850～600μm 范围内玻璃珠的成圆率不应小于 70%。

对于中、高折射率玻璃珠,缺陷玻璃珠百分数不应大于 20%,缺陷玻璃珠的形态参见标准附录 A。

6)密度

(1)试验方法

①把若干玻璃珠用蒸馏水或去离子水清洗干净,然后置于 110℃ ±5℃ 的烘箱内干燥 1h,取出冷却至室温。称取约 100g 玻璃珠样品的质量 W_1,精确到 1g,待测密度。

②把化学纯的二甲苯倒入 100mL 量筒内,至刻度 100mL 处。称其质量 W_2,精确到 1g,然后将二甲苯倒出。

③把质量为 W_1 的待测玻璃珠样品倒入量筒内,加入二甲苯至 100mL 刻度,称其质量 W_3,精确到 1g。

④按下式计算玻璃珠密度,精确到小数点后两位:

$$D = \frac{W_1 \cdot d}{W_1 + W_2 - W_3} \quad (2\text{-}3\text{-}10)$$

式中:D——玻璃珠的密度(g/cm^3);

W_1——玻璃珠样品的质量(g);

W_2——装有 100mL 二甲苯后量筒的质量(g);

W_3——加入玻璃珠样品和二甲苯至刻度 100mL 后量筒的质量(g);

d——在该室温下二甲苯密度(g/cm^3)。

(2)技术要求

玻璃珠的密度应在 2.4～4.6g/cm^3 的范围内。

7)折射率

(1)试验方法

①浸液法。

a. 取少许玻璃珠放入凹槽玻片上,将其浸没在已知折射率的液体中。

b. 将凹槽玻片放在显微镜载物台上,调节聚光器至最大设置,将显微镜光圈调至最大,打开显微镜光源。

c. 移动尺寸约为 10cm×10cm 的带直边的黑板至聚光器下,通过目镜可观察到可视区域一半阴暗,另一半明亮。

d. 对照图 2-3-6 进行观察,判定玻璃珠的折射率与液体折射率的大小。

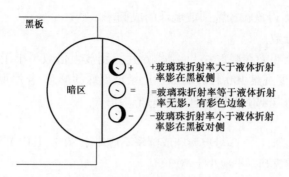

图 2-3-6 玻璃珠折射率测定

e.用折射率不同的液体,重复上述步骤,直到找到与玻璃珠具有相同折射率的液体,或找到两种具有相近折射率的液体,且玻璃珠的折射率介于两种液体折射率之间。液体的折射率可以用阿贝折射仪测量,并修正至20℃。

②二次彩虹法。

可用二次彩虹法测试高折射率玻璃珠的折射率,对试验结果有异议时,以浸液法试验结果为准。

(2)技术要求

非雨夜玻璃珠的折射率应符合前述低折射率玻璃珠、中折射率玻璃珠、高折射率玻璃珠的规定。

8)耐水性

(1)试验方法

称取10.0g玻璃珠,倒入250mL的锥形瓶中,向瓶内注入100mL的蒸馏水,将锥形瓶置于沸腾的水浴中加热1h。待瓶中的水冷却至室温,用酚酞作指示剂,用0.01mol/L的盐酸溶液滴定至中性,盐酸溶液的用量为V_1(mL)。用100mL的蒸馏水进行空白试验,空白值为V_2(mL)。盐酸溶液的最终用量 $V(\mathrm{mL}) = V_1 - V_2$。

(2)技术要求

1号、2号玻璃珠中和所用0.01mol/L盐酸溶液的最终用量不应大于10mL;3号玻璃珠中和所用0.01mol/L盐酸溶液的最终用量不应大于15mL。

9)磁性颗粒含量

(1)试验方法

①从玻璃珠试样中称取约200g样品m_1,精确到0.01g。

②将永久磁铁安装在一框架上,如图2-3-7所示。在磁铁上放一块玻璃板,组成磁性颗粒分选架。

③在玻璃板上放一张光滑的白纸,用手固定住白

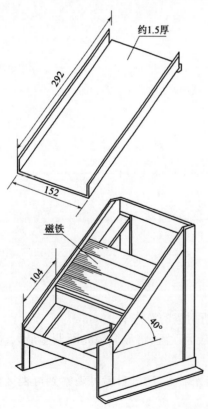

图 2-3-7 磁性颗粒分选架示意图(尺寸单位:mm)

纸,慢慢将玻璃珠样品撒布到磁性区域中,使玻璃珠从纸上滑落至样品盘,磁性颗粒留在纸上。将纸从下边慢慢提起至水平位置,用毛刷将纸上的磁性颗粒刷到样品杯中。

④重复上述步骤,使玻璃珠反复通过磁性区,重复三次,或至纸上无磁性颗粒。称取收集到的全部磁性颗粒的质量 m_2,精确至 0.01g。

⑤玻璃珠中磁性颗粒含量 C,按下式计算,精确到小数点后两位:

$$C = \frac{m_2}{m_1} \times 100 \qquad (2\text{-}3\text{-}11)$$

式中:C——磁性颗粒含量(%);

m_1——玻璃珠样品的质量(g);

m_2——收集到的全部磁性颗粒的质量(g)。

⑥如此共进行3次试验,取3次试验结果的算术平均值为测试结果。

(2)技术要求

玻璃珠中磁性颗粒的含量不应大于0.1%。

10)防湿涂层性能

(1)试验方法

①从玻璃珠试样中称取约400g样品,将其倒入支数为 48×48、尺寸约为 450mm×250mm 的棉布袋中。将布袋浸入含有至少4L干净水的容器中,至少保持30s且布袋完全浸没。

②将布袋从水中取出,扭紧布袋上部将水挤出。保持布袋上部扭紧状态,将其悬挂,在室温保持2h,使布袋滴干。

③立即松开并振动布袋,使玻璃珠与布袋松开。

④将玻璃珠倒入总长120mm,顶端内径150mm,细管内径6.25mm的干净、干燥漏斗中。观察玻璃珠流动状况(刚倒入玻璃珠时,如果玻璃珠阻塞了漏斗,轻敲漏斗细管引导玻璃珠开始流动)。

(2)技术要求

对于具有防湿涂层的镀膜玻璃珠,玻璃珠通过漏斗时应无停滞现象。

11)铅含量、砷含量、锑含量

(1)试验方法

按照《含铅玻璃化学成分分析方法》(GB/T 33503—2017)规定的方法测试。

(2)技术要求

均不应大于200mg/kg。

第三节 其他形式的道路交通标线材料

一、道路预成型标线带

道路预成型标线带属于一种特种标线材料,在工厂制作成型,施工时直接粘贴在路面。由于标线带表面涂布有玻璃珠,故可反光。道路预成型标线带可分为长效标线带和临时标线带两大类。

长效标线带是指铺设在每车道平均日交通总量不大于15000pcu/d的路面上,使用寿命达到12个月以上的标线带。长效标线带根据其初始逆反射亮度系数的大小分为Ⅰ级反光和Ⅱ级反光两种类型。白色Ⅰ级反光长效标线带初始逆反射亮度系数应大于 $500\text{mcd} \cdot \text{m}^{-2} \cdot \text{lx}^{-1}$,黄色Ⅰ级反光长效标线带初始逆反射亮度系数应大于 $300\text{mcd} \cdot \text{m}^{-2} \cdot \text{lx}^{-1}$。白色Ⅱ级反光长效标线带初始逆反射亮度系数应大于 $250\text{mcd} \cdot \text{m}^{-2} \cdot \text{lx}^{-1}$,黄色Ⅱ级反光长效标线带初始逆反射亮度系数应大于 $175\text{mcd} \cdot \text{m}^{-2} \cdot \text{lx}^{-1}$。长效标线带的抗滑性能分为A级、B级。A级抗滑值至少为45BPN,B级抗滑值至少为55BPN。

临时标线带是指铺设在每车道平均日交通总量不大于15000pcu/d的路面上,使用寿命达到3个月以上的标线带。临时标线带分为两种类型。Ⅰ型(可清除)标线带材料使用期限超过预计的有限寿命之后,可以用人工或使用机械手段,在4℃以上环境下从沥青或水泥混凝土路面整块或以大于60cm的碎片除去,不允许使用加热、溶解、击碎或炸开等破坏性手段对路面留下痕迹。Ⅱ型(不可清除)标线带材料不必具备可清除的特性。

《道路预成型标线带》(GB/T 24717—2009)规定产品有白色、黄色、红色、橙色和蓝色五种颜色。

二、立面反光标记涂料

立面反光标记涂料是指涂装在车行道或近旁有高出路面的构筑物,靠近道路净空范围的跨线桥、渡槽等的墩柱立面,隧道口侧墙端面及其他障碍物上,具有反光功能的预混逆反射体材料的水性涂料。《立面反光标记涂料》(JT/T 1327—2020)适用于在公路上施划立面反光标记所用水性涂料的生产、检验和使用。其中的技术要求部分与《路面标线涂料》(JT/T 280—2022)中水性路面标线涂料类似,具体参见标准《立面反光标记涂料》(JT/T 1327—2020)。

《立面反光标记涂料》(JT/T 1327—2020)规定了干燥条件、潮湿条件、连续降雨条件下逆反射亮度系数的技术要求,并提供了如下试验方法:

1. 试验准备

1)制样

在水泥石棉板上制成有效面积尺寸不小于1000mm×150mm的带状涂层,放置24h后待测。

2)测量仪选择

应选用在测试逆反射亮度系数时无须遮光,且具备在干燥、潮湿、连续降雨条件下均能测量立面反光标记逆反射亮度系数功能的便捷式标线逆反射测量仪。

2. 试验步骤

1)干燥条件

按照JT/T 690或JT/T 691规定的方法,采用国际上通用的30m几何学测量条件,在观测角为1.05°、入射角为88.76°的条件下(图2-3-8),使用便携式标线逆反射测量仪,沿试板长度方向,随机连续选取10个测试点进行测试,并取其算术平均值为测试结果。

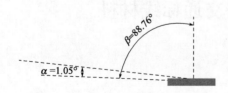

图2-3-8 逆反射亮度系数测量几何条件
α-观测角;β-入射角

2)潮湿条件

潮湿条件下测量立面反光标记逆反射亮度系数(图2-3-9)应按照以下步骤进行:

(1)按以下两种方式之一,在立面反光标记涂层表面洒布洁净水:

①用手持式喷水壶喷水,连续喷水30s以上并保证立面反光标记涂层表面及其边缘都完全浸润湿透。

②用水桶倾倒洒水,在立面反光标记涂层表面,沿着测量区域均匀、连续、缓慢倾倒2~5L水。

(2)使用雨水遮蔽器,防止水珠溅射到测试仪上。

(3)观察测试区域和其周边区域,待完全润湿后,停止喷水或洒水,并开始计时,取(45±5)s后的测量值为测试结果。

(4)其他按上述"1)干燥条件"相关要求进行。

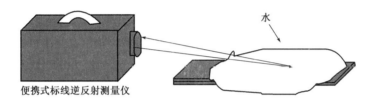

图2-3-9　潮湿条件下逆反射亮度系数测量示意图

3)连续降雨条件

连续降雨条件下测量立面反光标记逆反射亮度系数(图2-3-10)应按照以下步骤进行:

(1)采用人工连续降雨模拟喷淋装置在立面反光标记涂层表面喷淋洁净水;

(2)喷水量为(0.8±0.2)L/min,喷水嘴的位置在测试区域上方(0.45±0.15)m,喷洒面积为直径(0.50±0.05)m的圆形测试区域,喷淋装置的水压应保持恒定;

(3)使用雨水遮蔽器,防止水珠溅射到测试仪上;

(4)连续喷淋10s以上并保证立面反光标记涂层表面及其边缘都完全浸润湿透,开始计时,取30s后的测量值为测试结果,测试期间应保持喷水量和喷水嘴位置稳定;

(5)其他按上述"1)干燥条件"相关要求进行。

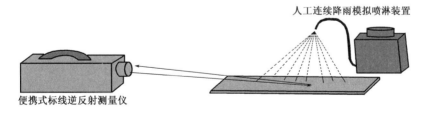

图2-3-10　连续降雨条件下逆反射亮度系数测量示意图

三、路面防滑涂料

1.分类和组成

《路面防滑涂料》(JT/T 712—2008)规定路面防滑涂料按施工方式分为热熔型和冷涂型

两类;按抗滑性高低,分为普通防滑型、中防滑型、高防滑型三类。冷涂型按干燥速度分为快干型和慢干型。

路面防滑涂料由基料及防滑骨料组成。成型后涂层的颜色主要为红、绿、黄、蓝等。

2. 通用理化性能

路面防滑涂料应满足表2-3-10中规定的通用理化性能。

路面防滑涂料通用理化性能　　　　　　　　　　表2-3-10

序号	项目	技术要求		
		普通防滑型	中防滑型	高防滑型
1	涂膜外观	干燥成型后,颜色、集料颗粒分布应均匀,无裂纹、集料颗粒脱落等现象		
2	耐水性	在水中浸24h无异常现象		
3	耐碱性	在氢氧化钙饱和溶液中浸24h无异常现象		
4	涂层低温抗裂性	-10℃保持4h,室温放置4h为一个循环,连续做三个循环后应无裂纹		
5	抗滑性,BPN值	45≤BPN<55	55≤BPN<70	BPN≥70
6	人工加速耐候性	经人工加速老化试验后,试板涂层不产生龟裂、剥落;允许轻微粉化和变色		

3. 热熔型路面防滑涂料

热熔型路面防滑涂料理化性能除满足上述一般要求外,还应符合表2-3-11的要求。

热熔型路面防滑涂料特定理化性能要求　　　　　　表2-3-11

序号	项目	技术要求
1	不粘胎干燥时间(min)	≤10
2	抗压强度(23℃±1℃)(MPa)	≥8①
3	耐变形性(60℃,50kPa,1h)(%)	≥90
4	加热稳定性	200~220℃在搅拌状态下保持4h,应无明显泛黄、焦化、结块等现象

注:①脆性材料压至破碎,柔性材料压下试块高度的20%。

4. 冷涂型路面防滑涂料

冷涂型路面防滑涂料理化性能除满足上述一般要求外,还应符合表2-3-12的要求。

冷涂型路面防滑涂料特定理化性能要求　　　　　　表2-3-12

序号	项目	技术要求	
1	基料在容器中的状态	应无结块、结皮现象,易于搅匀	
2	凝胶时间①(min)	≥10	
3	基料附着性(画圈法)	≤4级	
4	不粘胎干燥时间(min)	≤1(快干冷涂型)	≤5(慢干冷涂型)

注:①物理干燥方式成膜的冷涂型路面防滑涂料对凝胶时间不作规定。

5. 防滑集料

防滑集料理化性能应满足表2-3-13的要求。

防滑集料理化性能要求　　　　　　　　　　　　　　　　　　　　　　表2-3-13

序号	项　　目	技术要求
1	莫氏硬度	≥6
2	集料粒径(mm)	≤4

第四节　道路交通标线检测方法和技术要求

一、道路交通标线相关标准

目前，道路交通标线相关标准主要包括：《道路交通标志和标线》(GB 5768—2009)、《道路交通标线质量要求和检测方法》(GB/T 16311—2009)和《公路工程质量检验评定标准　第一册　土建工程》(JTG F80/1—2017)。其中GB/T 16311—2009和JTG F80/1—2017对道路交通标线的质量要求、评定标准及检测方法细节进行了规定。

二、抽样方法

1. GB/T 16311—2009

GB/T 16311—2009对抽样方法的规定如下：

(1)纵向实线或间断线。测量范围小于或等于10km时，以整个测量范围为一个检测单位，在标线的起点、终点及中间位置，选取3个100m为核查区域，再从每个核查区域中随机连续选取10个测试点；测量范围大于10km时，取每10km为一个检测单位，分别选取核查区域和测试点。

(2)图形、字符或人行横道线。以每1500m²标线面积为一个检测单位，从每个检测单位中选取三个有代表性的图形、字符或人行横道线为核查区域，再从每个核查区域中随机选取5个测试点。

(3)新划路面标线初始逆反射亮度系数的取样，应执行《新划路面标线初始逆反射亮度系数及测试方法》(GB/T 21383—2008)。

2. JTG F80/1—2017

《公路工程质量检验评定标准　第一册　土建工程》(JTG F80/1—2017)对路面标线实测项目的抽样频率的规定见表2-3-14。

路面标线实测项目的抽样频率　　　　　　　　　　　　　　　　　　表2-3-14

序号	检查项目	检查频率
1	标线线段长度	每1km测3处，每处测3个线段
2	标线宽度	每1km测3处，每处测3点
3	标线厚度(干膜)	每1km测3处，每处测6点
4	标线横向偏位	每1km测3处，每处测3点

续上表

序号	检查项目	检查频率
5	标线纵向间距	每1km测3处,每处测3个线段
6	逆反射亮度系数	每1km测3处,每处测9点
7	抗滑值	每1km测3处

三、检测项目及仪器设备

道路交通标线质量检测项目及所用仪器设备见表2-3-15。

道路交通标线质量检测项目及所用仪器设备表　　表2-3-15

检测项目	所用仪器设备	测量参数
标线尺寸、形状与位置	钢卷尺、量角器	长度、角度
湿膜涂层厚度	湿膜厚度梳规	厚度
干膜涂层厚度	涂层测厚仪、标线厚度测量块、塞规	厚度
色度性能	色度计	亮度因数、色品坐标
面撒玻璃珠分布	放大镜	—
光度性能	逆反射标线测量仪	逆反射亮度系数
抗滑性能	摆式仪	抗滑值BPN

四、检测方法和技术要求

1. 基本要求

(1) GB/T 16311—2009

①标线设计应符合《道路交通标志和标线》(GB 5768—2009)的规定。

②使用的标线材料应符合《道路预成型标线带》(GB/T 24717—2009)、《路面标线涂料》(JT/T 280—2022)、《路面防滑涂料》(JT/T 712—2008)等相关标准的要求。

(2) JTG F80/1—2017

①道路交通标线施划前路面应清洁、干燥、无起灰。

②道路交通标线用涂料产品应符合《路面标线涂料》(JT/T 280—2022)及《路面标线用玻璃珠》(GB/T 24722—2020)的规定;防滑涂料产品应符合现行《路面防滑涂料》(JT/T 712—2008)的规定。

③交通标线的颜色、形状和位置应符合现行《道路交通标志和标线》(GB 5768—2009)的规定并满足设计要求。

④反光标线玻璃珠应撒布均匀,施划后标线无起泡、剥落现象。

2. 外观质量

1) 试验方法

目测标线外观。

2)外观质量要求

(1)GB/T 16311—2009

①标线应具有良好的视认性,颜色均匀、边缘整齐、线形规则、线条流畅。

②标线涂层厚度应均匀,无明显起泡、皱纹、斑点、开裂、发黏、脱落、泛花等缺陷。

③反光标线的面撒玻璃珠应均匀,其性能和粒径分布符合 GB/T 24722—2020 的要求。

(2)JTG F80/1—2017

交通标线线形不得出现设计要求以外的弯折。

3. 标线形状位置允许偏差

1)试验方法

用分度值不大于 0.5mm 的钢卷尺测量抽样检测点上的标线所在位置、标线宽度及间断线的实线段长度、纵向间距以及其他标线的尺寸,取其算术平均值。

用测量精度为 ±0.5° 的量角器测量标线的角度,取其算术平均值。

2)技术要求

(1)GB/T 16311—2009

GB/T 16311—2009 对标线外形尺寸的允许误差的规定如下:

①标线实际位置与设计位置的横向允许误差为 ±30mm。

②标线的宽度允许误差为 0~5mm。

③线长度以及间断线纵向间距的允许误差见表 2-3-16。

④其他标线尺寸的允许误差不超过 ±5%。

⑤标线设置角度的允许误差为 ±3°。

标线尺寸允许误差表(mm)　　　　　　　表 2-3-16

项　目	尺　寸	允许误差
长度	6000	±30
	5000	±25
	4000	±20
	3000	±15
	2000	±10
	1000	±10
间断线的纵向间距	9000	±45
	6000	±30
	4000	±20
	3000	±15
	2000	±10
	1000	±10

(2)JTG F80/1—2017

JTG F80/1—2017 对外形尺寸的要求与 GB/T 16311—2009 一致,增加标线横向偏位允许偏差技术要求为 ≤30mm,标线宽度允许偏差技术要求为 +5mm 至 0mm。

4. 标线厚度

1）试验方法

(1) 湿膜厚度

在标线施工时,把一块厚度0.3mm以上、面积为300mm×500mm光亮平整的金属片或厚度2mm以上、面积为300mm×500mm的玻璃片放置在路面将要划制标线的始端或终端处,待划线机划过后,立即将湿膜厚度梳规垂直插入涂在金属片或玻璃片上的标线湿膜中,稳定地保持3s,然后垂直提出,观察涂料覆盖湿膜厚度梳规齿格的位置,读出相应数值。在每片涂层的四角距涂层边缘20mm处读出四个数(图2-3-11),取其算术平均值。

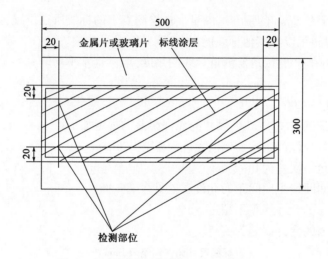

图2-3-11 标线厚度检测部位图(尺寸单位:mm)

(2) 干膜厚度

标线施工时,先准备好厚度0.3mm以上、面积为300mm×500mm且光亮平整的金属片,预先测量其厚度,然后将金属片放置在将要划制标线的始端或终端处,待划线机划过后,把已覆盖有标线涂料的金属片取出,过5~10min后,用分度值不大于0.01mm的游标卡尺测量金属片上四角距涂层边缘20mm处四点的厚度(图2-3-11),减去已测量的金属片厚度即为涂层厚度,取其算术平均值。

(3) 已成型标线的厚度

GB/T 16311—2009附录A规定按图2-3-12所示的方法,将标线厚度测量块紧靠在标线侧边,用塞尺测量标线厚度测量块槽口与标线之间的间隙B,则标线的厚度$T = (3 - B)$mm。

测量突起振动标线的突起高度时,按图2-3-12中括号内的数据。测量块的厚度为15mm,测量块的槽口深度为9mm,标线突起高度$H = (9 - B)$mm。

GB/T 16311—2009规定已成型标线的厚度可按图2-3-12所示的方法进行测量,也可使用符合要求的数显卡尺或涂层测厚仪进行测量。JTG F80/1—2017条文说明11.3.2规定,标线厚度检测项目用标线厚度测量仪或卡尺检测。突起振动标线的突起高度用图2-3-12所示的方法进行测量。

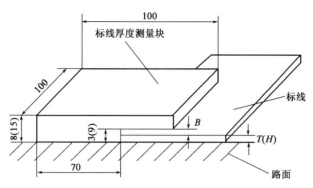

图 2-3-12 已成型标线厚度测量示意图(尺寸单位:mm)

2)技术要求

(1)GB/T 16311—2009

①一般标线的厚度范围见表 2-3-17。

标线的厚度范围 表 2-3-17

序 号	标线种类	标线厚度范围(mm)	备 注
1	溶剂型涂料标线	0.3~0.8	湿膜
2	热熔型涂料标线	0.7~2.5	干膜
3	水性涂料标线	0.3~0.8	湿膜
4	双组分涂料标线	0.4~2.5	干膜
5	预成型标线带标线	0.3~2.5	干膜

②突起振动标线的突起部分高度 3~7mm,若有基线,基线的厚度为 1~2mm。

(2)JTG F80/1—2017

JTG F80/1—2017 中仅规定了干膜厚度,要求热熔型标线干膜厚度允许偏差范围为 +0.50~-0.10μm,其他种类标线干膜厚度要求均为不小于设计值。

5. 色度性能

1)试验方法

GB/T 16311—2009 中规定:

(1)标线的表面色,采用标准照明体 D_{65}、45°/0°照明观测条件的测色仪,测取每个抽样检测点的色品坐标和亮度因数,求算术平均值。

(2)反光标线的逆反射色,采用观测角 1.05°、入射角 88.76°的照明观测条件,按《逆反射材料色度性能测试方法 第 1 部分:逆反射体夜间色》(JT/T 692.1—2022)规定的方法进行测试。

2)技术要求

GB/T 16311—2009 中规定:

(1)标线的颜色包括白色、黄色、橙色、红色和蓝色。在规定的使用期限内,标线不应出现明显的变色。

(2)标线各种颜色的表面色,其色品坐标宜在图 2-3-13 规定的范围内(各区域角点坐标见 GB/T 16311—2009 表 3),亮度因数宜在表 2-3-18 规定的范围内。

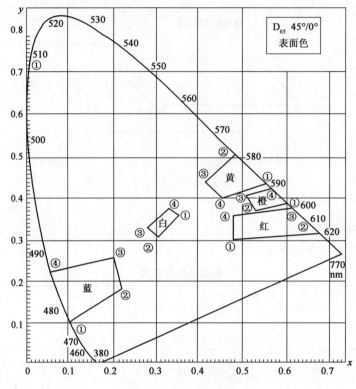

图 2-3-13 标线表面色色品图

标线表面色亮度因数表 表 2-3-18

颜色	白	黄	橙	红	蓝
亮度因数	≥0.35	≥0.27	≥0.14	≥0.07	≥0.05

（3）反光标线各种颜色的逆反射色,其色品坐标宜在图 2-3-14 规定的范围内（各区域角点坐标见 GB/T 16311—2009 表4）,亮度因数宜在表 2-3-18 规定的范围内。

6. 光度性能

1）试验方法

用逆反射标线测量仪测量。按行车方向将测试仪放置在抽样点的标线表面,测量逆反射亮度系数。

2）技术要求

（1）GB/T 16311—2009 规定如下：

①正常使用期间,反光标线的逆反射亮度系数应满足夜间视认要求。一般情况下,白色反光标线的逆反射亮度系数不应低于 80mcd·m^{-2}·lx^{-1},黄色反光标线的逆反射亮度系数不应低于 50mcd·m^{-2}·lx^{-1}。

②新划标线的初始逆反射亮度系数应符合《新划路面标线初始逆反射亮度系数及测试方法》（GB/T 21383—2008）的规定,白色反光标线的逆反射亮度系数不应低于 150mcd·m^{-2}·lx^{-1},黄色反光标线的逆反射亮度系数不应低于 100mcd·m^{-2}·lx^{-1}。

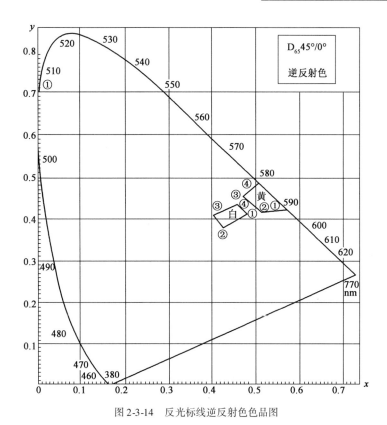

图 2-3-14 反光标线逆反射色色品图

③雨夜标线应具备湿状态下的逆反射性能,在雨夜具有良好的视认效果。

(2) JTG F80/1—2017 中规定的实测项目见表 2-3-19。

交通标线逆反射亮度系数要求($mcd \cdot m^{-2} \cdot lx^{-1}$)   表 2-3-19

检查项目				规定值
逆反射亮度系数	非雨夜反光标线	Ⅰ级	白色	≥150
			黄色	≥100
		Ⅱ级	白色	≥250
			黄色	≥125
		Ⅲ级	白色	≥350
			黄色	≥150
		Ⅳ级	白色	≥450
			黄色	≥175
	雨夜反光标线	干燥	白色	≥350
			黄色	≥200
		潮湿	白色	≥175
			黄色	≥100
		连续降雨	白色	≥75
			黄色	≥75

续上表

检查项目				规定值
逆反射亮度系数	立面反光标记	干燥	白色	≥400
			黄色	≥350
		潮湿	白色	≥200
			黄色	≥175
		连续降雨	白色	≥100
			黄色	≥100

7. 抗滑值 BPN

1) 试验方法

按《道路预成型标线带》(GB/T 24717—2009)规定的方法测试如下。

(1) 仪器

①摆式仪。

带有滑块的摆锤重 1500g±30g。振荡中心到摆锤重心的距离为 411mm±5mm，仪器可上下调节，以保证测试时滑块在平整表面的碰触路径为 125mm±1.6mm。

②滑块。

滑块由铝质支撑盘和固定在其上的橡胶条组成，橡胶条尺寸为 6mm×25mm×76mm，橡胶为天然橡胶或人工合成橡胶；新滑块使用前应使用 60 号砂纸在干燥状态摆动 10 次，摆动前应做测试校准；滑块边缘的撞击磨损水平方向不应超过 3.2mm，垂直方向不应超过 1.6mm。

③附件。

接触路径度量工具由一薄板尺组成，根据测试需要，测量路径长度在 124~127mm 之间；准备盛水容器、表面温度计、刷子等器具。

(2) 测试样品

①测试表面应清洁、无松散颗粒并固定牢固，受摆锤冲击时不致移动。

②测试面积至少为 90mm×150mm。

(3) 仪器准备

①水平调整。

仔细调整调平旋钮，直到水准仪的气泡位于中心。

②零点调整。

松开锁定旋钮，升高摆锤装置，拧动测试仪器中心部位的一对移动旋钮，使滑块离开测试表面摆动，拧紧锁定旋钮，将摆锤置于自由状态，逆时针旋转拖动指针直到指针靠近摆锤臂调节旋钮。释放摆锤并记录指针读值。如果读值非零，松开锁定环，轻轻旋转支撑轴上的摩擦环然后再锁定。重复试验并调整摩擦环直到摆锤摆动指针值为零。

③滑动长度调整。

摆锤悬空，将调整架放在提升手柄的旋钮之下。放低摆锤使滑块边缘正好接触测试表面，锁紧摆锤头，提升手柄，移去调整架。用提升手柄升高滑块，将摆锤移动到稍低于滑块，使摆锤缓慢移动直到滑块边缘接触测试表面。将标尺与摆动方向平行放在滑块边，以调整碰触路径的滑动长度。用提升手柄升高滑块,将摆锤移开,然后缓慢降低直到滑块边缘再次接触表面。如果滑动长度测试不在124~127mm之间,通过调整调平旋钮升降仪器,再次测量橡胶滑块边缘从轨迹一边到另一边的长度。如有必要,重新调整仪器使其水平。将摆锤放置到自然状态,逆时针旋转拖动指针,直到指针靠在摆锤调整旋钮上。

(4)测试步骤

①用水将测试表面整个浇一遍,进行一次摆动,但不记录数据。应当注意的是,摆锤摆动返回早期应一直抓住摆锤,用手柄升高滑块,以阻止滑块和测试表面的碰撞。每次摆动之前指针应返回直到靠住调节旋钮为止。

②立刻再进行四次摆动,记录测试结果。每次测试重新浇湿测试面,并检查滑动长度。应当注意的是,滑动期间保持滑块与测试表面平行;带有表面花纹的标线带,其抗滑值的测试结果离散较大。该类标线带应在平行于车流方向和与车流成45°的方向分别测试抗滑值,然后取其平均值。

2)技术要求

(1)GB/T 16311—2009中规定:防滑标线的抗滑值应不小于45BPN。

(2)JTG F80/1—2017中规定:抗滑标线抗滑值应不小于45BPN,彩色防滑路面抗滑值应满足设计要求。

8. 面撒玻璃珠分布

用5倍放大镜观察反光标线面撒玻璃珠是否分布均匀,有无结团、成块现象,与标线涂层的黏结情况是否良好。

第四章 护栏

第一节 概 述

一、护栏的功能

护栏是一种纵向吸能结构,通过自体变形或车辆爬高来吸收碰撞能量,从而改变车辆行驶方向,阻止车辆越出路外或进入对向车道,最大限度地减少对乘员的伤害。

护栏应实现以下功能:

(1)阻止车辆越出路外或穿越中央分隔带闯入对向车道;

(2)防止车辆从护栏板下钻出或将护栏板冲断;

(3)护栏应能使车辆恢复到正常行驶方向;

(4)发生碰撞时,对乘客的损伤程度最小;

(5)能诱导驾驶员的视线。

要实现上述功能,则需要护栏既要有相当高的力学强度和刚度来抵挡车辆的冲撞力,又要使其刚度不要太大,以免使乘客受到严重的伤害。

二、护栏的分类

护栏按其在公路中的纵向位置设置,可分为设置于路基上的路基护栏和设置于桥梁上的桥梁护栏;按其在公路中的横向位置,可分为路侧护栏和中央分隔带护栏;根据碰撞后的变形程度,可分为刚性护栏、半刚性护栏和柔性护栏。

桥梁护栏包括纵向有效构件和纵向非有效构件两部分。纵向有效构件是桥梁护栏中能有效地阻挡失控车辆越出桥外的纵向受力构件。根据其承受碰撞荷载的大小,可分为主要纵向有效构件(如主要横梁)和次要纵向有效构件(如次要横梁)。纵向非有效构件是桥梁护栏中不考虑承受车辆碰撞载荷的纵向非受力构件。

路侧护栏是设置于公路路侧建筑限界以外的护栏,以防止失控车辆越出路外或碰撞路侧构造物和其他设施。中央分隔带护栏是设置于公路中央分隔带内的护栏,以防止失控车辆穿越中央分隔带闯入对向车道,并保护中央分隔带内的构造物。

刚性护栏是一种基本不变形的护栏结构。混凝土护栏是其主要代表形式，由一定形状的混凝土块相互连接而组成墙式结构，通过失控车辆碰撞后爬高并转向来吸收碰撞能量。

半刚性护栏是一种连续的梁柱式护栏结构，具有一定的强度和刚度。波形梁护栏是其主要代表形式，由相互拼接的波纹状钢板和立柱构成连续梁柱结构，利用土基、立柱、波纹状钢板的变形来吸收碰撞能量，并迫使失控车辆改变方向。

柔性护栏是一种具有较大缓冲能力的韧性护栏结构。缆索护栏是其主要代表形式，由数根施加初拉力的缆索固定于端柱上，从而组成钢缆结构，主要依靠缆索的拉应力来抵抗车辆的碰撞荷载、吸收碰撞能量。缆索护栏主要包括端部结构、中间端部结构、中间立柱、托架、索端锚具等构件。端部结构是缆索护栏的起终点锚固装置，由三角形支架、底板和混凝土基础组成；中间端部结构是连续设置的缆索护栏超过一定长度时所设置的中间延长锚固装置；中间立柱是设置于端部或中间端部之间用于固定缆索的立柱；托架是安装于立柱上支撑并固定缆索的装置；索端锚具是固定于端部或中间端部用来锚定缆索的装置。

三、护栏的防护等级

护栏标准段、护栏过渡段和中央分隔带开口护栏的防护等级按设计防护能量划分为八级，详见表2-4-1。

护栏防护等级　　　　　　　　　　　　　　表2-4-1

防护等级	一	二	三	四	五	六	七	八
代码	C	B	A	SB	SA	SS	HB	HA
设计防护能量(kJ)	40	70	160	280	400	520	640	760

护栏端头和防撞垫的防护等级按设计防护速度划分为三级，详见表2-4-2。

护栏端头和防撞垫的防护等级　　　　　　　　　　　　　　表2-4-2

设计速度(km/h)	设计防护速度(km/h)	防护等级
120	100	三(TS)级
100	80	二(TA)级
80	60	一(TB)级

第二节　波形梁钢护栏

一、波形梁钢护栏类型

波形梁钢护栏是目前用量最大的护栏形式，包括两波形梁钢护栏和三波形梁钢护栏，对应的产品标准分别是《波形梁钢护栏　第1部分：两波形梁钢护栏》(GB/T 31439.1—2015)和《波形梁钢护栏　第2部分：三波形梁钢护栏》(GB/T 31439.2—2015)。

波形梁钢护栏按波形梁板厚度分为3mm厚护栏和4mm厚护栏；按防腐层形式分为单涂

层护栏和复合涂层护栏;按设置位置分为路侧护栏和中央分隔带护栏。其中两波形梁钢护栏按截面形状可分为等截面护栏和变截面护栏。

二、两波形梁钢护栏

1. 构成

两波形梁钢护栏由波形梁板、立柱、端头、拼接螺栓、连接螺栓、防阻块、托架、横隔梁、立柱加强板等9个构件组成。

2. 波形梁板

两波形梁钢护栏的波形梁板可分为等截面和变截面两种类型,其尺寸规格应符合表2-4-3的规定。

护栏板型号规格　　　　　　　　　　　表2-4-3

波形形状	截面状况	型号	规格(板长×板宽×波高×板厚)(mm)	用途
圆弧形	等截面	DB01	4320×310×85×3(4)	标准板
		DB02	3820×310×85×3(4)	调节板
		DB03	3320×310×85×3(4)	调节板
		DB04	2820×310×85×3(4)	调节板
		DB05	2320×310×85×3(4)	调节板
	变截面	BB01	4320×310×85×3(4)	标准板
		BB02	3820×310×85×3(4)	调节板
		BB03	3320×310×85×3(4)	调节板
		BB04	2820×310×85×3(4)	调节板
		BB05	2320×310×85×3(4)	调节板

注:1. 等截面板的各个部位横断面尺寸相同;变截面板是等截面板的一端再进行压弯,板和板拼接时,变截面一端在后面,拼接处迎交通面平整,更有利于整体美观和安全。
　　2. 标准板是指安装中使用的标准长度的板;调节板是指安装中以分配方法处理间距零头的板。

3. 立柱

两波形梁钢护栏的立柱包括钢管立柱和立柱加强板,其尺寸规格应符合表2-4-4的规定。

立柱型号规格　　　　　　　　　　　表2-4-4

品名	型号	规格(mm)
钢管立柱	G-T	$\phi 114 \times 4.5$
	G-F	$\phi 140 \times 4.5$
立柱加强板	—	310×200×10

4. 端头

两波形梁钢护栏端头主要起缓冲作用,形式为圆头式,其尺寸规格应符合表2-4-5的规定。

端头型号规格　　　　　　　　　表2-4-5

品　　名	型　　号	规格(mm)
端头	D-Ⅰ	R-160
	D-Ⅱ	R-250
	D-Ⅲ	R-350

注：各种端头的半径 R，可根据公路几何线形做适当调整。

5. 拼接螺栓

拼接螺栓用于波形梁板与波形梁板的拼接，其尺寸规格应符合表2-4-6的规定。

拼接螺栓型号规格　　　　　　　　　表2-4-6

品　　名	型　　号	规格(mm)	用　　途
拼接螺栓	JⅠ-1	M16×35	用于壁厚3.0mm波形梁板的拼接
	JⅠ-2	M16×38	用于壁厚4.0mm波形梁板的拼接
	JⅠ-3	M16×45	用于使用防盗螺栓进行波形梁板的拼接
螺母	JⅠ-4	M16	用于波形梁板的拼接
垫圈	JⅠ-5	φ35×4	

6. 连接螺栓

连接螺栓用于防阻块与立柱、防阻块与波形梁板的连接，其尺寸规格应符合表2-4-7的规定。

连接螺栓型号规格　　　　　　　　　表2-4-7

品　　名	型　　号	规格(mm)	用　　途
连接螺栓	JⅡ-1	M16×45	用于波形梁板与防阻块的连接
	JⅡ-2	M16×170	用于防阻块与φ140mm钢管立柱的连接
	JⅡ-3	M16×140	用于托架与φ114mm钢管立柱的连接
螺母	JⅡ-4	M16	与连接螺栓配套使用
垫圈	JⅡ-5	φ35×4	
横梁垫片	JⅡ-6	76×44×4	遮挡波形梁板的连接螺孔

7. 防阻块

两波形梁钢护栏防阻块的尺寸规格应符合表2-4-8的规定。

防阻块型号规格　　　　　　　　　表2-4-8

品　　名	型　　号	规格(mm)	备　　注
防阻块	F	178×200×4.5	与φ140mm钢管立柱配套使用

8. 托架

两波形梁钢护栏托架的尺寸规格应符合表2-4-9的规定。

托架型号规格 表2-4-9

品 名	型 号	规格(mm)	备 注
托架	T	300×70×4.5 R=57	与φ114mm钢管立柱配套使用

9. 横隔梁

横隔梁用于连接中央分隔带立柱与两侧波形梁板,其尺寸规格应符合表2-4-10的规定。

横隔梁型号规格 表2-4-10

品 名	型 号	规格(mm)	备 注
横隔梁	H-Ⅰ	730×200×50×4.5	用于中央分隔带组合型波形梁钢护栏
	H-Ⅱ	980×200×50×4.5	

三、三波形梁钢护栏

1. 构成

三波形梁钢护栏由三波形梁板、三波形梁背板、过渡板、立柱、防阻块、横隔梁、端头、拼接螺栓、连接螺栓、加强横梁等构件组成。

2. 三波形梁板

三波形梁板采用750mm宽的薄钢板连续辊压成型,其尺寸规格应符合表2-4-11的规定。

三波形横梁尺寸规格 表2-4-11

构件名称	型 号	规格(板长×板宽×波高×板厚)(mm)	用 途
三波形梁板	RTB01-1	4320×506×85×3(4)	方管立柱用板
	RTB01-2	4320×506×85×3(4)	钢管立柱或H型钢立柱用板
	RTB02-1	3320×506×85×3(4)	方管立柱用板
	RTB02-2	3320×506×85×3(4)	钢管立柱或H型钢立柱用板
	RTB03-1	2320×506×85×3(4)	方管立柱用板
	RTB03-2	2320×506×85×3(4)	钢管立柱或H型钢立柱用板

3. 三波形梁背板

三波形梁背板用于三波形梁钢护栏板的中部与立柱连接处,起加强作用,其断面同三波形梁板,其尺寸规格应符合表2-4-12的规定。

三波型梁背板尺寸规格 表2-4-12

品 名	型 号	规格(板长×板宽×波高×板厚×螺孔数)(mm)	用 途
三波形梁板背板	RTSB01	320×506×85×3(4)×2	方管立柱用板
	RTSB02	320×506×85×3(4)×4	钢管立柱或H型钢立柱用板

4. 过渡板

过渡板用于三波形梁钢护栏与两波形梁钢护栏之间连接过渡,其尺寸规格应符合表2-4-13的规定。

过渡板尺寸规格　　　　　　　　　　　　　　表 2-4-13

品　名	型　号	规格(mm)	用　途
过渡板	TR01	4000×130×130×6	用于两波形梁板与钢管立柱、方管立柱的三波形梁板过渡
	TR02	2000×150×100	用于两波形梁板与 H 型钢立柱的三波形梁板过渡

5. 立柱

立柱分为钢管立柱、方管立柱和 H 型钢立柱三种，其尺寸规格应符合表 2-4-14 的规定。

立　柱　尺　寸　规　格　　　　　　　　　　　表 2-4-14

品　名	型　号	规格(mm)
立柱	PSP	φ140×4.5(钢管截面外径×壁厚)
	PST	130×130×6(方管截面外边长×外边长×壁厚)
	PHS	150×100(H 型钢截面高×宽)

6. 防阻块

三波形梁钢护栏的防阻块按照用于不同立柱的情况分为六种：圆管一种；方管有三种（其中 BFⅠ与 BFⅡ的主要区别是前者可将立柱封闭，后者立柱开放可以再增加加强隔梁）；H 型钢立柱的防阻块两种。其尺寸规格应符合表 2-4-15 的规定。

防阻块尺寸规格　　　　　　　　　　　　　　表 2-4-15

品　名	型　号	规格(mm)	用　途
防阻块	BG	178×400×4.5(长×高×厚)	用于钢管立柱
	BFⅠ	200×(66+300)×256×4.5(高×长×连接部位高×厚)	用于方管立柱
	BFⅡ	200×(66+300)×256×4.5(高×长×连接部位高×厚)	用于方管立柱
	BFⅢ	200×(66+350)×256×4.5(高×长×连接部位高×厚)	用于方管立柱
	BHⅠ	554×150×100(长×H 型钢高×H 型钢宽)	用于 H 型钢立柱
	BHⅡ	554×350×100(长×H 型钢高×H 型钢宽)	用于 H 型钢立柱

7. 横隔梁

横隔梁用于连接中央分隔带立柱与两侧护栏，其尺寸规格应符合表 2-4-16 的规定。

横隔梁尺寸规格　　　　　　　　　　　　　　表 2-4-16

品　名	型　号	规格(mm)	用　途
横隔梁	CBP	974×325×290×4.5	与方管立柱配合使用

8. 端头

护栏端头起缓冲作用，按外形结构分为 A、B 两种类型，尺寸规格应符合表 2-4-17 的规定。

端头尺寸规格 表2-4-17

品　　名	型　号	规格(mm)
A 型端头	DR1	R-160
B 型端头	DR2	R-250
	DR3	R-350

注:各种端头的半径 R,可根据公路几何线形做适当调整。

9. 拼接螺栓

拼接螺栓用于三波形梁板与三波形梁板的拼接,其尺寸规格应符合表2-4-18 的规定。

拼接螺栓尺寸规格 表2-4-18

品　　名	型　号	规格(mm)	用　途
拼接螺栓	JI-1	M16×35	用于波形梁板的拼接
	JI-2	M16×38	
	JI-3	M16×45	
螺母	JI-4	M16	
垫圈	JI-5	φ35×4	

10. 连接螺栓

连接螺栓用于防阻块与立柱、防阻块与三波形梁板的连接,其尺寸规格应符合表2-4-19 的规定。

连接螺栓尺寸规格 表2-4-19

品　　名	型　号	规格(mm)	用　途
连接螺栓	JII-1	M16(M20)×45	用于三波形梁板与防阻块的连接
	JII-2	M16(M20)×170	用于防阻块与钢管和方管立柱的连接
	JII-3	M16(M20)×140	用于防阻块与 H 型钢立柱的连接
螺母	JII-4	M16	与连接螺栓配套使用
		M20	
垫圈	JII-5	φ35×4	
横梁垫片	JII-6	76×44×4	遮挡波形梁板的连接螺孔

11. 加强横梁

加强横梁由横梁、T形立柱、套管组成,用于加强护栏结构的上部,起增强护栏整体防护能力作用,其尺寸规格应符合表2-4-20 的规定。

加强横梁尺寸规格 表2-4-20

品　　名	型　号	规格(外径×壁厚×长度)(mm)
加强横梁	SPB01	φ89×5.5×2994
	SPB02	φ89×5.5×3994

四、试验方法及技术要求

波形梁钢护栏是标准的交通安全产品,其通用要求包括:外观质量、外形尺寸及允许偏差、材料性能要求(含力学性能和化学成分)、防腐层质量、加工要求等五项。

1. 外观质量

1)试验方法

外观分为黑件和防腐涂层,主要方法:目测及手感检查,辅助必要的量具测量凹坑、凸起、压痕、擦伤等缺陷。

2)技术要求

波形梁钢护栏外观质量分黑色构件和防腐处理后成品两部分。冷弯黑色构件表面应无裂纹、气泡、折叠、夹杂和端面分层等缺陷,但允许有不大于公称厚度10%的轻微凹坑、凸起、压痕、擦伤。表面缺陷可用修磨方法清理,其整形深度不大于公称厚度的10%。防腐处理后的产品外观应符合 GB/T 18226 的要求。

波形梁板构件应无明显扭转、变形,纵横切断面及螺孔边缘应做倒角处理,过渡圆滑,无卷沿、飞边和毛刺。

2. 外形尺寸及允许偏差

1)试验方法

主要测量项目有波形梁板的展开宽度、定尺长度、板宽、基底金属厚度、螺孔尺寸等。用到的测量器具主要有游标卡尺、板厚千分尺、卷尺、角尺、磁性测厚仪等。

主要方法有:

(1)护栏波形梁板和立柱构件的长度用精度 A 级、分辨力 0.5mm 的 5m 钢卷尺沿纵向不同部位测量三次,取平均值作为测量结果。

(2)波形梁板宽度及其他构件的尺寸用精度 A 级、分辨力 0.5mm 的 1m 钢卷尺在不同部位测量三次,取平均值作为测量结果。

(3)成型后波形梁板的展开宽度在板的三个不同部位用细钢丝分别测量板正反两面的轮廓长度,取六个数的算术平均值作为测量结果。

(4)护栏立柱的直径或边长用精度 0.02mm 的游标卡尺在立柱的上中下三个部位测量三次,取平均值作为测量结果。

(5)护栏构件金属基板的厚度用精度 0.01mm 的板厚千分尺或螺旋测微计测量三次,取平均值作为测量结果。测量部位和次数有特殊规定的按特殊规定执行。当测量厚度大于允差的上限时按合格判定。

(6)构件上孔的尺寸是指防腐处理前的尺寸,一般用精度 0.02mm 的游标卡尺测量,防腐处理后的测量,应减去防腐层的厚度。

(7)防阻块的尺寸可用投影法将轮廓用细笔划在一张白纸上后,再测量有关尺寸和角度。

(8)板的波高及其他参数,在一级平台(在工程现场可用不小于10mm 厚的平整钢板)上用靠尺、钢板尺、万能角尺、游标卡尺、塞尺、刀口尺等量具、样板按常规方法进行。

(9)波形梁板厚度。

①防腐处理前的护栏板基底金属厚度用四点法(板两侧各两个点)测量,测量点应满足:切边钢带(包括连轧钢板)在距纵边不小于25mm处测量,不切边钢带(包括连轧钢板)在距纵边不小于40mm处测量。切边单轧钢板在距边部(纵边和横边)不小于25mm处测量,不切边单轧钢板的测量部位由供需双方协商。

②防腐处理后的护栏板基底金属厚度用四点法(板两端各一个点,板两侧各一个点)测量,测量点应按照图2-4-1标示的位置选取,位置均在距边部50mm处。用板厚千分尺也可用分辨率不低于壁厚千分尺的超声波测厚仪测量。

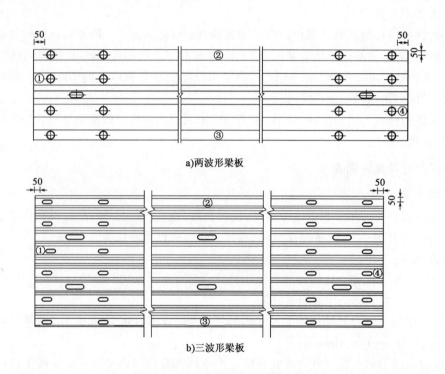

图2-4-1 测量点位置(尺寸单位:mm)

③防腐处理后的护栏板基底金属厚度如有且仅有一个测量点不符合最小厚度要求时,以测量点为中心划十字线,沿十字线方向距该测量点25mm处取四点对该项指标进行复验,四点中任意一点的复验结果仍然不合格时,则判定该护栏板基底金属厚度不合格;四点的复验结果均合格时,判定该护栏板基底金属厚度合格。

2)技术要求

(1)两波形梁钢护栏

①护栏板防腐处理前横截面公称尺寸及允许偏差应符合表2-4-21的规定。其中板的展开宽度尺寸应满足481mm±1mm;3.0mm厚或4.0mm厚波形梁板,防腐处理后成型护栏板基板的实测最小厚度应分别不小于2.95mm或3.95mm,平均厚度应分别不小于3.0mm或4.0mm。θ应不大于10°。

护栏板防腐处理前截面处理前横截面尺寸公差尺寸及允许偏差　　表2-4-21

类别	尺寸(mm)										角度(°)			剖面
	B	H	t_1	h_1	h_2	h_3	E	r_1	r_2	r_3	α	β	θ	
DB 类	310^{+5}_{0}	85^{+3}_{0}	$3^{+0.18}_{0}$ $4^{+0.22}_{0}$	83^{+2}_{-2}	42	—	14	24	24	10	55	55	10	Ⅲ-Ⅲ
	310^{+5}_{0}	85^{+3}_{0}	$3^{+0.18}_{0}$ $4^{+0.22}_{0}$	83^{+2}_{-2}	39	—	14	24	24	10	55	55	10	Ⅳ-Ⅳ
BB 类	310^{+5}_{0}	85^{+3}_{0}	$3^{+0.18}_{0}$ $4^{+0.22}_{0}$	83^{+2}_{-2}	39	—	14	24	24	10	55	55	10	Ⅰ-Ⅰ
	305.4 302.1	85	$3^{+0.18}_{0}$ $4^{+0.22}_{0}$	83	37.7 37.3	—	14	21 20	27 28	7 6	55	55	10	Ⅱ-Ⅱ

②端头厚度允差要求与护栏板一致,即不允许负公差。

③立柱、防阻块、托架、横隔梁偏差只限制下偏差,不限制上偏差。

④护栏构件螺孔尺寸的要求:小于或等于20mm的为(-0,+1)mm,大于20mm的为(-0.5,+1)mm。

⑤各构件成型后的外形要求如下:

a. 波形梁板:波形梁板完整,不得焊接加长。

b. 立柱:立柱应无明显的扭转,应无焊接加长,端部毛刺应清除。

c. 防阻块:防阻块应无明显的扭转;端面切口应平直,毛刺应清除;防阻块焊缝应光滑平整,焊缝位置应位于任一无螺孔的平面上。

d. 托架:托架的外形应无明显的扭转;端面的切口应平直,毛刺应清除。

e. 横隔梁:横隔梁外形应无明显的扭转;端面的切口应平直,毛刺应清除。

f. 端头:端头外形应无明显的扭转;切口应垂直,其垂直度公差应不超过30°,端部毛刺应清除;曲线部分应圆滑平顺。

(2)三波形梁钢护栏

①三波形梁板。

三波形梁板的外形及标注符号见图2-4-2,断面图见图2-4-3。其防腐处理前横截面公称尺寸及允许偏差应符合表2-4-22的规定。板的展开宽度750mm±1mm,3.0mm厚和4.0mm厚三波形梁板,防腐处理后成型护栏板基板的实测最小厚度应分别不小于2.95mm和3.95mm,平均厚度分别不小于3.0mm和4.0mm,θ应不大于10°。

三波形梁板防腐处理前截面处横截面公称尺寸及允许偏差　　表2-4-22

代码	B (mm)	H (mm)	t (mm)	h_1 (mm)	h_2 (mm)	C (mm)	E (mm)	r_1 (mm)	r_2 (mm)	r_3 (mm)	α (°)	β (°)	θ (°)
公称尺寸及允许偏差	506^{+5}_{-5}	85^{+3}_{0}	$3^{+不限定}_{-0}$ $4^{+不限定}_{-0}$	83^{+2}_{-2}	42	194^{+2}_{-2}	14	24	24	10	55	55	10

注:波形梁板的长度负偏差不超过1‰,正偏差不作限定。

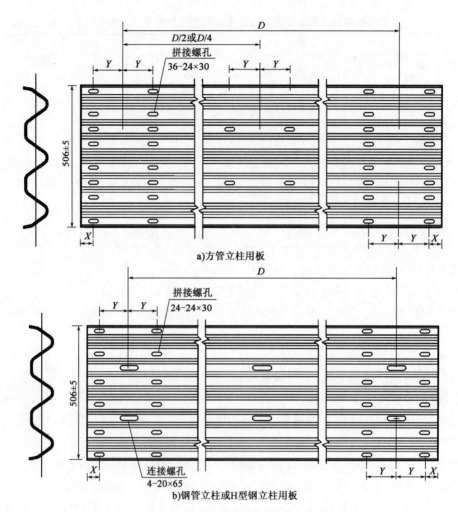

a)方管立柱用板

b)钢管立柱或H型钢立柱用板

图 2-4-2 三波形梁板(尺寸单位:mm)

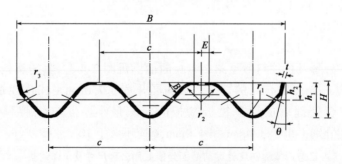

图 2-4-3 三波形梁板断面图

三波形梁板的弯曲度应不大于 1.5mm/m,总弯曲度应不大于三波形梁板定尺长度的 0.15%。三波形梁板端面切口应垂直,其垂直度允差应不超过 30′。

②三波形梁背板。

波形梁背板的外形及标注符号见图 2-4-4,其断面及螺孔的公称尺寸及允许偏差同三波形梁板,其板长为 320mm,不允许负偏差。

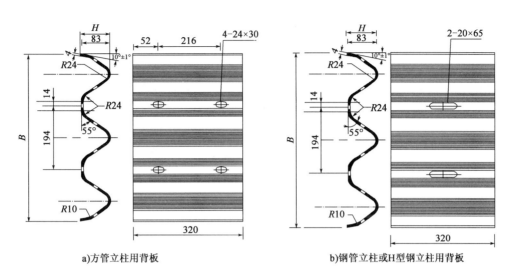

图 2-4-4 三波形梁背板(尺寸单位:mm)

三波形梁背板的其他允差要求同三波形梁板。

③过渡板。

过渡板外形及标注符号见图 2-4-5 和图 2-4-6,其尺寸及允许偏差应符合表 2-4-23 的规定。

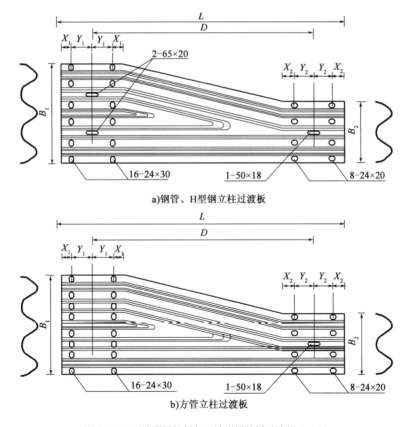

图 2-4-5 两波形梁护栏与三波形梁护栏过渡板(TR-1)

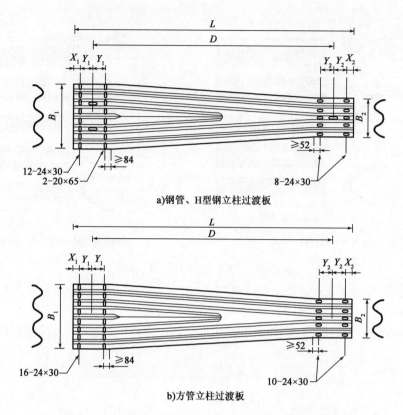

图 2-4-6 两波形梁护栏与三波形梁护栏过渡板(TR-2)(尺寸单位:mm)

三波形梁护栏与两波形梁护栏过渡板(TR-2)尺寸及允许偏差(mm)　　表 2-4-23

代码	B_1	B_2	t	L	D	X_1	X_2	Y_1	Y_2
尺寸及允许偏差	506^{+5}_{-5}	310^{+5}_{0}	$4^{+不限定}_{-0}$	$3^{+0.18}_{0}$	4310^{+3}_{-2}	4000^{+2}_{-2}	52^{+32}_{-5}	50^{+32}_{-5}	108^{+1}_{-1}	100^{+1}_{-1}
					2310^{+3}_{-2}	2000^{+2}_{-2}				

过渡板的其他允差要求同三波形梁板。

④立柱。

立柱宜采用钢管立柱、方管立柱与 H 型钢立柱,立柱定尺长度应符合《公路交通安全设施设计细则》(JTG/T D81—2017)的规定或按设计图确定。

钢管立柱断面形状、尺寸及标注符号见图 2-4-7,立柱断面公称尺寸及允许偏差应符合表 2-4-24 的规定,单根钢管立柱壁厚防腐处理前最低厚度为 4.25mm,多根立柱基底壁厚平均值不小于 4.5mm。

立柱断面公称尺寸及允许偏差　　表 2-4-24

品　名	类　别	公称尺寸及允许偏差(mm)					
		D	ϕ	t	h_1	h_2	L
立柱	钢管	$140^{+1.4}_{-1.4}$	18^{+1}_{0}	$4.5^{+不限定}_{-0.25}$	256^{+3}_{-3}	10	L_0^{+10}

钢管立柱弯曲度应不大于1.5mm/m,总弯曲度应不大于立柱定尺长度的0.15%,端面切口应垂直,其垂直度公差应不超过1°。

方管立柱断面形状、尺寸见图2-4-8,立柱断面公称尺寸及允许偏差应符合表2-4-25的规定,方管立柱的壁厚防腐处理前为6mm。

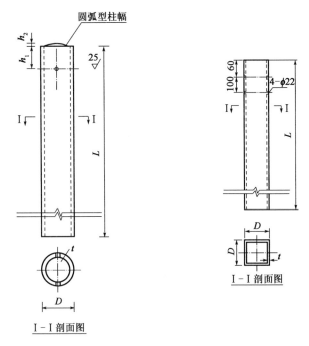

图2-4-7　钢管立柱(尺寸单位:mm)　　图2-4-8　方管立柱(尺寸单位:mm)

主柱断面公称尺寸及允许偏差　　表2-4-25

品　名	类　别	公称尺寸及允许偏差(mm)			
		D	ϕ	t	L
立柱	方管	$130^{+1.0}_{-1.0}$	22^{+1}_{0}	$6^{+\text{不限定}}_{-0.3}$	L_0^{+10}

方管立柱弯曲度应不大于2mm/m,总弯曲度应不大于立柱定尺长度的0.2%,端面切口应垂直,其垂直度公差应不超过1°。方管立柱弯角外圆弧半径、平面凸凹度、扭转度等应符合《结构用冷弯空心型钢》(GB/T 6728—2017)要求。

H型钢立柱断面形状、尺寸见图2-4-9,立柱断面公称尺寸及允许偏差应符合表2-4-26的规定。

立柱断面公称尺寸及允许偏差　　表2-4-26

品　名	类　别	公称尺寸及允许偏差(mm)							
		h_1	h_2	Y	B	H	t_1	t_2	L
立柱	H型管	256^{+2}_{-2}	149^{+2}_{-2}	60^{+1}_{-1}	100^{+3}_{-3}	150^{+3}_{-3}	$4.5^{+\text{不限定}}_{-0.8}$	$6.0^{+\text{不限定}}_{-0.8}$	L_0^{+10}

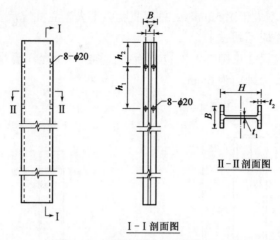

图 2-4-9　H 型钢立柱（尺寸单位：mm）

⑤防阻块。

从外形看，依据与立柱的配合形式，三波形梁钢护栏的防阻块分为钢管立柱用、方管立柱用、H 型钢立柱用三种类型，钢管立柱用防阻块与两波形梁护栏外形及断面尺寸一样，高度是其两倍，即 400mm；方管立柱防阻块分为封闭和开放式两种，开放式分为标准（300）和加长（350）两种；H 型钢立柱防阻块分为标准宽（150）和加宽（350）两种，用于 H 型钢立柱与 BH 型防阻块连接的两个螺栓（JⅢ-3），应两边上下交错布置，较低的一个位于交通流上游，用于三波形梁板与 H 型钢防阻块连接的一个螺栓（JⅢ-1）。

三波形梁钢护栏的防阻块的尺寸及允差主要有：长、宽、高、螺孔尺寸及定位距、钢板厚度等，详见《波形梁钢护栏》（GB/T 31439.2—2015）。

⑥横隔梁。

横隔梁主要用于中央分隔带，用一根立柱支撑两块护栏板，外形类似两个方管立柱防阻块对接在一起，外形及标注符号见图 2-4-10，其公称尺寸及允许偏差应符合表 2-4-27 规定。

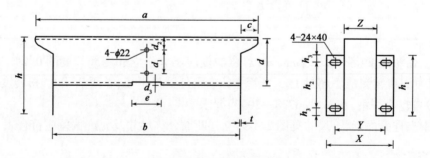

图 2-4-10　横隔梁（尺寸单位：mm）

横隔梁公称尺寸及允许偏差　　　表 2-4-27

型号	公称尺寸及允许偏差（mm）														
	a	b	c	d	d_1	d_2	d_3	e	h	h_1	h_2	h_3	X	Y	Z	t
HG	974	822	76	200	100^{+1}_{-1}	60	10	140	325	256	194^{+2}_{-2}	31	290	216^{+2}_{-2}	142	$4.5^{+不限定}_{-0.8}$

⑦端头。

A 型端头、B 型端头的外形分别见图 2-4-11 和图 2-4-12,其公称尺寸及允许偏差应符合表 2-4-28 的规定。

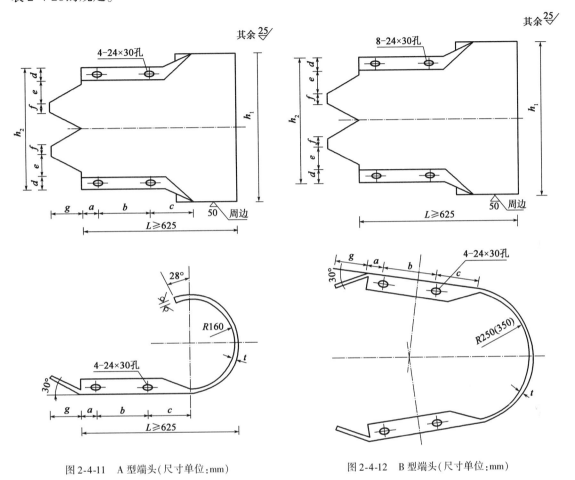

图 2-4-11 A 型端头(尺寸单位:mm)　　　　图 2-4-12 B 型端头(尺寸单位:mm)

端头公称尺寸及允许偏差　　　　表 2-4-28

品　名	型　号	公称尺寸及允许偏差(mm)										
		a	b	c	d	e	f	g	R	h_1	h_2	t
A 型端头	DR1	$50^{+3.2}_{-5}$	216^{+2}_{-2}	190	45	87.5	45^{+1}_{-2}	130	160	610^{+5}_{-5}	506^{+5}_{-5}	4
B 型端头	DR2	$50^{+3.2}_{-5}$	216^{+2}_{-2}	190	45	87.5	45^{+1}_{-2}	130	250	610^{+5}_{-5}	506^{+5}_{-5}	4
	DR3								350			

端头基底金属的公称厚度为 4mm,其厚度的允许偏差同三波形梁板要求一致。端头外形应无明显的扭转;端头曲线部分应圆滑平顺。

⑧拼接螺栓。

拼接螺栓的外形见图 2-4-13,其公称尺寸及允许偏差应符合表 2-4-29 的规定。

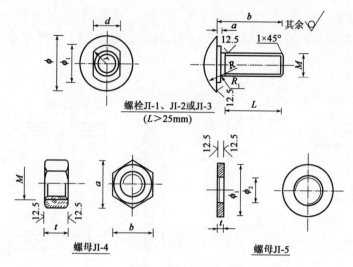

图 2-4-13 拼接螺栓

拼接螺栓公称尺寸及允许偏差 表 2-4-29

品 名		公称尺寸及允许偏差（mm）									用 途
		a	b	t	R	ϕ	d	R_1	ϕ_1	ϕ_2	
拼接螺栓	JI-1	3.0	35	—	SR20	36	16	12	26	—	用于板与板的拼接
	JI-2		38								
	JI-3		45								
螺母	JI-4	31.2	27	16	—	—	—	—	—	—	与拼接螺栓配套使用
垫圈	JI-5	—	—	4	—	—	—	—	35	17	

带螺纹的拼接螺栓进行涂层处理后，不应因镀层而影响配合；当护栏采用防盗紧固技术时，其拼接螺栓的机械性能和装拆操作性能应满足标准的要求。

两波形梁钢护栏的拼接螺栓应符合该要求。

⑨连接螺栓。

连接螺栓的外形及标注符号见图 2-4-14，其公称尺寸及允许偏差应符合表 2-4-30 的规定。

连接螺栓公称尺寸及允许偏差 表 2-4-30

品 名		公称尺寸及允许偏差（mm）									用 途
		a	b	t	R	ϕ	d	R_1	ϕ_1	ϕ_2	
连接螺栓	JII-1	2.5	45	—	SR24	36	16	10	—	—	用于波形梁与防阻块连接
	JII-2	12.5	170	—	—	30	34.6	—	—	—	用于防阻块与方管立柱连接
	JII-3	10	140	—	—	24	27.7	—	—	—	用于防阻块与H型钢立柱连接

续上表

品 名		公称尺寸及允许偏差(mm)									用 途
		a	b	t	R	ϕ	d	R_1	ϕ_1	ϕ_2	
螺母	JII-4	31.2	27	16	—	—	—	—	—	—	与连接螺栓配套使用
		34.6	30	20	—	—	—	—	—	—	
垫圈	JII-5	—	—	4	—	—	—	—	35	17	
横梁垫片	JII-6	76^{+1}_{-1}	44^{+1}_{-1}	4	—	—	—	—	—	—	

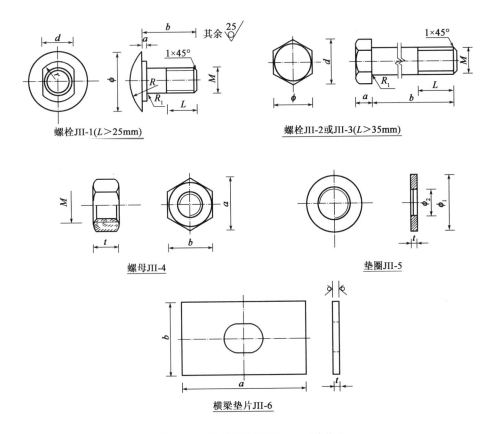

图 2-4-14 连接螺栓公称尺寸及允许偏差

⑩加强横梁。

加强横梁是国家标准新增部件,其结构和外形尺寸见图 2-4-15。

横梁的外形应无明显的扭转,端面切口应平直,毛刺应清除。

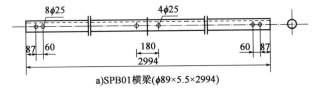

a)SPB01横梁($\phi89\times5.5\times2994$)

图 2-4-15

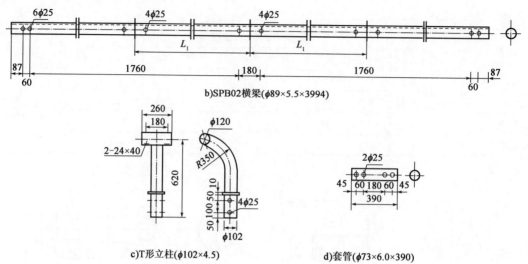

图 2-4-15 加强横梁(尺寸单位:mm)

3. 材料性能要求

1)试验方法

(1)力学

①对于护栏供方提供的原材料及出厂检验证书等资料,采用目测核对方法逐项核对。

②对于基底金属材料的屈服强度、抗拉强度和断后伸长率,按《金属材料 拉伸试验 第1部分:室温试验方法》(GB/T 228.1—2021)规定的 B 法执行,应力速率控制为 15MPa/s。当无明显屈服点时,取规定塑性延伸强度 $R_{p0.2}$ 为参考屈服强度,并在试验报告中注明。

③对于基底金属材料的耐弯曲性能,按《金属材料 弯曲试验方法》(GB/T 232—2010)规定执行。

④对于基底金属材料的化学成分按《碳素钢和中低合金钢 多元素含量的测定 火花放电原子发射光谱法(常规法)》(GB/T 4336—2016)的规定执行。

⑤对于拼接螺栓连接副的抗拉荷载试验按《波形钢护栏 第1部分:两波形梁钢护栏》(GB/T 31439.1—2015)附录 A 执行。主要方法是用图 2-4-16 所示的专用夹具将装配好试件夹持到试验机上,试验机设定为恒位移控制,横梁位移速率为 3mm/min,对试件进行抗拉荷载试验。

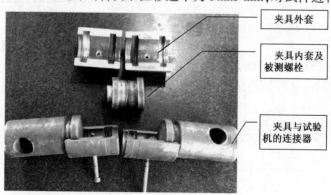

图 2-4-16 螺栓专用夹具图

⑥对于连接螺栓连接副的抗拉强度可按上述方法得到最大抗拉荷载后除以螺杆的标称面积为测量结果,当有争议时,用标准哑铃型圆棒以《金属材料 拉伸试验 第1部分:室温试验方法》(GB/T 228.1—2021)规定的B法为仲裁方法。

⑦其他紧固件的试验方法按相关标准的规定执行。

(2)化学成分

化学成分主要测量五大元素C、Mn、Si、S、P的含量,试用的仪器设备是只读光谱分析仪,采用的方法是《碳素钢和中低合金钢 多元素含量的测定 火花放电原子发射光谱法(常规法)》(GB/T 4336—2016)。实际工程中还是用力学指标检验材料的性能。

2)技术要求

(1)波形梁板(三波形梁板)、三波形梁背板、过渡板、立柱、端头、防阻块、托架、横隔梁、加强板等所用基底金属材质应为碳素结构钢,其力学性能及化学成分指标应不低于GB/T 700规定的Q235牌号钢的要求。主要力学性能考核指标为下屈服强度不小于235MPa、抗拉强度不小于375MPa、断后伸长率不小于26%。

(2)连接螺栓、螺母、垫圈、横梁垫片等所用基底金属材质为碳素结构钢,其力学性能的主要考核指标为抗拉强度R_m,R_m不小于375MPa。

(3)拼接螺栓应为高强度拼接螺栓,其螺栓、螺母、垫圈应选用优质碳素结构钢或合金结构钢制造,其化学成分及力学性能应符合GB/T 699或GB/T 3077的规定。

(4)高强度拼接螺栓连接副螺杆公称直径为16mm,拼接螺栓连接副整体抗拉荷载不小于133kN。

(5)三波形梁钢护栏加强横梁的上部横梁和套管应为热轧无缝钢管,T形立柱可为普通碳素结构钢有缝钢管。

4. 防腐层质量

1)试验方法

防腐层质量按照《公路交通工程钢构件防腐技术条件》(GB/T 18226—2015)执行,详见第二篇第一章。

2)技术要求

(1)护栏的所有构件均应进行防腐处理,其防腐层要求应符合《公路交通工程钢构件防腐技术条件》(GB/T 18226—2015)规定。

(2)对于管型立柱产品,其内壁防腐质量要求应不低于外壁防腐质量要求。

(3)采用热浸镀锌、热浸镀锌铝合金、热浸镀铝锌合金方法进行防腐处理时,镀层的均匀度应满足:平均厚度与最小厚度之差应不大于平均厚度的25%;最大厚度与平均厚度之差应不大于平均厚度的40%;其他要求应符合《公路交通工程钢构件防腐技术条件》(GB/T 18226—2015)的规定。

5. 加工要求

(1)波形梁板和三波形梁板宜采用连续辊压成型,三波形梁背板可采用连续辊压成型,也可采用模压成型。

(2)对于变截面波形梁板采用液压冷弯成型或模压成型时,每块波形梁板应一次压制完成,不应分段压制。采用连续辊压成型的等截面波形梁板加工成变截面板时,应采用液压冷弯成型。

(3)方管立柱、防阻块可采用高频焊接成型,如果采用其他方式加工,应有试验资料保证其强度不低于高频焊接成型工艺。

(4)波形梁板和三波形梁板上的螺栓孔应定位准确,每一端部的所有拼接螺孔应一次冲孔完成。

(5)护栏端头应采用模压成型,过渡板边缘应圆滑、不应出现切割痕迹。

(6)安装于曲线半径小于70m路段的钢护栏,其波形梁板应根据曲线半径的大小加工成相应的弧线形。

第三节 混凝土护栏

一、混凝土护栏类型

混凝土护栏按其安装位置、防护等级、构造形式、基础处理方式等进行分类,见表2-4-31,具体要求可参见《公路交通安全设施设计细则》(JTG/T D81—2017)。

混凝土护栏分类表   表2-4-31

安装位置	防护等级(代码)	构造形式	基础处理方式
路侧	三(A)、四(SB)、五(SA)、六(SS)、七(HB)、八(HA)	F型、单坡型、加强型	座椅方式
			桩基方式
中央分隔带	三(Am)、四(SBm)、五(SAm)、六(SSm)、七(HBm)、八(HAm)	整体式 F型、单坡型、加强型	直接支承在土基上
	三(A)、四(SB)、五(SA)、六(SS)、七(HB)、八(HA)	分离式	设置枕梁和支撑块

二、试验方法及质量要求

1. 构造尺寸

F型、单坡型、加强型混凝土护栏的构造尺寸参见《公路交通安全设施设计细则》(JTG/T D81—2017)。

2. 外观质量

1)试验方法

外观质量的检测主要采用目测与手感相结合的方法,必要时辅以适当的工具,如直尺或卡尺等进行测量。检测时应注意取样的代表性和均匀性,检测结果应能反映混凝土护栏的整体质量。

2）质量要求

《公路工程质量检验评定标准 第一册 土建工程》(JTG F80/1—2017)规定的外观质量要求为：混凝土护栏表面的蜂窝、麻面、裂缝、脱皮等缺陷面积不得超过该面面积的0.5%；深度不得超过10mm；混凝土护栏块件的损边、掉角长度每处不得超过20mm；护栏线形应无凹凸、起伏现象。

《公路工程竣(交)工验收办法实施细则》(交公路发〔2010〕65号)规定的外观质量要求为：混凝土护栏预制块不得有断裂现象；掉边、掉角长度每处不得超过2cm；混凝土表面蜂窝、麻面、裂缝、脱皮等缺陷面积不超过该构件面积的0.5%。

3. 实测项目

1）试验方法

用直尺、钢卷尺测量除护栏混凝土强度以外的项目。施工质量检验时，护栏混凝土强度按现行《公路工程质量检验评定标准 第一册 土建工程》(JTG F80/1—2017)附录D规定的方法进行测量。交工前质量检测时，用回弹仪或超声波测量，每处不少于2个测区，测区总数不少于10个。

2）质量要求

《公路工程质量检验评定标准 第一册 土建工程》(JTG F80/1—2017)和《公路工程竣(交)工验收办法实施细则》(交公路发〔2010〕65号)规定的混凝土护栏实测项目见表2-4-32。

混凝土护栏实测项目　　　　　表2-4-32

序号	检查项目		规定值或允许偏差	标准/文件
1	护栏断面尺寸(mm)	高度	±10	JTG F80/1—2017 交公路发〔2010〕65号
		顶宽	±5	
		底宽	±5	
2	钢筋骨架尺寸(mm)		满足设计要求	JTG F80/1—2017
3	横向偏位(mm)		±20或满足设计要求	JTG F80/1—2017
4	基础厚度(mm)		±10%H	JTG F80/1—2017
5	护栏混凝土强度(MPa)		满足设计要求	JTG F80/1—2017 交公路发〔2010〕65号
6	混凝土护栏块件之间的错位(mm)		≤5	JTG F80/1—2017

注：H为基础的设计厚度；混凝土强度等级应通过设计计算确定，高速公路、一级公路混凝土强度等级不应低于C30要求。

第四节　缆索护栏

缆索护栏是柔性护栏的主要代表形式，对应的产品标准是《缆索护栏》(JT/T 895—2014)。

一、缆索护栏的组成

缆索护栏由端部立柱、中间端部立柱、中间立柱、托架、钢丝绳、索端锚具(包含连接杆、索端夹头、夹头螺母和楔子)、夹扣等构件组成,详见图2-4-17。

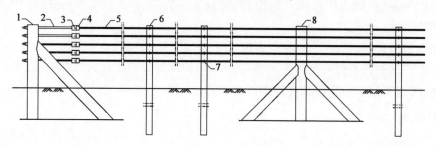

图 2-4-17　缆索护栏
1-端部立柱;2-连接杆;3-夹头螺母;4-索端夹头;5-钢丝绳;6-中间立柱;7-夹扣;8-中间端部立柱

二、结构尺寸及分类

1. 端部立柱和中间端部立柱

端部立柱由直柱、斜撑、底板和连接杆套管部件组成,按连接杆套管根数分为 DⅠ 型和 DⅡ 型,外形及标注符号见《缆索护栏》(JT/T 895—2014)中图 2,其结构尺寸及允许偏差应符合《缆索护栏》(JT/T 895—2014)中表 1 的规定。

中间端部立柱由直柱、斜撑、底板和连接杆套管部件组成,按连接杆套管根数分为 ZDⅠ 型和 ZDⅡ 型,外形及标注符号见《缆索护栏》(JT/T 895—2014)中图 3,其结构尺寸及允许偏差应符合《缆索护栏》(JT/T 895—2014)中表 2 的规定。

2. 中间立柱

中间立柱按螺孔位置分为 ZⅠ 型和 ZⅡ 型,外形及标注符号见《缆索护栏》(JT/T 895—2014)中图 4,其结构尺寸及允许偏差应符合《缆索护栏》(JT/T 895—2014)中表 3 的规定。

定尺长度 H 应符合《公路交通安全设施设计细则》(JTG/T D81—2017)和设计文件的规定,其允许偏差为 ±10mm。

3. 托架

托架按截面形式分为 V 型和 R 型。V 型托架按长度分为 VⅠ 型和 VⅡ 型,外形及标注符号见《缆索护栏》(JT/T 895—2014)中图 5,其结构尺寸及允许偏差应符合《缆索护栏》(JT/T 895—2014)中表 4 的规定。

R 型托架按长度分为 RⅠ 型和 RⅡ 型,外形及标注符号见《缆索护栏》(JT/T 895—2014)中图 6,其结构尺寸及允许偏差应符合《缆索护栏》(JT/T 895—2014)中表 5 的规定。

4. 索端锚具和夹扣

索端锚具由连接杆、索端夹头、夹头螺母和楔子组成。

连接杆的外形及标注符号见《缆索护栏》(JT/T 895—2014)中图7,其结构尺寸及允许偏差应符合《缆索护栏》(JT/T 895—2014)中表6的规定。连接杆的定尺长度 B 应根据设计图纸进行确定,安装完成后连接杆外露部分长度应满足养护施工要求。

索端夹头的外形及标注符号见《缆索护栏》(JT/T 895—2014)中图8,其结构尺寸及允许偏差应符合《缆索护栏》(JT/T 895—2014)中表7的规定。

夹头螺母的外形及标注符号见《缆索护栏》(JT/T 895—2014)中图9,其结构尺寸及允许偏差应符合《缆索护栏》(JT/T 895—2014)中表8的规定。

楔子的外形及标注符号见《缆索护栏》(JT/T 895—2014)中图10,其结构尺寸及允许偏差应符合《缆索护栏》(JT/T 895—2014)中表9的规定。楔子端部圆锥角度为9°±1°。

夹扣的外形及标注符号见《缆索护栏》(JT/T 895—2014)中图11,其结构尺寸及允许偏差应符合《缆索护栏》(JT/T 895—2014)中表10的规定。

5. 钢丝绳

钢丝绳的外形及标注符号见《缆索护栏》(JT/T 895—2014)中图12,其结构尺寸及允许偏差应符合《缆索护栏》(JT/T 895—2014)中表11的规定。钢丝绳的其他结构尺寸要求应符合《公路护栏用镀锌钢丝绳》(GB/T 25833—2010)的规定。

三、试验方法及技术要求

1. 外形尺寸

钢丝绳外形尺寸测量按《公路护栏用镀锌钢丝绳》(GB/T 25833—2010)执行。其他构件采用量具按常规方法进行。

2. 材料要求

1)基材的化学成分及机械性能试验方法

缆索护栏构件的基底材料力学性能或(和)化学分析试验,试验方法按《金属材料 拉伸试验 第1部分:室温试验方法》(GB/T 228.1—2021),以及现行《钢铁及合金化学分析方法》(GB/T 223)执行。紧固件的试验方法按《钢结构用高强度大六角头螺栓、大六角螺母、垫圈技术条件》(GB/T 1231—2006)执行。钢丝绳的试验方法按《公路护栏用镀锌钢丝绳》(GB/T 25833—2010)执行。

2)技术要求

(1)端部立柱、中间端部立柱、中间立柱、托架、楔子、夹扣所用基底金属材质可选用普通碳素结构钢,其力学性能及化学成分指标应不低于《碳素结构钢》(GB/T 700—2007)规定的Q235钢的要求。

(2)连接杆、索端夹头、夹头螺母及与其相连的紧固件所用基底金属材质应选用优质碳素结构钢,其力学性能及化学成分指标应不低于《优质碳素结构钢》(GB/T 699—2015)规定的45号钢的要求。

(3)用于托架与立柱连接的连接螺栓、螺母、垫圈等所用基底金属材质可选用普通碳素结构钢,其力学性能应不低于《碳素结构钢》(GB/T 700—2007)规定的 Q235 钢的要求。

(4)制钢丝绳所用钢丝的力学性能应符合《公路护栏用镀锌钢丝绳》(GB/T 25833—2010)的规定,抗拉强度应不小于 1570MPa。

(5)3×7 类直径 $\phi18$ 的钢丝绳的破断拉力应不小于 170kN。

3. 钢丝绳锚固装置整体破断拉力试验方法

钢丝绳锚固装置整体破断拉力按《公路护栏用镀锌钢丝绳》(GB/T 25833—2010)中钢丝绳整体破断拉力试验方法执行。

4. 外观质量及防腐处理

1)防腐层质量试验方法

钢丝镀锌层质量按《公路护栏用镀锌钢丝绳》(GB/T 25833—2010)执行。缆索护栏其他构件防腐层质量按《公路交通工程钢构件防腐技术条件》(GB/T 18226—2015)执行。

2)技术要求

(1)缆索护栏的所有构件均应进行防腐处理,带螺纹的构件宜采用热浸镀锌防腐处理。

(2)钢丝镀锌层质量应符合《公路护栏用镀锌钢丝绳》(GB/T 25833—2010)的规定。其他构件采用热浸镀锌方法进行防腐处理时,镀锌层厚度和镀锌层质量应符合表 2-4-33 的规定,镀锌层附着性能、耐盐雾性能等应符合《公路交通工程钢构件防腐技术条件》(GB/T 18226—2015)的规定。

镀锌层厚度和镀锌层质量 表 2-4-33

构件名称	平均镀锌层厚度(μm)	平均镀锌层质量(g/m²)
端部立柱、中间端部立柱、中间立柱	85	600
托架、索端锚具等连接件	50	350
钢丝绳中的钢丝	—	230

(3)采用涂塑层的方式进行防腐处理时,缆索护栏的所有构件均应先进行金属涂层防腐处理。

采用热浸镀铝、涂塑等防腐处理的,其防腐层应符合《公路交通工程钢构件防腐技术条件》(GB/T 18226—2015)的规定。

(4)连接杆、索端夹头、夹头螺母和夹扣带螺纹部分进行涂层处理后,应不影响安装。

5. 加工要求

(1)端部立柱和中间端部立柱的直柱、斜撑、底板和连接杆套管不得有明显扭转,直柱不得焊接加长。各部件之间焊缝应光滑平整,焊接牢固,焊缝不得相互交叉。直柱与斜撑的轴线、各连接杆套管的轴线应在同一平面上。直柱端面切口应垂直,垂直度偏差不得超过 1°。

(2)中间立柱不得焊接加长。焊缝与立柱连接孔不得相互交叉。弯曲度每米不得大于1.5mm,总弯曲度不得大于定尺长度的 0.15%。端面切口应垂直,垂直度偏差不得超过 1°。

(3)托架应冷弯或冲压成型,不得焊接拼接。托架不得有明显扭转。托架端面切口应平直、无毛刺。

(4)钢丝绳锚固装置可选用其他形式的索端锚具,索端锚具锚固钢丝绳后,整体破断拉力应不低于相连钢丝绳的最小破断拉力。

(5)缆索护栏使用3×7类钢丝绳。即三个圆股,每股外层六根钢丝,中心钢丝外捻制一层钢丝,钢丝等捻距。钢丝绳捻制质量应符合《公路护栏用镀锌钢丝绳》(GB/T 25833—2010)的规定。

第五节 生产及施工工艺

一、波形梁护栏的生产工艺

波形梁钢护栏与三波形梁钢护栏的生产工艺要求类似,本节主要以波形梁钢护栏为例,对波形梁护栏的生产工艺加以说明。

1. 波形梁钢护栏板的机械加工

波形梁钢护栏板的机械加工工艺有两种,一种是连续辊压成型,另一种是液压冷弯成型。一般宜采用连续辊压成型。目前全国的生产厂家也以连续辊压成型为主。

(1)连续辊压成型工艺

连续辊压成型工艺主要由纵剪、成形、冲孔、剪切四个部分组成。纵剪一般是一个独立的加工工艺,它要求剪切整齐,飞边毛刺要清除。

目前我国护栏产品生产线已全部国产。

生产线又分两种情况,一种专用于生产波形梁,另一种既能生产波形梁又能生产焊接钢管的焊管机组。为了连续化生产,一般采用先成型后冲孔的方法,在线加工时,将护栏的头尾共18个孔或20个孔一次加工出来,成形后再剪切成一块块波形梁。

一些老的生产线大部分采用先成型后冲孔方法,它采用斜面一次冲孔技术,孔位准确。这种工艺一般将波形梁按块冲孔,有的厂家是两端一次冲孔,也有的厂家是一次先冲一端,然后再冲另一端。后一种工艺的问题是:如果冲第二端时以第二端的端口为定位基准,其中间间距会受波形梁板长度的影响,如果以第一端的连接孔为定位基准,一般4m(2m)中心间距控制较好。先成型后冲孔对冲孔的模具有一定的要求,否则冲孔后会导致波形梁两端有张口变形现象。4m(2m)中心间距的变化、两端孔位的准确度和两端的开口变形对护栏的安装将造成一定的影响。

先冲孔后成型这种工艺没有斜面冲孔问题,所以较为容易,如果将冲孔、成形、剪切连在一起也可实现流水线自动化作业。这种工艺的问题是:它要求每个环节的尺寸应准确控制,否则其尺寸公差将带至下一工序。如果波形梁板纵剪有偏差或轧辊有磨损,最终将导致产品两端的孔眼整体偏移或连接孔不正;剪切工序,目前一般有飞锯剪切和液压冲剪两种。飞锯剪切噪声较大,飞边毛刺较多;液压冲剪钢板边缘比较整齐。

(2)液压冷弯成型工艺

液压冷弯成型也由纵剪、成型、冲孔、剪切四个工序组成。各个工序的排列顺序及由此所引起的问题与连续辊压成型相同,只是其成型工序过程不同。液压冷弯成型采用非纵向渐变的液压成型方式,对基体金属有无影响暂且不考虑,由于各钢板生产厂所供应的板材质量不一样,钢板的内应力及反弹性能各有区别,成型后及热浸镀锌后波形梁的变化应引起注意。

2. 防阻块、立柱及端头的制作

防阻块采用钢板冷弯成型,对焊接处应打磨成光滑表面。立柱应采用冷弯成型制作。端头应采用模压成型。

3. 高强螺栓的制作

高强螺栓的头部成型,可采用冷加工,或采用热加工。采用辊压成型螺纹,并经盐浴炉或辊底炉进行淬火,淬火温度宜选择在 860~880℃之间,硝盐炉回火(340~380℃)处理,以提高其强度和硬度。

为了增强高强螺栓连接件的防锈能力和改善螺栓与螺母之间的润滑状态,对其表面应做好润滑处理。

垫圈的制造是将母材冲压出外形,之后冲孔,然后锻平,并进行研磨,最后通过热处理获得成品。

4. 护栏产品的防腐处理工艺流程

护栏产品的防腐处理方法主要有热浸镀锌、热浸镀铝、热浸镀锌(铝)后涂塑。其中热浸镀锌使用方法较广,其工艺流程:酸洗→水洗→碱洗→水洗→稀盐酸处理→助镀→热浸镀→冷却。

近些年随着对防腐处理要求的提高,采用双涂层防腐成为主流,其主要方法在镀锌基础上采用静电喷涂或流化床浸塑工艺增加一层高分子材料,隔离了外部环境对内部金属的侵蚀作用,阻止了原电池的产生,一种绿色环保生产线的主要工艺流程:抛丸→水洗→助镀→热浸镀→冷却→助镀→预热→静电喷涂或流化床浸塑→加热流平→固化→冷却。

二、护栏的施工工艺

1. 波形梁护栏的施工工艺

1) 立柱放样

应根据设计文件进行立柱放样,并以桥梁、通道、涵洞、隧道、中央分隔带开口、紧急电话开口、互通式立体交叉等控制立柱的位置,进行测距定位。

立柱放样时可利用调节板调节间距,并利用分配方法处理间距零头数。

应调查立柱所在处是否存在地下管线、排水管等设施,或构造物顶部埋土深度不足的情况。

2) 立柱安装

立柱安装应与设计文件相符,并与公路线形相协调。

位于土基中的立柱,可以采用打入法、挖埋法或钻孔法施工。立柱高程应符合设计要求,并不得损坏立柱端部。

采用打入法打入过深时,不得将立柱部分拔出加以矫正,必须将其全部拔出,将基础压实后重新打入。立柱无法打入到要求深度时,严禁将立柱地面以上部分焊割、钻孔,不得使用锯短的立柱。采用挖埋施工时,回填土应采用良好的材料并分层夯实,回填土的压实度不应小于设计值。填石路基中的柱坑,应用粒料回填并夯实。采用钻孔法施工时,立柱定位后应采用与路基相同的材料回填,并分层夯填密实。

在铺有路面的路段设置立柱时,柱坑从路基至面层以下5cm处应采用与路基相同的材料回填并分层夯实,余下的部分应采用与路面相同的材料回填并压实。

位于石方区的立柱,应根据设计文件的要求设置混凝土基础。位于小桥、通道、明涵等混凝土基础中的立柱,可设置在预埋的套筒内,通过灌注砂浆或混凝土固定,或通过地脚螺栓与桥梁护轮带基础相连。

立柱安装就位后,其水平方向和竖直方向应形成平顺的线形。护栏渐变段及端部的立柱,应按设计规定的坐标进行安装。

3)防阻块、托架、横隔梁安装

防阻块和托架应通过连接螺栓固定在护栏板和立柱之间,在拧紧连接螺栓前应调整防阻块,托架使其准确就位。防撞等级为SA、SAm和SS的波形梁护栏在安装防阻块时,应同时安装上层立柱,线形应与下层立柱相同。

设有横隔梁的中央分隔带护栏,应在立柱准确定位后安装横隔梁。在护栏板安装前,横隔梁与立柱间的连接螺栓不应过早拧紧。

4)横梁安装

护栏板应通过拼接螺栓相互连接成纵向横梁,并由连接螺栓固定于防阻块、托架或横隔梁上。护栏板拼接方向应与行车方向一致,如图2-4-18所示,拼接螺栓必须采用高强螺栓。

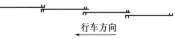

图2-4-18 护栏板拼接方向示意图

防撞等级为SA、SAm和SS的波形梁护栏通过螺栓将上层横梁与上层立柱加以连接。

立柱间距不规则时,可利用调节板进行调节,不得采用现场切割护栏板的方法。

所有的连接螺栓和拼接螺栓应在护栏的线形达到规定要求时才能拧紧。终拧扭矩应符合表2-4-34的规定。

波形梁护栏板连接螺栓和拼接螺栓的终拧扭矩规定值　　　表2-4-34

螺栓类型	螺栓直径(mm)	扭矩值(N·m)
普通螺栓	M16	60~68
	M20	95~102
	M22	163~170
高强螺栓		315~430

5)端头安装

各类护栏端头应通过拼接螺栓与护栏板牢固连接,拼接螺栓必须采用高强螺栓。防撞等级为SA、SAm和SS的波形梁护栏上横梁必须按设计文件的规定进行端部的处理。

2.混凝土护栏的施工工艺要求

混凝土护栏的施工除应符合《公路桥涵施工技术规范》(JTG/T 3650—2020)的规定外,还应满足下列要求:

(1)应根据现场条件确定并核对混凝土护栏的设置位置,确定控制点,检测基础承载力是否达到设计的要求。

(2) 现场浇筑混凝土护栏。

采用固定模板法施工时，模板宜采用钢模板，钢模板的厚度不应小于4mm。

浇筑混凝土之前，应按设计文件的要求绑扎钢筋及预埋件。钢模板涂脱模剂后，可浇筑混凝土。

混凝土浇筑前的温度应维持在10~32℃之间。

采用滑动模板法施工时，滑模机的施工速度应根据旋转搅拌车、混凝土卸载速度以及成型断面的大小决定，可采用0.5~0.7m/min。混凝土振捣由设置在滑模机上的液压振动器完成，振动器应能根据混凝土的坍落度无级调速，一边振动一边前进。振动器的数量可根据混凝土护栏断面形状，配置5根左右。

两处伸缩缝之间的混凝土护栏必须一次浇筑完成，伸缩缝应与水平面垂直，宽度应符合设计文件的规定，伸缩缝内不得连浆。

混凝土初凝后，严禁振动模板，预埋钢筋不得承受外力。

应根据气温和混凝土强度确定拆模时间，一般可在混凝土终凝后3~5天拆除混凝土护栏侧模。拆模时不应损坏混凝土护栏的边角，并应保持模板的完好状况。

假缝可在混凝土护栏拆除模板后，按设计文件要求的间距和规格采用切割机切开，并应保证断面光滑、平整。

(3) 预制混凝土护栏。

预制混凝土护栏的施工场地应平整、坚实、排水良好、交通方便。应采用钢模板，模板长度应根据吊装和运输条件确定，宜采用固定的规格。每块预制混凝土护栏必须一次浇筑完成。

拆模时间应根据气温和混凝土强度确定，拆模时混凝土强度不应低于设计强度的70%。拆模时不应损坏混凝土护栏的边角，并应保持模板完好。

在起吊、运输和堆放过程中，不得损坏混凝土护栏构件的边角，否则在安装就位后，应采用高于混凝土护栏强度的材料及时修补。

混凝土护栏的安装应从一端逐步向前推进，护栏的线形应与公路的平、纵线形相协调。

中央分隔带混凝土护栏在超高路段，应按设计文件要求处理好排水问题。

3. 缆索护栏的施工工艺要求

1) 放样

应根据现场桥梁、涵洞、通道、路线交叉、隧道等的分布确定控制立柱的位置，并测定控制立柱之间的间距，据此调整端部立柱、中间端部立柱、中间立柱的设置位置。

应调查立柱下是否存在地下管线、构造物等设施，并进行适当处理。

2) 端部立柱和中间端部立柱的设置

应根据设计文件的要求，将立柱、斜撑及底板焊接成牢固的三角形支架。应根据最终确定的立柱位置开挖基坑、浇筑混凝土基础，到达规定的高程时，应对三角形支架进行准确定位。基础开挖、地基检验、地基处理及混凝土的浇筑应符合《公路桥涵施工技术规范》(JTG/T 3650—2020)的规定。

位于桥梁、涵洞、通道、挡土墙等构造物处的端部立柱和中间端部立柱，应根据设计文件的要求进行基础预埋。

3）中间立柱的设置

中间立柱应定位准确，纵向和横向位置与公路线形一致。

位于土基中的中间立柱，可采用打入法、挖埋法或钻孔法施工。立柱高程应符合设计要求，并不得损坏立柱端部。位于混凝土基础中的中间立柱，可设置在预埋的套筒内，通过灌注砂浆或混凝土固定，或通过地脚螺栓与桥梁护轮带基础相连。

4）托架安装

中间立柱或中间端部立柱上的托架，应按设计文件规定的托架编号和组合正确安装。

5）架设缆索

缆索应在端部立柱和中间端部立柱的混凝土基础达到设计强度的80%以上时架设。缆索应支放在立柱的内侧，通过中间支架向另一端滚放。严禁在路面上长距离拖拽缆索。

可用楔子固定或注入合金的方法将一端的缆索锚固在索端锚具上，如图2-4-19所示。

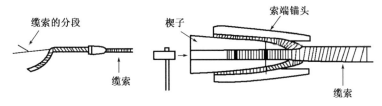

图 2-4-19　缆索的分股和楔子锚固

应在另一端部立柱或中间端部立柱上设置倒链滑车或杠杆式倒链张紧器将缆索临时拉紧，如图2-4-20所示。B级和A级缆索护栏的初拉力应为20kN，其他等级缆索护栏的初拉力应符合设计文件的规定。

应根据索端锚具的规格，切断多余的缆索，如图2-4-21所示。缆索切断面应垂直整齐，不得松散，可用楔子固定或注入合金的方法锚固在索端锚头上。

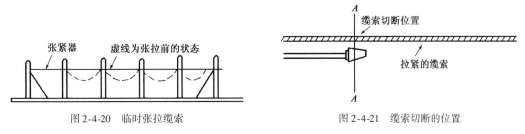

图 2-4-20　临时张拉缆索　　　　　图 2-4-21　缆索切断的位置

索端锚具安装到端部立柱或中间端部立柱后，可卸除临时张拉力。缆索应按从上向下的顺序架设。缆索调整完毕后，应拧紧各中间立柱、中间端部立柱托架上的索夹螺栓。

第五章

隔离设施

第一节 概 述

隔离设施包括隔离栅和防落网。隔离栅是设置于公路沿线两侧,阻止人、动物进入公路或沿线其他禁入区域,防止非法侵占公路用地的设施。防落网包括防落物网和防落石网,防落物网是设置于公路桥梁两侧防止抛扔的物品、杂物或运输散落物进入桥梁下铁路、通航河流或交通量较大的公路的设施;防落石网是设置于公路路堑边坡防止落石进入公路建筑界限内的柔性防护设施。

一、隔离设施的分类

隔离设施按用途不同可分为隔离栅和防落网两类。

隔离设施按构造形式可分为隔离栅(钢板网、焊接片网、焊接卷网、编织片网、编织卷网、刺钢丝网)、绿篱、隔离墙、刺钢丝网和绿篱相结合等几大类。

依据隔离栅网片成型工艺的不同,隔离栅网片产品可分为焊接网型、刺钢丝网型、编织网型、钢板网型。

隔离栅立柱(含斜撑和门柱)产品可分为直焊缝焊接钢管立柱、冷弯等边槽钢和冷弯内卷边槽钢立柱、方管和矩形管立柱、燕尾立柱和混凝土立柱五类。

依据防腐处理形式的不同,隔离栅产品可分为热浸镀锌隔离栅、锌铝合金涂层隔离栅、浸塑隔离栅和双涂层隔离栅四类。

防落物网按网片形式可分为钢板网、编织网、焊接网、实体板等。防落石网按网片形式可分为钢丝绳网和环形网。

二、隔离设施总体设计要求

1. 隔离栅总体设计要求

(1)隔离栅应能有效阻止行人、动物误入需要控制出入的公路。

(2)隔离栅顶部距地面的高度以1.5~1.8m为宜,靠近城镇区域的隔离栅高度可取高限值,在动物身高不超过50cm等人烟稀少的荒漠地区,经交通安全综合分析后隔离栅高度可降低至1.3~1.5m。

(3)隔离栅的设计应适应所在地区的地形、气候和环境特点;气候对金属的腐蚀性较强的地区,宜采用防腐性能较好的防腐涂料进行表层处理。

(4)隔离栅应保证风荷载下自身的强度和刚度,不承担防撞的功能;隔离栅的结构设计可参考交通标志的相关内容。

2. 防落网设计总体要求

(1)防落网应能阻止落物、落石等进入公路用地范围或公路建筑限界以内。

(2)防落网包括防落物网和防落石网。除特殊要求外,防落物网以距桥面高1.8~2.1m为宜,防落石网应根据防护落石区域的面积并结合公路边坡的地形进行设置。

(3)防落网的结构计算可参考交通标志的相关内容,其中防落石网应能承受设计边坡落石的冲击力作用。

三、隔离设施设置原则

1. 隔离栅设置原则

除符合下列条件之一的路段外,高速公路、需要控制出入的一级公路沿线两侧必须连续设置隔离栅,其他公路可根据需要设置。

(1)路侧有水渠、池塘、湖泊等天然屏障的路段;

(2)填方路基路侧有高度大于1.5m的挡土墙或砌石等陡坎的路段;

(3)桥梁、隧道等构造物,除桥头、洞口需与路基隔离栅连接以外的路段;

(4)挖方路基边坡垂直挖方高度超过20m且坡度大于70°的路段。

隔离栅遇桥梁、通道、车行和人行涵洞时,应在桥头锥坡或端墙处进行围封,对于行人通过较多的路段,可选择强度高的结构进行围封。

隔离栅遇跨径小于2m的涵洞时可直接跨越,跨越处应进行围封,防止行人和动物误入。隔离栅的中心线应沿公路用地范围界限以内20~50cm处设置。

为满足公路、桥梁和通道等养护管理的需要,可在进出高速公路、需要控制出入的一级公路的适当位置设置便于开启,以满足车辆或人员进出的隔离栅活动门,隔离栅的立柱需要根据活动门的大小和开启情况进行加强。

在行人、动物无法误入分离式路基内侧中间区域的条件下,可仅在分离式路基外侧设置隔离栅;在行人、动物可以误入分离式路基内侧中间区域的条件下,宜在分离式路基内侧行人和动物误入的位置设置隔离栅。分离式路基段遇桥梁、通道、车行和人行涵洞时,应在桥头锥坡或端墙处进行围封,对于行人通过较多的路段,可选择强度高的结构进行围封。

2. 防落网设置原则

1)防落物网设置原则

(1)上跨铁路、饮用水水源保护区、高速公路、需要控制出入的一级公路的车行或人行构造物两侧均应设置防落物网。

(2)公路跨越通航河流、交通量较大的其他公路时,应设置防落物网。需要设置防落物网的桥梁采用分离式结构时,应在桥梁内侧设置防落物网。

(3)已经设置声屏障的公路路段,可不设置防落物网。

(4)防落物网应进行防腐和防雷接地处理,防雷接地的电阻应小于10Ω。

防落物网的设置范围为下穿铁路、公路等被保护区的宽度(当上跨构造物与下穿公路斜交时,应取斜交宽度)并各向路外分别延长10~20m,其中上跨铁路的防落物网的设置范围还应符合铁路部门的有关规定。

2)防落石网设置原则

(1)高速公路或一级公路建筑限界内有可能落石,经落石安全性评价对公路行车构成影响的路段,应对可能产生落石的危岩进行处理或设置防落石网。

(2)二级及二级以下公路有可能落石并影响交通安全的路段,宜处理危岩或设置防落石网。

(3)防落石网应充分考虑地形条件、地质条件、危岩分布范围、落石运动途径及与公路工程的相互关系等因素后加以设置,宜设置在缓坡平台或紧邻公路的坡脚宽缓场地附近。

四、隔离设施构造要求

1. 隔离栅

1)隔离栅构造要求

金属材料的隔离栅网片、立柱、斜撑、门柱、连接件等应符合现行《隔离栅》(GB/T 26941—2011)的规定。绿篱可以采用灌木或小乔木等,应能阻止行人和动物误入。隔离栅所采用的钢构件均应采用热浸镀锌、锌铝合金涂层、浸塑以及双涂层等方法进行防腐处理,其防腐要求应满足现行《隔离栅》(GB/T 26941—2011)的规定。

隔离栅具有多种形式和材料,采用的网孔尺寸可根据公路沿线动物的体型进行选择。焊接网和编织网常用的网孔尺寸包括100mm×50mm和150mm×75mm等,最小网孔不宜小于50mm×50mm。隔离栅网孔规格的选取应考虑以下因素:

(1)不利于人和小动物攀爬并进入高速公路;

(2)在小型动物出没较多的路段,可设置变孔的刺钢丝网;

(3)结构整体和网面的强度;

(4)与公路沿线景观的协调性;

(5)性能价格比。

受地形限制、隔离栅前后不能连续设置时,可自然断开,并以此处作为隔离栅的端部。地形起伏较大的路段,隔离栅可沿地形顺坡设置卷网,或将地形整修成阶梯状,采用片网。隔离栅改变方向处应做拐角设计。

2)隔离栅结构尺寸

隔离栅产品有网片、立柱、斜撑、门柱、连接件等部件组成,见图2-5-1。

(1)网片

焊接网隔离栅网片的结构尺寸应符合《隔离栅 第3部分:焊接网》(GB/T 26941.3—2011)中表1~表3和图1~图3的规定;刺钢丝网隔离栅网片的结构尺寸应符合《隔离栅 第

4 部分:刺钢丝网》(GB/T 26941.4—2011)中表 1~表 2 的规定;编织网隔离栅网片的结构尺寸应符合《隔离栅 第 5 部分:编织网》(GB/T 26941.5—2011)中表 1 和图 1 的规定;钢板网隔离栅网片的结构尺寸应符合《隔离栅 第 6 部分:钢板网》(GB/T 26941.6—2011)中表 1 和图 1 的规定。

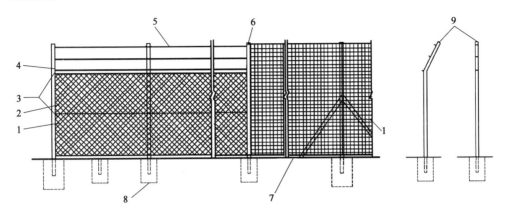

图 2-5-1 隔离栅组成及各结构件示意图
1-网片;2-斜撑;3-张力钢丝;4-端脚立柱或门柱;5-刺钢丝;6-中间立柱;7-锚定钢筋;8-混凝土基础;9-延伸臂

(2)立柱、斜撑

根据《隔离栅 第 2 部分:立柱、斜撑和门》(GB/T 26941.2—2011)的要求,直缝电焊钢管立柱和斜撑的结构尺寸应符合该标准表 1 的规定;冷弯等边型钢立柱和斜撑的结构见该标准图 1,尺寸应符合该标准表 2 的规定;冷弯内卷边型钢立柱和斜撑的结构见该标准图 2,尺寸应符合该标准表 3 的规定;方管、矩管立柱和斜撑的结构尺寸应符合该标准表 4 和表 5 的规定;燕尾柱和斜撑的结构见该标准图 3,尺寸应符合该标准表 6 的规定;混凝土立柱和斜撑的结构尺寸应符合该标准表 7 的规定。

立柱和斜撑长度根据设计网高确定。可根据要求通过折弯、焊接或用 M8 螺栓与立柱连接的方式形成延伸臂,折弯后与立柱夹 40°~45°的角,延伸臂长 250~350mm。延伸臂用于挂刺钢丝或与网片相同的金属网。

直缝电焊钢管立柱、方管立柱、矩管立柱、燕尾柱柱端应加柱帽,立柱与柱帽要连接牢固、紧密。

(3)门

门的结构尺寸应符合《隔离栅 第 2 部分:立柱、斜撑和门》(GB/T 26941.2—2011)中表 8~表 13 的规定。门宽不大于 1.2m 的门柱也可采用混凝土立柱,其断面尺寸为 125mm×125mm,配筋直径不小于 8mm。

(4)连接件

网片与立柱连接方式为连续安装或分片安装。

连续安装有两种方式:

①直接挂在型钢立柱冲压而成的挂钩上或混凝土立柱中预埋的钢筋弯钩上,挂钩的距离应与网片网孔大小相匹配,挂钩的大小应能满足固定网片的要求。

②通过螺栓、螺母、垫片、抱箍、条形钢片等的连接附件将网片与立柱、立柱与斜撑

连接。

其中,条形钢片用于网片端头与立柱的连接,其厚度不小于3mm。抱箍用于立柱与网片的连接,针对立柱的外径进行设计。

分片安装时可通过螺栓、螺母、垫片、抱箍、上横框、下横框、竖框等连接件将网片与立柱连接。其中,上横框、下横框、竖框用于网片固定,其宽度不小于30mm,厚度不小于1.5mm;横框、竖框与网片之间可用直径为6mm的锚钉固定;抱箍用于立柱与网框的连接,针对立柱的外径进行设计,也可采用其他的装配方式安装。

立柱与斜撑、立柱与网框用螺栓连接;斜撑如采用锚定钢筋锚定,则锚定钢筋的直径不应小于20mm。门柱和门通过连接件用螺栓连接。

2. 防落网

1)防落物网构造要求

防落物网所采用的金属网的形式可与隔离栅相同,其网孔规格不宜大于50mm×100mm,公路跨越铁路时网孔规格不宜大于20mm×20mm。公路跨越铁路电气化区段的上跨立交桥防落物网应设置"高压危险"警示标志。跨越高速铁路的立交桥防落物网距桥面的高度不应低于2.5m,跨越一般铁路的立交桥防落物网距桥面的高度不应低于2.0m。

2)防落石网构造要求

防落石网的网孔规格宜根据其防护的落石频率和规格合理确定。防落石网应具有易铺展性和高防冲击能力,并便于工厂化生产。所有钢构件均应按《公路交通工程钢构件防腐技术条件》(GB/T 18226—2015)的规定进行防腐处理。

第二节 试验方法与技术要求

隔离栅的现行产品标准为《隔离栅》(GB/T 26941—2011),防落物网产品可参考《隔离栅》(GB/T 26941—2011)的规定,防落石网产品可参考《铁路边坡柔性被动防护产品落石冲击试验方法与评价》(TB/T 3449—2016)的规定。

一、通用试验方法

1. 试验条件

1)试验环境条件

除特殊规定外,隔离栅应在如下条件下进行试验:

(1)试验环境温度:23℃±5℃;

(2)试验环境相对湿度:50%±10%。

2)试剂

试剂应包括下列试剂:

(1)固体试剂:六次甲基四胺(化学纯)、氢氧化钠(化学纯)、硫酸铜(化学纯)、氯化钠(化学纯)、

(2)液体试剂:盐酸(化学纯)、硫酸(化学纯)。

3)试验仪器和设备

试验应包括下列主要仪器和设备:

(1)万能材料试验机:等级不低于1级;

(2)高低温湿热试验箱:高温上限不低于100℃,低温下限温度不高于-40℃,温度波动范围不超过±1℃,最大相对湿度不低于95%,相对湿度波动范围不超过±2.5%;

(3)人工加速氙弧灯老化试验箱:应符合《塑料 实验室光源暴露试验方法 第2部分:氙弧灯》(GB/T 16422.2—2022)的相关要求;

(4)盐雾试验箱:80cm^2的接收面内每小时盐雾沉降量为1~2mL;

(5)钢构件镀锌层附着性能测定仪;

(6)磁性测厚仪:分辨率不低于1μm;

(7)试验平台:等级不低于1级;

(8)天平:感量要求精确到0.001g;

(9)钢卷尺:等级不低于2级;

(10)其他长度、角度计量器具:等级不低于1级。

2. 通用要求

1)一般要求

整张网面平整,无断丝,网孔无明显歪斜。

钢丝防腐处理前表面不应有裂纹、斑痕、折叠、竹节及明显的纵面拉痕,且钢丝表面不应有锈蚀。

钢管防腐处理前不应有裂缝、结疤、折叠、分层和搭焊等缺陷存在。使用连续热镀锌钢板和钢带成型的立柱,应在焊缝处进行补锌或整体表面电泳等防腐形式处理。

型钢防腐处理前表面不应有气泡、裂纹、结疤、折叠、夹杂和端面分层;允许有不大于公称厚度10%的轻微凹坑、凸起、压痕、发纹、擦伤和压入的氧化铁皮。

混凝土立柱表面应密实、平整、无裂缝、翘曲,如有蜂窝、麻面,其面积之和不应超过同侧面积的10%。

螺栓、螺母和带螺纹构件在热浸镀锌后,应清理螺纹或做离心分离。采用热渗锌代替热浸镀锌防腐处理时,其防腐层质量参照热浸镀锌。

2)原材料力学性能

按《金属材料 拉伸试验 第1部分:室温试验方法》(GB/T 228.1—2021)的规定执行。

3)防腐层质量

(1)试验方法

按《隔离栅 第1部分:通则》(GB/T 26941.1—2011)中5.4.2的规定执行。

(2)技术要求

所有钢构件均应进行防腐处理,应采用热浸镀锌、锌铝合金涂层、浸塑以及双涂层等防腐处理方法。当采用其他防腐处理方法时,应有可靠的技术数据和试验验证资料,其防腐性能应不低于《隔离栅 第1部分:通则》(GB/T 26941.1—2011)中4.2规定的热浸镀锌方法的相应要求。

二、网片

1. 焊接网隔离栅网片

1)结构尺寸

(1)试验方法

焊接网隔离栅网片结构尺寸的试验方法按表2-5-1的规定执行。

结构尺寸的试验方法　　表2-5-1

序号	项目	试验方法
1	钢丝直径	用分辨率不低于0.02mm的游标卡尺在网面的上、中、下三个部位的横丝和纵丝上进行量取,每根钢丝量取两个相互垂直方向的钢丝直径,分别计算横丝钢丝直径和纵丝钢丝直径的平均值
2	网面长度	用分辨率不低于1mm的钢卷尺在网面的左、中、右三个部位各量取一个网面长度,计算平均值
3	网面宽度	用分辨率不低于1mm的钢卷尺在网面的上、中、下三个部位各量取一个网面宽度,计算平均值
4	网孔纵向长度	用分辨率不低于0.5mm的量尺在网面的上、中、下三个部位各量取一个网孔的纵向长度,计算平均值
5	网孔横向宽度	用分辨率不低于0.5mm的量尺在网面的左、中、右三个部位各量取一个网孔的横向宽度,计算平均值

注:此表为单一网面结构尺寸的试验方法。

(2)精度要求(技术要求)

钢丝直径的允许偏差应符合《隔离栅 第3部分:焊接网》(GB/T 26941.3—2011)中表4的规定。

网孔尺寸的允许偏差为网孔尺寸的±4%。卷网横丝波高不小于2mm。片网网面长度、宽度允许偏差为±5mm;卷网网面长度、宽度允许偏差为网面长度、宽度的±1%。

对于片网,焊点脱落数应小于焊点总数的4%;对于卷网,任一面积为15m^2的网上焊点脱落数应小于此面积上焊点总数的4%。

2)焊点抗拉力

(1)试验方法

焊点抗拉力的拉伸卡具如图2-5-2所示。在网上任取三个焊点,按图示进行拉伸,拉伸试验机拉伸速度为5mm/min,拉断时的拉力值计算平均值。

(2)技术要求

焊点抗拉力应符合表2-5-2的规定。

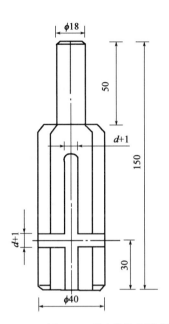
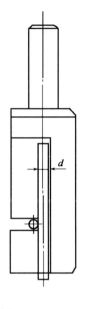

图 2-5-2 焊点抗拉力测试装置(尺寸单位:mm)

焊点抗拉力技术要求 表 2-5-2

钢丝直径(mm)	2.5	2.7	2.95	3.0	3.5	4.0	5.0
焊点抗拉力(N)	520	600	720	750	1010	1320	2060

2. 刺钢丝网隔离栅网片

1)结构尺寸试验方法

刺钢丝网隔离栅网片结构尺寸的试验方法按表 2-5-3 的规定执行。

结构尺寸的试验方法 表 2-5-3

序号	项 目	试 验 方 法
1	钢丝直径	用分辨率不低于0.02mm的游标卡尺在三段1m长刺钢丝的股线和刺线上量取,每段刺钢丝量取两根股线和两根刺线钢丝,每根钢丝量取两个相互垂直方向的钢丝直径,分别计算股线钢丝直径和刺线钢丝直径的平均值
2	刺距	用分辨率不低于0.5mm的量尺在三段1m长刺钢丝上各量取一个刺距,计算平均值
3	刺长	用分辨率不低于0.5mm的量尺在三段1m长的钢丝上各量取一个刺节的两个刺长,计算平均值
4	捻数	目测
5	刺线缠绕股线圈数	目测
6	每结刺数	目测
7	捆重	用分辨率不低于0.2kg的衡器对刺钢丝称重三次,计算平均值
8	每捆接头数	目测

2）结构尺寸技术要求

钢丝直径的允许偏差应符合《隔离栅 第4部分:刺钢丝网》(GB/T 26941.4—2011)中表3的规定。

刺距的允许偏差为±13mm。刺钢丝每个结有四个刺,刺型应规整,刺长为16mm±3mm,刺线缠绕股线不应少于1.5圈,捻扎应牢固,刺型应均匀。刺钢丝每捆质量应为25kg或50kg,每捆质量允许误差为0~2kg。每捆质量25kg的刺钢丝股线不可超过一个接头,每捆质量50kg的刺钢丝股线不可超过两个接头。接头应平行对绕在拧花处,不应挂钩。

3. 编织网隔离栅网片

1）结构尺寸试验方法

编织网隔离栅网片结构尺寸的试验方法按表2-5-4的规定执行。

结构尺寸的试验方法　　　　　　　　　表2-5-4

序号	项　目	试　验　方　法
1	钢丝直径	用分辨率不低于0.02mm的游标卡尺在网面的左、中、右三个部位的三根钢丝上进行量取,每根钢丝量取两个相互垂直方向的钢丝直径,计算平均值
2	网面长度	用分辨率不低于1mm的钢卷尺在网面的左、中、右三个部位各量取一个网面长度,计算平均值
3	网面宽度	用分辨率不低于1mm的钢卷尺在网面的上、中、下三个部位各量取一个网面宽度,计算平均值
4	网孔纵向对角线长度	用分辨率不低于0.5mm的量尺在网面的上、中、下三个部位各量取一个网孔纵向对角线长度,计算平均值
5	网孔横向对角线宽度	用分辨率不低于0.5mm的量尺在网面的左、中、右三个部位各量取一个网孔横向对角线宽度,计算平均值

2）结构尺寸技术要求

网片钢丝直径、网孔尺寸的允许偏差应符合《隔离栅 第5部分:编织网》(GB/T 26941.5—2011)中表2和表3的规定。

网面长度、宽度的允许偏差为网面长度、宽度的±1%。张力钢丝直径不小于3.0mm,允许偏差应符合《一般用途低碳钢丝》(YB/T 5294—2009)的规定。

4. 钢板网隔离栅网片

1）结构尺寸

(1)试验方法

钢板网隔离栅网片结构尺寸的试验方法按表2-5-5的规定执行。

结构尺寸的试验方法 表2-5-5

序号	项 目	试 验 方 法
1	钢板厚度	用分辨率不低于0.01mm的板厚千分尺在网面的上、中、下三个部位各量取一个钢板厚度,计算平均值
2	丝梗宽度	用分辨率不低于0.02mm的游标卡尺在网面的上、中、下三个部位各量取一个丝梗宽度,计算平均值
3	网面长度	用分辨率不低于1mm的钢卷尺在网面的左、中、右三个部位各量取一个网面长度,计算平均值
4	网面宽度	用分辨率不低于1mm的钢卷尺在网面的上、中、下三个部位各量取一个网面宽度,计算平均值
5	网面长短差	用分辨率不低于1mm的钢卷尺在网面上量取网面长度的最大值和最小值并计算差值,每张网面量取三次,取最大值
6	网孔短节距	用分辨率不低于0.5mm的量尺在网面的上、中、下三个部位各量取一个网孔短节距,计算平均值
7	网面平整度	用分辨率不低于0.5mm的量尺对TB方向平整度和TL方向两边、中间的平整度分别进行量取(所测得的值应减去钢板厚度),每张网面各量三次,分别取最大值

注:此表为单一网面结构尺寸的试验方法。

(2)技术要求

钢板厚度和短节距的允许偏差应符合《隔离栅 第6部分:钢板网》(GB/T 26941.6—2011)中表2和表3的规定。

丝梗宽度的允许偏差应不超过基本尺寸的±10%,整张网面丝梗宽度超偏差的根数不应超过四根(连续不应超过两根),其最大宽度应小于相邻丝梗宽度的125%。

网面长度的极限偏差为±60mm,宽度的极限偏差为±12.5mm。网面长短差不超过网面长度的1.3%,见图2-5-3。

钢板厚度 d 不大于3.0mm,网面平整度应符合《隔离栅 第6部分:钢板网》(GB/T 26941.6—2011)中表4的规定。

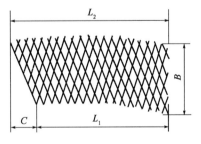

图2-5-3 网面长短差
B-网面宽度;C-网面长短差,$C = L_2 - L_1$

钢板厚度 d 大于3.0mm,网面平整度应符合《隔离栅 第6部分:钢板网》(GB/T 26941.6—2011)中表5的规定。

2)弯曲性能

(1)试验方法

钢板网弯曲性能按《钢板网》(GB/T 33275—2016)的规定执行。

(2)技术要求

钢板网(厚度大于3mm的除外)弯曲90°无折断现象。

三、立柱

1. 结构尺寸试验方法

立柱结构尺寸的试验方法按表2-5-6的规定执行。

结构尺寸的试验方法　　　　表2-5-6

类别	项目	试验方法
直焊缝钢管燕尾柱	钢管外径	用分辨率不低于0.02mm的游标卡尺在立柱的上、中、下三个部位进行量取,每个部位量取2个相互垂直方向的直径,计算平均值
	钢管壁厚	用分辨率不低于0.01mm的壁厚千分尺在立柱的无焊缝部位量取3个壁厚,计算平均值
	定尺长度	用分辨率不低于1mm的钢卷尺量取立柱的定尺长度,每根立柱量取1次
	弯曲度	将立柱水平放于工作台上,用刀口尺和塞尺在最大弯曲处量取,每根立柱量取3次,取最大值
型钢立柱	型钢边长	用分辨率不低于0.02mm的游标卡尺在立柱的上、中、下三个部位进行量取,每个部位量取2个边长,计算平均值
	型钢壁厚	用分辨率不低0.01mm的壁厚千分尺在立柱的非自由边上量取3个壁厚,计算平均值
	定尺长度	用分辨率不低于1mm的钢卷尺量取立柱的定尺长度,每根立柱量取1次
	弯曲度	将试样水平放于工作台上,用刀口尺和塞尺在最大弯曲处量取,每根立柱量取3次,取最大值
混凝土立柱	截面尺寸	用分辨率不低于0.5mm的量尺在立柱的上、中、下三个部位进行量取每个部位量取2个相互垂直方向的边长,计算平均值
	定尺长度	用分辨率不低于1mm的钢卷尺量取立柱的定尺长度,每根立柱量取1次

注:此表为单一立柱结构尺寸的试验方法。

2. 结构尺寸技术要求

1)直缝电焊钢管立柱

直缝电焊钢管立柱应符合《直缝电焊钢管》(GBT 13793—2016)的要求,钢管的外径、壁厚的允许偏差应符合《隔离栅　第2部分:立柱、斜撑和门》(GB/T 26941.2—2011)中表14的规定。钢管立柱定尺长度的允许偏差为±10mm。钢管弯曲度不大于1.5mm/m。

2)型钢立柱

冷弯等边型钢立柱、冷弯内卷边型钢立柱非自由边长和自由边长的允许偏差应分别符合

《隔离栅 第2部分:立柱、斜撑和门》(GB/T 26941.2—2011)中表15和表16的规定。

方管和矩管立柱截面尺寸的允许偏差应符合《结构用冷弯空心型钢》(GB/T 6728—2017)的相关规定。型钢壁厚的允许偏差应符合《隔离栅 第2部分:立柱、斜撑和门》(GB/T 26941.2—2011)中表17的规定,弯曲角区域的壁厚不作规定。

型钢立柱定尺长度的允许偏差为±10mm。型钢立柱不应有明显扭转,型钢立柱弯曲度不大于3mm/m,总弯曲度不应大于总长度的0.3%。

3)燕尾柱立柱的尺寸偏差

燕尾柱外径和壁厚的允许偏差应符合《隔离栅 第2部分:立柱、斜撑和门》(GB/T 26941.2—2011)中表18的规定。

燕尾柱立柱定尺长度的允许偏差为±10mm。燕尾柱立柱弯曲度不大于1.5mm/m。

4)混凝土立柱的尺寸偏差

混凝土立柱横断面尺寸的允许偏差为-4~+6mm。混凝土立柱的定尺长度的允许偏差为-22~+50mm。

第三节 生产及施工工艺

一、隔离设施的生产工艺

1. 生产工艺

隔离栅网片的生产包括将钢丝校直切断、电焊成网、焊边框(适用于电焊网);或将钢板冲剪成网,然后焊边框(适用于钢板网)等工艺。

隔离栅立柱生产包括折弯、钻孔、焊柱帽和连接件等工艺。

隔离栅可采用热浸镀锌、浸塑等防腐形式,热浸镀锌工艺同波形梁钢护栏,浸塑工艺采用流化床法来实施。基本原理是将预热的工件浸入到依靠空气流化的粉末涂料中,敷上一层粉末涂料,然后经塑化流平,在金属表面形成均匀的涂层。

工艺流程为:金属隔离栅或立柱→预热→粉末浸塑→塑化→冷却→修整→检查→包装。

浸塑设备主要由预热炉、流动槽、升降振动装置、塑化炉、输送装置和控制系统等组成。

2. 材料及加工要求

1)网片

(1)焊接网隔离栅网片

网片用金属丝,应采用低碳钢丝,其力学性能应符合《一般用途低碳钢丝》(YB/T 5294—2009)的规定。卷网用横丝应用低碳钢丝,其力学性能应符合《一般用途低碳钢丝》(YB/T 5294—2009)的规定。

卷网用纵丝应用高强度钢丝,其强度应不低于650~850MPa。

(2)刺钢丝网隔离栅网片

普通型刺钢丝网股线及刺线应采用低碳钢丝,其力学性能应符合《一般用途低碳钢丝》

（YB/T 5294—2009）的规定。加强型刺钢丝网股线及刺线应采用高强度低合金钢丝,其抗拉强度应不低于700~900MPa。各种规格刺钢丝的整股破断拉力不应低于4230N。

（3）编织网隔离栅网片

编织网钢丝及张力钢丝,应采用低碳钢丝,其力学性能应满足《一般用途低碳钢丝》（YB/T 5294—2009）的规定。编织网应采用纵向编织。

（4）钢板网隔离栅网片

钢板网的材料,应采用低碳钢板,其化学性能和机械性能应能满足《碳素结构钢和低合金结构钢热轧钢板和钢带》（GB/T 3274—2017）、《碳素结构钢冷轧钢板及钢带》（GB/T 11253—2019）的规定。

2）立柱、斜撑和门

钢管材料,使用冷轧或热轧钢板(带)焊接或焊后冷加工方法制造的,其化学成分及机械性能应满足《直缝电焊钢管》（GB/T 13793—2016）的规定,使用连续热镀锌钢板(带)焊接或焊后冷加工方法制造的,其化学成分及机械性能应满足《连续热镀锌和锌合金镀层钢板及钢带》（GB/T 2518—2019）的规定。

型钢材料,用可冷加工变形的冷轧或热轧钢带在连续辊式冷弯机组上加工生产,其化学成分及机械性能应满足《碳素结构钢》（GB/T 700—2006）的规定,网片连续铺设用型钢立柱上的挂钩经冲压加工而成。

混凝土立柱用混凝土强度等级不低于C20,拌制混凝土所使用的各项材料及混凝土的配合比、拌制、浇筑、养护应符合相关标准的规定。

条形钢片和抱箍可采用冷轧或热轧钢板(带),其技术条件应符合《碳素结构钢和低合金结构钢热轧钢板和钢带》（GB/T 3274—2017）、《碳素结构钢冷轧钢板及钢带》（GB/T 11253—2019）的规定。

螺栓螺母可采用常用普通紧固件,其机械性能应符合《紧固件机械性能螺栓、螺钉和螺柱》（GB/T 3098.1—2010）的规定。

3）复合隔离栅立柱

随着新材料在公路交通工程中的应用,交通运输部于2013年颁布实施了《公路用复合隔离栅立柱》（JT/T 848—2013）,该标准规定了隔离栅复合立柱产品的分类、通用技术要求、试验方法、检验规则、标志、包装、运输和储存等。

依据结构材料的不同,公路用复合隔离栅立柱产品分为以下三类：

TP型——无外皮包裹的纤维增强水泥复合隔离栅立柱；

KP型——中空玻璃钢复合隔离栅立柱；

BP型——玻璃钢填充无机材料复合隔离栅立柱。

其主要技术内容有：一般要求、物理化学性能、构件防腐层厚度。一般要求包括材料要求、外观质量、结构尺寸,物理化学性能包括抗折荷载、耐低温坠落性、抗冻融性能、耐水性能、耐化学溶剂性能、环境适应性能等。其中,规格尺寸主要规定了立柱截面尺寸,立柱长度由设计而定。《公路用复合隔离栅立柱》（JT/T 848—2013）还对各项技术要求的试验方法做了详细规定。

二、隔离设施的施工工艺

1. 隔离栅施工工艺要求

隔离栅施工前,其所在位置应进行场地清理,软基应进行处理。应根据设计文件的规定开挖基坑。

应根据设计文件中规定的隔离栅的设置位置和实际地形、地物条件确定控制立柱的位置和立柱中心线,在控制立柱之间按设计文件规定的柱距定出柱位。每个柱位均应按设计文件的要求确定高程,并应按实际地形进行调整。

立柱应根据设计文件的规定设置在现浇混凝土基础或预制混凝土基础内。立柱的埋设应分段进行。可先埋设两端的立柱,然后拉线埋设中间立柱,控制立柱与中间立柱的平面投影应在一条直线上,柱顶应平顺。预制混凝土立柱和基础在运输和装卸时应避免折断或损坏边角。

混凝土基础强度达到设计强度的70%以上时,可按下列规定安装隔离栅网片:

(1) 安装无框架卷网时,应从端头立柱开始,沿纵向展开,边铺设边拉紧,挂钩时网片不得变形。

(2) 安装有框架的片网时,网面应平整,框架应整体平顺、美观,框架与立柱应连接牢固。

(3) 安装刺钢丝网时,应从端头立柱开始。刺钢丝之间应平行、平直,绷紧后应与立柱上的铁钩牢固绑扎,横向与斜向刺钢丝相交处也应绑扎牢固。

隔离栅网片安装完毕后,应对基础周围进行夯实处理。

2. 桥梁护网施工工艺要求

应以上跨桥梁与公路、铁路等设施的交叉点为控制点,向两侧对称进行桥梁护网的施工。桥梁护网的设置长度应符合设计文件的规定。

应根据桥梁护网立柱预埋基础的位置安装立柱,未设置预埋件时,应采取后固定的施工工艺固定立柱。

桥梁防护网网片应牢固安装在立柱上,网片应平整、绷紧。应根据设计文件对桥梁护网做防雷接地处理。

第六章

防眩设施

第一节 概 述

防眩设施既要有效地遮挡对向车辆前照灯的眩光,又要满足横向通视好、能看到斜前方,并对驾驶员心理影响小的要求。防眩设施应采用部分遮光原理设计,因为如采用完全遮光原理设计,不仅缩小了驾驶员的视野,对驾驶行车有压迫感,而且影响了巡逻管理车辆对对向车道的通视与监管。另外,无论白天或黑夜,对向车道的交通状况是驾驶行车的重要参照系,其中很重要的一点是驾驶员在夜间能通过对向车前照灯的光线判断两车的纵向距离,使其注意调整形式状态。

一、防眩设施的主要形式

防眩设施主要包括防眩板、防眩网和植树防眩三种形式。

防眩板通过其宽度部分阻挡对向车前照灯的光束。防眩板按其原材料材质性能又可分为金属材料防眩板、塑料防眩板、玻璃纤维增强塑料防眩板等。

防眩网是通过网股的宽度和厚度阻挡光线穿过,同时将光束分散反射,通过减少光束强度,从而达到防止对向车前照灯眩目的目的。

植树防眩的遮光原理与防眩板相同,主要是以树木的横向宽度部分遮挡对向车前照灯的大部分光束,以达到防眩目的。植树防眩可采用间隔植树和密集植树两种方式。

二、防眩设施的总体设计要求

(1)防眩设施应按部分遮光原理设计,直线路段遮光角不应小于8°,平曲线路段及竖曲线路段遮光角应为8°~15°。

(2)设置防眩设施不应减少公路的停车视距。

(3)防眩设施所用材料不得反光。

(4)防眩设施结构计算可参考交通标志的相关内容。

三、防眩设施的设置原则

(1)高速公路、一级公路中央分隔带宽小于9m且符合下列条件之一者,宜设置防眩设施:

①夜间交通量较大,且在设计交通量中,大型货车和大型客车自然交通量之和所占比例大于或等于15%的路段。
②设置超高的圆曲线路段。
③凹形竖曲线半径等于或接近于现行《公路工程技术标准》(JTG B01)规定的最小半径值的路段。
④公路路基横断面为分离式断面,上下车行道高差小于或等于2m时。
⑤与相邻公路、铁路或交叉公路、铁路有严重眩光影响的路段。
⑥连拱隧道进出口附近。

(2)非控制出入的一级公路平面交叉、中央分隔带开口两侧各100m(设计速度大于或等于80km/h)或60m(设计速度60km/h)范围内可逐渐降低防眩设施的高度,由正常高度降至开口处的0高度,否则不宜设置防眩设施。过村镇路段不宜设置防眩设施。

(3)公路沿线有连续照明设施的路段,可不设置防眩设施。

(4)防眩设施连续设置时,应符合下述规定:
①应避免在两段防眩设施中间留有短距离间隙。
②各结构段应相互独立,每一结构段的长度不宜大于12m。
③结构形式、设置高度、设施位置发生变化时应设置渐变过渡段,过渡段长度以50m为宜。

四、防眩设施的形式选择

(1)选择防眩设施形式时,应针对公路的平纵线形、气候条件,充分比较各种防眩设施的性能,分析行驶安全感、压迫感、景观要求,并考虑与公路周围环境的协调,结合经济性、施工条件及养护维修等因素综合确定。

除植树(灌木)外,在公路上设置的防眩设施有很多形式,总的来说,有网格状的防眩网、栅样式的防眩网、扇面式的防眩扇板、板条式防眩板等。从制造材料方面分,有金属的、塑料的、玻璃钢的等,不同防眩设施的综合性对比如表2-6-1所示。

不同防眩设施的综合性比较 表2-6-1

特 点	植树(灌木)		防眩板	防眩网
	密集型	间距型		
美观	好	好	好	较差
对驾驶员心理影响	小	大	小	较小
对风阻力	大	大	小	大
积雪	严重	严重	好	严重
自然景观配合	好	好	好	不好
防眩效果	较好	较好	好	较差
经济性	差	好	好	较差
施工难易	较难	较难	易	难

续上表

特 点	植树(灌木)		防 眩 板	防 眩 网
	密集型	间距型		
养护工作量	大		小	小
横向通视	差	较好	好	好
阻止行人穿越	较好	差	较好	好
景观效果	好		好	差

(2)高速公路、一级公路宜采用防眩板和植树两种方式交替设置进行防眩。在进行技术经济论证后,也可采用其他的防眩形式。对中央分隔带有隔离要求的路段,可采用防眩网,积雪严重的路段可采用防眩板。

(3)中央分隔带护栏间距小于树冠直径时,或植树对中央分隔带通信管道有影响时,以及寒冷地区、干旱、半干旱地区路基填料采用水稳性差的材料时,不宜采用植树防眩。

五、防眩设施的构造要求

(1)防眩板宽度和间距应满足防眩要求,所用材料应符合现行《防眩板》(GB/T 24718)的规定;植树防眩的树丛间距应根据树冠有效直径计算确定。防眩网板材厚度可采用 2~3mm,网面可采用高度 50~110cm,长度 200~400cm,网格尺寸计算确定。

①防眩板的结构设计要素主要有:遮光角、防眩高度、板宽、板的间距等。其中遮光角和防眩高度是重要指标。由于防眩板的宽度部分阻挡了对向车前照灯的眩光,也就是说,在中央分隔带连续设置一定间距、一定宽度的防眩板后,当与前照灯主光轴水平夹角(遮光角 β 定义,图2-6-1)的光线照射到防眩板上,它刚好被相邻两块板条所阻挡。因此,遮光角是设计的重要参数。

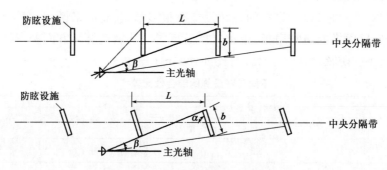

图 2-6-1 防眩板遮光角和宽度计算示意图

②防眩板条的间距规定为 50~100cm,主要是为了与护栏的设置间距相吻合,同时也有利于加工制作。另外,还在于按此间距计算出的板宽能很好地与护栏顶部宽度尺寸相配合。

③遮光角的计算。

a.直线路段遮光角 β 如图2-6-1所示,应按下式计算。

$$\beta = \tan^{-1}\left(\frac{b}{L}\right) \tag{2-6-1}$$

b. 平曲线路段遮光角 β_0，应按下式计算。

$$\beta_0 = \cos^{-1}\left(\frac{R - B_3}{R}\cos\beta\right) \tag{2-6-2}$$

式中：b——防眩板的宽度(cm)；
　　　L——防眩板的间距(cm)；
　　　R——平曲线半径(m)；
　　　B_3——车辆驾驶员与防眩设施的横向距离(m)；
　　　β、β_0——防眩遮光角(°)。

④防眩板宽度的计算。

a. 当防眩板与设置中线垂直时，按下式计算。

$$b = L\tan\beta \tag{2-6-3}$$

b. 当防眩板与设置中线偏转 α 角时，按下式计算。

$$b = \frac{L\tan\beta}{\sin\alpha + \cos\alpha\tan\chi} \tag{2-6-4}$$

式中：α——防眩板的偏转角(°)。

(2)防眩设施的高度与驾驶员的视线高度和前照灯的高度有直接关系。

①在公路线形设计中，我国采用的驾驶员视线高度标准值是1.20m，而在实际行驶的车辆群体中，由于车辆结构和驾驶员个体等因素的差别，驾驶员的视线高度变化很大。根据调查，我国驾驶员视线高度建议值为小汽车1.30m、大客车2.20m、货车2.00m。汽车前照灯高度建议值为小型车0.8m，大型车为1.0m。

②在凸形竖曲线路段，驾驶员可在一定范围内从较低的角度看到对向车前照灯的眩光，随着两车驶近，视线上移，眩光才被防眩设施遮挡。故在凸形竖曲线路段，防眩设施的下缘应接近或接触路面，或在中央分隔带上种植密集矮灌木，以消除这种眩光的影响。其设置的范围至少为凸形竖曲线顶部两侧各120m，因平直路段感觉不到眩光的两车最小纵距即为120m左右，汽车远射灯光的照距一般也在120m左右。

③在凹形竖曲线路段，驾驶员显然可从较高的角度看到对向车前照灯的眩光，因而宜根据凹形竖曲线的半径和前后纵坡度的大小，适当增加凹形竖曲线路段防眩设施的高度。一般可通过计算或计算机绘图求出凹形竖曲线内各典型路段相应的防眩设施高度值，最后取一平均值作为整个凹形竖曲线内防眩设施的设置高度。显然，在凹形竖曲线路段，通过种植足够高度的树木防眩是比较理想的形式，它可为驾驶员提供优美的视觉环境。

④为使防眩设施的高度能与道路的横断面比例协调，不使防眩设施受冲撞后倒伏到行车道上，同时减少行驶的压迫感，防眩设施的高度一般不宜超过2m。

⑤综上所述，防眩设施的高度可按下式计算：

a. 直线路段防眩设施的高度 H 可按下式进行计算，计算示意图见图2-6-2。

$$H = h_1 + \frac{(h_2 - h_1)B_1}{B} \tag{2-6-5}$$

或

$$H = h_2 - \frac{(h_2 - h_1)B_2}{B} \quad (2\text{-}6\text{-}6)$$

式中：h_1——汽车前照灯高度(m)；

h_2——驾驶员视线高度(m)；

B_1、B_2——分别为车行道上车辆距防眩设施中心线的距离(m)，$B = B_1 + B_2$。

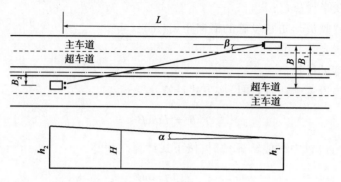

图 2-6-2　直线段防眩设施高度计算示意图

b. 平曲线路段应按式(2-6-7)和式(2-6-8)验算防眩设施高度对停车视距的影响，平曲线路段防眩设施高度验算图式见图 2-6-3，停车视距 S 按《公路路线设计规范》(JTG D20—2017)中第 7.9 节取值。

$$H < \frac{D - (R + m/2)\cos\gamma}{D}(h_2 - h) + h \quad (2\text{-}6\text{-}7)$$

$$D = 2R\sin\frac{S}{2R} \quad (2\text{-}6\text{-}8)$$

式中：H——防眩设施高度(m)；

D——驾驶员与障碍物通视的直线距离(m)；

h_2——驾驶员视线高度(m)；

h——障碍物高度(m)；

R——平曲线半径(m)；

m——道路中央分隔带宽度(m)；

S——停车视距(m)。

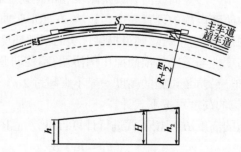

图 2-6-3　平曲线段防眩设施高度计算示意图

c.在竖曲线路段,当竖曲线半径小于《公路工程技术标准》(JTG B01—2014)所规定的一般最小半径时,应根据竖曲线路段前后纵坡的大小计算防眩设施的高度是否满足遮光要求。

d.防眩设施的高度不宜超过2m。

(3)防眩设施宜独立设置。有特殊限制需要与护栏配合设置时,其结构处理应满足以下规定:

①防眩设施固定在混凝土护栏顶部时,可按独立结构段为单位进行安装。一般采用预埋地脚螺栓连接。

②防眩设施与波形梁护栏配合设置时,可通过连接件将防眩设施架设在护栏上,或通过立柱将防眩设施埋设于中央分隔带上。

③防眩设施与护栏组合设置后,不应影响护栏的阻挡、缓冲、导向等正常使用功能。

我国防眩设施和中央分隔带护栏设置时考虑的基本因素多数是一致的。一般在需设置防眩设施的路段上,基本上也需设置中央分隔带护栏,因而防眩设施宜与护栏配合设置。而且,防眩设施与护栏配合设置具有一定的优越性,可大大降低防眩设施的投资。防眩设施与护栏配合设置,可利用护栏作为支撑结构,护栏本身可作为防眩的一个组成部分,节省投资、降低造价;而且护栏对防眩设施可起到保护的作用,由于防眩设施本身并不具备防撞功能,与护栏配合使用时,护栏可起到保护的作用,使防眩设施受冲撞破坏的概率降低,可节省大量的维修养护费用;此外,还可起到增强道路景观的作用。

(4)在平曲线段或竖曲线段设置防眩网时,单片长度不宜大于2.5m。

(5)采用植树防眩时,应根据当地气候条件,选择易成活、根系发达且对埋土深度要求较浅、枝叶茂密、落叶少、养护工作量少的树种。

第二节 试验方法与技术要求

防眩设施主要包括防眩板、防眩网和植树防眩三种形式。本节中的检测技术主要针对防眩板产品。

一、防眩板产品分类与命名

《防眩板》(GB/T 24718—2009)中防眩板产品分类与命名的规定如下:

1.产品分类

按产品结构划分:

(1)Z——中空型;

(2)S——实体型;

(3)T——特殊造型。

按板体材料划分:

(1)P——塑料板体型;

(2)F——玻璃纤维增强塑料(玻璃钢)板体型;

(3)M——钢质金属板体型；

(4)Q——其他材质板体型。

2. 型号

示例：以高密度聚乙烯为原材料的，规格为高900mm、宽220mm的中空塑料防眩板应表示为"FXSPZ900×220"。

二、防眩板产品试验方法与技术要求

1. 外观质量

（1）试验方法

在正常光线下，目测直接观察。

（2）技术要求

产品表面颜色均匀一致，无明显的反光现象，边缘圆滑、无毛刺、无飞边；表面无剥离、裂纹、气泡、砂眼等缺陷，整体成型完整、无明显歪斜。

2. 结构尺寸

（1）试验方法

①高度 H：将试样做平面投影，用分度值1mm的钢卷尺，在试样投影的最大长度位置量取3个数值，取算术平均值作为测量结果。

②宽度 W：将试样做平面投影，用分度值1mm的钢板尺，在试样投影的上、中、下三个部位分别量取3个测量值，取算术平均值作为测量结果。

③厚度 t：对板材厚度均匀的试样，用分度值0.02mm的千分尺分别在板的中部及边缘部分量取3个测量值，取算术平均值作为测量结果。

对厚度不均匀的试样，对其板面的极限厚度值各量取3个测量值，取算术平均值作为厚度区间的测量结果。

对于中空型的防眩板，厚度 t 为材料实壁单层厚度。

对于钢质金属基材防眩板，厚度 t 为试样剥离外部涂塑层后，进行测量。

④固定螺孔直径：用分度值0.01mm的游标卡尺在不同方向量取3个测量值，取算术平均值作为测量结果。

⑤纵向直线度：在试验平台上，用分度值为0.01mm的塞尺，量取板侧与试验平台间的3个最大缝隙值 d，取算术平均值，则纵向直线度按下式求出：

$$纵向直线度 = \bar{d}/H \times 100\% \qquad (2\text{-}6\text{-}9)$$

式中：$\bar{d}$——最大缝隙值算术平均值(mm)；

　　　H——防眩板高度(mm)。

⑥端部垂直度。

对于规则方形防眩板，以万能角度尺在其板端量取3个测量值，取算术平均值作为测量结果。对于非规则方形防眩板，不作要求。

(2)技术要求

外观质量和结构尺寸如表2-6-2所示。

外观质量和结构尺寸　　　　　表2-6-2

项目		技术要求		
		中空塑料防眩板	玻璃纤维增强塑料(玻璃钢)防眩板及其他实体型	钢质金属基材防眩板
结构尺寸	高度 H	700~1000mm,允许偏差 $^{+5}_{0}$ mm		
	宽度 W	80~250mm,允许偏差 ±2mm		
	厚度 t	≥1.5mm	2.5~4mm	2~4mm 允许偏差 ±0.3mm
	固定螺孔直径	8~10mm,允许偏差 $^{+0.5}_{0}$ mm		
	纵向直线度	≤2mm/m		

3. 抗风荷载 F

(1)试验方法

将防眩板底部固定于试验平台上,板的中部用标准夹具夹持,以标准夹具的中点为力学牵引点,用刚性连接介质通过定滑轮与力学试验机牵引系统牢固连接,牵引点应与定滑轮下缘在同一直线上,且牵引方向应垂直于防眩板板面。在连接介质完全松弛的情况下,以100mm/min的速度牵引,直至板面破裂或已经达到最大负荷时,停止试验,所受最大牵引负荷即为试样的抗风荷载。如此共进行3组试验,取3次试验结果的算术平均值作为测试结果。试验牵引装置设置如图2-6-4所示。

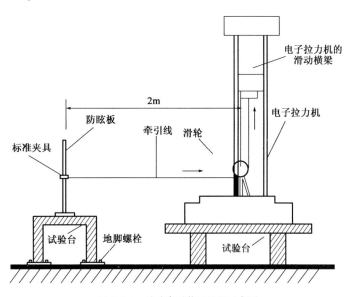

图2-6-4 试验牵引装置设置示意图

(2)技术要求

F 应不小于 C 与 S 的乘积,其中,C 为抗风荷载常数,取值为1647.5N/m²,S 为该规格防眩板的有效承风面积。

4. 抗变形量 R

(1)试验方法

将防眩板固定于试验平台上,并与试验机良好连接。标记处板上端到操作台平面的投影 S_0,启动试验机,以 15mm/min 速度牵引,当牵引负荷达到相应规格的抗风荷载时,停止牵引,卸掉施加负荷,使防眩板自由弹性恢复,5min 后做板上端到操作台平面得到投影,标记为 S_1,抗变形量 R 的立面投影如图 2-6-5 所示。则防眩板抗变形量 R 按下式计算:

$$R = \frac{S_1 - S_0}{H} \qquad (2\text{-}6\text{-}10)$$

式中:S_1——最终投影位移(mm);
　　　S_0——初始投影位移(mm);
　　　H——板高(m)。

如此共进行 3 组试验,取 3 次试验结果的算术平均值作为测试结果。

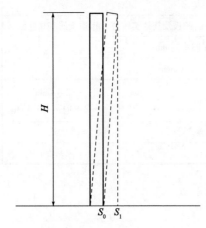

图 2-6-5　抗变形量立面投影示意图

(2)技术要求

抗变形量 $R \leq 10$mm/m。

5. 抗冲击性能

(1)试验方法

将试样放置在标准环境条件下调节 24h 后进行试验。试样应平整放置于硬质地面或试验台上,用质量为 1kg 钢球从距板面高度 1m 处自由下落,冲击试样,保证在冲击的过程中钢球与试样只接触一次,每件试样冲击点应选择上、中、下三个部位进行冲击试验,观测试验结果。

(2)技术要求

以冲击点为圆心,半径 6mm 区域外,试样表面或板体无开裂、剥离或其他破坏现象。

6. 耐溶剂性能

(1)试验方法

①塑料防眩板。

常规耐溶剂性能按照《塑料耐液体化学试剂性能的测定》(GB/T 11547—2008)的方法进行,浸泡温度为 23℃ ±2℃,浸泡时间为 168h 后观察试验结果。

试验试剂选用以下类型:a)30% 的 H_2SO_4 溶液;b)10% 的 NaOH 溶液;c)90 号汽油。

②玻璃钢防眩板。

按《公路用玻璃纤维增强塑料产品　第 1 部分:通则》(GB/T 24721.1—2009)中的规定,常温(10~35℃)浸泡 360h 或加温(80℃ ±2℃)浸泡 72h 后观察试验结果。

试验试剂选用以下类型:a)30% 的 H_2SO_4 溶液;b)10% 的 NaOH 溶液;c)90 号汽油。

(2)技术要求

产品表面不应出现软化、皱纹、起泡、开裂、被溶解、溶剂浸入等痕迹。

7. 耐水性能

(1) 试验方法

玻璃钢防眩板耐水性能按照现行《玻璃纤维增强塑料耐水性加速试验方法》(GB/T 10703)规定的方法进行,试验用水应为蒸馏水或去离子水,试验水温为80℃±2℃,试验144h后观察试验结果。

(2) 技术要求

经144h加速耐水试验后,产品表面不应出现软化、皱纹、起泡、开裂、被溶解、溶剂浸入等痕迹。

8. 环境适应性能

通用环境适应性能如表2-6-3所示。

防眩板通用环境适应性能　　　　表2-6-3

项　　目		试　验　方　法	技　术　要　求
环境适应性能	耐低温坠落性能	将长度为500mm试样放置在低温试验箱中,温度降至-40℃±3℃,恒温调节2h后取出试样,板面平行于地面由1m高度处自由坠落至硬质地面,观测试验结果	产品应无开裂、破损现象
	耐候性能	按《公路沿线设施塑料制品耐候性要求及测试方法》(GB/T 22040—2008)中的规定执行	经总辐照能量大于$3.5×10^6$kJ/m²的人工加速老化试验后,试样无明显变色、龟裂、粉化等老化现象,试样的耐候质量等级评定应符合《公路沿线设施塑料制品耐候性要求及测试方法》(GB/T 22040—2008)中5.2的规定

9. 玻璃钢防眩板理化性能

(1) 试验方法

①密度。

按现行《纤维增强塑料密度和相对密度试验方法》(GB/T 1463)规定执行,采用浮力法。

②巴柯尔厚度。

按现行《纤维增强塑料巴氏(巴柯尔)硬度试验方法》(GB/T 3854)规定执行。

③氧指数(阻燃性能)。

按现行《纤维增强塑料燃烧性能试验方法氧指数法》(GB/T 8924)规定执行。

(2) 技术要求

①密度≥1.5g/cm³。

②巴柯尔厚度≥40。

③氧指数(阻燃性能)≥26%。

10. 钢质金属基材防眩板理化性能

(1) 试验方法

①基板厚度。

试样经剥离外部涂塑层后,用分度值0.02mm的板厚千分尺分别在板的上、中、下边缘部分量取 3 个测量值,取算术平均值作为测量结果。

②涂层厚度。

涂层厚度按现行《磁性基体上非磁性覆盖层覆盖层厚度测量 磁性法》(GB/T 4956)的规定进行,以测量值的算术平均值表示测试结果。若测试值中 10% 以上的值超出技术要求范围,即使算术平均值符合技术要求,该结果仍为不符合本标准的技术要求。

③双涂层基板镀锌层附着量。

按现行 GB/T 18226 的规定执行。

④涂层附着性能。

a. 热固性粉末涂料涂层。

按照现行《色漆和清漆漆膜的划格试验》(GB/T 9286)规定的方法执行。

b. 热塑性粉末涂料涂层。

用锋利的刀片在涂塑层上划出两条平行的长度为 5cm 的切口,切入深度应达到涂层附着基底的表面。板状或柱状试样两条切口间距为 3mm,丝状试样的两条切口位于沿丝的轴向的 180°对称面。在切口的一端垂直于原切口作一竖直切口,用尖锐的器具将竖直切口挑起少许,用手指捏紧端头尽量将涂层扯起。以扯起涂层状态,将涂层附着性能区分为 0 ~ 4 级。

0 级:不能扯起或扯起点断裂;

1 级:小于 1cm 长的涂层能被扯起;

2 级:非常仔细的情况下可将涂层扯起 1 ~ 2cm;

3 级:有一定程度附着,但比较容易可将涂层扯起 1 ~ 2cm;

4 级:切开后可轻易完全剥离。

⑤耐盐雾试验。

按现行《公路交通工程钢构件防腐技术条件》(GB/T 18226)的规定执行。

⑥涂层耐湿热试验。

温度 47℃ ±1℃,相对湿度 96% ±2% 条件下,按照现行《公路交通工程钢构件防腐技术条件》(GB/T 18226)的规定执行。

(2)技术要求

钢制金属基材防眩板理化性能如表 2-6-4 所示。

钢质金属基材防眩板理化性 表 2-6-4

序号	项 目			单位	技术要求
1	涂塑层厚度	热塑性涂层	单涂层	mm	0.38 ~ 0.80
			双涂层		0.25 ~ 0.60
		热固性涂层	单涂层		0.076 ~ 0.150
			双涂层		0.076 ~ 0.120
2	双涂层基板镀锌层附着量			g/cm²	≥270
3	涂层附着性能	热塑性粉末涂料涂层		—	一般不低于 2 级
		热固性粉末涂料涂层		—	0 级

续上表

序号	项目			单位	技术要求
4	环境适应性能	耐盐雾性能	钢质基底无其他防护层	—	经8h试验后,划痕部位任何一侧0.5mm外,涂层应无气泡、剥离的现象
			金属防护层 第Ⅰ段(8h)	—	经8h试验后,划痕部位任何一侧0.5mm外,涂层应无气泡、剥离的现象
			金属防护层 第Ⅱ段(200h)	—	经200h试验后,基底金属无锈蚀
		涂层耐湿热性能			经8h试验后,划痕部位任何一侧0.5mm外,涂层应无气泡、剥离的现象

第三节 生产工艺及施工方法

一、防眩板的生产工艺

1. 塑料防眩板的生产工艺

塑料防眩板的生产工艺流程如图2-6-6所示。

2. 玻璃钢防眩板的生产工艺

玻璃钢防眩板的生产工艺流程如图2-6-7所示。对于玻璃钢防眩板,一定量的模压料装入模具后在一定的温度和压力下模压料塑化、流动并充满模腔。同时,模压料发生交联固化反应形成三维体型结构而得到预期的制品。在整个压制过程中,加压、赋形、保温等过程都依靠被加热的模具的闭合而实现。

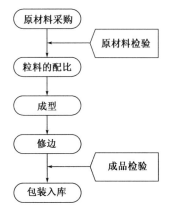

图2-6-6 塑料防眩板的生产工艺流程图

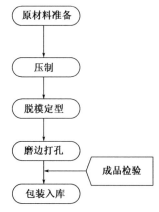

图2-6-7 玻璃钢防眩板的生产工艺流程图

在加热、加压保温的条件下,模压料发生以下几个阶段的变化。第一阶段是模压料受热塑化,流动并充满模腔,获得制品所要求的形状。第二阶段是树脂与交联单体发生交联反应,形成部分网状结构,模压料黏度增大,流动性降低,表现出一定的弹性。第三阶段是交联反应继续进行,树脂与交联单体之间的共聚反应更为完全,模压料失去流动性,硬度大幅度增加。从实际生产角度来看,这三个阶段并没有明显的界限,模压料在流动的同时可能形成部分网状结构,乃至更进一步形成三维体型结构。

二、防眩板的施工方法

1. 施工方法

防眩板的施工工序是:放样→支架防眩板安装→防眩板线形调整。

安装过程中所有钢构件均应进行防腐处理。除设计文件另行规定外,防腐处理应满足现行《公路交通工程钢构件防腐技术条件》(GB/T 18226)的规定。螺栓、螺母等紧固件和连接件在防腐处理后,必须清理螺纹或进行离心分离处理。

防眩板可以安装在钢护栏上和混凝土护栏上,也可以单独设置;安装线形缓和整体应与公路线形协调一致;防眩板安装的高度和遮光角必须满足标准要求。

2. 防眩板施工中的质量控制

1)放样

防眩板支架放样,应先确定控制点(如桥梁),控制点间距、放样应符合设计要求。

2)支架及防眩板安装

支架安装间距符合施工图设计;支架安装高度保持一致,线形平顺;防眩板安装高度、间距要符合设计要求。

3)防眩板线形调整

防眩板安装完成后应进行线形调整,防眩板整体线形应与路线线形一致,没有高低不平及扭曲现象。

第七章

突起路标及轮廓标

第一节 突起路标

一、概述

1. 术语和定义

1）逆反射元

产生逆反射的最小光学单元,例如一个三面直角棱镜或一个双凸透镜结构。

2）逆反射器

由一个或多个逆反射元组成的、可直接应用的器件或组件,通常为梯形片状。

3）定向透镜

一种在一定的入射条件和观测条件下才具备逆反射性能的器件,通常为小双凸透镜。

4）全向透镜

在水平360°的入射条件下都具有逆反射性能的逆反射器。

5）钢化玻璃

经热处理工艺之后的玻璃,其特点是在玻璃表面形成压应力层,机械强度和耐热冲击强度得到提高,并且碎裂时,碎片呈钝角颗粒状。

6）永久突起路标

在长期应用条件下,为道路使用者提供夜间警示诱导和信息的突起路标,通常在重车使用环境下,使用寿命大于一年。

7）临时突起路标

用于道路施工区和维护区,在白天和夜间为道路使用者提供警示诱导和信息的突起路标,通常在重车使用环境下,使用寿命大于四个月。

8）亮度因数

D_{65}标准光源、45°/0°观测条件下,被测样品光亮度与同一位置时的标准漫反射白板的光亮度之比。

9)逆反射

反射光线从靠近入射光线的反方向,向光源返回的反射(图 2-7-1)。

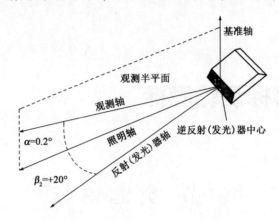

图 2-7-1　突起路表述语及光学测试原理图

10)逆反射(发光)器中心

突起路标发光面(片)或逆反射片的几何中心,简称几何中心。

11)基准轴

起始于逆反射(发光)器的几何中心,垂直于安装水平面的直线。

12)逆反射(发光)器轴

水平面内通过几何中心与基准轴,与突起路标迎车面底边线相互垂直的直线。

13)照明轴

连接几何中心和光源中心的直线(对于逆反射器来说,该轴为一实轴,是存在的;对于主动发光器来说,该轴为一虚轴,是为了描述测量几何条件而定义的)。

14)观测轴

观测半平面内连接几何中心和光探测器中心的直线。

15)水平入射角 β

水平面内照明轴与逆反射器轴之间的夹角。

16)观测角 α

照明轴与观测轴之间的夹角。

17)发光强度系数 R

逆反射器在观察方向的发光强度 I 除以投向逆反射体且落在垂直于入射光方向的平面内的光照度 $E_\perp$ 的商,以坎德拉每勒克斯表示($cd \cdot lx^{-1}$),$R = I/E_\perp$。

18)逆反射系数 R'

平面逆反射表面上的发光强度系数 R 除以它的表面面积的商,以坎德拉每勒克斯每平方米表示($cd \cdot lx^{-1} \cdot m^{-2}$),$R' = R/A$。

19)标准测试条件

环境温度为 25℃ ±1℃,用标准太阳电池测量的光源辐照度为 1000W/m² 并具有标准的太阳光谱辐照度分布。

20）半强角

发光强度为最大发光强度光轴方向一半时，观测轴与最大发光强度光轴的夹角。

21）浮充电

把充电电路和储能元件的供电电路并联接到负载上，充电电路在向负载供电的同时，仍向储能元件充电，只有当充电电路断开时，储能元件才向负载供电的一种充电运行方式。

2. 突起路标的组成和分类

1）突起路标的分类

(1) 突起路标按《突起路标》(GB/T 24725—2009)中规定的产品分类如下：

按逆反射性能，突起路标分为逆反射型（简称 A 类）和非逆反射型（简称 B 类）两种。其中逆反射型突起路标按逆反射器类型又可分为 A1 类、A2 类、A3 类等；

按基体材料分为塑料、钢化玻璃、金属等；

按逆反射器分为微棱镜、定向透镜、全向透镜等；

按位置分为车道分界线型和车道边缘线型；

按颜色分为白、黄、红、绿、蓝等类型。

(2) 太阳能突起路标按《太阳能突起路标》(GB/T 19813—2005)中规定的产品分类如下：

按是否带逆反射器分为带逆反射器的组合式突起路标和不带逆反射器的单一式突起路标两种，分别用大写字母 Z 和 D 表示。

按照使用环境温度条件分为 A 型、B 型和 C 型三种：①A 型为常温型，最低使用温度为 -20℃；②B 型为低温型，最低使用温度为 -40℃；③C 型为超低温型，最低使用温度为 -55℃。

按能见度条件分为Ⅰ型、Ⅱ型和Ⅲ型：①Ⅰ型适用于无照明的道路；②Ⅱ型适用于有照明的道路；③Ⅲ型适用于多雾天气的道路。

2）突起路标的组成

(1) A1 类突起路标

由工程塑料或金属等材料基体和微棱镜逆反射器组成的逆反射突起路标，原理见图 2-7-2。

(2) A2 类突起路标

由工程塑料或金属等材料基体和定向透镜逆反射器组成的逆反射突起路标，原理见图 2-7-3。

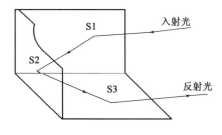

图 2-7-2　微棱镜逆反射单元反射原理图

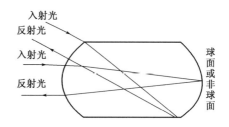

图 2-7-3　定向透镜逆反射单元反射原理图

(3) A3 类突起路标

由钢化玻璃基体和金属反射膜组成的一体化全向透镜逆反射突起路标，原理见图 2-7-4。

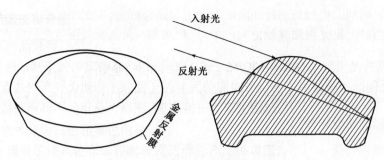

图 2-7-4 全向反射突起路标反射原理图

(4) B 类突起路标

一般不含逆反射器,直接由工程塑料、陶瓷或金属材料基体和色表面组成。

(5) 太阳能突起路标

太阳能突起路标一般由壳体、发光元件、太阳能电池、储能元件以及控制器件等构成。

3) 突起路标的型号标记

突起路标的型号标记由 5 部分组成,第四部分和第五部分用短连字符"-"连接,其余各部分连续无间隔排列。

(1) 第一部分为突起路标类型,可选项有 A1、A2、A3、B 四种。

(2) 第二部分为 A 类突起路标的逆反射器或 B 类突起路标的表面色颜色,可选项有白、黄、红、绿、蓝五种,分别用 W、Y、R、G、B 表示。

(3) 第三部分为基体材料,可选项有塑料、金属、钢化玻璃、陶瓷等,分别用 P、M、T、C 表示。

(4) 第四部分为地面以上有效高度,由 20 和 25 两个数字分别表示 20mm 和 25mm。

(5) 第五部分为底边有效尺寸,由 100、125、150 三个数字分别表示 100mm、125mm 和 150mm。

示例 1:A1WP20-150 其型号表示为大小 150mm、有效高度 20mm 的 A1 类白色塑料突起路标。

示例 2:BYC25-100 其型号表示为大小 100mm、有效高度 25mm 的 B 类黄色陶瓷突起路标。

3. 突起路标的功能和作用

突起路标是固定于路面上,独立使用或配合标线使用,以形态、颜色、逆反射光等传递车道信息,指引车辆、行人顺利通行的交通安全设施。可以说,突起路标是一种固定于路面上起标线作用的突起标块,可用来标记对向车行道分界线、同向车行道分界线、车行道边缘线等,也可用来标记弯道、进出口匝道、导流标线、道路变窄、路面障碍物等危险路段。

目前,市场上的突起路标种类很多,性能各有千秋,功能各有侧重。道路尤其是高等级公路中,使用较多的是反光型突起路标。反光型突起路标包括基体和反射器。

图 2-7-5 是塑料基体的反光型突起路标,是最为常见的一种类型。因其不带销钉,所以不用在路面钻孔,直接使用环氧树脂胶等黏结于路面上即可。

图 2-7-6 是铝合金基体的反光型突起路标,基体带有销钉,安装时需先在路上钻孔,再涂

胶(环氧树脂胶或沥青胶)黏结,安装较为牢固,不易脱落。反光型突起路标可单面反光,即只在面向行车方向装有反射器;也可双面反光,即在面向行车方向和其反方向均装有反射器。

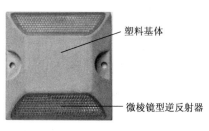
图 2-7-5 反光型突起路标(塑料基体)

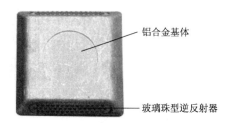
图 2-7-6 反光型突起路标(铝合金基体)

夜间行车时,在汽车车灯的照射下,反光型突起路标的反射器产生逆反射光,将车辆前方的道路轮廓清晰地勾勒出来,令人心旷神怡。反光型突起路标的使用,给夜间道路交通带来安全和快捷,同时制造出美丽的景象,为驾乘人员带来舒适、愉悦的心情,所以在世界各国尤其是发达国家得到普遍和广泛的使用。

普通型突起路标没有反射器,在夜间不产生逆反射光。普通型突起路标可用陶瓷、金属、塑料等制作而成,因其没有反射器,较为耐磨,使用寿命较长,可独立作为标线使用。

发光型突起路标主要指主动发光的太阳能突起路标。太阳能突起路标利用太阳能为发光二极管(LED)提供能量,从而发出所需各种光线,提示和引导车辆安全通行。主要安装于弯道、多雾等特殊路段,以一定的频率闪烁发光,来引起驾乘人员的警觉和注意。

组合型突起路标兼具反光型突起路标和发光型突起路标的特点于一体,是近年来研制出来的一种新型突起路标产品。

突起路标因出于路面,车辆碾压时能产生震荡感,可给予驾乘人员适当的提示,所以广泛用于车道边缘线、不允许频繁变换车道的车道分界线、道路出入口、要求车辆减速慢行的路段等。

4. 突起路标的设置原则

依据《道路交通标志和标线》(GB 5768—2009)相关要求,突起路标设置规定如下:

突起路标与标线配合使用时,应选用主动发光型或定向反光型,其颜色与标线颜色一致,布设间隔为 6～15m,一般设置在标线的空当中,也可依据实际情况适当加密。与边缘线和中心单实线配合使用时,突起路标应设置在标线的一侧,其间隔应与在车行道分界线设置的间隔相同。

突起路标与进出口匝道标线、导流标线、路面宽度渐变段标线、路面障碍物标线等配合使用时,应根据实际线形进行布设,力求夜间轮廓分明,清晰可见。

突起路标单独用作车行道分界线时,其布设间距推荐值为 1～1.2m,也可依据实际情况适当加密。壳体颜色应与标线颜色一致,并应使突起路标表面具有足够的抗滑性能。

突起路标单独用作减速标线时,其布设间距推荐值为 30～50cm,并应使突起路标表面具有足够的抗滑性能。

二、突起路标和太阳能突起路标产品试验方法和技术要求

1. 突起路标试验方法和技术要求

1）外观质量

（1）试验方法

一般项目检查在白天环境照度大于150lx的条件下目测检验；对于逆反射器的均匀性，可在一个暗室通道中用手电筒和眼睛形成的近似逆反射条件下进行目视检查。

（2）技术要求

①突起路标基体应成型完整，颜色均匀，外表面无明显的划伤、裂缝、飞边等缺陷；金属基体突起路标表面不应有砂眼、毛刺；工程塑料基体不应有毛刺、气泡、隐纹、变形等；玻璃基体不应有气泡、裂纹。

②突起路标逆反射器应完整、无缺损，反光均匀。

③A3类突起路标金属反射膜应完整、均匀，无剥离、浮起、杂质、针孔等缺陷。

2）结构尺寸

（1）试验方法

长度尺寸用分辨力不低于0.02mm的游标卡尺测量，坡度角用分辨力不低于2′的万能角尺或标准角规测量，每个试样、每个参数测量3次，取算术平均值为测量结果。

（2）技术要求

①突起路标的材料应具有良好的耐化学腐蚀、耐水、耐UV紫外线和耐候性能，金属材料还应具有良好的韧性，受过载破坏后不应有导致交通伤害的尖锐碎片。

②突起路标一般为梯形、圆形或椭圆形，底部边长或直径宜选用100mm、125mm和150mm三种，边长或直径允差±2mm。

③突起路标位于路面以上的高度：车道分界线形应不大于20mm，边缘线形应不大于25mm。

④突起路标面向行车方向的坡度：A1类突起路标应不大于45°，A2类突起路标应不大于65°。

3）色度性能

（1）试验方法

①表面色。

采用《标准照明体和几何条件》(GB/T 3978—2008)中规定的标准D_{65}光源，在45°/0°的照明观测条件下，按《物体色的测量方法》(GB/T 3979—2008)规定的方法测量突起路标基体的表面色，也可用符合上述光源和照明观测条件的色差仪在被测样品的顶部或其他平缓部位直接读取色品坐标和亮度因数。

②逆反射色。

采用《标准照明体和几何条件》(GB/T 3978—2008)中规定的标准A光源，在0°/0.2°的照明观测条件下，按《逆反射材料色度性能测试方法 第1部分：逆反射体夜间色》(JT/T 692.1—2022)规定执行。

(2)技术要求

①白色、黄色突起路标外部表面的色品坐标和亮度因数应符合《突起路标》(GB/T 24725—2009)中表1和图4的规定。

②逆反射型突起路标逆反射器色品坐标应符合《突起路标》(GB/T 24725—2009)中表2和图5的规定。

4)逆反射性能

(1)试验方法

方法一:按《逆反射体光度性能测量方法》(JT/T 690—2022)规定的比率法或直接发光强度法进行测量,测试示意图见图2-7-7。

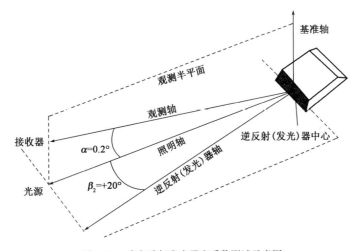

图2-7-7 突起路标发光强度系数测试示意图

方法二:用符合《逆反射测量仪》(GB/T 26377—2010)规定的突起路标发光强度系数测量仪直接测量。

当发生争议时,以方法一中的比率法为仲裁方法。

(2)技术要求

①突起路标每个逆反射面的发光强度系数,按颜色分类应不低于表2-7-1规定基值与表2-7-2颜色系数之乘积。

突起路标发光强度系数 R 基值   表2-7-1

几何条件		发光强度系数 R 最小值(mcd·lx^{-1})		
观测角	水平入射角为 β	A1	A2	A3
0.2°	0°	580	279	40
	±20°	272	112	40
0.33°	±5°	472	220	20
1.0°	±10°	74	25	10
2.0°	±15°	11.8	5	5

注:垂直入射角 β_1 和旋转角 ε 均为0°。

突起路标逆反射器颜色系数　　　　　表2-7-2

颜　色	颜色系数	颜　色	颜色系数
白色	1.0	绿色	0.3
黄色	0.6	蓝色	0.1
红色	0.2	—	—

②带耐磨层的A1类突起路标,其发光强度系数基值不低于表2-7-3规定值的70%。

③A3类突起路标在观测角相同、水平入射角变化时,其逆反射系数不均匀度应不大于10%。

④对于A1、A2类突起路标,当左右对称的两入射角的平均发光强度系数大于上述规定值时,其对应的任一个入射角最小值允许不低于规定值的80%。

5) 整体抗冲击性能

(1) 试验方法

在坚固、平整的水平面上放置一厚度不小于13mm、面积大于突起路标下表面的钢板,将突起路标置于钢板上,用质量为1040g±10g的实心钢球,从突起路标正上方1m的高度自由落下,冲击点为突起路标上表面的中心。

(2) 技术要求

突起路标产品经抗冲击试验后,以冲击点为圆心,直径12mm的区域外不应有任何形式的破损。

6) 逆反射器抗冲击性能

(1) 试验方法

①试验仪器如下:

电热鼓风烘箱:温度均匀度为±2℃。

样品架:带有调节装置和紧固装置,调节装置用于将突起路标的逆反射面调整到水平位置,紧固装置用于将突起路标紧固在样品保持架上,防止冲击样品时发生位移。

冲击锤头:头部为半径6.4mm的半球,总质量190g±2g,形状如图2-7-8所示。

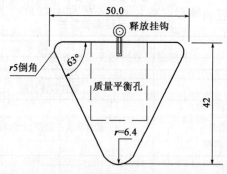

图2-7-8　冲击锤头示意图(尺度单位:mm)

②试验准备:将样品架放置在诸如混凝土地板之类的坚固表面上,试验前先用一个被测突起路标对样品架进行预调整,使其方便地将该组被测样品的逆反射面保持在水平位置上,以减少后续试验过程中的调整时间。

③将样品放置在电热鼓风烘箱中,在55℃的条件下保持1h,将样品取出,迅速放置在样品架上。

④在样品保持高温的条件下,用上述冲击锤头,从457mm的高度自由落下,冲击样品逆反射面的中心部位。

⑤检查被测样品逆反射面的碎裂、剥落和分层状况,用游标卡尺测量裂纹的长度,并做相应记录(如果试验用电热鼓风烘箱容积足够大,可将样品预先固定在保持架上,同时放入烘箱在线测试)。

(2)技术要求

经抗冲击试验后,以冲击点为圆心,直径12mm的区域外不应有任何形式的破损。带耐磨层的逆反射器,其耐磨层不应出现两条以上、长度为6.4mm的辐射状裂痕,裂痕不应延伸到耐磨层的边沿,耐磨层不应与逆反射器剥离。

7)抗压荷载

(1)试验方法

①测试前,将样品放置在23℃±2℃的条件下进行4h的状态调节。

②在试验机下压平台中心上放置一个厚度为13mm、比被测样品基底大的钢板,将样品基底放置在钢板中心上。

③在被测样品顶部放置一块厚度为9.5mm、邵氏硬度为60A、尺寸大于被测样品受压面积的弹性橡胶垫。

④将另一块厚度为13mm、比被测样品大的钢板放置在弹性橡胶垫上。

⑤调整钢板、被测样品、弹性垫,使被测样品置于试验机上下压头的轴线上,开启试验机,以2.5mm/min的速率对试验样品进行加载,直到样品破坏或样品产生明显变形(大于3.3mm)为止,记录此时的力的最大值为试验结果。

(2)技术要求

抗压荷载测试后,A1、A2类突起路标抗压荷载应不小于160kN,A3类突起路标抗压荷载应不小于245kN。

8)纵向弯曲强度

(1)试验方法

①测试前,将样品放置在23℃±2℃的条件下进行4h的状态调节。

②在试验机下压平台上放置两块截面为12.7mm×25.4mm的钢块,钢块的窄面一面朝下放在水平位置,钢块的长度要大于被测突起路标底面的宽度。

③在钢块的另一窄面上分别放置一块厚度为3mm且邵氏硬度70A的弹性橡胶片。

④将被测突起路标放置在这两个弹性片上,突起路标的迎车面底边与钢块窄面长边外沿平行且对齐。

⑤将一块厚度为25mm且邵氏硬度70A的弹性橡胶片放置在被测突起路标的顶面上,该弹性垫上放置第三块同样尺寸的钢块,该钢块与其他两块保持平行,窄面一面朝下,第三块弹性垫要大于突起路标的上顶面。

⑥调整钢块、被测样品、弹性垫,使被测样品和第三块钢块与弹性垫置于试验机上下压头的轴线上,其余两钢块和弹性垫对称,见图2-7-9。

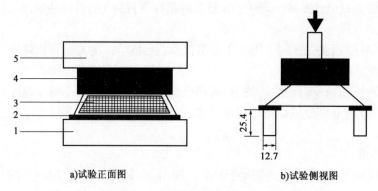

a)试验正面图　　　　　　　b)试验侧视图

图 2-7-9　纵向弯曲强度测试示意图(尺寸单位:mm)

1-钢块;2-下弹性垫;3-被测突起路标;4-弹性垫;5-第三钢块

⑦开启试验机,以 5mm/min 的速率通过第三块钢块和弹性垫对试验样品进行加载,直到样品彻底断裂或突然卸荷为止,记录此时力的值为试验结果,单位精确到 N。

(2)技术要求

对 A1、A2 类突起路标纵向弯曲强度测试后,应不小于 9kN。

9)耐磨耗性能

(1)试验方法

①原理。

本方法采用落砂法评价被测样品表面的耐磨损性能,适用于 A1、A2 类突起路标,A3 类可参照使用。

②测试装置。

a. 测试装置由垂直导砂管、校正漏斗、过滤网、样品架和砂子收集器组成,装配示意图如图 2-7-10 所示。

b. 导砂管:可采用内径不小于 150mm 内壁光滑的实壁塑料管组成,长度为 2850mm,导砂管的不垂直度不大于 0.2°。

c. 校正漏斗:校正漏斗的上口尺寸为 120mm×40mm,高度 100mm,四面坡角 45°。上口四边应平直、尖锐,保证落在口边上的砂子落入斗内时不改变方向。该漏斗的作用是保证直接落入口内的砂子不偏离地、尽可能垂直地冲击突起路标,而落到口外的砂子被偏离到斗外,不能冲击突起路标。校正漏斗应能上下、左右、前后移动,方便调整通过漏斗的砂量和均匀性。

d. 过滤网:过滤网位于导砂管的上部,网孔尺寸为大于 850μm 的标准网。该过滤网的作用一是确立落砂的起始点,二是限制落砂的流速。要求落砂离网的距离不应大于 30mm。

e. 样品架:用于将被测样品夹持稳固,使样品的基底面保持垂直,方便地将样品与导砂管、校正漏斗对中,能自由调整被测样品的高度,使其上边沿与漏斗上口距离不大于 150mm,并能调整水平方向使样品逆反射面底边前沿与漏斗长边方向平行。样品架不应阻挡落砂的自由流动。

f. 收集器:可用一只 300mm×500mm 的搪瓷托盘或其他容器。为了防止落入校正漏斗的砂子溅出或外部的砂子溅入,可用与漏斗下口相同的软布罩将漏斗下口空间封围。

③测试用砂。

a. 试验用砂应使用二氧化硅含量极高的天然石英砂。

b. 这种石英砂的颗粒分布应该满足如下要求:在经过 10min 的连续摇筛之后,不超过总重的 10% 保留在 20 号筛(850μm)上,不超过总重的 10% 漏过 30 号筛(600μm)(在 ASTM4280-04 中指定使用位于美国中部 St. Peters 或 Jordan 的砂岩沉积砂)。

④试验环境。

温度 23℃ ±2℃,相对湿度 50% ±25%。

⑤试验步骤。

a. 按照图 2-7-10 所示将设备和被测样品安装调整到位,并保证导砂管上部至被测样品底面上边沿的距离为 3.00m ± 0.03m。

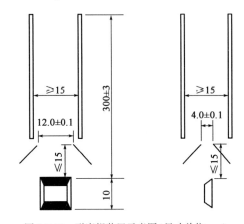

图 2-7-10 耐磨损装置示意图(尺寸单位:cm)

b. 取足够的试验用砂,以 0.4 ~ 1.0kg/min 的速度均匀落入导砂管上部的过滤网上,注意观察落砂冲击样品的均匀性和部位,并经常按照测试装置校准方法校准试验装置的均匀性。

c. 收集通过校正漏斗的砂子并称重,称重的砂子包括撞击到样品及样品架上溅射到外部的砂子,但不含没有通过漏斗的部分。当发现收集的砂量不满足 2.5kg ± 0.050kg 的要求时,应按测试装置校准方法对试验装置进行校准。

d. 取下被测样品,用软布清洁后,测量被冲击逆反射面的发光强度系数。

e. 将用过的试验砂弃掉,试验用砂每个试验只用一次,不应重复使用。

⑥测试装置校准。

落砂应均匀地通过校正漏斗,其均匀性通过在漏斗下突起路标的位置和高度上放置至少 10 个口径约为 10mm 的小瓶来验证。当足够的砂子下落通过漏斗时,至少有一个小瓶收集到至少 5g 的砂子,收集砂子最少的小瓶中砂子质量至少达到收集最多的小瓶中砂子质量的 75% 时可判定测试装置合格。在确定装置的流动稳定性之后,视需要通过调整漏斗的上下位置和总用砂量来校准其均匀性和通过漏斗的砂量。

⑦测试装置的修正。

当被测突起路标底边大于 100mm 时,应对整个装置进行修正,假设被测突起路标底边为 (100 + x)mm,则修正内容如下:

a. 校正漏斗的上口长边为$(120+x)$mm；

b. 导砂管的内径应至少为$(150+x)$mm；

c. 通过校正漏斗的试验砂的质量应为$(2.5+0.0208x)$kg，允差±2%；

d. 通过漏斗落砂的流速应保持在$(0.4+x/300) \sim (1+x/120)$kg/min。

(2)技术要求

耐磨损性能测试后，A1、A2、A3类突起路标的发光强度系数分别应不小于表2-7-1规定值的50%、70%和90%，再乘以相应的颜色系数。

10)耐温度循环

(1)试验方法

将样品放置在60℃的高温箱中保持4h，接着将样品转移到-7℃的低温箱中保持4h，如此为一个循环。共试验3个循环后，将样品取出，即刻检查样品的破裂、反射体剥离基体、耐磨层分层情况。

(2)技术要求

经温度循环试验后，突起路标应无破裂、反射体剥离基体、耐磨层分层等现象。

11)碎裂后状态

(1)试验方法

将样品放置在压力机上加荷，加荷速度为50~60kN/min，直至样品破裂，将所有碎块收集后放入孔径为30mm的标准筛中，均匀摇动1min后，检查筛中残留物形状，用分辨率0.5mm钢直尺测量残留碎块的最大尺寸。

(2)技术要求

A3类突起路标自爆或承压碎裂后，其碎片应呈钝角颗粒状，颗粒最大尺寸不大于40mm，30~40mm之间的致密性碎块数不应多于2块(钢化玻璃碎裂后，完整透亮的玻璃块被认为是致密结构，而有穿透性裂纹或微小碎条结合在一起的、非透亮的玻璃块被认为是非致密结构)。

12)金属反射膜附着性能

(1)试验方法

①试验用具。

A3类突起路标金属反射膜附着性能测试主要试验用具如下：

a. 抗剪切强度15~20MPa的双组分环氧树脂或丙烯酸酯胶黏剂适量。

b. 长50mm、宽20mm、厚0.5~1.0mm的铁片，在试验前用100号砂纸将待黏结的一面打磨粗糙，用无水乙醇清洁表面并晾干。

②试验程序。

金属反射膜附着性能测试试验程序如下：

a. 按制造商使用说明配制好黏合剂，在规定时间内，将黏合剂涂抹在A3类突起路标下部的金属反射膜上，涂抹面积为长20mm、宽10mm，涂抹位置在突起路标下部金属反射膜区中间部位，长度方向与突起路标下部环向一致；对于在金属反射膜外涂敷保护漆的突起路标，应将保护漆层除去，再在金属膜上涂黏合剂。

b. 将准备好的金属片放在黏合剂的中间沿环向与突起路标加压粘好，在标准环境下静置48h。

c.将金属片与突起路标撕开,检查金属反射膜有无剥落、凸起等现象。
(2)技术要求
A3类突起路标金属反射膜与钢化玻璃基体结合应牢固,试验后金属反射膜应无剥离、浮起等现象。

13)耐盐雾腐蚀性能
(1)试验方法
按《人造气氛腐蚀试验 盐雾试验》(GB/T 10125—2021)中有关中性盐雾试验的规定,每24h为一周期,每周期连续喷雾,共试验6个周期144h。试验结束后,用流动水冲洗掉样品表面的盐沉积物,再用蒸馏水漂洗,并用软布擦干,立即检查样品试验后的状态。
(2)技术要求
耐盐雾腐蚀性能试验后,突起路标基体及逆反射器应无变色、侵蚀、溶液渗入等现象。

14)耐候性能
(1)试验方法
按《公路沿线设施塑料制品耐候性要求及测试方法》(GB/T 22040—2008)中有关自然曝晒试验和耐候性试验的规定执行。
(2)技术要求
经过一年自然气候暴露试验或600h人工加速老化试验后,被测样品应:
①无明显的褪色、粉化、龟裂、锈蚀等现象;
②突起路标基体的色品坐标和亮度因数仍应符合《突起路标》(GB/T 24725—2009)中表1的要求;
③A类突起路标的逆反射器或金属反射膜不应脱落、分层;
④A类突起路标逆反射器的色品坐标仍应符合《突起路标》(GB/T 24725—2009)中表2的规定,发光强度系数应不低于表2-7-1规定值的80%乘以相应的颜色系数。

2. 太阳能突起路标试验方法和技术要求

1)一般要求
(1)试验方法
用目测方法进行。
(2)技术要求
①突起路标的壳体、太阳能电池、储能元件、发光元件以及控制器件的性能应满足公路环境使用条件。
②生产企业应向用户出示有关太阳能电池、储能元件、LED产品的使用寿命证明和经有资质的检测机构检测合格的证书,并在产品质量保证书上明确标示出太阳能突起路标的设计使用寿命。
③带闪烁的突起路标应设置控制端子以便控制闪烁频率和测试工作时的发光强度。

2)外观质量
(1)试验方法
用目测方法进行。

(2)技术要求

①突起路标壳体成型完整,无裂纹、无砂眼、无气泡;边角过渡圆滑、无毛刺、无飞边;外表面颜色应均匀一致,太阳能电池受光面清洁透亮、无明显瑕点。

②太阳能突起路标应封装严密,除太阳能电池和发光装置外,从上部位置不应观察到其他元件和接线。

3)外形尺寸

(1)试验方法

用分度值不低于 0.02mm 的游标卡尺测量,每个尺寸分别测量 5 次,取算术平均值为测量结果。

(2)技术要求

太阳能突起路标的外形一般为梯形结构,下底边长有 100mm±3mm,125mm±2mm 和 150mm±1mm 三种规格,安装于路面以上的有效高度不大于 25mm,梯形迎车面的坡度角应不大于 45°。

4)太阳电池和储能元件的匹配性

(1)试验方法

①储能元件的额定容量采用专用的仪表按现行《碱性二次电池和电池组——圆柱密封镉镍可充单体电池》(GB/T 11013)和现行《碱性或其他非酸性电解液的二次电池和电池组——密封金属氢化物镍可充单体电池》(GB/T 15100)的规定执行。

②太阳电池和储能元件的匹配性能:取 10 个试样将储能元件的电量放电至不能正常工作后,进行实测,取平均值作为结果。

(2)技术要求

太阳能电池和储能元件应匹配良好,在标准测试条件下放置 8h,储能元件的额定容量应满足突起路标正常发光 72h 的需要;或选用的太阳能电池在太阳光照度小于 1000lx 时,向储能元件充电 8h 后,储能元件的容量应满足突起路标正常发光 12h 的需要。

5)太阳电池和储能元件的耐久性

(1)试验方法

按现行《碱性二次电池和电池组——圆柱密封镉镍可充单体电池》(GB/T 11013)和现行《碱性或其他非酸性电解液的二次电池和电池组——密封金属氢化物镍可充单体电池》(GB/T 15100)的规定执行

(2)技术要求

太阳能电池的使用寿命应不小于 40000h,储能元件在浮充电状态下的循环使用寿命应不小于 2000 次充放电(每年按 4000h 计算太阳能电池使用时间,按充放电 400 次计算储能元件的循环使用次数)。

6)发光器件的性能

(1)试验方法

单粒 LED 工作时的发光强度和色品坐标按《高速公路 LED 可变信息标志》(GB/T 23828—2009)有关发光强度和色品坐标测试方法的规定执行。

(2)技术要求

发光器件应采用 LED,单粒 LED 在额定电流时的发光强度,不论白色、黄色和红色都应不小于 2000mcd,半强角不小于 15°。LED 的数量,每个发光面不少于 2 粒。

7)主动发光电源工作时的发光强度和色品坐标

(1)试验方法

单粒 LED 和太阳能突起路标成品工作时的发光强度和色品坐标按《高速公路 LED 可变信息标志》(GB/T 23828—2009)有关发光强度和色品坐标测试方法的规定执行。

(2)技术要求

①突起路标主动发光单元发光时的发光强度应不小于表 2-7-3 的规定值,但上限值不应大于规定值的 10%。

突起路标发光强度表   表 2-7-3

测量几何条件		发光强度(mcd)								
		Ⅰ型			Ⅱ型			Ⅲ型		
水平入射角	观测角	白色	黄色	红色	白色	黄色	红色	白色	黄色	红色
$\beta = 0°$	0.1°	500	500	500	600	600	600	660	660	660
	0.2°	480	480	480	500	500	500	550	550	550
	0.33°	450	450	450	480	480	480	530	530	530
$\beta = \pm 20°$	1°	400	400	400	450	450	450	500	500	500
	2°	300	300	300	400	400	400	440	440	440

②主动发光单元发光时的色品坐标及其测试方法应符合《道路交通反光膜》(GB/T 18833—2012)中的有关规定。

8)组合式突起路标逆反射器的光学性能

(1)试验方法

太阳能突起路标成品逆反射器的发光强度系数和色品坐标按《突起路标》(GB/T 24725—2009)有关发光强度系数和色品坐标测试方法的规定执行。

(2)技术要求

①组合式突起路标逆反射器的发光强度系数 R 应符合表 2-7-4 的规定。

发光强度系数 R 表   表 2-7-4

测量几何条件		最小发光强度系数(mcd/lx)		
水平入射角	观测角	白色	黄色	红色
$\beta = 0°$	0.2°	279	167	70
$\beta = +20°$	0.2°	112	67	28
$\beta = -20°$	0.2°	112	67	28

注:1. 本表中的 β 即《突起路标》(GB/T 24725—2009)中的 β_1。
   2. $\beta_2 = 0°$,没有列出。

②组合式突起路标逆反射器的色品坐标应符合《道路交通反光膜》(GB/T 18833—2012)的有关规定。

9）闪烁频率

（1）试验方法

用频率计、示波器等仪器检测，当频率较低时可采用秒表和目测进行。

（2）技术要求

安装在弯道、多雾等特殊路段的突起路标应闪烁发光，以便引起驾驶员的注意。闪烁频率分两个频段，第一频段应为70～80次/min，第二频段应为200～300次/min。在普通公路和城市道路上宜选用第一频段，在高速公路上宜选用第二频段。安装在道路直线段的突起路标使用闪烁方式时，闪烁频率宜为30次/min±5次/min，占空比宜为1.5:1。

10）夜间视认距离

（1）试验方法

按照《高速公路LED可变信息标志》（GB/T 23828—2009）有关规定执行。

（2）技术要求

晴朗的夜间，在15～200m范围内由突起路标形成的发光轮廓线应清晰明亮。

11）耐溶剂性能

（1）试验方法

将太阳能突起路标样品完全浸泡于标准93号无铅汽油中，浸泡10min后，立即用自来水清洗干净，在室温条件下晾干后，用4倍放大镜检查。

（2）技术要求

经过耐溶剂性能试验后，太阳能突起路标应无渗透、开裂、被溶解等损坏痕迹，受试后的样品应能正常工作。

12）密封性能

（1）试验方法

将试样平放入温度为50℃±3℃、深度为200mm±10mm的水中，浸泡15min之后，在5s内迅速将试样取出并立即放入5℃±3℃、深度为200mm±10mm的水中，再浸泡15min后取出为一个循环。上述试验共进行4次，试验结束后立即用4倍放大镜进行检查。

（2）技术要求

太阳能突起路标应密封良好，经密封试验后，受试样品内部不应进水和产生水雾及其他受浸润现象。

13）机械性能

（1）试验方法

①耐磨耗性能方法：

a. 在磨损试验前，先测样品的发光强度系数和发光强度，并做记录。

b. 将一直径为25.4mm±5mm的钢纤维棉砂纸固定在水平操作台上。

c. 将突起路标的逆反射器或发光面放置到符合要求的钢纤维棉砂纸的正上方，出光面向下。

d. 在片或面上施加一个22kg±0.2kg的荷载，之后完全摩擦该试片或面100次。

e. 卸下荷载对试验后的反射器或发光面进行测试。

②耐冲击性能方法：

在坚固、平整的水平面上放置一厚度不小于13mm、面积大于突起路标下表面的钢板,将突起路标置于钢板上,用质量为1040g±10g的实心钢球,从突起路标正上方1m的高度自由落下,冲击点为突起路标上表面的中心。

③抗压荷载方法:

a.测试前,将样品放置在23℃±2℃的条件下进行4h的状态调节。

b.将样品基底放置在一个厚度为13mm、比被测样品大的钢板中心上。

c.在被测样品上放置一块厚度为9.5mm、邵氏硬度为A60、尺寸大于被测样品的弹性垫。

d.另一块厚度为13mm、比被测样品大的钢板放置在弹性垫上。

e.开启试验机,以2.5mm/min的速率对试验样品进行加载,直到样品被破坏或样品产生明显变形(大于3.3mm)为止,记录下此时的力值为一次试验结果。

(2)技术要求

①耐磨耗性能:经过耐磨试验后,突起路标的发光强度和发光强度系数应分别符合表2-7-3、表2-7-4的规定。

②耐冲击性能:太阳能突起路标耐冲击性能及测试方法应符合《突起路标》(GB/T 24725—2009)有关规定。

③抗压荷载:太阳能突起路标的抗压荷载应不小于100kN。

14)环境适应性能

太阳能突起路标环境适应性能试验方法和技术要求见表2-7-5。

太阳能突起路标环境适应性能试验方法和技术要求 表2-7-5

项　　目		试 验 方 法	技 术 要 求
环境适应性能	耐低温工作性能	按《电工电子产品环境试验 第2部分:试验方法 试验A:低温》(GB/T 2423.1—2008)规定进行	将充满电的太阳能突起路标在-55℃(-40℃、-20℃)条件下,按耐低温性能试验方法试验16h,产品及其部件应能正常工作,外观应无任何变形、损伤
	耐高温工作性能	按《电工电子产品环境试验 第2部分:试验方法 试验B:高温》(GB/T 2423.2—2008)规定进行	将充满电的太阳能突起路标在85℃条件下,按耐高温性能试验方法试验8h,产品及其部件应能正常工作,外观应无任何变形、损伤
	耐湿热工作性能	按《环境试验 第2部分:试验方法 试验Cab:恒定湿热试验》(GB/T 2423.3—2016)规定进行	将充满电的太阳能突起路标在温度45℃、相对湿度98%的条件下,按耐湿热性能试验方法试验48h,产品及其部件应能正常工作,外观应无任何变形、损伤
	耐温度交变性能	按《环境试验 第2部分:试验方法 试验N:温度变化》(GB/T 2423.22—2012)规定进行	将充满电的太阳能突起路标,按耐温度交变循环性能试验方法,在60℃的环境中,保持4h后,立即转至-20℃的环境中保持4h,共进行3个循环,产品及其部件应能正常工作,试验后外观应无任何变形、损伤

续上表

项 目		试验方法	技术要求
环境适应性能	耐机械振动性能	按《环境试验 第2部分：试验方法 试验Fc：振动(正弦)》(GB/T 2423.10—2019)规定进行	将充满电的太阳能突起路标，在振动频率2～150Hz的范围内，按耐机械振动性能试验方法进行扫频试验。在2～9Hz时按位移控制，位移3.5mm；9～150Hz时按加速度控制，加速度为$10m/s^2$。2Hz→9Hz→150Hz→9Hz→2Hz为一个循环，共经历20个循环后，产品功能正常，结构不受影响，零部件无松动

15)耐循环盐雾试验

(1)试验方法

按《公路沿线设施塑料制品耐候性指标及测试方法》(GB/T 22040—2008)中有关耐循环盐雾规定执行。

(2)技术要求

按《公路沿线设施塑料制品耐候性指标及测试方法》(GB/T 22040—2008)中有关耐循环盐雾试验的方法试验后，太阳能突起路标的发光强度和发光强度系数不应低于表2-7-3和表2-7-4规定值的80%，色品坐标仍符合标准要求。

16)耐候试验

(1)试验方法

按《公路沿线设施塑料制品耐候性指标及测试方法》(GB/T 22040—2008)中有关耐候性试验的规定执行。

(2)技术要求

按《公路沿线设施塑料制品耐候性指标及测试方法》(GB/T 22040—2008)中有关耐候试验的方法试验后，太阳能突起路标的发光强度和发光强度系数不应低于表2-7-3和表2-7-4规定值的80%，色品坐标仍符合标准要求。

三、生产工艺及施工方法

1. 生产工艺

突起路标的生产工艺流程如图2-7-11所示。

2. 施工方法

突起路标的施工方法如下：

(1)依据突起路标的使用说明进行安装、施工。安装前应检查突起路标的外观，基体、反射器不得有破损、开裂。

(2)突起路标的施工放样工作，一般应沿着标线来定位。

(3)根据设计文件的要求确定突起路标的位置，反射体应面向行车方向。

(4)由于突起路标种类较多，材料各异，因此，施工方法有所不同。突起路标位置确定后，最常用的方法是把突起路标用胶黏剂粘贴在路面上。在粘贴前，应用扫帚、刷子、高压吹风喷嘴等清理路面。用刮刀把胶黏剂抹在路面上和突起路标底部,突起路标就位,在突起路标顶部施加压力,排除空气,再一次调整就位。

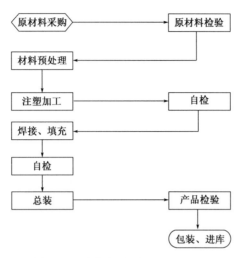

图 2-7-11　突起路标的生产工艺流程图

若采用强化玻璃突起路标,则应在路面上钻孔,取出岩芯,清理孔穴后涂胶,突起路标就位,在突起路标顶部施加压力,排除空气,再一次调整就位。

若采用带脚的突起路标,则应在路面上钻小孔,把突起路标的脚伸入到孔内(深度应足够,钻孔不能太大),清理孔穴后涂胶,突起路标就位,在突起路标顶部施加压力,排除空气,再一次调整就位,待胶黏剂胶凝固化后开放交通。

突起路标在胶黏剂固化前不能受力,因此在突起路标施工过程中,一定要做好养护管理和交通诱导工作,在胶黏剂固化以前一定要避免车辆冲压突起路标,待胶黏剂固化以后,才开放交通。

第二节　轮　廓　标

一、概述

1. 术语和定义

新制定的国家标准《轮廓标》(GB/T 24970—2020)中规定的术语和定义如下:

1)轮廓标

沿道路两侧边缘设置的、用于指示道路前进方向和边界的、具有逆反射性能的交通安全设施。

2)其他术语

逆反射、参考中心、参考轴、照明轴、观测轴、观察半平面、入射角、观测角 α、发光强度系数 R、逆反射系数 R' 等术语参见本书第一篇第二章第四节。

2. 轮廓标组成和分类

1）轮廓标产品分类

轮廓标按照新制定的国家标准《轮廓标》（GB/T 24970—2020）中规定的产品分类如下：

(1) 按设置条件可分为埋设于地面上的柱式轮廓标和附着于构造物上的附着式轮廓标；

(2) 按反射体形状不同可分为梯形、圆形和长方形轮廓标；

(3) 按颜色可分为白色和黄色两种。

图 2-7-12 显示了柱式轮廓标和附着式轮廓标产品外观图。

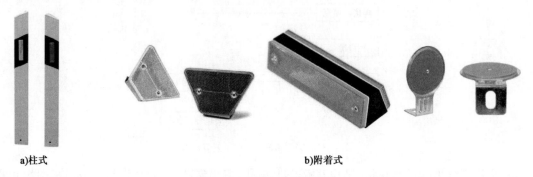

a)柱式　　　　　　　　　　　　b)附着式

图 2-7-12　轮廓标产品外观图

2）轮廓标产品结构

《轮廓标》（GB/T 24970—2020）中对柱式轮廓标和附着式轮廓标的产品结构和安装进行了规定。

(1) 柱式轮廓标

柱式轮廓标由柱体、黑色标记和反射体组成，三部分应连接牢固。柱身为白色，柱体上部应有 250mm 长的一圈黑色标记，黑色标记中间应有 180mm×40mm 的矩形反射体，在反射体基础上可增加蓄能自发光材料。

柱体横断面为空心圆角的等腰三角形或圆弧形。

柱体横断面为等腰三角形时，柱身高度为 1250mm、三角形的高为 120mm、底边长 100mm。尺寸及误差见图 2-7-13。

柱体横断面为圆弧形时，柱身高度为 1100mm、圆弧的弦长为 110mm、弦高为 16mm。尺寸及误差见图 2-7-14。

柱体材料应为合成树脂类材料。其厚度不应小于 3.0mm。

(2) 附着式轮廓标

附着式轮廓标由反射体、支架和连接件组成（图 2-7-15～图 2-7-18）。反射体应为微棱镜型或玻璃珠型反射器、反光膜等逆反射材料。在反射体基础上可增加蓄能自发光材料。

反射体形状为圆角的梯形时，梯形上底为 50mm、下底为 120mm、高为 70mm。尺寸及误差见图 2-7-15。一般安装于波形梁护栏中间的槽内。

反射体形状为圆形时，直径为 100mm。一般安装于波形梁护栏板或中央分隔带混凝土护栏的上方。

反射体形状为长方形时，长边为 180mm、短边为 40mm。一般安装于在混凝土护栏侧壁。

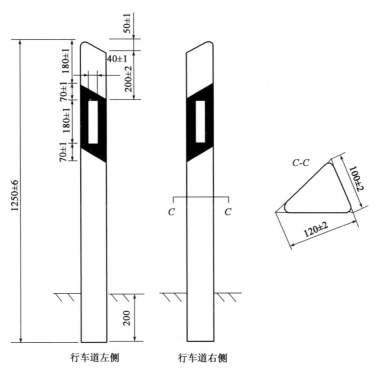

图 2-7-13 柱式轮廓标(等腰三角形断面)结构示意图(尺寸单位:mm)

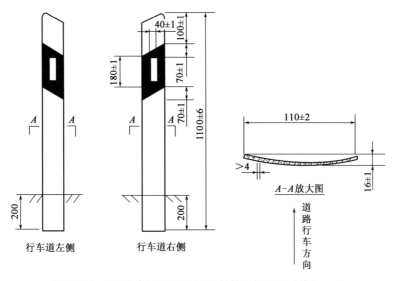

图 2-7-14 柱式轮廓标(圆弧形断面)结构示意图(尺寸单位:mm)

支架和连接件可采用铝合金板、钢板、合成树脂类材料、蓄能自发光材料制作。并满足以下要求:

①采用铝合金时,其厚度不应小于2.0mm;
②采用钢板时,其厚度不应小于1.5mm;

③采用合成树脂类材料时,其厚度不应小于3.0mm;
④采用蓄能自发光材料时,其厚度不应小于2.0mm。

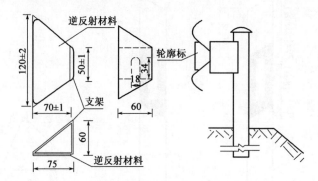

图2-7-15 附着于波形梁护栏的轮廓标结构和安装示意图(尺寸单位:mm)

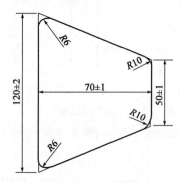

图2-7-16 梯形轮廓标反射器尺寸示意图(尺寸单位:mm)

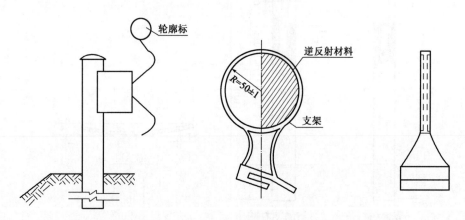

图2-7-17 安装于波形梁护栏上方的轮廓标结构和安装示意图(尺寸单位:mm)

附着于其他建筑物上的轮廓标,包括在挡墙、桥墩、桥台、隧道侧壁、停车场和道路分隔带等处设置的轮廓标,其反射器可制成前述的长方形或圆形。根据建筑物的种类及设置部位,采取不同形式的支架与建筑物连接。在安装时,应按放样确定的位置进行安装。

3. 轮廓标产品的功能和作用

从功能上说,轮廓标是一种视线诱导设施。一般车辆在静止条件下,用远光灯照射轮廓标逆反射体时,要求驾驶员在 500m 距离处能发现,在 300m 距离处能清晰辨认;用近光灯照射时,驾驶员在 200m 距离处能发现,在 100m 距离处能清晰辨认。车辆在动态行驶条件下,观测角变化很小,而入射角随着道路线形的变化可能在较大范围内变化。因此,轮廓标用逆反射体必须保持均匀、恒定的亮度,不能发生闪耀,也不能在入射角突然变化的情况下突然变暗或变亮。

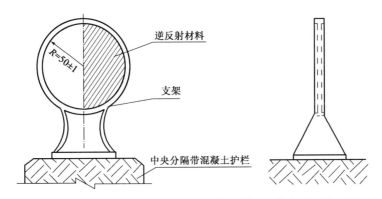

图 2-7-18　安装于中央分隔带混凝土护栏上的轮廓标结构和安装示意图(尺寸单位:mm)

轮廓标逆反射体颜色分为白色和黄色,这是因为在使用过程中,应特别注意其视认性和对驾驶员产生的视觉和心理实际效果,不能产生难以辨认、视觉疲劳等问题。如轮廓标使用红色、橙色等其他颜色的逆反射体,容易与车辆尾灯混淆。故采用白色和黄色逆反射体,这样使得道路轮廓清晰明显、极易辨认,不会被混淆为汽车尾灯,从而达到保障道路安全的效果。

轮廓标虽然在交通安全设施中所占的比重较小,但其作用却不可忽视。尤其是在高速公路和一级公路上,车辆行驶速度很高,为了达到安全行车的目的,公路前方线形指示非常重要,连续设置轮廓标为有效手段之一。尤其是在车辆夜间行驶过程中,可视距离较短、安全度降低,通过对汽车灯光的反射,轮廓标可以使驾驶员提早了解前方路况。道路两侧设置的轮廓标作为道路车行道边界的警示标志,也起到了夜间诱导警告驾驶员的作用,很好地保证了通行车辆的行车安全。

此外,在交通运输部组织实施的公路安全保障工程中(2005—2008 年,以"消除隐患、珍视生命"为主题的工程,对国省干线公路的急弯、陡坡、连续下坡、视距不良和路侧险要等类型的路段开展综合整治,改善交通安全防护设施),对轮廓标专项安全工程实施效果的评价也非常高。尤其是在沿线危险地段设置的护栏处装上,轮廓标取得了非常好的效果。一方面,轮廓标能清晰显示公路轮廓,可以使驾驶员提早了解公路线形的急剧变化,从视觉上起到诱导行驶的作用;另一方面,从心理上为驾驶员提供了安全感,有效地减少了碰撞护栏等事故的发生,确保了交通安全。

除了传统中的轮廓标产品,在隧道等环境中还采用新型的主动发光式轮廓标。组合式主动发光轮廓标为集中供电式,具有组合式发光、高亮度 LED 单元和逆反射片相互配合、全天候工作、密封防水设计完善等特点。一般应用在道路两侧或在隧道内,可起到视线动态诱导及微照明的作用。轮廓标表面逆反射材料的透光孔置有凹透镜结构,可增大 LED 灯的光发散角度,增加照射范围。

4. 轮廓标的设置原则

依据《道路交通标志和标线》(GB 5768—2009)相关要求,轮廓标设置规定如下。

(1)高速公路、一级公路和城市快速干道的主线以及其互通立交、服务区、停车场的进出匝道或连接道,应连续设置轮廓标。

(2)二级公路、三级公路、其他道路和路段视需要可沿主线两侧连续设置轮廓标;在小半径弯道、连续转弯、视距不良、易发生冲出路侧事故和事故多发等路段,宜结合其他安全处置措施沿主线两侧连续设置轮廓标。

高速公路的主线直线段,轮廓标设置间隔一般为50m;附设于护栏上时,其设置间隔可为48m。一级公路和城市快速干道的主线直线段,轮廓标设置间隔一般为40m。二级公路、二级公路和其他道路的主线直线段,轮廓标设置间隔一般为30m。

轮廓标在道路左、右侧对称设置。轮廓标反射器分白色和黄色两种,白色反射器安装于沿行车前进方向的道路右侧,黄色反射器安装于沿行车前进方向的道路左侧或中央分隔带上。

轮廓标的标准设置高度为70cm,最小设置高度为60cm。设置于混凝土基础中的轮廓标,其设置高度(指反射器的中心距路面的高度)应与附着式轮廓标的高度大致相同。

轮廓标反射器的安装角度,无论在直线段或在曲线段上,应尽可能与驾驶员视线方向垂直。

二、轮廓标产品试验方法与技术要求

轮廓标试验方法与技术要求主要参考《轮廓标》(GB/T 24970—2020)。

1. 结构尺寸

1)试验方法

结构组成采用目测,外形尺寸、板厚等,应采用精度和量程满足要求的直尺、板厚千分尺等工具测量。

2)技术要求

各种轮廓标各部分尺寸要求如表2-7-6、表2-7-7所示。

柱式轮廓标尺寸要求表　　　　表2-7-6

序号	检测项目	技术要求
1	逆反射体长度	(180±1)mm
2	逆反射体宽度	(40±1)mm
3	柱体尺寸(等腰三角形断面)	柱体高:(1250±6)mm 断面三角形高:(120±2)mm 断面三角形底边:(100±2)mm
4	柱体尺寸(圆弧形断面)	柱体高:(1100±6)mm 圆弧弦长:(110±2)mm 圆弧弦高:(16±1)mm
5	黑色标记长度	(250±3)mm
6	合成树脂类材料厚度	≥3mm

附着式轮廓标尺寸要求表　　　　表2-7-7

序　号	检测项目	技术要求
1	梯形轮廓标	梯形上底宽：(50±1)mm
		梯形下底宽：(120±2)mm
		梯形高：(70±1)mm
2	圆形轮廓标	直径：(100±1)mm
3	长方形轮廓标	长边：(180±1)mm
		短边：(40±1)mm
4	支架及连接件厚度	铝合金板≥2.0mm
		钢板≥1.5mm
		合成树脂类材料≥3.0mm
		蓄能自发光材料≥2.0mm

2. 外观质量

1）试验方法

(1)在白天室内照度大于70lx的条件下,目测产品外观或用4倍放大镜查看。

(2)把刀口尺的刃口紧靠轮廓标柱体表面,测量柱体表面与刃口之间的最大间隙,即为该表面不平度公差。

2）技术要求

(1)轮廓标各部分应成型完整,表面平整光滑,表面不平度不应大于2mm/m。

(2)轮廓标不应存在以下缺陷:裂纹、拼接缝、边缘剥离;明显气泡、皱纹、划痕以及各种损伤;颜色不均匀;逆反射性能不均匀;反光亮度不均匀。

(3)采用钢构件制作的轮廓标底板、支架或连接件,其防腐层质量应符合GB/T 18226的要求,其中采用单一热浸镀锌处理时,镀锌层平均厚度应不小于50μm,最小厚度应不小于39μm。

3. 材料力学性能

1）试验方法

(1)底板和支架材料。按现行《金属材料　拉伸试验　第1部分:室温试验方法》(GB/T 228.1)中金属材料拉伸性能试验的规定执行。

(2)黑色标记材料。按现行《色漆与清漆　漆膜的划格试验》(GB/T 9286)中划格试验的规定执行。

2）技术要求

(1)制作轮廓标底板和支架的材料的力学性能应符合以下要求:

①采用铝合金板材时使用现行《一般工业用铝及铝合金板、带材　第1部分:一般要求》(GB/T 3880.1)中规定的牌号;

②采用钢板时,使用现行《热连扎低碳钢板及钢带》(GB/T 25053)规定的牌号;

③采用合成树脂类板材时,其力学性能符合相关标准要求,并不低于对铝合金板材的

要求。

(2)制作黑色标记的材料,应对轮廓标有良好的黏结性能,并应符合以下要求:

①采用涂料喷涂而成时,满足现行《色漆与清漆 漆膜的划格试验》(GB/T 9286)的规定;

②采用塑料薄膜粘贴而成时,拼接处重叠部分不小于10mm,用手不得把切开的黑膜整块剥下。

4. 色度性能

1) 试验方法

(1)采用现行《标准照明体和几何条件》(GB/T 3978)规定的 D_{65} 标准照明体及45°/0°的照明观测条件。按现行《物体色的测量方法》(GB/T 3979)规定的方法,测出试样光谱的反射比,然后计算出该颜色的色品坐标,在同样条件下,分别测出试样和标准漫反射白板的光亮度,两者之比值即为亮度因数,或直接测得各种颜色的色品坐标和亮度因数。

(2)采用现行《标准照明体和几何条件》(GB/T 3978)规定的标准 A 光源、照明观测条件为:视场角为0.1°~1°,入射角为0°,观测角为0.2°,按现行《物体色的测量方法》(GB/T 3979)规定的方法,测出反射器试样光谱的反射比,然后计算出该颜色的色品坐标。或直接测得各种颜色的色品坐标。

2) 技术要求

(1)轮廓标普通材料色有白色、黑色两种,应符合现行《图形符号 安全色和安全标志 第4部分:安全标志材料的色度属性和光度属性》(GB/T 2893.4)的要求。其色品坐标和亮度因数应符合《轮廓标》(GB/T 24970—2020)中表1和图4规定的范围。

(2)轮廓标逆反射材料色有白色和黄色两种。应符合现行《道路交通反光膜》(GB/T 18833)的要求。其昼间色色品坐标和亮度因数应符合《轮廓标》(GB/T 24970—2020)中表1和图4规定的范围,其夜间色色品坐标和亮度因数应符合《轮廓标》(GB/T 24970—2020)中表2和图5规定的范围。

5. 光度性能

1) 试验方法

(1)测量原理和装置。

测试于暗室中进行,测试原理如图2-7-19所示,装置示意图如图2-7-20所示。具体为:

①光源采用现行《标准照明体和几何条件》(GB/T 3978)规定的标准 A 光源,试样参考中心对光源孔径张角应不大于12′。试样整个受照区域的垂直照度的不均匀性不应大于5%。

②光探测器是经光谱光效率曲线校正的照度计,安装在光源的正上方。试样参考中心对光探测器孔径张角应不大于12′,光探测器应能上下自由移动,以保证观测角从12′~1°或更大范围的变化。

③光探测器前表面至试样表面的距离一般不应小于15m。

④把反射器试样或尺寸不小于150mm×150mm 的反光膜试样安装在一可转动的样品架上。当它沿第二轴旋转时,试样能获得入射角 β_2;当它沿第一轴旋转时,试样能获得入射角 β_1。

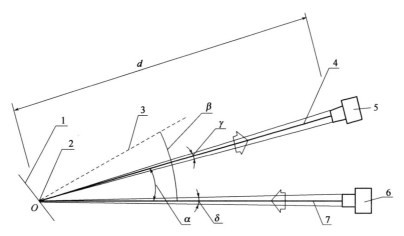

图 2-7-19 逆反射光学测试原理

1-试样;2-参考中心;3-参考轴;4-观测轴;5-光探测器;6-光源;7-照明轴;α-观测角;β-入射角;γ-试样对光探测器张角;δ-试样对光源张角;d-测试距离

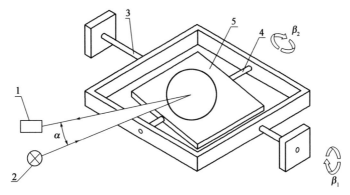

图 2-7-20 光度性能测试装置示意图
1-光探测器;2-光源;3-第一轴;4-第二轴;5-试样

(2)轮廓标用反射器发光强度系数。

具体过程如下:

①把光探测器放在试样的参考中心位置上,正对着光源,测试出垂直于试样表面的照度值 $E_\perp$。

②把上述光探测器置于图 2-7-20 的位置上,把反射器试样固定在样品架上。移动光探测器使观测角为 0.2°;转动试样,转动样品架,使光的入射角 $\beta_2(\beta_1=0)$ 分别为 0°、±10°、±20°,测出在每个入射角时试样反射光所产生的照度值 E_r。

③重复步骤②的过程,使观测角为 0.5°,入射角 β_2 分别为 0°、±10°、±20°等各种几何条件下,测出试样反射光所产生的照度值 E_r。

④用下式计算出不同观测角和入射角条件下的发光强度系数 R:

$$R = \frac{I}{E_\perp} = \frac{E_r \cdot d^2}{E_\perp} \qquad (2\text{-}7\text{-}1)$$

式中:E_r——光探测器在不同观测角和入射角条件下测得反射光的照度(lx);

d——试样参考中心与光探测器孔径表面的距离(m);

$E_\perp$——试样在参考中心上的垂直照度(lx)。

(3)轮廓标用反光膜逆反射系数测量过程。

具体过程如下：

①测试轮廓标用反光膜在观测角分别为 0.2°、0.5°、1.0°，入射角 $\beta_1(\beta_2=0)$ 分别为 $-4°$、15°、30°时的发光强度系数；

②用下式计算出在不同观测角和入射角条件下的逆反射系数 R'：

$$R' = \frac{R}{A} = \frac{I}{E_\perp \cdot A} = \frac{E_r \cdot d^2}{E_\perp \cdot A} \quad (2\text{-}7\text{-}2)$$

式中：A——试样的表面面积(m^2)。

注：轮廓标用反光膜的逆反射系数也可用试样与标准样板对比的测量方法和仪器进行测试。其标准样板需定期到计量检定单位标定。

2)技术要求

(1)发光强度系数 R。

轮廓标的微棱镜型反射器的发光强度系数值不应低于表 2-7-8 的规定；用作轮廓标的玻璃珠型反射器的发光强度系数值不应低于表 2-7-9 的规定。

轮廓标用微棱镜型反射器的发光强度系数表　　表 2-7-8

观测角 α	入射角 $\beta_2(\beta_1=0)$	最小发光强度系数(cd/lx)	
		白色	黄色
0.2°	0°	4.65	2.90
	±10°	3.75	2.35
	±20°	1.95	1.21
0.5°	0°	2.25	1.45
	±10°	1.85	1.20
	±20°	0.93	0.56

轮廓标用玻璃珠型反射器的发光强度系数表　　表 2-7-9

观测角 α	入射角 $\beta_2(\beta_1=0)$	最小发光强度系数(cd/lx)	
		白色	黄色
0.2°	0°	1.50	0.75
	±10°	1.20	0.60
	±20°	0.60	0.30
0.5°	0°	0.50	0.25
	±10°	0.45	0.22
	±20°	0.40	0.20

(2)逆反射系数 R'。

用作轮廓标逆反射材料的反光膜宜采用Ⅳ类或Ⅴ类反光膜。其逆反射系数值不应低于现行《道路交通反光膜》(GB/T 18833)中的相关规定。具体见表 2-7-10。

轮廓标用反光膜的逆反射系数表　　　　　　表 2-7-10

观测角 α	入射角 β_1($\beta_2=0$)	最小逆反射系数($cd \cdot lx^{-1} \cdot m^{-2}$)	
		白色	黄色
0.2°	−4°	600	450
	15°	450	320
	30°	300	220
0.5°	−4°	360	250
	15°	260	180
	30°	160	110

6. 蓄能自发光材料亮度性能

1）试验方法

（1）随机抽取三个试样，在暗室中放置 24h。

（2）将试样放置于照度 1000lx 的激发光源下激发 10min。

（3）关闭激发光源，分别于 10min、1h、3h 后用亮度计测量试样的余辉亮度。

（4）对三个试样分别进行测试，取其平均值。

2）技术要求

用照度 1000lx 的标准激发光源激发 10min，停止激发以后 10min 的余辉亮度应大于 1800mcd/m^2，1h 的余辉亮度应大于 300mcd/m^2。3h 的余辉亮度应大于 60mcd/m^2。

7. 反光膜对底板或柱体的附着性能

1）试验方法

按现行《道路交通反光膜》（GB/T 18833）中反光膜附着性能试验的规定进行。

2）技术要求

反射体为反光膜时，其附着性能应符合现行《道路交通反光膜》（GB/T 18833）中反光膜对标志底板的附着性能的有关规定。

8. 反射器的密封性能

1）试验方法

将产品试样或反射器试样放入温度为 50℃±3℃、深度为 200mm±30mm 的水中，使逆反射表面向上，浸泡 15min 之后，在 10s 内，迅速将试件取出并立即放入温度为 5℃±3℃、同样深度的水中，再浸泡 15min。重复上述试验 3 次，使试样总计经受 4 个热冷循环的浸泡。然后取出试样，擦干其表面的水分，进行目测检查。

2）技术要求

反射体为微棱镜型反射器时，不应出现被水或雾气渗入的现象。

9. 耐盐雾腐蚀性能

1）试验方法

详见本篇第一章第一节。

2)技术要求

耐盐雾腐蚀试验后,各部件不应有变色、起泡、锈斑或被侵蚀的痕迹。反射器不应出现被水或雾气渗入的痕迹;反光膜不应出现渗漏或边缘被剥离的现象;蓄能自发光材料不应出现粉化、斑点、气泡、裂纹或外观不均匀等痕迹。

10. 耐高低温性能

1)试验方法

详见本篇第一章第二节。

2)技术要求

耐高低温试验后,各部件不应出现裂缝、剥落、碎裂、起泡、翘曲或变形等破损的痕迹。

11. 耐候性能

1)试验方法

(1)耐候性能试验时间为:

自然暴露试验为2年;

人工气候加速老化试验为1200h。

(2)自然暴露试验方法为:

①按照现行《塑料 太阳辐射暴露试验方法 第1部分:总则》(GB/T 3681.1—2021)、《塑料 太阳辐射暴露试验方法 第2部分:直接自然气候老化和暴露在窗玻璃后气候老化》(GB/T 3681.2—2021)的要求,把产品试样或反光膜试样(反光膜试样的尺寸应不小于150mm×250mm)安装在至少高于地面0.8m的曝晒架面上,试样面朝正南方,与水平面成当地的纬度角或45°±1°。试样表面不应被其他物体遮挡阳光,不得积水。

②暴露地点的选择应尽可能近似实际使用环境或代表某一气候类型最严酷的地方。

③试样开始曝晒后,每一个月作一次表面检查,半年后每三个月检查一次,直至达到规定的曝晒期限,进行有关性能测试。

(3)人工气候加速老化试验方法为:

详见本篇第一章第三节。经过规定时间老化试验后的样品,用清水彻底冲洗,用软布擦干后,即可置于标准测试条件下,用4倍放大镜进行各种检查并进行有关性能测试。

2)技术要求

连续自然暴露或进行人工加速老化后:

(1)轮廓标应无明显的裂缝、刻痕、气泡、锈蚀、侵蚀、剥离、褪色、粉化或变形等破损的痕迹。

(2)轮廓标各种颜色的色品坐标和亮度因数应保持在《轮廓标》(GB/T 24970—2020)中表1和表2规定的范围之内。

(3)反射器不应出现被水渗入的痕迹;反光膜不应出现边缘被剥开的现象;蓄能自发光材料不应出现粉化、斑点、气泡、裂纹或外观不均匀等痕迹。

(4)反射器的发光强度系数值不应低于表2-7-8或表2-7-9相应规定值的50%;反光膜的逆反射系数值不应低于表2-7-10相应规定值的80%;蓄能自发光材料亮度性能应保持在试验前的75%以上;蓄能自发光材料不应出现粉化、斑点、气泡、裂纹或外观不均匀等痕迹。

三、生产工艺及施工方法

1. 生产工艺

1)附着式轮廓标生产工艺

附着式轮廓标生产工艺流程如图 2-7-21 所示。

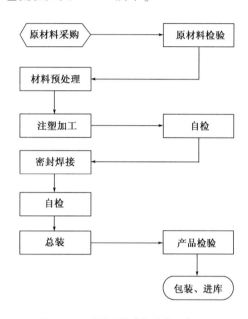

图 2-7-21 附着式轮廓标生产工艺流程

2)柱式轮廓标生产工艺

柱式轮廓标宜采用合成树脂类材料。柱体使用全自动设备一次成型,成型后裁切立柱长度,立柱表面涂刷白漆,粘贴黑色标记,最后安装反射器。

2. 施工方法

1)附着式轮廓标施工方法

附着于梁柱式护栏上的轮廓标,可按立柱间距定位,附着于混凝土护栏或隧道侧墙上的轮廓标应量距定位。

附着式轮廓标应按照放样确定的位置进行安装,反射器的安装角度应符合设计文件的相关规定。附着于护栏槽内的轮廓标,反射器为梯形,把反射器后底板固定在护栏与立柱的连接螺栓上,附着于缆索护栏上的轮廓标,通过夹具把轮廓标固定在缆索上。附着于隧道壁、挡墙、桥墩、桥台侧墙、混凝土护栏等处的轮廓标,通过预埋件或胶固定在侧墙上。反射器的安装角度应符合设计文件的规定。安装高度宜保持一致,并应连接牢固。

安装过程中所有钢构件均应进行防腐处理。除设计文件另行规定外,防腐处理应满足现行《公路交通工程钢构件防腐技术条件》(GB/T 18226)的规定。螺栓、螺母等紧固件和连接件在防腐处理后,必须清理螺纹或进行离心分离处理。

2）柱式轮廓标施工方法

柱式轮廓标应按设计文件的规定量距定位。施工时应设置混凝土基础。混凝土基础可采用现浇或预制的方法施工,并应符合《公路桥涵施工技术规范》(JTG/T 3650—2020)的规定,预制时应按设计文件的规定预埋连接件。基础开挖达到规定的尺度和深度后,先浇筑一层片石混凝土,厚度不应小于20cm。接着在片石混凝土上支模板,测量模板顶部的高程。当立柱与混凝土基础浇在一起时,则可将立柱放入模板内,固定就位后,即可浇筑混凝土。浇筑混凝土完成后应采取正常的养护措施,直到混凝土达到规定的强度。当轮廓标柱体或立柱为装配式结构时,则应预留柱体插入的孔穴,或采用法兰盘连接。柱式轮廓标可在混凝土基础的预留孔穴中安装。安装时,轮廓标柱体应垂直于地平面,三角形柱体的顶角平分线应垂直于公路中心线,柱体与混凝土基础之间可用螺栓连接。

第八章 交通安全设施工程验收检测

第一节 概　　述

交通安全设施工程验收检测主要包括施工质量的检验评定、交(竣)工验收前的工程质量检测,主要依据《公路工程质量检验评定标准　第一册　土建工程》(JTG F80/1—2017)和《公路工程竣(交)工验收办法实施细则》(交公路发〔2010〕65号)等来实施。

一、施工质量的检验评定

《公路工程质量检验评定标准　第一册　土建工程》(JTG F80/1—2017)标准适用于各等级公路新建与改扩建工程施工质量的检验评定。该标准是公路工程施工质量的最低限值标准,公路工程施工质量检验评定应以该标准为准。对特殊地区或采用新材料、新结构、新技术的工程,当该标准中缺乏适宜的质量检验标准时,可参照相关技术标准或根据实际情况制定相应的质量检验标准,并报主管部门批准。公路工程质量检验评定除应符合该标准的规定外,尚应符合国家和行业现行有关标准的规定。

交通安全设施质量检验评定应按分项工程、分部工程、单位工程逐级进行,应在施工准备阶段按表2-8-1划分单位工程、分部工程和分项工程。

单位、分部及分项工程的划分　　　　　　表2-8-1

单位工程	分部工程	分项工程
交通安全设施 (每20km或每标段)	标志、标线、突起路标、轮廓标(5~10km路段)	标志、标线、突起路标、轮廓标
	护栏(5~10km路段)	波形梁护栏,缆索护栏,混凝土护栏,中央分隔带开口护栏
	防眩设施、隔离栅、防落物网(5~10km路段)	防眩板、防眩网,隔离栅,防落物网等
	里程碑和百米桩(5km路段)	里程碑,百米桩
	避险车道(每处)	避险车道

注:按路段长度划分的分部工程,高速公路、一级公路宜取低值,二级及二级以下公路可取高值。

其中，单位工程是在合同段中，具有独立施工条件和结构功能的工程。在单位工程中，按路段长度、结构部位及施工特点等划分的工程为分部工程。在分部工程中，根据施工工序、工艺或材料等划分的工程为分项工程。

交通安全设施工程质量检验评定应符合下列规定：

（1）分项工程完工后，应根据《公路工程质量检验评定标准　第一册　土建工程》(JTG F80/1—2017)进行检验，对工程质量进行评定。隐蔽工程在隐蔽前应检查合格。

（2）分部工程、单位工程完工后，应汇总评定所属分项工程、分部工程质量资料，检查外观质量，对工程质量进行评定。

二、交（竣）工验收前的工程质量检测

《公路工程竣（交）工验收办法实施细则》(交公路发〔2010〕65号)将质量监督机构按"公路工程质量鉴定办法"(《公路工程竣（交）工验收办法实施细则》的附件1)对工程质量进行检测，并出具检测意见，检测意见中需整改的问题已经处理完毕作为公路工程交工验收工作应具备的条件之一。并在公路工程竣工验收应具备的条件中，纳入了质量监督机构对工程质量检测鉴定合格，并形成工程质量鉴定报告的条款。

交（竣）工验收前的工程质量检测是公路工程质量鉴定的要求，包括工程实体检测、外观检查和内业资料审查三部分内容。开展交通安全设施工程检测前，应明确分部工程、单位工程的划分，具体如下：

（1）单位工程。每个合同段范围内的交通安全设施作为一个单位工程；互通式立体交叉的交通安全设施按合同段纳入相应单位工程。

（2）分部工程。每个合同段的标志、标线、防护栏等分别作为一个分部工程。

第二节　交通安全设施工程施工质量检验

交通安全设施工程施工质量检验，主要涉及如下：
(1) 交通标志；
(2) 交通标线；
(3) 波形梁钢护栏；
(4) 混凝土护栏；
(5) 缆索护栏；
(6) 突起路标；
(7) 轮廓标；
(8) 防眩设施；
(9) 隔离栅和防落物网；
(10) 中央分隔带开口护栏；
(11) 里程碑和百米桩；
(12) 避险车道等方面的内容。

对分项工程的检验是工程施工质量评定的基础。分项工程检验项目包括基本要求、实测项目、外观质量和质量保证资料等。只有在所使用的原材料、半成品、成品及施工控制要点等符合基本要求的规定,无外观质量限制缺陷且质量保证资料真实齐全时,才能对分项工程质量进行检验评定。

基本要求检查应符合:分项工程应对所列基本要求逐项检查,经检查不符合规定时,不得进行工程质量的检验评定;分项工程所用的各种原材料的品种、规格、质量及混合料配合比和半成品、成品应符合有关技术标准规定并满足设计要求。

实测项目检验应符合:对检查项目按规定的检查方法和频率进行随机抽样检验并计算合格率;《公路工程质量检验评定标准 第一册 土建工程》(JTG F80/1—2017)规定的检查方法为标准方法,采用其他高效检测方法应经比对确认;《公路工程质量检验评定标准 第一册 土建工程》(JTG F80/1—2017)中以路段长度规定的检查频率为双车道路段的最低检查频率,对多车道应按车道数与双车道之比相应增加检查数量;检查项目合格率用"合格的点(组)数"除以"该检查项目的全部检查点(组)数"计算得到。

检查项目合格判定应符合:

关键项目的合格率应不低于95%,否则该检查项目为不合格;

一般项目的合格率应不低于80%,否则该检查项目为不合格;

混凝土护栏的混凝土强度按《公路工程质量检验评定标准 第一册 土建工程》(JTG F80/1—2017)附录D评定时,不满足要求时,混凝土强度为不合格。

外观质量应进行全面检查,并满足规定要求,否则该检验项目为不合格。

工程应有真实、准确、齐全、完整的施工原始记录、试验检测数据、质量检验结果等质量保证资料。质量保证资料应包括:

(1)所用原材料、半成品和成品质量检验结果。
(2)材料配合比、拌和加工控制检验和试验数据。
(3)地基处理、隐蔽工程施工记录。
(4)质量控制指标的试验记录和质量检验汇总图表。
(5)施工过程中遇到的非正常情况记录及其对工程质量影响分析评价资料。
(6)施工过程中如发生质量事故,经处理补救后达到设计要求的认可证明文件等。

检验项目评为不合格的,应进行整修或返工处理直至合格。

一、交通标志

1. 基本要求

(1)交通标志的加工、制作应符合现行《道路交通标志和标线》(GB 5768)和《道路交通标志板及支撑件》(GB/T 23827)的规定。

(2)交通标志在运输过程中不得损伤标志面及金属构件涂层。

(3)交通标志的设置及安装应满足设计要求并符合施工技术规范的规定。

(4)交通标志及支撑件应安装牢固,基础混凝土强度应满足设计要求。

2. 实测项目

交通标志的实测项目应符合《公路工程质量检验评定标准 第一册 土建工程》(JTG F80/1—2017)表11.2.2的规定。

3. 外观质量

交通标志在安装后标志面及金属构件涂层应无损伤。

二、交通标线

1. 基本要求

(1)交通标线施划前路面应清洁、干燥、无起灰。

(2)交通标线用涂料产品应符合现行《路面标线涂料》(JT/T 280)及《路面标线用玻璃珠》(GB/T 24722)的规定;防滑涂料产品应符合现行《路面防滑涂料》(JT/T 712)的规定。

(3)交通标线的颜色、形状和位置应符合现行《道路交通标志和标线》(GB 5768)的规定并满足设计要求。

(4)反光标线玻璃珠应撒布均匀,施划后标线无起泡、剥落现象。

2. 实测项目

交通标线的实测项目应符合《公路工程质量检验评定标准 第一册 土建工程》(JTG F80/1—2017)表11.3.2的规定。

3. 外观质量

交通标线线形不得出现设计要求以外的弯折。

三、波形梁钢护栏

1. 基本要求

(1)波形梁钢护栏产品应符合现行《波形梁钢护栏》(GB/T 31439)的规定。

(2)路肩和中央分隔带的土基压实度应不小于设计值。

(3)石方路段和挡土墙上护栏立柱的埋深及基础处理应满足设计要求。

(4)波形梁钢护栏各构件的安装应满足设计要求并符合施工技术规范的规定。

(5)护栏的端头处理及护栏过渡段的处理应满足设计要求。

2. 实测项目

波形梁钢护栏的实测项目应符合《公路工程质量检验评定标准 第一册 土建工程》(JTG F80/1—2017)表11.4.2的规定。

3. 外观质量

(1)护栏各构件表面应无漏镀、露铁、擦痕。

(2)护栏线形应无凹凸、起伏现象。

四、混凝土护栏

1. 基本要求

(1) 混凝土护栏的地基承载力应满足设计要求。
(2) 混凝土护栏块件标准段、混凝土护栏起终点的几何尺寸应满足设计要求。
(3) 混凝土护栏预制块件在吊装、运输、安装过程中,不得断裂。
(4) 各混凝土护栏块件之间、护栏与基础之间的连接应满足设计要求。
(5) 混凝土护栏的埋入深度、配筋方式及数量应满足设计要求。
(6) 混凝土护栏的端头处理及护栏过渡段的处理应满足设计要求。

2. 实测项目

混凝土护栏的实测项目应符合《公路工程质量检验评定标准 第一册 土建工程》(JTG F80/1—2017)表11.5.2的规定。

3. 外观质量

(1) 混凝土护栏表面的蜂窝、麻面、裂缝、脱皮等缺陷面积不得超过该面面积的0.5%;深度不得超过10mm。
(2) 混凝土护栏块件的损边、掉角长度每处不得超过20mm。
(3) 护栏线形应无凹凸、起伏现象。

五、缆索护栏

1. 基本要求

(1) 缆索护栏产品应符合现行《缆索护栏》(JT/T 895)的规定。
(2) 端部立柱应安装牢固。基础混凝土强度应满足设计要求。
(3) 护栏的端头处理及护栏过渡段的处理应满足设计要求。

2. 实测项目

缆索护栏的实测项目应符合《公路工程质量检验评定标准 第一册 土建工程》(JTG F80/1—2017)表11.6.2的规定。

3. 外观质量

(1) 护栏各构件表面应无漏镀、露铁、擦痕。
(2) 护栏线形应无凹凸、起伏现象。

六、突起路标

1. 基本要求

(1) 突起路标产品应符合现行《突起路标》(GB/T 24725)、《太阳能突起路标》(GB/T

19813)的规定。

(2)突起路标的布设及其颜色应符合现行《道路交通标志和标线》(GB 5768)的规定并满足设计要求。

(3)突起路标施工前路面应清洁、干燥,定位准确。

(4)突起路标与路面的黏结应牢固。

2. 实测项目

突起路标的实测项目应符合《公路工程质量检验评定标准　第一册　土建工程》(JTG F80/1—2017)表11.7.2的规定。

3. 外观质量

突起路标表面无污损。

七、轮廓标

1. 基本要求

(1)轮廓标产品应符合现行《轮廓标》(GB/T 24970)的规定。

(2)柱式轮廓标的基础混凝土强度、基础尺寸应满足设计要求。

(3)轮廓标的布设应满足设计要求并符合施工技术规范规定。

(4)轮廓标应安装牢固,色度性能和光度性能应满足设计要求。

2. 实测项目

轮廓标的实测项目应符合《公路工程质量检验评定标准　第一册　土建工程》(JTG F80/1—2017)表11.8.2的规定。

3. 外观质量

轮廓标表面无污损。

八、防眩设施

1. 基本要求

(1)防眩板产品应符合现行《防眩板》(GB/T 24718)的规定,其他防眩设施应满足设计要求并符合施工技术规范的规定。

(2)防眩设施的几何尺寸及遮光角应满足设计要求。

(3)防眩设施应安装牢固。

2. 实测项目

防眩设施的实测项目应符合《公路工程质量检验评定标准　第一册　土建工程》(JTG F80/1—2017)表11.9.2的规定。

九、隔离栅和防落物网

1. 基本要求

(1)隔离栅产品应符合现行《隔离栅》(GB/T 26941)的规定,绿篱隔离栅和防落物网应满足设计要求。

(2)立柱混凝土基础应满足设计要求。

(3)各构件的安装应满足设计要求并符合施工技术规范的规定。

(4)防落物网网孔应均匀,结构牢固,围封严实。

(5)隔离栅起终点端头围封应满足设计要求。

2. 实测项目

隔离栅和防落物网的应符合《公路工程质量检验评定标准 第一册 土建工程》(JTG F80/1—2017)表 11.10.2 的规定。

3. 外观质量

混凝土立柱表面无裂缝、无蜂窝。

十、中央分隔带开口护栏

1. 基本要求

(1)中央分隔带开口护栏的防护等级应满足设计要求,安全性能应符合现行《公路护栏安全性能评价标准》(JTG B05-01)的规定。

(2)中央分隔带开口护栏的安装及与中央分隔带护栏过渡段处理应满足设计要求并符合施工技术规范的规定。

(3)中央分隔带开口护栏在使用时,应易于开启、移动方便。

2. 实测项目

中央分隔带开口护栏的实测项目应符合《公路工程质量检验评定标准 第一册 土建工程》(JTG F80/1—2017)表 11.11.2 的规定。

十一、里程碑和百米桩

1. 基本要求

(1)里程碑的样式、尺寸、颜色、字体应符合现行《道路交通标志和标线》(GB 5768)的规定。

(2)里程碑和百米桩在运输、安装过程中不得断裂和破损。

(3)里程碑和百米桩应定位准确、安装牢固。

2. 实测项目

里程碑和百米桩的实测项目应符合《公路工程质量检验评定标准 第一册 土建工程》

(JTG F80/1—2017)表 11.12.2 的规定。

3. 外观质量

里程碑和百米桩表面应无裂缝、蜂窝和破损。

十二、避险车道

1. 基本要求

(1)避险车道基床、排水应符合《公路工程质量检验评定标准 第一册 土建工程》(JTG F80/1—2017)第 4 章、第 5 章的规定。

(2)制动床铺装材料与级配应满足设计要求。

2. 实测项目

避险车道的实测项目应符合《公路工程质量检验评定标准 第一册 土建工程》(JTG F80/1—2017)表 11.13.2 的规定。

第三节 交(竣)工验收前的工程质量检测

一、工程实体检测

1. 抽查频率

交通安全设施中防护栏、标线每公里抽查不少于 1 处;标志抽查不少于总数的 10%。

2. 抽查项目

交通安全设施工程质量鉴定抽查项目见表 2-8-2。

交通安全设施工程质量鉴定抽查项目　　表 2-8-2

单位工程	分部工程类别	抽查项目	权值	备注	权值
交通安全设施	标志	立柱竖直度	1	每柱测两个方向	1
		标志板净空	2	取不利点	
		标志板厚度	1	每块测不少于 2 点	
		标志面反光膜等级及逆射光系数	2	每块测不少于 2 点	
	标线	反光标线逆反射系数	2	每处测不少于 5 点	1
		标线厚度	2	每处测不少于 5 点	
	防护栏	波形梁板基底金属厚度	2	每处测不少于 5 点	2
		波形梁钢护栏立柱壁厚	2	每处测不少于 5 点	
		波形梁钢护栏立柱埋入深度	2	每处测不少于 1 根	

续上表

单位工程	分部工程类别	抽查项目	权值	备注	权值
交通安全设施	防护栏	波形梁钢护栏横梁中心高度	1	每处不少于5点	2
		混凝土护栏强度	2	用回弹仪或超声波每处不少于2个测区，测区总数不少于10个	
		混凝土护栏断面尺寸	2	每处不少于5点	

3. 抽查要求

（1）抽查项目均应在合同段交工验收前完成检测。

（2）表2-8-2未列出的检查项目、竣工验收复测项目，质量监督机构均可根据工程实际情况增加检测、复测项目。

（3）抽查项目的规定值或允许偏差按照《公路工程质量检验评定标准 第一册 土建工程》(JTG F80/1—2017)执行。

二、外观检查

1. 基本要求

（1）由该项目工程质量鉴定的质量监督机构或其委托的有资质的检测单位负责在交工验收前和竣工验收前对工程外观进行全面检查。

（2）工程外观存在严重缺陷、安全隐患或已降低服务水平的建设项目不予验收，经整修达到设计要求后方可组织验收。

（3）项目交工验收前应对涉及安全运营的重要工程部位进行详细检查。

2. 检查内容及扣分标准

检查内容及扣分标准见表2-8-3。

交通安全设施工程质量鉴定外观检查　　　　　表2-8-3

单位工程	分部工程类别	检查内容及扣分标准	备注
交通安全设施	标志	（1）金属构件镀锌面不得有划痕、擦伤等损伤，不符合要求时，每一构件扣2分。 （2）标志板面不得有划痕、较大气泡和颜色不均匀等表面缺陷，不符合要求时，每块板扣2分	标志按每块累计扣分的平均值扣分

续上表

单位工程	分部工程类别	检查内容及扣分标准	备注
交通安全设施	标线	(1)标线施工污染路面应及时清理,每处污染面积不超过10cm^2,不符合要求时,每处减1分。 (2)标线线形应流畅,与道路线形相协调,曲线圆滑,不允许出现折线,不符合要求时,每处扣2分。 (3)反光标线玻璃珠应撒布均匀,附着牢固,反光均匀,不符合要求时,每处扣2分。 (4)标线表面不应出现网状裂缝、断裂裂缝、起泡现象,不符合要求时,每处扣1分	按每公里累计扣分的平均值扣分
	防护栏	(1)波形梁线形顺适,色泽一致,不符合要求时,每处扣1~2分。 (2)立柱顶部应无明显塌边、变形、开裂等现象,不符合要求时,每处扣2分。 (3)混凝土护栏预制块不得有断裂现象,不符合要求时每处扣1分;掉边、掉角长度每处不得超过2cm,否则每块混凝土构件扣1分;混凝土表面蜂窝、麻面、裂缝、脱皮等缺陷面积不超过该构件面积的0.5%,不符合要求时,每超过0.5%扣2分	按每公里累计扣分的平均值扣分

三、内业资料审查

1. 内业资料主要审查内容

内业资料主要审查以下质量保证资料:
(1)所用原材料、半成品和成品质量检验结果。
(2)材料配比、拌和加工控制检验和试验数据。
(3)地基处理、隐蔽工程施工记录。
(4)各项质量控制指标的试验记录和质量检验汇总图表。
(5)施工过程中遇到的非正常情况记录及其对工程质量影响分析。
(6)施工过程中如发生质量事故,经处理补救后,达到设计要求的认可证明文件。
(7)中间交工验收资料。
(8)施工过程中各方指出较大质量问题、交工验收遗留问题及试运营期出现的质量问题处理情况资料。

2. 内业资料要求及扣分标准

内业资料要求及扣分标准如下:
(1)质量保证资料及最基本的数据、资料齐全后方可组织鉴定。
(2)资料应真实、可靠,应有施工过程中的原始记录、原始资料(原件),不应有涂改现象,有欠缺时扣2~4分。

(3)资料应齐全、完整,有欠缺时扣 1~3 分。

(4)资料应系统、客观,反映出检查项目、频率、质量指标满足有关标准、规范要求,有欠缺时扣 1~3 分。

(5)资料记录应字迹清晰、内容详细、计算准确,整理应分类编排、装订整齐,有欠缺时扣 1~2 分。

(6)基本数据(原材料、标准试验、工艺试验等)、检验评定数据有严重不真实或伪造现象的,在合同段扣 5 分。

第四节 检测结论

一、施工质量的工程质量评定

工程质量等级应分为合格与不合格。分项工程、分部工程、单位工程质量评定应有符合《公路工程质量检验评定标准 第一册 土建工程》(JTG F80/1—2017)附录 K 规定的质量检验评定表。

分项工程质量评定合格应符合的规定包括:检验记录应完整;实测项目应合格;外观质量应满足要求。

分部工程质量评定合格应符合的规定包括:评定资料应完整;所含分项工程及实测项目应合格;外观质量应满足要求。

单位工程质量评定合格应符合的规定包括:评定资料应完整;所含分部工程应合格;外观质量应满足要求。

评定为不合格的分项工程、分部工程,经返工、加固、补强或调测,满足设计要求后,可重新进行检验评定。

所含单位工程合格,该合同段评定为合格;所含合同段合格,该建设项目评定为合格。

二、交(竣)工验收前的工程质量检测鉴定方法及工程质量等级鉴定

1. 鉴定方法

(1)分部工程质量鉴定方法

按抽查项目的合格率加权平均乘 100 作为分部工程实测得分;外观检查发现的缺陷,在分部工程实测得分的基础上采用扣分制,扣分累计不得超过 15 分,见下式。

$$\text{分部工程实测得分} = \frac{\sum[\text{抽查项目合格率} \times \text{权值}]}{\sum \text{权值}} \times 100 \qquad (2\text{-}8\text{-}1)$$

$$\text{分部工程得分} = \text{分部工程实测得分} - \text{外观扣分} \qquad (2\text{-}8\text{-}2)$$

(2)单位工程、合同段、建设项目工程质量鉴定方法

根据分部工程得分采用加权平均值计算单位工程得分,再逐级加权计算合同段工程质量得分。内业资料审查发现的问题,在合同段工程质量得分的基础上采用扣分制,扣分累计不得超过 5 分;合同段工程质量得分减去内业资料扣分为该合同段工程质量鉴定得分。采用加权

平均值计算建设项目工程质量鉴定得分,见下式。

$$单位工程得分 = \frac{\Sigma[分部工程得分 \times 权值]}{\Sigma 权值} \quad (2\text{-}8\text{-}3)$$

$$合同段工程质量得分 = \frac{\Sigma[单位工程得分 \times 单位工程投资额]}{\Sigma 单位工程投资额} - 内业资料扣分 \quad (2\text{-}8\text{-}4)$$

$$建设项目工程质量鉴定得分 = \frac{\Sigma[合同段工程质量鉴定得分 \times 合同段工程投资额]}{\Sigma 合同段工程投资额} \quad (2\text{-}8\text{-}5)$$

公式中的投资额原则使用结算价,当结算价暂时无法确定时,可使用招标合同价。但无论采用结算价还是招标合同价,计算时各单位工程或合同段均应统一。

2. 工程质量等级鉴定

(1)总体要求

工程质量经施工自检和监理评定均合格,并经项目法人确认,不满足要求的工程质量鉴定不予通过。

(2)工程质量等级划分

工程质量等级应按分部工程、单位工程、合同段、建设项目逐级进行评定。

①分部工程质量等级分为合格、不合格两个等级;

②单位工程、合同段、建设项目工程质量等级分为优良、合格、不合格三个等级。

分部工程得分大于或等于75分,则分部工程质量为合格,否则为不合格。

单位工程所含各分部工程均合格,且单位工程得分大于或等于90分,质量等级为优良;所含各分部工程均合格,且单位工程得分大于或等于75分,小于90分,质量等级为合格;否则为不合格。

合同段(建设项目)所含单位工程(合同段)均合格,且工程质量鉴定得分大于或等于90分,工程质量鉴定等级为优良;所含单位工程均合格,且工程质量鉴定得分大于或等于75分、小于90分,工程质量鉴定等级为合格;否则为不合格。

不合格分部工程经整修、加固、补强或返工后可重新进行鉴定,直至合格。

第三篇

机电工程

第一章

通用检测方法

本章依据《公路机电系统设备通用技术要求及检测方法》(JT/T 817—2011)、《公路机电工程测试规程》(JTG/T 3520—2021)等相关标准的规定,对交通机电系统设备通用的检测方法和技术要求(如环境适应性、机械振动、IP防护、电磁兼容、电气安全性能)进行介绍。

第一节 环境适应性

在交通安全设施和机电工程检测工作中,有一些试验方法是两个科目的检测人员都需掌握的,这些方法包括低温试验、高温试验、恒温湿热试验、耐温度交变试验、中性盐雾试验、循环盐雾试验、耐候性试验等。上述试验均属环境试验的内容,环境试验的目的是通过模拟真实的环境条件或再现环境条件的影响,在一定程度上证明样品在特定条件下的性能保持完好或可以正常工作。

一般环境试验有几个共同点:一是设备要求,即试验采用什么样的设备,一般设备都有相应的产品标准,所以试验中常说"要采用符合某标准的设备";二是严酷等级,即试验的强度,例如在-40℃条件下连续试验48h;三是试验程序或方法,即先做什么、后做什么,或者是如何放置试样等,试验过程一般经过:预处理、初始检测、条件试验、恢复、最后检测5步。同一个试验,不同的设施对严酷等级(持续时间)的要求是不一样的,但试验设备和方法步骤是基本一致的。

因部分环境适应性试验已在第二篇第一章交通安全设施环境适应性试验中有所体现,本节将针对交通机电工程常见的试验进行介绍。

一、低温试验

1. 低温对产品的影响

低温对产品产生的影响有脆化、结冰、黏度增大和固化、物理性能收缩、机械强度降低等。造成的后果是绝缘损坏、开裂、机械故障,由于收缩、机械强度降低以及润滑性能的减弱增大了运动磨损,密封和密封片失效损坏。

2. 低温试验的种类

《电工电子产品环境试验 第2部分:试验方法 试验A:低温》(GB/T 2423.1—2008)规定的低温试验适用于非散热和散热试验样品。该标准规定的低温试验分为以下三种:

(1)非散热试验样品低温试验:试验Ab,温度渐变。

(2)散热试验样品低温试验:试验Ad,温度渐变。

(3)散热试验样品低温试验:试验Ae,温度渐变。试验样品在整个试验过程通电。

试验样品温度达到稳定后,在自由空气的条件下(例如低气流速度循环)测量的试验样品表面最热点的温度超过试验样品周围空气温度5K以上,则认为该样品是散热的。一般散热试验采用低气流速度循环,非散热试验采用高气流速度循环,以减少达到温度稳定所需的时间。

3. 试验标准

低温试验使用的设备应符合《低温试验箱技术条件》(GB/T 10589—2008)或《高低温试验箱技术条件》(GB/T 10592—2008)的要求。

低温试验方法一般采用《电工电子产品环境试验 第2部分:试验方法 试验A:低温》(GB/T 2423.1—2008)。该试验用来确定样品在低温环境下使用、运输及储存的能力。

注:交通工程机电产品大部分的低温性能试验符合上述标准规定,但也存在部分产品有特殊要求,例如能见度检测应按照GJB 570.5的要求进行试验。

4. 严酷等级

《电工电子产品环境试验 第2部分:试验方法 试验A:低温》(GB/T 2423.1—2008)规定由温度和试验持续时间表示试验严酷等级。

对于在交通行业中使用的机电产品,温度按照产品使用环境选用了−5℃、−20℃、−40℃和−55℃四个等级,持续时间视产品应用情况分为8h和16h。试验种类一般选用渐变试验,即将样品从室温放入试验箱,关闭箱门,开启试验,直到规定的试验温度。

5. 试验注意事项

(1)试验箱空间应足够大,样品周围6个方向距离试验箱内壁不小于200mm。

(2)样品的放置应与实际安装(放)方向一致。

(3)试验箱密封性能要好,能确保在试验过程中不会出现结霜结冰的现象,而且试验过程中试验箱内壁各部分温度和规定试验温度之差不应超过8%。

(4)试验箱内试验开始时温度从室温降到试验温度,以及试验周期结束后温度从试验温度升高到室温的过程中,温度变化速率不大于1℃/min。

(5)试验箱要留出足够多的观察窗和走线孔,保证在试验过程中能够观察样品,并进行功能验证,观察窗上不能结霜结冰。

(6)低温试验需开启压缩机,试验过程中应注意压缩机的声音是否异常。

(7)注意低温,防止冻伤。

二、高温试验

1. 高温对产品的影响

高温对产品产生的影响有热老化(包括氧化、开裂、化学反应)、软化、融化和升华、黏度降低、蒸发、膨胀等。造成的后果是绝缘损坏,机械故障,机械应力增加,由于膨胀丧失润滑性能或运动部件磨损增大。

2. 高温试验的种类

《电工电子产品环境试验 第2部分:试验方法 试验B:高温》(GB/T 2423.2—2008)规定的高温试验适用于非散热和散热试验样品,高温试验方法分为以下三种:

(1)非散热试验样品高温试验:试验Bb,温度渐变。
(2)散热试验样品高温试验:试验Bd,温度渐变,非通电试验。
(3)散热试验样品高温试验:试验Be,温度渐变,通电试验。

3. 试验标准

高温试验使用的设备应符合《高温试验箱技术条件》(GB/T 11158—2008)或《高低温试验箱技术条件》(GB/T 10592—2008)的要求。

高温试验方法一般采用《电工电子产品环境试验 第2部分:试验方法 试验B:高温》(GB/T 2423.2—2008)。

注:交通工程机电产品大部分的高温性能试验符合上述标准规定,但也存在部分产品有特殊要求,例如能见度检测应按照GJB 570.5的要求进行试验。

4. 严酷等级

《电工电子产品环境试验 第2部分:试验方法 试验B:高温》(GB/T 2423.2—2008)规定由温度和试验持续时间表示试验严酷等级。

对于在交通行业中使用的机电产品,温度按照产品使用环境选用了45℃、50℃、55℃和85℃四个等级,持续时间视产品应用情况分为8h和16h。试验种类一般选用渐变试验,即将样品从室温放入试验箱,关闭箱门,开启试验,直到规定的试验温度。

5. 试验注意事项

(1)试验箱空间应足够大,样品周围6个方向距离试验箱内壁不小于200mm。
(2)样品的放置应与实际安装(放)方向一致。
(3)试验箱密封性能要好,温度均匀,能确保在试验过程中不会出现结雾结水的现象,而且试验过程中试验箱内壁各部分温度和规定试验温度之差不应超过3%。
(4)试验箱内试验温度低于35℃时,相对湿度不应超过50%。
(5)试验箱内试验开始时温度从室温升高到试验温度,以及试验周期结束后温度从试验温度降低到室温的过程中,温度变化速率在5min内平均不能大于1℃/min;恢复时间至少1h。
(6)试验箱要留出足够多的观察窗和走线孔,保证在试验过程中能够观察样品,并进行功能验证,观察窗上不能结雾结水。

(7)高温试验注意防止烫伤或空气灼伤。

三、恒温湿热试验

1. 湿度对产品的影响

湿度分为高湿和低湿,高湿即常说的潮湿,低湿是指干燥,高湿和低湿对产品都会产生不利影响,导致产品功能或技能失效。

高湿对产品产生的影响有潮气吸收或吸附、膨胀、机械强度降低、化学反应、腐蚀、电蚀、绝缘体的导电率增加等。造成的后果是绝缘损坏,物理性能降低,机械故障。

低湿对产品产生的影响有干燥、收缩、脆化、动触点摩擦增大、机械强度减低。造成的后果是开裂、机械故障。

相对来说高湿的危害要比低湿大一些,所以,一般产品标准中都规定高温湿热试验,一般采用恒温湿热。

2. 恒温湿热试验设备与方法

恒温湿热试验使用的设备应符合《湿热试验箱技术条件》(GB/T 10586—2006)的要求。

试验方法一般采用《环境试验 第 2 部分:试验方法 试验 Cab:恒定湿热试验》(GB/T 2423.3—2016),该标准适用于非散热和散热两类试验样品,而且仅限于用来考核或确定电工电子产品在湿热环境条件下储存和(或)使用的适应性。

试验时,将无包装、不通电的样品在"准备使用"状态下放入试验箱内,样品和试验箱均处于标准大气环境条件下。

3. 恒温湿热试验的严酷等级

《环境试验 第 2 部分:试验方法 试验 Cab:恒定湿热试验》(GB/T 2423.3—2016)规定了试验的严酷等级,由试验持续时间、温度、相对湿度共同决定。表3-1-1 为该标准规定的试验的温度和相对湿度的组合选项。

试验的温度、相对湿度表　　表3-1-1

温　　度	相对湿度	温　　度	相对湿度
(30 ±2)℃	(93 ±3)%	(40 ±2)℃	(93 ±3)%
(30 ±2)℃	(85 ±3)%	(40 ±2)℃	(85 ±3)%

《环境试验 第 2 部分:试验方法 试验 Cab:恒定湿热试验》(GB/T 2423.3—2016)推荐的持续时间为 12h、16h、24h 和 2d、4d、10d、21d 或 56d。

对于在交通行业中使用的机电产品,温度、相对湿度按照产品使用环境选用了 40℃/93%、40℃/95%、40℃/98% 三个等级,持续时间为48h。试验一般选用渐变试验,即将样品从室温放入试验箱,关闭箱门,开启试验,直到规定的严酷等级。

4. 试验注意事项

(1)试验箱空间应足够大,其中散热样品在试验时使用的试验箱的容积至少为散热样品体积的 5 倍。样品周围 6 个方向距离试验箱内壁不小于 200mm。

(2)样品的放置应与实际安装(放)方向一致。

(3)试验箱密封性能要好,凝结水应连续排出试验箱外;试验箱内壁和顶部的凝结水不应滴落到试验样品上,而且试验过程中试验箱内壁各部分温度和规定试验温度之差不应超过 8%;试验样品应远离喷雾系统。

(4)试验箱内试验开始时温度从室温升高到试验温度,以及试验周期结束后温度从试验温度降低到室温的过程中,温度变化速率不大于 1℃/min,达到温度稳定的平均时间不超过 5min,而且这一过程中不应产生凝露现象。

(5)试验箱要留出足够多的观察窗和走线孔,保证在试验过程中能够观察样品,并进行功能验证。

四、耐温度交变试验

耐温度交变试验用来确定元器件、设备和其他产品耐受环境温度快速变化的能力。

1. 试验标准

《环境试验 第 2 部分:试验方法 试验 N:温度变化》(GB/T 2423.22—2012)中有三种试验方法:

(1)试验 Na:规定转换时间的快速温度变化试验。

(2)试验 Nb:规定温度变化速率的温度变化试验。

(3)试验 Nc:两液槽温度快速变化试验。

公路机电产品一般选择试验 Na,下面以此为主展开介绍。

2. 试验设备

可使用两个独立的温度试验箱或一个快速温度变化速率的试验箱。如果使用两个试验箱,一个试验箱用于低温,一个试验箱用于高温,两试验箱的位置应使得试验样品从一个试验箱转换到另一个试验箱能在规定的时间内完成。可采用人工或自动转换方法。

试验箱中放置试验样品的任何区域应能保持试验规定的空气温度。

在放入试验样品后,箱内的空气温度应在暴露持续时间的 10% 以内达到规定的容差范围。

3. 严酷等级

1)GB/T 2423.22—2012 对严酷等级的一般规定

(1)试验的严酷等级由两个温度、转换时间、暴露持续时间和循环数的组合决定。

(2)应按相关规范规定低温 T_A,并宜从 IEC60068-2-1 和 IEC60068-2-2 规定的试验温度中选取。

(3)应按相关规范规定高温 T_B,并宜从 IEC60068-2-1 和 IEC60068-2-2 规定的试验温度中选取。

(4)两个温度下的暴露持续时间 t_1 取决于试验样品的热容量,试验时间应为 3h,2h,1h,30min 或 10min 或相关规范规定的时间。当相关规范没有规定暴露持续时间时,则该时间为 3h。

（5）除非相关规范另有规定，优先采用的试验循环数为 5。

注：10min 的暴露时间适用于小试验样品的试验。

2）交通机电产品对严酷等级的规定

交通机电产品温度交变试验通常把低温定为 -40℃、高温定为 +70℃，这样可适用于中国的大部分地区。考虑到机电设备的现有技术水平以及使用环境，把试验持续时间定为较为严酷的 2h，循环次数定为 5 次，转换时间定为 2min。

4. 试验程序

（1）试验样品的安装或支撑：除非相关规范另有规定，安装或支撑架应具有低导热性，以使得试验样品实际上是绝热的。当几个试验样品同时试验时，放置试验样品时应使得试验样品之间、试验样品和试验箱内表面之间的空气自由流通。

（2）条件试验初始状态：试验样品和试验箱内的温度应处于试验室环境温度，即 25℃ ± 5K。如果相关规范要求，应使试验样品开始进入运行状态。

（3）试验循环，如图 3-1-1 所示。

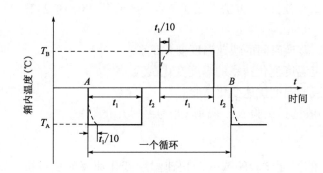

图 3-1-1　试验循环示意图

①将试验样品暴露于低温 T_A 下。

温度 T_A 应保持规定的时间 t_1，t_1 包括箱内空气的温度稳定时间，该时间不长于 $0.1t_1$。

注1：暴露持续时间从试验样品放入温度箱的瞬间开始计算。

②然后将试验样品转换，暴露于高温 T_B 下，转换时间 t_2 不宜超过 3min。

t_2 应包括试验样品从第一个试验箱取出的时间、放入第二个试验箱的时间以及在试验室环境温度下停留的时间。

注2：对于质量大的试验样品，从一个试验箱到另一个试验箱的转换时间可按相关标准或规范的规定增加。

温度 T_B 应保持规定的时间 t_1，t_1 包括箱内空气的温度稳定时间，该时间不长于 $0.1t_1$。

注3：暴露持续时间从试验样品放入温度箱的瞬间开始计算。

③对于下一个循环，试验样品应转换，并暴露在低温 T_A 下，转换时间 t_2 不宜超过 3min。

第一循环包括两个暴露时间 t_1 和两个转换时间 t_2。

在最后一个循环结束后，试验样品应经受恢复程序。

（4）恢复：在试验循环结束后，试验样品应在试验标准大气条件下保留足够长时间以达到温度稳定。对于特定类型的试验样品，可按相关规范规定一个特定的恢复时间。

（5）最后检测：按相关规范的规定，对试验样品进行外观检查及机械和电气安全性能的检测。

5. 耐温度交变试验中的常见问题

（1）试验样品在试验过程中会出现内部润滑脂凝结的现象，影响样品的正常工作。

（2）试验样品的电源模块在温度交变环境下容易出现工作故障。

（3）结构变形或开裂，玻璃蒙面的产品破碎。

五、循环盐雾试验

1. 循环盐雾的腐蚀机理

循环腐蚀试验，使样品在一个重复循环中处于一系列不同环境中，比传统的盐雾试验对材料的侵蚀作用更加接近自然。由于一种材料的使用环境通常涉及潮湿和干燥两种条件，所以用试验室加速试验来模拟自然周期条件是有意义的。最新的研究表明，不改变条件连续地进行盐雾腐蚀反而会延缓腐蚀向深层发展，这可能与形成的腐蚀层致密程度有关。腐蚀条件不变时，腐蚀层厚到一定程度就不再增加，但改变腐蚀条件，例如纯净加湿、淡水浸泡、干燥等会使得腐蚀层变薄或破坏，当再次进入盐雾状态时，腐蚀就继续发生，这就是循环盐雾试验的机理。与传统盐雾试验相比，循环腐蚀试验的相对腐蚀速率、结构和形态都更类似户外腐蚀。

2. 循环盐雾试验标准

目前我国仍然使用《环境试验 第2部分：试验方法 试验Kb：盐雾，交变（氯化钠溶液）》（GB/T 2423.18—2012），该标准只有两个状态：喷雾2h和恒温恒湿存储一定时间。现在国际上一般有三种状态，即：喷雾、湿热储存、干燥为一个周期。ISO和日本JIS标准都是采用有干燥周期的循环盐雾试验，美国SEA标准还采用四种状态的循环试验，即增加了模拟海水浸泡功能。2008年颁布实施的《公路沿线设施塑料制品耐候性指标及测试方法》（GB/T 22040—2008）中规定了干燥周期，就是参照ISO标准制定的。

3. 试验设备

"两状态"循环盐雾试验可以使用专用循环盐雾试验箱，也可以使用一台普通盐雾试验箱和一台恒温恒湿试验箱的组合。

"三状态""四状态"循环盐雾试验需要使用专用循环盐雾试验箱，因为其增加了60℃±2℃、相对湿度20%~30%的条件，一般的恒温箱不能满足要求。

4. 循环盐雾试验的严酷等级

循环盐雾试验的严酷等级由循环周期和循环数决定。GB/T 2423.18—2012有6个严酷等级，如图3-1-2所示。

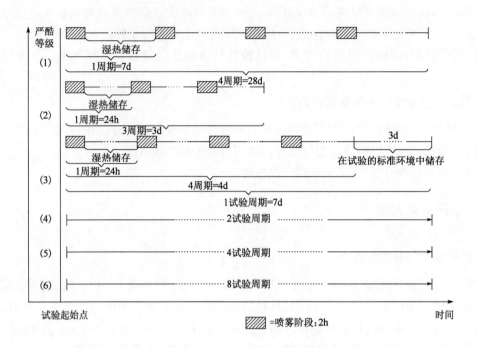

图 3-1-2 严酷等级(1)~(6)时的时标示意图

严酷等级(1)和(2):喷雾周期次数和紧接着每个喷雾周期之后的湿热储存持续时间的组合。

严酷等级(1):4个喷雾周期,每个2h,每个喷雾周期之后紧接着一个为期7d的湿热储存周期(温度:40℃±2℃、相对湿度:90%~96%)。

严酷等级(2):3个喷雾周期,每个2h,每个喷雾周期之后紧接着一个为期20~22h的湿热储存周期(温度:40℃±2℃、相对湿度:90%~96%)。

严酷等级(3)~(6):试验包括若干循环。每个循环由4个喷雾周期和紧接着每个喷雾周期之后的湿热储存,以及在4个喷雾周期和湿热储存之后的一个在试验标准大气条件下附加储存周期组成。

严酷等级(3):一个试验循环包括4个喷雾周期,每个2h,每个喷雾周期之后紧接着一个为期20~22h的湿热储存周期(温度:40℃±2℃、相对湿度:90%~96%)。此后,再进行一个在试验标准大气条件下(温度:23℃±2℃、相对湿度:45%~55%)为期3d的附加储存周期。

严酷等级(4):严酷等级(3)规定的2个试验周期。

严酷等级(5):严酷等级(3)规定的4个试验周期。

严酷等级(6):严酷等级(3)规定的8个试验周期。

《公路沿线设施塑料制品耐候性指标及测试方法》(GB/T 22040—2008)中的严酷等级由试验周期决定,试验周期由试验流程决定,一个典型的试验流程有盐雾、干燥、湿热储存三种状态,状态之间的转化有一个0.5h的时间间隔。详见表3-1-2。

试验周期及严酷等级表　　　　　表3-1-2

试验流程		试验条件		试验时间(h)	说明
		温度(℃)	相对湿度(%)		
一个试验周期	盐雾	35±2	—	2	
	过渡段Ⅰ	—	—	≤0.5	
	干燥	60±2	20%~30%	4	
	过渡段Ⅱ	—	—	≤0.5	
	湿热	50±2	≥95%	2	
	过渡段Ⅲ	—	—	≤0.5	此过渡段完成后自动进入下一个周期试验
第Ⅰ、Ⅱ、Ⅲ过渡段的时间为调节时间,不列入有效试验时间(试验周期),一个完整的试验周期为8h,试验时间按有效试验时间计算					
严酷等级A:30个试验周期,即240h试验					
严酷等级B:90个试验周期,即720h试验					

5. 试验步骤

与普通盐雾试验一样,循环盐雾试验也要经过准备试样、配置盐溶液、设定试验程序、初始检测、预处理、放入试样开始试验、恢复、最后检测等步骤。

试验使用的盐溶液浓度也是5%±1%,沉降量也是80cm²面积上1~2mL/h。该数值是在连续喷雾每天平均至少16h的基础上使用的。在试验时应引导或阻挡喷嘴,避免喷出的气雾直接喷在试件上。

其他条件依据不同的标准按图3-1-2和表3-1-2执行。

第二节　机械振动

一、机械振动试验的分类和原理

1. 振动的分类

振动可分为随机振动和周期振动。周期振动包括正谐、多谐、方波、锯齿波。周期振动都可分解为一系列简谐振动之和。按是否有外力推动,振动又可分为自由振动和强迫振动。

2. 机械振动试验的原理

振动是一种波动,机械振动是物体在平衡点附近反复进行的机械运动。振动试验是力学环境试验中的一种。振动台是用于此类试验的专门的力学环境试验设备。振动试验的目的是确定样品的机械薄弱环节和(或)特性降低情况。用试验结果结合有关规范用以判定样品是否可以接收。在某些情况下,利用振动试验可用于论证样品的机械结构完好性和(或)研究它的动态特性。还可通过试验的严酷等级来划分元器件的质量等级。

3. 正弦振动的描述

1)频率、角频率

频率和角频率都是用来描述单位时间内振动次数的。每秒钟振动的次数,称为振动的频率,常用 f 表示。单位是次数每秒,即赫兹(Hz)。

假如用机械转子激振器每秒钟的转动弧度数来描述振动,称为振动的角频率,常用 ω 表示,单位是弧度每秒(rad/s)。

频率和角频率之间有如下的关系:

$$\omega = 2\pi f \tag{3-1-1}$$

2)位移、速度、加速度

位移、速度和加速度都是用来描述振动幅度的。位移是指振动时物体离开平衡位置的最大距离,常用 A 表示,单位是米(m)。速度是指振动时物体运动的最大速度,常用 v 表示,单位是米每秒(m/s)。加速度是指振动时物体运动的最大加速度,常用 a 表示,单位是米每平方秒(m/s²),有时也用重力加速度 g 来表示($g \approx 9.8\text{m/s}^2$)。在正弦振动且使用国际单位制时,位移、速度、加速度三者之间有如下的关系:

$$v = \omega A = 2\pi f A \tag{3-1-2}$$

$$a = \omega v = \omega 2 A = (2\pi f)^2 A \tag{3-1-3}$$

二、电磁振动试验的仪器设备、严酷等级、操作步骤、注意事项

1. 振动台的分类

根据工作原理不同,振动台可以分为电磁振动试验台、机械台、液压台三种。

(1)电磁振动试验台简称电动台,以输出激振力为主要特点,它的频率范围最宽,一般为 $1 \sim 3000\text{Hz}$。最大位移一般为 $\pm 51\text{mm}$,最大加速度一般可达 $100g$。配以水平滑台可以作水平振动;配以随机控制仪可以作随机振动。精度指标好,但是它的台面尺寸小,常需另配辅助台面;运行成本及价格比较高。常用于电工、电子元器件等产品的高频、高加速度振动试验。

(2)机械台以最大负载为主要特点,频率范围一般为 $5 \sim 80\text{Hz}$。最大位移一般为 $\pm(3 \sim 5)\text{mm}$,最大加速度一般可达 $10g$。其台面尺寸大,一般不用配水平滑台即可作水平振动,价格低,但它的噪声较大,也不能作随机振动。常用于电工、电子、光学仪器等产品的整机振动试验。

(3)液压台也以输出激振力为主要指标,频率范围一般为 $1 \sim 200\text{Hz}$。最大位移一般为 $\pm(100 \sim 200)\text{mm}$,最大加速度一般可达 $10g$。配以水平滑台可以作水平振动,配以随机控制仪可以作随机振动。但它的噪声较大,运行成本及价格比较高。常用于汽车等产品的整车振动试验,以及建筑、水利工程的地震模拟振动试验。

以上三种振动台在失真度、横向振动、均匀度等方面都可达到一定的精度指标,满足相应

的标准。

除了以上三种振动台之外,还有一种以电磁铁原理工作的振动台(常称作振动器),它的位移振幅为±(1~3)mm。可作为工艺过程中的振动试验,但在失真度、横向振动、均匀度等方面都不能用作考核试验台。

2. 电磁振动台的工作原理

电磁振动试验台是三种振动台中频率范围最宽、性能最好的。它是根据通电导体在磁场中受到安培力作用的工作原理,向处于恒定磁场中的动圈输入交变电流,从而在动圈轴线方向产生交变的激振力,并通过和动圈连成一体的振动台面传递给试件。改变输入电流的频率和幅度,即可调节输出振动的频率和幅度。电动台在规定的频率范围内,能进行指数式定位移-定速度-定加速度往复自动扫频振动,其扫频速率可调。

典型的电磁振动试验台的构成如图3-1-3所示。

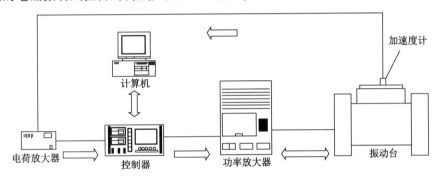

图3-1-3　电磁振动试验台示意图

工作流程简述如下:控制器输出振动信号,经功率放大器放大后推动振动台振动,实际的振动情况经过安装在台面或产品上的加速度计采集并通过前置的电荷放大器放大后输出给控制器,控制器根据实际的振动情况与设定值相比较以决定下一步的输出(如实测值大于设定值,则减小输出;反之则增大输出),所有的这些构成了系统的一个循环周期,振动试验就是由很多个循环周期组成的。

3. 试验标准

耐正弦机械振动试验依据《环境试验　第2部分:试验方法　试验Fc:振动(正弦)》(GB/T 2423.10—2019)。

4. 严酷等级

振动试验的严酷等级由三个参数共同确定,即频率范围、振动幅值和耐久试验的持续时间(按扫频循环数或时间给出)。

《公路机电系统设备通用技术要求及检测方法》(JT/T 817—2011)规定的严酷等级为:

1)机房内设备

设备包装在包装箱内,在振动频率2~150Hz的范围内按GB/T 2423.10—2019的方法进行扫频试验。

在2~9Hz时按位移控制,位移幅值3.5mm(峰-峰值7.0mm);9~150Hz时按加速度控制,加速度为 $10m/s^2$。$2Hz→9Hz→150Hz→9Hz→2Hz$ 为一个循环,扫频速率为每分钟一个倍频程,在 X、Y、Z 三个方向各经历 20 个循环后,开箱检查并给设备通电测试,设备应功能正常,结构不受影响,零部件无松动。

2)室外和收费亭内设备

设备通电工作时,在振动频率 $2\sim150Hz$ 的范围内按 GB/T 2423.10—2019 的方法进行扫频试验。在 $2\sim9Hz$ 时按位移控制,位移幅值 3.5mm(峰-峰值 7.0mm);$9\sim150Hz$ 时按加速度控制,加速度为 $10m/s^2$。$2Hz→9Hz→150Hz→9Hz→2Hz$ 为一个循环,扫频速率为每分钟一个倍频程,在 X、Y、Z 三个方向各经历 20 个循环后,设备应功能正常,结构不受影响,零部件无松动。

3)车载设备

设备通电工作时,在振动频率 $2\sim500Hz$ 的范围内按 GB/T 2423.10—2019 的方法进行扫频试验。在 $2\sim9Hz$ 时按位移控制,位移幅值 7.5mm(峰-峰值 15.0mm);$9\sim500Hz$ 时按加速度控制,加速度为 $20m/s^2$。$2Hz→9Hz→500Hz→9Hz→2Hz$ 为一个循环,扫频速率为每分钟一个倍频程,在 X、Y、Z 三个方向各经历 20 个循环后,设备应功能正常,结构不受影响,零部件无松动。

5. 操作步骤

在开始操作之前,再次核算试件的最大质量是否满足要求。

(1)务必确保振动系统内所有电气设备的地线均连接至专供系统使用的独立地线。

(2)选择夹具,安装试件/产品。使用水平滑台时应在试验至前少 20min 前打开油泵电源;试验前务必确认滑台四周的润滑油已均匀流出且用手推动时,滑台可顺畅移动;倒台至水平方向,正确连接动圈和滑板,再次检查滑板可顺畅移动并安装试件和夹具。

(3)对于大型的试件,尽量使用起重机吊装试件,并在装载之前用辅助支撑将试验台面升起,避免装载过程将动圈撞击到试验台缸体上导致损坏。

(4)连接加速度计至电荷放大器,给加速度计提供振动信号(例如使加速度计底部轻轻敲击振动台台面),观察电荷放大器的示值变化。若存在示值,表明加速度计及其连接电缆(测量回路)正常;否则应检查加速度计和连接电缆并重复上面的步骤。安装加速度计。

(5)为系统供电,打开功率放大器。此时冷却风机应该正常运转,系统进入准备状态。

(6)调节振动台动圈至中心位置(水平方向还需调整滑台对中),落下辅助支撑至适当位置。

(7)根据加速度计的电荷灵敏度指标设置/检查电荷放大器的输入灵敏度。选择合适的归一化输出(例如 100mV/g),同时设置/检查控制器通道设置参数中的通道灵敏度设置,必须与电荷放大器的归一化输出值一致。

(8)启动振动控制器及其控制软件,按照试验标准/要求设置试验参数(严酷等级)。

(9)调节功放增益至合适的位置。一般情况下,根据总体运动部件的质量和试验要求的加速度值计算所需的推力,该推力与系统额定推力的百分比即最低的功放增益值,一般要增加一些作为余量(如所需推力是系统额定值的 20% 时,一般设定为 30%~50% 比较合适)。

(10)用控制软件启动试验;对于大型试件,由于装载不平衡,导致试验撞击到辅助支撑上,发生告警而停机。这时可用控制软件降低试验幅度,例如可将位移衰减6dB,再行启动,经过几个初始循环后再自动过渡到正常试验等级上。

(11)试验结束后立即将功率放大器的增益关至零,升起辅助支撑。

(12)检测、记录,关闭功率放大器,卸载,结束试验。

6. 注意事项

(1)在试验过程中,样品应始终处于通电状态。如果在中间检测时样品的工作状态和性能不符合相关标准要求,应立即终止试验。

(2)样品在振动台上的安装应严格按照《电工电子产品环境试验 第2部分:试验方法 振动、冲击和类似动力学试验样品的安装》(GB/T 2423.43—2008)的规定进行。如果安装不符合要求,可能会使样品在试验中经受的严酷性加大,从而对测试结果产生影响。

(3)样品在振动过程中容易出现内部焊点、螺丝和接线头脱落的现象,因此,在试验开始前要仔细检查内部元件情况,有问题要及时地维修更换。

(4)试验过程中要注意试验夹具松动脱落或试件破碎飞出导致的伤害,对于大型试件或易碎试件,试验人员要穿戴必要的防护用具。

第三节 IP 防 护

一、IP 防护等级的分类、代码

1. IP 防护等级含义

IP 防护等级有两层含义,一是防止异物进入设备,对设备造成故障,例如树枝或刺钢丝进入压缩机的皮带轮导致电机堵转损坏;二是防止人体的一部分进入设备,对人身造成伤害,例如绞肉机绞伤人的手臂。除此之外还有防止水进入设备的功能。防护能力的大小,在现行 IEC 60529:2013 对应国标《外壳防护等级(IP 代码)》(GB/T 4208—2017)中有规定。生产企业按这个标准对机电设备进行了防护就是安全的。

2. IP 代码的配置

IP 代码由 IP 字母、两位特征数字和一位附加字母、一位补充字母组成,IP 的标志如图 3-1-4 所示。

注:1. 不要求规定特征数字时,由字母"X"代替(如果两个数字都省略则用"XX"表示)。

2. 附加字母和(或)补充字母可省略,不需代替。

3. 当使用一个以上补充字母时,应按字母顺序排列。

4. 当外壳采用不同安装方式提供不同的防护等级时,制造厂应在相应安装方式的说明书上表明该防护等级。

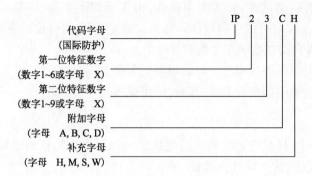

图 3-1-4　IP 代码配置图

3. IP 代码的各要素及含义

1）第一位特征数字

第一位特征数字所代表的对接近危险部件的防护等级见表 3-1-3。表 3-1-3 中,仅由第一位特征数字规定防护等级,简要说明和含义不作为防护等级的规定。

第一位特征数字所表示的对接近危险部件的防护等级　　表 3-1-3

第一位特征数字	防 护 等 级		试验条件参见章条
	简要说明	含义	
0	无防护	—	—
1	防止手背接近危险部件	直径 50mm 球形试具应与危险部件有足够的间隙	12.2
2	防止手指接近危险部件	直径 12mm,长 80mm 的铰接试指应与危险部件有足够的间隙	12.2
3	防止工具接近危险部件	直径 2.5mm 的试具不得进入壳内	12.2
4	防止金属线接近危险部件	直径 1.0mm 的试具不得进入壳内	12.2
5	防止金属线接近危险部件	直径 1.0mm 的试具不得进入壳内	12.2
6	防止金属线接近危险部件	直径 1.0mm 的试具不得进入壳内	12.2

注:1. 对于第一位特征数字为 3、4、5、6 的情况,如果试具与壳内危险部件保持足够的间隙,则认为符合要求。足够的间隙由产品标委会根据 12.3 作规定。

2. 表中,"试验条件参见章条"为 GB/T 4208—2017 中对应章条,详见该标准。

第一位特征数字所代表的对防止固体异物（包括灰尘）进入的防护等级见表 3-1-4。表 3-1-4 中,仅由第一位特征数字规定防护等级,简要说明和含义不作为防护等级的规定。

第一位特征数字所代表的对防止固体异物进入的防护等级　　表 3-1-4

第一位特征数字	防 护 等 级		试验条件参见章条
	简要说明	含义	
0	无防护	—	—
1	防止直径不小于 50mm 的固体异物	直径 50mm 球形物体试具不得完全进入壳内	13.2

续上表

第一位特征数字	防护等级		试验条件参见章条
	简要说明	含义	
2	防止直径不小于12.5mm的固体异物	直径12.5mm球形物体试具不得完全进入壳内	13.2
3	防止直径不小于2.5mm的固体异物	直径2.5mm的物体试具不得进入壳内	13.2
4	防止直径不小于1.0mm的固体异物	直径1.0mm的物体试具不得进入壳内	13.2
5	防尘	不能完全防止尘埃进入,但进入的灰尘量不影响设备的正常运行,不得影响安全	13.4和13.5
6	尘密	无灰尘进入	13.4和13.6

注：1. 物体试具的直径部分不得进入外壳的开口。
    2. 表中，"试验条件参见章条"为GB/T 4208—2017中对应章条，详见该标准。

2）第二位特征数字

第二位特征数字表示外壳防止由于进水而对设备造成有害影响的防护等级。表3-1-5 给出了第二位特征数字所代表的防护等级的简要说明和含义，简要说明和含义不作为防护等级的规定。

第二位特征数字表示外壳防止由于进水而对设备造成有害影响的防护等级　　表3-1-5

第二位特征数字	防护等级		试验条件参见章条
	简要说明	含义	
0	无防护	—	—
1	防止垂直方向滴水	垂直方向滴水应无有害影响	14.2.1
2	防止当外壳在15°倾斜时垂直方向滴水	当外壳的各垂直面在15°倾斜时,垂直滴水应无有害影响	14.2.2
3	防淋水	当外壳的垂直面在60°范围内淋水,无有害影响	14.2.3
4	防溅水	向外壳各方向溅水无有害影响	14.2.4
5	防喷水	向外壳各方向喷水无有害影响	14.2.5
6	防强烈喷水	向外壳各方向强烈喷水无有害影响	14.2.6
7	防短时间浸水影响	浸入规定压力的水中经规定时间后外壳进水量不至达到有害程度	14.2.7
8	防持续浸水影响	按生产厂和用户双方同意的条件（应比特征数字为7时严酷）持续潜水后外壳进水量不至达到有害程度	14.2.8
9	防高温/高压喷水的影响	向外壳各方向喷射高温/高压水无有害影响	14.2.9

注：表中，"试验条件参见章条"为GB/T 4208—2017中对应章条，详见该标准。

3) 附加字母

附加字母表示对人接近危险部件的防护等级,见表3-1-6。附加字母仅用于接近危险部件的实际防护高于第一位特征数字代表的防护等级。第一位特征数字用"×"代替,附加字母则仅需表示对接近危险部件的防护等级。

附加字母表示对人接近危险部件的防护等级　　　　表3-1-6

附加字母	防护等级		试验条件参见章条
	简要说明	含义	
A	防止手背接近	直径50mm球形试具应与危险部件有足够的间隙	15.2
B	防止手指接近	直径12mm,长80mm的铰接试指应与危险部件有足够的间隙	15.2
C	防止工具接近	直径2.5mm,长100mm的试具应与危险部件有足够的间隙	15.2
D	防止金属线接近	直径1.0mm,长100mm的试具应与危险部件有足够的间隙	15.2

注:表中,"试验条件参见章条"为GB/T 4208—2017中对应章条,详见该标准。

4) 补充字母

在有关产品标准中,可由补充字母表示补充的内容,补充字母放在第二位特征数字或附加字母之后。补充内容的标识字母及含义见表3-1-7。

补充内容的标识字母及含义　　　　表3-1-7

字母	含义
H	高压设备
M	防水试验在设备的可动部件(如旋转电机的转子)运动时进行
S	防水试验在设备的可动部件(如旋转电机的转子)静止时进行
W	提供附加防护或处理以适用于规定的气候条件

补充的内容应与标准的要求保持一致,产品标准应明确说明进行该试验的补充要求。

二、IP防护等级试验仪器设备及试验方法

交通机电产品的大部分机箱防护性能应满足GB/T 4208—2017中规定的IP55或IP65两个等级,下面将详细说明这两个等级的规定情况。

(1) 第一位特征数字为5和6的防尘试验。

第一位特征数字为5和6的防尘试验应在防尘箱中进行。密闭试验箱内的粉末循环泵可用能使滑石粉悬浮的其他方法代替。滑石粉应用金属方孔筛滤过。金属丝直径50μm,筛孔尺寸为75μm,滑石粉用量为每立方米试验箱容积2kg,使用次数不得超过20次。滑石粉的选用应符合人体健康与安全的各项规定。

其他详见GB/T 4208—2017。

(2) 第二位特征数字为5的6.3mm喷嘴试验条件如下:

①小喷嘴内径:6.3mm。
②水流量:(12.5±0.625)L/min。
③水压:按规定水流量调节。
④主水流的中心部分:离喷嘴2.5m处直径约为40mm的圆。
⑤外壳表面每平方米喷水时间:约1min。
⑥试验时间:最少3min。
⑦喷嘴至外壳表面距离:2.5~3m。

(3)第二位特征数字为6的12.5mm喷嘴试验条件如下:
①喷嘴内径:12.5mm。
②水流量:(100±5)L/min。
③水压:按规定水流量调节。
④主水流的中心部分:离喷嘴2.5m处为直径约120mm的圆。
⑤外壳表面每平方米喷水时间:约1min。
⑥试验时间:最少3min。
⑦喷嘴至外壳表面距离:2.5~3m。

(4)接受条件。

外壳经规定的试验后,应检查外壳进水情况。如可能有关产品标准应规定允许的进水量及耐电压试验的细节。

一般说来,如果进水,应不足以影响设备的正常操作或破坏安全性;水不积聚在可能导致沿爬电距离引起漏电起痕的绝缘部件上;水不进入带电部件,或进入不允许在潮湿状态下运行的绕组;水不积聚在电缆头附近或进入电缆。

如外壳有泄水孔,应通过观察证明进水不会积聚,且能排出而不损害设备。

对没有泄水孔的设备,如发生水积聚并危及带电部分时,有关产品标准应规定接受条件。

第四节 电磁兼容

电磁兼容性能试验有多种,现行《电磁兼容 试验和测量技术》(GB/T 17626)计划规定了28个试验,目前已经颁布了27个,例如静电放电抗扰度、辐射电磁场抗扰度、快电速瞬变脉冲群抗扰度、工频磁场抗扰度、浪涌(冲击)抗扰度、电压暂降和短时中断抗扰度等。交通机电产品一般安装在野外,主要考虑的是在外界干扰下能否可靠工作,所以交通行业标准《公路机电系统设备通用技术要求及检测方法》(JT/T 817—2011)只规定了三项通用试验要求,试验方法如下。

1. 静电放电抗扰度试验

按照现行《电磁兼容 试验和测量技术 静电放电抗扰度试验》(GB/T 17626.2)确定试验等级2,对操作人员正常使用设备时可能接触的点和表面以及用户维修点进行静电放电抗扰度试验。对所确定的放电点采用接触放电,试验电压为4kV。至少施加10次单次放电,放电间隔至少1s。产品的各种动作、功能及运行逻辑应正常。

2. 辐射电磁场抗扰度试验

按照现行《电磁兼容 试验和测量技术 射频电磁场辐射抗扰度试验》(GB/T 17626.3)确定试验等级2,对正常工作的设备进行辐射电磁场抗扰度试验,对正常运行的设备四个侧面分别在发射天线垂直极化和水平极化位置进行试验,发射场强为3V/m。产品的各种动作、功能及运行逻辑应正常。

3. 电快速瞬变脉冲群抗扰度试验

按照现行《电磁兼容 试验和测量技术 电快速瞬变脉冲群抗扰度试验》(GB/T 17626.4)确定试验等级3,对设备的电源端口、信号和控制端口以及机箱的接地线进行电快速瞬变脉冲群抗扰度试验,将2kV试验电压通过耦合/去耦网络施加到供电电源端口和保护接地,将1kV试验电压通过耦合/去耦网络施加到输入输出信号和控制端口上,施加试验电压5次,每次持续时间不少于1min。产品的各种动作、功能及运行逻辑应正常。

第五节 电气安全性能

一、电气强度

1. 技术要求

交通机电产品的耐电气强度要求是在产品的电源接线端子与机壳之间施加频率50Hz、有效值1500V正弦交流电压,历时1min,应无闪络或击穿现象。

2. 试验设备和方法

标准规定为用1.0级耐电压测试仪在接线端子与机壳之间测量,具体步骤如下:

(1)将被测设备的防浪涌电容或其他避雷原件暂时拆除,确认电源接线完全与外接供电线路断开。

(2)检查耐电压测试仪的初始状态:
①确认升压旋钮已调到最小值。
②将测试仪的接地端子可靠接入安全地。
③确认测试仪开关处于断开状态。
④将测试仪输出接地端与被测设备的PE端子可靠连接。
⑤将测试仪高压测试棒接入交流(AC)高压输出端,并放置在安全位置。

(3)给耐压测试仪通电,并设置测试条件:
①将电压输出类型选为交流。
②设置漏电流大小,一般设为20mA。
③设置计时器为1min。

(4)测试:
①确认高压测试棒放置在安全位置。

②启动测试计时按钮。
③缓慢调整升压旋钮,使耐压测试仪输出电压达到1500V。
④将测试计时按钮置于停止状态,使得耐压测试仪输出电压变到0。
⑤将高压棒连接到被测设备的L端,启动测试计时按钮。
⑥观测被测设备,无闪络、无击穿为通过。
⑦重复④、⑤、⑥步骤测试N端。
⑧两端子都通过测试,则测试合格,否则不合格。
(5)测试后处理:
①将耐压测试仪输出按钮置回到最小值,使得输出变为0。
②断开耐压测试仪电源。
③卸下高压输入棒,并放入安全位置。
④断开测试仪与被测设备的其他连接。
⑤恢复被测设备所做的改动。
⑥对所做试验进行记录。

二、电源适应性

1. 试验方法

(1)电压波动适应性:用自耦变压器或可调交流电源给检测器供电,测试电压分别为185V→200V→220V→240V→255V→230V→210V→185V。每调整到一档电压并稳定后,都分别开启和关闭检测器电源开关,检查逻辑和功能是否正常。

(2)频率波动适应性:用可调频交流电源给检测器供电,电源电压为交流220V,测试频率分别为50Hz→51Hz→52Hz→50Hz→49Hz→48Hz→50Hz。每调整到一档并稳定后,都分别开启和关闭检测器电源开关,检查逻辑和功能是否正常。

2. 技术要求

在以下输入电压条件下,产品应可靠工作:
(1)频率50Hz恒定,电压:交流$220\times(1\pm15\%)$V;
(2)电压交流220V恒定,频率:$50\times(1\pm4\%)$Hz。

三、连接电阻

连接电阻,有的标准中也称接触电阻。依据《公路机电系统设备通用技术要求及检测方法》(JT/T 817—2011)的要求:用精度0.5级、分辨力0.01Ω的毫欧表在机壳金属部位与安全保护接地端子之间测量,测得的连接电阻应小于0.1Ω。

四、绝缘电阻

《公路机电工程测试规程》(JTG/T 3520—2021)给出了公路机电设备电气系统,有金属护套、屏蔽层或铠装的电缆等设施绝缘电阻的测试方法。根据GB 4943.1—2011和JT/T 817—

2011 的要求,一般情况下公路机电系统设备的绝缘电阻要求不小于 100MΩ。该指标是在标准测试条件下的测量值,工程环境下可能会变差,所以在 JTG 2182—2020 中大部分机电设备均要求不小于 50MΩ。

1. 仪器设备

电子式绝缘电阻表:准确度不应低于现行《电子式绝缘电阻表检定规程》(JJG 1005)规定的 5 级;额定测量电压应满足测试要求。

2. 机电设备电气系统绝缘电阻测试

1)测试方法

(1)试验前应作以下准备:断开机电设备电气系统的外部供电电路;断开机电设备电气系统与保护接地电路的连接;断开机电设备电气系统的浪涌保护器。

(2)应按绝缘电阻表的使用要求,将接地端子 E 连接机电设备的保护接地,将测量线路端子 L 连接机电设备的电源输入端子。

(3)在测量线路端子 L 与接地端子 E 间施加规定等级的测试电压,应在示数稳定后读取绝缘电阻值;若绝缘电阻测试时示数不稳定,应施加测试电压 60s,读取测试过程中绝缘电阻的最小测试值并记录。

2)测试要求

机电设备电气系统宜进行整体绝缘电阻测试,现场不便进行时,可按照多个单独部件分别进行测试。

注:整体绝缘电阻测试:如车道控制机的绝缘电阻,将电动栏杆、车道摄像机、费额显示器等单独部件连接到车道控制机,进行整体绝缘电阻测试。

3)计算方法

(1)对机电设备电气系统的整体进行绝缘电阻测试时,测试结果为绝缘电阻表的测试值(单位为 MΩ)。

(2)机电设备电气系统由多个单独部件组成时,绝缘电阻测试可在单独部件上进行,各单独部件测得的绝缘电阻按并联电阻计算得到测试结果。

3. 电缆绝缘电阻测试

1)测试方法

(1)试验前应做以下准备:断开被测电缆与供电系统及用电设施的连接;对被测电缆进行充分放电;确认被测电缆露出的绝缘表面干燥和洁净。

(2)测试单芯电缆时,应按绝缘电阻表的使用要求,将接地端子 E 连接金属护套或屏蔽层或铠装层,将测量线路端子 L 连接电缆导体;测试多芯电缆时,应分别测试每一线芯,按绝缘电阻表的使用要求,将测量线路端子 L 连接被测线芯,将接地端子 E 分别连接其余线芯与金属护套或屏蔽层或铠装层。

(3)应在测量线路端子 L 与接地端子 E 间施加规定等级的测试电压,在示值稳定后读取绝缘电阻测试值并记录。

2)测试要求

电缆绝缘电阻测试时,可在电缆的绝缘表面上加保护环,保护环应紧贴绝缘表面,并与绝缘电阻表的 G 端连接。

3)计算方法

电缆绝缘电阻测试结果应按式(3-1-4)计算:

$$R_L = R_X \cdot L \tag{3-1-4}$$

式中:R_L——被测电缆绝缘电阻(MΩ·km);

R_X——现场测试的绝缘电阻值(MΩ);

L——被测电缆测量长度(km)。

五、接地电阻

接地电阻对机电工程来说是一个重要安全参数,防雷接地是防止机电设备遭雷击而采取的保护性措施,目的是把雷电产生的雷击电流通过避雷针引入到大地,从而保证设备正常运行。同时,保护接地也是保护人身安全的一种有效手段,当某种原因引起的相线和设备外壳碰触时(如电线绝缘不良,线路老化等),设备的外壳就会有危险电压产生,由此生成的故障电流就会流经 PE 线到大地,从而起到保护作用。

接地电阻测试方法有打钎法和钳形表法,目前最有效、可靠的是前者,其测试方法描述如下。

1. 仪器设备

数字式接地电阻表或模拟式接地电阻表:准确度不应低于现行《接地电阻表检定规程》(JJG 366)规定的 3 级。

2. 测试方法

(1)测试前应确认试验引线的绝缘未损坏或龟裂,接地棒表面清洁。

(2)测试前应对仪器设备调零,设置补偿电阻等相关参数。

(3)应按仪器设备的使用要求,从被测接地极向外,依次将电位极接地棒和电流极接地棒插入土壤,用试验引线将接地电阻表测试端口可靠连接至相应的被测接地极、电位极和电流极。

(4)采用模拟式接地电阻表时,应选择合适的量程,使手摇发电机摇柄转速达到规定值,调整测量盘使检流计指零,读取测试值并记录;采用数字式接地电阻表时,应选择合适的量程,启动测试,读取测试值并记录。

3. 测试要求

(1)不宜在有雷暴、雨、雪等天气条件下进行测试。

(2)接地棒宜按铅垂方向插入土壤,在多岩石的土壤,可将接地棒倾斜插入。

(3)接地棒插入土壤时,应挤实四周土壤。

(4)电流极、电位极和被测接地极之间的距离应符合接地电阻表的使用要求。

(5)测试过程中应避免测试人员接触试验引线和接地极,并采取措施隔离电流极附近区域。

4. 测试结果

测试结果为接地电阻表的测试值，单位为 Ω。测试结果大于或等于1Ω 时，测试结果数值修约间隔为0.1；测试结果小于1Ω 时，测试结果数值修约间隔为0.01。

六、对称双绞电缆布线系统电气测试

1. 仪器设备

网络线缆分析仪：应能测试相应布线等级的各种电气性能及传输特性；可自动测试5类以下（C级布线）、5类/5E类（D级布线）、6类（E级布线）等对称双绞电缆电气性能指标，并根据设置的测试限值进行结果判定。计量性能要求符合《公路机电工程测试规程》（JTG/T 3520—2021）的要求。

2. 测试方法

（1）应根据测试需求选择永久链路测试或信道测试，无要求时宜选择信道测试。
（2）应根据测试链路的形式连接网络线缆分析仪。
（3）应设置网络线缆分析仪的测试参数与被测试链路保持一致，包括线缆类型或布线等级、测试标准、额定传输速率等。
（4）应根据测试要求选择测试指标：接线图、长度、回波损耗、插入损耗、近端串音、近端串音功率和、衰减远端串音比、衰减远端串音比功率和、衰减近端串音比、衰减近端串音比功率和、环路电阻、时延、时延偏差等，启动自动测试。
（5）测试结束后，读取不同线对的测试指标测试值及对应的频率点并记录。

3. 测试要求

（1）信道测试应包含网络设备之间整个连接，包括总长度不大于90m 的水平缆线和集合点缆线，以及总长度不大于10m 的工作区终端设备电缆、配线设备连接跳线和配线设备到设备连接电缆。
（2）永久链路不应包含信息插座至工作区终端设备之间和配线设备至设备之间的连接电缆，测试应使用网络线缆测试仪提供的专用测试缆线。

4. 测试结果

（1）应以测试仪表的输出结果（通过或失败）作为测试结果。
（2）若需要详细报告每个测试指标的具体测试值，可选择"最差数值"或"最差容限"测试值及对应频率点进行结果表达。

第六节 IP 网络通用测试

JTG/T 3520—2021 列出的 IP 网络通用测试包括 IP 包丢失率、IP 网络吞吐量、IP 包传输时延、IP 网络链路层健康状况测试。这些测试项目均采用 IP 网络性能测试仪进行测试，其计

量性能符合 JTG/T 3520—2021 的要求。

一、IP 包丢失率

随着 IP 网络传输技术普及,公路机电工程信息数据传输多以 IP 为主要传输方式,因此以 IP 包丢失率来评价数据传输性能。

1. 测试方法

(1)测试传输网络段时,测试链路宜选择传输网络设备之间的 IP 网络链路,如图 3-1-5 所示;测试其他数据链路时,测试链路应选择用户到用户的 IP 网络链路,如图 3-1-6 所示。

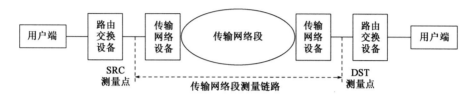

图 3-1-5　传输网络段测试链路示意图

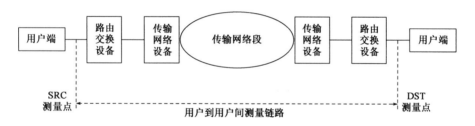

图 3-1-6　用户到用户测试链路示意图

(2)测试参数和业务特征设置应符合下列规定:
①应设置 IP 网络性能测试仪的 SRC(source)端和 DST(destination)端的地址。
②应按被测链路业务特征设置仪器设备相关参数。
③测试数据包(帧)长值应至少包括:64 字节、128 字节、256 字节、512 字节、1024 字节、1280 字节、1518 字节。
④时延门限应为 1s。
⑤应根据要求设置测试流量负荷,无要求时可为 70%。
⑥测试的持续时间不应小于 1min。

(3)应将 IP 网络性能测试仪分别接入被测网络链路的 SRC 端和 DST 端,从 SRC 端的测试仪按照设置的帧速率和测试数据包(帧)长,向被测网络链路发送数据包;在测试持续时间内,若 IP 包的时延大于门限值,则其 IP 包丢失结果计为 1,统计 IP 包丢失结果为 1 的出现次数;达到测试持续时间时,停止单次测试。

(4)应按照不同的测试数据包(帧)长重复本方法第(3)条的要求。

注:应确认连接 IP 网络性能测试仪的线缆性能满足网络传输速率要求。

2. 计算

(1) 应按不同的测试数据包(帧)长统计单次测试中 IP 包丢失结果为 1 的出现次数。

(2) IP 包丢失率测试结果应按式(3-1-5)计算：

$$LR = \frac{LOSS}{N} \times 100\% \tag{3-1-5}$$

式中：LR——IP 丢包率；

$LOSS$——相应包(帧)长值条件下 IP 包的包丢失数；

N——相应包(帧)长值条件下 IP 包的总发送数。

3. 测试结果

测试结果为 IP 包丢失率的计算结果，应按照测试数据包的不同包(帧)长值分别表达，测试结果用百分数表示，测试结果数值修约间隔为 0.01。

二、IP 网络吞吐量

吞吐量是空载 IP 网络在没有丢包的情况下，被测网络链路所能达到的最大数据包转发速率，等于一个特定时间间隔内在被测试链路上观测到的所有成功 IP 包数量与该时间间隔之比。

1. 测试方法

将 IP 网络性能测试仪分别接入被测网络链路的 SRC 端和 DST 端，从 SRC 端的测试仪按照一定的帧速率，向被测网络链路发送数据包；若所有数据包均被 DST 端的测试仪正确接收到，则应增加发送的帧速率，否则减少发送的帧速率；重复上述步骤，直到测出被测网络链路在未丢包的情况下能够处理的最大帧速率，读取该速率并记录。应按照不同的测试数据包(帧)长重复上述步骤。

2. 测试要求

(1) 测试链路应在空载状态。

(2) 应确认连接 IP 网络性能测试仪的线缆性能满足网络传输速率要求。

3. 测试结果

(1) 测试结果为测试中在未丢包的情况下能够处理的最大帧速率。

(2) 测试结果应按照测试数据包的不同包(帧)长值分别表达，单位为帧/s。

三、IP 包传输时延

1. 测试方法

将 IP 网络性能测试仪分别接入被测网络链路的 SRC 端和 DST 端，从 SRC 端的测试仪按照最大吞吐量向被测网络链路发送数据包；通过计算 SRC 端测试数据包的发送时间和收到 DST 端回送的测试数据包的接收时间之差，得到时延。应按照不同的测试数据包(帧)长重复上述步骤。

2. 测试要求

(1)应确认连接 IP 网络性能测试仪的线缆性能满足网络传输速率要求。
(2)测试中,网络链路发送数据包不应超出吞吐量范围。
(3)不同测试数据包(帧)长条件下,传输时延均应进行不少于 20 次单次测试。

3. 计算

IP 包传输时延测试结果应按式(3-1-6)计算：

$$IPTD = \sum_{i=1}^{N} \frac{D_{l_i}}{N} \tag{3-1-6}$$

式中：$IPTD$——IP 包传输时延；
   D_{l_i}——相应包(帧)长值条件下的 IP 包的单次传输时延；
   N——相应包(帧)长值条件下的 IP 包传输时延测试总次数。

4. 测试结果

(1)测试结果为 IP 包传输时延的计算结果,应按照测试数据包的不同包(帧)长值分别表达,单位为 μs 或 ms。
(2)根据测试需求,测试结果可为 IP 包单向时延或往返时延。

四、IP 网络链路层健康状况

IP 网络链路层健康状况测试,包括链路利用率、错误帧率、广播帧、组播帧、冲突率等健康状况指标。链路利用率是指网络链路上实际传送的数据吞吐量与该链路所能支持的最大物理带宽之比,链路利用率包括最大利用率和平均利用率,通常以链路的持续平均利用率来评价网络健康状况。错误帧率是指网络中所产生的各类错误帧占总数据帧的比率,常见的以太网错误帧类型包括长帧、短帧、有 FCS(帧校验序列)错误的帧、超长错误帧、欠长帧和帧对齐差错帧等。冲突率是指冲突帧数同发送的总帧数之比,也称为碰撞率,网络中过多的冲突会造成网络传输效率的严重下降,因此冲突率也是评价网络健康状况的重要指标。

1. 测试方法

(1)测试点宜选择被测 IP 网络的空闲端口。
(2)测试参数和业务特征设置应符合下列规定：
①应设置 IP 网络性能测试仪的地址。
②应按被测 IP 网络链路业务特征设置仪器设备相关参数。
③测试的持续时间不应小于 5min。
(3)应将 IP 网络性能测试仪接入被测 IP 网络,在测试持续时间内,对被测网络进行流量监测,统计分析网络链路利用率、错误帧率、广播帧、组播帧、冲突率等测试结果;达到测试持续时间时,停止测试,读取测试值并记录。

2. 测试要求

(1)应确认连接 IP 网络性能测试仪的线缆性能满足网络传输速率要求。

(2)进行冲突率和错误帧率测试时,应在至少有 30% 的流量下进行,若未达到该流量,应人为加载一定的背景流量。

3. 测试结果

网络链路利用率、错误帧率和冲突率的测试结果用百分数表示,广播帧和组播帧的测试结果单位为帧/s,测试结果数值修约间隔为 1。

第二章

监控设施

监控设施是公路机电工程的重要组成部分之一,一般由信息采集、信息处理与信息发布三个子系统组成。各个子系统又包含一系列的软硬件设施,如车辆检测器、气象检测器、闭路电视监视系统、可变标志、道路视频交通事件检测系统、交通情况调查设施、监控(分)中心设备及软件、大屏幕显示系统和监控系统计算机网络等。

上述软硬件设施产品遵循相关的产品质量标准和交通行业标准,其施工质量要求及检验评定标准需符合《公路工程质量检验评定标准 第二册 机电工程》(JTG 2182—2020)的相关要求。

第一节 车辆检测器

一、概述

车辆检测器是监控系统最重要的数据信息采集设备,其采集的交通流量、车速和时间占有率等数据是监控中心进行实时分析、处理和决策的基础。车辆检测器产品的种类很多,其对应的技术要求亦各不相同,如环形线圈车辆检测器、微波车辆检测器、视频车辆检测器、地磁车辆检测器、超声波车辆检测器和激光车辆检测器等。其中,环形线圈车辆检测器、微波车辆检测器、视频车辆检测器和地磁车辆检测器产品均有相关的国家或行业标准,也是目前应用较多的4种类型。

1. 工作原理及主要组成

1)环形线圈车辆检测器

环形线圈车辆检测器是我国交通监控系统中应用较早也是最多的一种车辆检测器,它是当检测车辆通过或静止在感应线圈的检测域时,通过感应线圈电感量的降低来感知车辆的一种车辆检测系统。

环形线圈车辆检测器主要由环形线圈、线圈调谐回路和检测电路等组成,其工作原理如图 3-2-1 所示。埋设在地下的线圈通过变压器连接到被恒流源支持的调谐回路,并在线圈周围的空间产生电磁场。当车体进入线圈磁场范围时,车辆铁构件内产生自闭合回路的感应电涡流，此涡流又产生与原有磁场方向相反的新磁场，导致线圈的总电感变小，引起调谐频率偏离原有数值；偏离的频率被送到相位比较器，与压控振荡器频率相比较，确认其偏离值，从而发出车辆通过或存在的信号。相位比较器输出信号控制压控振荡器，使振荡器频率跟踪线圈谐振频率变化，从而输出为一脉冲信号。输出放大器对该脉冲信号放大，并以数字、模拟和频率三种形式输出。频率输出可用来测速，数字信号便于车辆计数，模拟量输出用于计算车长和识别车型。

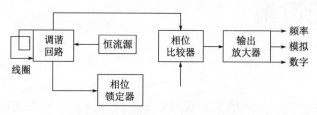

图 3-2-1　环形线圈车辆检测器工作原理图

环形线圈车辆检测器可通过以太网接口（双绞线和光缆）与中心通信，能支持 TCP、UDP、FTP、HTTP、TELNET 等多种协议，也可通过 RS232/422 接口用 MODEM 进行传输。由于嵌入式技术的应用，提高了其通信、数据处理、存储等方面的性能，也使其在长时间运行下的高低温性能更稳定可靠。

环形线圈车辆检测器按照检测类别分为基本型和综合型，其中基本型只具有检测交通量功能，通常只外接一个感应线圈；综合型具有检测交通流量、车速、时间占有率等功能，通常外接多个感应线圈。按照安装方式，可分为机架式和导轨式两种。按照使用环境温度条件，分为 A 型、B 型和 C 型三种，其中 A 型：-20 ~ +55℃；B 型：-40 ~ +50℃；C 型：-55 ~ +45℃［详见《环形线圈车辆检测器》(GB/T 26942—2011)］。

2）微波车辆检测器

微波车辆检测器是向检测区域内的车辆发射低能量的微波信号，通过对车辆反射的微波信号的识别而检测出道路交通参数的设备。其主要工作原理是多普勒频移原理，微波车辆检测器发射中心频率为 10.525GHz 的连续频率调制微波［《交通信息采集　微波交通流检测器》(GB/T 20609—2006)中规定的中心频率］，在检测路面上投映一个微波带。当车辆通过这个微波投映区时，向检测器反射一个微波信号，检测器接收反射的微波信号，并计算接收频率和时间等参数，从而得出车辆的速度和长度等信息，如图 3-2-2 所示。

图 3-2-2　微波车辆检测器示意图

微波车辆检测器应至少具有但不限于如下功能:能够检测车流量、平均车速、车道占有率参数。其最小检测距离不大于 5m,且最大检测距离不小于 40m。检测器在正常道路情况下,在检测车流量及车道占有率模式下,对检测断面内车流量、车道占有率的检测精度应不低于 95%;在检测平均车速模式下,对检测断面内平均车速的检测精度应不低于 95%。

微波车辆检测器按照使用环境温度条件,分为 A 型和 B 型两种。其中 A 型:-20~+70℃;B 型:-40~+55℃[详见《交通信息采集 微波交通流检测器》(GB/T 20609—2006)]。

3)视频车辆检测器

视频车辆检测器是采用视频图像处理技术,对交通动态信息进行检测的设备。它可实时监测和传送车流量、车速、时间占有率、排队长度等交通信息,实现对交通流的疏导与控制或做进一步分析处理。视频车辆检测器主要由视频检测摄像头和视频处理器等组成,如图 3-2-3 所示。

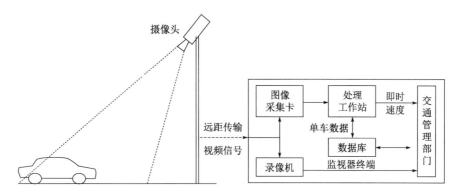

图 3-2-3　视频车辆检测器系统构成示意图

其主要工作原理是:架设在道路的相应位置(道路上方、路中央的隔离带等)的视频摄像头将其所采集的视频信号传至视频处理器。根据检测要求,在视频处理器产生的现场图像上设置虚拟车辆检测域,用于模拟环形感应线圈。当车辆通过虚拟检测域时,视频处理器就会产生视频检测信号,对其分析处理后输出交通量、车速、时间占有率等交通数据。

视频处理器的核心是视频处理算法,包括视频采集、数字化、车辆检测和车辆跟踪(或交通参数提取)4 个阶段。视频处理器通过对多帧间无车辆的虚拟检测域进行对比,得到有无车辆的信息,进行车辆计数(即交通量),并提取若干车辆特征参数。该特征参数将在车辆跟踪阶段的连续数帧视频中用于跟踪车辆,在此基础上视频检测器进行视频帧的比较,并根据帧的时间间隔和由检测域栅格确定的空间距离,计算出车速、车头间距和时间占有率等参数。

视频车辆检测器根据摄像机的不同可以分为两类:可见光视频车辆检测器和红外视频车辆检测器。可见光视频车辆检测器采用普通摄像机,红外视频车辆检测器采用红外摄像机。其中,可见光视频车辆检测器在昼夜转换时,需通过检测周围环境照明和图像对比度来自动选择算法,否则将会因昼夜转换而导致误差,而红外视频车检测器昼夜可采用同一算法,从而保持较高检测精度。

视频车辆检测器按照使用环境温度条件,分为 A 型和 B 型类,具体如表 3-2-1 所示。

视频车辆检测器分类表　　　　　表3-2-1

分类	A型	B型
工作时的环境温度	-10~+55℃	-25~+70℃
不工作时耐受的环境温度	-25~+70℃	-40~+85℃

4）地磁车辆检测器

地磁车辆检测器能同时检测车辆经过和统计车流量信息。车辆经过检测器埋设区域时，通过检测设备周围磁场相对地球磁场的变化以判断车辆的经过和通过，接收器收到检测器信号后，把信号传输给相应的系统，完成车辆检测。地磁车辆检测器安装示意如图3-2-4所示。

a）钻孔　　　b）填实底部　　　c）灌入水泥或浇注沥青　　　d）敷平及风干

图3-2-4　地磁车辆检测器安装示意图

车辆检测器布设在车道内，不受车道内车辆的速度、质量或型号等因素的影响，相邻车道内行驶或停止的车辆不产生干扰信号和数据。无线地磁车辆检测器可以免布线安装，不需要外部电源，施工简单，具有很强的适应性，可以满足各种复杂气象条件下交通信息的采集和处理。

2. 主要参数指标定义

车辆检测器主要用于车辆的流量、速度、车辆间距、车头时距和时间占有率等交通流参数的检测。各参数定义如下。

（1）流量（volume）：在规定的单位时间内通过道路上某一设定点的车辆数。

（2）瞬时速度（instant speed）：在某时刻，车辆通过道路上某一设定点时的车速。

（3）平均速度（average speed）：单位时间内，通过道路上某一设定点全部车辆瞬时速度的算术平均值。

（4）车头时距（time headway）：在同向行驶的车流中，前后相邻的两辆车驶过道路某一断面的时间间隔。

（5）车辆间距（inter-vehicle distance）：在同向行驶的车流中，前后相邻的两辆车，前面车辆的车尾与后面车辆的车头之间的距离。

（6）时间占有率（occupancy ratio）：在某一时间间隔内，道路上已知点被车辆占有的时间与该时间间隔之比。

二、车辆检测器设备试验方法和技术要求

环形线圈、地磁、微波和视频车辆检测器的主要产品标准分别为《环形线圈车辆检测器》（GB/T 26942—2011）、《地磁车辆检测器》（GB/T 35548—2017）、《交通信息采集　微波交通流检测器》（GB/T 20609—2006）和《交通信息采集　视频交通流检测器》（GB/T 24726—

2021),上述标准对车辆检测器的试验方法和技术要求进行了规定。本节以环形线圈车辆检测器为例进行介绍,其余详见相关产品标准。

依据 GB/T 26942—2011 的相关要求,一般应在环境温度 15~35℃、相对湿度 25%~75%、大气压力 86~106kPa 的条件下进行试验。

性能试验除特殊规定外,一般对可重复的客观测试项目进行 3 次测试,取算术平均值作为测试结果,根据需方要求,还可给出测试结果的测量不确定度。对于主观测试项目,测试人员应不少于 3 人,测试结果分为合格、不合格两级。

注:除特殊要求外,交通工程机电产品的客观/主观测试项目基本上符合该要求,本书将不再赘述。

1. 结构

(1)试验方法

用目测和手感法对检测器的结构及安装连接件进行检查。

(2)技术要求

①产品结构应简单、牢靠,满足使用要求,安装调节方便。

②安装连接件应有足够强度,其活动零件应灵活、无卡滞现象,无明显变形、凹凸不平等缺陷。

2. 外观质量

(1)试验方法

用目测和手感法对检测器的外壳及镀层外观质量进行检查。

(2)技术要求

①检测器的外壳上不应有凹坑、划伤、变形或裂缝等。涂层应平整均匀、颜色一致,不得有起泡或龟裂等缺陷。

②检测器机身上的铭牌、标志、文字、符号等应清晰、牢固、端正,不易脱落。

3. 功能要求及试验方法

环形线圈车辆检测器功能要求及试验方法见表 3-2-2。

环形线圈车辆检测器功能要求及试验方法　　　　　　　表 3-2-2

序号	检测项目	技术要求	试验方法
1	交通信息采集功能	应至少能够检测车流量、瞬时车速、时间占有率	实际操作+功能验证
2	自检功能	能自动检测线圈的开路、短路等损坏情况	实际操作+功能验证
3	逻辑识别线路功能	检测器的逻辑处理正常,输出的交通参数正确	用小型客车、小型货车、大型客车、大型货车和拖挂车各一辆,分别横跨相邻两条车道通过检测器测试区域
4	本地操作与维护功能	能够在现场用便携终端实时读取检测器采集的车流量、瞬时车速等数据,并能进行其他维护性操作	实际操作+功能验证

续上表

序号	检测项目	技术要求	试验方法
5	灵敏度调整功能	检测器的每个通道应能进行灵敏度调整，每个通道应至少有七级灵敏度选择	设置不同的灵敏度等级，测试检测器的车速相对误差和车流量相对误差
6	数据通信接口	检测器的机械接口应使用9针RS-232C阴性插座和RJ-45以太网接口，该两种接口的电气性能应符合相关标准的要求；接口与外部的连接应便于安装和维护，应能保证互联互通，并采取防水、防尘等措施。检测器的通信协议应符合GB/T 34428.2—2017的要求。其他通信接口的使用可由产品生产企业与使用方协商确定	实际操作+功能验证

4. 性能要求

1）车速相对误差

（1）试验方法

①检测仪器设备：雷达测速仪。

②试验用车辆：小型客车、小型货车、大型客车、大型货车和拖挂车各一辆。

③试验步骤：选定检测断面，5种试验车辆依次通过检测器测试区域。小型客车的行驶速度分别为60km/h、80km/h、100km/h、110km/h、120km/h，其他车辆的行驶速度分别为40km/h、60km/h、70km/h、80km/h、100km/h，车速误差不大于±5km/h，每种车辆以5种不同的速度分两次通过测试区域，用雷达测速仪测量每辆车的瞬时车速。

④结果计算：将得到的每辆车瞬时车速的雷达测速仪测量值与检测器测量值，依据式（3-2-1）计算出每辆车的车速相对误差。

$$v_{ri} = \frac{|v_i - v_{i0}|}{v_{i0}} \times 100\% \quad (3\text{-}2\text{-}1)$$

式中：v_{ri}——每辆车的车速相对误差；

v_i——每辆车瞬时车速的检测器测量值（km/h）；

v_{i0}——每辆车瞬时车速的雷达测速仪测量值（km/h）。

将得到的50辆车的车速相对误差，依据式（3-2-2）计算出检测器的车速相对误差。

$$v_r = \frac{\sum_{i=1}^{50} v_{ri}}{50} \quad (3\text{-}2\text{-}2)$$

式中：v_r——检测器的车速相对误差；

v_{ri}——每辆车的车速相对误差。

（2）技术要求

车速相对误差小于3%。

2）车流量相对误差

（1）试验方法

①检测仪器设备：计数器。

②试验用车辆：小型客车、小型货车、大型客车、大型货车和拖挂车各一辆。

③试验步骤：选定检测断面，5种试验车辆依次通过检测器测试区域，小型客车的行驶速度分别为60km/h、80km/h、100km/h、110km/h、120km/h，其他车辆的行驶速度分别为40km/h、60km/h、70km/h、80km/h、100km/h，车速误差不大于±5km/h，每种车辆以5种不同的速度分四次通过测试区域，用计数器测量车流量。

④结果计算：将得到的车流量的计数器测量值与检测器测量值，依据式（3-2-3）计算出车流量相对误差。

$$n_r = \frac{|n - n_0|}{n_0} \times 100\% \qquad (3\text{-}2\text{-}3)$$

式中：n_r——车流量相对误差；

n——车流量的检测器测量值；

n_0——车流量的计数器测量值。

（2）技术要求

车流量相对误差不大于2%。

3）抗串扰

（1）试验方法

在检测器的输入端与大地之间串接一个20kΩ的电阻，检测器应能正常工作。

（2）技术要求

在规定的电感范围内，若输入端通过一个不小于20kΩ的外部电阻接到地，检测器应能正常工作。

4）电感适应范围

（1）试验方法

将检测器的输入电感分别设置为50μH、200μH、350μH、500μH和700μH。测试检测器的车速相对误差和车流量相对误差应符合相关技术要求。

（2）技术要求

当检测器感应线圈的电感为50~700μH时，检测器应能正常工作。

5）电气安全性

具体试验方法和技术要求参见本书第三篇第一章的相关内容。

6）电磁兼容性

具体试验方法和技术要求参见本书第三篇第一章的相关内容。

7）环境适应性

耐低温性能、耐高温性能、耐温度变化、耐湿热性能、耐机械振动性能、耐循环盐雾性能和耐候性能试验方法参见第二篇第一章、第三篇第一章及相关标准的内容，其严酷等级及技术要求见表3-2-3。

环形线圈车辆检测器环境适应性试验严酷等级及技术要求　　　表3-2-3

参数(性能)	严酷等级/技术要求			
	通电/不通电	温度(℃)	时间(h)	相对湿度(%)
耐低温性能	不通电	−20(−40、−55)	8	
耐高温性能	通电	+55(+50、+45)	8	
耐温度交变性能	不通电	−20~55		
耐湿热性能	通电	+40	48	98
耐机械振动性能	检测器通电工作时,在频率2~150Hz的范围内进行扫频循环振动后,产品功能应正常,结构不受影响,零部件无松动			
耐循环盐雾性能	检测器的印刷电路板、外壳防腐层及其支撑底板(其他部件由供需双方协定)经168h循环盐雾试验后,应无明显锈蚀现象,金属构件应无锈点,印刷电路板经过24h自然晾干后功能正常			
耐候性能	产品的外壳防腐层及其支撑底板(其他部件由供需双方协定)按现行《公路沿线设施塑料制品耐候性要求及测试方法》(GB/T 22040)经过两年自然曝晒试验或经过人工加速老化试验累积能量达到 $3.5×10^6 kJ/m^2$ 后,产品外观应无明显褪色、粉化、龟裂、溶解、锈蚀等老化现象,非金属材料的机械力学性能保留率应大于90%			

8)可靠性

(1)试验方法

可靠性试验采用序贯试验方案4:2,按《设备可靠性试验　恒定失效率假设下的失效率与平均无故障时间的验证试验方案》(GB 5080.7—1986)规定执行。

(2)技术要求

检测器的平均无故障间隔应不小于10000h。

9)软件要求

(1)试验方法

在现场用便携终端连接检测器,在监控中心用监控计算机通过通信系统连接外场检测器,查看软件操作界面和核对各种交通参数。

(2)技术要求

软件应提供中文操作界面,应能按单车道、单行车方向、检测断面等,进行车速、交通量、时间占有率等参数统计,统计最小间隔应不大于5s。

第二节　气象检测器

一、概述

气象检测器是监控系统中,采集公路沿线路面温度、路面干湿、路面结冰、气温、相对湿度、能见度、风速、风向和雨量等气象、路面状态及环境信息等各种信息的设备。气象检测器采集的上述数据传送至监控中心进行实时分析及处理,并作为公路交通控制及应急预案的重要参考数据,提供给公路交通运营及管理部门,以保证车辆安全、高效运行。实际应用中,多将多种检测器集成于一个平台,形成公路用气象环境监测站。目前公路监控系统用气象检测器通常由能见度检测器、路面状况检测器、温湿度检测器、风力风向检测器和雨量检测器等组成。其中,关于能见度检测器和埋入式路面状况检测器的交通行业标准,已发布《道路交通气象环境 能见度检测器》(JT/T 714—2008)和《道路交通气象环境 埋入式路面状况检测器》(JT/T 715—2008),其余检测器尚无相关交通行业标准。

1. 工作原理及主要组成

1)道路能见度检测器

能见度检测器(也称为能见度检测仪)主要有透射式和散射式两种。透射式能见度检测器需要基线,占地范围大,不适用于海岸台站、灯塔自动气象站及船舶,但因其具有自检能力和低能见度下性能好等优点而适用于民航系统;散射式能见度检测器以其体积小和低廉的价格而广泛应用于码头、航空、高速公路等系统,其可分为前向散射式、后向散射式和侧向散射式三类(图3-2-5)。其中道路能见度检测器通常为前向散射式。

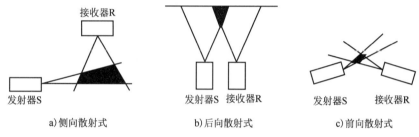

图 3-2-5 三种不同类型的能见度检测器

道路能见度检测器是一种利用光的前向散射原理,采用微处理器控制的大气能见度检测仪器。它发出红外光脉冲,测量大气中空气分子、各种气溶胶粒子、微细雾滴等悬浮粒子的前向散射光通量,计算消光系数,并采用适当的算法将测量值转换气象能见度值。道路能见度检测器的检测原理是建立在以下3个假设的基础上:①大气是均质的,即大气是均匀分布的;②大气消光系数等于大气中雾、霾、雪和雨的散射,即假定分子的吸收、散射或分子内部交互光学效应为零;③散射仪测量的散射光强正比于散射系数。

在一般情况下,选择适当的角度,散射信号近似正比于散射系数。

依据《道路交通气象环境 能见度检测器》(JT/T 714—2008),道路能见度检测器由基本部件和扩展部件组成。其中能见度检测器的基本部件主要包括发射器、接收器、电源部件、控制处理器和机架;扩展部件主要用于提升能见度检测器的性能或功能,包括校准装置、信道适配控制器、加热器和恒温器,这些扩展部件可根据要求有选择性地增加其中的一种或几种。

能见度检测器的功能可分为基本功能和扩展功能。其基本功能包括:①测量和自检功能,可对大气能见度进行连续监测,并能对自身电源、光辐射能量、机内温度等进行监测;②服务功能,应具有告警与提示功能以及远程维护功能。扩展功能包括历史数据保存功能及现场转存功能。

2)路面状况检测器

路面状况检测器是公路气象信息监测的一项重要路面信息采集设备,它能给公路运营管理者提供路面覆盖物、路面干湿状态、路面温度以及使用除冰剂后路面的状态和冰点等实时变化的路面状况信息,为公路管理部门保障公路安全运行提供决策依据。

埋入式路面状况检测器主要由前端传感器、后端处理单元及连接件三部分组成,可分为主动式和被动式两种。被动式路面状况检测器嵌埋在路面中,基本不与周边环境传递热量。此类传感器主要是通过传导率、电容、雷达等方法来观测路面状况和化学物质浓度。主动式路面状况检测器具有降温和加热功能,可在当前条件基础上预测当温度下降几度时会出现结霜、结冰现象,如果出现结霜、结冰的现象,将提前发布危险路面状况警告。

非接触式的路面状况检测器不必嵌埋在路面中,而是安装路边杆柱或结构物上,利用红外、微波或激光技术检测路面状况。

依据《道路交通气象环境　埋入式路面状况检测器》(JT/T 715—2008),埋入式路面状况检测器应具有路面状态检测、参数检测和预警报警输出功能。

对于路面状态检测功能,路面状况检测器应具备以下8种路面气象状态检测功能,即:路面干燥、路面潮湿、路面积水、路面潮湿且有除冰剂、路面积水且有除冰剂、路面凝霜、路面积雪、路面覆冰。

对于参数检测功能,路面状况检测器应至少具备以下路面状态参数检测功能,即:冰点、路面温度、路面下6cm处的温度、路面水层厚度、路面冰层厚度和除冰剂浓度。

对于预警和报警输出功能,路面状况检测器宜具备以下预警及报警功能:

(1)霜预警及报警,道面温度下降或达到结冰温度,露点温度高于道面温度。

(2)冰预警及报警,道面接近或达到结冰温度,在未来的1~2h道面可能结冰或已经结冰。

3)风速风向检测器

风是由许多小尺度的脉动,叠加在大尺度规则气流上的三维矢量。但在气象学上,把空气的水平移动叫作风,即把它作为二维矢量来考虑,由风速(风矢量的模数)和风向(风矢量的幅角)两个参数来确定。风速风向检测器即是进行道路沿线风速、风向参数检测的设备。目前常用的风速风向检测器可分为以下三类:

(1)三杯式风速风向检测器

三杯式风速检测器的感应元件是由三个碳纤维风杯和杯架组成的三杯风组件,转换器为多齿转杯和狭缝光耦。当风杯受水平风力作用而旋转时,带动同轴截光盘转动,以光电子扫描输出脉冲串,通过活轴转杯在狭缝光耦中的转动,输出相应于转数的脉冲频率对应值。风向检测器通常由风标和变换器等构成,变换器为码盘和光电组件。当风标随风向变化而转动时,通过轴带动码盘在光电组件缝隙中转动,从而产生对应当时风向的格雷码输出的光电信号,该信号经转化后即可得出对应的风向值。

(2)螺旋桨式联合风向风速检测器

该检测器使用一个低惯性的三叶螺旋桨作为感应元件,桨叶随风旋转,并带动风速码盘进行光电扫描输出相应的电脉冲信号。风向测量是由竖直安装在机身的尾翼测定的,风作用于尾翼,使机身旋转并带动风向码盘旋转,此码盘按8位格雷码编码进行光电扫描输出脉冲信号。

(3)超声波风检测器

在平静的空气中,声波的传播速度被在风向上的空气流动改变。如果风向和声波的传播方向相同,就会提高声波的传播速度,反之则会减小。在一个固定的测量路径中,在不同的风速和风向上叠加而成的声波传播速度会导致不同的声波传播时间。二维超声波风传感器由4个超声波收发器组成,分为彼此垂直的两对。当开始测量时,在测量路径的4个方向上进行8组单独的测量,就可以在形成的矩形区域中获得风速的矢量值和风向的角度。

4)雨量检测器

对降水的测量通常包括降水量、降水强度和降水类型3个指标。目前最为常见的雨量检测器为翻斗式雨量检测器,可包括单翻斗、双翻斗、多翻斗等形式。

2. 主要参数指标定义

气象检测器主要用于公路沿线的能见度、路面温度、路面相对湿度、路面冰冻、气温、相对湿度、风速、风向和雨量等气象、路面状态及环境参数的检测。各参数定义如下:

(1)能见度(visibility):正常视力的观测者观测目标物时,能从背景上分辨出视角大于 $0.5°$ 的目标轮廓的最大消失距离。夜间能见度(meteorological visibility at night)是正常视力的观测者在夜间能看到的一定发光强度目标灯灯光的消失距离。

(2)气象光学视程(weather optics eyesight degree):色温2700K的白炽灯发出的平行光辐射通量,经大气衰减到起始值的5%后在大气中所需经过的距离。能见度检测器就是测量气象光学视程的设备。

(3)干燥(dry):道路表层不含自由水分,或含有自由水分但水膜厚度小于0.1mm。

(4)潮湿(wet):道路表层含有自由水分,形成的水膜厚度不小于0.1mm且不大于2mm。

(5)积水(seeper):道路表层含有自由水分,且形成的水膜厚度大于2mm。

(6)路面覆盖物(road covering):由各种不同气象条件所导致的路面凝霜、路面积雪、路面覆冰等。

(7)凝霜(frosty):雾气因寒冷在道路表面凝结成的冰晶。

(8)黑冰(black ice):覆盖在道路表层的冰,因车轮碾压的压力,使冰中的气泡变小时,气体分子进入冰晶格,细小的冰晶体迅速融合扩大成单晶,最终形成于路面颜色接近的、硬而滑的坚硬冰体。

(9)除冰剂(deicing chemicals):除去道路上的冰雪的化学试剂。

(10)冰点(freezing temperature):路面上结冰的温度(纯净水的冰点为0℃,水的含盐度越大,冰点越低)。

(11)露点温度(dew temperature):空气在水汽含量和气压都不改变的条件下,冷却到饱和时的温度。

(12)空气温度(air temperature):表示空气冷热程度的物理量。气象上常用的气温,是指离地面1.5m高度上百叶箱中干球温度表所测得的空气温度。

(13)空气湿度(air humidity):表示空气中水汽多少亦即干湿程度的物理量。湿度的大小常用水汽压、绝对湿度、相对湿度和露点温度等表示。其中最为常用的是相对湿度,它是空气中实际水汽含量(绝对湿度)与同温度下的饱和湿度(最大可能水汽含量)的百分比值。它只是一个相对数字,并不表示空气中湿度的绝对大小。

(14)风速(wind speed):空间特定点周围气体微团在单位时间内水平方向上的位移。

(15)风向(wind direction):空间特定点周围气体微团在水平面上的移动方向。

(16)降雨量(rainfall):在一定时间内降落到地面的水层深度,单位为 mm。单位时间内的降雨量称为降雨强度。降雨强度用降雨等级来划分。

二、气象检测器的试验方法及技术要求

气象检测器的能见度检测器和埋入式路面状况检测器的主要质量评定标准为《道路交通气象环境 能见度检测器》(JT/T 714—2008)和《道路交通气象环境 埋入式路面状况检测器》(JT/T 715—2008),其主要试验方法和技术要求如下。

1. 能见度检测器主要试验方法及技术要求

试验条件按照现行《气象仪器定型试验方法 环境试验》(GJB 570.5)的要求执行。试验连接图如图 3-2-6 所示。计算机应配备专门的测试软件,通信协议应符合《高速公路监控设施通信规程 第 4 部分:气象检测器》(GB/T 34428.4—2017)的规定。

图 3-2-6 能见度检测器试验连接示意图

1)功能

(1)试验方法

①大气能见度连续监测:

能见度检测器输出信号通过通信接口或经信道适配控制器,传给计算机进行实际检查,连续记录 12h,观察数据的变化。

②自身电源、光辐射能量、机内温度等监测:

由计算机通过通信接口直接读取有关自身电源、光辐射能量、机内温度等数据并进行测量。

③历史数据保存时间测试:

保存周期中应经过 3~5 个开关机过程及 3~5 个意外断电再启动过程,所存数据应无丢失和混乱现象。

(2)技术要求

能见度检测器功能要求见表 3-2-4。

能见度检测器功能要求　　　　　　　　表 3-2-4

序号	功　能	具 体 要 求
1	基本功能	(1)可对大气能见度进行连续监测; (2)能对自身电源、光辐射能量、机内温度等进行监测
2	服务功能	(1)告警与提示功能; (2)远程维护功能
3	扩展功能	历史数据保存功能及现场转存功能

2)技术指标

(1)外观

①试验方法:目测检查。

②技术要求:能见度检测器表面应平整、光滑、清洁,无毛刺、蚀点、划痕,无永久性污渍。

镀覆件表面色泽均匀,不应有起泡;涂层不应有脱落;标志应清晰耐久。

(2)能见度值

①试验方法:用专用校准装置对能见度仪进行校验。将能见度检测器安装在室外开阔的场地,测量能见度,与其他能见度检测器和人工观测比较。

②技术要求:能见度检测器的基本技术指标应满足道路监测业务要求。能见度检测器的基本技术指标见表3-2-5。

能见度检测器的基本技术指标　　　　表3-2-5

测量要求	测量范围 (m)	准确度 (%)	分辨力 (m)	时间常数 (min)	数据上传周期
气象光学视程	5≤L≤50	±10	1	1	在1min~1h范围内分级可调
	50≤L≤500	±10			
	500≤L≤5000	±15			

(3)连续工作时间

连续工作时间120h。连续工作时间内设备应工作正常。

(4)开机稳定工作时间和工作方式

开机稳定工作时间不大于15min;连续工作方式。

(5)能见度检测器的数据格式和通信协议

能见度检测器的数据格式和通信协议应满足《高速公路监控设施通信规程　第4部分:气象检测器》(GB/T 34428.4—2017)的规定。

(6)能见度检测器接口

应具有标准交流(或直流)供电接口、标准的RS232(或RS485)通信接口。

(7)历史数据保存时间

能见度检测器应至少保存最近24h的每分钟能见度数据和最近1周的每半小时的能见度数据。

3)环境适应性、电磁兼容性能和安全性

具体试验方法和技术要求参见本书第三篇第一章的相关内容。

4)杂光兼容性、可靠性和可维护性

杂光兼容性、可靠性和可维护性试验方法和技术要求见表3-2-6。

杂光兼容性、可靠性和可维护性试验方法和技术要求　　　　表3-2-6

项　目	试验方法	技术要求
杂光兼容性	在大气环境相对稳定且能见度低于4km的条件下进行该项试验。在无杂光照射状态下,用亮度不大于6000cd/m²的白炽光源进行连续照射,记录5min内的每分钟能见度值,计算每分钟信号值的平均值和相对偏差,相对偏差应不大于10%	适用于前散射原理的能见度检测器。将能见度检测器置于光波长在0.532~1μm范围内,亮度不大于6000cd/m²的杂光条件下,产品应能正常工作

续上表

项　目		试验方法	技术要求
可靠性和维修性	平均无故障工作时间	可靠性试验按照《可靠性试验 第1部分:试验条件和统计检验原理》(GB/T 5080.1—2012)中的相关条款执行。取 $\alpha=\beta=0.2$、$D_0=3.0$,按《设备可靠性试验 恒定失效率假设下的失效率与平均无故障时间的验证试验方案》(GB 5080.7—1986)确定试验时间和相关失效数	平均无故障工作时间(MTBF)不小于25000h
	平均修复时间	在可靠性试验中进行统计,必要时可采用人为制造故障的方法进行试验	平均修复时间(MTTR)不大于0.5h

2. 埋入式路面状况检测器主要试验方法及技术要求

在进行任何测试前,应根据生产商的推荐值进行校准与设置。

1)电源

(1)试验方法

①交流电源瞬态过程测试:瞬态测试表及测试电路设计见表3-2-7及图3-2-7。测试结果:稳定的电流输出不大于200mA(有效值)时为合格。

瞬 态 测 试　　　　表3-2-7

测 试 号	开关位置选择	极性选择	测试输入
1	1	正	D-H
2	2	正	E-H
3	3	正	D-E
4	4	正	E-D
5	1	负	D-H
6	2	负	E-H
7	3	负	D-H
8	4	负	E-D

②直流电源瞬态过程测试:直流电源的瞬态过程测试电路设计如图3-2-8所示。

输入直流电压应为24V±2.5V。当电源极性相反时,发光二极管极性应颠倒。测试结果:在受试检测器输入端的直流不大于20mA时为合格。

(2)技术要求

路面状况检测器应满足下列交流电源和直流电源之一,或交直流共用。

①交流电源:电压220×(1±10%)V;频率50×(1±4%)Hz;功率小于25W@230VAC;电流输出不大于200mA(有效值)。

②交流电源的瞬态过程:路面状况检测器使用220V、50Hz的交流电源应能经受高重复、短噪声的干扰;应能经受低重复、高能量的过渡过程;应能承受非破坏性的瞬变过程。

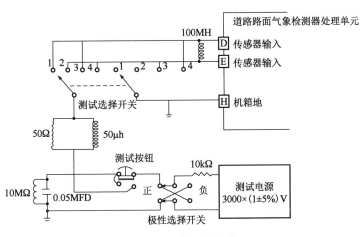

图 3-2-7　瞬态测试电路

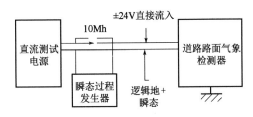

图 3-2-8　检测器对直流供电条件下瞬态过程的测试电路

③直流电源：电压 24V±2.5V；最大电压脉冲 500mV（峰－峰值）；功率小于 10W@24VDC；最大电流应小于 20mA。

④直流电源的瞬态过程：用测试脉冲进行下列测试时应正常工作，即在逻辑地和+24V 之间加测试脉冲；在检测和非检测状态的通道之间加测试脉冲；在逻辑地和控制输入之间加测试脉冲。

2）各项技术指标

技术指标如表 3-2-8 所示。

埋入式路面状况检测器技术指标试验方法和技术要求　　　表 3-2-8

项　　目	试 验 方 法	技 术 要 求
路面覆盖物测试	①将雪覆盖到传感器上，检测器的输出结果为路面积雪；②将新冰覆盖到传感器上，检测器的输出结果为路面覆冰，并可以给出冰层厚度；③将新冰多次重度碾压，并重新结成黑冰，覆盖到传感器上，检测器的输出结果为路面黑冰；④将传感器放入 70% 饱和水汽压的密闭容器中，放入可控温箱，降至 −10℃，检测器的输出结果为凝霜	路面状况检测器应能准确检测出路面有无雪、冰、黑冰、凝霜等覆盖物，并宜检测出雪的水当量、覆冰的厚度等指标
路面干湿测试	①测试干燥状态下的传感器，检测器的输出结果为路面干燥；②用滴管滴一滴水到传感器上，用水膜厚度测试仪检测水膜厚度；③读取检测器的输出结果，以及水层厚度的数据；④重复执行步骤②和③，连续执行 10 次	检测器的输出结果与水膜厚度测试仪的检测结果误差不超过 10% 的次数超过 9 次（包括 9 次）为合格

续上表

项 目	试 验 方 法	技 术 要 求
除冰剂测试	①将雪覆盖在传感器上,洒上除冰剂,并轻轻碾压,至雪大部分融化,检测器的输出为路面潮湿且有除冰剂,并可以给出除冰剂浓度;②待传感器看不到明水时,再次测试,检测器的输出为路面微湿且有除冰剂,并可以给出除冰剂浓度	路面状况检测器应能准确检测出使用除冰剂后路面的状态,能准确区分微湿、潮湿状态;同时应测出路面覆盖物中除冰剂的浓度
冰点测试	测试步骤:①将传感器放在可控温箱内;②将雪覆盖在传感器上,洒上除冰剂,洒上除冰剂,并轻轻碾压,至雪大部分融化,检测器的输出为路面潮湿且有除冰剂;③调节温箱温度,待融雪结冰时,记录温箱温度;④读取检测器输出的冰点温度;⑤重复步骤②~④,共测试5次	输出结果误差小于±0.5℃,达4次以上(包含4次)为合格
路面及路面下6cm处温度测试	测试步骤:①将传感器放在可控温箱内;②在量程范围内,设置5组温度值;③读取检测输出的路面温度和路面下温度值	路面温度和路面下温度输出值在精度要求以内为合格
开机稳定时间/无故障连续工作时间测试	①将传感器接上数据接收设备;②测量从启动传感器开始进行检测到接收到稳定准确的测量数据的时间间隔;③重复测量上述稳定时间,共测量5次;④无故障连续工作时间测试可与上述仪器性能试验同时进行;⑤开机稳定后,保持检测器连续工作120h	测试开机稳定时间间隔不大于5min,连续工作时间内检测器工作正常为合格
输出/输出周期测试	①根据检测器输出接口,选择相应的数据接收接口设备进行测试;②分别设定检测器的数据输出周期间隔:1min、2min、5min、1h	输出测试数据正常,不同时间间隔时输出的数据正常为合格
对干扰的灵敏度测试	将检测器的接口板置于控制器机柜内任意3个不同位置	检测能正常工作为合格
串扰测试	在检测器的输入端与大地之间串接一个20kΩ的电阻	检测器能正常工作为合格
浪涌保护测试	按《电磁兼容试验和测量技术 浪涌(冲击)抗扰度试验》(GB/T 17626.5—2019)规定的试验方法进行试验	产品应符合浪涌保护测试规定
对工作环境变化的测试	①交流电源测试:测试中50Hz电源应在规定的范围内连续变化,如以每分钟改变10V的速度从低限到高限再返回,重复1次;②直流电源测试:以每分钟改变0.5V的速度从低限到高限再返回,重复1次;③在规定的工作温度与湿度范围内,按温度变化15℃/h重复1次	检测器能正常工作为合格
抗交通重压的测试	将传感器平放于压力试验机平台上(压力头面积大于试验传感器受压面的面积),传感器上覆盖8~15mm厚的软橡胶片,逐步加载,加载速度为20~30kN/min,传感器加载至160kN	检查试验后的样品,应符合标准中对于传感器抗压荷载的规定

第三节　闭路电视监视系统

一、概述

闭路电视监视系统是安全防范系统的一个子系统,在监控设施中具有重要作用,它使用视频监控的手段直观地采集重要地点的现场数据,并将从现场数据传送至监控室,使运营管理人员全面、直观地了解现场的情况,从而为交通应急及控制策略的制定提供直观的数据。

闭路电视监视系统通常由视频摄像子系统、图像传输子系统、输出子系统和控制子系统组成。其中视频摄像子系统包含摄像机、摄像机镜头、防护罩、云台、摄像机立柱等;图像传输子系统主要包括视频发射机、中继器、接收器、线缆、视频分配器等;输出子系统主要包括监视器、硬盘录像机、延时录像机等;控制子系统主要包括云台控制器或控制键盘、副控制键盘、矩阵切换器和画面分割器等。各子系统的组成及原理说明如下。

1. 摄像子系统

摄像子系统是闭路电视监视系统的前沿,是整个闭路电视监视系统的"眼睛"。它布设于被监视场所的某一位置上,使其视场角能覆盖整个被监视区域。摄像子系统的各主要组成部分介绍如下:

1)摄像机

摄像机是拾取图像信号的设备,是闭路电视系统的核心部分,它的主要作用是把光信号转换成视频信号。从外形上主要区分为枪式、半球、高速球型;按照接口类型分为非网络模拟接口、非网络数字接口(SDI、HD-SDI 或 3G-SDI)和 IP 网络数字接口;按照视频信号分为模拟复合和数字视频,按照图像清晰度又可分为标准清晰度和高清晰度视频。广泛应用于交通、城市等多个安防领域。

摄像机图像的生成的核心元件是感光传感器。目前的摄像机按照采用感光传感器技术的不同分为 CCD(Charge Couple Device)摄像机和 CMOS(Complementary Metal Oxide Semiconductor)摄像机。CCD 摄像机因具有体积小、重量轻、不受磁场影响、抗振动和撞击的特性而被广泛应用。被摄物体的图像经过镜头聚焦至 CCD 芯片上,CCD 根据光的强弱积累相应比例的电荷,各个像素积累的电荷在视频时序的控制下,逐点外移,经滤波、放大处理后,形成视频信号输出。视频信号连接到监视器或电视机的视频输入端便可以看到与原始图像相同的视频图像。

衡量摄像机性能的技术指标主要有:

(1)清晰度。一般多使用水平清晰度,单位为电视线。电视监控系统使用的摄像机,彩色摄像机的水平清晰度在 300 线以上(目前球型摄像机的标准清晰度要求达到 450 线,超高清晰度球机要求达到 1700 线),黑白摄像机在 350 线以上。

(2)照度(或称灵敏度)。照度是衡量摄像机在何种光照强度下,可以输出正常图像信号的指标。照度或灵敏度一般用"勒克斯(lx)"表示。

(3)信噪比。信噪比是摄像机一个重要的技术指标,它的定义是摄像机的图像信号与噪声信号之比,用 S/N 表示。其中 S 表示摄像机在假设无噪声时的图像信号值,N 表示摄像机本身产生的噪声值(如热噪声等)。信噪比用分贝(dB)表示。信噪比越高,表明摄像机输出信号越好。电视监控中使用的摄像机,一般要求其信噪比高于 46dB。

(4)摄像机输出信号幅度。摄像机输出信号电压的峰-峰值,一般在 $1V_{p-p}$ 至 $1.2V_{p-p}$,即 $1\sim1.2V$峰-峰值,且为负极性输出。

2) 镜头

镜头是安装在摄像机前端的成像装置,可分为定焦距镜头、自动光圈电动变焦镜头和自动光圈自动聚焦电动变焦镜头。

(1)定焦距镜头。该类镜头焦距不可变,只可改变光圈大小。它适合于摄取焦距相对固定的目标,可根据视场角的要求选择广角或焦距相对较长的镜头。

(2)自动光圈电动变焦镜头。这是目前监控系统中常用的一种镜头,它的光圈是自动的(由摄像机输出的电信号自动控制光圈的大小),故适用于光照度经常变化的场所。目前,常用的电动变焦镜头有 6 倍、8 倍和 10 倍,给出的指标一般为焦距从多少毫米至多少毫米。如某变焦镜头的焦距为 $8.8\sim88$mm,即为 10 倍变焦镜头。

(3)自动光圈自动聚焦电动变焦镜头。该类镜头除具有自动光圈及电动变焦功能外,还可自动聚焦。也即当通过云台和电动变焦改变摄取方向及目标时,不必人工调整焦距,使用更加方便。

实际视频监视系统设计中,可通过式(3-2-4)根据被监视目标的视场大小及距离选择镜头焦距,即:

$$f = h'\frac{D}{V} \tag{3-2-4a}$$

$$f = h\frac{D}{H} \tag{3-2-4b}$$

式中:f——镜头的焦距(mm);

h'——靶面(CCD)成像的高度(mm);

h——靶面(CCD)成像的水平宽度(mm);

V——被监视物体的高度(mm);

D——被监视对象到镜头的距离(mm);

H——被监视对象的水平宽度(mm)。

云台是承载摄像机进行水平和垂直两个方向转动的装置。其水平和垂直方向的转动由电机驱动,水平转动的角度一般为 350°,垂直转动角度通常为 +45°、35°、+75°等,其水平及垂直转动的角度大小可通过限位开关进行调整。云台通常可分为室内用云台及室外用云台。在控制方式上,一般云台均属于有线控制的电动云台,控制线的输入端有五个,其中一个为电源公共端,另外四个为上、下、左和右控制端。在电源供电电压方面,目前常见的有交流 220V 和 24V 两种。

云台的主要指标有最大负荷、自由度、跟踪速度、驱动电压、工作温度计使用环境等。

(1)最大负荷是指垂直于云台方向上能承受的最大负载能力。在实际应用中,一般根据防护罩和摄像机的总重量,再加上 15% 左右的余量来选择所需云台负载能力。

(2) 自由度是指云台在水平和垂直两个方向上旋转能达到的最大范围。

(3) 跟踪速度是指电动云台每秒在水平和垂直方向转动的角度,它以角速度表示。由这个角速度即可根据式(3-2-5)计算出以云台为中心,在不同距离上物体移动的线速度 v:

$$v = \frac{\pi}{180} wl \tag{3-2-5}$$

式中:w——云台的跟踪角速度;

l——被监视物体距云台中心的距离。

(4) 驱动电压是指云台电动机转动时所需的电压,现在一般为交流24V。

3) 防护罩

防护罩是摄像机在灰尘、雨水、高低温等条件下正常使用的防护装置。防护罩一般分为室内用防护罩和室外用防护罩两类。室内用防护罩的主要功能是防止摄像机落有灰尘,并有一定的安全防护作用(如防盗、防破坏等);室外用防护罩通常为全天候防护罩,具有降温、加温、防雨、防雪等功能,可使安装在防护罩内的摄像机在风、雨、雪、高温、低温等恶劣条件下工作。目前较好的全天候防护罩是采用半导体器件的防护罩,该种防护罩内装有半导体元件,可自动加温、降温,且功耗较小。

2. 图像传输子系统

图像传输子系统是连接摄像子系统、输出子系统和控制子系统的纽带,它将摄像子系统采集的视频信号、音频信号和各种报警信号等传送至监控中心,并把控制子系统的控制信号传送至摄像子系统。图像传输子系统主要包括视频发射机、中继器、接收器、线缆、视频分频器等。

目前高速公路监控系统传输主要采用光纤传输方式,多采用如下几种配置方式:

(1) 点对点传输。每一个监控点需配置一台视频光端机和一芯光纤,在监控中心也需配置一台光端机接收机。在监控点较多的高速公路需要较多的光端机和光纤,会造成光纤资源的浪费和项目造价的增加。

(2) 级联式链路传输。采用节点式光端机,通过一芯光纤组成链网,同时传输多路视频音频、点对点数据信号和共享式数据信号。节点式光端机在每个节点先将信号接收下来,转换成电信号,再和本地节点的信号交叉复用,光电转换后采用波分复用技术复用到一条光纤上传输。每条链路在中心仅需要一台中心光端机,与传统的点对点传输方式相比节约了部分大量的光纤资源和1/2的光端机数量。缺点是当链路中一个监控点出现故障时,该监控点以后的视频和数据也将无法传输到监控中心。

(3) 以太网视频传输。以太网视频传输系统是根据高速公路的实际需求搭建的一套用数据以太网传输视频的系统。该系统使用视频编码器(或集成视频编码器的摄像机)和解码器完成整个系统的视频传输。所有的视频传输到控制中心后,还原为模拟或数字视频图像,通过视频控制矩阵或数字视频管理系统切换后在电视墙上显示。摄像机的控制数据,可以通过视频编解码器的数据通道传输,或者使用综合数据光端机的异步数据通道传输。

3. 输出子系统

输出子系统的主要功能是实现信号的显示、输出及保存等,主要包括监视器和硬盘录像机等。

1）视频分配放大器

视频分配放大器用来将一路视频信号分成多路信号，其功能和作用主要包括：视频信号的分配（即将同一视频信号分为几路）；对视频信号进行放大。

视频分配放大器主要采用指标如下：①输入电平与输出电平：输入电平一般为0.8~1V，输出电平为1~4V，有些作为远距离传输的还要高；②DG、DP：5%、5°；③供电方式：交流220V或直流12V、24V。

2）监视器和电视墙

监控室的工作人员通过电视机或监视器显示摄像机的现场数据。监视器的主要技术指标包括水平分辨率（480线、520线、580线、600线等）、显像管类型（显像管长度、显像管种类）、视频输入路数（2路、3路）、制式（PAL、PAL/NTSC）、扫描频率（水平扫描频率和垂直扫描频率）、电源电压和功率（220V、72~75W）等。监视器的选择可从颜色、性能指标、尺寸等几个方面考虑。一般应选用比摄像机高一个档次清晰度的监视器。监视器尺寸种类较多，常用15in（1in=25.4mm）、19in和21in等，具体监视器屏幕尺寸的选择，应根据监控室需要观察的人数、监视画面数、分辨程度以及人屏间距来确定。

在高速公路监视系统中，由于监视对象数量众多，且需要进行全天候不间断监视，故多放置于专用的支架上，形成电视墙。电视墙的使用可以节省空间、便于管理，同时具有良好的视觉效果。电视墙一般为定制产品，其大小、高度、厚度等要根据监控室的布局和实际尺寸确定。电视墙中除了摆放监视器外，还放置录像机、视频分配器等其他设备，需要对此综合考虑。电视墙与控制台之间应保持一定距离，最短距离不能小于2m。

3）硬盘录像机

硬盘录像机的原理是将视频输入信号送入计算机（工业控制计算机）中，通过计算机的视频采集卡，完成A/D转换，将模拟视频信号转换为数字视频信号，并按一定格式存储，通过视频管理软件，可以对存储的数据进行进一步处理。硬盘录像机有单路硬盘录像机和多路硬盘录像机两种，按照工作方式不同，可分为嵌入式录像机和独立系统录像机，在高速公路监控系统中，应用的主要是独立系统的硬盘录像机。

4. 控制子系统

控制子系统是整个闭路电视监视系统的"心脏"和"大脑"，是实现整个系统功能的指挥中心。控制子系统主要由总控制台（部分设有副控制台）组成。总控制台的主要功能有：视频信号的放大与分配、图像信号的校正与补偿、图像信号的切换、图像信号（包括声音信号）的记录、摄像机及其辅助部件（如镜头、云台、防护罩等）的控制（遥控）等。

1）主控制台

主控制台或称为总控制台，是电视监控系统中的核心设备，系统内各设备的控制均由这里发出和控制。控制台本身是由各种具体设备组合而成，主要包括视频分配放大器、视频切换器、控制键盘、时间地址符号发生器、录像机（或长延时录像机）、电源灯。目前生产的控制台有些装有多分割画面器，有些采用多媒体计算机作为控制台主体设备，如图3-2-9所示。

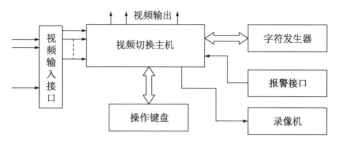

图 3-2-9 控制台组成结构

2) 视频矩阵切换器

视频矩阵切换器是组成控制台的关键设备,是实现视频图像信号选择的设备。目前主控制台上应用的视频矩阵切换器一般为矩阵切换形式以及积木式,其主要技术指标包括切换比例(切换器的输入路数及切换后输出的路数)、隔离度(切换器各路视频信号之间及切换后输出的信号之间的隔离程度,用分贝表示)、微分增益 DG(切换后输出的视频信号与切换前的信号在幅度上的失真程度)、微分相位 DP(切换后输出的视频信号与切换前的信号在相位上的失真)、输入电平(视频切换器输入端对输入视频信号电压幅度的要求)、输出电平(视频切换器输出端输出电压的幅度标准)等。

3) 画面分割器

画面分割器是为节省监视器以及为监控人员提供全视野画面,将多路图像同时显示在一台监视器上。常用的画面分割器有 4 画面、9 画面和 16 画面。其基本工作原理是采用图像压缩和数字化处理方法,把几个画面按同样比例压缩在一个监视器屏幕上。其主要技术指标包括视频输入指标、监视器输出指标、录像机输出、显示速率、报警输入、报警输出、报警时间等。

4) 字符叠加器

字符叠加器是对现场采集的视频信号叠加地点、时间等文字的设备。字符叠加器的使用可使监控人员清楚时间发生的地点、使稽查人员或上级管理人员在事后回放中了解事件发生的时间和地点。输入的视频信号字符叠加后,通常可以输出一路或多路,如对一路视频字符叠加后需要多路输出时,一般选用多路输出的字符叠加器。字符信息一般通过串口,根据字符叠加器约定的格式或通信协议将需要叠加的内容加入视频画面中。

二、视频传输产品试验方法及技术要求

视频传输产品主要包括视频光端机、视频矩阵、视频分配器等。以下介绍视频光端机的试验方法及主要技术要求,其他产品请参照相关国家或行业标准。

视频光端机的主要质量评定标准为《视频光端机》(JT/T 830—2012)。依据该标准,视频光端机主要由视频发送侧的输入接口电路、视频编码器、复用器、光发送机和视频接收侧的输出接口电路、视频解码器、解复用器、光接收机等组成。视频光端机按照安装环境温度的不同分为 4 级:S2 级(-5 ~ +55℃)、A 级(-20 ~ +55℃)、B 级(-40 ~ +50℃)和 C 级(-55 ~ +45℃)。

除特殊规定外,一般试验条件如下:环境温度:15 ~ 35℃;相对湿度:35% ~ 75%;大气压力:85 ~ 106kPa。

1. 材料和外观

1）试验方法

（1）核查原材料或组件的质量检验证书是否齐全有效，必要时可对原材料或组件的主要性能指标进行检验。

（2）外观和内部结构采用目测和手感法。

2）技术要求

（1）视频光端机的外壳应采用金属材料，并经过防腐蚀处理。

（2）视频光端机构件应完整、装配牢固、结构稳定，边角过渡圆滑，无飞边、无毛刺。

（3）安装连接件应便于安装施工。室内型视频光端机宜采用标准机架安装结构；室外型视频光端机宜采用轻便结构，以便于在室外机箱中安装。视频光端机机壳及安装连接件应无明显变形、凹凸等缺陷。

（4）机壳及连接件的防护层色泽应均匀，无划伤、无裂痕、无基体裸露等缺陷，其性能指标应符合现行《公路交通工程钢构件防腐技术条件》（GB/T 18226）的规定。

（5）机壳内元器件安装要求牢固端正、位置正确、部件齐全；内部接线整齐，符合工艺和视觉美学要求；接口标准统一，便于连接。

2. 电气安全性能

（1）视频光端机的电气安全性能包括绝缘电阻、抗电强度、安全接地和电源适应性的试验方法和技术要求，参见本书第三篇第一章的相关内容。

注：视频光端机的测试频率应为 48Hz→49Hz→51Hz→52Hz。

（2）短路保护（交、直流电源型）、与交流电网电源的连接和直流输入电压的试验方法和技术要求见表 3-2-9。

视频光端机电气安全性能试验方法和技术要求　　表 3-2-9

项　　目	试验方法	技术要求
短路保护	通过目测和必要时通过模拟过载或短路故障条件进行检验	交流型：供电线路的相线应设置过电流保护装置，能切断可能流过的最大故障电流（包括短路电流） 直流型：直流供电线路应设置过电流保护装置，能切断可能流过的最大故障电流（包括短路电流）
与交流电网电源的连接	通过目测和手感法进行检验	应具有能与电源作永久性连接的接线端子或能利用三针阳性插头与电源连接的不可拆卸的电源线，以确保视频光端机能安全可靠地与交流电网电源连接
直流输入电压	用可调直流电源给视频光端机供电，调节测试电压分别为额定输入电压的 95% 和 105%，电压稳定后，都分别开启和关闭视频光端机，检查是否工作正常	在直流输入电压允差不大于 5% 的条件下应可靠工作

3. 接口要求

1）试验方法

视频输入接口、视频输出接口和光纤连接器通过目测进行检验。

2）技术要求

（1）视频输入接口：宜采用阻抗75Ω的BNC型模拟复合视频输入接口。

（2）视频输出接口：宜采用阻抗75Ω的BNC型模拟复合视频输出接口。

（3）光纤连接器：宜选择FC/PC型和FC/APC型。

4. 视频传输性能

1）试验方法

多路视频光端机应对每个视频传输通道分别进行试验。

（1）视频传输性能参数将视频信号发生器的测试信号通过视频输入接口接入视频光端机，用视频性能分析仪测量视频光端机视频输出接口的视频信号。测试项目与对应的测试信号应参照表3-2-10的规定。

视频传输性能测试项目、对应的测试信号和技术要求　　　　表3-2-10

序号	项目	测试信号	技术要求
1	视频电平(mV)	75%彩条信号	700±20
2	同步脉冲幅度(mV)	75%彩条信号	300±10
3	K系数(%)	2T正弦平方波和条脉冲信号	≤3
4	亮度非线性失真(%)	阶梯波信号	≤5
5	色度－亮度增益差(%)	副载波填充的10T信号	≤5
6	色度－亮度时延差(ns)	副载波填充的10T信号	≤50
7	微分增益(%)	阶梯波叠加副载波信号	≤10
8	微分相位(°)	阶梯波叠加副载波信号	≤10
9	幅频特性(5.8MHz带宽内)(dB)	$\sin x/x$信号	±2
10	视频信杂比(加权)(dB)	50%平场信号	≥56

（2）主观评价。参评人员不少于5名，包括专业人员和非专业人员。参评人员参照表3-2-11分别对主观评价项目评分，并取所有参评人员评分的算术平均值作为最终评分结果。

五级损伤制评分分级　　　　表3-2-11

图像质量损伤的主观评价	评分分级
图像上不觉察有损伤或干扰存在	5
图像上有可觉察的损伤或干扰，但不令人讨厌	4
图像上有明显的损伤或干扰，令人感到讨厌	3
图像上损伤或干扰较严重，令人相当讨厌	2
图像上损伤或干扰极严重，不能观看	1

2）技术要求

（1）视频传输性能参数和技术要求应符合表3-2-10的规定。

（2）视频传输性能的主观评价项目见表3-2-12，可采用五级损伤制评定，各项的评分结果应不低于4分。

视频传输性能主观评价 表3-2-12

序 号	项 目	主观评价现象
1	随机信噪比	雪花干扰
2	单频干扰	网纹
3	电源干扰	黑白滚道
4	脉冲干扰	跳动

5. 防护性能

1）试验方法

密封防护性能试验按现行《外壳防护等级（IP代码）》（GB/T 4208）的规定进行。

2）技术要求

视频光端机防护性能技术要求见表3-2-13。

视频光端机防护性能技术要求 表3-2-13

序 号	类 型	IP等级要求
1	室内型和安装在机箱室外型视频光端机	不低于IP3X级
2	机箱外壳及室外型视频光端机	不低于IP55级

6. 环境适应性能

1）试验方法

耐低温性能、耐低温存储性能、耐高温性能、耐高温存储性能、耐湿热性能、耐温度交变性能试验、耐机械振动性能试验、耐盐雾腐蚀性能和耐候性能的试验参见第二篇第一章、第三篇第一章及相关标准的内容。

2）技术要求

视频光端机环境适应性能技术要求见表3-2-14。

视频光端机环境适应性能技术要求 表3-2-14

参数（性能）		严酷等级/技术要求			
		状态	温度（℃）	时间（h）	相对湿度（%）
耐低温	室外型	正常工作	$-5(-20、-40、-55)$	8	—
耐低温存储	室内型	不通电工作	-5	8	—
耐高温	室外型	正常工作	$+55(+50、+45)$	8	—
耐高温存储	室内型	不通电工作	$+55$	8	—
耐湿热		正常工作	$+40$	48	(98 ± 2)
耐温度交变		视频光端机正常工作时，放入温度交变试验箱中，在高温+70℃条件下保持4h，在2min内转移到低温-40℃条件下保持4h，在2min内再转移到高温+70℃条件下，如此共循环5次。试验期间和试验结束后，视频光端机应工作正常；视频光端机的结构件包括印刷电路板、机架等不应产生变形或其他损伤				

续上表

参数(性能)		严酷等级/技术要求			
		状态	温度(℃)	时间(h)	相对湿度(%)
耐机械振动	室外型	视频光端机正常工作时,在振动频率2~150Hz的范围内进行扫频试验。在2~9Hz时按位移控制,位移幅值3.5mm;在9~150Hz时加速度控制,加速度为10m/s^2。2Hz→9Hz→150Hz→9Hz→2Hz为一个循环,共经历20个循环,视频光端机工作正常,结构不受影响,零部件无松动			
	室内型	视频光端机包装在包装箱内进行试验,试验结束后,开箱检查并通电测试,视频光端机应工作正常,结构不受影响,零部件无松动			
耐盐雾腐蚀		视频光端机的外壳防腐层、印刷电路板及安装连接件,经过168h的试验后,应无明显锈蚀现象,金属构件应无红色锈点,电气部件应工作正常			
耐候		视频光端机的外壳防腐层及安装连接件经过人工加速老化试验累积能量达到3.5×10^6kJ/m^{2}后,应符合《公路沿线设施塑料制品耐候性要求及测试方法》(GB/T 22040—2008)中5.1的规定			

注:1. 本表未特殊说明,均为对室外型视频光端机的要求。
2. 耐高低温和耐湿热性能,均要求试验期间和试验结束后,设备能正常工作。
3. 耐高低温存储性能,均要求试验结束后,设备能正常工作。

第四节 可 变 标 志

一、概述

1. 可变标志的概念

1)定义

依据《道路交通标志与标线 第2部分:道路交通标志》(GB 5768.2—2022),可变标志是一种可依据道路、交通、气象等状况的改变而改变显示内容的动态交通标志。与固定标志不同,可变标志可显示道路、交通和气象等条件的变化情况,向道路使用者提供实时的交通信息,使道路使用者及时了解目标路线上的交通拥堵长度、事故原因、路面状况、天气以及道路管理者发布的出行建议或管理限令等,对减少交通事故、平抑交通流、舒缓驾驶情绪和提高道路交通管理服务水平具有重要作用。

2)用途

可变标志一般可用作交通诱导、速度控制、车道控制、道路交通和气象状况告知及显示其他内容。可变标志不宜显示和交通无关的信息。

3)显示方式

可变信息标志的显示方式有点阵式、翻板式、字幕式、光纤式等,用户根据道路对交通标志的功能要求、显示内容、控制方式、环保节能、经济性等需求进行选择。

2. 可变标志的分类

按照LED封装方式的不同,目前主要有DIP(dual inline-pin package,插灯式)、SMD(Surface Mounted Devices,表面贴装器件)和 COB(Chip On Board,板上芯片)三种封装方式。

按照显示版面内容是否全部可控,可变标志分为全可变标志和半可变标志。

按照功能分为可变信息标志、可变限速标志、车道控制标志、信号灯等。其中可变信息标志一般指大型的可任意变更显示内容的文字标志;可变限速标志是专用的禁令标志;车道控制标志和信号灯则属于小型的诱导指示类标志。

按照显示方式(原理),分为高亮度发光二极管(LED)、磁翻板式、字幕卷帘式、光纤式、旋转式等。

从功能上讲,交通信号灯是一类独立的交通管理设施,不属于交通标志的内容。但从信息管理的角度,交通信号也是一种可变的交通信息,为道路利用者提供通行或禁止信号,指导交通流有序运行。另一方面,将其安装在高速公路匝道或收费车道入口,还可以控制交通车辆的进出,起到交通流调节作用。再者,从制造原理来讲,都是应用了相同的发光器件,其光度、色度等技术要求也同可变信息标志相近。欧美及 ISO 的标准中一般也将交通标志与信号归在一个标准中,统称为交通控制装置。所以,《公路工程质量检验评定标准 第二册 机电工程》(JTG 2182—2020)将其纳入可变标志分项工程中,以方便质量控制与运营管理。

1)LED 可变信息标志

LED 可变信息标志是目前应用最为广泛的可变标志,早在 2000 年就颁布实施了交通行业标准《高速公路 LED 可变信息标志技术条件》(JT/T 431—2000),在此标准的规范下,我国的可变信息标志产品有了长足的发展,已经完全替代了进口产品。2009 年 7 月 1 日,国家标准《高速公路 LED 可变信息标志》(GB/T 23828—2009)正式实施,并一直沿用至今。下面将以该标准为基础,对该产品的质量特性予以详细介绍。

(1)基本原理

LED 可变信息标志是利用点阵显示原理来显示图形和文字的,具体分析如下:

将书写的汉字做有限次分割后形成了一个个独立单元,将这些单元按顺序拼接在一起仍可还原成原汉字。由于人眼的分辨力有限,在还原过程中即使舍去部分单元仍可识别出原汉字,如图 3-2-10 所示,锯齿部分为舍去的单元。

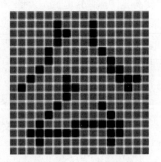

图 3-2-10 汉字分割

于是就可用有限的单元表征一个完整的汉字,同样也可以表征一张图片,这些独立单元叫点阵,带有汉字印迹的点阵叫前景,其他的点阵叫背景。如果将前景用光显示,这就是点阵显示器的基本原理;如果前景用颜料表示,就是点阵式打印机的原理。可见可变信息标志属于点阵显示器一类,其基本电路如图3-2-11所示。该图中每行每列都可控,当行列同时被选中的单元点亮,可以做到显示屏上的汉字从上下左右任一方向移动;当整个汉字从一个位置移到另一个位置时,可将列译码改为线选,改由一个大功率管驱动,这样电路可以更简单。

一个完整的可变信息标志基本电路构成如图3-2-12所示。将此方法显示的一个单元扩展为 $2 \times 2 = 4$ 个,就会变为 32×32 点阵,这样就可以显示 4 个汉字,就有了一定的语义表达功能,例如可显示"结冰路滑""注意安全"等。当然也可以扩展为 1×12 的长形显示屏,即可同时显示 12 个汉字,以上就是点阵式可变信息标志的基本原理。

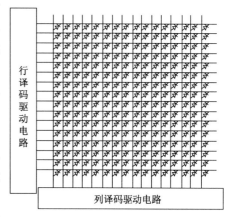

图 3-2-11 16×16 点阵单元汉字显示原理

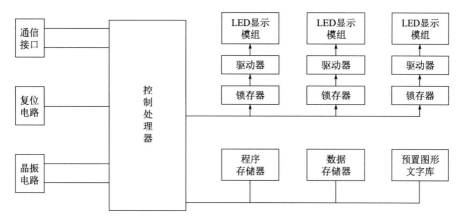

图 3-2-12 可变信息标志基本电路构成

(2) 组成与分类

①组成:依据上面讲述的显示原理,将可发光的 LED(像素)排列、焊接在一块底板上就构成了显示屏,配上电源、控制单元、壳体机箱等,就组成了一块完整的可变信息标志产品。一般来说,可变信息标志由显示屏、控制器、机架、外壳、控制箱、安装连接件等组成,其中显示屏由发光矩阵及其支撑底板组成。

②分类:依据现行国家标准,LED 可变信息标志按用途分为图形和文字两种;按支撑方式分为门架式、悬臂和柱式三种;按环境温度适用等级分为 A 型($-20 \sim +55$ ℃)、B 型($-40 \sim +50$ ℃)、C 型($-55 \sim +45$ ℃)三种。图形标志用图案或图形的方式,指示出前方路段或匝道出入口的交通状况,如阻塞长度、匝道开闭等信息;文字标志为只显示汉字和字符信息的标志。

2) LED 可变限速标志

可变限速标志是一种特殊的可变标志,与静态标志一样也为禁令类标志,采用的标准是《高速公路 LED 可变限速标志》(GB 23826—2009),属于强制性标准。

(1) 基本原理

可变限速标志原理与 LED 可变信息标志基本一致。

(2)分类

LED 可变限速标志按外形分为圆形和方形两种；按图形外圈有效外径尺寸分为 1200mm、1400mm、1600mm 三种；按环境温度适用等级分类与可变信息标志相同。

3）LED 车道控制标志

LED 车道控制标志分为两种，一种是 ETC 车道控制标志；另一种是由红色"×"和绿色"↓"图案组合而成的一种特殊可变标志，用于车道的通行或禁止管理。当显示红色"×"图案时禁止车辆使用车道；当显示绿色"↓"图案时允许车辆使用车道。与信号灯的功能不同，信号灯控制的是一个方向上交通流的通行或禁止，范围更大，并且信号灯一般设置在交叉口，车道控制标志可以设置在路段上。车道控制标志控制得更精确，空间利用率更高，效率也更高。

(1)组成：LED 车道控制标志由机壳、显示屏、控制器及安装连接件组成。

(2)分类：按外形尺寸分为 600 型、300 型和 ETC 型三种；按环境温度适用等级分为 A 型、B 型、C 型三种。

4）信号灯

(1)标准概要

《道路交通信号灯》(GB 14887—2011)共有 6 个名词术语，25 项技术要求，还有分类、试验方法、检验规则、标志、包装运输与储存等其他要素，内容较多，按照上面所说的标准体系对 25 项技术要求稍加归类总结，以便系统掌握。

①6 个名词术语。

a. 光学系统：由光源、反射镜、透镜、色片等光学元件组成，用于产生信号灯所需要的包括光的颜色、亮度和规定几何形状的光图像等特定光学效果的系统。

b. 基准轴：垂直于出光面的水平投影面并通过出光面几何中心的一条直线。

c. 遮沿：安装在信号灯发光单元外沿，用来减小外来光源对信号灯光学效果的干扰，增加信号的明暗对比度和色彩饱和度的挡板。

d. 色片：以透光的方式产生色光，并可起到保护内部元件作用的部件。

e. 遮沿侧夹角：通过出光面中心的水平截面所截取遮沿的线段顶点，与出光面中心连线的夹角。

f. 倒计时数码显示器：采用七段数码显示方式显示当前灯色剩余时间的装置，是信号灯可选的附件。

②25 项技术指标。

a. 外观要求 1 项：标准中叫外观、形状、尺寸、组成、分类、命名和标识。其实这一项可分为三项：外观，形状与尺寸，组成、分类、命名和标识。

b. 结构材料 2 项：风压试验、强度试验。

c. 显示性能 4 项：光学性能、幻像性能、色度性能、遮沿。

d. 电气安全性能 11 项：功率测试、电源适应性、绝缘电阻、介电强度、泄漏电流、爬电距离和电气间隙、内部和外部接线、防触电保护、变压器、接地、IP 防护等级。

e. 环境适应性能 6 项：高温试验、低温试验、湿热试验、振动试验、盐雾试验、耐候性试验。

f. 可靠性1项:耐久性试验。

（2）主要指标介绍

①组成。

机动车信号灯、非机动车信号灯每组由红、黄、绿3个几何位置分离的单元组成。人行横道信号灯每组由红、绿两个几何位置分离单元组成。同一方向红、黄、绿三色方向指示信号灯应依次为3个几何位置分离单元。

②分类。

按信号灯发光单元透光面尺寸分为200mm、300mm、400mm。

按信号灯外壳材料可分为金属材料和非金属材料两种。金属材料可采用铁质、铝质或其他金属材料；非金属材料可采用聚碳酸酯工程塑料、玻璃钢或其他工程塑料。

按信号灯光源可分为白炽灯、低压卤钨灯、发光二极管及其他符合相关标准的光源。按功能可分为机动车信号灯、非机动车信号灯、人行横道信号灯、车道信号灯、方向指示信号灯、闪光警告信号灯。

③命名。

信号灯的型号由功能分类、透光面尺寸、光源类型和生产单位的自定代号组成。

3. 板面一般要求

可变标志显示的警告、禁令、指示等标志的图形、字符、形状等应符合《道路交通标志和标线　第1部分：总则》（GB 5768.1—2009）的规定；显示的文字的字体、字高、间距等要按照清晰、易辨、安全的原则确定。主动发光可变信息标志的颜色可按《道路交通标志和标线　第1部分：总则》（GB 5768.1—2009）规定的标志颜色执行，也可按表3-2-15的规定执行。可变标志各部分颜色的色品坐标应符合相关国家标准的规定。

主动发光可变信息标志的颜色　　　　表3-2-15

类　　别	显示内容	底　色	边　框	图形、符号、文字
文字标志	道路一般信息	黑色	—	绿色
	道路警告信息		—	黄色
	道路禁令信息		—	红色
图形标志	警告标志	黑色	黄色	黄色
	禁令标志	黑色	红色	黄色
	指示标志	黑色	蓝色	绿色
	指路标志	黑色	绿色	绿色
	作业区标志	黑色	随类型	黄色
	辅助标志	黑色	—	绿色
	潮汐车道标志	黑色	—	红×绿↓
	其他信息	视需要		
	可变导向车道	蓝色*	—	绿色或黄色
	交通状况	蓝色或绿色*	白色	红、黄、绿等色

注：*为不可变部分的颜色。

4. 设置地点

按照《道路交通标志和标线 第1部分：总则》（GB 5768.1—2009）规定，符合下列情况之一者，可设置可变标志：

(1) 城市主干道入口前或适当路段上；
(2) 互通立交或城市主干道出口前；
(3) 收费站或长隧道入口前；
(4) 潮汐车道起始路段；
(5) 可变导向车道进入路口前；
(6) 有其他特殊要求的路段。

二、可变标志产品试验方法及技术要求

LED可变信息标志、可变限速标志、车道控制器的检验项目和方法是相似的，项目使用最多的LED可变信息标志的检验方法和技术要求介绍如下。

1. LED可变信息标志

1) 试验条件

(1) 对发光二极管的光电性能试验条件如下：①环境温度：(25 ± 1)℃；②相对湿度：(50 ± 5)%。

(2) 对于其他项目，除特殊规定外，一般试验条件如下：①环境温度：$+15 \sim +35$℃；②相对湿度：35%~75%；③大气压力：85~106kPa。

2) 外观检验

(1) 试验方法

主观评定项目用目测和手感法，涉及涂层厚度等客观指标的按《公路交通工程钢构件防腐技术条件》（GB/T 18226—2015）规定执行。

(2) 技术要求

① 产品构件应完整、装配牢固、结构稳定，边角过渡处圆滑，无飞边、无毛刺。
② 安装连接件应设置可调节标志视认角度的机构，以便于安装施工；其活动零件应灵活、无卡滞现象，机壳及安装连接件应无明显变形、凹凸等缺陷。
③ 外壳、包括控制箱及连接件的防护层色泽应均匀、无划伤、无裂痕、无基体裸露等，其性能指标应符合《公路交通工程钢构件防腐技术条件》（GB/T 18226—2015）的规定。
④ 控制箱一般附着安装在显示屏的支撑柱或显示屏箱体内，要求：
  a. 部件齐全、安装牢固端正；
  b. 箱体出线孔开口合适、切口整齐；
  c. 出线管与箱体连接密封良好；
  d. 箱内接线回路编号清楚，走线整齐、横平竖直，符合工艺要求；
  e. 箱锁应采取防水、防锈措施；
  f. 箱门开闭灵活轻便，密封良好；

g. 箱体内外清洁。

3) 材料检验

(1) 试验方法

①主要核查原材料的材质证明单是否齐全有效，必要时可对原材料的主要性能指标(如物理力学性能)进行检验。

②发光二极管和发光像素的发光强度、半强角，可按图 3-2-13 所示原理进行测量，张角 γ 不大于 12′，像素的观测距离 d 不小于 1m，单粒发光二极管的观测距离 d 不小于 0.3m，光探测器精度误差应小于 5%；也可用 LED 综合测试仪进行测试，综合测试仪应溯源到国家基准，并经法定计量检定部门检定合格，其精度误差应小于 5%。

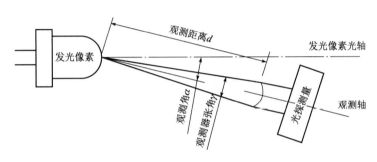

图 3-2-13　发光强度测试原理

③对于像素失效率和整体设备平均无故障时间 MTBF，采用序贯试验方案 4∶2，按《设备可靠性试验　恒定失效率假设下的失效率与平均无故障时间的验证试验方案》(GB/T 5080.7—1986)的规定进行。

(2) 技术要求

①产品的外壳、机架等结构件在保证结构稳定的条件下，宜采用符合国家相关标准的轻质材料，以减少产品自身的重量。

②显示屏组合发光像素由发光二极管组成，单粒发光二极管在额定电流时的法向发光强度应满足以下条件：

a. 红色不小于 3000mcd；

b. 绿色不小于 6000mcd；

c. 蓝色不小于 2000mcd；

d. 黄色不小于 5500mcd。

③发光二极管的半强角 $\theta_{1/2}$，不小于 11.5°。

④发光二极管的平均无故障时间 MTBF 不小于 50000h，其他电子元器件的 MTBF 不小于 30000h。

4) 结构尺寸

(1) 试验方法

①标志产品的结构尺寸，用分辨力 0.5mm、精度 A 级的钢板尺和卷尺，分辨力 0.02mm、精度 0.02mm 的游标卡尺进行测量。

②标志字符和图形图案与《道路交通标志与标线　第 2 部分：道路交通标志》(GB 5768.2—

2022)的符合性,用目测法。

③字模的检测可按《信息技术 汉字字型要求和检测方法》(GB/T 11460—2009)的规定进行。

④设计亮度,按照材料试验方法得到单粒 LED 在额定电流时的法向发光强度,依据下式计算设计亮度。

$$L_a = \frac{\sum_{k=1}^{n} i_k}{S} \tag{3-2-6}$$

式中:L_a——设计亮度(cd/m^2);

n——测量区域内单粒 LED 的数量;

i_k——单粒 LED 在额定电流时的法向发光强度(cd);

S——测量区域的有效面积(m^2)。

(2)技术要求

①显示屏应为可拆装式模块化结构,显示屏上的文字、图案的结构尺寸应符合《道路交通标志和标线 第2部分:道路交通标志》(GB 5768.2—2022)的要求。汉字宜采用 24×24 或 32×32 点阵字符,形状应与《道路交通标志和标线 第2部分:道路交通标志》(GB 5768.2—2022)的要求一致,显示字模符合《信息技术 汉字编码字符集(基本集) 24 点阵字型》(GB 5007.1—2010)和《信息技术 汉字编码字符集(辅助集) 24 点阵字型 宋体》(GB 5007.2—2008)中对字符的要求。

②像素的结构排列间距可根据设计亮度调整,图形标志达到白平衡时的设计亮度或文字标志的最大设计亮度应不小于 $8000cd/m^2$。

③显示屏的显示模块内各像素之间及各显示模块之间,像素排列应均匀、平整,各像素点间距允许误差为 ±1mm,不平整度不大于 $2mm/m^2$。

④大型文字标志一般为 8~12 个汉字,小型的一般为 4 个汉字。

5)产品结构稳定性

(1)试验方法

①一般规定。

条件许可时,应用风洞模拟 40m/s 的风速,对标志产品进行结构稳定性试验;无风洞试验条件时,用沙袋进行模拟试验。

②沙袋试验方法。

a.试验装置。

试验装置由基座和支撑臂构成,需有足够的稳定性和灵活性,用以支撑标志的平放和侧放。

b.试验步骤。

可变信息标志产品结构稳定性沙袋法试验步骤如下:

(a)将标志板显示面向下水平安装在支撑臂上,稳定 10min,用标准规定的量具对标志的结构尺寸进行测量;

(b)把沙袋均匀地加在标志板背面上,沙袋对标志背面投影面产生的正压力为 $1.5kN/m^2$,加载完毕后,持续 10min 后卸去沙袋,立即对受试标志进行测量;

(c)将标志板显示面向上水平安装在支撑臂上,稳定 10min,用标准规定的量具对标志的结构尺寸进行测量;

(d)把沙袋均匀地加在标志显示面上,沙袋对标志显示面产生的正压力为 $1.5kN/m^2$,加载完毕后,持续 10min 后卸去沙袋,立即对受试标志进行测量。

(2)技术要求

①标志板结构应稳定,承受由 40m/s 的风速产生的风压后,不影响标志板的使用性能,由此产生的几何变形量应不大于 2mm。

②生产厂商应给出标志板的受力体系图和安装连接图,以供设计单位在设计基础和支撑时参考。

6)色度性能

(1)试验方法

①标志的外壳、发光像素不发光时的颜色为主观评定项目,用目测法。

②对于发光像素发光时颜色的测量按《照明光源颜色的测量方法》(GB/T 7922—2008)用光谱辐射法测得,也可在暗室中用色测量仪器直接读取色品坐标。当读取整个版面的色品坐标时,观测距离应不小于 30m,测量仪视场角的覆盖范围应不小于显示屏的 80%,但不应超出显示屏的有效范围。将测试结果表示在标准的色品图上,看其是否在规定的界限内。标准规定在边界点上的测量结果也应判为合格。

③显示屏基底色测量方法:关闭被测标志电源,用 D_{65} 光源,45/0 观测条件的色差计直接读取显示屏基底的色品坐标和亮度因数,取五个点的算术平均值为测量结果。

(2)技术要求

①机壳:机壳的颜色宜采用符合国家标准要求的油漆色卡的 510 号蓝灰色。

②显示屏基底:显示屏基底应为亚光黑色,色品坐标应在规定的色品区域内,亮度因数不大于 0.03。

③文字标志显示屏的前景字符:文字标志发光时前景字符为红色、绿色或黄色;不发光时为黑色或无色。红色为禁令性信息,绿色为提示性信息,黄色为警告性信息。发光时字符的色品坐标应符合《高速公路 LED 可变信息标志》(GB/T 23828—2009)中图 1 和表 1 的规定。

④彩色图形标志:彩色图形标志可用红绿蓝 LED 组合成三基色发光像素。彩色图形标志对三基色发光像素的亮度等级控制不少于 16 级,通过控制三基色的亮度配比,至少能显示红、绿、蓝、黄、白五种颜色,这些颜色的色品坐标应在标准规定的色品区域内。

7)视认性能

(1)试验方法

《高速公路 LED 可变信息标志》(GB/T 23828—2009)规定的视认性能是对标志整体产品而言的,以主观评定为主。

①测试条件:将标志安装完毕通电后,置于手动测试状态。

②测试图案:前方阻塞,请绕行×××国道;下雨路滑,注意交通安全;欢迎使用××××

高速公路;大雾,限速20km/h;交通量大,限速80km/h。

③测试人员:分为两组,一组为发布显示上述②测试图案的控制者,一般为2人;另一组为认读图案的视认者,一般为3人或5人。

④测试结果:测试结果分为合格、不合格,以多数视认者的结论为最终结果。对于每一个视认者,标志内容正确率不低于90%并且不清楚率不大于50%为合格;标志内容正确率低于90%或不清楚率大于50%为不合格。

⑤静态视认距离测试方案:控制者将②规定的图案按任意顺序组合编成10个图案后,按每30s间隔全屏显示,编程顺序和内容不得事先通知视认者。视认者在规定的视认角和视认距离内,认读标志的显示内容,按表3-2-16格式记录评定。

LED可变信息标志视认性能主观评定　　　　　　　　　　表3-2-16

序号	标志内容	很清楚	清楚	不清楚	备注
1					
2					
3					
4					
5					
6					
7					
8					
9					
10					
正确率					
结论					

⑥动态视认距离测试方案:从测试图案②中任选3个图案,在视认者通过最大视认距离210m之前显示在标志上,保证视认者在210m之前有足够的时间认读标志上的内容;在测试车辆通过210m后2s内立即关闭显示,每次显示一个图案,共进行3次,按表3-2-16的格式进行评定。

⑦视认角测试方案:控制者将测试图案②规定的图案按任意顺序组合编成10个图案后,按每30s间隔全屏显示,编程顺序和内容不得事先通知视认者。视认者在白天顺光环境条件下,在可变信息标志正前方10m处认读标志的显示内容,按表3-2-16格式记录评定。

⑧像素不均匀度:测量像素不均匀度时,被测像素的数量不少于总量的10%。对抽取像素的发光强度分别进行测量,得到一个测量列,分别求出测量列的平均值、最小值和最大值,计算出不均匀度。

(2)技术要求

①视认角:标志产品的视认角应不小于30°。

②视认距离:可变信息标志视认距离分为静态视认距离和动态视认距离,要求如下:

a. 静态视认距离不小于250m;

b. 动态视认距离不小于210m。

③发光均匀性:显示屏各像素应发光均匀,必要时应剔除性能差异较大的发光单元。在额定工作电流时,整屏范围内像素与像素之间的法向发光强度的不均匀度应不大于5%,像素内LED之间的不均匀度应不大于10%。

④刷新频率:采用动态扫描驱动显示方式的显示屏,每屏刷新频率应不小于100Hz。在汽车高速行驶时,标志的显示内容应清晰、稳定。

8) 电气安全性能

(1) 绝缘电阻、电气强度、连接电阻、电压波动适应性和频率波动适应性的试验方法和技术要求参见本书第三篇第一章的相关内容。

(2) 产品应采取必要的防雷和过电压保护措施,采用的接口、元器件和防护措施应符合有关标准要求。

(3) 产品应采取防雨、防尘措施,外壳的防护等级按《灯具 第1部分:一般要求与试验》(GB 7000.1—2015)的规定应不低于IP56级。

9) 通信接口与规程

(1) 试验方法

通信接口与规程的测试方法为主观评定和客观测试两部分,客观测试按《高速公路监控设施通信规程 第1部分:通用规程》(GB/T 34428.1—2017)和《高速公路监控设施通信规程 第3部分:LED可变信息标志》(GB/T 34428.3—2017)逐项验证;主观评定方法是在把可变信息标志连接到系统中后,评定该产品与系统的通信情况,可用24h通信失败次数来评价产品的通信性能。

(2) 技术要求

①接口:机械接口应使用25针的RS-232C阴性插座和四针的RS-485阳性插座,该两种接口的电气性能应符合相应标准的要求;接口与外部的连接应便于安装和维护,并采取防水、防尘等措施。

②通信规程:按《高速公路监控设施通信规程 第1部分:通用规程》(GB/T 34428.1—2017)和《高速公路监控设施通信规程 第3部分:LED可变信息标志》(GB/T 34428.3—2017)执行。

③通信方式:异步,全双工。

④通信速率:1200~19200bit/s。

⑤其他规定:在满足上述①~④的条件下,生产企业可以提供其他接口和规程,但应向需方提供详细的接口参数和通信规程,以便与系统连接。

10) 环境适应性能

(1) 试验方法

具体的试验方法参见本书第二篇第一章和第三篇第一章的相关内容。

(2) 技术要求

LED可变信息标志环境适应性试验严酷等级及技术要求见表3-2-17。

LED可变信息标志环境适应性试验严酷等级及技术要求　　　表3-2-17

参数(性能)	严酷等级/技术要求			
	通电/不通电	温度(℃)	时间(h)	相对湿度(%)
耐低温性能	不通电	−20(−40、−55)	8	—
耐高温性能	不通电	+55(+50、+45)	8	—
耐湿热性能	不通电	+40	48	(98±2)
耐温度交变性能	除本产品高温和低温的保持时间均为2h外,其余检测方法和技术要求参见视频光端机			
耐机械振动性能	参见视频光端机检测方法和技术要求			
耐盐雾腐蚀性能	参见环形线圈车辆检测器检测方法和技术要求。但需注意该处为耐盐雾腐蚀性能,而非耐循环盐雾性能			
耐候性能	参见环形线圈车辆检测器检测方法和技术要求			

11)可靠性

(1)试验方法

采用序贯试验方案4∶2,按《设备可靠性试验　恒定失效率假设下的失效率与平均无故障时间的验证试验方案》(GB/T 5080.7—1986)的规定进行。

(2)技术要求

在正常工作条件下,显示屏总像素的年失控率应不大于0.1%;整体产品的平均无故障时间MTBF不小于10000h。

12)功能

(1)试验方法

显示内容、手动功能、自动功能、自检功能为主观评定项目,按功能要求的内容逐项验证。亮度调节功能应模拟环境光的照度,逐级验证调光功能。对于夜间亮度,控制显示屏所有像素显示单一颜色,使用亮度计在距离标志100m处,沿标志法线方向读取标志发光屏或显示模组的上中下5个点,取算术平均值为测量结果。

注： 亮度计应配置视场角调整装置,在测量前调整该装置,使发光单元尽可能多地落在视场内,避免视场角内只含一个发光单元或不含发光单元。

(2)技术要求

①显示内容。

应至少显示《信息交换用汉字编码字符集　基本集》(GB 2312—1980)中指定的全部汉字、数字及字符,并且能控制其全亮与全灭。像素在关闭状态时,不应产生微光。

②手动功能。

在脱离系统控制时,通过人工方式亦能显示上述①中任意的内容。

③自动功能。

经通信接口接入系统后,应能接受系统或主控单元的控制,按系统或主控单元的命令,正确显示相应的内容,并将工作状况上传给系统或主控单元。

④自检功能。

产品应设置自检功能和工作状态指示灯。通过自检功能,将发光像素、通信接口以及其他单元的工作状态正确检测出来,在工作状态指示灯上显示并上传给主控单元。

⑤调光功能。

可变信息标志应设置环境照度检测装置,根据环境照度调整发光像素的发光强度,以避免夜间照度较低时形成眩光,影响信息的视读,夜间亮度应符合表 3-2-18 中的要求。

夜间亮度表(cd/m^2)　　　　表 3-2-18

黄　色	红　色	绿　色	蓝　色
150 ± 10	105 ± 10	180 ± 10	70 ± 10

2. LED 可变限速标志

LED 可变限速标志大部分内容与 LED 可变信息标志一致,只有在外形、结构尺寸和色度性能方面存在一定的差异,相同部分参见本节或现行《高速公路 LED 可变限速标志》(GB/T 23826)的相关内容,下面仅对不同部分进行说明。

1)结构尺寸

圆形标志的外形和结构尺寸代号如图 3-2-14 所示,方形标志如图 3-2-15 所示。

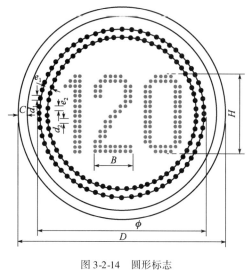
图 3-2-14　圆形标志

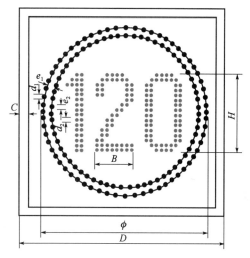
图 3-2-15　方形标志

结构尺寸见表 3-2-19。

结构尺寸　　　　表 3-2-19

名　称　代　号	规　格			允　许　偏　差
	φ1200	φ1400	φ1600	
标志边长或直径 D(mm)	1500	1600	1800	±5%
边框宽度 C(mm)	60	80	100	±5%
外圈直径 ϕ(mm)	1200	1400	1600	±5%
外圈像素直径 d_1(mm)	30	30	30	±1mm
外圈像素间距 e_1(mm)	40	45	50	±1mm
字符像素直径 d_2(mm)	30	30	30	±1mm
字符像素间距 e_2(mm)	36	39	42	±1mm

续上表

名称代号	规　　格			允许偏差
	φ1200	φ1400	φ1600	
字符高度 H(mm)	570	615	660	±5mm
字符宽度 B(mm)	282	303	324	±5mm
外圈颜色	红色	红色	红色	—
字符颜色	黄色	黄色	黄色	—
外圈像素个数	≥127	≥147	≥167	
外圈像素内 LED 个数	≥16	≥16	≥16	
外圈像素内单个 LED 发光强度(mcd)	≥3000	≥3000	≥3000	
字符矩阵像素个数	16×24=384	16×24=384	16×24=384	
字符像素内 LED 个数	≥10	≥10	≥12	
字符像素内单个 LED 发光强度(mcd)	≥5500	≥5500	≥5500	
半强角 $\theta_{1/2}$(°)	≥7.5	≥7.5	≥11.5	—

2)材料

可变信息标志对单粒 LED 的半强角 $\theta_{1/2}$ 只有 11.5°一个要求,而对可变限速标志规定:图形外圈有效直径小于或等于 1400mm 的发光二极管的半强角 $\theta_{1/2}$ 不小于 7.5°;大于 1400mm 的不小于 11.5°。

另外,可变信息标志对显示屏的设计亮度有"不小于 8000cd/m²"的要求,可变限速标志的亮度是依据规定的具体结构尺寸保证的,所以对设计亮度没有要求。

3)色度性能

可变限速标志发光时只有两种颜色:外圈为红色,数字为黄色,这两种颜色的色品坐标范围与可变信息标志相同。

3. LED 车道控制标志

1)外观质量

外观质量要求与可变信息标志的要求基本相同。

2)一般要求

(1)标志的机壳等结构件在保证结构稳定的条件下,宜采用轻质材料。

(2)单粒发光二极管在额定电流时的法向发光强度:红色不小于 4000mcd,黄色不小于 5500mcd,绿色不小于 6000mcd;半强角 $\theta_{1/2}$ 不小于 15°;发光二极管的平均无故障时间 MTBF 不小于 50000h,其他电子元器件的 MTBF 不小于 30000h。

(3)显示屏图形像素的尺寸及 LED 最小数量应符合《高速公路 LED 可变限速标志》(GB 23826—2009)附表 A.1 中有关字符像素的要求。

(4)标志显示屏的显示模块内各像素之间及各显示模块之间的像素应排列均匀、平整,各像素点间距允许误差为 ±1mm,平面度误差应不大于 2mm/m²。

3)结构尺寸

标志外形及显示屏上的叉号、箭头和字母"ETC"的尺寸见表 3-2-20,标志结构示意见图 3-2-16。机壳边框与显示屏图形外缘的距离、ETC 字母大小应协调美观。

LED 车道控制标志图形尺寸 表 3-2-20

名称	屏幕有效边长	叉号长度	箭头长度	箭头高度	叉号像素间距	箭头像素间距	箭头高像素间距	笔划宽度	叉号交角	箭头交角
符号(单位)	H(mm)	A(mm)	B(mm)	C(mm)	a(mm)	b(mm)	c(mm)	d(mm)	α(°)	β(°)
600型	600	630	350	530	≤70	≤70	≤50	70±3	45	90
300型	300	315	175	265	≤70	≤70	≤50	33±3	45	90
ETC型	600	630	350	530	≤70	≤70	≤50	70±3	45	90

注：其他特殊要求可参照上述尺寸适当调整。

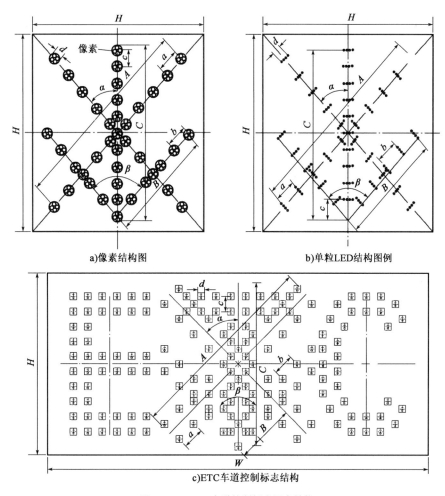

图 3-2-16　LED 车道控制标志图案结构

4）功能要求

（1）显示屏应显示叉号和向下箭头两种图形。叉号发光时为红色表示车道禁止通行，不发光时为黑色或无色；箭头发光时为绿色表示车道允许通行，不发光时为黑色或无色。

（2）ETC 车道的标志显示屏应显示字母"ETC"、叉号和向下箭头三种图形。字母"ETC"亮时为黄色，表示此车道为不停车收费车道；箭头亮时为绿色，表示此车道为人工半自动收费车道；叉号亮时为红色，表示此车道禁止通行。

(3) 标志应设置环境照度检测装置，根据环境照度自动调整发光像素的发光强度，避免夜间照度较低时形成眩光，调光等级应不少于三级。

5) 显示性能

(1) 色度性能

①机壳：机壳的颜色应采用黑色或蓝灰色。

②显示屏基底：应为亚光黑色，色品坐标应在《LED 车道控制标志》(JT/T 597—2022) 中图 3 规定的色品区域内。

③显示屏的图形：显示屏发光时显示的红色、绿色及黄色图形的色品坐标应符合《LED 车道控制标志》(JT/T 597—2022) 中图 3 和表 2 的规定。

④视场角 1°时显示屏平均亮度：红色亮度应不小于 $5000cd/m^2$，黄色亮度应不小于 $6000cd/m^2$，绿色亮度应不小于 $8000cd/m^2$。

(2) 视认性能

①视认角和视认距离与可变信息标志的要求一致。

②发光均匀性。

显示屏各像素应发光均匀，必要时应剔除性能差异较大的发光单元。在额定工作电流时，整屏范围内像素与像素之间的法向发光强度的不均匀度应不大于 1%，像素内 LED 之间的不均匀度应不大于 10%。

6) 电气安全性能

与可变信息标志相同，只是现行 JT/T 597 中的外壳的防护等级要求不低于 IP55 级，而可变信息标志要求不低于 IP56 级，应考虑两者应用场景的不同。

7) 机械力学性能

与可变信息标志相同。

8) 环境适应性能

环境适应性能与可变信息标志相比，车道控制标志要求通电试验，而可变信息标志要求处于不同电的状态；"耐湿热性能"试验要求的相对湿度略有区别；与可变信息标志相比，少了"耐温度交变性能"一项，这是考虑到车道控制标志外形与可变信息标志相比要小得多，温度的突变对结构不会构成较大的变形和破坏。

9) 电磁兼容性能

新版标准增加了电磁兼容性能要求和实验方法，这一块在可变信息标志中并没有相关的要求。

4. LED 信号灯

信号灯与可变信息标志相比有比较大的区别，在公路上使用的信号灯主要是指收费车道里的两色信号灯，目前还没有专用的国家标准或行业标准。在实际检测中参照《道路交通信号灯》(GB 14887—2011) 和《LED 车道控制标志》(JT/T 597—2022) 执行。

1) 外观

信号灯外壳、前盖、遮沿、色片及密封圈表面应平滑，无缺料、开裂、银丝、明显变形或毛刺等缺陷,信号灯外壳颜色应与信号颜色有明显区别。

2)形状与尺寸

200mm、300mm、400mm 的误差在 ±10% 内。含有图案的信号灯,其图案形状和尺寸应满足《道路交通信号灯》(GB 14887—2011)附录 A 中图 A.1~图 A.5 的要求。

3)强度试验

以 220V 额定电压供电,使试样连续工作 30min 后,以 250g ± 0.5g 的钢球从 40cm 的有效高度,自由跌落在处于工作状态的试样透镜中央一次,试验后,试样透镜不得碎裂,封接处不得有开裂等缺陷。

4)风压试验

灯具以正视的最大投影面水平放置,并按照制造厂所推荐的固定附件方法来安装。用沙袋作为不变的均匀负载加在灯具上 10min,沙袋对灯具的投影面产生的压强为 $1.5kN/m^2$。然后将灯具在垂直平面内绕安装点旋转 180°,并且重复上述试验。试验后检查:试验期间灯具不应损坏或从固定点移位,并在试验的两个过程的任一过程后产生的永久变形不得超过 1°。

5)光学性能

(1)无图案指示信号灯。包括机动车信号灯、闪光警告信号灯,200mm、300mm、400mm 三种直径尺寸的信号灯光强规定见表 3-2-21。

基准轴线上的光强(cd)　　　　　　　　　　　　　　　　　　　表 3-2-21

面罩规格	φ00mm、φ400mm	φ200mm
LED 光源、白炽灯光源、低压卤素灯光源	$I_{min} \geq 400$	$I_{min} \geq 200$
LED 光源	$I_{max} \leq 1000$	$I_{max} \leq 800$
白炽灯光源、低压卤素灯光源	$I_{max} \leq 2500$	$I_{max} \leq 2000$

注:1 类信号灯主要指发光二极管光源信号灯;2 类信号灯主要指低压卤钨、白炽灯光源信号灯。

无图案指示信号灯除了满足轴线方向上发光强度要求外,还应满足光强在不同观测角度上光强的要求,即应满足光强分布要求,标准规定的观测条件为:基准轴向下为 0°~20°,左右为 ±0°~±30°。各方向上指标见《道路交通信号灯》(GB 14887—2011)第 5.2.1.2 条规定。

(2)有图案指示信号灯。

①含有图案指示的信号灯,包括非机动车信号灯、人行横道信号灯、车道信号灯和方向指示信号灯。

②整个图案均发光的信号灯各方向上的亮度平均值,应不低于表 3-2-22 的规定,且不大于 $15000cd/m^2$。

图案指示信号灯最低亮度值(cd/m^2)　　　　　　　　　　　　　表 3-2-22

垂直角度 (基准轴向下)	水平角度 (基准轴左右)	颜　色		
		红色	黄色	绿色
0°	0°	5000	5000	5000
	±15°	1500	1500	1500
10°	0°	1500	1500	1500
	±10°	1500	1500	1500

③在可观察信号灯点亮区域内,亮度应均匀,测试该区域规定范围内的亮度时,最大值与最小值之比应小于2。

④测量信号灯亮度时,信号灯不应安装任何遮沿。

⑤非机动车信号灯、人行横道信号灯允许采用发光二极管或类似点光源勾勒出图案的轮廓,其发光单元基准轴上的发光强度应不小于150cd且不大于400cd,其他方向上的发光强度不应低于表3-2-23的规定。

图案指示信号灯轮廓最低光强(cd) 表3-2-23

垂直角度 (基准轴向下)	水平角度 (基准轴左右)	颜 色		
		红色	黄色	绿色
0°	0°	150	150	150
	±15°	45	45	45
10°	0	45	45	45
	±10°	45	45	45

(3)信号灯投入使用1年以后,信号灯发光单元基准轴上的发光强度(亮度)不得低于标准规定值的80%。

6)幻像信号

(1)试验方法

①测量条件。

幻想光强测量布置如图3-2-17所示。

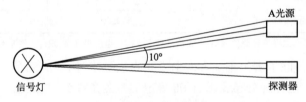

图3-2-17 幻像光强测量

采用CIE模拟A光源,该光源可照亮信号灯的出光面,其产生照度$E=40000\mathrm{lx}$,照度均匀性为10%。

如果A光源产生照度达不到40000lx,则测出低照度E_1下幻像I_{ph},后可计算出幻像值$I_{ph}=I_{ph1}(40000/E_1)$。A光源的光轴与信号灯基准轴处于同一垂面,夹角10°,模拟从信号灯上方发光。

为保证测量准确性,推荐其他测量的几何条件如下:

a. 测量距离10m。

b. 探测器对信号灯中心张角10°,在10m地方相当于探测器有效受光面积直径为2.9cm。

c. A光源对信号灯中心张角10°,在10m地方相当于A光源有效光出射孔径为2.9cm。

②测量过程。

A光源开启,信号灯光源关闭,测量出幻像的光强I_{ph}试验;A光源关闭,信号灯光源开启,测量出信号灯实际的光强I;计算I与I_{ph}之比。

(2）技术要求

经幻像试验测试后,每一种颜色信号灯基准轴线上光强 I_s,与其夹角 10°方向上的幻像产生的光强 I_{ph} 之比应符合表 3-2-24 的规定。

I_s 与 I_{ph} 比较 表 3-2-24

信号灯光色	比 值	
	有色面罩	无色面罩
红色、黄色	>8	>1
绿色	>16	>2

7）色度性能

信号灯的光色为红、黄、绿三种颜色,色度性能应符合《道路交通信号灯》(GB 14887—2011) 表 6 的规定。

8）功率及功率因数

在额定电压下,信号灯单个发光单元的功率应不大于《道路交通信号灯》(GB 14887—2011) 表 7 的要求。具有电源适配器的信号灯发光单元功率因数应不小于 0.85。

9）电源适应性

（1）电源电压：供电电源频率保持 50Hz 不变,供电电压在额定电压 220V 基础上变化 ±20%,信号灯应能正常工作,基准轴上发光强度变化幅度应不大于额定电压下发光强度的 10%。

（2）电源频率：供电电源电压保持交流 220V 不变,供电电源频率变化范围 50Hz±2Hz,信号灯应能正常工作,基准轴上发光强度变化幅度应不大于额定电压下发光强度的 10%。

10）绝缘电阻

（1）试验方法

在需测试的两点间施加约 500V 的直流电压,保持 1min 后测定。

（2）技术要求

信号灯的带电部件与发光单元表面和信号灯壳体之间的绝缘电阻应不低于 2MΩ。

11）介电强度

不同极性的带电部件绝缘之间、带电部件与壳体之间能够承受 1440V 交流试验电压,在 1min 试验期间不应发生火花或击穿现象。

12）泄漏电流

（1）试验方法

泄漏电流测试设备精度为 0.1mA。

将信号灯与泄漏电流测试设备相连接,由泄漏电流测试设备向信号灯供电,测量信号灯的泄漏电流。

（2）技术要求

电源各极与信号灯壳体之间的泄漏电流不应超过 1.0mA。

13）爬电距离和电器间隙

各种带电部件与邻近的金属件之间的爬电距离和电气间隙不得小于 3.6mm。

14)内部和外部接线要求

(1)信号灯与电源的连接:信号灯与电源的连接应为接线端子。

(2)外部接线所用的电缆或电线:应采用300/300VRXS或300/300VRVVB软缆或软线。导线的最小横截面积为$0.75mm^2$。

(3)电缆入口处防护:电缆入口应适合于导线管、导线保护套管等措施来保护导线,且电缆入口处的防尘、防水等级与信号灯一致。外部软缆或软线穿过硬质材料时,电缆入口应倒边,使其光滑,其最小半径为0.5mm。

(4)导线固定架:信号灯应配有导线固定架,以防接线端子受力和导线绝缘层磨损。不得采用将电缆或电线打结或端部用线捆起来的方法。导线固定架应采用绝缘材料。

(5)内部接线:内部接线标称截面积不小于$0.5mm^2$,橡胶或聚氯乙烯的绝缘层厚度最小为0.6mm。内部接线的走线要合适且有保护,防止被锐边、铆钉、螺钉和类似零件或其他活动部件损坏。接线不得绞拧360°以上。所用导线火线绝缘层颜色应与其连接发光单元的光色相对应,零线导线应为黑色,黄绿双色导线只能用作接地线。

15)防触电保护

信号灯安装好后,因调换灯泡等原因而打开信号灯时,带电部件应不可触及。按生产企业安装说明书规定,调试信号灯安装方位时,其带电部件不可触及。除了灯泡等光源和灯座的罩盖,可徒手取下的所有部件取下后,其防触电保护应保持不变。

16)接地

(1)试验方法

将从空载电压不超过12V产生的至少为10A的电流分别接在接地端子或接地触点与可触及金属之间。测量两者之间的电压降,由电流和电压降计算出电阻。

(2)技术要求

接地端子或接地触点与可触及金属件之间电阻不应超过0.5Ω。

17)IP防护等级

防尘等级不低于IP53,经进行IP试验后,信号灯应承受介电强度试验,并且信号灯内部的带电部件或绝缘体应无水的痕迹,信号灯内部无滑石粉积尘、无积水。

18)高温试验

信号灯在环境温度为80℃±2℃条件下,在工作状态经受24h试验,在试验中和试验后,信号灯均应工作正常,检查灯壳、灯罩等部件不应有变形、龟裂、光泽变化等缺陷,密封处不应有爆裂现象。

19)低温试验

信号灯在环境温度为-40℃±3℃条件下放置24h后,接通信号灯电源,信号灯应能正常点亮,在工作状态经受24h试验,在试验中和试验后,信号灯均应正常工作,检查灯壳、灯罩等部件不应有变形、龟裂、光泽变化等缺陷,密封处不应有爆裂现象。

20)湿热试验

信号灯在环境温度40℃±1℃、湿度93%~97%条件下,工作状态经受48h的试验,在试验中和试验后,信号灯均应正常工作,试验后立即测试绝缘电阻、介电强度、泄漏电流性能,应符合上述响应条款要求。

21）振动试验

信号灯在额定电压下以正常工作状态固定在振动台上,对其进行前后、左右、上下方向上的振动,频率 10~35Hz、振幅 0.75mm,1 倍频程扫频,循环 20 个周期,试验中及试验后,信号灯应无机械损伤,能正常工作,紧固部件应无松动,应无电器接触不良现象。

22）盐雾试验

金属壳体的信号灯经过 96h 的中性盐雾试验,试验条件为:试验箱温度为 35℃±2℃,盐雾溶液质量百分比浓度为$(5±0.1)\%$,盐雾沉降率为 $1.0~2.0mL/(h·80cm^2)$,每隔 45min 喷雾 15min。试验后,信号灯应能正常工作,外部可见金属部件表面应无锈点。

23）耐候性试验

按《塑料 实验室光源暴露试验方法 第 2 部分:氙弧灯》(GB/T 16422.2—2022)的要求,以辐射强度$(1000±200)W/m^2$,对信号灯的面罩、非金属壳体进行试验时间 600h 的人工气候加速老化试验,试验后不应有裂缝、凹陷、侵蚀、气泡、剥离、粉化或变形等缺陷。发光单元覆盖试验后的面罩,测试其基准轴上的发光强度(亮度)和光色坐标,应符合标准要求。

24）强度试验

以额定电压供电,使信号灯连续工作 30min 后,250g±0.5g 的钢球从 40cm 的高度自由跌落,落点位于信号灯发光单元中心位置。试验进行一次。试验后,试样面罩不得破裂,封接处不得有开裂等缺陷。

第五节 道路视频交通事件检测系统

一、概述

道路视频交通事件检测系统主要是利用图像处理、目标识别和目标跟踪等技术进行道路交通事件和交通参数检测。根据当前技术发展的特点主要有两种形式:前端识别和后端识别。前者是将 AI 芯片置于相机内,由相机端进行事件检测;后者接收现场摄像机拍摄的视频,进行识别。介于前端识别需要更换特殊的 AI 相机,工程改造成本较高,因此后端识别方式的道路视频交通事件检测系统应用更为广泛,本节也以该类型为基础进行介绍。

1. 系统基本组成

一般来说,视频检测系统主要由前端摄像机、视频交通事件检测器、数据管理客户端、服务器等组成,具体的架构图如图 3-2-18 所示。

视频交通事件检测器为该系统的核心设备之一,其将前端的视频流进行交通数据与事件的检测处理,把检测到的交通事件报警信息和交通数据实时传输到管理平台(服务器)。

2. 系统基本功能

《视频交通事件检测器》(GB/T 28789—2012)规定典型交通事件检测功能包括:停止事件、逆行事件、行人事件、抛洒物事件、拥堵事件、机动车驶离事件等。

(1)停止事件:车辆在道路上由行驶改变为静止状态,且静止时间不小于某一设定值的交通事件。

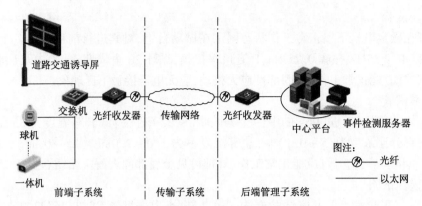

图 3-2-18　某道路视频交通事件检测系统架构图

(2)逆行事件:车辆在道路上的行驶方向与规定方向相反,且行驶距离不小于某一设定值的交通事件。

(3)行人事件:行人进入机动车道或其他禁止进入的区域,且行走时间或行走距离不小于某一设定值的交通事件。

(4)抛洒物事件:车道上物体从行驶车辆上遗落,干扰车道通行,且其状态持续事件不小于某一设定值的交通事件。

(5)拥堵事件:道路上出现单车道或多车道拥堵状况,影响道路畅通的交通事件。

(6)机动车驶离事件:行驶中的机动车辆异常驶离正常行驶区域的交通事件。

二、视频交通事件检测器试验方法及技术要求

依据《视频交通事件检测器》(GB/T 28789—2012)的相关要求,一般应在环境温度:15～35℃,相对湿度:35%～75%,以及大气压力:86～106kPa 的条件下进行试验。

1. 外观质量、形状和尺寸

1)外观质量

(1)试验方法:目测检查。

(2)技术要求:产品外观整洁、光亮,不应有凹痕、划伤、裂缝,紧固件无松动,不应有影响使用效果的变形;表面漆、镀层无气泡、龟裂和脱落;金属零件不应有毛刺、锈蚀及其他机械损伤,文字标识齐全清晰,字迹不易去除。

2)形状与尺寸

(1)试验方法:目测和用量具测量。

(2)技术要求:室内设备机箱采用标准机架结构,便于安装调试;室外设备宜采用小型机箱,便于安装调试。

2. 功能要求

1)试验方法

主观评定。

2)技术要求

视频交通事件检测器至少具备如下功能:

（1）典型交通事件检测功能：具备停止事件、逆行事件、行人事件、抛洒物事件、拥堵事件、机动车驶离事件检测功能，系统自动进行交通事件检测并输出检测结论，有报警信息提示；具有交通参数检测功能的视频交通事件检测器能进行车流量、平均速度、占有率等交通参数检测。

（2）自动录像功能：系统自动捕获并存储交通事件发生过程的图像，记录时间可按要求设定。

（3）自诊断和报警功能：视频信号丢失、系统设备故障、网络通信故障等各种情况发生时，系统能自诊断、记录并报警。

（4）时钟同步功能。

3. 性能要求

1）事件检测及有效检测范围

（1）试验方法

进行交通事件检测率试验时，在观察范围内，试验由近至远逐步进行，直到交通事件不能正常检测为止，在测量系统的有效检测范围内，该检测过程与事件检测率测试同时进行。

（2）技术要求

摄像机侧向安装或路中正上方安装时，当观察范围由于遮挡等因素而小于表3-2-25中数值时，应能进行全观察范围内的事件检测，当观察范围大于或等于表3-2-25中数值时，系统的有效检测范围应满足表3-2-25要求。

交通事件检测条件及有效检测范围要求（单位：m） 表3-2-25

摄像机安装 高度 h	摄像机 安装位置	有效检测范围 L_2					
		停止	逆行	行人	抛洒物	拥堵	机动车驶离
$5 \leq h \leq 6$	隧道	≥150	≥100	≥80	≥80	≥150	—
	路段及大桥	≥150	≥100	≥80	≥80	≥150	≥100
$6 < h \leq 8$	隧道	≥200	≥100	≥80	≥80	≥200	—
	路段及大桥	≥300	≥150	≥100	≥100	≥300	≥150
$8 < h \leq 12$	路段及大桥	≥400	≥200	≥150	≥120	≥400	≥200
$h > 12$	路段及大桥	≥500	≥300	≥150	≥120	≥500	≥200

注："—"项不做要求。

2）检测率、漏报率和虚报数

（1）试验方法

在满足表3-2-25的有效检测范围要求的情况下，隧道内测试环境照度不小于50lx，户外测试环境照度不小于2000lx，能见度情况良好的情况下，在检测范围内模拟表3-2-25中交通事件各50次，进行检测率、漏报率和虚报数检测，交通事件模拟试验中相关规定如下：

①停止事件：如图3-2-19所示，采用普通小轿车模拟停车50次，停车位置分别为区域1、区域2、区域3、…、区域10，各区域分别停车5次；

②逆行事件：如图3-2-19所示，采用普通小轿车在车道1、车道2各模拟逆行事件25次；

③行人事件：如图3-2-19所示，试验人员从任意位置分别进入区域1、区域2、区域3、…、区域10各5次，在各区域内滞留一定时间后离开该区域；

④抛洒物事件:如图 3-2-19 所示,采用体积不大于 60cm×60cm×60cm 的立方体物品在区域 1、区域 2、区域 3、…、区域 10 各模拟抛洒事件 5 次;

⑤拥堵事件:拥堵车辆不少于 5 辆,车队行驶速度不大于 10km/h,在图 3-2-26 中各车道分别进行 25 次模拟试验;

⑥机动车驶离事件:如图 3-2-19 所示,采用普通小轿车分别从区域 1、区域 2、区域 3、…、区域 10 驶离行驶车道各 5 次。

图 3-2-19 模拟事件发生区域

在视频交通事件检测器的型式检验过程中,对检测率、漏报率和虚报数等部分测试指标,可采用在隧道或路段上以实际测试的方式进行或在试验室采用按上述要求制作的交通事件标准视频源进行测试。

(2)技术要求

在满足表 3-2-25 中的有效检测范围要求时,同时应满足如下要求:

①检测率:不小于 96%;

②漏报率:不大于 2%;

③虚报数:系统处于正常检测状态中时,检测的每路视频 24h 虚报次数不超过一次。

3)交通参数检测

(1)试验方法

隧道内测试环境照度不小于 50lx,户外测试环境照度不小于 2000lx 时,在能见度状况良好的情况下,在实际的车流环境中测试不少于 100 辆车,测试过程中各测试断面车流平均速度不小于 60km/h。

(2)技术要求

视频交通事件检测器中,当系统具有交通参数辅助测试功能时,交通参数检测精度可分为Ⅰ、Ⅱ、Ⅲ共三级,各级应满足表 3-2-26 的要求。

交通参数检测精度要求　　　　表 3-2-26

精度等级	安装位置	精度要求		
		车流量	平均速度	占有率
Ⅰ	正上	≥92%	≥90%	≥90%
	侧向	≥90%	≥85%	≥85%
Ⅱ	正上	≥87%	≥85%	≥85%
	侧向	≥83%	≥80%	≥80%
Ⅲ	正上	≥82%	≥80%	≥80%
	侧向	≥78%	≥75%	≥75%

4) 检测报警时间

(1) 试验方法：测量从交通事件发生到检测报警的时间间隔，用秒表检测。

(2) 技术要求：检测报警时间应不大于 8s。

4. 电气安全性能

具体试验方法和技术要求符合本书第三篇第一章的相关内容。

注：室内机房设备的外壳防护等级应不低于 IP3X；外场应用时室外设备箱的防护等级应不低于 IP55。

5. 可靠性

1) 试验方法

在检测器的性能指标和各项功能达到标准要求、可靠性预计值满足规格要求并已通过各项环境试验后方能进行可靠性试验。

可靠性试验按现行《设备可靠性试验 恒定失效率假设下的失效率与平均无故障时间的验证试验方法》(GB/T 5080.7)的规定进行，采用序贯试验方案 4:7，当累积试验时间 t 不小于 $1.50m_0$ (m_0 为要求的平均故障间隔时间 MTBF)，失效数 r 不大于 2 时，试验通过；否则试验失败。

2) 技术要求

检测器的平均故障间隔时间（MTBF）应不小于 30000h。

6. 环境适应性能

环境适应性能试验方法和技术要求见表 3-2-27。

环境适应性能试验方法和技术要求　　表 3-2-27

项　目	试验方法	技术要求
耐低温性能	按 GB/T 2423.1 的规定进行	在 -20℃（或 -40℃、-55℃）条件下，试验 8h，产品应能启动，工作正常，逻辑正确
耐高温性能	按 GB/T 2423.2 的规定进行	在 +55℃（或 +50℃、+45℃）条件下，试验 8h，产品应能启动，工作正常，逻辑正确
耐湿热性能	按 GB/T 2423.3 的规定进行	在温度 +40℃，相对湿度 (98±2)% 条件下，试验 48h，产品应能启动，工作正常，逻辑正确
耐机械振动性能	按 GB/T 2423.10 的规定进行	室内设备包装在包装箱内，户外设备直接进行试验，产品在通电工作状态下进行扫频振动试验，频率范围为 2~150Hz。在 2~9Hz 时按位移控制，位移幅值 3.5mm；9~150Hz 时按加速度控制，加速度幅值为 $10m/s^2$。2Hz→9Hz→150Hz→9Hz→2Hz 为一个循环，共经历 20 个循环后，产品应功能正常，结构不受影响，零部件无松动

7. 系统支持的视频信号输入

1) 试验方法

目测和采用视频分析仪等进行检测验证。

2）技术要求

（1）基本要求

①黑白或彩色摄像机视频信号；

②视频交通事件检测器正常工作状态下，监控摄像机处于定位、定焦模式，视频流输出稳定、流畅。

（2）模拟视频信号

模拟视频信号应满足：

①视频信号幅度及阻抗 $1V_{p-p}/75\Omega$；

②不少于 25 帧/s 的视频图像；

③PAL 或 NTSC 制式；

④彩色图像水平分辨率不低于 480 线，黑白图像水平分辨率不低于 520 线；

⑤摄像机最低照度不大于 0.1lx；

⑥图像信噪比不小于 50dB。

第六节 交通情况调查设施

一、概述

公路交通情况调查设备是在一定时间或连续期间内，对通过道路某一断面的机动车进行识别，统计流量，测量车速、车头时距、跟车百分比、车头间距、时间占有率等交通数据，并进行记录和传输的自动设备。公路交通情况调查的方法主要有：视频图像法、基于磁感应检测法、基于波频检测法及基于手机信令切换的调查法 4 类。公路交通情况调查设备常用的主要是前 3 种方法，故本节对前 3 种方法的调查设备进行介绍。

其中，视频图像法的原理与本章"道路视频交通事件检测系统"的原理类似，可参阅该章节；基于磁感应检测法和基于波频检测法的设备可参阅本章第一节"车辆检测器"的相关内容，本节不再进行赘述。

1. 设备分级

按照识别机动车车型的不同，设备分为Ⅰ级、Ⅱ级、Ⅲ级三个级别，见表3-2-28。设备识别机动车车型的分类见《公路交通情况调查设备 第1部分：技术条件》(JT/T 1008.1—2015)附录A。

设 备 分 级 表 表 3-2-28

设备功能	Ⅰ级设备	Ⅱ级设备	Ⅲ级设备
机动车车型识别	√	√	√
流量	√	√	√
地点车速	√	√	○
车头时距	√	√	○
跟车百分比	√	√	○
车头间距	√	√	○

续上表

设备功能	Ⅰ级设备	Ⅱ级设备	Ⅲ级设备
时间占据率	√	√	○
实时交通数据阐述	√	√	○

注:"√"为应具备的功能;"○"为可具备的功能。

2. 设备型号

设备型号表示如图 3-2-20 所示。

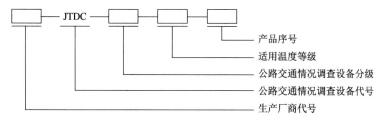

图 3-2-20 设备型号表示图

二、交通情况调查设施试验方法及技术要求

依据《公路交通情况调查设备 第 1 部分:技术条件》(JT/T 1008.1—2015)的相关要求,一般应在环境温度:5~35℃,相对湿度:35%~75%,以及大气压力:85~106kPa 的条件下进行试验。

1. 外观质量

1)试验方法

用目测和手感法进行检查。

2)技术要求

(1)设备构件应完整、装配牢固、结构稳定,边角过渡圆滑,无飞边、毛刺。

(2)需要以一定角度在公路结构物、门架、立杆等处安装传感器的设备,其安装连接件应设置可调节角度的机构;活动部件应灵活、无卡滞现象,机壳及安装连接件无明显变形、凹凸等缺陷。

(3)机箱及连接件的防护层色泽应均匀,无划伤、裂痕、基体裸露等缺陷。

(4)箱体出线孔开口合适、切口整齐,出线管与箱体连接密封良好;箱内接线整齐,标识清楚,符合工艺要求;箱体应设置锁具,且应采取防水、防腐蚀措施;箱门开闭灵活轻便,密封良好。

2. 通信接口

1)试验方法

对设备运行参数进行修改并检查设备的工作状态。

2)技术要求

设备应具备串行通信接口或 USB 接口。串行通信接口应使用 RS-232C 阴性插座或 RS-485 阳性插座,USB 接口应采用 A 型 USB 插座。通信接口与外部的连接应便于安装和维护,并采取防水、防尘等措施。

具备实时交通数据传输功能的设备还应具备 RJ-45 以太网接口。

3. 电气安全性能和电磁兼容

具体试验方法和技术要求符合本书第三篇第一章的相关内容。

4. 防护等级

设备外壳的防护等级按现行《外壳防护等级（IP 代码）》（GB/T 4208）的规定应不低于 IP55 级。

5. 环境适应性能

交通情况调查设备环境适应性试验严酷等级及技术要求见表3-2-29。

交通情况调查设备环境适应性试验严酷等级及技术要求　　表3-2-29

参数（性能）	严酷等级/技术要求			
	通电/不通电	温度（℃）	时间（h）	相对湿度（%）
耐低温性能	通电	−5（−20、−40、−55）	8	—
耐高温性能	通电	45（或50、55、70、85）	8	—
耐湿热性能	通电	+40	48	(98±2)
耐温度交变性能	除本产品高温和低温的保持时间均为 2h 外，其余检测方法和技术要求参见视频光端机			
耐机械振动性能	参见视频光端机检测方法和技术要求。 注：本产品需在 X、Y、Z 三个方向各经历 20 个循环后再进行检查			
耐盐雾腐蚀性能	参见环形线圈车辆检测器检测方法和技术要求。但需注意该处为耐盐雾腐蚀性能，而非耐循环盐雾性能			
耐候性能	参见环形线圈车辆检测器检测方法和技术要求			

6. 身份识别功能

（1）试验方法：对设备运行参数进行修改并检查设备的工作状态。

（2）技术要求：设备应具备一个唯一的、可读取的、固化于设备硬件中的设备身份识别码，身份识别码的内容格式应符合相关标准的要求。

7. 来电恢复

（1）试验方法：模拟操作。

（2）技术要求：当供电中断后恢复正常供电时，设备应能自行恢复至正常工作状态，设备内存储的数据应无丢失。

8. 交通数据的存储

1）试验方法

对设备运行参数进行修改并检查设备的工作状态。

2）技术要求

（1）设备应具备本地存储功能。当具备实时交通数据传输功能时，其数据存储空间不应小于 256MB；当不具备实时交通数据传输功能时，其数据存储空间不应小于 512MB。

（2）设备本地存储的交通数据应具备从设备通信接口（不含网络接口）导出的功能。

9. 交通数据采集功能、性能

1）试验方法

(1) 交通数据采集内容

检查设备采集和统计机动车车型识别数据、交通流量数据、地点车速数据、车头时距数据、跟车百分比数据、车头间距数据、平均车头间距数据和时间占有率数据的功能。

(2) 交通数据采集精度测试条件

交通数据采集精度测试现场条件及相对误差计算公式如下：

①测试地点：在测试机动车车型识别、车头时距、车头间距等数据的采集精度时，在上行或下行半幅断面选取一个车道进行测试；在测试设备的流量数据、地点车速采集精度时，在上行或下行半幅断面选取一个断面进行测试。

②测试车辆：机动车车型识别数据的采集精度测试用车辆应符合 JT/T 1008.1—2015 附录 A 的要求。

③测试车速范围：40~120km/h。

④相对误差计算公式：

$$r = \frac{|M_e - R_e|}{R_e} \times 100\% \tag{3-2-7}$$

式中：r——相对误差；

M_e——设备测量值；

R_e——人工统计/测量值。

(3) 机动车车型数据的采集精度

将机动车车型的人工统计值与设备测量值按照式(3-2-7)计算出机动车车型数据采集的相对误差。每种类型机动车数量不少于 50 辆。

(4) 流量数据的采集精度

将流量的人工测量值与设备测量值，按照式(3-2-7)计算出流量数据采集的相对误差。测试断面流量不少于 200 辆。

(5) 地点车速数据的采集精度

在测试区域用雷达测速仪或激光测速仪测量地点车速，将雷达测速仪或激光测速仪测量的每辆车的地点车速和设备测量的地点车速按式(3-2-7)计算出每辆车的地点车速数据采集的相对误差。采集不少于 100 辆机动车的地点车速。所有地点车速相对误差的算术平均值为该设备的地点车速相对误差。

(6) 车头时距、车头间距的采集精度

在测试区域记录被测车辆的到达时间和测量地点车速，将人工计算出的车头时距值、车头间距值和设备测量的车头时距值、车头间距值按式(3-2-7)计算出车头时距、车头间距数据采集的相对误差。

2）技术要求

(1) 交通数据采集功能要求

设备应能够按照行驶方向、分车道采集通过道路断面的单个机动车车型数据、地点车速数据、车头时距数据和车头间距数据，统计交通数据处理周期内的机动车车型数据、交通流量数据、车速数据、车头时距数据、跟车百分比数据、车头间距数据、平均车头间距数据和时间占有率等交通数据，并对采集和统计的数据进行记录和传输。

（2）交通数据采集性能要求

①机动车车型识别数据的采集精度：单类车型采集的相对误差应不大于10%。

②流量数据的采集精度：流量数据采集的相对误差应不大于5%。

③地点车速数据的采集精度：地点车速数据采集的相对误差应不大于8%。

④车头时距数据的采集精度：车头时距数据采集的相对误差应不大于10%。

⑤车头间距数据的采集精度：车头间距数据采集的相对误差应不大于10%。

10. 交通数据的传输要求

1）试验方法

对设备运行参数进行修改并检查设备的工作状态。

2）技术要求

（1）数据传输的基本要求

具备实时交通数据传输功能的设备应实时向数据服务中心传输交通数据，传输数据的内容、格式应符合相关标准的要求。

（2）通信中断恢复

具备实时交通数据传输功能的设备应实时检测与数据服务中心的通信状态，在检测到与数据服务中心的通信连接断开后，应能正常采集并存储交通数据，在通信恢复后，自动连接登录数据服务中心，将通信中断期间保存的数据顺序传输至数据服务中心。

11. 设备的运行参数设置

1）试验方法

对设备运行参数进行修改并检查设备的工作状态。

2）技术要求

设备应能在本机对其时钟、数据服务中心IP地址、站点编号、交通数据调查内容、交通数据处理周期、跟车百分比鉴别时间等运行参数进行设置。

具备实时交通数据传输功能的设备还应能接受数据服务中心的远程控制，由数据服务中心设置该设备的时钟、数据服务中心IP地址、站点编号、交通数据调查内容、交通数据处理周期、跟车百分比鉴别时间等运行参数，并在设置成功后自动使用新的设置登录数据服务中心与之通信。

第七节　监控（分）中心设备安装及软件调测

一、监控中心功能

监控中心设备通过使用各种外场监控设施，能够及时、准确、完整地收集并预告前方道路的各类信息,按照信息采集、信息处理、信息发布流程实现对所辖高速路网的交通运行状况的动态管理,以提高高速公路交通安全和通行能力,更好地发挥高速公路畅通、高效、安全的运输功能。

监控中心的主要功能包括以下几个方面:

(1)准确及时采集交通流、交通环境和主要交通设施的各种状态信息,并上传至监控大厅管理人员处。

(2)管理人员根据已掌握的信息,迅速做出有针对性的处理和优化控制方案,迅速实施相关措施。

(3)监控系统可建立多种信息发布渠道,为高速公路使用者提供信息服务,通过调整驾驶员驾驶行为,达到交通流动态平衡的目的。

(4)可利用视频监控系统对重点路段和重要项目进行专项监控,如用其监视某大桥的车流通过情况,探测和确认交通事件及冬季路面使用状态监测等。

(5)通过各种外场监控设备,可对交通事故作出快速响应,迅速提供救援服务及排除事故根源。

(6)可建立道路交通运行数据库,用以支持道路运行状态状况评价,为改善道路经营和交通管理的决策提供数据分析。

二、监控中心设备组成与作用

监控中心设备一般包括计算机系统、综合控制台、大屏显示系统和应用软件等。《公路工程质量检验评定标准 第二册 机电工程》(JTG 2182—2020)考虑到大屏显示系统属于比较昂贵的设备,将其从监控(分)中心设备及软件中分开,分为两个独立的分项工程。本书是按一般监控中心的组成来编排的,请读者注意区别。

1)大屏幕显示系统

大屏幕显示系统是高速公路监控中心的大型设备,主要由屏架、屏面、控制箱、显示单元、安装连接件、电力线缆和通信线缆等组成。

大屏幕显示系统是监控中心的显示设备,是高速公路交通工程设施的一项重要交通安全监控管理设备,主要用于视频监控图像分割及监控系统软件界面放大显示。它能动态、及时地显示高速公路各路段的车流量和通阻状态,以及安装在高速公路上的车辆检测器、气象检测器、能见度检测器、可变标志、可变限速标志和摄像机等各种设备的运行状况,为高速公路指挥中心调度指挥提供依据。

2)监控室

监控室是监控中心设备及计算机系统的主要工作场所,监控室的环境温度、湿度、新风系统、防尘措施、噪声和室内照度等是监控室的关键技术指标。

3)应用软件

监控应用软件主要是实现监控中心系统的信息采集、信息处理、信息提供功能和自检功能以及监控中心管理功能的系统平台。

第八节 监控系统计算机网络

高速公路监控系统计算机网络是利用通信设备和线路将地理位置不同的、功能独立的多个路段的监控计算机系统互相连接起来,以功能完善的网络(网络通信协议、信息交换方式、网络操作系统等)实现高速公路网络资源共享和信息传递的系统。其主要由网线、插座、连接头、网卡、集线器、交换机、路由器、调制解调器、服务器等网络设备组成。

本章主要围绕高速公路计算机监控中心局域网的综合网络布线系统编写而成,依据的主要标准为《综合布线系统电气特性通用测试方法》(YD/T 1013—2013)。该标准对计算机网络的技术要求和测试评价方法进行了详细的规定,本书只给出网络布线的分类和布线连接方式,具体测试参数及技术指标请参见《综合布线系统电气特性通用测试方法》(YD/T 1013—2013)。

一、布线分类

《综合布线系统电气特性通用测试方法》(YD/T 1013—2013)将布线分为对称布线和光缆布线两大类。

1. 对称布线

按照用户对数据传输速率的不同需求,根据不同应用场合对称布线作如下分类。

(1)C级布线:使用3类电缆及同级别或更高类组件(连接硬件、接插软线和跳线)进行安装,最高工作频率为16MHz。

(2)D级布线:使用5类/5e类电缆及同级别或更高类组件(连接硬件、接插软线和跳线)进行安装,最高工作频率为100MHz。

(3)E级布线:使用6类电缆及同级别或更高类组件(连接硬件、接插软线和跳线)进行安装,最高工作频率为250MHz。

(4)EA级布线:使用6A类电缆及同级别或更高类组件(连接硬件、接插软线和跳线)进行安装,最高工作频率为500MHz。

(5)F级布线:使用7类电缆及同级别或更高类组件(连接硬件、接插软线和跳线)进行安装,最高工作频率为600MHz。

(6)FA级布线:使用7A类电缆及同级别或更高类组件(连接硬件、接插软线和跳线)进行安装,最高工作频率为1000MHz。

在高速公路计算机网络中,目前通常采用D级、E级布线,随着高速公路数据传输工作频率要求的逐步提高,将来亦有可能采取更高级别的布线方式。

2. 光缆布线

光缆布线信道分为OF-300、OF-500和OF-2000三个等级,各等级支持的应用长度应分别不小于300m、500m及2000m。光缆布线信道应采用标称工作波长为850nm和1300nm的多模光纤(不包含A4类光纤)及标称工作波长为1310nm和1550nm的单模光纤。

对称布线和光缆布线包含的组件应符合《大楼通信综合布线系统 第 2 部分:电缆、光缆技术要求》(YD/T 926.2—2009)和《大楼通信综合布线系统 第 3 部分:连接硬件和接插软线技术要求》(YD/T 926.3—2009)的要求。

二、布线测试连接方式

本书主要介绍对称布线测试连接方式,光缆布线请参见《综合布线系统电气特性通用测试方法》(YD/T 1013—2013)。对称布线测试连接方式主要包括:

1. 信道连接方式(Channel)

信道是 LAN 交换机、集线器等设备与终端设备间的传输途径。典型的信道包括水平子系统、工作区软件和设备软线。为了更长地延伸服务,信道可由两个或多个子系统(包括工作区软线和设备软线)连接而成。信道的性能不包括专用设备的连线。信道连接方式如图 3-2-21 所示。

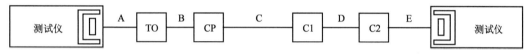

图 3-2-21 信道连接方式

A-工作区软线;B-可选的 CP 缆线;C-水平缆线;D-接插软线/跳线;E-设备软线;C1、C2-连接器;B + C≤90m;A + D + E≤10m

2. 永久链路连接方式(Permanent Link)

永久链路是已安装的布线子系统的传输途径,包括已安装的缆线两端的连接硬件。在水平布线子系统中,永久链路包括信息插座、水平缆线、可选的 CP 和楼层配线架上水平缆线的终端。永久链路可以包含 CP 链路。CP 链路和永久链路连接方式如图 3-2-22 所示。

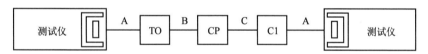

图 3-2-22 永久链路连接方式

A-测试仪配备的测试线;B-可选的 CP 缆线;C-水平缆线;C1-连接器;B + C≤90m

3. 布线连接线序图

对称布线的连接线序有 A 型(T-568A)、B 型(T-568B)两种方式,如图 3-2-23 所示。通常采用 B 型连接方式。

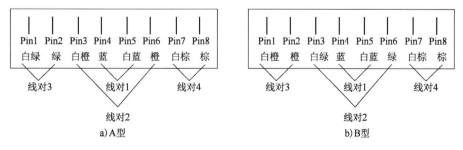

图 3-2-23 对称布线连接线序图

第九节 监控设施质量检验评定

《公路工程质量检验评定标准 第二册 机电工程》(JTG 2182—2020)从基本要求、实测项目和外观质量三个方面对监控设施的检测方法和技术要求进行了规定。《公路机电工程测试规程》(JTG/T 3520—2021)对监控设施的部分测试方法进行了细化。本节结合两个标准的相关内容进行介绍。

一、基本要求和外观质量

基本要求和外观质量应符合《公路工程质量检验评定标准 第二册 机电工程》(JTG 2182—2020)的相关要求。基本可归纳如下：
(1) 监控设施产品应符合现行各产品标准的规定。
(2) 设备及配件的型号规格、数量应符合合同要求，部件完整。
(3) 安装结构应稳定，主机箱外部完整，立柱安装竖直、牢固。
(4) 安装高度、角度、方位和尺寸等应符合设计规定。
(5) 全部设备安装调试完毕，设备应处于正常工作状态。
(6) 外观质量应不存在 JTG 2182—2020 附录 C 所列限制缺陷。
(7) 大屏幕外观完整无损伤、镜头洁净、屏幕平整整洁、色彩均匀，图像清晰、稳定、明亮。
(8) 控制台上设备和 CCTV 监视器布局符合设计要求，安装稳固、横竖端正、标识清楚。
(9) 网络、供电线缆布放整齐美观，安装牢固、标识清楚等。

二、实测项目

1. 实测项目汇总

监控设施实测项目汇总表见表 3-2-30。

监控设施实测项目汇总表　　　　　　　表 3-2-30

项次	分项工程	实测项目
1	车辆检测器	基础尺寸，机箱、立柱防腐层厚度，立柱竖直度(微波、视频、超声波)，绝缘电阻*、保护接地电阻*、防雷接地电阻(微波、视频、超声波)*、共用接地电阻*、车流量相对误差*、车速相对误差、传输性能*、自检功能*、复原功能*、本地操作与维护功能
2	气象检测器	基础尺寸，机箱、立柱防腐层厚度，立柱竖直度、绝缘电阻*、保护接地电阻*、防雷接地电阻*、共用接地电阻*、环境检测性能*、数据传输性能、降雨检测功能、路面状况检测功能、自检功能*、复原功能*、本地操作与维护功能

续上表

项次	分项工程	实测项目
3	闭路电视监视系统	基础尺寸、机箱、立柱防腐层厚度、立柱竖直度、绝缘电阻*、保护接地电阻*、防雷接地电阻*、共用接地电阻*、标清模拟复合视频信号[视频电平、同步脉冲幅度*、回波E、亮度非线性、色度/亮度增益不等、色度/亮度时延差、微分增益、微分相位、幅频特性(5.8MHz带宽内)*、视频信噪比(加权)*]、高清Y、$C_R(P_R)$、$C_B(P_B)$视频信号[Y信号输出量化误差*、$C_R(P_R)$信号输出量化误差*、$C_B(P_B)$信号输出量化误差*、Y信号幅频特性*、Y、$C_R(P_R)$、$C_B(P_B)$信号的非线性失真、亮度通道的线性响应(Y信号的K系数)*、$Y/C_B(Y/P_B)$、$Y/C_R(Y/P_R)$信号时延差、Y、$C_B(P_B)$、$C_R(P_R)$信号的信噪比(加权)*]、高清G、B、R视频信号[G信号输出量化误差*、信号输出量化误差*、R信号输出量化误差*、G/B/R信号幅频特性*、G、B、R信号的非线性失真、亮度通道的线性响应(G、B、R信号的K系数)*、G/B、G/R、B/R信号时延差、G、B、R信号的信噪比*]、监视器画面指标*、数据传输性能*、云台水平/垂直转动角度*、监视范围*、外场摄像机安装稳定性*、自动光圈调节、调焦功能、变倍功能、切换功能*、录像功能、复原功能*
4	可变标志	基础尺寸、机箱、立柱防腐层厚度、立柱竖直度、绝缘电阻*、保护接地电阻*、防雷接地电阻*、共用接地电阻*、视认距离、发光单元色度坐标(x,y)、显示屏平均亮度、数据传输性能*、显示内容*、亮度调节功能、自检功能、复原功能*、本地操作与维护功能
5	道路视频交通事件检测系统	中心设备接地连接、事件检测率、交通参数检测相对误差、有效检测范围、典型事件检测功能*、自动录像功能、自诊断和报警功能、时钟同步功能
6	交通情况调查设施	基础尺寸、机箱、立柱防腐层厚度、立柱竖直度(微波、视频、超声波设备)、绝缘电阻*、保护接地电阻*、防雷接地电阻(微波、视频、超声波交通情况调查设施)*、共用接地电阻*、机动车分类或分型误差*、车流量相对误差*、车速相对误差*、传输性能*、自检功能*、复原功能*、本地操作与维护功能
7	监控(分)中心设备与软件	监控室内温度、湿度、防尘措施、噪声、工作环境照度、绝缘电阻*、监控中心共用接地电阻*、中心设备接地连接、与外场设备的通信轮询周期、与下端设备数据交换*、图像监视功能*、系统工作状况监视功能、信息发布功能、统计、查询、打印报表功能、数据备份、存储功能*、加电自诊断功能、监控系统应急预案
8	大屏幕显示系统	拼接缝、亮度*、亮度不均匀度、显示功能、窗口缩放、多视窗显示*
9	监控系统计算机网络	接线图*、长度、回波损耗*、插入损耗、近端串音*、近端串音功率和、衰减远端串音比、衰减远端串音比功率和、衰减近端串音比、衰减近端串音比功率和、环路电阻、时延、时延偏差、以太网系统性能要求*、以太网链路层监控状况*

注：带"*"的为关键项目；各项目参数具体技术指标详见 JTG 2182—2020。

2. 模拟视频传输通道测试

1)仪器设备

(1)视频信号发生器：应能产生测试所需要的视频测试信号，包括75%彩条、2T正弦平方波和条脉冲、调制五阶梯、非调制五阶梯、副载波填充的10T或副载波填充的条脉冲、$\sin x/x$、多波群等。

(2)视频信号分析仪:应具有所需要测试指标的测试功能,包括视频电平、同步脉冲幅度、回波 E、亮度非线性、色度/亮度增益不等、色度/亮度时延差、微分增益、微分相位、幅频特性、视频信噪比(加权)等指标。

2)测试方法

(1)测试通道应选择摄像机输出端(视频发送设备输入端)至显示终端的输入端(视频处理设备输出端),如图 3-2-24 所示。

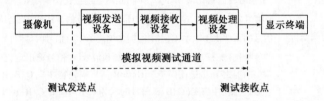

图 3-2-24 模拟视频测试通道示意图

(2)在测试发送点处,应断开摄像机与视频发送设备的连接,将视频信号发生器的测试信号输出端与视频发送设备输入端相连接;在测试接收点处,应断开视频处理设备与显示终端的连接,将视频处理设备的视频输出端与视频信号分析仪的测试信号输入端相连接。

(3)视频信号发生器和视频信号分析仪应选择与被测视频通道设备相同的制式。

(4)应选择视频信号发生器的输出信号为需要测试的视频信号,调节视频信号分析仪,使其稳定地显示接收到的测试信号,启动视频信号分析仪相应测试指标的测试功能,设置相应的参数(测量行、滤波器控制、加权控制等),读取测试值并记录。

3)测试要求

(1)视频测试通道应包括整个视频传输链路和链路中的所有设备。

(2)测试过程中,视频信号分析仪的输入端出口应使用75Ω负载终接。

(3)对于视频信号发生器中的非整场图像信号,测试时应按照测试信号调整对应的测试行。

(4)选择视频信号分析仪的测试行时,应避开图像中的叠加字符或其他干扰测试的行。

(5)测试结果数值修约间隔为 0.1,幅频特性测试结果尚应记录最差结果对应的频率点。

3. 数字视频传输通道测试

1)仪器设备

数字视频信号发生器:应能产生测试所需要的视频测试信号,至少应包括2T正弦平方波和条脉冲、多波群、$\sin x/x$、非调制五阶梯、75% 彩条、静默行等;分辨率宜支持 720P 和 1080P;输出接口宜支持 HDMI、SDI、ASI 或以太网接口循环码流输出。

数字视频信号分析仪:应具有所需要测试指标的测试功能,至少包括信号输出量化误差、幅频特性、非线性失真、亮度通道线性响应、信号时延差、信噪比等指标;应能测试高清 Y、$C_B(P_B)$、$C_R(P_R)$ 视频信号和高清 R、G、B 视频信号;输入接口应支持 HDMI、SDI 接口。

2)测试方法

(1)测试通道应选择摄像机输出端(视频发送设备输入端)至显示终端的输入端(视频处理设备输出端),如图 3-2-25 和图 3-2-26 所示。

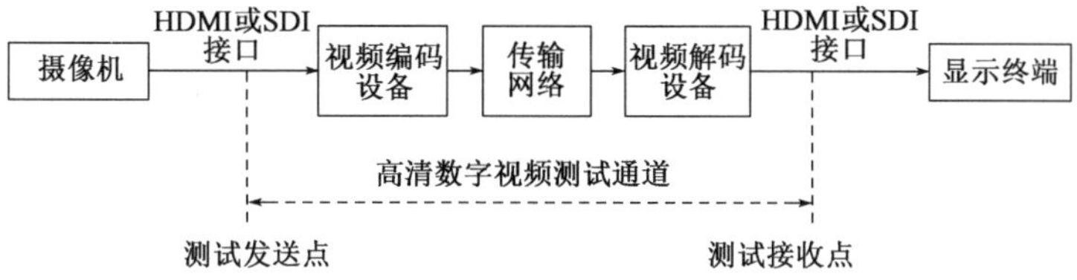

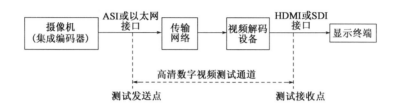

图 3-2-25　高清数字视频测试通道示意图

图 3-2-26　高清数字视频测试通道示意图(集成编码器摄像机)

（2）对于未集成视频编码器的摄像机,应按照图 3-2-33 在测试发送点处,断开摄像机与视频编码设备的连接,将数字视频信号发生器的测试信号输出端与视频编码设备输入端相连接；对于集成视频编码器的摄像机,应按照图 3-2-34 在测试发送点处,断开摄像机与传输网络的连接,将数字视频信号发生器的测试信号输出端接入传输网络。

（3）应在测试接收点断开视频解码设备与显示终端的连接,将解码设备的视频输出端与数字视频信号分析仪的测试信号输入端相连接。

（4）应设置数字视频信号发生器和数字视频信号分析仪与被测视频通道设备参数保持一致（量化方式等）。

（5）应选择数字视频信号发生器的视频输出信号为需要测试的视频信号,调节数字视频信号分析仪测试参数,使其可稳定地显示接收到的测试信号,启动数字视频信号分析仪相应测试指标的测试功能,设置相应的参数,读取测试值并记录。

3）测试要求

（1）高清数字视频测试通道应包括整个视频传输链路和链路中的所有设备。

（2）对于集成视频编码器的摄像机,测试信号的码流宜由摄像机制造商提供的编码系统制作。

（3）测试结果数值修约间隔为 0.1。

4. 大屏幕显示屏亮度及亮度不均匀度测试

1）测试设备

亮度计：计量性能应满足现行《亮度计检定规程》（JJG 211）规定的一级要求。

2）测试方法

（1）测试前应确认测试环境无明显的灯光或自然光干扰,被测显示屏处于白平衡条件下最大亮度状态。

(2)被测显示屏的测试区域应按下列要求确定:

①被测显示屏的显示面存在目测可见的拼接单元时,应以最小的拼接显示单元为一个测试区域。

②被测显示屏的显示面无目测可见的拼接单元时,应将显示屏横向和纵向分别3等分,形成9个显示区域,每个显示区域为一个测试区域。

(3)开启亮度计并应完成预热及自校准操作。

(4)应按下列原则选择亮度计测试位置、方向和视角:

①在亮度计选择最小视角条件下,其测量视场范围不应超出被测试区域。

②亮度计测试位置宜选择距离被测试区域正前方不小于10m的地点,无法满足最小测试距离时,宜调整测试位置,使亮度计测试光轴接近被测试区域发光轴线。

③在亮度计的测量视场范围不超出被测试区域条件下,亮度计宜选择相对较大视角。

④亮度计测量视场范围应以被测试区域的几何中心为中心。

(5)开始测试,读取每个被测试区域亮度测试值并记录。

3)测试要求

测试过程中,当目测可见明显亮度不均匀的测试区域或拼接单元时,宜加测最亮和最暗区域。

4)计算

(1)对全部被测区域的亮度测试结果计算算术平均值,作为平均亮度的测试结果。

(2)亮度不均匀度按式(3-2-8)计算。

$$l_u = \max\left\{\frac{\max(x_i) - \bar{x}}{\bar{x}}, \frac{\bar{x} - \min(x_i)}{\bar{x}}\right\} \times 100\% \qquad (3\text{-}2\text{-}8)$$

式中:l_u——亮度不均匀度;

x_i——被测区域的亮度测试结果;

$\bar{x}$——平均亮度。

5)测试结果

(1)大屏幕显示屏亮度测试结果为全部测试区域亮度测试值的算术平均值,单位为cd/m^2,测试结果数值修约间隔为1。

(2)大屏幕显示屏亮度不均匀度测试结果为亮度不均匀度的计算结果,用百分数表示,测试结果数值修约间隔为0.1。

第三章

通信设施

第一节 通信管道

一、概述

通信管道是用来保护光电缆线路的管道。通信管道在高速公路上一般有两种埋设方式：一种为埋设于中央分隔带的下面，这种方式比较常用；另一种为埋设于路肩下面。

目前常见的通信管道主要有水泥管、塑料管以及钢管等，其中塑料管主要有硬聚氯乙烯（PVC-U）管、聚乙烯（PE）管和塑料合金复合型管。由于硬聚氯乙烯管的耐低温性能不如聚乙烯管，在低于 $-70℃$ 的特殊环境下不宜采用硬聚氯乙烯管。另外，玻璃钢管道作为一种增强型塑料管道在电力行业使用较为广泛，近几年在公路建设中也逐渐应用于通信管道。

塑料通信管按结构划分，有实壁管、双壁波纹管、硅芯管、梅花管、蜂窝管、栅格管和塑料合金复合型管；按成型外观划分，有硬直管、硬弯管、可挠管3种。

通信管道与光电缆线路是公路通信系统的主要传输媒介与神经，是通信系统运行的基础。这几年水泥管已不多见，取而代之的是塑料管，特别是硅芯管的应用，极大地提高了穿缆效率和降低了管道的投资成本，应用也越来越广泛。

二、通信管道试验方法和技术要求

本部分主要对高密度聚乙烯硅芯塑料管、双壁波纹管、公路用玻璃纤维增强塑料管道和公路用玻璃纤维增强塑料管箱4类通信管道相关产品的试验方法和技术要求进行简单介绍。

1. 高密度聚乙烯硅芯塑料管

高密度聚乙烯硅芯塑料管（简称硅芯管）按使用形式分为单管和集束管。硅芯管单管由高密度聚乙烯（HDPE）外壁、外层色条和永久性固体硅质内润滑层组成；集束管由不含硅芯层的 HDPE 外管与微型硅芯管组成。按结构划分为：内壁和外壁均是平滑的实壁硅芯管；外壁光滑、内壁纵向带肋的带肋硅芯管；外壁带肋、内壁光滑的带肋硅芯管；外壁、内壁均带肋的带肋硅芯管；外管未含硅芯层得实壁管，内管为多根小内径的微管组成的集束管5类。按产品外层颜色划分为:硅芯管基体为一种纯色,外层镶嵌不同颜色色条的彩条硅芯管;硅芯管通体为一种纯色的单色硅芯管。

硅芯管的主要质量评定标准为《公路地下通信管道 高密度聚乙烯硅芯塑料管》(JT/T 496—2018)。该标准对公路地下通信管道高密度聚乙烯硅芯塑料管相关产品结构、分类与标记、技术要求、试验方法等提出了要求。

1) 试验条件及设备要求

(1) 除特殊规定外,试样应按现行《塑料 试样状态调节和试验的标准环境》(GB/T 2918)的规定在23℃±2℃条件下进行状态调节24h,并且在此条件下进行试验。

(2) 做拉伸试验所用试样的取样、制备和试验机的调整、操作等要求除特殊规定外,按《热塑性塑料管材 拉伸性能测定 第1部分:试验方法总则》(GB/T 8804.1)的规定执行。

(3) 检验所用的万能材料试验机负荷传感器准确度等级不低于1级;长度计量器具精度等级为:钢卷尺不低于2级,其他不低于1级。

2) 一般要求

生产硅芯管的主料应符合《聚乙烯(PE)树脂》(GB/T 11115—2009)中5.2.2的要求。在保证符合标准规定技术条件下,可使用不超过10%的本企业清洁的回用料。

3) 外观质量

(1) 试验方法

外观检验在正常光线下,目测检查。

(2) 技术要求

外观颜色应均匀一致;内外表面应平整、均匀、光滑,无塌陷、坑凹、孔洞、撕裂痕迹及杂质麻点等缺陷;截面应光亮、无气泡、无裂痕;硅芯管内壁紧密熔结、无脱开等现象。集束管外管应紧密包覆内部微管,形成紧密严实的整体结构,同时外管和内部微管之间应彼此独立,不应发生相互接触现象。

4) 规格尺寸

(1) 试验方法

硅芯管尺寸的测量,按现行《塑料管道系统 塑料部件尺寸的测定》(GB/T 8806)的规定:长度用分度值为1mm的卷尺测量;外径用分度值为0.02mm的游标卡尺测量;测量壁厚时要充分注意量具施加到试样上的力值对测量结果的影响,宜用分度值为0.01mm的壁厚千分尺测量。不圆度的测量方法,如下所述。

① 检测设备:精确至±0.02mm的游标卡尺。

② 样品。取一段长度为500mm的硅芯管试样,并在标准状态下恢复24h。当用于测量生产线上的硅芯管的不圆度时,应在硅芯管导出装置之前截取样品。

③ 测试步骤。连续缓慢地转动试样,在试样中部一固定圆周上,用游标卡尺进行一系列的外径测定,以便测出该断面最大和最小外径。测试时应取5个断面进行测量,每次测量间距50mm,取5次测量结果的算术平均值为最大和最小平均外径的测量结果。按下式计算平均外径:

$$平均外径 = \frac{最大平均外径 + 最小平均外径}{2} \tag{3-3-1}$$

按下式计算不圆度：

$$\text{不圆度} = \frac{\text{最大平均外径-最小平均外径}}{\text{平均外径}} \times 100\% \qquad (3\text{-}3\text{-}2)$$

(2)技术要求

硅芯管规格及尺寸允差应符合《公路地下通信管道 高密度聚乙烯硅芯塑料管》(JT/T 496—2018)表2的规定。

为运输及施工方便,硅芯管应顺序缠绕在盘架上,盘架的结构应满足硅芯管最小弯曲半径的要求;每盘硅芯管出厂长度应符合《公路地下通信管道 高密度聚乙烯硅芯塑料管》(JT/T 496—2018)表3的规定,对长度有特殊要求的,也可由供需双方商定,但盘中不应有接头。

5)物理化学性能试验方法

(1)外壁硬度

将长度100mm的硅芯管试样紧密套在外径适当的金属棒上,放置在D型邵氏硬度计正下方,按《塑料和硬橡胶 使用硬度计测定压痕硬度(邵氏硬度)》(GB/T 2411—2008)规定的方法,读取试验的瞬时硬度为测量结果,共读取5次,取其算术平均值为测量结果。

(2)内壁摩擦系数

静态内壁摩擦系数的测试方法,如下所述。

①测试原理。测定静态内壁摩擦系数原理,如图3-3-1所示。

摩擦系数计算如下：

$$\mu = \frac{F}{N} \qquad (3\text{-}3\text{-}3)$$

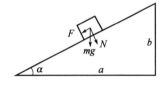

图3-3-1 平板法测定静态摩擦系数原理图

式中：F——斜面对物体的摩擦力,$F = mg \times \sin\alpha$;

N——斜面对物体的正压力,$N = mg \times \cos\alpha$;

μ——摩擦系数。

$$\mu = \frac{F}{N} = \frac{mg \times \sin\alpha}{mg \times \cos\alpha} = \tan\alpha = \frac{b}{a} \qquad (3\text{-}3\text{-}4)$$

②测试装置。测试装置由斜面、斜面升降装置、水平标尺和竖直标尺组成;测试斜面长度 $L = 1000$mm,水平标尺和竖直标尺可用分辨力0.5mm、精度A级的钢板尺组成。

③标准试棒。标准试棒由金属材料棒芯和高密度聚乙烯外套组成,为长度(150 ± 0.5)mm、直径(20 ± 0.5)mm的圆棒,圆棒表面粗糙度值为$(0.20 \sim 0.50)\mu$m,表面邵氏硬度为(59 ± 3) HD,质量为(270 ± 10)g。标准试棒的结构,如图3-3-2所示。

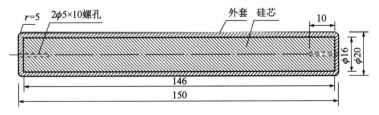

图3-3-2 标准试棒结构示意图(尺寸单位:mm)

④测试方法。将长度500mm的硅芯管放置在测试斜面上,硅芯管的母线与斜面中心线平

行并与斜面紧固,将标准试棒放置在硅芯管内,长度方向与硅芯管轴线平行,试棒露出硅芯管的距离大于20mm。用升降装置将斜面缓慢升起,直到试棒向下滑动为止,记下水平标尺和垂直标尺的数值,并按式(3-3-4)计算摩擦系数。如此共试验9次,每次都应将硅芯管旋转一个角度,取9次的算术平均值作为测试结果。

动态内壁摩擦系数试验方法:当生产企业用于比对试验,已确定生产工艺或配方改进方案时,可参照如下所述实施。

①检测设备:圆鼓;拉伸试验机;20kg专用砝码;计算机。

②试样:硅芯管4m;直径15mm±2mm、长度6m的中密度聚乙烯(MDPE)护套光(电)缆;硅芯管内表面和光(电)缆外表面应无限制光(电)缆滑动的任何缺陷;与硅芯管安装相匹配的U形卡箍。

③试验条件。试验前,试验设备和样品应放置在23℃±2℃条件下保持2h,并在此条件下试验。

④试验步骤。

把硅芯管按图3-3-3所示方法使用U形卡箍固定在圆鼓上,固定应稳定以防止测试时硅芯管与圆鼓产生相对移动,硅芯管沿圆鼓的缠绕角度为450°。

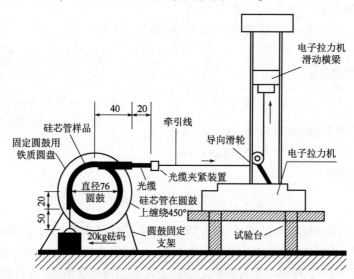

图3-3-3 圆鼓法测定摩擦系数试验示意图(尺寸单位:cm)

把缆放入硅芯管内,切割的缆长应满足测试的最大行程。与缆相连的夹头应能承受测试的最大拉伸负荷。

把专用砝码固定在缆的一端,水平端与夹头连接,夹头通过线绳与拉伸试样机相连。

打开拉伸试样机,设定拉伸速度为100mm/min,当砝码刚好离开地面时停止拉伸。调整圆鼓上的硅芯管,使两端缆在硅芯管中间。

开启试验机的拉伸程序,速度为100mm/min,当横梁位移到100~120mm时停止牵引,降下试验机横梁,再次开启试验机的拉伸程序。如此共往复进行两次,以使线缆与硅芯管充分接触。

降下砝码,保证拉伸机无荷载,将拉伸机的力值和位移回零。

开启试验机的拉伸程序,进行正式试验,拉伸速度为100mm/min,当横梁位移到200mm时停止牵引,在(100~160)mm的位移区间上读取并计算出拉伸试验的平均拉伸负荷F,按下式计算硅芯管的动态摩擦系数:

$$\mu = \frac{\ln(F/N)}{\theta} \tag{3-3-5}$$

式中:μ——动态摩擦系数;

F——平均拉伸负荷(N);

N——专用砝码产生的重力,数值为$20 \times 9.8 = 196N$;

θ——硅芯管在圆鼓上缠绕角度,数值为7.854rad。

此试验共进行三次,取三次试验结果的算术平均值为动态摩擦系数。

(3)拉伸强度、断裂伸长率

拉伸强度、断裂伸长率按《热塑性塑料管材 拉伸性能测定 第2部分:硬聚氯乙烯(PVC-U)、氯化聚氯乙烯(PVC-C)和高抗冲聚氯乙烯(PVC-HI)管材》(GB/T 8804.2—2003)规定的方法,取3个冲裁试样,分别夹持在试验机上,拉伸速度为(100 ± 5)mm/min,直至将试样拉断。取3次有效试验的算术平均值为测试结果(若无明显屈服点时,以最大拉伸强度为试验结果)。

(4)最大牵引负荷

取三段长度为200mm的完整硅芯管试样,试样两端应垂直切平。用专用夹具将试样夹持在试验机上,拉伸速度为450mm/min,直至试样屈服时,读取试验的屈服负荷为试验结果。若试样在夹具边缘断裂,则试验无效,应重新更换试样。取三个有效试验的算术平均值为测试结果。

(5)冷弯曲半径

①试验设备。低温箱:温度能控制在-20℃±2℃;弯曲试验器:半径误差不大于5mm的钢制半圆或整圆滚筒,滚筒外表面应无毛刺。

②样品。取3根1.5m(当外径>40mm时,为2.0m)长的硅芯管作为试样用于产品的弯曲性能试验。试验前试样应放置在-20℃±2℃温度下保持2h。

③测试步骤。

从低温箱中取出1根试样,迅速在四个不同方向上进行弯曲试验,每个方向上至少应该弯曲90°。

第一次弯曲后,转动180°进行第二次弯曲,然后转动90°,进行第三次弯曲,再转动180°进行第四次弯曲。从低温箱中取出试样开始,四次弯曲试验的时间间隔不能超过20s,四次弯曲试验的总时间不能超过40s。

从低温箱中取出另外两根样管,依此按照上述步骤进行弯曲。

(6)环刚度

从3根管材上各取1根200mm±1mm管段为试样,压缩速度为(5 ± 1)mm/min,压缩量为内径的5%,按《热塑性塑料管材 环刚度的测定》(GB/T 9647)的规定进行环刚度试验。

(7)复原率

取3段长度为(200 ± 1)mm的完整管材试样,试样两端应垂直切平。在试样直径两端做好标记,并量取标记处的外径为初始外径。按 GB/T 9647 的规定将试样放置在两平行压板之间,以(100±5)mm/min 的试验速度沿标记外径方向加压至外径变形量为初始外径的 50% 时,立即卸荷,在标准状态下恢复 10min,再次量取标记处的外径为终了外径,按下式计算复原率,取 3 个试样试验结果的算术平均值为测试结果。

$$复原率 = \frac{D_1}{D_0} \times 100\% \qquad (3\text{-}3\text{-}6)$$

式中:D_0——试验前初始外径(mm);

D_1——试验后终了外径(mm)。

(8)耐落锤冲击性能

①常温冲击试验。按现行 GB/T 14152 的规定,截取 10 个管材试样,在温度为 23℃±2℃、落锤高度为 2m、锤头尺寸型号为 D90、落锤总质量为 15.3kg 的条件下进行冲击,每个试样冲击一次。

②低温冲击试验。按现行 GB/T 14152 的规定,截取 10 个管材试样,将试样放在温度为 -20℃±2℃ 的低温试验箱中保持 2h。在落锤高度为 2m、锤头尺寸型号为 D90、落锤总质量为 15.3kg 的条件下进行冲击,每个试样冲击一次,每次取出一个试样,在 30s 内完成。

(9)耐水压密封试验

取两段长度为 1000mm 的管材试样,用硅芯管专用连接头按生产企业提供的工具和方法连接好,一端用管塞密封好,另一端连接专用卡具注水,在水温 20℃±2℃,压力 50kPa 条件下,保持 24h。

(10)抗裂强度

取 2 段长度不小于 250mm 的管材试样,按照 GB/T 611—2003 规定的 A 型密封方式对试样端头进行密封,将该试样夹持到试验机上缓慢注水,水温为(20±2)℃,1min 内达到规定的压力后保持 15min,观察管材试样。

(11)与管连接头连接力

取两段长度为(200±5)mm 的管材试样,用硅芯管专用连接头按生产企业提供的工具和方法连接好组成试样,用专用卡具将该试样夹持到拉伸试验机上,拉伸速度为 100mm/min,直至管连接头被拉破裂或硅芯管被拉出时,读取试验的最大拉伸负荷为试验结果。如此共进行三组试验,取三次试验结果的算术平均值为测试结果。

(12)纵向收缩率

取 3 段长度为 200mm 的管材试样,标距为 100mm,烘箱温度为(110±2)℃,按 GB/T 6671—2001 中试验方法 B 的规定进行试验。

(13)脆化温度

脆化温度按 GB/T 5470 的规定进行试验。

(14)耐环境应力开裂

一般试验的试样,可从硅芯管上沿轴线直接截取。其刻痕长度方向与轴线一致,刻痕深度:壁厚≤3.5mm 时为 0.65mm,>3.5mm 时为 0.80mm。仲裁试样严格按《塑料 聚乙烯环境应力开裂试验方法》(GB/T 1842—2008)的规定制取;其他规定按《塑料 聚乙烯环境应力开裂试验方法》(GB/T 1842—2008)执行。试验溶剂使用质量浓度为 20% 的重辛基苯基聚氧乙烯醚(TX-10)水溶液。

(15)熔体流动速率

熔体流动速率按现行《塑料 热塑性塑料熔体质量流动速率(MFR)和熔体体积流动速率(MVR)的测定》(GB/T 3682)的规定进行。

(16)耐热应力开裂

①试验设备。冲模刀具:127mm×6.4mm 的矩形刀具,要求边缘锐利,开口平直;钻床:能钻1.6mm 直径的孔;样品夹持器(图3-3-4):不锈钢或黄铜材料制成的圆棒,直径6.4mm、长度165mm;连接副:不锈钢或黄铜材料制成,螺钉直径1.4mm、长度12.5mm,配备相同规格的螺母和垫片;台钳:用于夹持样品的夹持器,装配试片;玻璃试管:直径32mm、长度200mm,带可通气的橡胶塞;试管夹:用于夹持试管;液体浴箱或电热通风炉,能将温度控制在100℃±1℃。

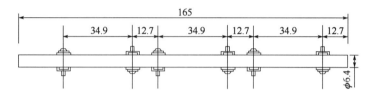

图3-3-4 样品夹持器结构图(尺寸单位:mm)

②样品的准备和试验条件。按《塑料 聚乙烯环境应力开裂试验方法》(GB/T 1842—2008)的方法,制备一张厚度为1.27mm±0.13mm 的模压试片,试片的大小应至少能制成10个试样条。模压试片成型8h 后,用冲模刀具切制9个试样条。试样条的尺寸,如图3-3-5 所示。

图3-3-5 试样条尺寸图(尺寸单位:mm)

③试验条件。试样条在温度为23℃±2℃、相对湿度50%±5%的条件下,状态调节至少40h。对有严格要求的试验,可以限制在23℃±1℃、50%±2%。

④试验过程。将夹持棒牢固地夹在台钳上,将试样条一端固定到夹持棒的一个孔上,按螺旋方式缠绕4圈半后,用连接副固定试样条的另一端,将两个连接副拧紧。夹持器及试样条的装配,如图3-3-6 所示。试验时应注意,过分拧紧可能导致试样提前失败。

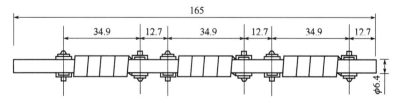

图3-3-6 夹持器及试样条装配图(尺寸单位:mm)

按上述方法装配另外两试样条到同一夹持棒上,并放到试管中,堵上塞子,放到试管架上。以相同的方法将剩余的六个试样条装配到另外两个夹持棒上,并放到试管中。

将上述三个试管放到试管架上并放入100℃电热通风炉或液体浴箱中,记下开始时间和日期。应注意,试验期间如用液体浴,要保证所有样品条都保持浸入状态,否则100℃的温度将迅速地降低,影响试验结果。

⑤检查周期。分别在48h、96h、168h的间隔内检查是否有试样失败。将试管从试验箱中取出并依次检查每一个试样,记下时间、日期和累计的失败样品数。要注意高温对试验者的伤害,可使用皮革或者棉布手套。

(17)工频击穿强度

工频击穿强度按《绝缘材料 电气强度试验方法 第1部分:工频下试验》(GB/T 1408.1—2016)规定进行。

(18)耐化学介质腐蚀

在标准试验环境下,取三段长度为100mm硅芯管试样分别置于5%的NaCl、40%的H_2SO_4、40%的NaOH溶液中浸泡24h后取出,用自来水冲洗干净,目测试样的颜色、外观等。

(19)耐碳氢化合物性能

在标准试验环境下,取三段长度为300mm硅芯管试样,用庚烷浸泡720h后取出,在室温下恢复30min,以排干试验液体。之后对硅芯管施加528N的外力并保持1min。

6)物理化学性能技术要求

硅芯管、集束管的物理化学性能应分别符合《公路地下通信管道 高密度聚乙烯硅芯塑料管》(JT/T 496—2018)中表4和表5的规定。

7)硅芯管专用连接头

硅芯管应使用专用连接头连接,专用连接头的要求如下:

(1)连接头一般由连接壳体、密封圈和卡簧组成,壳体由连接螺管、螺母组成。壳体和卡簧宜选用聚碳酸酯(PC)、聚丙烯(PP)或工程塑料(ABS)注塑制成。连接头壳体主要性能指标见JT/T 496—2018中表A.1。

(2)橡胶密封圈的性能:应具有高弹性能并且耐压、耐磨、耐酸、碱、盐等溶剂腐蚀,耐环境应力开裂,耐老化。

(3)外观:连接螺管与配合螺母的内外壁应光滑,无缺陷;两者螺旋配合良好,外壁有规格型号标志。

(4)配合尺寸。连接螺管内径(D_1)应在满足被接塑料管外径(D_0)及其公差的情况下顺利插入,即$D_1 > D_0$。连接螺管长度为塑料管外径的2.5倍。组装后连接件总长度大于塑料管外径的3.5倍。

(5)连接件组装后可反复装卸使用,并具有气闭性能及连接强度。其主要物理、机械性能应符合JT/T 496—2018表A.2的要求。

2. 双壁波纹管

双壁波纹管的主要质量评定标准为《地下通信管道用塑料管 第3部分:双壁波纹管》(YD/T 841.3—2016)。该标准对地下通信管道用双壁波纹管的产品型号、分类、结构、要求、试验方法、检验规则、标志、运输、储存等作出了要求。

1) 双壁波纹管的产品分类

双壁波纹管可以按环刚度分类,见表 3-3-1。

环 刚 度 等 级　　　　　　　　　　　表 3-3-1

等级	SN2	SN4	(SN6.3)	SN8	(SN12.5)	SN16
环刚度(kN/m²)	2	4	6.3	8	12.5	16

注:括号内数值为非首先等级。

2) 材料要求

管材的主要材料是聚氯乙烯和聚乙烯树脂,并加入为改进产品性能所必需的添加剂。

3) 颜色及外观要求

(1) 试验方法:颜色及外观可用肉眼观察,内壁可用光源照看。

(2) 技术要求:管材内外层各自的颜色应均匀一致,外层一般为本色,或由供需双方协商确定。管材内外壁应光滑、平整,无气泡、裂纹、分解变色线及明显杂质。管材断面切割应平整,无裂口、毛刺,并与管轴线垂直。

4) 结构尺寸

(1) 试验方法

管材结构尺寸及长度,按《地下通信管道用塑料管 第1部分:总则》(YD/T 841.1)的相关规定进行试验。

(2) 技术要求

典型的双壁波纹管的规格尺寸见 YD/T 841.3 中表2。当用户提出要求,并与制造商协商后,可以生产 YD/T 841.3 中表2规定以外规格尺寸的产品。

5) 承口尺寸

(1) 试验方法

①承口壁厚。

承口壁厚按《塑料管道系统 塑料部件 尺寸的测定》(GB/T 8806—2008)的规定进行测试,用精度为 0.02mm 的量具测量不少于 3 个试样承口壁厚,取最小值作为测量结果。

②承口平均内径。

承口平均内径按现行《埋地用聚乙烯(PE)结构壁管道系统 第1部分:聚乙烯双壁波纹管材》(GB/T 19472.1)的规定进行测试,用精度为 0.02mm 的量具测量试样承口相互垂直的两内径,以两内径的算术平均值作为测量结果。

③接合长度。

用精度为 0.02mm 的量具测量不少于 3 个试样的接合长度,取最小值作为测量结果。

(2) 技术要求

典型的双壁波纹管承口结构尺寸见 YD/T 841.3 中表3,且承口的最小平均内径应不小于管材的最大平均外径。

6) 弯曲度

(1) 试验方法

按《硬质塑料管材弯曲度测定方法》(QB/T 2803—2006)的规定进行测量。取 3 个长 1m

的试样测量,将试样置于一平面上,使其滚动,当试样与平面呈最大间隙时,标记试样两端与平面的接触点。然后将试样滚动90°,使凹面面向操作者,用卷尺从试样一端贴外壁拉向另一端,测量其长度 L,单位为 mm。在试样两端标记点将测量线沿长度方向水平拉紧,用游标卡尺或金属直尺测量线至管壁的最大垂直距离,即弦到弧的最大高度 h,单位为 mm。弯曲度试验方法如图 3-3-7 所示。管材弯曲度 R 由下式计算:

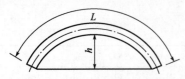

图 3-3-7 弯曲度试验方法示意图

$$R = \frac{h}{L} \times 100 \tag{3-3-7}$$

式中:R——管材弯曲度(%);
　　　h——弦到弧的最大高度(mm);
　　　L——试样一端向另一端长度(mm)。

(2)技术要求

硬直管同方向弯曲度应不大于2%。管材不允许有"S"形弯曲。硬弯管、可挠管不考核弯曲度指标。

7)物理力学及环境性能

(1)试验方法

①落锤冲击试验。

落锤冲击试验按《热塑性塑料管材耐外冲击性能 试验方法 时针旋转法》(GB/T 14152—2001)的规定进行。取长度为200mm±10mm 的试样10段,置于规定温度水浴或空气浴中进行状态调节 2h。状态调节后,应在从空气浴中取出 10s 内或从水浴中取出 20s 内完成试验。质量为 0.5kg 和 0.8kg 的落锤应采用 D25 型锤头,质量≥1.0kg 的落锤应采用 D90 型锤头。每个试样冲击一次。冲击条件应符合表3-3-2 的规定。

落锤冲量　　　　　　表3-3-2

管材标称外径(mm)	落锤质量(kg)	冲击高度(mm)
$d_e \leqslant 110$	0.5	1600
$110 < d_e \leqslant 125$	0.8	2000
$125 < d_e \leqslant 160$	1.0	2000
$160 < d_e \leqslant 200$	1.6	2000

注:在保证冲量一定的情况下,可选择表中规定之外的落锤质量及冲击高度。

②扁平试验。

扁平试验按现行《热塑性塑料管材 环刚度的测定》(GB/T 9647)的有关规定进行。取 3 根长度为 200mm±5mm 的管段为试样,试样两端应垂直切平,试验速度为 10mm/min±2mm/min。当试样在垂直方向外径变形量为规定值时立即卸荷。

③环刚度试验。

按 GB/T 9647—2003 的规定进行试验。取 3 根长度为(200±5)mm 的管段为试样,试样两端应垂直切平。试验速度为(5±1)mm/min。当试样在垂直方向的内径变形量达到5%时,记录试样所受的负荷,试验结果按下式计算。取三个试样的试验结果的算术平均值为测量结果。

$$S = (0.0186 + 0.025 \times Y_i/d_i) \times F_i/(Y_i \times L) = 0.01985 \times F_i/(Y_i \times L) \tag{3-3-8}$$

式中：S——试样的环刚度（kN/m^2）；

Y_i——变形量，相对应于试样内径垂直方向5%变形时的变形量（m）；

d_i——试样内径（m）；

F_i——相对于管材5%变形时的力值（kN）；

L——试样长度（m）。

④复原率。

试样制备和试验设备应符合 YD/T 841.1 中抗压强度试验的规定。试验速度为（10±2）mm/min。垂直方向施加压力至外径变形量为初始外径的30%时，立即卸荷。在标准状态下恢复10min，测量此时试样的终了外径。复原率 δ 按下式计算。取三个试样试验结果的算术平均值为测试结果。

$$\delta = \frac{H_1}{H_0} \times 100\% \tag{3-3-9}$$

式中：H_1——试验后试样的终了外径（m）；

H_0——试验前试样的初始外径（m）。

⑤套管坠落试验。

按《硬聚氯乙烯（PVC-U）管件坠落试验方法》（GB/T 8801—2007）的规定，取试样3个，置于（0±1）℃的低温箱中预处理2h后，在10s内从1m高度自由落下至混凝土地面，试样长度方向应与地面平行。

⑥连接密封性试验。

进行连接密封性试验时，取两段长度为500mm（允许偏差0～20mm）的试样，用配套的管接头将两段管材连接，两端按现行《流体输送用热塑性塑料管道系统 耐内压性能的测定》（GB/T 6111）规定的 A 型密封方式对试样端头进行密封，向管材内注水，在室温下，充满水加压到50kPa 保持24h。

⑦静摩擦系数试验。

应用平板法测定。试验方法采用 YD/T 841.1—2016 中附录 A 的规定。

⑧热老化后的扁平试验。

取3根长度为200mm±5mm的管段为试样，热老化处理温度为100℃±2℃，热老化处理时间7d。热老化处理后按本节的"②扁平试验"的规定进行扁平试验。

⑨高温灼烧残留量试验。

在样品上截取足够重量的试样，将试验切成小块，其任一方向上的尺寸应不大于5mm。将燃烧舟加热到灼热，然后在干燥器中冷却至少30min，称量精确到0.0001g。取2.0g±0.2g的试样放到燃烧舟中，再一起称重，精确到0.0001g，减去燃烧舟的质量即得到试样的质量，精确到0.0001g。将装有试样的燃烧舟放到硬直玻璃、石英或陶瓷燃烧管的中部。管内径约为30mm，长度为400mm±50mm。然后将带温度探头的塞子和可提供空气的管子插在燃烧管一端，使温度探头与燃烧舟接触，另一端不封闭。将燃烧管放入炉里，将炉子在20min 内加热到高温(对于 PE 试样,加热到 600℃±20℃;对于 PVC 试样,加热到 800℃±50℃),使试样发生高温灼烧。然后在高温下保持 10min 后停止加热。将燃烧舟通过供气端从燃烧管中取出,在干燥器中冷却至室温并重新称重,精确到 0.0001g,减去燃烧舟质量后得到高温灼烧后残留物的质量。试验结果表示为灼烧后残留物质量占试样质量的百分比。

⑩环保性能。

按《电子电气产品 六种限用物质(铅、汞、镉、六价铬、多溴联苯和多溴二苯醚)的测定》(GB/T 26125—2011)中的规定进行试验。

(2)技术要求

①聚氯乙烯(PVC-U)管材物理力学及环境性能要求见 YD/T 841.3—2016 中表 4。

②聚乙烯(PE)管材物理力学及环境性能要求见 YD/T 841.3—2016 中表 5。

③环保性能。

必要时,可对管材进行环保性能试验。组成管材的各均一材料中限用物质的含量应符合《电子电气产品中限用物质的限量要求》(GB/T 26572—2011)中相关规定的要求。

3. 公路用玻璃纤维增强塑料管道

公路用玻璃纤维增强塑料管道(简称玻璃钢管道)的主要产品标准为《公路用玻璃纤维增强塑料产品 第 3 部分:管道》(GB/T 24721.3—2009)。

1)玻璃钢管道产品的分类

玻璃钢管道按成型工艺,分为卷制成型玻璃钢管道(代号 J)、缠绕成型玻璃钢管道(代号 C)、其他成型玻璃钢管道(代号 Q)3 种。

2)试验要求

(1)试样状态调节和试验环境条件

除特殊规定外,试样应按《纤维增强塑料性能试验方法总则》(GB/T 1446—2005)的规定进行 24h 状态调节,并且在温度 23℃±2℃、相对湿度 50%±10% 时进行试验。

(2)试剂

试验用试剂包括 NaOH(化学纯)、NaCl(化学纯)、H_2SO_4(化学纯)、汽油(90 号)。

(3)试验仪器和设备

试验主要仪器和设备包括:力学性能试验机,应符合《纤维增强塑料性能试验方法总则》(GB/T 1446—2005)中 5.1 的规定;人工加速氙弧灯老化试验箱,应符合《塑料 实验室光源暴露试验方法 第 2 部分:氙弧灯》(GB/T 16422.2—2022)中第 4 章的规定;高低温湿热试验箱,高温上限不低于 100℃,低温下限温度不高于 -40℃,温度波动范围不超过 ±1℃,最大相对湿度不低于 95%,相对湿度波动范围不超过 ±2.5%,并应能符合《玻璃纤维增强塑料老化性能试验方法》(GB/T 2573—2008)中第 4 章的规定;试验平台,等级不低于 1 级。

(4)试样

①通用要求。

一般情况下,试样制备和试样数量按《纤维增强塑料性能试验方法总则》(GB/T 1446—2005)中 4.1 的规定,各性能试验的试样特殊要求按性能试验条款及分部产品的规定执行。

试样厚度符合相关标准要求的条件下,用于性能试验的试样在成型产品上截取。比对试验所需样品应尽可能在相邻位置截取,并做好标记,以保证试验结果前后的可比性。

在试样厚度不符合相关标准的要求时,应依据标准要求选用与产品相同原材料及工艺制备所需试验样品。

②特殊规定。

卷制成型玻璃钢管道试样从成型后的管道轴向方向截取试样,缠绕成型玻璃钢管道及其他类型试样从成型后的管道环向方向截取试样。

弯曲强度试样制备,应包含同数量的耐水性能、耐湿热性能保留率比对试样。

3)原材料要求

热固性树脂的性能指标,应符合现行《纤维增强塑料用液体不饱和聚酯树脂》(GB/T 8237)的要求,并应具有良好的机械强度、较好的耐化学性和耐候性能。

增强材料的性能指标,应符合现行《玻璃纤维短切原丝毡和连续原丝毡》(GB/T 17470)、《玻璃纤维无捻粗纱》(GB/T 18369)、《玻璃纤维无捻粗纱布》(GB/T 18370)、《连续玻璃纤维纱》(GB/T 18371)的要求,应选用无碱玻璃纤维或中碱玻璃纤维制成的纱制品和织物。

4)外观质量

(1)试验方法

外观质量在正常光线下,用目测直接观察。

(2)技术要求

玻璃钢管道外形要求平直,管端平齐,无毛刺、飞边等现象。产品表面平整光滑、色泽均匀,不得有起皱、裂纹、颗粒、流胶、树脂剥落、纤维裸露和表面发黏等缺陷。

含胶量均匀、固化稳定,无分层,单件产品表面的气泡累积面积不得大于$100mm^2$,单个最大气泡面积不得大于$15mm^2$。

5)结构、尺寸及偏差

(1)试验方法

①内径。

用分度值0.02mm的游标卡尺,在管道插入端量取3个数值,取算术平均值作为测量结果。

②壁厚。

用分度值0.01mm的千分尺,在承插端和其他部位各量取3个测量值,取算术平均值作为测量结果。

③承插端内径。

用分度值0.02mm的游标卡尺,在管道承插端量取3个数值,取算术平均值作为测量结果。

④长度。

用分度值0.5mm的钢卷尺,沿管道轴向分别量取3个数值,取算术平均值作为测量结果。

⑤弯曲度。

按《硬质塑料管材弯曲度测量方法》(QB/T 2803—2006)的规定进行测定。

(2)技术要求

玻璃钢管道产品结构如图3-3-8所示,其结构尺寸应符合表3-3-3的规定。

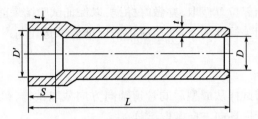

图 3-3-8 玻璃钢管道产品结构示意图
D-内径;D'-承插端内径;S-承插深度;L-长度;t-壁厚

玻璃钢管道结构尺寸(mm) 表 3-3-3

规格($D \times t$)	内 径 D	壁 厚 t	承插端内径 D'	承插深度 S	长 度 L
90×5	90	5	110	80	4000
100×5	100	5	120	80	
125×5	125	5	145	100	
150×8	150	8	176	100	4000(6000)
175×8	175	8	205	100	

注:管道的承插端和插入端可进行车削加工,以满足结构尺寸的偏差要求;其他型号规格由供需双方协商确定。

内径 D 允许偏差为 $^{+0.75}_{0}$ mm。壁厚为 5mm,允许偏差为 $^{+0.5}_{0}$ mm;壁厚为 8mm,允许偏差为 $^{+0.8}_{0}$ mm。承插端内径 D' 允许偏差为 $^{+0.5}_{0}$ mm。长度 L 为 4000mm,允许偏差为 $^{+20}_{0}$ mm;长度 L 为 6000mm,允许偏差为 $^{+30}_{0}$ mm。管道弯曲度应不大于 0.5%。

6)理化性能试验方法

(1)拉伸强度

卷制成型玻璃钢管道按《纤维增强塑料拉伸性能试验方法》(GB/T 1447—2005)规定执行。非模压短切纤维塑料样品,宜优先选用Ⅱ型试样;缠绕成型玻璃钢管道按现行《纤维缠绕增强塑料环形试样力学性能试验方法》(GB/T 1458)规定执行。

(2)弯曲强度

卷制成型玻璃钢管道按现行《纤维增强塑料压缩试验方法》(GB/T 1448)规定执行;缠绕成型玻璃钢管道按现行《纤维增强热固性塑料管平行板外载性能试验方法》(GB/T 5352)规定执行。环向弯曲强度,按下式进行计算:

$$\delta_D = 1.91 \frac{2PD}{L(D-d)^2} \tag{3-3-10}$$

式中:δ_D——环向弯曲强度(MPa);

P——最大抗压荷载(N);

D——管道外径(mm);

L——试样长度(mm);

d——管道内径(mm)。

(3)密度

密度按《纤维增强塑料密度和相对密度试验方法》(GB/T 1463—2005)的规定执行,形状规则的产品试样宜优先采用几何法,异形产品试样可采用浮力法。

(4)巴柯尔硬度

巴柯尔硬度按现行《增强塑料巴柯尔硬度试验方法》(GB/T 3854)规定执行。

(5)热变形温度

热变形温度按现行《塑料 负荷变形温度的测定 第2部分:塑料、硬橡胶》(GB/T 1634.2)的规定执行,最大弯曲应力选用A法,为1.80MPa。

(6)管道内壁静摩擦系数(对HDPE硅芯塑料管)

管道内壁静摩擦系数按"高密度聚乙烯硅芯塑料管"的理化性能检测方法中静摩擦系数测试方法,选用外壁硬度为59~61(邵氏D型)且规格为φ40/33mm的HDPE(高密度聚乙烯)硅芯塑料管作为标准滑动物质,管道两端应平齐,无裂口等不规则缺陷。每一根试样使用次数不可超过100次。

将长度不小于500mm的玻璃钢管道平放在测试斜面上,并与斜面紧固,把长度为200mm的标准HDPE(高密度聚乙烯)硅芯塑料管放入管道内,长度方向与管道轴线平行,硅芯塑料管离管道外缘距离>20mm。用升降装置将斜面缓慢升起,直到硅芯塑料管向下滑动为止,记下水平标尺和垂直标尺的数值,并按式(3-3-4)计算摩擦系数。如此共试验9次,取算术平均值作为测试结果。

(7)管刚度

管刚度按现行《纤维增强热固性塑料管平行板外载性能试验方法》(GB/T 5352)的规定,试样长度为300mm,试验结果为管道径向变化率为内径的10%时的管刚度。

(8)耐落锤冲击性能

耐落锤冲击性能按现行《热塑性塑料管材耐外冲击性能试验方法 时针旋转法》(GB/T 14152)的规定,试样长度为200mm,试验温度为20℃±2℃,选用D90型锤头,锤重为6.3kg,落锤高度为1m。每个试样冲击一次,冲击后试样冲击点的内壁应无明显开裂痕迹。

7)理化性能技术要求

(1)玻璃钢管道的理化性能,应符合表3-3-4的要求。

玻璃钢管道理化性能要求　　　　　　　表3-3-4

序号	项目		单位	技术要求	
				卷制成型玻璃钢管道	缠绕成型玻璃钢管道
1	通用物理力学性能	拉伸强度	MPa	≥160(轴向)	≥180(环向)
		弯曲强度	MPa	≥140(轴向)	≥180(环向)
		密度	g/cm³	≥1.5	
		巴柯尔硬度	—	≥40	
		负荷变形温度	℃	≥130	
		管道内壁静摩擦系数(对HDPE硅芯塑料管)	—	≤0.363	
		管刚度	MPa	≥3.0	
		耐落锤冲击性能	—	10次冲击9次通过	
2	氧指数(阻燃2级)		%	≥26	
3	耐水性能		—	经规定时间试验后,产品表面不应出现软化、皱纹、起泡、开裂、被溶解、溶剂浸入等痕迹,材料弯曲强度性能保留率不小于试验前的85%	

续上表

序号	项目		单位	技术要求	
				卷制成型玻璃钢管道	缠绕成型玻璃钢管道
4	耐化学介质性能		—	耐化学介质性能应符合表3-3-5的规定	
5	环境适应性能	耐湿热性能	—	经240h的耐湿热试验后，产品不应有变色或被侵蚀的痕迹，材料弯曲强度性能保留率不小于试验前的80%	
		耐低温坠落性能	—	经低温坠落试验后，产品应无折断、开裂、破损现象	

(2)玻璃纤维增强塑料产品耐化学介质性能技术要求见表3-3-5。

玻璃纤维增强塑料产品耐化学介质性能技术要求 表3-3-5

介质种类	技术要求	
汽油	经规定时间试验后，产品表面不应出现软化、皱纹、起泡、开裂、被溶解、溶剂浸入等痕迹，材料弯曲强度不小于右侧所列数据要求	≥90
酸		≥80
碱		—

8)氧指数

氧指数按现行《纤维增强塑料燃烧性能试验方法 氧指数法》(GB/T 8924)的规定执行。

9)耐水性能

耐水性能仲裁试验按现行《玻璃纤维增强塑料老化性能试验方法》(GB/T 2573)规定执行，试验用水应为蒸馏水或去离子水，试验水温为23℃±2℃，试验720h后，测定试样的外观质量和弯曲强度保留率。

一般常规试验和型式检验可按现行《玻璃纤维增强塑料老化性能试验方法》(GB/T 2573)规定的方法进行，试验用水应为蒸馏水或去离子水，试验水温为80℃±2℃，试验144h后，测定试样的外观质量和弯曲强度保留率。

10)耐化学介质性能

以下耐化学溶剂试验如有特殊使用环境，可根据使用双方的协商结果决定试液浓度和试验周期。

(1)耐汽油性能

耐汽油性能按现行《玻璃纤维增强热固性塑料耐化学介质性能试验方法》(GB/T 3857)规定的方法进行，试验溶剂为90号汽油，常温(10~35℃)浸泡360h或加温(80℃±2℃)浸泡72h后，测定试样的外观质量和弯曲强度保留率。

(2)耐酸性能

耐酸性能按现行《玻璃纤维增强热固性塑料耐化学介质性能试验方法》(GB/T 3857)规定的方法进行，试验溶剂为30%的硫酸溶液，常温(10~35℃)浸泡360h或加温(80℃±2℃)浸泡72h后，测定试样的外观质量和弯曲强度保留率。

(3)耐碱性能

耐碱性能按现行《玻璃纤维增强热固性塑料耐化学介质性能试验方法》(GB/T 3857)规定的方法进行，试验溶剂为10%的氢氧化钠溶液，常温(10~35℃)浸泡168h或加温(80℃±

2℃)浸泡24h后,测定试样的外观质量。

11)环境适应性能

(1)耐湿热性能

耐湿热性能试验按现行《玻璃纤维增强塑料老化性能试验方法》(GB/T 2573)规定的方法进行,选择恒定湿热试验条件,温度为60℃±2℃、相对湿度为93%±2%,以24h为一试验周期进行试验,一般不少于10个连续周期。

(2)耐低温坠落性能

耐低温坠落性能试验,即将长度不小于300mm或不小于其样品总长度的50%的试样放置在低温试验箱中,温度降至-40℃±2℃后,恒温2h后取出试样,试样长度方向或样品正面平行于地面由1m高度处自由坠落至硬质地面,观测试验结果。

4. 公路用玻璃纤维增强塑料管箱

公路用玻璃纤维增强塑料管箱(简称玻璃钢管箱)的主要质量评定标准,为《公路用玻璃纤维增强塑料产品 第2部分:管箱》(GB/T 24721.2—2009)。

1)玻璃钢管箱产品的分类

玻璃钢管箱按用途,分为普通管箱(Ⅰ类)和接头管箱(Ⅱ类)。

2)原材料要求

树脂及增强材料的原材料性能要求,同上述公路用玻璃纤维增强塑料管道的相关要求。

3)试验要求

(1)试样状态调节和试验环境条件

试样状态调节和试验环境条件与"公路用玻璃纤维增强塑料管道"的检测方法相同。

(2)试剂

试验用试剂,包括NaOH(化学纯)、NaCl(化学纯)、H_2SO_4(化学纯)、汽油(90号)。

(3)试验仪器和设备

试验仪器和设备,与"公路用玻璃纤维增强塑料管道"的检测方法相同。

(4)试样

①通用要求。

试样的通用要求,同"公路用玻璃纤维增强塑料管道"的规定。

②特殊规定。

试样应从成型后的管箱箱体的三个侧面和管箱箱盖截取,拉伸强度和弯曲强度试样应在管箱长度与宽度方向分别截取相同数量的试样,每项性能试验的每组试样最少数量为5件,弯曲强度试样在进行型式检验时长度方向和宽度方向均应不少于8组40件。

一般对样品的成型表面不宜进行机械加工,如确有需要,只能对单面进行加工。

4)外观质量

(1)试验方法:外观质量同"公路用玻璃纤维增强塑料管道"的规定,即在正常光线下,用目测直接观察。

(2)技术要求:玻璃钢管箱应外形平直,无明显歪斜,管箱盖与管箱体配合紧密,具有良好的防水效果。其他外观质量要求,也同上述公路用玻璃纤维增强塑料管道的相关要求。

5)结构、尺寸及偏差

(1)试验方法

①长度。

长度用分度值0.5mm的钢卷尺,在管箱体的三个面,沿轴向分别量取三个数值,取算术平均值作为测量结果。

②宽度。

宽度用分度值0.5mm的钢板尺或钢卷尺,在管箱体的上、中、下三个部位共量取六个测量值,取算术平均值作为测量结果。

③高度。

高度用分度值0.5mm的钢板尺或钢卷尺沿管箱体长度方向,任取三个截面,量取三个高度测量值,取算术平均值作为测量结果。

④厚度。

厚度用分度值0.02mm的板厚千分尺在盖板、箱体的三个面各量取三个测量值,取算术平均值作为测量结果。

(2)技术要求

玻璃钢管箱由管箱体、管箱盖、连接件构成。其常规结构形式和各部件参见图3-3-9,其规格尺寸应符合表3-3-6的规定。

玻璃钢管箱规格和尺寸(mm) 表3-3-6

型 号		长 度 L	宽 度 W	高 度 H	壁 厚 t
普通管箱(Ⅰ类)	BX250×150×5	4000	250	150	5
	BX310×190×5	4000	310	190	5
普通管箱(Ⅰ类)	BX340×230×5	4000	340	230	5
接头管箱(Ⅱ类)	BX310×190×5	2000	310	190	5
	BX370×240×5	2000	370	240	5

长度 L 允许偏差为 $_0^{+10}$ mm;宽度 W、高度 H 允许偏差为 ±5mm;厚度 t 允许偏差为 ±0.2mm。

6)理化性能试验方法

(1)通用物理力学性能

①管箱内壁静摩擦系数。

管箱内壁静摩擦系数,按本章"公路用玻璃纤维增强塑料管道"中静摩擦系数测试方法进行测试,要求管箱试样长度为500mm,标准滑动物质不变。

②其他物理力学性能。

其他物理力学性能,按《公路用玻璃纤维增强塑料产品 第1部分:通则》(GB/T 24721.1—2009)中5.5.2规定进行试验。

(2)氧指数(阻燃性能)

氧指数,同"公路用玻璃纤维增强塑料管道"的规定,即按现行《纤维增强塑料燃烧性能试验方法 氧指数法》(GB/T 8924)的规定执行。

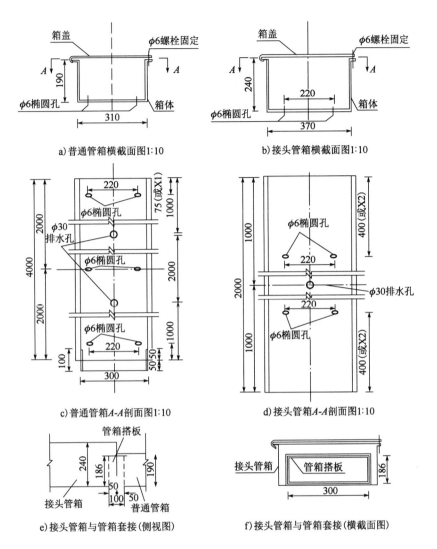

图 3-3-9　玻璃钢管箱的结构形式及部件图（尺寸单位：mm）

注：本图为玻璃钢管箱结构示意图，其他规格和 X1、X2 等具体结构值由工程设计图纸决定。

（3）耐水性能

耐水性能，见本节"3. 公路用玻璃纤维增强塑料管道"的规定。

（4）耐化学介质性能

耐化学介质性能，见本节"3. 公路用玻璃纤维增强塑料管道"的规定。

（5）环境适应性能

①耐湿热性能。

耐湿热性能，见本节"3. 公路用玻璃纤维增强塑料管道"的规定。

②耐低温冲击性能。

将长度不小于 300mm 或不小于其样品总长度的 50% 的试样放置在低温试验箱中，温度降至 -40℃ ±2℃ 后，恒温 2h 后取出试样，立即用质量 1kg 的钢球在离试样正上方 1m 处自由落下冲击样品,观测试验结果。

③人工加速老化试验(氙弧灯灯源)。

人工加速老化试验(氙弧灯灯源)按《公路沿线设施塑料制品耐候性要求及测试方法》(GB/T 22040—2008)中6.9规定执行。型式检验也应采用人工加速老化试验。

④耐自然暴露试验

耐自然暴露试验按现行《玻璃纤维增强塑料老化性能试验方法》(GB/T 2573)规定执行。仲裁试验也应采用自然暴露试验。

7)理化性能技术要求

玻璃钢管箱的理化性能,应符合表3-3-7的要求。

玻璃钢管箱的理化性能要求　　　　　　表3-3-7

序号	项　目		单位	技　术　要　求	
1	通用物理力学性能	拉伸强度	MPa	≥160（管箱长度方向）	≥96（管箱宽度方向）
		压缩强度	MPa	≥130	
		弯曲强度	MPa	≥170（管箱长度方向）	≥102（管箱宽度方向）
		冲击强度	kJ/m²	≥80	
		密度	g/cm³	≥1.6	
		巴柯尔硬度	—	≥45	
		负荷变形温度	℃	≥150	
		管箱内壁静摩擦系数	—	≤0.363	
2	氧指数(阻燃2级)		%	≥26	
3	耐水性能		—	经规定时间试验后,产品表面不应出现软化、皱纹、起泡、开裂、被溶解、溶剂浸入等痕迹,材料弯曲强度性能保留率不小于试验前的85%	
4	耐化学介质性能		—	耐化学介质性能应符合表3-3-5的规定	
5	环境适应性能	耐湿热性能	—	经240h耐湿热试验后,产品不应有变色或被侵蚀的痕迹,材料弯曲强度性能保留率不小于试验前的80%	
		耐低温冲击性能	—	经低温冲击试验后,以冲击点为圆心,半径6mm区域外,试样无开裂、分层、剥离或其他破坏现象	
	耐候性能	氙弧灯人工加速老化试验	—	经总辐照能量不小于3.5×10⁶kJ/m²的氙灯人工加速老化试验后,试样无变色、龟裂、粉化等明显老化现象,材料弯曲强度性能保留率不小于试验前的80%	
		自然暴露试验	—	经五年自然暴露试验后,试样无变色、龟裂、粉化等明显老化现象,材料弯曲强度性能保留率不小于试验前的60%	

注:氧指数要求阻燃2级为一般要求,特殊要求可根据供求双方协商决定是否采用阻燃1级。

三、通信管道的施工工艺

下面将对公路上应用最广泛的通信管道——硅芯管的施工工艺要点加以说明。

硅芯管敷设前,施工单位应根据设计文件及施工图中的要求,对所需敷设硅芯管的路由进行复测,核实路由长度、路由上各种障碍点的位置、硅芯管接头位置、人(手)孔位置及间距等。沟槽的开挖,应尽可能平整。沟槽开挖宽度,以满足施工操作的最小宽度为原则;沟槽开挖深度,应满足一般路段、中分带开口等的设计深度要求。

硅芯管敷设前,应将硅芯管端口用密封塞子堵塞,防止水、土及其他杂物等进入管内。硅芯管进入沟槽内应摆放有序,尽量顺直、平整。硅芯管进入沟坎及转角处过渡要平缓,应满足设计的最小半径要求,不允许出现缠绕或折弯。

硅芯管敷设前,应先在沟槽底铺 5cm 左右厚的细土,用于调平。硅芯管铺放后及时回填 20cm 土加以保护,以免出现硅芯管摆放无序或缠绕。当硅芯管经过构造物从管箱内通过时,硅芯管的排列方式应同一般路段,避免缠绕。在硅芯管断开处应及时连接密封,对引入人孔的管道及时封堵端口。

硅芯管过路至通信站,在过排水沟时硅芯管应整条敷设,中间不得有接头。硅芯管过构造物和桥梁、中央分隔带开口等时,应注意埋设深度,应使硅芯管与相邻路段能平顺地过渡,避免某一断面处跳跃过渡。

当硅芯管通过中央分隔带入孔时,如在入孔处并不是端头,则不必人为断开。为了保证气吹需要和今后缆线的更换,硅芯管的连接应采用配套的连接件并使用专用工具操作。硅芯管的对接端面要剪切平直,并用平滑接口刀将管壁内外棱角磨平。

使用塑料气密封接头,应保证接头内的橡胶垫圈保持在应有位置,硅芯管从接头两端插入接头内并插入到位,然后旋紧两端到适当程度为止。应在竣工图上清楚标明每根管子的接头和接头的确切位置。接头点应尽量远离高温热源及其他易受腐蚀地区。硅芯管敷设后不能立即接续时,硅芯管应留有充足的重叠长度,两端要密封并掩埋保护。

对硅芯管的保护通常有三种措施,即在分歧管、回车道、横跨行车道以及引入段采用钢管保护;跨越桥梁采取软连接,桥上采用玻璃管箱保护;在人(手)孔引入、中墩绕行、涵洞跨越、桥梁两侧、分歧支线等处采用混凝土等包封,并进行防水处理。

第二节 通信光缆、电缆线路工程

通信光缆、电缆线路工程的基本概念在本书第一篇和第三篇第二章已有所涉及。交通工程检测中以工程质量检验评定为主,其基本要求如下:

1. 基本要求

(1)通信光缆、电缆的型号规格、数量应符合合同及相关技术规范的要求。
(2)光缆、电缆的敷设、接续、预留及成端等应符合相关技术规范的要求。
(3)光缆、电缆绑扎应牢靠,松紧适度、紧密,绑扎线扣均匀、整齐、一致。
(4)槽道、托架内光缆、电缆应顺直,无明显扭绞和交叉,不溢出槽道,不侧翻;拐弯适度;

进出槽道、托架应绑扎整齐。

(5)槽道、托架应做可靠接地连接。

2. 外观质量要求

(1)光缆、电缆配线箱(架)安装端正、稳固,配件齐全;光缆、电缆接续箱(盒)安装牢固,密封良好。

(2)光缆、电缆线路缆线路由正确、保护措施得当、排列整齐、绑扎牢固、预留长度符合规定,标识正确清楚。

第三节 同步数字体系(SDH)光纤传输系统

一、光纤数字传输系统的构成

光纤数字传输系统主要包括光发射机、光接收机和光纤,还包括中继器、光纤连接器和耦合器等无源器件,见图3-3-10。

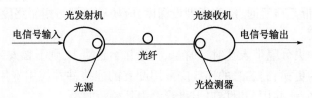

图3-3-10 光纤数字传输系统构成图

1. 光发射机(光源)

光发射机是实现电/光转换的光端机,由光源、驱动器和调制器组成,其功能是用光端机的电信号对光源发出的光波进行调制,成为已调光波,然后再将已调的光信号耦合到光纤或光缆进行传输。

2. 光接收机(光检测器)

光接收机是实现光/电转换的光端机,由光检测器和光放大器组成,其功能是将光纤或光缆传输来的光信号经光检测器转变为电信号,再将这微弱的电信号经放大电路放大到足够的电平,再送至接收端。

3. 光纤或光缆传输介质

光纤或光缆构成光传输通路,其功能是将发送机发出的已调光信号,经过光纤或光缆的远距离传输后,耦合到光接收机的光检测器,完成传送信息任务。

二、SDH光纤传输系统组成

SDH传输网是由不同类型的网元通过光缆线路连接而成的,通过不同的网元完成SDH网的传送功能。这些功能包括上下业务、交叉连接业务、网络故障自愈等。SDH网中常见网元有终端复用器(Terminal Multiplexer,TM)、分/插复用器(Add/Drop Multiplexer,ADM)、再生中继器(Regenerator,REG)、数字交叉连接设备(Digital Cross Connect,DXC)。

1. 终端复用器(TM)

终端复用器用在网络的终端站点上,它是一个双端口器件。其作用是将支路端口的低速信号复用到线路端口的高速信号 STM-N 中,或从 STM-N 的信号中分出低速支路信号。它的线路端口输入/输出一路 STM-N 信号,而支路端口却可以输出/输入多路低速支路信号。将低速支路信号复用进 STM-N 帧(将低速信号复用到线路)上时,有一个交叉的功能。

2. 分/插复用器(ADM)

分/插复用器用于 SDH 传输网络的转接站点处,例如链的中间结点或环上结点,是 SDH 网中使用最多、最重要的一种网元。它是一个三端口的器件。分/插复用器有两个线路端口和一个支路端口。两个线路端口各接一侧的光缆(每侧有收/发两根光纤),为了描述方便,我们将其分为西向(W)、东向(E)两个线路端口。分/插复用器的作用是将低速支路信号交叉复用进 E 或 W 线路上去,或从 E 或 W 线路端口接收到的线路信号中拆分出低速支路信号。也可将 E 或 W 线路侧的 STM-N 信号进行交叉连接。分/插复用器是 SDH 最重要的一种网元,通过它可等效成其他网元,即能完成其他网元的功能,例如:一个 ADM 可等效成两个 TM。

3. 再生中继器(REG)

光传输网的再生中继器有两种:一种是纯光的再生中继器,主要进行光功率放大以延长光传输距离;另一种是用于脉冲再生整形的电再生中继器,主要通过光/电变换、电信号抽样判决、再生整形、电/光变换,以达到不积累线路噪声,保证线路上传送信号波形的完好性。

4. 数字交叉连接设备(DXC)

数字交叉连接设备完成 STM-N 信号的交叉连接功能,它是一个多端口器件,相当于一个交叉矩阵,完成各路信号之的交叉连接。数字交叉连接设备可将输入的 m 路 STM-N 信号交叉连接到输出的 n 路 STM-N 信号上。DXC 的核心是交叉连接,功能强的 DXC 能完成高速(例 STM-16)信号在交叉矩阵内的低级别交叉(例如 VC12 级别的交叉)。

第四节 IP 网络系统

IP(网络互连协议)网络系统由集线器、交换机、路由器、网关、调制解调器和网卡、网桥等组成。

计算机网络是计算机技术和通信技术紧密结合的产物,涉及通信与计算机两个领域,其诞生使计算机体系结构发生了巨大变化。它在当今社会经济中起着非常重要的作用,对人类社会的进步作出了巨大贡献。从某种意义上讲,计算机网络的发展水平不仅反映了一个国家的计算机科学和通信技术水平,而且已经成为衡量其国力及其现代化程度的重要标志之一。

交通工程检测中以工程质量检验评定为主,其基本要求如下:

1. 基本要求

(1) IP 网络系统设备机房应整洁、通风、照明良好，环境温、湿度应符合《通信中心机房环境条件要求》(YD/T 1821—2008)中二类通信机房的规定。

(2) IP 网络系统设备应取得电信设备进网许可证，其型号规格、数量、配置应符合合同要求，部件完整。

(3) 全部设备安装调试完毕，系统应处于正常工作状态。

2. 外观质量

(1) 槽道、机架(包括子架、DDF、ODF)及设备布局合理、安装稳固；机架横竖端正、排列整齐；拼装螺丝紧固、余留长度一致。

(2) 配线架上布线整齐、美观，长度适当；绑扎牢固、成端符合规范要求；标识正确清楚。

(3) 设备连接用连接线、跳线(纤)符合设计要求，长度适当、标识正确清楚。

第五节 波分复用(WDM)光纤传输系统

光波分复用系统主要由光发射机、光接收机、光放大器、光纤(光缆)、光监控信道和网络管理系统六大部分组成，其结构如图 3-3-11 所示。

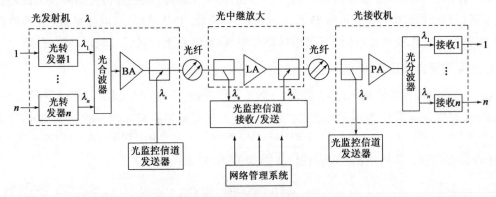

图 3-3-11 WDM 系统的结构图

光波分复用系统的工作过程为：首先将终端同步数字序列(SDH)端机的光信号送到光发射端。经光转发器将符合 ITU-IG.957 协议的非特定波长的光信号转换为具有特定波长的光信号，再利用合波器合成多通路的光信号，经功率放大器(BA)放大后，送入光纤信道传输。同时插入光监控信号。经过一段距离(可达上万公里)需要对光纤信号进行光信号放大，现在，一般使用掺铒光纤放大器(EDFA)，由于是多波长工作，因此，要使 EDFA 对不同波长光信号具有相同的放大增益(采用放大增益平阳技术)。还要考虑多光信道同时工作的情况，保证多光信道增益竞争不会影响传输性能。放大后的光信号经过光纤(光缆)传输到接收端，经长途传输后衰减的主信道弱光信号经功率放大器(PA)放大后，再利用光分波器从主信道光信号中分出特定波长的光信号。

第六节　固定电话交换系统

一、系统组成

高速公路固定电话交换系统是以计算机平台为基础、以局域网为技术支撑,采用客户机/服务器方式的控制结构,具备灵活的组网能力和呼叫处理能力,具有高可靠性、良好的兼容性和可扩展性的电话业务系统。

固定电话交换系统通常由交换网络、接口子系统和控制子系统3部分组成。从硬件接口来看,其主要由话路系统、控制系统和网络交换机组成,见图3-3-12。

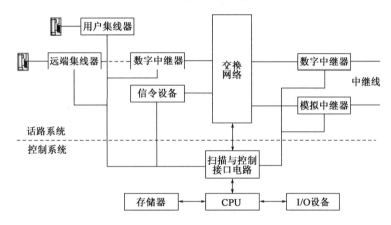

图3-3-12　固定电话交换系统硬件结构

（1）接口子系统的作用是将来自不同终端(如电话机、计算机等)或其他交换系统的各种传输信号,转换成统一的数字程控交换系统内部的工作信号,并按信号的性质分别将信令传送给控制系统,将消息传送给交换网络。

（2）交换网络的任务是实现输入输出线上信号的传递或接续。

（3）控制系统负责处理信令,按信令的要求控制交换网络完成接续,通过接口发送必要的信令,协调整个数字程控交换系统的工作以及配合协调整个电信网的运行等。

二、功能与作用

作为整个路网语音传输平台,高速公路固定电话交换系统包括高速公路业务电话系统、指令电话系统、与电信连接的对外电话系统,以及移动通信的接入系统。该系统主要为高速公路沿线各管理部门提供业务电话(BT)和指令电话(CT)等通信业务。

目前,在公路专用通信网中,固定电话交换系统发挥着重要作用,为公路运营管理提供了高效的通信服务,不仅能够完成基本的点对点的话音、传真、图像等数据的传输,还提供了一点对多点的指令电话、电话会议等特殊服务。

第七节 通信电源系统

一、系统组成

一个完整的高速公路通信电源系统主要由 5 个部分组成：①信息监理系统；②直流配电单元；③交流配电单元；④整流分配模块；⑤UPS 蓄电池组。

二、功能与作用

通信电源是为通信设备提供交直流电的电能源，被喻为高速公路通信网和通信设备的"心脏"，在高速公路通信网中的地位极其重要。可靠性和稳定性是对高速公路通信电源系统的基本要求。

现代电源技术发展得很快，高频开关电源已经得到广泛使用，它利用电源控制技术和计算机技术，将交流配电单元、直流配电单元、监控单元和整流模块集中于同一机柜上，实现了集中监控整流模块与交直流配电单元的各种参数和状态，非常适合于程控交换机和各种通信设备配套使用。

第八节 通信设施质量检验评定

《公路工程质量检验评定标准 第二册 机电工程》（JTG 2182—2020）从基本要求、实测项目和外观质量三个方面对通信设施的检测方法和技术要求进行了规定。《公路机电工程测试规程》（JTG/T 3520—2021）对通信设施的部分测试方法进行了细化。本节结合两个标准的相关内容进行介绍。

一、基本要求和外观质量

基本要求和外观质量应符合《公路工程质量检验评定标准 第二册 机电工程》（JTG 2182—2020）的相关要求。基本可归纳如下：

(1) 通信管道的型号规格、管群断面组合，管顶至路面的埋设深度，通过桥梁或其他构造物时采用的管箱、引上和引下工程采用的管道应符合设计要求，敷设与安装应符合相关技术规范要求。

(2) 人(手)孔位置应准确，预埋件安装牢固，具有防水措施。

(3) 系统设备机房应整洁，通风、照明良好，环境温、湿度应符合《通信中心机房环境条件要求》（YD/T 1821—2008）中二类通信机房的规定。

(4) 通信设备应取得电信设备进网许可证，设备及配件型号规格、数量、配置应符合合同要求，部件完整。

(5) 固定电话交换系统设备及其辅助设备安装应牢固。

(6)蓄电池的连接条、螺栓、螺母应做防腐处理,并连接可靠。
(7)全部设备安装调试完毕,系统应处于正常工作状态。
(8)槽道、机架(包括子架、DDF、ODF)及设备布局合理、安装稳固;机架横竖端正、排列整齐;拼装螺丝紧固、余留长度一致。
(9)配线架上布线整齐、美观,长度适当;绑扎牢固、成端符合规范要求;标识正确清楚。
(10)设备连接用连接线、跳线(纤)符合设计要求,长度适当、标识正确清楚。

二、实测项目

1. 实测项目汇总

通信设施实测项目汇总见表3-3-8。

通信设施实测项目汇总表   表3-3-8

项次	分项工程	实测项目
1	通信管道工程	管道地基,管道铺设,回土夯实,人(手)孔、管道掩埋,人(手)孔的位置,分歧形式及内部尺寸,通信管道的横向位置,主管道管孔试通试验*,通信管道工程用塑料管孔试通试验*,通信管道工程用塑料管(箱)规格尺寸,管孔封堵
2	通信光缆、电缆线路工程	光缆护层绝缘电阻,单模光纤接头损耗平均值*,单模光纤接头损耗最大值,多模光纤接头损耗平均值*,多模光纤接头损耗最大值,中继段单模光纤总衰减*,中继段多模光纤总衰减*,音频电缆绝缘电阻*,音频电缆串音衰减,音频电缆直流环阻,接线图(网线)*,长度(网线),回波损耗(网线)*,插入损耗(网线),近端串音(网线)*,近端串音功率和(网线),衰减远端串音比(网线),衰减远端串音比功率和(网线),衰减近端串音比(网线),衰减近端串音比功率和(网线),环路电阻(网线),时延(网线),时延偏差(网线)
3	同步数字体系(SDH)光纤传输系统	系统设备安装连接的可靠性*,接地连接,系统接收光功率*,平均发送光功率*,光接收机灵敏度*,误码指标(2M电口)*,电接口允许比特容差,输入抖动容限,输出抖动,2M支路口漂移指标,管理授权功能,自动保护倒换功能*,远端接入功能*,配置功能*,网络性能监视功能,激光器自动关断功能,故障定位功能*,信号丢失告警(LOS),电源故障告警*,帧失步告警(LOF)*,AIS告警*,参考时钟丢失告警*,指针丢失告警,远端接收失效(FERF),远端接收误码(FEBE),电接口复帧丢失(LOM),信号劣化(BER > 1 × 10^{-6}),信号大误码(BER > 1 × 10^{-3}),机盘失效告警
4	网络系统	系统设备安装连接的可靠性*,接地连接,IP网络接口平均发送光功率*,IP网络接口接收光功率*,IP网络接口接收灵敏度*,IP网络吞吐率*,IP网络传输时延*,IP网络丢包率*,网络性能监视功能,自动保护倒换功能*,IP网络接口半双工、全双工自动协商,IP网络流量控制功能*,IP网络故障告警管理功能,IP网络管理授权功能,IP网络端口使能或禁止功能,IP网络网管查询和配置功能,IP网络主、备系统处理器切换功能,IP网络故障诊断与定位功能*,IP网络 VLAN 功能*
5	波分复用(WDM)光纤传输系统	系统设备安装连接的可靠性*,接地连接,线路侧接收、发送参考点中心波长*,线路侧接收、发送参考点中心频率偏移*,信号功率,光信噪比(OSNR)*,噪声,-20dB带宽,0Ch中心波长,0Ch最小边模抑制比*,分波器中心波长,分波器插入损耗*,分波器插入损耗的最大差异,分波器相邻通道隔离度*,合波器中心波长,合波器插入损耗*,合波器插入损耗的最大差异,合波器相邻通道隔离度*,MPI-SM ~ MPI-RM 残余色散*,MPI-SM ~ MPI-RM 偏振模色散*,网络性能,自动保护倒换功能*,网管功能,激光器自动关断功能,信号丢失告警(LOS),电源故障告警*,机盘失效告警

续上表

项次	分项工程	实测项目
6	固定电话交换系统	接地连接,工作电压*,局内障碍率,接通率*,软交换 IP 承载网的丢包率*,软交换 IP 承载网的网络抖动,软交换 IP 承载网的时延,软交换 IP 承载网的包差错率,软交换网内端到端语音服务质量,管理授权功能,系统再启动功能,修改用户号码功能*,修改单个用户级别功能*,呼叫限制功能,计费功能,话务管理,故障诊断、告警*,系统交换功能,多方呼叫控制功能
7	通信电源系统	通信电源系统防雷,通信电源系统接地,交流电路和直流电路对地、交流电路对直流电路的绝缘电阻,开关电源的主输出电压*,系统杂音电压,蓄电池管理功能,电源系统报警功能*,远端维护管理功能

注:带"*"的为关键项目;各项目参数具体技术指标详见 JTG 2182—2020。

2. 光纤链路接头损耗及总损耗测试(后向散射法)

1) 测试设备

光时域反射计(OTDR)应满足下列技术要求:

(1) 输出光中心波长:(1310±20)nm 和(1550±20)nm。

(2) 事件盲区长度:≤1m。

(3) 衰减盲区长度:≤4m。

(4) 测量距离范围:不小于被测中继段光纤长度。

(5) 损耗阈值:≤0.01dB。

(6) 损耗分辨率:≤0.001dB。

(7) 最小脉冲宽度:≤5ns。

2) 测试方法

(1) 将被测光纤与光时域反射计连接,确认被测光纤的测试方向对端未连接任何设备。

(2) 设置光时域反射计的测试参数:根据系统工作波长和光纤类型设置测试波长;测量范围宜设置为被测光纤长度的 1.5~2 倍距离;根据被测光纤长度设置合适的测试脉冲宽度;设置被测光纤折射率;取样(平均)时间宜设置为 1~3min;损耗事件阈值宜设置为 0.01dB。

(3) 启动测试并记录测试方向,测试结束后应读取并记录事件信息,事件信息至少包括事件类型、位置、接头损耗、总损耗等。

(4) 转移至被测光纤对端,更换被测光纤的测试方向,应按照本方法(1)~(3)的规定进行测试。

3) 测试要求

(1) 测试中使用的接头或连接器应具有低插入损耗和低反射(高回波损耗)特性。

(2) 测试时,可在光时域反射计和被测光纤之间连接一段盲区光纤。

(3) 对于短距离测试,宜选择较短脉冲宽度;对于长距离测试,宜选择较长脉冲宽度或提高入射峰值功率。

注:被测光纤链路长度在 10km 以下可以选择不大于 100ns 的脉冲宽度,长度在 10km 以上可以选择 100ns 及以上脉冲宽度。

4) 计算

(1) 光纤链路总损耗测试结果应为该链路两个不同方向测得总损耗值的平均值。

(2)接头损耗值测试结果应为该接续点两个不同方向测得接头损耗值的平均值。
(3)光纤接头损耗平均值测试结果应按式(3-3-11)计算:

$$\bar{\alpha} = \frac{1}{n}\sum_{i=1}^{n}\alpha_i \qquad (3\text{-}3\text{-}11)$$

式中:$\bar{\alpha}$——光纤接头损耗平均值(dB);
　　α_i——第 i 个接续点在两个不同方向测得接头损耗值的平均值(dB);
　　n——被测光纤的接续点总数。

5)测试结果

(1)链路总损耗测试结果的单位为 dB,测试结果数值修约间隔为 0.01。
(2)光纤接头损耗、光纤接头损耗平均值测试结果的单位为 dB,测试结果数值修约间隔为 0.001。

3. 光纤链路总损耗测试(插入损耗法)

1)仪器设备

(1)光传输用稳定光源:长时间(≥5h)稳定度应优于 ±0.2dB;短时间(15min)稳定度应优于 ±0.02dB;波长范围应包括被测光纤的工作波长。
(2)通信用光功率计:光功率测量范围应覆盖 −60 ~ +27dBm;光功率相对示值误差 ≤10%;波长范围应包括被测光纤的工作波长。

2)测试方法

(1)应采用与被测光纤为同一类型的短段光纤作为参考光纤,将稳定光源通过参考光纤连接至光功率计测试端口。
(2)应设置稳定光源的参数(波长、输出功率等)和光功率计的测试参数(波长、模式等)与被测光纤链路保持一致。
(3)启动测试,应待光源输出功率稳定后,记录光功率测试值,作为参考输入光功率 P_1。
(4)应将稳定光源连接至被测光纤链路一端,将光功率计测试端口连接至被测光纤链路另外一端。
(5)启动测试,应待光源输出功率稳定后,读取光功率测试值并记录,作为被测光纤链路输出光功率 P_2。

3)测试要求

(1)测试中使用的参考光纤长度不应超过 2m。
(2)测试过程中,由连接器引起的损耗应被包括在参考光纤的功率测试结果中。
(3)测试仪器设备的光端口类型应与被测光纤链路光端口类型匹配。
(4)测试前宜清洁光接头,并确保连接良好。

4)计算

光纤链路总损耗测试结果应按式(3-3-12)计算:

$$A = \left|10\lg\frac{P_1}{P_2}\right| \qquad (3\text{-}3\text{-}12)$$

式中:A——光纤链路总损耗(dB);

P_1——参考输入光功率(mW);
P_2——被测光纤输出光功率(mW)。

4. 光纤传输系统接收、发送光功率测试

1)仪器设备

通信用光功率计。

2)测试方法

(1)测试连接示意如图 3-3-13、图 3-3-14 所示。

图 3-3-13　系统接收光功率测试连接示意图　　图 3-3-14　系统发送光功率测试连接示意图

(2)将光功率计测试端口用测试光纤或直接连接至被测设备的光接收端。

(3)应设置光功率计的测试参数(波长、模式等)与被测设备保持一致。

(4)启动测试,应待输出光功率稳定后,读取光功率计的测试值并记录。

注:测试发送光功率时,应将光功率计测试端口连接至被测设备的光发送端。被测设备的输入端如需发送信号,可按输入端的速率等级等参数发送测试信号。其余与接收光功率测试一致。

3)测试要求

(1)宜根据光连接器和测试光纤的衰减对光功率计测试值进行修正。

(2)测试过程中宜确保系统在用数据通过保护链路进行传输。

(3)测试仪器设备的光端口类型应与被测设备光端口类型匹配。

(4)测试前宜清洁光接头,并确保连接良好。

注:如果需要精细的测试,可以通过多次测试取平均值,然后再用光连接器和测试光纤的衰减对平均值进行修正。

5. SDH 光纤传输系统误码测试

1)仪器设备

误码测试仪(或具有误码性能分析功能的 PDH/SDH 通信性能分析仪)应满足下列技术要求:

(1)接口工作速率:2048kbit/s。

(2)码型:HDB3。

(3)输出信号固有抖动:≤0.05UIp-p。

(4)误码率测试范围:不小于 $10^{-3} \sim 10^{-12}$。

(5)误码数测试范围:≥99999。

(6)应具备 ES(误块秒)、ESR(误块秒比)、SES(严重误块秒)、SESR(严重误块秒比)、BBE(背景误块)、BBER(背景误块比)等分析功能。

2)测试方法

(1)测试连接示意如图3-3-15所示。

图3-3-15 误码测试连接示意图

(2)测试链路应选择被测设备至远端设备间速率等级为2048kbit/s的数据链路通道,并进行远端环回。

(3)将误码测试仪与测试链路连接,设置相应的速率等级,启动测试,向被测设备测试通道(线路)输入端发送测试信号,同时从被测设备测试通道(线路)输出端接收信号,并监视误码。

(4)持续测试时间达到规定值后,读取误码测试仪测得的BER、ESR、SESR、BBER测试值并记录。

3)测试要求

(1)测试通道的远端环回宜选择接口环回,不具备接口环回条件时,可采用系统配置远端环回代替。

(2)根据需要可将数据链路测试通道串接进行测试。

(3)在测试过程中,被测系统应处于正常工作状态,无光通道的断开、撤销等异常现象发生,测试过程中不得对系统进行配置操作。

(4)记录误码性能测试结果时,应同时记录测试时间。

注:1. 对于2048kbit/s电接口,接口环回是在远端设备的数字配线架上将被测2048kbit/s支路的输入、输出端口用电缆连接;系统配置远端环回是通过网管对远端设备接口进行软件环回。

2. 测试通道串接后进行误码测试可以提高测试效率。

3. 测试结果为BER(Bit Error Ratio,误码率)、ESR(Errored Second Ratio,误块秒比)、SESR(Severely Errored Second Ratio,严重误块秒比)、BBER(Background Block Error Ratio,背景误块比)测试值,测试结果数值修约间隔为1。

6. 光纤传输系统光接收灵敏度测试

1)仪器设备

(1)SDH光纤传输系统光接收灵敏度测试仪器设备

①误码测试仪应满足下列技术要求:

a. 接口工作速率:2048kbit/s。

b. 码型:HDB3。

c. 输出信号固有抖动:≤0.05UIp-p。

d. 误码率测试范围:不小于$10^{-3} \sim 10^{-12}$。

e. 误码数测试范围:≥99999。

②通信用光功率计。

③可变光衰减器:可变衰减范围 0~65dB;插入损耗≤3dB。
(2)IP 光纤传输系统光接收灵敏度测试仪器设备
①IP 网络性能测试仪应满足下列要求:
a.应支持 10M/100M/1000M 以太网接口上的 100%线速流量产生和流量统计功能。
b.应具备网络流量仿真功能,能够指定数据包的内容、数据包长度和所产生流量的大小。
c.应具备网络流量监听功能,能够对网络利用率、单播帧、广播帧、多播帧、碰撞、各种类型错误帧进行统计。
d.应具备 RFC2544 网络性能测试功能。
e.应具备从网络设备上获取 SNMP 数据的功能。
f.应具备测试结果分析功能。
②通信用光功率计。
③可变光衰减器。
2)测试方法
(1)测试连接示意如图 3-3-16 所示。

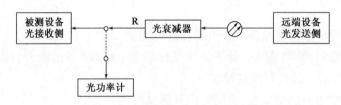

图 3-3-16　光接收灵敏度测试连接示意图

(2)监测链路宜符合下列要求:
①测试 SDH 光纤传输系统时,监测链路宜选择被测设备至远端设备间速率等级为 2048kbit/s 的数据链路通道。
②测试 IP 光纤传输系统时,监测链路宜选择被测设备至远端网络设备之间的 IP 网络链路。
(3)将可调光衰减器连接到被测光链路中,设置光衰减器的参数(波长等)与被测设备保持一致。
(4)应按照误码(包丢失率)测试方法,测试监测链路的误码率(包丢失率)。
(5)调整光衰减器衰减值,使监测链路测到的误码率(包丢失率)接近但不大于规定的误码率(包丢失率)。
(6)应保持此时光衰减器的衰减值不变,断开 R 点的活动连接器,将光衰减器与光功率计相连,设置光功率计的测试参数(波长、模式等)与被测设备保持一致,读取 R 点的接收光功率测试值并记录。
3)测试要求
(1)开始测试前,应关闭系统自动保护功能或断开保护链路。
(2)调整光衰减器衰减值前,应使光衰减器衰减值处于最小值,监测链路测到的误码率(包丢失率)应符合要求。

（3）测试仪器设备、测试光纤的光端口类型应与被测设备光端口类型匹配。

（4）测试过程中，在用数据传输中断的时间应尽可能短，以减少对正常业务传输的干扰。

4）测试结果

测试结果为 R 点的接收光功率测试值，单位为 dBm，测试结果数值修约间隔为 0.01。

7. 自动保护倒换功能测试

1）仪器设备

（1）SDH 光纤传输系统自动保护倒换功能测试仪器设备：误码测试仪和可变光衰减器。

（2）IP 光纤传输系统自动保护倒换功能测试仪器设备：IP 网络性能测试仪和可变光衰减器。

2）测试方法

（1）测试连接示意如图 3-3-17 所示。

图 3-3-17　自动保护倒换功能测试连接示意图

（2）监测链路应满足下列要求：

①测试 SDH 光纤传输系统时，监测链路宜选择被测设备至远端设备间速率等级为 2048kbit/s 的数据链路通道。

②测试 IP 光纤传输系统时，监测链路应选择被测设备至远端网络设备之间的 IP 网络链路。

（3）将可调光衰减器连接到被测光链路中，设置光衰减器的参数（波长等）与被测设备保持一致。

（4）应按照误码（包丢失率）测试方法，测试监测链路的误码（丢包），确认监测链路工作正常。

（5）人为断开工作光通道，模拟信号丢失。

（6）通过监测链路的误码（丢包）情况，判断系统是否完成从工作光通道到保护光通道的倒换。

（7）恢复断开的光通道，应调整光衰减器增加衰减值，模拟产生超过系统门限的误码（丢包）缺陷。

（8）通过监测链路的误码（丢包）情况，判断系统是否完成从工作光通道到保护光通道的倒换。

3）测试要求

（1）开始测试前，应确认系统启动自动保护功能。

（2）测试时，宜通过系统网管监视自动保护倒换工作过程。

（3）调整光衰减器衰减值前，应使光衰减器衰减值处于最小值，监测链路测到的误码率（包丢失率）应符合要求。

4）测试结果

应以系统是否完成从工作光通道到保护光通道的倒换作为测试结果。

8. WDM 光纤传输系统中心波长、中心频率偏移测试

1) 仪器设备

通信用光谱分析仪:波长测量范围应覆盖 1250～1650nm;分辨力带宽≤0.1nm;波长示值误差范围 ±0.5nm;光功率示值误差范围 ±1dB。

2) 测试方法

(1) 测试连接示意如图 3-3-18 所示。

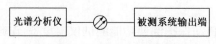

图 3-3-18 中心波长测试连接示意图

(2) 将光谱分析仪测试端口用测试光纤连接至被测系统的输出端光接口。

(3) 设置光谱分析仪的测试参数,开始测试,读取波形峰值处对应的波长及频率值并记录。

3) 计算

(1) 中心波长测试结果为波形峰值处对应的波长值,中心频率测试结果为波形峰值处对应的频率值。

(2) 中心频率偏移测试结果应按式(3-3-13)计算:

$$\Delta f = 1000 \times (f - f_0) \qquad (3\text{-}3\text{-}13)$$

式中:Δf——中心频率偏移(GHz);

f——中心频率实测值(THz);

f_0——中心频率标称值(THz)。

4) 测试结果

(1) 中心波长测试结果的单位为 nm,测试结果数值修约间隔为 0.01。

(2) 中心频率偏移测试结果的单位为 GHz,测试结果数值修约间隔为 0.1。

注:1. 连接光谱分析仪测试端口前应确认光谱分析仪接收到的光信号功率不大于其所允许的最大接收光功率。

2. 中心波长和中心频率为等效指标,测试过程可以根据需要选择波长或频率进行测试。

9. WDM 光纤传输系统业务通道光信噪比测试

1) 仪器设备

通信用光谱分析仪。

2) 测试方法

(1) 在光配线架或色散补偿器输出端上,将光谱分析仪测试端口用测试光纤连接至被测系统的光接收点。

(2) 设置光谱分析仪的测试参数(工作模式 WDM),选择带内 OSNR 测试的功能,开始测试,读取被测通道波长和 OSNR 测试值并记录。

3) 测试结果

测试结果为 OSNR 的测试值,单位为 dB,测试结果数值修约间隔为 0.01。

注:1. 测试 OSNR 有带外和带内测试方法。带外 OSNR 测试方法一般通过测量通道间噪声功率来内插计算出信号波长处的噪声功率,对于中间级联有光分插复用器的 WDM 系统,以

及通道信号光谱谱宽较宽(如40Gbit/s及其以上速率)的WDM系统,带外OSNR测试方法通常不适用。带内OSNR测试方法较多,相对较成熟的是偏振消光法,该方法是利用信号偏振的原理测试,适用性较广。

2.连接光谱分析仪测试端口前应确认光谱分析仪接收到的光信号功率不大于其所允许的最大接收光功率。

10. WDM光纤传输系统通道插入损耗测试

本方法适用于WDM光纤传输系统光波分复用器(合波器)和光波分解复用器(分波器)在对应工作波长λ的信号通道带宽内的插入损耗和插入损耗最大差异的测试。

1)仪器设备

(1)通信用光谱分析仪。

(2)宽带光源:带宽范围应覆盖被测系统所有工作波长;输出光功率稳定性±0.1dB/10min。

2)测试方法

(1)解复用器插入损耗测试

①测试连接示意如图3-3-19所示。

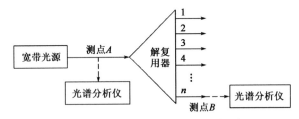

图3-3-19 解复用器插入损耗测试连接示意图

②将宽带光源输出光信号接口(测点A)用测试光纤连接至光谱分析仪测试端口。

③设置光谱分析仪的测试参数,开始测试,读取光源在波长λ_n处的光功率$P_A(\lambda_n)$并记录。

④将宽带光源输出端连接至解复用器输入端,光谱分析仪测试端口用测试光纤连接至解复用器被测通道(序号n)的输出端(测点B)。

⑤设置光谱分析仪的测试参数,开始测试,读取被测通道(序号n)在波长λ_n处的输出光功率$P_B(\lambda_n)$并记录。

⑥根据测试需要,按照本方法②~⑤的规定,测试解复用器其他通道。

(2)复用器插入损耗测试

除连接方式与解复用器插入损耗测试不同外,其余基本一致。测试连接示意如图3-3-20所示。

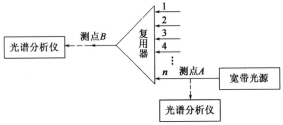

图3-3-20 复用器插入损耗测试连接示意图

3)计算

(1)光通道在波长 λ_n 处插入损耗测试结果应按式(3-3-14)计算:

$$IL(\lambda_n) = P_A(\lambda_n) - P_B(\lambda_n) \tag{3-3-14}$$

式中:$IL(\lambda_n)$——被测通道在 λ 波长处的插入损耗(dB);

$P_A(\lambda_n)$——宽带光源在 λ 波长的输入光功率(dBm);

$P_B(\lambda_n)$——复用器或解复用器在波长 λ 光信号的输出光功率(dBm)。

(2)插入损耗最大差异测试结果为所有通道测得的最大插入损耗值与最小插入损耗值之差。

4)测试结果

测试结果为被测通道在波长 λ_n 处的插入损耗及插入损耗最大差异的计算值,单位为 dB,测试结果数值修约间隔为 0.1。

11. WDM 光纤传输系统相邻通道隔离度测试

1)仪器设备

(1)通信用光谱分析仪。

(2)宽带光源。

2)测试方法

(1)解复用器相邻通道隔离度测试

①在被测通道(序号 n)测试波长 λ_n 处的插入损耗 $IL(\lambda_n)$ 并记录。

②在被测通道(序号 n)分别测试波长 λ_{n-1} 处和 λ_{n+1} 处的插入损耗 $IL(\lambda_{n-1})$ 和 $IL(\lambda_{n+1})$ 并记录。

③根据测试需要,按照本方法①和②的规定,测试解复用器其他通道。

(2)复用器相邻通道隔离度测试

①在被测通道(序号 n)测试波长 λ_n 处的插入损耗 $IL(\lambda_n)$ 并记录。

②将宽带光源输出接口用测试光纤连接至被测通道的相邻通道(序号 $n-1$),在复用器的输出端测试波长 λ_n 处的插入损耗 $IL_{n-1}(\lambda_n)$ 并记录。

③将宽带光源输出接口用测试光纤连接至被测通道的相邻通道(序号 $n+1$),在复用器的输出端测试波长 λ_n 处的插入损耗 $IL_{n+1}(\lambda_n)$ 并记录。

④根据测试需要,按照本方法①~③的规定,测试复用器其他通道。

3)测试要求

(1)应按照 WDM 光纤传输系统通道插入损耗测试的方法测试插入损耗。

(2)对于只有单个相邻通道的被测通道,应只测试其单个相邻通道的插入损耗。

4)计算

(1)解复用器相邻通道隔离度测试结果应按式(3-3-15)计算:

$$ISOL_n = \min\{IL(\lambda_{n-1}) - IL(\lambda_n), IL(\lambda_{n+1}) - IL(\lambda_n)\} \tag{3-3-15}$$

式中:$ISOL_n$——被测通道(序号 n)的相邻通道隔离度(dB);

$IL(\lambda_{n-1})$——被测通道(序号 n)在波长 λ_{n-1} 处的插入损耗(dB);

$IL(\lambda_n)$——被测通道(序号 n)在波长 λ_n 处的插入损耗(dB);

$IL(\lambda_{n+1})$——被测通道(序号 n)在波长 λ_{n+1} 处的插入损耗(dB)。

(2)复用器相邻通道隔离度测试结果应按式(3-3-16)计算：

$$ISOL_n = \min\{IL_{n-1}(\lambda_n) - IL(\lambda_n), IL_{n+1}(\lambda_n) - IL(\lambda_n)\} \quad (3\text{-}3\text{-}16)$$

式中：$ISOL_n$——被测通道(序号 n)的相邻通道隔离度(dB)；

$IL_{n-1}(\lambda_n)$——光源输入相邻通道(序号 $n-1$)时，被测通道(序号 n)在波长 λ_n 处的插入损耗(dB)；

$IL(\lambda_n)$——被测通道(序号 n)在波长 λ_n 处的插入损耗(dB)；

$IL_{n+1}(\lambda_n)$——光源输入相邻通道(序号 $n+1$)时，被测通道(序号 n)在波长 λ_n 处的插入损耗(dB)。

5)测试结果

测试结果为相邻通道隔离度计算结果，单位为 dB，测试结果数值修约间隔为 0.1。

12. 固定电话交换系统局内障碍率、接通率测试

1)仪器设备

模拟呼叫器：具有不少于 40 路呼叫测试能力；可统计分析呼叫总次数、障碍次数、接通次数等指标。

2)测试方法

(1)将模拟呼叫器的测试线与被测固定电话交换系统设备用户接口连接，测试用户数量不宜少于 40 个，且应是偶数。

(2)模拟呼叫的用户号码分配宜集中在特定的组群范围内，也可在全局用户号码中均匀分布。

(3)应将全部测试用户平均分为 A 组和 B 组，设置模拟呼叫器的呼叫测试程序：首先 A 组用户发起呼叫 B 组用户，每个话路接通后保持 10s，拆线，间隔 2s 后，B 组用户发起呼叫 A 组用户，每个话路接通后保持 10s，拆线，间隔 2s。循环上述呼叫测试程序。

(4)开始测试，连续呼叫总次数达到测试要求后，应停止测试，记录呼叫总次数、呼叫故障次数、呼叫接通次数。

3)测试要求

(1)模拟呼叫器的信令方式等参数应与被测系统设备一致。

(2)呼叫测试程序中，A 组用户发起呼叫 B 组用户和 B 组用户发起呼叫 A 组用户时，可将 A 组用户按 A_1、A_2、……、A_n 进行编号，将 B 组用户按 B_1、B_2、……、B_n 进行编号，呼叫测试时，宜设置 A_1 与 B_1、A_2 与 B_2、……、A_n 与 B_n 分别成对相互呼叫。

(3)连续呼叫总次数不应小于 100000 次。

4)计算

(1)局内障碍率测试结果应按式(3-3-17)计算：

$$\eta_e = \frac{N_e}{N} \quad (3\text{-}3\text{-}17)$$

式中：η_e——局内障碍率；

N_e——呼叫障碍次数；

N——呼叫总次数。

（2）接通率测试结果应按式(3-3-18)计算：

$$\eta_s = \frac{N_s}{N} \times 100\% \tag{3-3-18}$$

式中：η_s——局内接通率；

N_s——呼叫接通次数；

N——呼叫总次数。

5）测试结果

（1）局内障碍率测试结果数值应按科学计数法表示，保留三位有效数字。

（2）接通率测试结果用百分数表示，测试结果数值修约间隔为0.001。

第四章

收费设施

第一节 概 述

一、收费系统的组成、制式及特点

1. 收费系统的组成

收费系统是经营型高速公路的重要组成部分,一般由收费车道系统、收费站管理系统和收费中心管理系统三级构成,主要设备包括收费亭、电动(手动)栏杆、车道控制器(车道计算机)、收费员显示终端、专用键盘、费额显示器、报警器、车道信号灯、天棚信号灯、车辆检测器、摄像机、收发(打)卡设备等。

2020 年 1 月 1 日零时起,全国取消高速公路省界收费站工程并网切换正式实施,我国高速公路全面进入 ETC 时代:货车由先前的"计重收费"转成"按车(轴)型收费";路网布设电子不停车收费系统(ETC)门架系统硬件系统,并同步实施封闭式高速公路收费站入口不停车称重检测。

2. 收费系统的制式及特点

依据《公路收费制式》(GB/T 18277—2000),收费制式(toll collection mode)是根据公路条件划分不同区段作为收费基本单位(各区段内按统一费额收费)的制度及相应的收费模式。

1)收费制式的分类及特点

公路收费制式可分为均一制、开放式、封闭式和混合式四种类型。

(1)均一制是全线按统一费额收费的制式,也称为全线均等收费制。均一制收费效率较高,收费站规模较小,但数量较多,其经济性较好;但均一制一般不能按行驶区段区别收费,其合理性较差。

(2)开放式是将全线划分为若干路段,各路段内按统一费额收费的制式,也称为按路段均等收费制、栅栏式或路障式。开放式收费效率较高,收费站规模较小,数量也较少,其经济性较好;但开放式一般不能严格按行驶区段区别收费,其合理性较差;另外,当两个主线收费站之间存在两个以上入出口时,可能出现部分漏收问题。

（3）封闭式是指将全线以各互通立交为界划分为若干区段，各区段根据里程长短按不同费额收费，跨区段按区段累计收费的制式，也称为按互通立交区段收费制。封闭式可以严格按行驶区段区别收费，公平合理；但封闭式（出口）收费的效率较低，收费站规模较大，数量也较多，经济性较差。

（4）混合式是指综合运用开放式和均一制收费的制式，也称为混合收费制。混合式收费的效率较高，收费站规模较小，数量也较少，其经济性优于封闭式。混合式可以大致按行驶区段区别收费，其合理性优于均一制和开放式，但不及封闭式。混合式可以做到无漏收或基本无漏收。

2）选择收费制式的原则

在选择并确定收费制式时，应综合考虑以下因素：

（1）收费系统自身的经济性，包括工程成本和营运成本；

（2）公路使用者通行费负担的公平合理性；

（3）受收费制式影响的收费效率和收费次数等。

3）不同收费制式的收费站布设及适用条件

（1）均一制

①均一制收费站的一般布设及收费模式。

均一制收费站一般设置在收费公路各入口处（包括主线两端入口及互通立交入口），出口不再设收费站。车辆进入收费公路时根据车型按统一费额一次性缴费后即可自由行驶。

②均一制收费站的特殊情况。

如有特殊需要，收费站可以建在各出口处，实行出口收费。另外，对于现有的收费公路，各收费站也可按距终点里程的差别而制定不同的费额。

③均一制收费站的适用条件。

均一制收费站主要适用于总行驶里程较短（约40km以下）、大部分车辆行驶里程差距不大的收费公路，特别适用于交通量很大、收费广场规模受到严格限制的城市收费道路。

（2）开放式

①开放式收费站的布设及收费模式。

开放式收费站一般设在路段内主线的某个位置上，距离较长的收费公路可以划分多个路段，各路段主线站的间距宜大于40km。

该制式下各入口不设收费站，车辆可以自由进出，不受控制，收费公路对外界呈"开放状态"。但在公路内部，车辆需在经过的主线收费站根据车型按统一费额一次性（或多次性）交费。因控制距离不同，各路段费额可以有所差别。

②开放式收费站的适用条件。

开放式收费站主要适用于独立收费的桥梁、隧道和不封闭（含有多处平交路口）的收费公路。对于不封闭的收费公路，应尽量选择交通流量较大且不易绕行其他平行路线的路段设置主线收费站。

（3）封闭式

①封闭式收费站的布设及收费模式。

封闭式收费站设在收费公路的所有入出口处，包括主线起终点收费站和互通立交匝道收费站。每处收费广场的收费车道分为入口车道和出口车道。车辆进出收费公路都要经过收费站并受控制,但在公路内部可以自由行驶,收费公路对外界呈"封闭状态"。

注:收费系统中的封闭式和高速公路要求的"全封闭"概念有所不同,后者是用互通立交、隔离网等设施将公路封闭起来,以排除横向干扰,与采用何种收费制式没有直接联系。

封闭式收费站一般采用入口发通行券、出口收费的模式。车辆进入收费公路,先在进入收费站的入口车道领取通行券,通行券上记录该收费站的名称或编号(或称入口地址编码)等信息。车辆驶离收费公路时,驶离收费站的出口车道将根据车型和行驶里程的区段(由通行券记录的入口地址确定)累计收费。

②封闭式收费站的适用条件。

封闭式收费站适用于里程较长(约40km以上)、含有多个互通立交入出口、车辆行驶里程差距较大且主线和匝道交通量较大的收费公路。

(4)混合式

①混合式收费站的布设。

与开放式相似,布设混合式收费站时应先根据路线长度和互通立交的分布情况,以某互通立交为界将全线划分成若干路段,每个路段设置一处主线收费广场,条件允许时主线广场宜结合互通立交设置在入出匝道之间,主线广场的间距宜大于40km。

与均一制相似,混合式在路段内的互通立交设置匝道收费广场。其中建有主线收费广场的互通立交需设全部匝道收费广场,路段内的其他互通立交则设部分匝道收费广场,从而在同一区段的两个方向分别实行入口收费和出口收费。以下互通立交可以不建匝道收费广场:路段分界处的互通立交;距离路段分界处很近的互通立交;匝道交通量很小的互通立交。

②混合式收费站的收费模式。

混合式收费站根据车型按统一费额一次性(或多次)收费。主线收费广场收取所控路段的通行费;互通立交的匝道收费广场按行驶方向分别实行入口收费或出口收费,并分别收取所控区段的通行费。

③混合式收费站的适用条件。

混合式收费站适用于互通立交间距较大或主线和互通立交交通量不大的收费公路。

二、收费系统构成模式

高速公路收费系统一般采用收费车道系统、收费站管理系统和收费(分)中心系统三级构成模式。

1. 收费车道系统

收费车道是收费系统的基础设施单元。当前阶段,我国高速公路收费车道包括半自动收费(MTC)车道、电子不停车收费(ETC)车道以及混合(E/MTC)车道。

半自动收费(MTC)入口车道内主要有:车道控制机、收费终端、收费键盘、亭内摄像机、CPC卡读写器、对讲设备、报警设备、自动栏杆机、车道通行灯、车道摄像机、抓拍线圈、计数线圈、入口治超系统等。出口车道增加票据打印机与费额显示器。

电子不停车收费(ETC)车道(图3-4-1)以及混合(E/MTC)车道,在 MTC 车道设施的基础上增加 ETC 收费相关的软硬件设施。

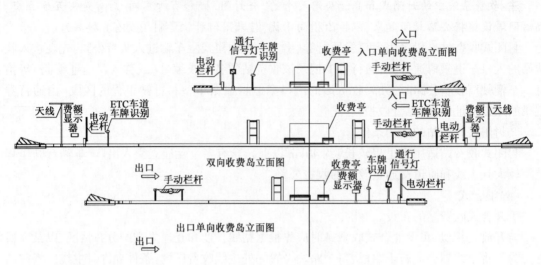

图 3-4-1　ETC 收费车道设备布设示意图

收费车道系统具有征收路费和采集实时数据两大功能,主要包括:
(1)按照车道操作流程正确工作,并将收费处理数据实时上传至收费站计算机系统;
(2)接收收费站下传的系统运行参数(同步时钟、费率表、黑名单和系统设置参数等);
(3)对车道设备的管理与控制,具备设备状态自检功能;
(4)保存一个时间段内的收费数据,可降级使用,但不丢失数据;
(5)作为通信终端时,具有后备独立工作能力;
(6)为车辆提供控制信息等;
(7)将各种违章报警信号实时传送到收费站控制室。

2. 收费站管理系统

收费站主要由收费计算机系统、收费监视系统、有线对讲及紧急报警系统组成。

收费计算机系统由数据服务器、收费管理计算机、多媒体服务器、服务器、打印机等组成,典型收费站计算机系统网络结构如图 3-4-2 所示。收费监视系统由摄像机、数字图像叠加、传输设备、视频矩阵切换控制器、图像显示设备组成,一般收费站还配备有硬盘录像机。有线对讲系统由对讲主机、若干分机、通信线路和电源构成。紧急报警系统由设在收费亭内的报警开关、设在监控室的紧急报警器和信号电缆组成,设计报警录像功能的系统还要有与闭路电视矩阵切换器联动的报警控制器。

收费站管理系统的功能主要包括:
(1)轮询所有收费车道,实时采集收费车道的每一条原始数据;
(2)对收费车道的运行状况实施实时检测与监视,具有故障自动检测功能;
(3)向收费中心或收费结算中心传输收费业务数据(输入、交通、管理);
(4)接收收费中心下传的系统运行参数(费率表、同步时钟、系统设置参数等),并下传给收费车道；

(5)收费员录入班次的收费额；

(6)值班员录入欠(罚)款和银行缴款数据；

(7)票证(收据、定额票)的管理；

(8)CPC 卡(高速公路复合通行卡)的管理(封闭式收费系统)，包括站内调配和卡流失的管理；

(9)抓拍图像的采集与管理，包括图像文档的生成、上传以及图像文档的备份、核查与打印。

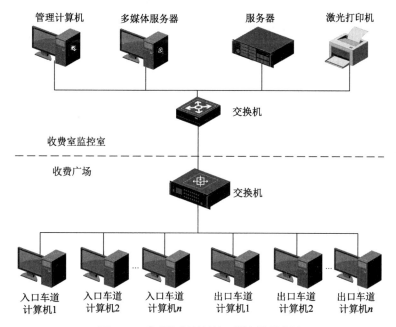

图 3-4-2　典型收费站计算机系统网络结构图

3. 收费(分)中心系统

收费中心计算机系统是实现收费(分)中心功能的关键组成部分，其一般采用双绞线星型开放网络结构。该系统主要由微机服务器(或小型机服务器)、交换机、客户机(管理计算机、多媒体计算机)、路由器、打印机、数据备份设备和不间断电源(UPS)等构成。

收费(分)中心的功能如下：

(1)接收和下传联网收费系统运行参数(费率表、黑灰名单、同步时钟、系统设置参数等)；

(2)收集管理辖区内每一收费站上传的数据与资料；

(3)处理收集到的数据与资料，形成各种统计报表和屏幕显示；

(4)上传收费结算中心所需的有关数据和资料；

(5)票证管理；

(6)联网系统中操作、维修人员的权限管理；

(7)数据库、系统维护、网络管理等；

(8)数据、资料的存储、备份与安全保护；

(9)通行费的拆分(如采用)。

此外,收费中心和分中心还具有非接触 IC 卡的管理(调配、跟踪)以及抓拍图像的管理。如果在联网收费系统中使用预付卡或电子不停车收费系统,对收费中心或收费分中心构成而言,一般无须增加其他硬件设备,但软件要预留。

4. ETC 门架系统

ETC 门架系统是在高速公路沿线断面建设的,具备通行费分段计费、车牌图像识别等功能的专用系统及配套设施。

ETC 门架系统由以下主要设备和设施组成:车道控制器、RSU(支持 PSAM 及 PCI 密码卡)、车牌图像识别设备、高清全景摄像机、门架服务器、防雷接地设施、补光灯、通信设备、供电设备、交换机、网络安全设备、北斗授时设备等构成。通过工业交换机、收费站三层交换机形成以太网环网保护,与站级服务器、业务管理工作站相连,具体组成如图3-4-3所示。

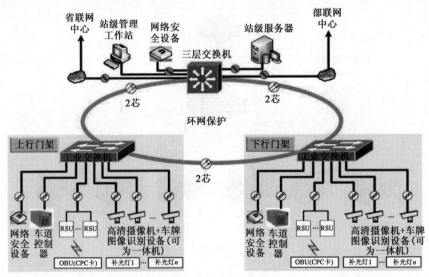

图 3-4-3　路段 ETC 门架系统构成示意图

三、联网收费系统

1. 基本概念

联网收费是在一定的收费路网范围内,将分属不同收费公路经营单位管理的若干条收费公路纳入一个统一的封闭式收费系统,对各收费公路经营管理单位实行"统一收费、按比例分成"的收费运营和管理方式。

区域联网收费管理中心是负责省内某区域路网联网收费结算、清分、管理等运营业务的机构。

省级联网收费管理中心是负责一个省(自治区、直辖市)域路网联网收费结算、清分、管理等运营业务的机构。

跨省联网收费管理中心是负责一个区域经济圈内收费公路联网收费通行费结算、清分、管理的机构。

2. 联网收费系统架构

全国联网收费系统框架由收费公路联网结算管理中心(简称部联网中心)、省(自治区、直辖市)联网结算管理中心(简称省联网中心)、区域/路段中心、ETC 门架、收费站、ETC 车道、ETC/MTC 混合车道等组成。联网收费系统架构图 3-4-4 所示。

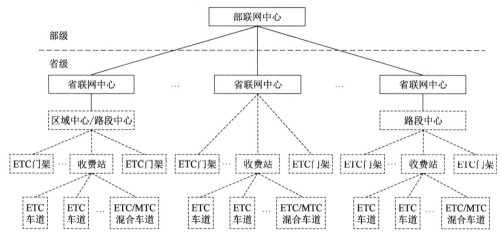

图 3-4-4　全国高速公路联网收费系统架构示意图

第二节　收费设施车道设备产品

一、电动栏杆

电动栏杆是通过控制器控制电动机驱动高出地面的栏杆臂绕特定的轴向旋转起落，来阻挡车辆通行和控制车辆进出的机械设备，主要由栏杆臂、机箱、连接件、控制开关及机箱内部电机、电控装置与一系列机械装置等组成。

电动栏杆的主要质量评定标准参见《收费用电动栏杆》(GB/T 24973—2010)，依据该标准，电动栏杆主要安装在户外无气候防护的环境中，按照产品适合使用温度分为：A 级(-20 ~ +55℃)、B 级(-40 ~ +50℃)、C 级(-55 ~ +45℃)三级。除特殊规定外，一般试验条件如下：环境温度 +15 ~ +35℃；相对湿度 45% ~ 75%；大气压力 86 ~ 106kPa。

1. 材料要求

(1)试验方法

应核查原材料的材质证明单是否齐全有效，必要时可对原材料的主要性能指标(如物理力学性能)进行检验。涂层厚度用电子涂层测厚仪，按平均法取样测量。

(2)技术要求

箱体宜采用不锈钢或 2mm 以上厚的 Q235 钢板或同等强度相当的材料，表面均需喷涂有机涂层,涂层厚度不小于 0.076mm;栏杆臂可采用普通铝合金,也可用 PVC、碳素纤维等材料制成。

2. 形状尺寸

(1)试验方法

用精度为 0.5mm 的钢卷尺测量,应根据栏杆使用场所的限制条件选择标准要求范围之内的合适尺寸。

(2)技术要求

①机箱为长方体,其尺寸为长 240~480mm、宽 240~480mm、高 800~1200mm。

②栏杆臂应有一定的强度,不允许因自身质量、手扳或风吹而产生明显的挠度。

③横杆长度宜在 2500~5000mm 之间,栏杆臂下边缘距机箱底平面的高度应在 650~950mm 之间。

3. 一般要求

(1)试验方法

目测,实操验证。

(2)技术要求

①产品应至少具备两种驱动控制方式:手动按钮操作和检测器控制自动操作。

②栏杆臂的关闭应由电机驱动,不允许自动下落。

③在栏杆臂下落至水平关闭位置的过程中,只要收到打开信号,栏杆臂应能立刻抬起。

④栏杆臂应贴敷红白相间的反光膜,反光膜不应出现边缘被剥离的现象。

4. 起落角度

(1)试验方法

用角规测量电动栏杆开合角度。

(2)技术要求

栏杆臂起落角度在 0°~90°范围之内。处于关闭位置时为 0°,打开至最大位置时为 90°,容许误差为 ±3°。

5. 起落时间

(1)试验方法

栏杆的起落时间从栏杆的触发信号发出算起至栏杆下落至水平位置结束,用秒表检测起落杆总时间。

(2)技术要求

电动栏杆的起落总时间分为如下 3 挡:

①F 级:小于 1.4s。

②O 级:1.4~4s(不含 4s)。

③S 级:4~5s。

6. 可靠性

(1)试验方法

户外无气候防护的环境下,给电动栏杆通电,用计数器记下连续起落次数。

(2)技术要求

产品平均无故障起落次数应不小于1500000次。

7. 终点位置

(1)试验方法

给电动栏杆通电,发出关闭指令,观察栏杆臂的关闭过程至水平关闭位置,发出打开指令,观察栏杆臂的打开过程直至垂直打开位置。

(2)技术要求

正常工作下,在水平关闭终点位置或垂直开启终点位置时,栏杆臂应被锁定,不应抖动。

8. 防撞要求

(1)试验方法

给电动栏杆通电,发出关闭指令,栏杆臂至水平关闭位置后,给栏杆臂中部施加300N压力。

(2)技术要求

栏杆臂应能承受$300N/m^2$的风压而不影响正常使用,但在受到车辆撞击时应能及时水平转开或脱离机箱。

9. 故障处理

(1)试验方法

给电动栏杆通电,发出关闭指令,栏杆臂至水平关闭位置后,断开电源。

(2)技术要求

在电源故障或机械失效时,处于关闭位置的栏杆臂能被手动打开,或者自动恢复至打开位置。

10. 电气安全性能和电磁兼容性能

具体试验方法和技术要求参见本书第三篇第一章的相关内容。

11. 噪声

(1)试验方法

噪声测试可采用普通声级计进行,采用A声级。测试应在环境噪声水平比产品和环境总噪声低10dB的条件下进行。环境噪声应当是在标准确定的每个参考点上紧接在产品进行试验前和进行试验后进行测量,取其平均值。

产品放置在周围空间3m内没有声音反射面的地方(除地板或地面之外)。正对产品外壳前面中心开始,从上看以顺时针方向围绕产品按每间隔1m取一个参考点,应取不少于4个参考点。每个参考点离产品外壳的距离应为1m。传声话筒应置于参考点上离地面1.2~1.5m高处,正对着设备的主噪声产生源,且距离测量人员身体0.5m以上。在每个参考点上测量一次噪声,取其平均值作为产品的噪声水平。

(2)技术要求

电动栏杆在正常工作时所产生的噪声,用声级计测量应不大于65dB。

12. 环境适应性能

具体试验方法和技术要求参考环形线圈车辆检测器相关内容。

注：电动栏杆的耐湿热性能试验要求的相对湿度为 95%±2%。

13. 防腐

(1) 试验方法

用目测和手感法，为主观评定项目。

(2) 技术要求

机箱内的所有金属构件如连杆件、弹簧、螺栓等，需提供有效的防腐措施，并应符合相关国家标准的规定。

14. 外观质量

(1) 试验方法

用目测和手感法，为主观评定项目。

(2) 技术要求

箱体内外与栏杆臂防护涂层色泽应均匀、无划伤、无裸露基体等损伤，其理化性能指标应符合国家或行业相关标准的要求；栏杆臂与机箱内杆件连接安装应方便、可靠，安装完毕后应无明显变形、凹凸等缺陷。机箱内部各构件应装配牢固，机械活动各部件应灵活、无卡滞现象；机箱体、栏杆臂喷涂色应符合现行《安全色》(GB 2893)中的有关规定，并与贴敷在栏杆臂上的反光膜颜色相区别；机箱体设计应方便检查、维修与日常维护。箱体出线开孔位置、大小应合适，切口整齐，出线管与箱体开孔要密封良好；箱内接线整齐，回路编号清楚，走线横平竖直，符合视觉美学要求。箱锁应采取防水与防锈措施，箱门密闭良好。箱门不应朝向行车道。面板上所有文字、符号应清晰、正确、牢固。

二、费额显示器

公路收费用费额显示器是由显示单元组成的显示屏幕，安装在收费亭侧壁、收费岛上或便于道路使用者视认的位置，通过一定的控制方式，以文字形式(可辅以语音)向道路使用者显示缴费信息的电子装置，主要由显示单元、控制装置和电源模块等组成。

公路收费用费额显示器的主要质量检验评定标准参见《公路收费用费额显示器》(GB/T 27879—2011)，依据该标准，费额显示器使用环境为：A 级(-20~+55℃)、B 级(-40~+50℃)、C 级(-55~+45℃)三级；相对湿度：不大于 95%。除特殊规定外，一般试验条件如下：环境温度 +15~+35℃；相对湿度 25%~75%；大气压力 86~106kPa。

1. 形状与尺寸

(1) 试验方法

用目测法和钢卷尺测量。

(2) 技术要求

独立式费额显示器外形为长方形，版面应紧凑美观，整体布局示例如图 3-4-5 所示。

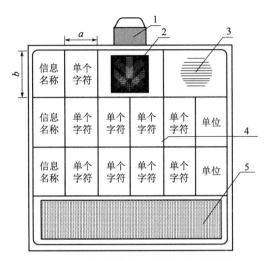

图 3-4-5　独立式费额显示器外形布局示例

1-报警器;2-通行指示;3-喇叭;4-小数点;5-LED 辅助显示屏(备选);a-单个字符宽度,不应小于 50mm;b-单个字符高度,不应小于 90mm

2. 材料与外观

(1)试验方法

材料:主要核查原材料和元器件的材质证明单是否齐全有效,必要时可对原材料的主要性能指标(如物理化学性能)进行试验。

外观:用目测和手感法检查外观质量。

(2)技术要求

材料:费额显示器外壳可采用钢、铝合金等材料。外壳应采用非反光材料或进行消除反光处理,结构坚固、美观。

外观:费额显示器外壳无明显划痕,显示单元无松动及管壳破裂。

3. 安全要求

(1)试验方法

连接费额显示器及控制系统,接通电源,运行控制软件,逐项核查安全要求及显示功能。

(2)技术要求

费额显示器应满足《信息技术设备　安全　第 1 部分:通用要求》(GB 4943.1—2011)规定的Ⅰ类安全设备要求。

4. 功能特性

(1)试验方法

连接费额显示器及控制系统,接通电源,运行控制软件,逐项核查安全要求及显示功能。

(2)技术要求

①根据费额显示器安装形式、适用范围的不同,显示信息量应满足表 3-4-1 的要求,各个信息显示顺序应符合表 3-4-1 中排序。

显示信息要求　　　　　　　　　表 3-4-1

序号	显示信息名称	适用范围			安装形式		显示单位	字符位数（推荐）
		计重收费	车型收费	不停车收费	附着式	独立式		
1	通行指示	□	□	□	×	□	—	—
2	车型	√	√	√	√	√	—	1
3	金额	√	√	√	√	√	元	5
4	余额	□		□	□	□	元	5
5	总重	√		□	□	√	吨	3
6	超限	□			□	□	吨	3
7	超限率	□		□	□	□	—	3
8	车牌	□		√	□	□	—	7

注:"√"表示显示,"□"表示可选显示,"×"表示不显示。计重收费已改为按车(轴)型收费。

②LED(发光二极管)数码管费额显示器字符分固定字符和动态数字。其中固定字符采用反光膜形式或丝印反光字,为红色或黄色等醒目颜色,底色宜为浅灰;动态数字宜为红色。

③采用 LED 全屏点阵显示时各个字符宜为红色;同一费额显示器字符颜色应一致。

④可自动多级调节 LED 发光亮度,防止夜间产生眩光,调节级别不应小于 4 级。

⑤数字显示应稳定、清晰无扰,数码字符在不显示时应尽可能与字符底板的颜色相近。

5. 物理要求

(1)试验方法

①发光亮度:费额显示器在不通电情况下,用彩色分析仪测量显示面的背景亮度 L_N;费额显示器在通电并正常工作情况下,用彩色分析仪测量显示面的亮度 L_Y;费额显示面板发光亮度:$L = L_Y - L_N$。

②声学特性:在规定的时间间隔内,对方均根声压与基准声压之比以 10 为底求对数,再乘以 20,声压用标准频率计权得到。对空气声,基准量通常选取 $20\mu Pa$。

(2)技术要求

①发光亮度:费额显示器的 LED 显示面板发光亮度不小于 $1500cd/m^2$。测量发光亮度时环境照度变化应介于 ±10%,光探头采集范围不少于 16 个相邻像素,彩色分析仪误差应小于 5%。

②声学特性:对于具有语音附加功能的费额显示器,在设备正前方 1m,离地高 1.2m 处接收的等效连续声级值为 70~85dB 可调,非线性失真应小于 10%。

③视认性能:观察者(矫正视力 5.0 以上)视认角不小于 30°,静态视认距离不小于 30m。

6. 电气安全性能和电磁兼容性能

具体试验方法和技术要求参见本书第三篇第一章的相关内容。

7. 电气可靠性能

(1)试验方法

按现行《设备可靠性试验 恒定失效率假设下的失效率与平均无故障时间的验证试验方案》(GB 5080.7)规定进行。

(2)技术要求

①平均无故障时间:不小于15000h。

②平均恢复时间:不大于30min。

8. 通信接口与规程

(1)试验方法

①该项测试方法包括主观评定和客观测试两部分,对每个区段的每个显示字进行测试,应能正确显示。

②主观评定是把费额显示器连接到控制系统后,评定该产品与系统的通信情况,可用24h失步次数来评价产品的通信性能。

③客观测试方法参见相关标准。

(2)技术要求

①接口:采用9针或25针RS-232C阴性插座或4针RS-485阳性插座,可根据通信需求提供其他类型接口并满足相关协议。该接口的电气性能应符合相应标准的要求,接口与外部的连接应便于安装和维护,并采取尘密、防水等措施。

②通信规程:符合现行《数据通信基本型控制规程》(GB/T 3453)的有关规定。

③通信方式:异步、半双工。

④通信速率:1200~19200bit/s。

⑤可以按需求提供其他接口和规程,以便于收费系统连接。

9. 环境适应性能

环境适应性能参照室外型视频光端机的试验方法和技术要求。需注意耐低温存储、耐低温工作和耐高温工作性能试验的严酷等级的区别。

三、公路收费车道控制机

公路收费车道控制机安装在公路收费车道收费亭内,用来管理收费车道的各种外围设备。它主要由工业控制计算机、输入输出模块、配电模块和设备机箱等组成。

公路收费车道控制机的主要质量检验评定标准参见《公路收费车道控制机》(GB/T 24968—2010),依据该标准,车道控制机使用环境为:-5~+55℃,相对湿度:不大于95%。除特殊规定外,一般试验条件如下:环境温度+15~+35℃;相对湿度45%~75%;大气压力86~106kPa。

1. 材料要求

(1)试验方法

原材料和元器件的材质证明单应齐全有效,必要时可对原材料的主要性能指标(如物理化学性能)进行检验。

(2)技术要求

①控制机机箱外壳应由坚固材料制成,具有良好的抗震、耐腐蚀、防尘、防水溅、阻燃功能,且散热性能良好,坚固耐用。

②主要部件应具有合格证或质量保证书。

2. 外观质量

(1) 试验方法

用目测和手感法测试外观质量。

(2) 技术要求

①产品构件应完整、装配牢固、结构稳定、边角过渡圆滑、无飞边、无毛刺。

②箱体宜采用不锈钢或镀锌钢板表面喷涂有机涂层,涂层厚度不小于0.076mm;机箱及连接件的防护层色泽均匀、无划伤、无裂痕、无机体裸露等缺陷。

③箱体内的所有金属构件应采取防腐措施,并符合现行《公路交通工程钢构件防腐技术条件》(GB/T 18226)的规定。

④机箱设计应方便检查、维修和日常维护。机箱内的设备及部件安装应牢固端正、位置正确、部件齐全、整齐美观;箱体出线孔开口合适、切口整齐、出线管与箱体连接密封良好;箱体内接线整齐、回路编号清楚、走线横平竖直,符合工艺和视觉美观要求;箱锁应采用防水、防锈措施;箱门开闭灵活轻便,密封良好,箱体内外清洁。

⑤散热降温:车道控制机应采取降温措施,采用风扇降温时,通风口应加过滤网。

3. 功能要求

(1) 试验方法

连接显示器、键盘等计算机外部设备,接通电源打开工控机电源,连接模拟车道设备,运行车道测试软件,车道设备运行应正常。

(2) 技术要求

①按规定的收费流程控制收费亭及车道设备,完成收费操作。

②采集原始操作数据和交通流数据。

③将收费数据及图像文件上传到收费站计算机系统,同时接收其下传的数据和管理指令。

④采集车道摄像机摄取的通行车辆的图像,并具有字符叠加功能(通过字符叠加设备实现),在车道图像上进行数据叠加并对图像进行压缩存储。

⑤为车道摄像机的视频图像提供必要信息,通过字符叠加设备叠加在视频图像上。

⑥在收费车道与收费站之间的通信出现故障时,车道控制机能独立工作并存储不少于40天的原始收费处理数据。在通信线路恢复后自动将存储的数据上传给上级计算机系统。

⑦在误操作和掉电等非正常情况下,收费处理数据不应被破坏。

⑧系统恢复应简单、易于操作。

⑨具有对所连接的外部设备的自检功能。

⑩能直观地显示车道设备的工作状况。

4. 配置要求

(1) 试验方法

打开车道控制机箱门,核对车道控制机内安装的部件。

(2) 技术要求

①工业控制计算机。

采用符合工业标准的工业控制计算机,具有电磁兼容设计,低功耗,具有全面故障自我诊断能力及报警提示。主板的平均无故障工作时间(MTBF)不小于30000h,平均修复时间(MTTR)不大于0.5h。

②输入输出模块。

a. 至少16路带隔离的数字I/O通道(8路输入,8路输出);

b. 至少4个带隔离保护的标准RS-232C串行接口;

c. 所有接口板和功能板应附有隔离保护措施;

d. 接口提供防误插、机械锁定功能;

e. 可控的4路交流输出:交流220V,3A;直流输出:直流12V,3A。

③配电模块。

a. 车道控制机需对总电源、工控机及外设等各独立设备电源分别控制,并做抗干扰处理;

b. 开关电源输出:DC5V,不小于4A;DC12V,不小于4A;DC24V,不小于2A;

c. 应有防雷装置;

d. 电源输入:交流电源 $220 \times (1+15\%)$ V, $50 \times (1 \pm 4\%)$ Hz;

e. 接口提供防误插、机械锁定功能。

四、汽车号牌视频自动识别系统

汽车号牌视频自动识别系统是用来对车辆号牌使用图像抓拍、分析识别的方法,最终输出车辆号牌信息的系统。

汽车号牌视频自动识别系统的主要质量评定标准参见《汽车号牌视频自动识别系统》(JT/T 604—2011)。按照产品适合使用温度分为:A级(-20~+55℃)、B级(-40~+50℃)、C级(-55~+45℃)三级。除特殊规定外,一般试验条件如下:环境温度+15~+35℃;相对湿度45%~75%;大气压力85~106kPa。

1. 外观与结构要求

(1)试验方法

用目测法进行。

(2)技术要求

产品表面应光滑、平整、美观、涂层色泽均匀,无锈蚀、凹痕、划伤、裂缝和变形,无裸露基体等缺陷;产品结构应简单、牢靠,满足使用要求,安装调节方便;铭牌上所有文字和符号清晰、正确、牢固。

2. 功能要求

(1)试验方法

产品在正常工作状态下,按"使用说明书"中的操作程序逐项进行功能验证。

(2)技术要求

①采集功能:汽车号牌视频自动识别系统能采集以0~60km/h速度通过系统捕获区域的

汽车号牌,并能实时输出识别结果。

②号牌图像输出功能:对可识别的车辆号牌和不能识别的车辆号牌,均能输出所采集的全幅 JPEG 格式的数字图像。

③识别功能:对国内目前正在使用的各式汽车号牌,包括双层号牌、个性化号牌、军警号牌、港澳号牌等均能进行识别。

④存储功能:对每个汽车号牌的图像、二值化图像、车辆全景图像、识别时间、识别结果等信息均能进行存储。系统在断电时存储的信息不应丢失,存储的信息可通过通信接口导出到外部存储介质。

⑤数据通信接口与协议:汽车号牌视频自动识别系统应采用计算机通用的通信接口,通信输入输出协议见《汽车号牌视频自动识别系统》(JT/T 604—2011)附录 A。

3. 性能要求

(1)试验方法

①图像分辨率:用视频测量仪进行测试。

②号牌识别正确率:

a. 该测试在实际通车运营的车道上进行。按产品要求在车道上安装调试好系统,然后由检测人员对系统设置密码进行锁定后开始测试,测试过程中不得对系统进行任何操作。

b. 系统以车道上实际通行的车辆为样本进行采集识别,连续测试 24h 以上。

c. 测试时间达到 24h 后查看识别记录,如果汽车号牌数量超过 2000 张,则现场测试结束;如果号牌数量不到 2000 张,则测试继续进行,直到号牌数量达到 2000 张后现场测试结束。

d. 将测试时间内所有的汽车号牌识别记录从系统中导出,同时提取车道摄像机在测试时间内拍摄的实际车辆通行录像,检测人员参照录像对每条记录进行逐一比对、判定、统计,计算出号牌识别正确率。

③号牌识别时间:该测试在试验室内搭建模拟环境进行。编制测试软件并安装到系统中,使用控制机控制触发的方式,控制汽车号牌视频抓拍系统进行车牌识别并记录时间。测试软件控制系统连续进行 100 次的触发识别,记录每次从触发系统到系统输出识别结果的时间,取100 次试验的时间平均值作为检测结果。

(2)技术要求

①图像的分辨率不小于 768×288 像素;高清图像的分辨率不小于 100 万像素。

②号牌识别正确率不小于 97%。

③号牌识别时间不大于 200ms。

4. 可靠性

(1)试验方法

采用序贯试验方案 4:2,按现行《设备可靠性试验 恒定失效率假设下的失效率与平均无故障时间的验证试验方案》(GB/T 5080.7)规定进行。

(2)技术要求

产品的平均故障间隔时间(MTBF)应满足不小于 10000h 的要求。

五、公路收费亭

公路收费亭按用途可分为单向收费亭和双向收费亭两类。其主要质量评定标准参见《公路收费亭》(GB/T 24719—2009)。依据该标准,金属材料试验环境为常温状态,纤维增强塑料及内饰材料等材料应在环境温度为23℃±2℃、相对湿度为50%±10%的环境中进行状态调节24h,且在该条件下进行试验。

1. 外观质量

(1)试验方法

在正常光线下,目测直接观察。

(2)技术要求

①收费亭外观应平整、光滑,无凹凸现象,不得有焊接及铆接痕迹,紧固件不得外露。

②收费亭外观颜色应均匀、简洁、醒目,宜进行外观颜色搭配设计,可采用橘红、红色、橘黄、浅蓝、不锈钢板本色或白色与其他颜色的搭配图案。

③收费亭门窗、转角及接缝处不得有明显缝隙。

④收费亭内部装饰应具有简洁明快、舒适高雅的效果。

⑤收费亭内部地板应铺设平整、紧密、无松动、翘曲现象。

2. 材料物化性能

(1)试验方法

①钢构件防腐蚀性能:按现行《公路交通工程钢构件防腐蚀技术条件》(GB/T 18226)规定执行。

②纤维增强塑料物化性能:按《公路用玻璃纤维增强塑料产品 第1部分:通则》(GB/T 24721.1—2009)中5.5规定执行。

③内饰材料阻燃性能:按现行《纤维增强塑料燃烧性能试验方法 氧指数法》(GB/T 8924)规定执行。

(2)技术要求

①钢构件防腐蚀性能。

a. 用于收费亭外蒙皮的镀锌钢板、彩色钢板厚度不得小于1.0mm。

b. 收费亭外蒙皮采用彩色钢板时,钢板基材镀锌量应不小于$275g/m^2$,耐中性盐雾时间不少于1000h。

c. 收费亭外蒙皮采用镀锌薄钢板时,表层应采取喷塑或喷涂油漆进行涂层保护处理,镀锌层及涂塑层的防腐层厚度或质量应符合现行《公路交通工程钢构件防腐蚀技术条件》(GB/T 18226)中的要求,耐中性盐雾时间不少于200h。

d. 收费亭使用的除外蒙皮外的其他外露铁件应采用热浸镀锌方法进行涂层保护处理,镀锌层质量应符合现行《公路交通工程钢构件防腐蚀技术条件》(GB/T 18226)中的要求,耐中性盐雾时间不少于200h。

②纤维增强塑料物化性能。当收费亭外层材料选用玻璃钢(玻璃纤维增强塑料)材料时,

材料的物化性能应符合表 3-4-2 的规定。

玻璃钢(玻璃纤维增强塑料)产品理化性能　　　　表 3-4-2

序号	项　　目		单位	技 术 要 求
1	通用物理力学性能	拉伸强度	MPa	≥140
		压缩强度	MPa	≥130
		弯曲强度	MPa	≥140
		冲击强度	kJ/m^2	≥80
		密度	g/cm^3	≥1.5
		巴柯尔硬度	—	≥40
		热变形温度	℃	≥135
2	氧指数(阻燃2级)		%	≥26
3	耐水性能		—	经规定时间试验后,产品表面不应出现软化、皱纹、起泡、开裂、被溶解、溶剂浸入等痕迹
4	耐化学介质性能(90号汽油)		—	经规定时间试验后,产品表面不应出现软化、皱纹、起泡、开裂、被溶解、溶剂浸入等痕迹
5	耐候性能(氙弧灯人工加速老化试验)		—	经总辐照能不小于 $3.5×10^6 kJ/m^2$ 的氙灯人工加速老化试验后,试样无变色、龟裂、粉化等明显老化现象

③内饰材料阻燃性能。内饰材料应选用不燃或难燃类材料,难燃类材料的氧指数应不小于30%。

3. 电气安全性能

(1)试验方法

用精度1.0级、500V 的兆欧表在配电箱中电气系统动力线与地线间及动力线之间测量。

(2)技术要求

配电箱中电气系统动力线与地线间及动力线之间的绝缘电阻均应不小于2MΩ。

4. 结构力学性能

(1)试验方法

采用模拟重物抗压法。将底面积约为 $0.05m^2$ 的托块(可选用不易变形的矩形或圆形轻质材料,如木块、轻质砖等)置于收费亭顶部任意位置,托盘上稳固放置一面积不小于 $0.3m^2$ 的承载板(可选用硬质木板、树脂板等),将质量为100kg的重物平稳置于承载板上,放置5min,测试点至少应分布在收费亭顶部的中心及靠近边缘的5个部位。试验过程中,应无因承重导致的异响,试验完成后,收费亭顶部应无明显变形、开裂等缺陷。

(2)技术要求

收费亭顶部任意部位应能承受20kPa的荷载。

5. 防护性能

（1）试验方法

采用人工淋雨法。试验人员应手持水源站在与收费亭等高的高台或固定支撑物上,支撑物距收费亭1.5~2.0m,以5~7mm/min的强度,与铅垂线呈45°角的人工雨对亭子进行30min淋雨,淋雨方向应包括收费亭正面方向和两个侧面方向。停止淋雨后擦干亭身及电气控制柜外部水迹,检查亭内,应无明显渗漏现象。

（2）技术要求

经淋水试验后,亭内部顶部、正面玻璃窗及侧壁(包括门、窗)不得有漏水现象。

6. 照明条件

（1）试验方法

采用标准照度计进行测量,均布测量工作台面照度值不少于10点,测试值应符合规定。

（2）技术要求

在只有亭内照明设施提供照明的条件下,收费亭内工作台面的照度达到100~200lx。

六、入口治超设备

入口称重检测设施(设备)作为控制违法超限超载车辆进入高速公路的基础设施,具备对通过的车辆进行称量、识别分离、检测轴及轴组、车辆通过时间等信息自动采集,并形成完整的称重检测信息的功能。

入口称重检测设施(设备)一般是由称重设备、轮轴识别设备、车牌识别及抓拍设备、视频监控设备、电子显示屏、轮廓检测设备和安全引导设施等构成。

称重检测设施(设备)应由具有相关资质的检测机构按照相关的标准要求进行试验检验,其中称重设备安装调试完成后,应由相关计量检定机构按照现行《动态公路车辆自动衡器检定规程》(JJG 907)以及《汽车轴重动态检测仪检定规程》[JJG(交通)005]进行检定,称重检测设施(设备)经试验检测和检定合格后,方可投入使用。

七、LED车道控制标志

LED车道控制标志是安装于收费车道(入口车道或出口车道),用于对车道状态进行指示的设备,其主要质量评定标准参见现行《LED车道控制标志》(JT/T 597),技术要求和试验方法详见第三篇第二章监控设施内容。

第三节 收费设施质量检验评定

《公路工程质量检验评定标准 第二册 机电工程》(JTG 2182—2020)从基本要求、实测项目和外观质量三个方面对收费设施的检测方法和技术要求进行了规定。《公路机电工程测试规程》(JTG/T 3520—2021)对收费设施的部分测试方法进行了细化。本节结合两个标准的相关内容进行介绍。

一、基本要求和外观质量

基本要求和外观质量应符合《公路工程质量检验评定标准 第二册 机电工程》(JTG 2182—2020)的相关要求。基本可归纳如下:
(1)收费设施产品应符合现行各产品标准的规定。
(2)设备及配件的型号规格、数量应符合合同要求,部件完整。
(3)全部设备安装调试完毕,设备应处于正常工作状态。
(4)系统软件应合法授权、应提供正式的授权使用证书,应用软件应提供软件开发、测试文件。
(5)超限检测系统中使用的计重承载器应通过相关部门的型式评价,并通过计量部门的检定,取得相应证书并在有效期内。
(6)外观质量应不存在 JTG 2182—2020 附录 C 所列限制缺陷。
(7)电动(手动)栏杆挡杆上反光标记应完整醒目。
(8)控制台上设备布局符合设计要求,安装稳固、横竖端正、标识正确清楚。
(9)CCTV 监视器布局合理,屏幕拼接完整,无明显歪斜,安装稳固、横竖端正、标识正确清楚。
(10)网络、供电线缆布放整齐美观,安装牢固、标识清楚等。

二、实测项目

1. 实测项目汇总

收费设施实测项目汇总见表 3-4-3。

收费设施实测项目汇总表 表 3-4-3

项次	分项工程	实测项目
1	入口混合车道设备及软件	车道设备绝缘电阻*,车道设备共用接地电阻*,天线安装高度,天线立柱防腐涂层厚度,车道信息指示屏的色度和亮度,车道信息指示屏控制与显示*,收费天棚车道控制标志的色度和亮度,收费天棚车道控制标志控制和显示*,收费车道通行信号灯控制和显示*,车道专用费额信息显示屏色度和亮度,车道专用费额信息显示屏信息显示*,闪光报警器*,电动栏杆起/落时间,电动栏杆机壳防腐涂层厚度,电动栏杆机功能,环形线圈电感量,专用键盘,复合读写器,车道图像抓拍*,车道摄像机*,字符叠加,车牌自动识别功能,车牌识别准确率,RSU 通信区域*,车道初始状态*,车道打开状态*,车道软件系统登录与退出,车道设备工作状态监测及故障报警,记录日志查询,车道收费数据上传功能*,时钟同步功能,数据传输*,车道维修和复位操作处理,支持双片式 OBU、单片式 OBU 交易,支持 CPC 卡交易,车辆信息采集,收费参数接收与更新,接收入口称重检测数据,承载 ETC 门架功能,信息自动匹配,货车超载拦截,CPC 卡电量判定,断网复原功能*,特情车辆处理,ETC 车辆交易成功后持 CPC 卡通行,正常 ETC 客车通行交易流程*,正常 ETC 货车通行交易流程*,正常 ETC 专项作业车通行交易流程*,MTC 客车通行交易流程*,MTC 货车通行交易流程*,MTC 专项作业车通行交易流程*,跟车干扰交易流程

续上表

项次	分项工程	实测项目
2	出口混合车道设备及软件	车道设备绝缘电阻*,车道设备共用接地电阻*,天线安装高度,天线立柱防腐涂层厚度,车道信息指示屏的色度和亮度,车道信息指示屏控制与显示*,收费天棚车道控制标志的色度和亮度,收费天棚车道控制标志控制和显示*,收费车道通行信号灯控制和显示*,车道专用费额信息显示屏色度和亮度,车道专用费额信息显示屏信息显示*,闪光报警器,电动栏杆起/落时间,电动栏杆机壳防腐涂层厚度,电动栏杆机功能,环形线圈电感量,专用键盘,复合读写器,票据打印机*,车道图像抓拍*,车道摄像机*,字符叠加,车牌自动识别功能,车牌识别准确率,RSU 通信区域*,车道初始状态,车道打开状态*,车道软件系统登录与退出,车道设备工作状态监测及故障报警,记录日志查询,车道收费数据上传功能*,时钟同步功能,数据传输*,车道维修和复位操作处理,支持双片式 OBU、单片式 OBU 交易,支持 CPC 卡交易,车辆信息采集,收费参数接收与更新,接收出口称重检测数据,承载 ETC 门架功能,信息自动匹配,断网复原功能*,同时有 OBU、CPC 卡车情处理,无 CPC 卡、坏卡车辆处理,CPC 卡内无入口信息或实际车型、车牌与卡内信息不符车辆处理,ETC 车辆特情处理,货车超限超载车辆处理,正常 ETC 客车通行交易流程*,正常 ETC 货车通行交易流程*,正常 ETC 专项作业车通行交易流程*,MTC 客车通行交易流程*,MTC 货车通行交易流程*,MTC 专项作业车通行交易流程*,跟车干扰交易流程
3	ETC 专用车道设备及软件	车道设备绝缘电阻*,车道设备共用接地电阻*,天线安装高度,天线立柱防腐涂层厚度,车道信息指示屏的色度和亮度,车道信息指示屏控制与显示*,收费天棚车道控制标志的色度和亮度,收费天棚车道控制标志控制和显示*,收费车道通行信号灯控制和显示*,车道专用费额信息显示屏色度和亮度,车道专用费额信息显示屏信息显示*,闪光报警器*,电动栏杆起/落时间,电动栏杆机壳防腐涂层厚度,电动栏杆机功能*,环形线圈电感量,专用键盘,车道图像抓拍*,车道摄像机*,字符叠加,车牌自动识别功能,车牌识别正确率,RSU 通信区域*,车道初始状态,车道打开状态*,车道软件系统登录与退出,车道设备工作状态监测及故障报警,记录日志查询,车道收费数据上传功能*,时钟同步功能,数据传输*,车道维修和复位操作处理,支持双片式 OBU、单片式 OBU 交易,收费参数接收与更新,承载 ETC 门架功能,断网复原功能*,特情车辆处理,超限超载车辆处理,正常 ETC 客车通行交易流程*,正常 ETC 货车通行交易流程*,正常 ETC 专项作业车通行交易流程*,跟车干扰交易流程
4	ETC 门架系统	基础尺寸,机箱、立柱防腐涂层厚度,保护接地电阻*,防雷接地电阻*,共用接地电阻*,设备状态监测功能,ETC 分段计费*,CPC 卡分段计费*,车辆图像抓拍与车牌自动识别,车辆识别正确率,记录生成、存储、查询*,设备远程控制,主备天线系统切换*,参数管理,数据存储重传,通行记录匹配,时钟同步*,数据传输,主备通信链路切换,通信区域,RSU 工作信号强度,RSU 工作频率*,RSU 占用带宽*,RSU 前导码*,RSU 通信流程*,一体化机柜,供配电设备
5	收费站设备及软件	收费站共用接地电阻*,对车道设备的实时监视功能*,原始数据查询统计功能,图像稽查功能*,报表生成打印功能,费率表查看功能,与车道控制机的数据通信功能,数据备份功能*,字符叠加功能,与收费分中心的数据交换功能,断网数据上传功能,图像切换功能*,查看特殊事件功能,系统恢复功能
6	收费分中心设备及软件	收费分中心共用接地电阻*,与收费站的数据传输功能*,图像稽查功能*,通行卡管理功能,报表统计管理及打印功能,对各站及车道CCTV图像切换及控制功能,数据备份功能*,系统恢复功能
7	联网收费管理中心(收费中心)设备及软件	联网收费管理中心共用接地电阻*,费率表*、车型分类参数的设置与变更*,时钟同步功能,通行卡管理功能,票证管理功能,通行费拆分,数据备份功能*,参数下发*,报表生成及打印*,通行费清分记账*,通行费拆账划拨*,通行费结算*,黑名单管理*,基础数据管理,数据传输,系统恢复功能,软件性能

续上表

项次	分项工程	实测项目
8	IC 卡发卡编码系统	发卡设备绝缘电阻,发放身份 IC 卡,发放公务 IC 卡,发放预付 IC 卡,预付卡业务查询、统计与打印,发放通行 IC 卡,兼容功能,防冲突功能*
9	内部有线对讲及紧急报警系统	主机全呼分机*,主机单呼某个分机*,分机呼叫主机*,分机之间的串音,扬声器音量调节,话音质量,按钮状态指示灯,语音电话系统,语音帧听功能,手动/脚踏报警功能*,报警信号输出功能
10	超限检测系统	车道设备绝缘电阻*,接地连接,设备共用接地电阻*,电动栏杆机壳防腐涂层厚度,电动栏杆功能*,车道通行信号灯控制和显示,图像抓拍*,车道摄像机,字符叠加,车牌自动识别功能*,闪光报警器*,车辆分离器功能,轴型识别器功能,线圈电感量,计重控制处理器功能*,计重精度*,计重校准功能,视频监视功能,系统登录与退出,信息输出与显示,超限信息显示屏色亮度,超限报警与处理功能*,数据查询与统计,数据传输
11	闭路电视监视系统	基础尺寸,机箱、立柱防腐涂层厚度,立柱竖直度,绝缘电阻*,保护接地电阻*,防雷接地电阻*,共用接地电阻*,标清模拟复合视频信号[视频电平*、同步脉冲幅度*、回波 E*、亮度非线性、色度/亮度增益不等、色度/亮度时延差、微分增益、微分相位、幅度特性(5.8MHz 带宽内)*、视频信噪比(加权)*],高清 Y、$C_R(P_R)$、$C_B(P_B)$ 视频信号[Y 信号输出量化误差*、$C_R(P_R)$ 信号输出量化误差*、$C_B(P_B)$ 信号输出量化误差*、Y 信号幅频特性*、Y、$C_B(P_B)$、$C_R(P_R)$ 信号的非线性失真(%)、亮度通道的线性响应(Y 信号的 K 系数)*、Y/$C_B(Y/P_B)$、Y/$C_R(Y/P_R)$ 信号时延差、Y、$C_B(P_B)$、$C_R(P_R)$ 信号的信噪比(加权)*],高清 G、B、R 视频信号[G 信号输出量化误差*、B 信号输出量化误差*、R 信号输出量化误差*、G/B/R 信号幅频特性*、G、B、R 信号的非线性失真、亮度通道的线性响应(G、B、R 信号的 K 系数)*、G/B、G/R、B/R 信号时延差、G、B、R 信号的信噪比*],监视器画面指标*,数据传输性能*,云台水平转动角度*,云台垂直转动角度*,监视内容,外场摄像机安装稳定性*,自动光圈调节,调焦功能,变倍功能,切换功能*,录像功能*,信息叠加功能,复原功能*
12	收费站区光缆、电缆线路工程	单模光纤总衰耗,多模光纤总衰耗,电力电缆绝缘电阻*,光缆、电缆埋深
13	收费系统计算机网络	接线图*、长度、回波损耗*、插入损耗、近端串音*、近端串音功率和、衰减远端串音比、衰减远端串音比功率和、衰减近端串音比、衰减近端串音比功率和、环路电阻、时延、时延偏差、以太网系统性能要求*、以太网链路层健康状况*、网络安全性能*

注:带"*"的为关键项目;各项目参数具体技术指标详见 JTG 2182—2020。

2. ETC 收费车道路侧单元(RSU)通信区域测试

路侧单元(RSU)通信区域测试可以选择采用车载单元(OBU)测试或场强测试方法。当出现争议时,以场强测试方法为仲裁方法。

1)仪器设备

(1)采用车载单元(OBU)测试用仪器设备

①车载单元:可独立使用。

②卷尺(钢或纤维):测量范围 0~20m;钢卷尺计量性能应满足现行《钢卷尺检定规程》(JJG 4)规定的Ⅱ级要求;纤维卷尺计量性能应满足现行《纤维卷尺、测绳检定规程》(JJG 5)规定的 2 级要求。

(2)场强测试用仪器设备

①频谱分析仪:具有场强测试功能;频率范围应覆盖 5~6GHz;分辨力带宽 10Hz~2MHz。

②全向测试天线:频率范围应覆盖5~6GHz;已知天线系数。条文说明全向测试天线的天线系数校准频率点至少要包括测试需要的频率点。

③卷尺(钢或纤维):要求同上。

2)测试方法

(1)采用车载单元(OBU)测试

①应确认测试用 OBU 能够与 RSU 进行通信。

②按照图3-4-6所示,根据 RSU 安装位置、线圈设置位置,在车道内标记 RSU 通信区域测试范围,长度至少为行车方向首个触发线圈位置到 RSU 投影点位置距离;在测试范围内以距离 RSU 投影点 0.5m 处的位置为起点,按不大于 1.0m 等间距标记测试线 1 至测试线 n。

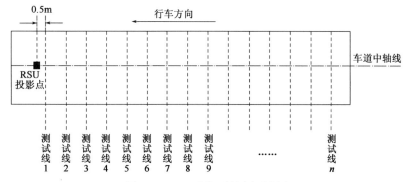

图3-4-6 RSU 通信区域测试示意图

③应将被测车道 RSU 设置为连续发射工作信号状态。

④在测试线1的车道中轴线位置,保持 OBU 距离水平地面1.2m 高度处,由车道中轴线位置先后分别向车道两边缘缓慢移动 OBU,查找 RSU 发射信号无法与 OBU 通信的边界点,用卷尺分别测量两侧边界点至车道中轴线的距离并记录。

⑤应依次在测试线2至测试线 n,重复本方法④的规定。

(2)场强测试

①应按照"采用车载单元(OBU)测试"方法第②条的规定做好相应测试标记。

②宜将被测 RSU 设置为连续发射载波信号状态,无法设置发射载波信号时,可设置为连续发射工作信号状态。

③将测试天线连接至频谱分析仪,设置频谱分析仪的相应参数(天线系数、场强测量)。

④在测试线1的车道中轴线位置,保持测试天线距离水平地面1.2m 高度处,由车道中轴线位置先后分别向车道两边缘缓慢移动测试天线,测量 RSU 发射信号场强,查找场强降低至规定最小值的边界点,用卷尺分别测量两侧边界点至车道中轴线的距离并记录。

⑤应依次在测试线2至测试线 n,重复本方法④的规定。

(3)测试要求

测试时,被测收费车道内应无车辆或影响测试的金属物品。

(4)测试结果

测试结果为所有测试线上查找到的信号强度边界点在测试区域的分布位置,单位为 m,测试结果数值修约间隔为0.01,也可采用通信区域图进行表达。

3. ETC 收费车道跟车干扰交易流程测试

1）仪器设备

(1) 正常状态测试车辆：安装可正常交易车载单元的客车或货车 1 辆。

(2) 异常状态测试车辆：未安装车载单元或安装的车载单元无法正常交易的客车或货车 1 辆。

(3) 连接牵引装置：宜选择硬连接牵引装置，长度应按照测试需求选择，一般可选择 (1.8 ± 0.2) m。

2）测试方法

(1) 正常状态车辆跟随异常状态车辆干扰交易流程测试

①应将连接牵引装置牢固安装至两辆测试车辆之间，前车为异常状态测试车辆，后车为正常状态测试车辆。

②前车应以测试要求的行驶速度拖拽后车，进入 ETC 车道，验证前车是否被错误放行，且车道信息显示正确。

③应记录前车、后车的交易结果和车道信息显示结果。

(2) 异常状态车辆跟随正常状态车辆干扰交易流程测试

①应将连接牵引装置牢固安装至两辆测试车辆之间，前车为正常状态测试车辆，后车为异常状态测试车辆。

②前车应以测试要求的行驶速度拖拽后车，进入 ETC 车道，验证前车是否交易通行，后车是否被错误放行，且车道信息显示正确。

③应记录前车、后车的交易结果和车道信息显示结果。

3）测试结果

测试结果为测试车辆的交易结果。

注：车道识别出后车为 ETC 异常状态车辆，并采取拦截措施，但因电动栏杆防砸功能启用，导致后车被放行，可以视为正确响应。

4. ETC 系统路侧单元（RSU）工作信号强度测试

1）仪器设备

(1) 频谱分析仪：频率范围应覆盖 5～6GHz；分辨力带宽 10Hz～2MHz。

(2) 全向测试天线：频率范围应覆盖 5～6GHz；已知天线系数。

2）测试方法

(1) 设置频谱分析仪中心频率为信道工作标称频率（一般为 5.83GHz 或 5.84GHz）。

(2) 根据测试要求，将测试天线放置于 RSU 通信区域内的测试位置，开始测试。

(3) 调整频谱分析仪功率幅度标尺至合适值，测量范围应覆盖被测信号。

(4) 设置扫频宽度为 5MHz，测试信道功率，读取测试值并记录。

3）测试要求

(1) 测试时应确保读取通信区域内最大信道功率。

(2) 被测 RSU 可采用工作信号作为被测信号。

4）测试结果

测试结果为信道功率测试值，单位为 dBm，测试结果数值修约间隔为 0.1。

5. ETC 系统路侧单元(RSU)工作频率及频率容限测试

1)仪器设备

(1)频谱分析仪:频率范围应覆盖 5~6GHz;分辨力带宽 10Hz~2MHz。

(2)全向测试天线:频率范围应覆盖 5~6GHz;已知天线系数。

2)测试方法

(1)设置频谱分析仪中心频率为信道工作标称频率(一般为 5.83GHz 或 5.84GHz)。

(2)根据测试要求,将测试天线放置于 RSU 通信区域内的测试位置,开始测试。

(3)设置扫频宽度为 5MHz,读取信号主纵模峰值处频率值并记录。

3)测试要求

被测 RSU 可采用工作信号作为被测信号。

4)计算

频率容限测试结果应按式(3-4-1)计算:

$$f_r = \frac{f_1 - f_0}{f_0} \times 10^6 \tag{3-4-1}$$

式中:f_r——频率容限;

f_1——频谱分析仪测试的工作信号频率(Hz);

f_0——RSU 工作信号标称频率(Hz)。

5)测试结果

(1)工作信号频率测试结果为信号主纵模峰值处频率测试值,单位为 Hz,测试结果数值修约间隔为 1。

(2)频率容限测试结果用百万分数表示,测试结果数值修约间隔为 0.01。

6. ETC 系统路侧单元(RSU)通信流程测试

1)仪器设备

(1)频谱分析仪:频率范围应覆盖 5~6GHz;分辨力带宽 10Hz~2MHz;具有矢量信号分析和存储功能。

(2)全向测试天线:频率范围应覆盖 5~6GHz;已知天线系数。

(3)车载单元:可独立使用。

2)测试方法

(1)设置频谱分析仪中心频率为信道工作标称频率(一般为 5.83GHz 或 5.84GHz)。

(2)根据测试要求,将测试天线放置于 RSU 通信区域内的测试位置,开始测试。

(3)设置频谱分析仪为记录模式,扫频宽度应大于 5MHz,使用解调模式输出解调后的编码信号(FM0 编码),开始测试。

(4)将正常交易的车载单元(OBU)放入通信区域的测试位置和 RSU 进行交互。

(5)将存储的编码信号解码为信息源码并记录输出结果。

3)测试结果

以输出的信息源码是否符合电子收费专用短程通信应用层服务原语的数据结构作为测试结果。

第五章 供配电设施

第一节 概 述

供配电系统是电力系统的重要组成部分,供配电系统的主要功能是从输电网接受电能,然后逐级分配电能或就地消费,即将高压电能降低至既方便运行又适合用户需要的各种电压,组成多层次的配电网,向各类电力用户供电。目前,供配电系统的电压通常在 220kV 及以下。供配电系统按用户用电性质分类,有工业企业供配电系统和民用供配电系统两类;按用户的用电规模分类,有二级降压的供配电系统、一级降压的供配电系统和直接供电的供配电系统三类。供配电系统正在向提高供电电压、简化配电的层次、推广配电智能化技术的趋势发展。

供配电系统由总降压变电所、高压配电所、配电线路、车间变电所或建筑物变电所和用电设备组成。图 3-5-1 为供配电系统结构示意图。

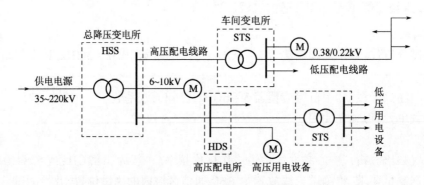

图 3-5-1 供配电系统结构示意图

公路交通机电系统与电子信息设施的供电电源一般取自就近的 10kV/6kV 公用电网,由设置于监控中心、收费站、服务区等场区的 10kV/0.4kV 变配电所,分别向各自有效供电半径范围内的动力、照明等设备提供符合正常工作要求的 220V/380V 电力。

公路沿线用电设施的特点是容量一般不大,用电点分散,距离供电点较远,配电系统的技术可靠性与经济可行性矛盾突出。例如,优化解决散布在公路沿线,诸如气象检测器、车辆检测器等仅有十余瓦功率监控设备的长距离、低功耗供配电难题就很有代表性。

本章所指的供配电设施主要是由中压配电设备、中压设备电力电缆、中心(站)内低压配电设备、低压配电电力电缆、风/光供电系统、电动汽车充电系统和电力监控系统共7个部分的产品和设施构成。由于施工阶段所选用的产品与设施均符合相关标准要求,并已通过了相应的试验检测验证,因此,工程检测重点是对供配电设施的安装质量进行功能、性能和外观的检验。

第二节　供配电设施质量检验评定

《公路工程质量检验评定标准　第二册　机电工程》(JTG 2182—2020)从基本要求、实测项目和外观质量三个方面对供配电设施的检测方法和技术要求进行了规定。《公路机电工程测试规程》(JTG/T 3520—2021)对供配电设施的部分测试方法进行了细化。本节结合两个标准的相关内容进行介绍。

一、基本要求和外观质量

基本要求和外观质量应符合《公路工程质量检验评定标准　第二册　机电工程》(JTG 2182—2020)的相关要求。基本可归纳如下:

(1)供配电设施产品应符合现行各产品标准的规定。

(2)设备及配件的型号规格、数量应符合合同要求,部件完整。

(3)电气设备外露可导电部分,应与接地装置有可靠的电气连接。成排的配电装置的两端均应与接地线相连。

(4)变配电所配电装置各回路的相序排列应一致,硬导体应涂刷相色油漆或相色标志。

(5)变配电所列架布局应合理、安装稳固、无剧烈震动和爆炸危险介质。

(6)变压器室、配电室、电容器室应设置防止雨、雪和蛇、鼠类小动物从采光窗、通风窗、门、电缆沟等进入室内的设施。

(7)控制电缆和耐火电缆应采用铜导体。

(8)电缆的路径应避免电缆遭受机械性外力、过热、腐蚀等危害。

(9)直埋电缆两端铠装层接地处理措施应得当,电缆标识埋设应符合设计要求。

(10)电力监控中心机房应整洁,通风、照明良好。

(11)全部设备安装调试完毕,设备应处于正常工作状态。

(12)外观质量应不存在 JTG 2182—2020 附录 C 所列限制缺陷。

(13)电缆成端沿电缆井引入时,电缆排列整齐有序、绑扎牢固。

(14)进入墙壁有保护套管,预留长度满足使用要求。

(15)控制台上设备布局合理,安装稳固、横竖端正、标识正确清楚。

二、实测项目

1. 实测项目汇总

供配电设施实测项目汇总见表 3-5-1。

供配电设施实测项目汇总表　　　　　　　　　　　　　　　　　　　　　　表 3-5-1

项次	分项工程	实测项目
1	中压配电设备	电力变压器,电抗器以及消弧线圈,互感器,真空断路器,六氟化硫断路器,六氟化硫封闭式组合电器,隔离开关、负荷开关及高压熔断器,套管,悬式绝缘子和支柱绝缘子,电容器,避雷器,二次回路,接地装置,微机综合保护装置的定值
2	中压设备电力电缆	电力电缆线路,1kV 以上架空电力电缆
3	中心(站)内低压配电设备	设备安装的水平度,设备安装的垂直度,室内设备、列架的绝缘电阻,共用接地电阻,发电机组控制柜绝缘电阻,发电机组启动及启动时间,发电机组相序,发电机组输出电压稳定性,自动发电机组自启动转换功能,发电机组供电切换对机电系统的影响,柴油发电机蓄电池,电源室接地装置的施工质量,1kV 及以下电压等级配电装置和馈电线路(三级配电系统中的第一级),低压电器(三级配电系统中的第一级),低压配电系统功率因数,N 线电流,电能质量,UPS 和 EPS 功能及性能,参数稳压电源
4	低压设备电力电缆	配电箱基础尺寸及高程,电缆埋深或穿管敷设,配电箱涂层厚度,相线对绝缘护套的绝缘电阻,配线架对配电箱绝缘电阻,电源箱、配电箱保护接地电阻,通风照明设施主干电缆和分支电缆型号规格*
5	风/光供电系统	立柱竖直度,绝缘电阻*,保护接地电阻*,防雷接地电阻*,共用接地电阻*,直流输出电压,交流输出电压,输出电流,监控功能,蓄电池管理功能,保护功能,状态监测功能
6	电动汽车充电系统	竖直度,绝缘电阻*,保护接地电阻*,防雷接地电阻*,共用接地电阻*,输入、输出电压,充电模式,电动汽车和供电设备之间的连接,保护功能
7	电力监控系统	通信管理,遥测功能,遥信功能,遥控功能,配电室环境监控,报表管理功能

注:带"*"的为关键项目;各项目参数具体技术指标详见 JTG 2182—2020。

2. 电能质量测试

本方法适用于变压器低压 380V 侧 50Hz 交流供电系统中电能质量参数测试,包括输出电压、输出频率、频率偏差、电压偏差、三相电压不平衡度、谐波等。

1) 仪器设备

电能质量分析仪应满足下列技术要求:

(1) 级别:A 级。

(2) 电压最大允许误差:±0.1%。

(3) 频率最大允许误差:±0.01Hz。

(4) 谐波测量:直流和 1~50 次谐波。

(5) 三相电压不平衡度最大允许误差:±0.15%。

(6) 三相电流不平衡度最大允许误差:±1%。

2) 测试方法

(1) 应按照 A、B、C 和 N 的顺序,将电能质量分析仪的电压、电流互感器(传感器)连接在被测设备或系统的对应线路上。

(2) 必须再次检查确认仪器设备端和被测系统线路侧所有接线连接正确。

(3) 启动电能质量分析仪开始测试,应根据测试要求选择测试参数,有效数据采集时间应不少于10min。

(4)数据采集结束后应保存测试数据。

3)测试要求

(1)测试前,测试人员必须穿戴绝缘安全防护用品。

(2)应确认电能质量分析仪及电压、电流互感器(传感器)技术参数满足测试要求。

(3)测试可在单相供电系统中进行,也可在多相供电系统中进行。

(4)应根据测试需求确定测试相导线和中性点之间的电压(相-中性点电压),或相导线之间的电压(线间电压),或相导线、中性点和接地之间的电压(相-接地电压、中性点-接地电压)。

(5)测试过程中,应确保被测系统的完整性,供电系统负载应按测试要求的工况正常运行。

4)测试结果

(1)对有效采集时间内的测试数据计算平均值,作为测试结果。

(2)输出电压测试结果的单位为V,测试结果数值修约间隔为0.1。

(3)输出频率测试结果的单位为Hz,测试结果数值修约间隔为0.01。

(4)电压偏差(率)的测试结果用百分数表示,测试结果数值修约间隔为0.01。

(5)频率偏差测试结果的单位为Hz,测试结果数值修约间隔为0.01。

(6)三相电压不平衡度的测试结果用百分数表示,测试结果数值修约间隔为0.01。

(7)谐波电压含有率的测试结果用百分数表示,测试结果数值修约间隔为0.001。

(8)谐波电流测试结果的单位为A,测试结果数值修约间隔为0.001。

第六章

道路照明设施

第一节 概 述

一、作用与构成

为了保证交通安全视认性以及视觉舒适性,可在公路一般路段、互通立交、收费广场及收费天棚、特大桥、隧道、平面交叉路口等区段设置照明设施,满足机动车安全行驶与交通管理的需要。

公路照明系统主要是由照明光源、灯具与电器附件等装置、配电与控制设施、安全防护设备等组成。

二、常用术语

(1)路面有效宽度:用于道路照明设计的路面理论宽度,它与道路的实际宽度、灯具的悬挑长度和灯具的布置方式等有关;当灯具采用单侧布置方式时,道路有效宽度为实际路宽减去一个悬挑长度;当灯具采用双侧(包括交错和相对)布置方式时,道路有效宽度为实际路宽减去两个悬挑长度;当灯具在双幅路中间分隔带上采用中心对称布置方式时,道路有效宽度即道路实际宽度。

(2)诱导性:沿着道路恰当地安装灯杆、灯具,可以给驾驶员提供有关道路前方走向、线形、坡度等视觉信息,称其为照明设施的诱导性。

(3)维护系数:照明装置在同一表面上维护平均照度(即使用一定周期后)与新装时的初始平均照度之比。

(4)路面平均亮度:按照国际照明委员会(CIE)有关规定,在路面预先设定点上测得的或计算得到各点亮度的平均值。

(5)路面亮度总均匀度:路面上最小亮度与平均亮度的比值。

(6)路面亮度纵向均匀度:同一条车道中心线上最小亮度与最大亮度的比值。

(7)路面平均照度:按照 CIE 有关规定在路面预先设定点上测得的或计算得到各点照度的平均值。

(8)路面照度均匀度:路面上最小照度与平均照度的比值。

(9)光源颜色包含光源色表和显色性。

①光源色表按相关色温分为三组：暖色（色温＜3300K）；中间色（色温介于3300～5300K）；冷色（色温＞5300K）。

②显色性是指光源对物体色表的影响，以显色指数 R_a 表示，如收费亭、监控中心等场所为80，收费天棚下方地面则可根据辨色要求选择60、40或20。

(10)环境比：车行道外边5m宽状区域内的平均水平照度与相邻的5m宽车行道上平均水平照度之比。

(11)交会区：位于道路的出入口、交叉口、人行横道等区域。在这种区域，机动车之间、机动车和非机动车及行人之间、车辆与固定物体之间的碰撞有增加的可能。

(12)道路照明功率密度（LPD）：单位路面面积上的照明安装功率（含镇流器功耗）。

①按照选用的光源、灯具及布置计算照度，在符合标准值后验算实际LPD值，以不超标准规定的LPD限值为合格，低于LPD限值为节能。

②不能用规定的LPD限值作为单位面积功率计算照度。

三、照明光源及灯具

1. 照明光源

电光源标准按发光物质可分为热辐射光源、固态光源和气体放电光源。《电光源产品的分类和型号命名方法》（QB/T 2274—2013）规定了电光源产品的分类和型号命名的方法，适用于我国销售的各类电光源产品。

主要常用的光源如下：

(1)白炽灯和卤钨灯：白炽灯是利用钨丝通过电流使灯丝处于白炽状态而发光的一种热辐射光源。卤钨灯全称为卤钨循环类白炽灯，与传统白炽灯相比，具有体积小、寿命长、光效高、光色好和光输出稳定的特点。普通灯泡的参数见表3-6-1。

普通照明灯泡的主要参数 表3-6-1

型　　号	额定电压（V）	功率（W）	光通量（lm）	色温（K）	平均寿命（h）	外形尺寸（mm）	玻壳形式	灯头类型
GLS 25W C	230	25	201	2800	1000	$\phi 60 \times 104$	透明	E27
GLS 40W C		40	318					
GLS 60W C		60	548					

(2)荧光灯：最广泛、用量最大的气体电光源。它具有结构简单、光效高、发光柔和、寿命长的优点，按类型可分为双端荧光灯和单端荧光灯。

(3)金属卤化物灯：是在汞和稀有金属的卤化物混合蒸汽中产生电弧放电发光的气体放电灯，是在高压汞基础上添加各种金属卤化物制成的光源。

(4)高压钠灯和低压钠灯：是放电管采用抗钠腐蚀的半透明多晶氧化铝陶瓷制成，比荧光灯具有高发光效率、寿命高、透雾性能好等优点，广泛用于道路、机场照明。

(5)LED灯：半导体发光二极管，利用固体半导体芯片作为发光材料，当两端加上正电压，半导体载流子复合发出剩余能量,产生光源。

2. 照明灯具

根据 CIE 的定义,灯具是透光、分配和改变光源分布的器具,包括除光源外所有用于固定和保护光源所需的全部零部件及电源连接所需的线路附件。

照明灯具的作用如下:

(1)固定光源,使电流安全流过光源,对于气体放电灯,灯具通常是提供安装镇流器、功率因数补偿电容和电子触发器的容器。

(2)为光源和光源控制装置提供机械保护,支撑全部转配件,并与建筑结构连接。

(3)控制光源发出光线的扩散程度,实现需要的配光。

(4)限制直接眩光,防止反射眩光。

(5)电击保护,保证用电安全。

(6)保证特殊场所的照明安全,如防爆、防水、防尘等。

(7)装饰和美化室内外环境,特别是在民用建筑,起装饰品的效果。

灯具按使用的光源分类见表 3-6-2。

按灯具使用的光源分类和类型　　　　　　　　　表 3-6-2

比较项目	灯具类型		
	荧光灯灯具	高强气体放电灯灯具	LED 灯具
配光控制	难	较易	较难
眩光控制	易	较难	较难
调光	较难	难	容易
适用场合	用于高度较低的公共及工业建筑场所	用于高度较高的公共及工业建筑场所	光效较高、色彩丰富的场所,夜景、隧道照明

四、评价指标

公路照明应以路面平均亮度(或路面平均照度)、路面亮度均匀度和纵向均匀度(或路面照度均匀度)、眩光限制、环境比和诱导性等作为评价指标。

第二节　公路照明设置要求

一、照明质量要求

1. 照明等级

公路照明等级可按适用条件分为一级和二级,见表 3-6-3。

公 路 照 明 等 级　　　　　表 3-6-3

公路照明等级	适 用 条 件
一级	车流密度较大、视距条件较差、公路自身条件复杂的照明路段
二级	车流密度适中、视距条件良好、公路自身条件良好的照明路段

2. 照明质量要求

(1)公路照明应具有良好的视觉诱导性。

(2)公路照明质量应符合表3-6-4的要求。

公路照明质量要求　　　　　表 3-6-4

公路照明等级	亮度要求			照度要求		眩光限制阈值增量 T_1 (%)	环境比 SR
	平均亮度 L_{av}(cd/m²)	总均匀度 U_0	纵向均匀度 U_1	平均照度 E_{av}(lx)	总均匀度 $U_0(E)$		
	最小维持值	最小值	最小值	最小维持值	最小值	最大初始值	最小值
一级	2.0	0.4	0.7	30	0.4	10	0.5
二级	1.5	0.4	0.6	20	0.4	10	0.5

注:1. 表中所列数值仅适用于干燥路面。
2. 照度要求仅适用于沥青混凝土路面,水泥混凝土路面照度要求可相应降低但不超过30%。
3. 公路照明的维护系数可按0.70确定。
4. 公路照明质量宜优先符合亮度要求。
5. 公路照明测量方法参见《照明测量方法》(GB/T 5700—2008)。

(3)公路交会区和公路沿线特殊设施及场所照明质量应符合表3-6-5的要求。

公路交会区和公路沿线特殊设施及场所照明质量要求　　　　　表 3-6-5

照 明 区 域		照度要求		眩 光 限 制
		平均照度 E_{av} (lx)	总均匀度 U_0(E)	
		最小维持值	最小值	
公路交会区	与一级照明等级公路相连	50	0.4	与灯具向下垂直轴夹角在80°和90°的观察方向上的光强应分别不大于30cd/1000lm和10cd/1000lm
	未与一级照明等级公路相连	30	0.4	
公路沿线特殊设施及场所	收费站广场	20~50	0.4	应防止照明设施给行人、机动车驾驶员和作业者造成眩光
	服务区	10~20	0.3	
	养护区	10~20	0.3	
	停车区	15~30	0.3	

注:1. 公路交会区指交叉区、匝道及进出口区、限制宽度车道等。
2. 公路照明的维护系数可按0.70确定。

二、光源和灯具

1. 照明光源

(1)公路照明光源的选择应综合考虑光效、使用寿命和显色性等因素。

(2)常规路段照明宜采用高压钠灯,不应采用白炽灯。

(3)对显色性有较高要求的设施及场所可采用一般显色指数较高的光源。

(4)公路照明也可采用能够符合公路照明要求的新型光源,如 LED 光源、无极灯等。

2. 照明灯具及附属设施

(1)公路照明应采用截光型或半截光型灯具。

①截光型灯具:灯具的最大光强方向与灯具向下垂直轴夹角在 0°~65°之间,90°角和 80°角方向上的光强最大允许值分别为 10cd/1000lm 和 30cd/1000lm 的灯具。不管光源光通量的大小,其在 90°角方向上的光强最大值不得超过 1000cd。

②半截光型灯具:灯具的最大光强方向与灯具向下垂直轴夹角在 0°~75°之间,90°角和 80°角方向上的光强最大允许值分别为 50cd/1000lm 和 100cd/1000lm 的灯具。不管光源光通量的大小,其在 90°角方向上的光强最大值不得超过 1000cd。

③非截光型灯具:灯具的最大光强方向不受限制,90°角方向上的光强最大值不得超过 1000cd 的灯具。

(2)公路照明灯具的安全要求应符合现行《灯具 第 1 部分:一般要求与试验》(GB 7000.1)和《灯具 第 2-3 部分:特殊要求 道路与街路照明灯具》(GB 7000.203)的规定。

(3)按现行《外壳防护等级》(GB/T 4208)的规定,公路照明灯具的防护等级应不低于 IP55,环境污染严重、维护困难的路段和区域,照明灯具的防护等级应不低于 IP65。

(4)公路照明灯具应具有耐腐蚀性能和耐候性能。

(5)公路照明应选用金属灯杆或钢筋混凝土灯杆。当采用金属灯杆时,其防腐性能要求应符合现行《公路交通工程钢构件防腐技术条件》(GB/T 18226)的规定。

三、照明布设要求

1. 照明布设一般要求

(1)根据公路横断面形式、宽度、照明器具的配光性能和照明要求,灯具的布设可在单侧布置、双侧交错布置、双侧对称布置、中心对称布置和中心布置的方式中选择。

(2)照明灯具的间距应根据安装高度(H)、公路宽度、灯具的配光性能以及照明质量的要求设置,一般灯杆间距宜为$(3~4.5)H$。采用泛光灯照明时,高杆灯的灯杆间距宜为$(4~6)H$。

(3)照明灯具的悬挑伸延长度一般不宜超过灯杆高度的 1/4,灯具的仰角不宜超过 15°。

2. 曲线路段照明布设要求

(1)平曲线半径大于或等于 1000m 的曲线路段,可按直线路段进行照明布设。

(2)平曲线半径小于 1000m 的曲线路段,照明灯具的布设间距宜为直线段的 0.5~0.7 倍。半径越小,间距也应越小。

(3)在反向曲线路段上,宜固定在单侧设置灯具,产生视线障碍时可在曲线外侧增设附加灯具。

(4)当曲线路段的路面较宽需采取双侧布置灯具时,宜采用双侧对称布置。

(5)曲线路段的照明灯具不得安装在直线路段照明灯具的延长线上。

3. 公路交会区和公路沿线特殊设施及场所照明布设要求

(1)公路沿线特殊设施及场所照明应根据其范围和不同功能的要求进行照明布设。小型收费站广场宜采用低杆、中杆照明方式;大型收费站广场和互通式立体交叉应根据其特点及照明要求采用高杆照明方式;停车场宜采用高杆照明方式。当采用高杆照明方式时,宜优先选用升降式高杆照明设施。

(2)特大型桥梁照明宜根据桥梁结构形式采用与之相适应的照明灯具和布设方式。桥梁照明应防止眩光,必要时采用严格控光灯具,不得使用对船舶航行等水上交通及渔业活动造成不利影响的照明设施。

(3)有照明设施且平均亮度高于 $1.0cd/m^2$ 的公路的出入口,应设置照明过渡段。

四、照明供电要求及控制

1. 照明供电安全要求

(1)公路照明配电回路应设保护装置,每个灯具应设有单独保护装置。

(2)可触及的金属灯杆和配电箱等金属照明设备均需保护接地,接地电阻不大于4Ω。

(3)高杆灯或其他安装在高耸构筑物上的照明装置应配置避雷装置,并应符合现行《建筑物防雷设计规范》(GB 50057)的规定。

2. 照明控制要求

(1)照明控制宜优先采用定时控制和光电控制相结合的控制方法。定时控制应根据公路所在地区的地理位置和季节变化合理确定;光电控制的开关时间应按照满足照明质量要求的原则合理确定。

(2)对照明系统采用远程控制方式时,照明系统应具有本地控制功能。

五、照明节能要求

1. 照明灯具及器件节能要求

(1)气体放电灯线路功率因数应在0.85以上。

(2)常规照明灯具的性能指标应符合国家现行有关能效标准规定的节能评价要求。

2. 照明功率密度值

公路照明应以照明功率密度值作为照明节能的评价指标,连续照明的常规路段其照明功率密度值应符合表3-6-6的要求。

公路照明功率密度值要求 表3-6-6

公路照明等级	车道数(条)	照明功率密度值(W/m^2)	照度值(lx)
一级	≥6	≤1.05	30
	<6	≤1.25	

续上表

公路照明等级	车道数(条)	照明功率密度值(W/m²)	照度值(lx)
二级	≥6	≤0.70	20
	<6	≤0.85	

注:本表仅适用于光源为高压钠灯的条件,当采用其他光源时,应将照明功率密度值适当换算。

第三节 公路 LED 照明灯具检测方法和技术要求

照明灯具是照明系统的重要组成部分,LED 照明灯具是近年来在公路领域应用较多的一类新型节能灯具,由于其性能指标和测试方法与传统的气体放电灯存在较大的差异,针对该灯具的特点制定了专用的交通运输行业标准,已颁布并实施的标准包括《公路 LED 照明灯具 第1部分:通则》(JT/T 939.1—2014)、《公路 LED 照明灯具 第2部分:公路隧道 LED 照明灯具》(JT/T 939.2—2014)、《公路 LED 照明灯具 第4部分:桥梁护栏 LED 照明灯具》(JT/T 939.4—2020)和《公路 LED 照明灯具 第5部分:照明控制器》(JT/T 939.5—2014)。

1. 外观质量和材料要求

1)试验方法

(1)外观质量主要用目测和手感法,为主观评定项目。

(2)主要核查原材料的材质证明单是否齐全有效,必要时可对原材料的主要性能指标(如物理力学性能)进行检验。

(3)对于平均无故障时间(MTBF),采用序贯试验方案 4∶2,按现行《设备可靠性试验 恒定失效率假设下的失效率与平均无故障时间的验证试验方案》(GB/T 5080.7)的规定进行。

2)技术要求

(1)产品构件应完整、装配牢固、结构稳定、边角过渡圆滑、无飞边、无毛刺。

(2)灯具应设置可调节灯具照射角度的机构,便于安装施工;其活动零件应灵活、无卡滞现象,机壳及安装连接件应无明显变形、凹凸等缺陷,配光组件无损伤。

(3)外壳及连接件的防护层色泽应均匀,无划伤、无裂痕等缺陷。

(4)灯具外壳、机架、安装连接件采用钢构件时应进行防腐处理,其性能指标应符合现行《公路交通工程钢构件防腐技术条件》(GB/T 18226)的要求。

(5)产品的外壳、机架等结构件在保证结构稳定的条件下,宜采用符合国家相关标准的轻质材料,以减少产品自身质量。发光二极管在 T_s 为85℃时的使用寿命不小于50000h,其他电子元器件的平均无故障时间(MTBF)不小于30000h。

2. 结构尺寸

产品的结构尺寸用分辨力 0.5mm、精度 A 级的钢板尺和圈尺,分辨力 0.02mm、精度 0.02mm的游标卡尺进行测量。

3. 灯具性能指标

灯具性能指标见表3-6-7。

灯 具 性 能 指 标　　　　　表3-6-7

项　　目	试 验 方 法	技 术 要 求
初始光效	老炼试验后,测试灯具在额定工作条件下的初始光通量和实际功率,初始光通量与对应的灯具功率之比为初始光效	不低于85lm/W
噪声	按现行《声学　声压法测定噪声源声功率级和声能量级　消声室和半消声室精密法》(GB/T 6882)的方法进行	不高于55dB
灯具结温	在额定工作条件下工作稳定后,按照现行《半导体集成电路封装结到外壳热阻测试方法》(GB/T 14862)中规定的方法测量对称中心位置LED的结温为灯具结温	灯具应具有良好的散热系统,达到稳定状态后,结温不得大于105℃
显色指数	按现行《光源显色性评价方法》(GB/T 5702)的要求	LED照明灯具发光时显色指数不低于60
光度、防眩性能	按现行《灯具分布光度测量的一般要求》(GB/T 9468)的要求	符合现行《灯具分布光度测量的一般要求》(GB/T 9468)和《公路照明技术条件》(GB/T 24969)的要求
机械力学性能	按《公路机电系统设备通用技术要求及检测方法》(JT/T 817—2011)中第5.13条的要求	在承受40m/s的风速产生的风压后,不影响灯具的使用性能,由此产生的几何变形量应不大于1mm
可靠性试验	采用序贯试验方案4∶2,按现行《设备可靠性试验　恒定失效率假设下的失效率与平均无故障时间的验证试验方案》(GB/T 5080.7)的方法进行	整体产品的平均寿命不小于30000h

4. 功能要求

公路LED照明灯具的功能主要包括调光功能和调光等级两项,是对实现照明灯具调光控制的控制器和灯具间配合使用的基本要求。其中,调光功能要求灯具和照明控制器应设置控制信号接收端,可随控制信号的变化而调节发光亮度;调光等级要求灯具宜采用无级调光,当采用有级调光时,不宜低于24级。

第四节　道路照明设施质量检验评定

《公路工程质量检验评定标准　第二册　机电工程》(JTG 2182—2020)从基本要求、实测项目和外观质量三个方面对道路照明设施的检测方法和技术要求进行了规定。《公路机电工程测试规程》(JTG/T 3520—2021)对道路照明设施的部分测试方法进行了细化。本节结合两个标准的相关内容进行介绍。

一、基本要求和外观质量

基本要求和外观质量应符合《公路工程质量检验评定标准 第二册 机电工程》(JTG 2182—2020)的相关要求。基本可归纳如下：
(1)照明灯具和设备应符合现行各产品标准的规定。
(2)设备及配件的型号规格、数量应符合合同要求，部件完整。
(3)照明灯具安装支架的结构尺寸、预埋件、安装方位、安装间距等应符合设计要求，灯具安装牢固可靠。
(4)全部设备安装调试完毕，照明设施应处于正常工作状态。
(5)外观质量应不存在 JTG 2182—2020 附录 C 所列限制缺陷。

二、实测项目

1. 实测项目汇总

道路照明设施实测项目汇总见表3-6-8。

道路照明设施实测项目汇总表　　　　表3-6-8

项次	分项工程	实测项目
1	路段照明设施	灯杆基础尺寸，灯杆壁厚*，金属灯杆防腐涂层厚度，灯杆垂直度，照明设备控制装置的保护接地电阻*，灯杆防雷接地电阻*，路面平均亮度*，路面亮度总均匀度*，路面亮度纵向均匀度*，照明控制方式，高杆灯灯盘升降功能，亮度传感器与照明灯具的联动功能，定时控制功能
2	收费广场照明设施	灯杆基础尺寸，灯杆壁厚*，金属灯杆防腐涂层厚度，灯杆垂直度，照明设备控制装置的接地电阻*，灯杆防雷接地电阻*，收费广场路面平均照度*，收费广场路面照度总均匀度*，照明控制方式，高杆灯灯盘升降功能，亮度传感器与照明灯具的联动功能，定时控制功能
3	服务区照明设施	灯杆基础尺寸，灯杆壁厚*，金属灯杆防腐涂层厚度，灯杆垂直度，照明设备控制装置的接地电阻*，灯杆防雷接地电阻*，服务区路面平均照度，服务区路面照度总均匀度*，照明控制方式，高杆灯灯盘升降功能，亮度传感器与照明灯具的联动功能，定时控制功能
4	收费天棚照明设施	照明设备控制装置的接地电阻*，收费车道路面平均照度*，收费车道路面照度总均匀度*，收费车道路面平均亮度*，收费车道路面亮度总均匀度*，收费车道路面亮度纵向均匀度*，显色指数，照明控制方式，定时控制功能

注：带"*"的为关键项目；各项目参数具体技术指标详见 JTG 2182—2020。

2. 路面照度测试

照度测量可以采用中心布点法和四角布点法两种方法，考虑工程现场实施和后期数据处理的便捷，本方法采用中心布点法测量照度。

1) 仪器设备

(1) 光照度计:计量性能应满足现行《光照度计检定规程》(JJG 245)规定的一级要求;分辨力≤0.1lx。

(2) 卷尺(钢或纤维):测量范围 0~50m;钢卷尺计量性能应满足现行《钢卷尺检定规程》(JJG 4)规定的Ⅱ级要求;纤维卷尺计量性能应满足现行《纤维卷尺、测绳检定规程》(JJG 5)规定的 2 级要求。

2) 测试方法

(1) 测试区域纵向应为被测试路段同一侧两根灯杆之间区域。测试收费车道路面照明时,纵向区域应为收费车道位于收费天棚下方的区域。

(2) 当灯具采用单侧布设方式时,测试区域横向应为整条路宽。

(3) 当灯具采用对称、交错、中心方式布设,被测试路段总车道数为偶数时,测试区域横向宜选取 $K/2$ 条车道(K 为被测试路段的总车道数);被测试路段总车道数为奇数时,测试区域横向宜选择包括完整中间车道在内的 $(K+1)/2$ 条车道。

(4) 应将测试区域内的每条车道纵向间距 M 等分,横向间距 N 等分,使测试区域内每条车道形成 $M \times N$ 的网格,整个测试区域共形成 $k \times M \times N$ 个网格(k 为测试区域内包含的车道数)。

(5) 在每个网格中心用光照度计测量路面照度,读取每个网格中心路面照度测试值并记录,同时记录对应的网格位置。

注:灯具采用对称、交错、中心布设方式时,测试半幅道路照明基本能够代表道路整体的照明状况。对于总车道数为偶数时,横向区域包括被测试路段路面中线某一侧的全部车道;对于总车道数为奇数时,横向区域包括被测试路段路面中线某一侧的全部车道和完整的中间车道。

3) 测试要求

(1) 不宜在有雨、雪、视程障碍现象等天气条件下进行测试。

(2) 路面照度测试应选择夜间进行,开启所有照明灯具,测试区域内应无故障灯具、无其他光源影响。

(3) 测试区域宜选择在灯具间距、高度、悬挑、仰角和光源一致性等方面能代表被测试路段的典型区域。

(4) 对测试区域划分网格时,M 宜取 10,N 宜取 3,当纵向测试距离大于 50m 时,M 的取值应保证纵向等分间距不大于 5m。

(5) 现场进行测试时,应确保灯具发光并处于稳定状态。

(6) 照度测点高度应为路面。

(7) 测试时,测试人员或车辆不应遮挡或干扰被测点处照明。

4) 计算

(1) 路面平均照度。

① 当测试区域横向为整条路宽,或 $K/2$ 条车道时,路面平均照度按式(3-6-1)计算:

$$E_{av} = \frac{\sum E_i}{k \cdot M \cdot N} \tag{3-6-1}$$

式中:E_{av}——平均照度(lx);

E_i——在第i个测点(网格中心点)上的照度(lx);
 k——测试区域包含的车道数;
 M——测试区域纵向等分数;
 N——测试区域横向等分数。

②当测试区域横向为包括完整中间车道在内的$(K+1)/2$条车道时,路面平均照度测试结果应按式(3-6-2)计算:

$$E_{av} = \frac{2 \times \sum E_i + \sum E_j}{K \cdot M \cdot N} \tag{3-6-2}$$

式中:E_{av}——平均照度(lx);
 E_i——位于非中心车道区域内的第i个测点上的照度(lx);
 E_j——位于中心车道区域内的第j个测点上的照度(lx);
 K——被测路段的总车道数;
 M——测试区域纵向等分数;
 N——测试区域横向等分数。

(2)路面照度总均匀度。

路面照度总均匀度测试结果应按式(3-6-3)计算:

$$U = \frac{E_{min}}{E_{av}} \tag{3-6-3}$$

式中:U——照度总均匀度;
 E_{min}——测试区域内所有测点照度的最小值(lx);
 E_{av}——测试区域的平均照度(lx)。

5)测试结果

(1)路面平均照度结果的单位为lx,测试结果数值修约间隔为0.1。

(2)路面照度总均匀度测试结果数值修约间隔为0.01。

3. 路面亮度测试

1)仪器设备

(1)亮度计:成(影)像式亮度计,或垂直视场角小于或等于2′的带望远镜头的亮度计;计量性能应满足现行《亮度计检定规程》(JJG 211)规定的一级要求。

(2)卷尺(钢或纤维):同路面照度测试要求。

2)测试方法

(1)测试区域。

①测试区域的纵向范围应为从某一灯杆起100m内的区域,至少应包括被测试路段同一侧两根灯杆之间的区域,对于交错布灯,应以观测方向左侧灯杆为起点。

②测试区域的横向范围应为整条路宽。

(2)测试区域内布点方法。

①在测试区域纵向,测点应等间距布置在测试区域纵向100m范围内。同一侧两相邻灯杆间距不大于50m时,相邻测点间距应为两灯杆间距离的10等分,当两相邻灯杆间距大于50m时,相邻测点间距应不大于5m。

②在测试区域横向,每条车道内应至少布置3个测点,中间的测点应位于车道的中心线上,两侧的测点应分别位于距车道两侧边界线的1/6车道宽处。

(3)路面平均亮度和路面亮度总均匀度测试。

①亮度计的观测点应在被测试道路内,纵向位置距测试区域第一排测量点60m,横向位置距观测方向右侧路缘1/4路面宽度,高度距路面1.5m。

②开始测试,读取各测点路面亮度值并记录。

(4)路面亮度纵向均匀度测试。

①亮度计的观测点应在被测试道路内,纵向位置距测试区域第一排测量点60m,横向位置应位于每条被测试车道的中心线上,高度距路面1.5m。

②开始测试,读取每条车道中心线上各测点路面亮度值并记录。

3)测试要求

(1)不宜在有雨、雪、视程障碍现象等天气条件下进行测试。

(2)路面亮度测试应选择夜间进行,开启所有照明灯具,测试区域宜为直线路段,区域内应无故障灯具、无其他光源影响。

(3)测试区域应具有典型性,宜选择在灯具的间距、高度、悬挑、仰角和光源一致性等方面能代表被测照明路段的典型区域。

(4)路面亮度测试区域在测试期间应保持清洁和干燥。

(5)现场进行测试时,应确保灯具发光处于稳定状态。

(6)观测方向应与道路车辆行驶方向保持一致。

(7)双向通行的道路,当灯具采用单侧布设方式时,应对两个观测方向分别测试。

4)计算

(1)路面平均亮度测试结果应按式(3-6-4)计算:

$$L_{av} = \frac{\sum L_i}{n} \tag{3-6-4}$$

式中:L_{av}——路面平均亮度(cd/m^2);

L_i——各测点亮度(cd/m^2);

n——测点总数。

(2)路面亮度总均匀度测试结果应按式(3-6-5)计算:

$$U_0 = \frac{L_{min}}{L_{av}} \tag{3-6-5}$$

式中:U_0——路面亮度总均匀度;

L_{min}——所有测点亮度的最小值(cd/m^2);

L_{av}——路面平均亮度(cd/m^2)。

(3)车道路面亮度纵向均匀度应按式(3-6-6)计算:

$$U_l = \frac{L'_{min}}{L'_{max}} \tag{3-6-6}$$

式中:U_l——车道路面亮度纵向均匀度;

L'_{min}——车道路面中心线测点亮度中的最小值(cd/m^2);

L'_{max}——车道路面中心线测点亮度中的最大值(cd/m^2)。

(4)路面亮度纵向均匀度测试结果为各车道路面亮度纵向均匀度中的最小值。

5)测试结果

(1)路面平均亮度测试结果的单位为cd/m^2,测试结果数值修约间隔为0.01。

(2)路面亮度总均匀度测试结果数值修约间隔为0.01。

(3)路面亮度纵向均匀度测试结果数值修约间隔为0.01。

4. 广场路面照度测试

1)仪器设备

同路面照度测试要求。

2)测试方法

(1)对于完全对称布置照明装置的广场,测试区域可选择1/2的广场照明区域;对于非完全对称布置照明装置的广场,测试区域应选择整个广场照明区域。

(2)应将测试区域纵向间距M等分,横向间距N等分,使测试区域形成$M \times N$的网格。

(3)应在每个网格中心用光照度计测试照度,读取测点路面照度测试值并记录,同时记录对应的网格位置。

注:如被测试广场路面照明区域为不规则区域,路面照度的测点仅选择测试网格全部落在广场路面照明区域内的网格中心点。

3)测试要求

广场路面照度测试要求与路面照度测试要求基本一致,但需注意测试区域划分网格时的区别(对测试区域划分网格时,M宜取10,M的取值应保证纵向等分间距不大于6m;N不宜小于3,N的取值应保证横向等分间距不大于6m)。

4)计算

(1)路面平均照度测试结果应按式(3-6-7)计算:

$$E_{av} = \frac{\sum E_i}{n} \tag{3-6-7}$$

式中:E_{av}——平均照度(lx);

　　　n——总测点数;

　　　E_i——在第i个测点上的照度(lx)。

(2)路面照度总均匀度测试结果应按式(3-6-5)计算。

第七章

隧道机电设施

为充分发挥公路隧道的通行能力,保证运营安全,高等级公路隧道大都配备了相对较为完善的隧道机电系统。该系统对于保障隧道的安全高效运营,改善隧道交通事故的应急处理能力,提高隧道通行能力起到了积极的作用。

按照《公路工程质量检验评定标准 第二册 机电工程》(JTG 2182—2020)的分部分项工程划分,隧道机电设施分部工程包含车辆检测器、闭路电视监视系统、紧急电话及有线广播系统、环境检测设备、手动火灾报警系统、自动火灾报警系统、电光标志、发光诱导标、可变标志、隧道视频交通事件检测系统、射流风机、轴流风机、照明设施、消防设施、本地控制器、隧道管理站设备及软件、隧道管理站计算机网络、供配电设施共18个分项工程。其中,部分设施相关要求及检验方法在前面章节已有所体现,本章将不再对其进行赘述。

第一节 概 述

一、隧道机电设施系统构成

隧道机电系统一般由中央控制管理系统、现场总线系统、闭路电视系统、隧道信息采集系统、火灾报警系统、交通控制设施、通风及照明设施、消防设施、供配电设施等组成。系统构成框架图如图3-7-1所示。

中央控制管理系统由监控管理站计算机系统及辅助设施构成,是隧道监控系统的核心部分,包括对交通检测、交通控制、环境检测、通风控制、闭路电视、紧急电话、有线广播、亮度检测和照明控制、变供电设备的监测与控制和火灾报警及消防系统的中心控制。

现场总线系统由具有高可靠性的本地可编程控制器(PLC)组成现场区域控制站(RTU)和远程控制站(RIO)组成,采用自愈环拓扑结构形式。隧道监控中心发出的指令传到隧道现场的区域控制站(RTU),区域控制站(RTU)通过本地IO接口或远程控制站(RIO),实现对照明系统、通风系统、交通系统等的控制;同时,每个区域控制站(RTU)也可按预先输入的程序控制现场设备运行。VI/CO值、风向/风速值、亮度值等可通过区域控制站(RTU)或远程控制站(RIO)采集,然后上传到隧道监控中心。

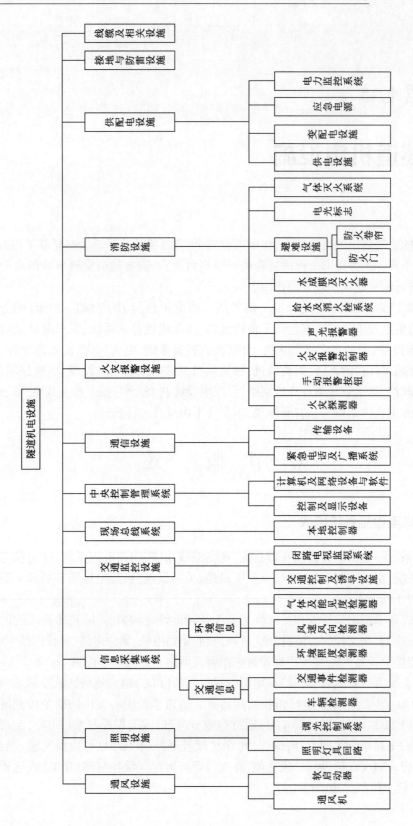

图3-7-1 公路隧道机电设施构成框架图

闭路电视系统由外场摄像机、视频传输设备、控制设备、显示设备和录像设备组成。在正常的运行期间用以掌握交通状况，采集交通信息，便于为交通控制提供必要的依据；在发生交通事故或火灾等意外情况时用以确认并发出相应的报警信息，采取相应的救援及事故处理等一系列活动，充分发挥隧道实时监控的功能。

隧道信息采集系统主要由交通信息采集系统和环境信息采集系统组成，包括视频交通事件检测器、车辆检测器、环境照度检测器、CO/VI 检测器、NO_2 检测器、风速/风向检测器等设备，用于系统正常运行的数据支持。通风照明控制系统根据隧道信息采集系统采集上传的数据（环境照度数据接入照明控制系统，CO 浓度、NO_2 浓度和风速风向数据接入通风控制系统），产生并下发控制策略，由本地控制器控制通风设备配电箱内的软启动器对风机的正转、反转和停机进行控制，隧道照明设备配电箱内的交流接触器对隧道照明回路进行控制。

交通监控设施包括信息发布子系统和紧急电话及广播子系统。信息发布子系统主要由交通信号灯、车道控制标志、可变信息标志和可变限速标志等组成。主要用于道路的正常交通、交通事故异常、道路施工及隧道正常交通、火灾、交通事故、检修施工等各种工况时的交通控制。紧急电话及广播子系统实现隧道内外人工电话报警，监控室通过有线广播实现交通疏散指引。

通信系统包括传输设备、光缆、隧道现场光纤环网及紧急电话系统等，主要为隧道控制系统和总线系统提供通信通道，也为隧道运营管理部门提供业务电话，还为与省高速公路通信专网实现数据、图像、语音的互联互通提供通信平台。

隧道消防设施包括水消防和电气消防两部分。其中电气消防的火灾报警系统包括火灾自动报警系统、手动报警按钮、火灾探测器、监控中心消防计算机及软件等。报警信号上传至隧道监控分中心监控计算机网络后，通过声光报警器发出声光报警，经操作员进行确认，由监控分中心监控计算机网络采取相应的交通控制方案，包括启动通风、隧道照明、消防系统、调整各外场设备的信息等，以便快速、有序地疏导隧道内的车辆和人员，保证隧道的安全运营。消防工程施工必须由具有相应等级资质的施工单位实施并专项验收。

供配电系统包括变电所、箱式变电站、不间断电源（UPS）、应急电源（EPS）等，该系统为隧道机电系统供电。根据隧道区段各用电设施的供电要求，可分别为隧道监控、隧道应急照明、隧道消防、隧道通风、隧道照明等用电系统划分用电等级，实行用电优化配置，保障机电系统运行。

二、设备安装布置

公路隧道机电设备除安装在隧道管理所、变电所的控制及供电设备外，其余均安装在隧道内及隧道口。其中，线型火灾探测器、射流风机及部分可变标志采用隧道顶部吊装，隧道灯具、摄像机、环境检测设备、电光标志、广播扬声器采用隧道侧壁安装，通风照明控制箱、本地控制器、消防栓及灭火器等采用机柜嵌入墙壁安装。微波交通量检测器一般为隧道外路侧立柱安装，线圈及地磁车辆检测器为地面开槽（孔）安装，隧道发光诱导设施主要有 LED 主动发光轮廓标及突起路标，属于视线诱导设施范畴。

常见的机电设备布置断面示意图如图 3-7-2 所示。

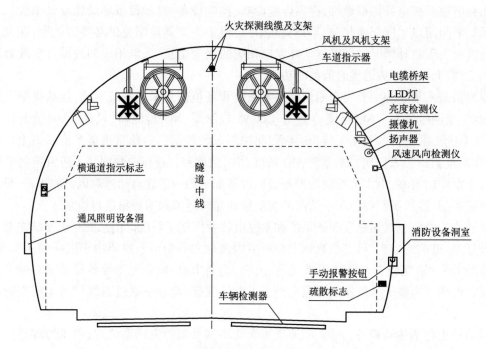

图 3-7-2　公路隧道机电设备布置断面示意图

第二节　通风设施

一、概述

公路隧道的通风系统是保证隧道行车安全的关键系统,其原理是通过向隧道内注入新鲜空气,稀释洞内由汽车排出的废气和烟雾,使得隧道内的空气质量和烟雾透过率能保证驾乘人员的身体健康和行车安全。公路隧道通风系统的目的不仅要保证正常运营时的需风量,更重要的还要保证火灾时的通风有利于人员逃生和救灾。正常运营时,隧道的通风系统主要稀释隧道内的 CO、烟雾和空气中的异味,提高隧道行车的舒适性和安全性。

公路隧道通风分为自然通风和机械通风两类,一般根据隧道长度及设计小时交通量确定形式。自然通风是通过气象因素形成的隧道内空气流动,以及机动车从洞外带入新鲜空气来实现隧道内外空气交换。机械通风是通过风机作用使空气沿着预定路线流动来实现隧道内外空气交换。公路隧道机械通风方式通常可分为纵向式、半横向式、全横向式以及在这三种基本方式基础上的组合通风方式。我国已建成的长度大于 5000m 的高速公路隧道普遍采用"通风井送排式 + 射流风机"组合的纵向通风方式,其中以秦岭终南山隧道为典型代表。

公路隧道火灾排烟通风系统与日常运营通风系统可以合并设置。对于长度 $L \geq 1500m$ 的长、特长公路隧道,应设置日常运营(含防灾)机械通风系统;对于长度在 $1000m \leq L < 1500m$ 的长隧道,只设置防灾机械通风系统;当区间隧道发生火灾时,应能背着人流疏散方向排烟,迎着人流疏散方向送新风,必要时可采用纵向通风控制隧道中的烟雾。

二、通风设施分类、选型与安装

《公路工程质量检验评定标准 第二册 机电工程》(JTG 2182—2020)中对射流风机和轴流风机的工程质量检验提出了相关要求,本部分对该两类风机的基本情况进行介绍。

1. 射流风机

1)结构及性能

射流风机是一种开放进、出口的特殊轴流风机。公路隧道射流风机按照带消声器[规范名称为进出口加集(散)流器]和不带消声器两种规格,按照通风方向分为单向射流风机(SDS)和双向射流风机[SDS(R)]两种通风形式。隧道射流风机应具有消声装置。

射流风机由叶轮、风机罩、消声器、电机、悬臂及附件构成。当隧道发生火灾时,在环境温度250℃的情况下射流风机应能可靠运转60min,同时要求风机电机绝缘等级不低于H级(即绝缘结构许用温度不低于180℃,环境温度40℃,热点温差15℃)。射流风机的防护等级应不低于IP55。

2)适用环境及特点

射流风机适用于非火灾工况5000m以内的隧道,优点是工程造价、技术难度及运营费用低,缺点是隧道内噪声较大、火灾时排烟不便。

3)安装要求

射流风机应设置在建筑限界以外20~25cm处,风机轴线与隧道轴线平行,设置方法采用固定式或悬吊式。支承风机的预埋件结构强度应保证在静荷载的15倍以上,风机安装前应对支承结构承载力进行试验,确保满足要求。

4)控制功能

隧道射流风机功率较大,启动电流大,对电网冲击大,故需采用电子式电机软启动器启动风机,可实现平滑启动、正转、反转或停转。每台启动器均配置了RS485/422接口,可通过区域控制系统通信模块上隧道局域网,实现与隧道现场值班室的通信。

对隧道机械通风机的控制功能分为以下三种:

(1)程序控制:当每日交通量较为固定或柴油车混入率变化较小时,不考虑VI、CO浓度及交通量的变化情况,而是按时间区间(如白昼与夜晚、节日与平时等)预先编成程序来控制风机运转。

(2)自动控制:根据隧道内VI、CO浓度及交通量的变化情况,设定风机启动阈值,预先编成程序,实现风机的闭环自动控制。

(3)手动控制:通过软启动器起、停、复位按钮,配合断路器,可实现射流风机检修或调试时的现场手动控制,并且优先级别最高;同时在变电所配电柜设置手动/自动转换开关,抽屉柜面板上设置正转、反转、停止按钮,可实现在变电所内的手动控制,或在隧道现场值班室使用键盘对各风机进行控制操作。

5)其他

由于风机启动对电网冲击大,严禁多组风机同时启动,同时不允许风机由正转立即进行反转运行,应在通风控制软件中予以设定。另外,电机启闭次数不应过频,防止风机出现振荡现象。

射流风机在隧道顶部安装,风机喷射的气流与轴线存在一个扩散角(又称康达效应,Coanda effect),使得部分气流与隧道顶部摩擦,降低了出风的推力,目前部分风机生产厂商提出香蕉形射流风机专利技术,以提高风机工作效率。

2. 轴流风机

1)结构及性能

轴流风机的结构一般包含轴流风机主体、减振装置、扩散段(喇叭端段)、软连接、出风口端配置消声器、进风口端配置风门或钢网门及相关必要的配套件。构造形式有卧式和立式。特长隧道通风一般采用满足大风量、低风压的轴流风机。"通风井送排式"通风即采用轴流风机。当隧道发生火灾时,轴流风机应能在环境温度为 250℃ 情况下可靠运转 60min 以上。恢复常温后,轴流风机不需要大修即可投入正常运转。

2)适用环境及特点

轴流风机距隧道远,风流较大且通过风道送入,故对隧道噪声影响小,但由于工程造价、技术难度及运营费用高,一般用于 5000m 以上的特长隧道。

3)安装要求

为增大风量并有效备用,轴流风机宜并联设置,每一通风系统一般设置 2~3 台。风机型号与性能参数应相同,即相同的叶轮直径、全压、流量和电机功率。

4)控制要求

轴流风机采用在井口风机配电室就地手动控制及隧道管理所远程控制方式,由自动/手动开关切换。就地手动控制通过设置在配电室的配电柜上的开关控制,远程操作由远端的隧道管理所控制。

隧道轴流风机由中央控制、就地控制二级组成,就地控制具有优先权。用户可在电控室就地对隧道轴流风机进行控制。

(1)风机房对全隧道通风系统设备进行监控。在正常工况下,风机房显示隧道轴流风机的工作状态;在事故工况下,隧道轴流风机接受隧道管理所模式指令,确保交通正常运行及乘客疏散;在火灾工况下,由隧道管理所统一调度,下达模式指令给风机房,对隧道轴流风机进行控制。

(2)就地控制是通过在电控室设置的隧道轴流风机变频启动控制柜和在隧道轴流风机旁设置的就地按钮箱控制风机,供安装、调试、检修时进行操作;为保证系统的完整可靠,减少接口,要求就地按钮箱、变频启动控制柜均与风机配套提供。就地按钮箱应能够耐高温 250℃/2h(即 250℃ 环境温度下连续有效工作时间 ≥2h)。

第三节 照 明 设 施

一、隧道"黑洞"与"白洞"效应

汽车驶近较长隧道洞口时,在驾驶人视野中的天空、露天路面、附近建筑物等的亮度,远较隧道洞口的亮度高。在感应现象的作用下,虽然实际上洞口也有相当的亮度,但驾驶人仍然感到洞口很黑,像个"黑洞",以致无法辨认洞口附近的情况,连障碍物也难以发现,这种现象称为"黑洞"效应。从隧道内出来时则刚好相反,人眼看到的是一个白亮的洞口,而看不清楚隧道内外其他的东西,称为"白洞"效应。这是由于明暗环境变化速度过快,导致人体瞳孔未及时随光线的强弱而变大或缩小所致。为有效降低"黑洞"与"白洞"效应,减轻驾驶员疲劳,提高隧道行车舒适性,保证隧道行车安全,公路隧道需要设置照明设施。

二、隧道照明基本要求

1. 隧道照明设置条件

依据《公路隧道照明设计细则》(JTG/T D70/2-01—2014),各级公路隧道照明设置条件应符合下列要求:

(1)长度 $L>200\mathrm{m}$ 的高速公路隧道、一级公路隧道应设置照明;

(2)$100\mathrm{m}<L\leqslant 200\mathrm{m}$ 的高速公路光学长隧道、一级公路光学长隧道应设置照明;

(3)长度 $L>1000\mathrm{m}$ 的二级公路隧道应设置照明,$500\mathrm{m}<L\leqslant 1000\mathrm{m}$ 的二级公路隧道宜设置照明。

2. 隧道照明设计指标及方法

隧道照明亮度设计按行车速度构建亮度适应曲线,通过设置逐渐过渡的照明区段,方便人体尽快适应明暗环境。如图 3-7-3 所示。

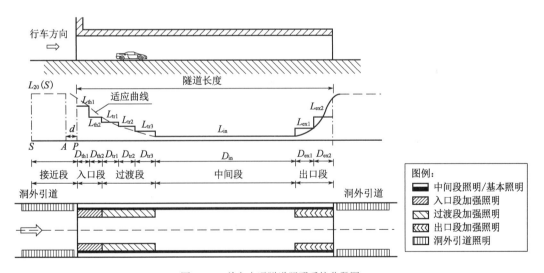

图 3-7-3 单向交通隧道照明系统分段图

隧道照明主要设计指标有路面平均亮度、路面亮度总均匀度、路面中线亮度纵向均匀度、闪烁和诱导性要求。设计时应综合考虑环境条件、交通状况、土建结构设计、供电条件、设计与运营费用等因素。路面平均亮度为每个段落的各自平均亮度。路面亮度总均匀度、路面中线亮度纵向均匀度按单、双向设计交通量取值。接近段可采取多种减光措施以降低隧道入口段亮度要求,一般采取削竹式洞门形式、端墙式洞口等。

1)洞外亮度

洞外亮度$L_{20}(S)$是指在接近段起点S处,距离地面1.5m高以驾驶员正对洞口方向20°视场实测得到的平均亮度,如图3-7-4所示。

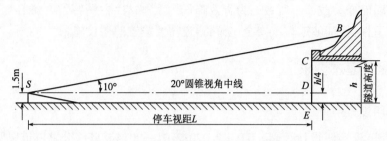

图3-7-4 洞外亮度$L_{20}(S)$测试示意图

隧道洞外亮度值得合理确定需要待洞口工程完工后才能实测获得,故设计之初一般采取查表法、黑度法、环境简图法和数码相机法取得。查表法详见《公路隧道照明设计细则》(JTG/T D70/2-01—2014)。

2)入口段亮度

入口段亮度宜分为两个段落,根据折减系数计算确定见下式:

$$L_{th1} = k \times L_{20}(S) \tag{3-7-1}$$

$$L_{th2} = 0.5 \times k \times L_{20}(S) \tag{3-7-2}$$

式中:L_{th1}——入口段1亮度(cd/m^2);

L_{th2}——入口段2亮度(cd/m^2);

k——入口段亮度折减系数;

$L_{20}(S)$——洞外亮度(cd/m^2)。

3)过渡段亮度

过渡段由TR_1、TR_2、TR_3三个照明段组成。过渡段根据入口段亮度按一定百分比递减,目的在于逐渐平滑降低过渡至中间基本段亮度,保证驾驶人员眼睛对洞内亮度的逐渐适应。

4)基本段亮度

基本段即中间段的亮度根据设计行车速度及单、双向交通量选取。应注意以下几点:

(1)人、车混合通行隧道,中间段亮度不应小于$2.0cd/m^2$。

(2)当隧道内按设计速度行车时间超过20s时,灯具布置间距应满足闪烁频率低于2.5Hz或高于15Hz的要求。

(3)隧道内交通分流段、合流段的亮度不宜低于中间段亮度的3倍。

(4)紧急停车带宜采用显色指数高的光源,其照明亮度不应低于$4.0cd/m^2$。

(5)横通道亮度不应低于$1.0cd/m^2$。

(6)单向交通且通过隧道的行车时间超过135s时,隧道中间段可分为两个区段,与之对应的长度及亮度可按表3-7-1取值。

中间段分区段设置的长度及亮度取值　　　　　　表 3-7-1

项　　目	长　　度	亮度（cd/m²）	备　　注
中间段第一区段	设计速度下的 30s 行程	L_{in}	—
中间段第二区段	余下的中间段长度	$L_{in} \times 80\%$，且不低于 1.0cd/m²	—
		$L_{in} \times 50\%$，且不低于 1.0cd/m²	采用连续光带灯方式，或隧道壁面反射系数不小于 0.7 时

（7）当显色指数 $R_a \geqslant 65$、色温介于 3500～6500K 的 LED 光源用于隧道基本照明时，设计亮度按亮度标准的 50% 取值，但不应低于 1.0cd/m²。当显色指数 $R_a \geqslant 65$，色温介于 3500～6500K 的单端无极荧光灯用于隧道基本照明时，设计亮度按表 3-7-1 所列亮度标准的 80% 取值，但不应低于 1.0cd/m²。

5）出口段亮度

（1）出口段宜划分为 EX_1、EX_2 两个照明段，每段长度宜取 30m，其亮度按下式计算：

$$L_{ex1} = 3 \times L_{in} \tag{3-7-3}$$

$$L_{ex2} = 5 \times L_{in} \tag{3-7-4}$$

（2）长度 $L \leqslant 300m$ 的直线隧道可不设置出口段加强照明，$300m < L \leqslant 500m$ 的直线隧道可只设置 EX_2 出口段加强照明。

三、隧道 LED 照明灯具

公路隧道常用的照明灯具有高压钠灯、荧光灯、无极灯和 LED 灯等。高压钠灯由于光源穿透性好，成本低，是最早广泛使用的隧道灯具。荧光灯属于气体放电灯，利用低压汞蒸汽通电释放紫外线使荧光粉发光。无极灯属于电磁感应灯，内部无灯丝和电极，由高频发生器、耦合器和灯泡三部分组成。LED 灯具属于低电压冷光源发光，直流驱动，没有频闪。与传统灯具相比，LED 灯具有光效率高、衰减慢、功耗低、启动时间短、显色指数高、工作温度低、结构牢固、不怕振动、方向性好、工作电压低、无紫外线辐射、无毒、重量轻等优点。随着 LED 灯具封装、散热、光效及调光技术的发展和市场的推动，目前新建项目公路隧道多采用 LED 照明灯具，部分老旧隧道也在逐步开展节能改造。

公路隧道 LED 照明灯具的技术要求及试验方法详见《公路 LED 照明灯具　第 2 部分：公路隧道 LED 照明灯具》（JT/T 939.2—2014）、《隧道照明用 LED 灯具性能要求》（GB/T 32481—2016）及本书第六章道路照明设施的相关内容。

第四节　本地控制器

一、概述

本地控制器也称为可编程序控制器（Programmable Logic Controller，PLC），是以微处理器为基础的通用工业控制装置，是隧道监控系统中区域控制器的中央处理单元，也是隧道监控的关键和核心设备。以本地控制器为中枢,区域内的交通监控设施(车辆检测器、可变信息标志、通行信号灯等)、通风设施、照明设施、风速风向检测器、能见度检测器、温度检测器和有害气体浓度(或烟感)检测器等按程序实现数据通信和自动控制,完成系统的逻辑功能。

本地控制器需要结合具体使用环境的输入输出信号及通信协议,由用户使用特定的编程软件(数字量控制系统梯形图程序和组态软件)自行编程,实现对接入区域控制器的各类设备本地自动控制和触摸屏监控等。与个人计算机相比,本地控制器的硬件和软件体系结构都是封闭的。各厂家的 PLC 编程语言、指令的设置和指令的表达方式不一致,互不兼容,但梯形图是 PLC 使用得最多的图形编程语言。

本地控制器主要由 CPU 模块、输入输出(I/O)模块及电源模组组成,示意图见图 3-7-5。输入模块用来接收和采集输入信号,根据信号不同选择相应的开关量或模拟量输入模块。开关量输入用来接收从按钮、选择开关、数字拨码开关、限位开关、光电开关、压力继电器等提供的开关量输入信号;模拟量输入用来接收电位器、测速发电机和各种检测设备提供的连续变化的模拟量信号。开关量输出用来控制接触器、电磁阀、指示灯等输出设备,模拟量输出用来控制电动调节阀、变频器等执行器。目前的本地控制器一般还具有 IP 网络接口,方便组建 IP 局域网。

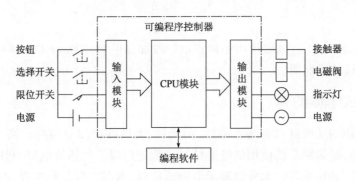

图 3-7-5　PLC 控制系统示意图

对于隧道机电设施,主要有照明设施、通风设施、交通信号灯及车道指示器开关量输出信号和各类型的环境检测设备采集数值的电流、电压模拟量输入信号,二者接入本地控制器输入输出模块后,通过 PLC 系统编程实现系统自动控制功能。

1. 隧道可编程控制器分类

按照安装位置的不同,隧道可编程控制器可分为隧道监控站内的主控 PLC 和隧道洞内的区域可编程控制器(从站)。

隧道监控站内的可编程控制器是指:
(1)隧道监控系统的中央节点,公路交通监控子系统(隧道监控)的主节点端机;
(2)与公路监控(分)中心远程通信,执行(分)中心上位机的动作指令和本机的控制程序。

隧道洞内的区域可编程控制器是指:
(1)环网(或总线)拓扑结构的隧道监控子系统(区域监控)的节点端机;
(2)通过光、电传输介质的连接,执行隧道站上位机的动作指令和本机的控制程序。

2. 基本配置

隧道可编程控制器通常包括：

(1) 硬件构成。主处理器、内存、电源、数据处理模块、输入/输出模块、通信模块（包括支持 RS232/485、以太网、FDDI、TCP/IP 等协议）、总线连接器和防护机箱等。

(2) 软件系统。操作系统与可编程的应用软件；外围工作器件与安全防护装置等。同时，防护机箱内应备有功能测试和检修维护时所必需的电源和信号端口。

其他相关的数据处理模块、通信模块、传感器、执行器、人机接口和电源等器件以及编程语言应符合《可编程序控制器 第 3 部分：编程语言》（GB/T 15969.3—2017）的相关规定。

二、本地控制器技术要求及试验方法

公路隧道本地控制器现行产品标准为《隧道可编程控制器》（JT/T 608—2004），依据该标准，隧道本地控制器主要技术要求及试验方法如下。

1. 功能测试条件及方法

(1) 功能测试条件。各项功能验证应在符合基本配置规定的产品上进行；硬件和软件被测平台应具备完整的产品属性，为合格产品；制造商需提供实现产品功能验证所必需的测试程序；制造商需提供正确运用测试程序的方法；外围设备或周边系统的功能响应，可由软件模拟工作信号或者直接与外围设备进行实物连接测试（包括试验室内搭建模拟系统环境）。

(2) 功能测试内容。不应出现硬件失控和损坏；不应发生操作系统和测试程序的修改及程序执行的变化；不应出现功能、部件的信息路径逻辑紊乱；各项工作状态正确提示（显示、指示灯、报警信号、寄存器自检结果等）；验证正常启动和停机、冷/热重新启动、编程、装载、监视等基本操作；验证设备部件的初始化和复位条件；对模块、单元、外部输入/输出接线、可拆卸连接器进行 100% 范围测试（适用于熔断器、电池等）；若标准未作具体规定，但为实现产品功能需要的特殊性能也应当进行测试。

2. 主要技术要求及试验方法

1) 结构稳定性

质量大于 25kg 的落地或隧道洞壁内安装的机箱，在箱门呈最大开启状态时，模拟工作及检修状态下不应倾倒。

测试方法为：距离地面 2m 以下高度的任意方向施加相当于箱体自重 20% 的推/拉力（但该力不大于 250N）验证。

2) 机械强度

(1) 耐恒定作用力试验。通过一个直径 30mm 的圆形试验平面依次施加 250N±10N 的恒定作用力到机箱的顶面和侧面，持续 5s，箱体表面不应出现损伤、龟裂、凹痕和掉落碎片等现象。

(2) 耐机械冲击力试验。用一个直径 50mm、质量 500g±25g，光滑的实心钢球，从距离机箱试验面上方 1.3m 处自由跌落，冲击后产品功能正常，结构不受影响，零部件无松动。

3) 布线和端接

(1) 布线和保护。机箱内部布线应以适当方式联机、支撑、夹持或固定，线孔护口和线槽折角应平滑、无锋利棱角。

(2)线缆端接。电源、信号、地线等线缆的端接装置(端子排、焊接、压接、插接等)应保证产品正常使用时,连接点不会发生位移、松动和脱落,且各连接点之间的爬电距离和电气间隙应符合现行《信息技术设备安全　第1部分:通用要求》(GB 4943.1)的相关规定。

以上为目测验证及量具测量。

4)电源性能试验

(1)电源容差试验。用自耦变压器或可调交流电源分别给出测试电压185V→200V→220V→240V→255V→230V→210V→185V。每调整一档电压达到稳定后(持续时间大于10s),分别关闭和开启主机电源开关,检查逻辑和功能,应符合相关标准的要求。

(2)后备电源试验。断掉外供电源,每12h对产品进行一次功能序列测试,应符合相关标准的要求。实测验证。

5)后备电源

一般工作条件下,后备电源可维持数据存储时间应大于300h;更换后备电源或向后备电池充电时,存储资料不应丢失。实测验证。

6)通信规程

主机与外围设备或周边系统的 DTE/DCE 数据通信接口和传输协议应符合现行《数据通信基本型控制规程》(GB/T 3453)及《数据终端设备(DTE)和数据电路终接设备(DCE)之间的接口电路定义表》(GB/T 3454)的相关规定,测试24h数据传输误码率(要求≤10^{-8})。

其他 IP 防护、电气安全、电磁兼容及设备可靠性指标详见《隧道可编程控制器》(JT/T 608—2004)。电磁兼容性能中,如产品安装现场存在产生漏磁通的大功率电气设备(变压器等)、保护系统的接地导体、敷设间距小于30m 的中压(6kV)回路或高压母线(不小于10kV)等环境,则工频磁场、脉冲和阻尼振荡磁场应为4级抗扰度。环境适应性试验后,应启动和关机正常、系统引导正确,应用软件满足功能要求,并能通过测试程序的验证,外围设备工作逻辑正确。

第五节　环境检测设备

一、概述

隧道环境检测设备主要包括隧道光强(亮度)检测器、照度检测器、一氧化碳检测器、能见度检测器(也称为烟雾检测器)和风速风向检测器等,它们是隧道监控系统环境信息采集的关键部件,其收集的信息直接影响通风设施是否启动及照明设施控制状态,是高速公路隧道监控和应急处理策略的主要信息源,也是公路隧道安全保障系统的重要组成部分。

在隧道环境检测设备中,一氧化碳检测器(英文简称 CO),主要分为电化学式一氧化碳传感器和红外线检测一氧化碳传感器两类,可快速、准确、连续地自动测定给定点的一氧化碳浓度。能见度检测器(英文简称 VI),主要分为光电感烟烟雾传感器和离子感烟烟雾传感器两类,可快速、准确、连续地自动测定给定点的烟雾透过率,监测隧道内的能见度。离子型感烟探测器是火灾早期预警的理想装置,工程中使用较广泛;光电式感烟探测器适合在电气火灾隐患较大的场所使用,工作场所应注意无强红外干扰源。一般一氧化碳检测器与能见度检测器合并为一套产品。

风向风速检测传感器(TW)主要分为风速感应元件直接输出电信号测量风流速度和采用超声波时间差方法监控隧道内风速风向的传感器两类,可快速、准确、连续地自动测定给定点的水平风速值,检测隧道内的风向。超声波风速风向仪采用声波相位补偿技术,精度更高,是一种较为先进的测量风速风向的仪器,它很好地克服了机械式风速风向仪固有的缺陷,能全天候地、长久地正常工作,越来越广泛地得到使用。

二、环境检测设备试验方法及技术要求

环境检测设备产品标准为《隧道环境检测设备》(GB/T 26944—2011)系列标准,包括《隧道环境检测设备 第1部分:通则》(GB/T 26944.1—2011)、《隧道环境检测设备 第2部分:一氧化碳检测器》(GB/T 26944.2—2011)、《隧道环境检测设备 第3部分:能见度检测器》(GB/T 26944.3—2011)和《隧道环境检测设备 第4部分:风速风向检测器》(GB/T 26944.4—2011)。

1. 通用试验方法及技术要求

1)试验条件

除特殊规定外,一般试验条件为:环境温度:15~35℃;相对湿度:35%~75%;大气压力:85~106kPa。

2)材料和外观

(1)试验方法

外观采用目测和手感法。材料可核查设备材质证明单等相关证明文件,必要时进行材料的理化性能试验。

(2)技术要求

①隧道环境检测设备应构件完整、装配牢固、结构稳定,边角过渡圆滑,无飞边、无毛刺,开关按键操作应灵活、可靠。

②隧道环境检测设备的外壳应经密封防水处理。

③外壳及连接件的防护层色泽应均匀、无划伤、无裂痕、无基体裸露等缺陷,其理化性能指标应符合相关标准的要求。

④壳内元器件安装应牢固端正、位置正确、部件齐全;出线孔开口合适、切口整齐,出线管与壳体连接密封良好;内部接线整齐,符合工艺和视觉美学要求。

3)功能要求

(1)试验方法

①除数据传输功能外,可通过现场或实验室模拟方式进行,并按标准的相关技术要求验证其符合性。

②数据通信功能,按标准中相关要求验证符合性,同时测试24h数据传输误码率(要求不大于10^{-8})。

(2)技术要求

①实时检测功能:隧道环境检测设备应能以设定频率检测被测点的环境信息,并在其控制器或者隧道监控系统主机上以汉字、数字或图形等多种形式显示。

②报警值设定功能:具有报警功能的隧道环境检测设备应能在其测量范围内任意设置报警值。

③故障显示功能:隧道环境检测设备应具有电源、数据传输等故障的显示功能,在故障发生时,应能够显示故障信息并报警。

④数据通信功能:隧道环境检测设备应具有数据通信接口,可采用有线或无线方式进行可靠的数据通信,其通信接口和传输协议应符合现行《数据通信基本型控制规程》(GB/T 3453)、《数据终端设备(DTE)和数据电路终接设备(DCE)之间的接口电路定义表》(GB/T 3454)或《高速公路监控设施通信规程 第1部分:通用规程》(JT/T 606.1)等国家或行业相关标准要求。

⑤信号输出功能:隧道环境检测器应具有数字信号输出和模拟信号输出功能。其中模拟信号应采用4~20mA的隔离输出;数字输出信号应符合相应标准要求。

4)供电要求与安全试验方法及技术要求

具体试验方法及技术要求参见本书第三篇第一章的相关内容。

5)环境适应性能

耐低温性能、耐高温性能、耐湿热性能、耐盐雾腐蚀性能、耐候性能和耐机械振动性能试验方法和技术要求参见本书第二篇第一章和第三篇第一章。密封防护性能试验按现行《外壳防护等级》(GB/T 4208)的规定进行。

2.隧道一氧化碳检测器

隧道一氧化碳(CO)检测器测量范围:$0 \sim 300 \times 10^{-6}$。

1)试验条件

按本部分隧道环境检测设备通用技术要求及试验方法的相关规定进行。

2)试验用气样和试验用主要仪器

(1)试验用气样

空气中CO标准气样应采用经国家计量部门考核认证的单位提供的气样,其不确定度不大于3%。各项试验所用气样应符合表3-7-2的规定。

试验气样表($\times 10^{-6}$) 表3-7-2

试验项目	气样	试验项目	气样
基本误差试验	2、7、15	报警误差试验	15
响应时间试验	7	—	—

注:标准气体值与标准气样标称值的偏离不超过±10%。

(2)试验主要仪器和设备

①气体流量计:测量范围0~30mL/min,准确度2.5级。

②秒表:分度值0.01s。

③直流毫安表:0~100mA。

④直流稳压电源:输出电压 0~30V、输出电流 2A,电压调整率小于 0.5%,负载调整率小于 0.5%。

⑤电压表及电流表:采用四位半的数字万用表,其准确度应不小于 0.5 级。

3) 基本误差

(1) 试验方法

在以下需通气的试验中,除报警误差试验外,其余的试验通气流量应保持为产品企业标准规定的传感器校准时的流量。按规定流量,用清洁空气和 7×10^{-6} 的标准气样校准 3 次传感器,在以后的测定中不得再次校准。待传感器零点在清洁空气中稳定后,按规定流量分别向传感器依次通入标准气样各 3min,记录传感器的显示值或输出信号值(换算为 CO 浓度值)。重复测定 4 次,取后 3 次的算术平均值与标准气样的差值,即为基本误差。

(2) 技术要求

根据隧道监控系统设备配置,CO 检测器测量误差应符合表 3-7-3 的规定。

CO 检测器测量误差($\times 10^{-6}$)　　　　　表 3-7-3

测量范围	基本误差(绝对误差)	测量范围	基本误差(绝对误差)
0~10	±1	>50	±5
10~50	±2	—	—

4) 材料和外观

按本部分隧道环境检测设备通用技术要求及试验方法的相关规定进行。

5) 可靠性试验

(1) 试验方法

①工作稳定性试验。将调整好的传感器在空气中连续运行 15d,每隔 12h 记录零点并按规定流量通入 7×10^{-6} 左右的标准气样 3min,记录显示值和输出信号值。试验期间不得调整传感器。

②响应时间试验。将制造厂提供的扩散取样注气装置与传感器进气部位相接,按规定流量通入清洁空气,待传感器零点稳定后,以相同的流量通入 7×10^{-6} 的标准气样 3min,记录显示值。然后通入清洁空气,待传感器零点稳定后,把以相同流量通入 7×10^{-8} 的标准气样的注气装置迅速换到取样头上,并开始记录传感器的指示值达到原显示测量值 90% 所需要的时间,测量 3 次,取其算术平均值。

③报警功能试验。将传感器报警点设置在 15×10^{-6},待传感器零点稳定后,缓慢通入符合相关标准所规定的 CO 浓度值为 15×10^{-6} 的气样,在误差允许和响应时间范围内报警。

(2) 技术要求

①检测器连续工作 15d 的基本误差应不超过通用技术要求的规定。

②检测器的响应时间应不大于 35s。

③具有报警功能。

功能要求试验、供电要求与安全试验、密封防护性能试验和环境适应性能试验按本部分隧道环境检测设备通用技术要求及试验方法的相关规定进行。

3. 隧道能见度检测器

1) 试验条件

应符合本部分隧道环境检测设备通用技术要求及试验方法的相关要求。

2) 主要技术指标

(1) 试验方法

①检测器的测量范围和精度指标,可使用经国家计量部门考核认证单位检定或校准的精度等级高于能见度检测器精度指标的标准样片或标准检测设备进行试验。试验方法如下:

采用标准样片进行检测器测量范围及精度指标试验:标准样片应至少选取3个,其标称值应分别为0、0.015m^{-1}和0.0075m^{-1}。将标准样片置于能见度检测器测量区域的中间位置,待检测器输出值稳定后,记录检测器的输出值与标准样片的标称值,重复试验5次,按下式计算检测器的测量精度,其结果应符合上节技术要求的有关规定。

$$\Delta = R_t - R_v \quad (3\text{-}7\text{-}5)$$

式中:Δ——测量精度;

R_t——检测器的输出值;

R_v——标准样片的标称值。

采用标准检测设备进行检测器测量范围及精度指标试验:将标准检测设备和检测器置于同一检测环境下,待检测设备和检测器输出值稳定后,分别记录检测设备和检测器的输出值,重复试验5次,按下式计算检测器的测量精度,其结果应符合上部分技术要求的有关规定。

$$\Delta = R_t - R_d \quad (3\text{-}7\text{-}6)$$

式中:Δ——测量精度;

R_t——检测器的输出值;

R_d——标准检测设备的标称值。

②输出信号制式使用直流毫安表、频率计和示波器进行试验,试验结果应符合上部分技术要求的有关规定。

(2) 技术要求

①测量范围:$0 \sim 0.015 m^{-1}$。

②测量精度:$\pm 0.0002 m^{-1}$。

③输出:应符合本部分隧道环境检测设备通用技术要求及试验方法的相关要求。

3) 适用环境、材料及外观和功能要求

按上部分隧道环境检测设备通用技术要求及试验方法的相关规定进行。应符合本部分隧道环境检测设备通用技术要求及试验方法的相关要求。

4) 自动补偿功能

核查相关资料及证明文件,按上部分的要求验证符合性。应具有污染和长期漂移的自动补偿功能,保持能见度检测器的检测精度。

5）抗干扰性能

（1）试验方法

将能见度检测器安装于特定装置内，在烟雾环境中变换不同环境光线，记录检测器的输出，判断其是否产生误报警，试验结果应符合上部分相关要求。

（2）技术要求

在环境光线等环境参数干扰下，能见度检测器应工作正常，不发生误报警。

6）供电要求与安全和环境适应性能

（1）试验方法

供电要求与安全试验、密封防护性能试验和环境适应性能试验按本部分隧道环境检测设备通用技术要求及试验方法的相关规定进行。

（2）技术要求

应符合本部分隧道环境检测设备通用技术要求及试验方法的相关要求。

4. 隧道风速风向检测器

1）试验条件

按本部分隧道环境检测设备通用技术要求及试验方法的相关要求进行。

2）主要技术指标

（1）试验方法

①试验设备和仪器。包括风洞、标准方位盘、皮托管和微差压计。

②风向测量范围及精度。如图 3-7-6 所示，在 10m/s 的固定风向条件下，将检测器的零度检测方向和标准方位盘零度方向与实际风向重合，保持标准方位盘不动，旋转检测器零度轴分别与标准方位盘上的 16 个均匀分布的方位 θ_i^s 重合，并记录检测器相应的风向检测值 $\Delta\theta$，检测值与标准方位盘差值（风向测量误差）$\Delta\theta = |\theta_i^t - \theta_i^s|$（$i = 1,2,3,\cdots,16$）应满足表 3-7-4 的规定。

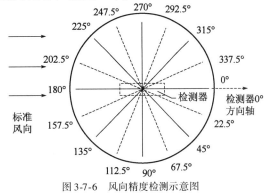

图 3-7-6　风向精度检测示意图

隧道风速风向检测器技术指标及测量范围/精度　　　　表 3-7-4

技　术　指　标		测量范围/精度
风向测量精度		不应超过 ±3°
风速测量精度		±0.2m/s
启动风速		不应大于 0.2m/s
测量范围	风向	0°～360°
	风速	0.2～30m/s

③风速测量范围及精度。在风洞中分别对以下风速值进行测试，分别为 1m/s、5m/s、10m/s、15m/s、20m/s，测试结果应满足表 3-7-4 的规定。

④启动风速。将检测器按工程应用方位固定在风洞中，均匀、缓慢地增加风速，显示风速

检测值时,风洞中实际风速应满足表 3-7-4 的规定。

（2）技术要求

隧道风速风向检测器的主要技术指标见表 3-7-4。

适用环境、材料和外观、功能要求、供电要求与安全和环境适应性能应符合本部分隧道环境检测设备通用技术要求及试验方法的相关要求。

第六节　隧道紧急电话与有线广播系统

一、概述

1. 功能与作用

紧急电话系统是沿高等级公路设置的应急通信设施,是高速公路使用者主动向高速公路运营管理单位呼叫救援的重要手段。在公路发生交通事故、车辆出现故障或遇到其他紧急情况时,具有接受求援者的呼叫申请,自动判断求援者的呼叫位置,使隧道管理所话务员与隧道口及隧道内求援者进行全双工紧急通话的功能。有线广播系统的目的是通报交通信息并在发生交通事故（交通肇事及火灾）时指挥交通,疏散后续车辆及肇事区车辆。

根据《高速公路隧道监控系统模式》（GB/T 18567—2010）要求,监控等级为 B 级及以上的公路隧道,应在隧道洞外及洞内设置紧急电话及广播系统,监控等级为 C 级的可选择性设置。

2. 系统结构

隧道紧急电话系统一般与有线广播系统集成,共用一个控制主机和同一软件平台。紧急电话系统应用软件安装在管理计算机上,使用图形画面进行接警,并接入以太网三层交换机,对其他子系统的数据请求提供支持,如大屏声光显示、隧道摄像机联动等。隧道紧急电话及广播路侧分机通过隧道光传输网络接入隧道管理所隧道监控工作站,通过软交换方式实现与监控分中心紧急电话及广播控制工作站的信息交互。紧急电话系统与监控系统之间采用计算机 RJ45 等接口方式连接,实现信息共享。

系统可采用光纤工业以太网交换机组建具有环路自愈功能的紧急电话广播系统,也可以采用 EPON（以太网无光源网络）组网技术,该技术在物理层采用了 PON（无光源网络）技术,在链路层使用以太网协议,利用 PON 的拓扑结构实现了以太网的接入。

3. 分类与组成

公路紧急电话系统一般由三部分组成:主机（控制中心设备）、路侧基础和报警分机（受话器和送话器）,以及通信线路（传输介质）。传输介质采用电缆或光缆,目前一般采用光缆。控制中心设备由主控设备、打印机和防雷配线模块组成。主控设备主要包括主控机、值班话机、录音单元（可含在主控机内）。

紧急电话分机应采用防噪声电话,洞外及洞内分机安装均不应侵入建筑限界。洞外安装时,求助者操作位置应面对行车方向,方便在通话的同时观察来车。

广播扬声器采用指向式高音扬声器。广播系统可采用有线或无线方式。当采用无线广播方式时,应在隧道进口前设置醒目标志告知。

二、高速公路有线紧急电话系统试验方法及技术要求

高速公路有线紧急电话系统按《高速公路有线紧急电话系统》(GB/T 19516—2017)进行产品质量检验,下面对系统主要技术要求及试验方法进行简单介绍。

1. 系统试验方法及技术要求

1)系统功能

(1)试验方法:使用一台主控机与两台路侧分机组网后测试。

(2)技术要求:系统应具有同时接听至少两台路侧分机呼叫的能力。任何一台或多台路侧分机故障均不能影响其他路侧分机的正常工作。呼叫、通话过程中应无嗡嗡声、沙沙声及振鸣、啸叫等杂音。可采用无源或(和)有源的方式延长系统的传输距离。

2)系统信号特性

(1)试验方法:使用一台主控机与一台路侧分机组建系统网络后测试。

(2)技术要求:

①光纤型:工作波长为 1310~1550nm;发送光功率不小于 -5dBm;接收灵敏度不大于 -34dBm;接收光功率动态范围不小于 26dB;光连接器一般采用 FC/PC 或 SC/PC 型。

②电缆型:呼叫信号、系统检测信号、数据及应答信号等应为平衡传输的电平信号或调制信号。经 15km 仿真线传输,信号传输误码率不大于 10^{-6}。

3)传输介质

采用通信电缆传输时,应选择线径为 0.9mm 或 0.7mm 的实心聚乙烯绝缘铝塑复合带填充型对绞电缆(HYAT型),其机械物理性能及电气性能应符合现行《聚烯烃绝缘聚烯烃护套市内通信电缆 第1部分:总则》(GB/T 13849.1)和《聚烯烃绝缘聚烯烃护套市内通信电缆 第3部分:铜芯、实心或泡沫(带皮泡沫)聚烯烃绝缘、填充式、挡潮层聚乙烯护套市内通信电缆》(GB/T 13849.3)的要求。传输介质为光缆时,系统应选用单模光纤,其性能应不低于《单模光纤光缆的特性》(ITU-TG.652)的规定。

2. 控制台试验方法及技术要求

1)控制台功能

(1)控制台应具有互联功能,可相互接管或由上级控制台接管本控制台功能。

控制台互联的规则要求:同级的控制台之间互联时,可由一个控制台代管另外控制台管理的路侧分机;上、下级的控制台之间互联时,一个上级控制台可以下辖多个下级控制台,但是一个下级控制台只能属于一个上级控制台;上级控制台可以代管下级控制台管理的路侧分机,但是下级控制台不能代管上级控制台管理的路侧分机;上级控制台可以对下级控制台主动切换控制权。

(2)应能合并广播控制,并同时控制紧急电话和广播系统设备。

(3)配置与监控系统计算机通信接口,按规定向监控系统计算机传送紧急电话系统的使用状态和设备状态。电气接口采用 EIA RS232C(DB-25 或 DB-9 型连接器),也可以采用以太

网接口(推荐采用 UDP 方式)。与监控系统计算机的通信流程包括设备状态数据请求和设备状态数据主动上报两类。

(4)控制台应采取自动录音方式,不应采取半自动或人工录音方式。

2)通话处理

(1)接收路侧分机的呼叫,识别呼叫分机的位置,以振铃音和显示方式给出提示。

(2)当同时有多个呼叫,应能接受每一个呼叫,并对其进行排队处理。

(3)可对任一通话进行自动录音,并可记录日期、时间等信息。

(4)可对任一路侧分机进行回呼。

(5)能够建立和拆除话务员与呼叫分机之间的话音通路。

3)系统自检

(1)具有对路侧分机、电池电压等进行检测的功能,至少应能够按定期自动巡检、人工巡检及人工抽检三种方式进行检测。

(2)当进行系统自检时,不能影响正常接收、处理路侧分机的呼叫。

(3)具有自动和人工启动系统自检并进行异常告警的功能。

4)统计查询

(1)具有对呼叫及处理情况进行记录、分类统计并输出的功能。

(2)具有对系统检测结果进行记录、分类统计并输出的功能。

(3)具有录音回放功能,可按条件检索到某条通话记录,并播放其对应的通话录音。

5)话音特性

试验方法:使用主控机、值班室话机及路侧分机各 1 台组建系统,分机与主控机通过外界应无声音干扰。检查主控机振铃音量调节功能。分机呼入主控机后,暂不接听话机,使用声级计在距离话机振铃 0.5m 处测试声压。

技术要求:振铃声压级应可调,其最大声压级应不小于 80dB(A)。

3. 路侧分机试验方法及技术要求

路侧分机为户外无气候防护安装环境,根据使用的环境温度条件可划分为四级(S2 级:-5 ~ +55℃;A 级:-20 ~ +55℃;B 级:-40 ~ +50℃;C 级:-55 ~ +45℃),应通过产品技术资料核查确认设备使用环境温度的符合性。电源适应性、环境适应性、电气安全性、防护等级、防雷电性能按照《公路机电系统设备通用技术要求及检测方法》(JT/T 817—2011)中对室外机电设备的技术要求执行。

1)功能要求

(1)试验方法:检查设备状况,组建系统逐一测试。

(2)技术要求:

①具有发出呼叫信号的功能,此呼叫信号应能给出自己所在位置。

②呼叫后,等待信号或提示语音。通话采用免提方式,通过扬声器和麦克风与控制台进行双向通话。

③接收来自控制台的呼叫信号,并根据控制命令建立和拆除话音通路。

④接收来自控制台的检测信号,并配合控制台完成检测过程。

⑤分机应采用免提通话方式,不应采用手柄摘机通话方式。
⑥分机只应与控制台值班话机进行通话,分机间不应通话。
⑦分机应采用单键呼叫方式,不应采用拨号呼叫方式。

注:由于隧道内车辆通行噪声及灰尘较大,电话孔室门气密性不严,导致洞内路侧分机灰尘明显,且隧道紧急电话为特殊情况使用(如受伤后摘机、拨号困难),故规定隧道紧急电话系统应采用免提及单键拨号方式。

2)话音特性

(1)试验方法:主控机与路侧分机连接并工作后,将声级计置于路侧分机扬声器正前方400mm处,主控机送出一0dBm正弦音频信号,调节分机音量使失真度不大于5%,在频率200~3400Hz范围内按400Hz间隔频率点测试其声压级。

(2)技术要求:

①声压级:在200~3400Hz频率范围内,A计权声压级应不小于90dB(A)。

②路侧分机在通话状态时,1000Hz时的非线性失真应不大于5%。

3)供电要求

(1)路侧分机应能在没有蓄电池情况下,仅靠交流供电工作。

(2)采用蓄电池供电时,应能够对蓄电池进行充电。

(3)当采用太阳能充电方式时,路侧分机应能够连续工作不少于40d。

4)结构与标志

(1)路侧分机箱体底部与基础应通过机械结构可靠连接。

(2)路侧分机高度应在1800~2000mm之间(不含太阳能电池),横截面长、宽均应在300~400mm之间。

(3)路侧分机外观颜色规定为国标色R05橘红。

(4)路侧分机机箱和内部电气部件应具有防雨、防潮湿、防腐蚀能力。

(5)送话器距地面的高度为(140±5)cm;受话器距地面的高度为(150±5)cm。

(6)在机箱的上部,迎车与面向车道的两个侧面上应有表示紧急电话的反光标志,标志的图案和颜色应符合现行《道路交通标志和标线 第2部分:道路交通标志》(GB 5768.2)的规定,尺寸为387mm×280mm,亮度为高强级。

(7)机箱前面板上应有操作使用的说明或图案,表达应简单明了。

5)可靠性

(1)路侧分机的平均无故障时间MTBF应不小于30000h。

(2)按键可靠工作次数大于10000次。

第七节 隧道火灾报警设施

一、概述

发生火灾时,火灾报警控制器能进行声、光报警,准确指示火灾发生的位置,同时在火灾报警工作站上显示报警窗口和产生声光报警,并实时将报警信号传送至视频传输控制系统,以便视频传输控制系统能够联动切换火灾地点附近的摄像机图像至预先设定的监视屏幕上显示，供监控管理人员确认。对应管理机构的计算机系统根据预先设定的隧道交通控制预案或根据实际情况手动对隧道照明、通风交通控制、信息发布设施等进行控制，以便快速、有序地疏导隧道内的车辆和人员，保证隧道的安全运营。

二、系统构成

1. 火灾自动报警系统构成

火灾发生时，会产生多种明显的火灾信号，如温度、烟雾、火焰、气体等。根据探测的火灾信号不同，火灾探测器可分为温度探测器、烟雾探测器、火焰探测器、气体探测器等。隧道内常用的探测器有温度探测器和火焰探测器两种。火焰探测器按探测范围分为线型和点型。公路隧道常用的火灾探测器中，热敏合金线和光纤光栅式属于线型，双波长火焰探测器属于点型。

火灾报警系统按结构分为触发装置、报警装置、联动控制装置、报警计算机、供电电源等，上述各类探测器属于自动触发装置。其主要连接方式如图3-7-7所示。

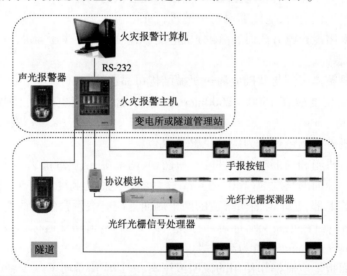

图 3-7-7 火灾报警系统连接

此外，结合视频交通事件检测系统的图像型火灾探测技术也日趋成熟。该技术一般通过红外、近红外、可见光视频摄像，采集灾害事件火灾初期的烟雾、火焰图像，通过智能识别算法和自适应学习算法，提取与烟雾、火焰相关的各种物理特性进行融合计算，形成火灾概率信息并告警，系统可同时输出复合图像信息。

2. 常用隧道火灾报警系统比较

目前，公路隧道最常用的火灾自动探测报警方式是热敏合金线、光纤光栅传感器和双波长火焰探测器，部分早期隧道有采用感温电缆式探测器的，部分新隧道开始探索视频图像探测方式。表3-7-5将公路隧道目前常用的火灾报警探测方式做了一个简单的比较。

公路隧道常用火灾报警系统比较　　　　　　　　　表3-7-5

序号	性能指标	热敏合金线式	光纤光栅式	双波长火焰式	视频图像式
1	响应速度	中	较快	快	较快
2	测量精度	高	高	中	中
3	测温精度(℃)	<±1	<±1	不能测温	不能测温
4	定位精度	有偏差	有偏差	准确	准确
5	布置方式	线型	线型	点型	点型
6	覆盖面积	全隧道	全隧道	全隧道	全隧道
7	系统结构	较复杂	简单	复杂	复杂
8	火灾性质	不限	不限	明火	明火,烟雾
9	安装	顶部安装引线至侧壁	顶部安装不需引线	侧壁安装	侧壁安装

三、系统技术要求及试验方法

公路隧道火灾报警系统的设备配置、技术要求及试验方法应符合《公路隧道火灾报警系统技术条件》(JT/T 610—2004)的要求。火灾报警系统的设计应符合现行《火灾自动报警系统设计规范》(GB 50116)的相关规定,传感器宜选择线缆式感温传感器。火灾报警系统应采用一级负荷,并采用单独的配电回路。

1. 系统技术要求

1) 系统的设置与设备配置

火灾报警系统的设置应符合现行《高速公路隧道监控系统模式》(GB/T 18567)的相关规定。每一系统应至少配置一台火灾报警控制器,其余设备的选取见《公路隧道火灾报警系统技术条件》(JT/T 610—2004)表1的要求。

2) 设备认证及软件要求

火灾报警系统设备应有具备资质的检测机构出具的检验合格证明,并符合国家相关标准的规定。国外引进的火灾报警系统设备,无论其是否取得国际防火联合会的认可,均需办理中国国家消防电子产品质量认可证明,并符合国家相关标准的规定。火灾报警系统的软件应满足《火灾报警控制器》(GB 4717—2005)的相关要求。

3) 系统功能

火灾报警系统的主要功能有报警温度设定、实时温度监测及数据通信等。在控制器计算机上应以汉字、数字、图形等多种形式,不间断地显示被监测现场的温度、温升速率等信息。

4) 系统性能

公路隧道火灾报警系统性能主要指标是报警响应时间。手动火灾报警系统要求按下手动报警按钮后,控制器应发出声、光报警信号,报警响应时间不超过60s。发生火灾时,自动火灾报警系统要求火灾控制器同时进行声、光报警,火灾自动报警响应时间应不超过60s。火灾报警区间应不大于100m。

此外,火灾报警系统发生下列故障之一时,控制器应发出声、光报警信号,报警响应时间不超过100s:①主电源过压、欠压、断路故障;②下位机因电源或通信线缆断路致无应答;③探测器、手报按钮断路、短路。

2. 试验方法

1)故障报警试验

火灾报警系统正常工作状态下,将控制器主供电回路接入1000W、可调范围0~250V的调压器。分别测试:

①电断路:断开主电源或将调压器调至0V。

②主电过压:将调压器调至242V以上。

③主电欠压:将调压器调至187V以上。

控制器主电源应报警并显示故障类别。随机断开一火灾探测器线路或随机断开一通信电缆,随机断开或短路探测器、手报按钮,控制器应显示故障类别,并应符合《火灾报警控制器》(GB 4717—2005)的相关规定。

2)火灾报警试验

(1)手动火灾报警试验

火灾报警系统正常工作状态下,随机按动一手动火灾报警按钮,控制器应符合《火灾报警控制器》(GB 4717—2005)的相关规定。

(2)自动火灾报警试验

①试验准备及注意事项。

对于火灾自动报警,应按规定在隧道中实施火盆点火试验。试验用火盆面积为$(0.632 \times 0.632) m^2$,火盆高度不小于150mm,采用3L90号以上汽油。注意火盆支架面积不小于火盆面积,高度为90cm,由不易燃烧材料制成。点火试验应考虑风速(正常运营及火灾)、阻挡、光照、污染、明火、烟火等工况。点火试验前,应制定试验方法与记录表格并应检查试验设施以确保工作正常;点火时,隧道内应禁止车辆通行,无关人员不得在试验区内行走、停留;火盆左右各50m范围内不得有易燃、易爆或其他危险物品,也不得有车辆停放。点火现场应备足相应的灭火器材,并安排专人负责点火安全,预先组织拟定好对点火以外事故的处置方案、方法及实施步骤。将点火计时表与控制器计算机时钟校准。准备工作完成后,将规定的燃油、引燃物置于火盆内,实施点火,并记录点火时间;一次点火后,应待火盆冷却再倒入燃油进行下次点火试验。

除线缆式感温型火灾自动报警系统可不考虑阻挡和光照工况外,安装于隧道洞壁的其他类型火灾自动报警系统均应对上述所有试验工况进行组合试验检测。

②试验结果及判定。

试验时,若某一工况连续3次试验结果误差不超过5%,则其可作为该工况有效试验结果,否则应增加重复试验次数直到满足该规定为止。当某一工况连续6次试验后仍不满足要求时,可认为该工况被检测的火灾自动报警系统不稳定。

试验规则详见《公路隧道火灾报警系统技术条件》(JT/T 610—2004)附录A。

第八节 应急疏散及消防设施

一、概述

公路隧道疏散避难设施包括疏散标志及避难设施,疏散标志包括各类电光指示标志,避难设施主要有行车横洞卷帘门、行人横洞防火门、隧道侧壁临时避难孔室(以往个别低等级公路隧道有设置)。横洞照明设施包括行人横洞照明灯和行车横洞照明灯,前者一般采用红外感应触发,后者设置卷帘门升降时自动触发及本地照明控制箱手动按钮开关两种。

公路隧道消防设施主要包括消火栓及附件、固定式水成膜泡沫灭火装置、消防水泵、消防水池、管网等。

二、疏散避难设施

1. 防火卷帘

行车横洞应采用甲级防火卷帘,产品质量应满足《防火卷帘》(GB 14102—2005)的要求,其自动限位装置的重复定位误差应小于20mm。行车横洞防火卷帘内外均安装手动按钮,可实现本地手动控制(上升、下降/停止)。本地控制箱应接入隧道本地控制器,实现远程计算机控制及联动,并按设计要求实现变电所远程硬线控制。

隧道内行车横洞防火卷帘安装时,卷门机应位于隧道正洞方向,门框四周缝隙应用不燃材料填塞,卷帘上部至隧道顶部应封闭严实。工程质量应满足设计及《防火卷帘、防火门、防火窗施工及验收规范》(GB 50877—2014)的要求。

2. 防火门

行人横洞门应采用钢质平推甲级防火门(A)。防火门安装后应能从内、外手动开启并自动关闭,门框四周缝隙应用不燃材料填塞。为避免发生火灾等事故时人员疏散逃生不会因烟雾弥漫影响视觉而在门槛处绊倒,行人横洞门不得设置门槛。

隧道内行人横洞防火门产品质量应满足《防火门》(GB 12955—2008)的要求,门扇与地面之间的缝隙应不大于9mm,门扇与上框之间的缝隙应不大于3mm。安装时应注意,卷门机应位于隧道正洞方向。工程质量应满足设计及《防火卷帘、防火门、防火窗施工及验收规范》(GB 50877—2014 的要求)的要求。

按照《公路隧道交通工程与附属设施施工设计规范》(JTG/T F72—2011)的要求,行人横洞门内、外两侧应设置手动报警按钮。

3. 电光标志

为保证车辆安全行驶,提高通行能力,公路隧道设置交通内照式指示标志。标志版面颜色为绿底白图案,一般采用LED灯内照式,标志面照度应均匀,在夜间具有150m的视认距离,灯箱结构合理,金属构件经防腐、防锈处理,电器元件可靠、耐用、检修方便。

供电采用耐火电线接最近的应急照明配电箱，标志为长亮灯。

（1）车行横洞指示标志

尺寸一般为 50cm×80cm，在车行横洞前 5~10m 处设置。用于指示车行横洞的位置与方向，给在事故时需从横洞转移的车辆提供指示。

（2）人行横洞指示标志

尺寸一般为 50cm×80cm，在人行横洞前 5~10m 处设置。用于指示人行横洞的位置与方向，给在事故时需从横洞疏散的人员提供指示。

（3）紧急疏散标志

尺寸一般为 75cm×25cm，与消防设备洞同址设置，间距 50m。用于指示该点与隧道洞口或横洞的方向与距离，给火灾事故时的车辆、人员提供出口参考。

（4）紧急电话指示标志

尺寸一般为 25cm×40cm，采用电光标志，为内部照明，双面显示。用于指示洞内紧急电话位置，设置于紧急电话上部。

（5）隧道紧急停车带标志

尺寸一般为 50cm×80cm，采用电光标志，为内部照明，双面显示。用于指示隧道紧急停车带位置，设置于紧急停车带入口前 5m 左右。

（6）消防设备标志

尺寸一般为 25cm×40cm，采用电光标志，为内部照明，双面显示。用于指示洞内消防设备位置，设置于消防箱上部。

（7）其他标志

对于长大隧道，为识别不同位置的紧急停车带，方便驾乘人员报警时指明具体位置或掌握隧道出口距离，一般在停车带迎车面适当位置增加停车带编号标志和出口预告标志。

上述标志版面图形如图 3-7-8 所示。

三、消防设施

公路隧道水消防系统以常高压系统为主，即设置高位消防水池，隧道内消防用水靠自然水压满足消防用水要求。长度超过 1km 的隧道需安装消火栓和轻水泡沫灭火系统，中、短隧道内均应配置消火栓。

隧道消防给水一般采用稳定的地表自然水源或打深水井取地下水。水源、水池、水泵及给配水管网系统应满足《消防给水及消火栓系统技术规范》(GB 50974—2014) 的要求，管网成环。高位水池经水泵自动补水。消防管道防腐处理应符合设计及相关规范要求。由于隧道消防多采用天然水源，水质较市政水源差，管道现场焊接时会破坏管道防腐层，故管道间连接应采用沟槽式管接头或螺纹法兰连接，不宜采用焊接。法兰连接时，如采用焊接法兰连接，焊接后必须重新做镀锌或采取其他有效防锈蚀的措施。

单洞双车道公路隧道消火栓间距不应大于 50m，单洞三、四车道公路隧道消火栓间距不应大于 40m。消火栓出口处的出水压力不低于 0.30MPa，当消火栓出口处的出水压力大于

0.50MPa时应设减压设施。消火栓箱内一般配置消火栓、水枪、水带各2组。为扑救非水溶性可燃、易燃液体火灾,配置水成膜泡沫灭火器1组,灭火器若干。消防箱内部设施布局如图3-7-9所示。消防箱门不得设锁,门上应贴反光型消防标识及文字,其图案、字体及颜色应符合《消防安全标志 第1部分:标志》(GB 13495.1—2015)的要求。

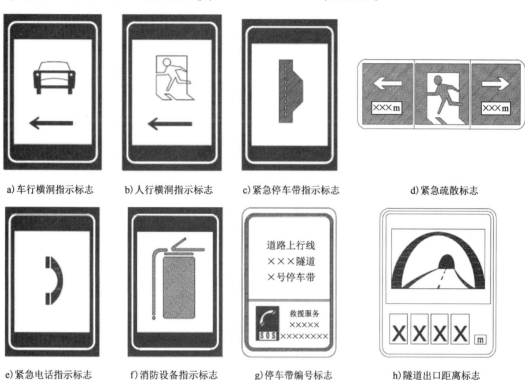

图3-7-8 公路隧道常见电光标志样式图

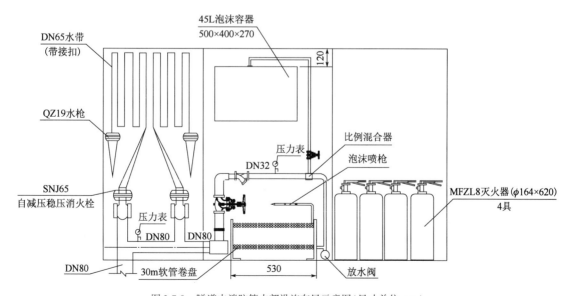

图3-7-9 隧道内消防箱内部设施布局示意图(尺寸单位:mm)

第九节 发光诱导设施

一、概述

隧道内主动发光诱导系统包括轮廓标和突起路标两类,采用大功率 LED 光源,防雾穿透能力强,发光均匀,光线柔和,无眩光,稳定性好,具有较强的警示作用,特别是在隧道内照明不足或突然断电的情况下,可大幅提高驾驶员的警觉性,从而提高行车安全。

二、公路隧道发光型诱导设施

1. 产品分类及组成

诱导设施按使用位置分为路面诱导设施、路缘石诱导设施和隧道壁诱导设施三种。路面诱导设施也称发光型突起路标,适用于公路路面。路缘石诱导设施为安装在路缘石或路肩上的一种非承压式发光型突起路标;隧道壁诱导设施为安装在公路隧道侧壁的一种发光型轮廓标。

诱导设施按组成部分分为组合式诱导设施和单一式诱导设施两种,组合式诱导设施带有逆反射单元,单一式诱导设施不带逆反射单元。

按使用环境条件,发光型诱导设施还可分为 A 型、B 型和 C 型三种。A 型为常温型,适用温度范围 -5 ~ +55℃;B 型为低温型,适用温度范围 -20 ~ +55℃,C 型为超低温型,适用温度范围 -40 ~ +50℃。

诱导设施一般由壳体、控制电路、主动发光单元和逆反射单元等组成。主动发光单元及控制功能符合《公路隧道发光型诱导设施》(JT/T 820—2011)的要求,逆反射单元的逆反射亮度性能应符合相关标准的要求[如逆反射材料为反光膜,则应满足现行《道路交通反光膜》(GB/T 18833)的要求]。

2. 主要技术要求及试验方法

1)一般要求及检验方法

除特殊规定外,试样应按《塑料 试样状态调节和试验的标准环境》(GB/T 2918—2018)的规定,在23℃±2℃条件下进行状态调节 24h,并且在此条件下进行试验。带有逆反射单元的诱导设施在测试逆反射性能时应关闭主动发光单元。

诱导设施的壳体、主动发光单元和逆反射单元等的性能应满足公路环境使用条件。生产企业应向用户出示有关主动发光单元和逆反射单元的使用寿命证明和经有资质检测机构检测合格的证书,并在产品质量保证书上明确标示出诱导设施的设计使用寿命。诱导设施宜能够通过诱导设施控制器实现闪烁频率、亮度等参数的调节功能。诱导设施控制器宜具有电源转换、定时、闪烁频率控制、亮度调节等功能,其耐环境温度和湿度性能、电气安全性能等指标应符合现行《公路机电系统设备通用技术要求及检测方法》(JT/T 817)的相关要求。在正常工作条件下,诱导设施的平均无故障时间(MTBF)不小于30000h。

2)发光强度和色品坐标

路面诱导设施和路缘石诱导设施的每个发光面 LED 数量不少于两粒;隧道壁诱导设施的每个发光面 LED 数量不少于三粒。主动发光单元宜采用 LED 光源,单粒 LED 在额定电流时的发光强度应不小于 6000mcd,半强角不小于 15°。

在正常工作条件下,诱导设施主动发光单元任一发光面的整体发光强度应不小于《太阳能突起路标》(GB/T 19813—2005)中表 1 的规定值,但上限值不应大于规定值的 10%。如果可通过诱导设施控制器调节电流或占空比等形式调节其发光强度,则诱导设施的调节结果中应至少有一级输出满足《太阳能突起路标》(GB/T 19813—2005)中表 1 规定值的要求。

单粒 LED 诱导设施工作时的发光强度按《高速公路 LED 可变信息标志》(GB/T 23828—2009)中 6.3.2 的方法测量,发光单元的色品坐标按《照明光源颜色的测量方法》(GB/T 7922—2008)用光谱辐射法测量。

3)密封性能试验

将被测产品平放入温度为 50℃±3℃、深度为 200mm±10mm 的水中,浸泡 15min 之后,在 5s 内迅速将试样取出并立即放入 5℃±3℃、深度为 200mm±10mm 的水中,再浸泡 15min 后取出为一个循环。上述试验共进行四次,试验结束后立即用四倍放大镜进行检查。

试验结果要求诱导设施应密封良好,经密封性能试验后,受试样品内部不应进水和产生水雾及其他受浸润现象。

4)其他

发光强度系数和色品坐标、耐磨损试验、耐冲击性能试验按《突起路标》(GB/T 24725—2009)中的规定执行。夜间视认距离、耐溶剂性能试验、抗压荷载试验按《太阳能突起路标》(GB/T 19813—2005)有关抗压荷载性能规定执行。

环境适应性、电源适应性、耐机械振动、耐盐雾及耐候性能等要求见《公路隧道发光型诱导设施》(JT/T 820—2011)的规定,试验方法同机电产品通用试验方法。耐盐雾及耐候性能试验后应复测发光强度和发光强度系数,试验后数值不应低于规定值的 80% 且色品坐标符合规定。

第十节 隧道监控中心设备及软件

与公路监控中心设备及软件类似,隧道监控中心设备及软件也是整个隧道机电系统的指挥中枢,是整个隧道监控系统安全、高效运行的核心。主要由隧道监控中心设备和计算机控制系统软件构成。在集中控制的隧道控制模式下,隧道监控中心计算机控制系统软件主要完成以下功能:

(1)能准确及时采集交通流、交通环境和主要交通设施运行状态的各种信息。
(2)能探测和确认交通事件;能监测冬季路面状态。
(3)能对交通事故做出快速响应,迅速准确地提供事故信息。
(4)根据已掌握的信息,迅速做出有针对性的处理和优化控制方案,并立即执行。
(5)有多种信息发布渠道,为用户提供信息服务。

第十一节　隧道机电设施质量检验评定

《公路工程质量检验评定标准　第二册　机电工程》(JTG 2182—2020)从基本要求、实测项目和外观质量三个方面对隧道机电设施的检测方法和技术要求进行了规定。《公路机电工程测试规程》(JTG/T 3520—2021)对隧道机电设施的部分测试方法进行了细化。本节结合两个标准的相关内容进行介绍。

一、基本要求和外观质量

基本要求和外观质量应符合《公路工程质量检验评定标准　第二册　机电工程》(JTG 2182—2020)的相关要求。基本可归纳如下：

(1)隧道机电设施产品应符合现行各产品标准的规定。
(2)设备及配件的型号规格、数量应符合合同要求，部件完整。
(3)紧急电话分机上的标志应符合现行《道路交通标志和标线》(GB 5768)的规定。
(4)环境检测、报警系统、电光标志、发光诱导设施等设备安装位置应正确，符合设计要求。
(5)隧道视频交通事件检测系统设备列架、机架接地应良好。
(6)射流风机安装支架的结构尺寸、预埋件、安装方位、安装间距等应符合设计要求，并附风机预埋件抗拉拔能力的检验报告。
(7)射流风机安装应牢固，风机防护罩完好。
(8)轴流风机安装应牢固、方位正确。
(9)照明灯具安装支架的结构尺寸、预埋件、安装方位、安装间距等应符合设计要求。
(10)消防设施设备的安装支架、预埋锚固件、预埋管线、在隧道内安装孔位、安装间距等应符合设计要求。
(11)消防设施明装的线缆、管道保护措施应符合设计要求。
(12)消防设施所有设备和本地控制器应安装到位、方位正确、不侵入公路建筑限界。
(13)本地控制器至控制中心以及隧道内下端设备的保护线、信号线、电力线的连接应符合设计要求。线缆排列应规整、无交叉拧绞，标识完整、清楚。
(14)隧道管理站机房应整洁，通风、照明、环境温湿度条件良好。
(15)隧道管理站软件包括系统软件与应用软件，系统软件应合法授权、应提交正式的授权使用证书，应用软件应提供软件开放、测试文件。
(16)全部设备安装调试完毕，设备及软件应处于正常工作状态。
(17)外观质量应不存在 JTG 2182—2020 附录 C 所列限制缺陷。
(18)照明灯具安装稳固，位置正确，灯具轮廓线形与隧道协调、美观。
(19)消防水池注水到位，管路畅通，管路、管件防腐处理合格。
(20)管理站内操作台、座椅、设备等整齐、有序，标识正确清楚。

二、实测项目

1. 实测项目汇总

隧道机电设施实测项目汇总见表3-7-6。

隧道机电设施实测项目汇总表　　　　表3-7-6

项次	分项工程	实 测 项 目
1	紧急电话与有线广播系统	接地连接,隧道共用接地电阻*,麦克风距基础平台的高度,分机音量*,分机话音质量*,呼叫响应性能*,按键提示,噪声抑制,通话呼叫功能,地址码显示功能*,振铃响应*,语音提示功能,录音功能,故障报告功能,取消呼叫功能,报告生成、打印功能,定时自检功能,手动自检功能*,加电自恢复功能,广播喇叭高度,广播音量,广播声音质量,音区切换功能*,广播节目源选择功能,音量调节功能,循环广播功能
2	环境检测设备	控制机箱接地连接,隧道共用接地电阻*,CO传感器测量误差,烟雾传感器测量误差,照度传感器测量误差,风速传感器测量误差,风向传感器测量误差,数据采集功能*,数据上传周期*,与风机、照明等设备的联动功能
3	手动火灾报警系统	火灾报警主机接地连接,隧道共用接地电阻*,隧道管理站警报器音量,报警信号输出,报警按钮与警报器的联动功能*
4	自动火灾报警系统	火灾报警主机接地连接,隧道共用接地电阻*,火灾探测器自动报警响应时间*,火灾探测器灵敏度*,故障报警功能
5	电光标志	控制机箱接地连接,隧道共用接地电阻*,电光标志的高度
6	发光诱导设施	绝缘电阻*,控制机箱接地连接,隧道共用接地电阻*,控制功能*
7	隧道视频交通事件检测系统	中心设备接地连接,事件检测率,典型事件检测功能,自动录像功能,自诊断和报警功能,时钟同步功能
8	射流风机	净空高度*,控制柜防腐涂层厚度*,绝缘电阻*,控制机箱接地连接,隧道共用接地电阻*,风机运转时隧道断面平均风速*,风机全速运转时隧道噪声,响应时间,方向可控性,运行方式,远程控制模式
9	轴流风机	控制柜防腐涂层厚度*,绝缘电阻*,控制机箱接地连接,隧道共用接地电阻*,风机运转时隧道断面平均风速*,风机机房环境噪声,响应时间,风阀启闭功能,运行方式,远程控制模式,风速调节功能,叶片角度调节和控制功能,风道开闭功能
10	照明设施	绝缘电阻*,控制机箱接地连接,隧道共用接地电阻*,路面平均亮度(入口段、过渡段、中间段、出口段)*,紧急停车带路面平均亮度*,紧急停车带显色指数,路面亮度总均匀度,路面亮度纵向均匀度,照明相关色温,基本照明折减50%(20%)的情况下,照明显色指数,路墙亮度比,灯具开闭可调,照明控制方式*,应急照明*,照明灯具调光功能
11	消防设施	加压设施气压,供水设施水压,消防水池的有效容量,消防水池的水位显示功能,消火栓的功能,水成膜泡沫灭火装置的功能,电伴热的功能,人行横道防火门的功能,车行横通道防火卷帘的功能,火灾探测器与自动灭火设施的联动功能

续上表

项次	分项工程	实测项目
12	本地控制器	安装水平度、竖直度,机箱防腐涂层厚度*,绝缘电阻*,机箱接地连接,隧道共用接地电阻*,IP网络吞吐率,IP网络传输时延,IP网络丢包率,与计算机通信功能*,对所辖区域内下端设备控制功能*,本地控制功能*,断电时恢复功能
13	隧道管理站设备及软件	绝缘电阻*,系统设备安装连接的可靠性*,接地连接,共用接地电阻*,与本地控制器的通信功能,与监控中心计算机通信功能,服务器功能,中央管理计算机功能,交通控制计算机功能,通风照明计算机功能,火灾报警控制计算机功能,图像控制计算机的功能,紧急电话控制台功能,报表统计管理及打印功能*,隧道应急预案

注:带"*"的为关键项目;各项目参数具体技术指标详见 JTG 2182—2020。

2. 隧道断面平均风速测试

1)仪器设备

(1)数字式风速表:测量最大风速不应小于30m/s;启动风速不应大于0.5m/s;最大允许误差为 $\pm(0.5m/s+0.02\times v)$(v为标准风速)。

(2)塔式水准标尺:标称长度5m;计量性能应满足现行《水准标尺检定规程》(JJG 8)的规定。

(3)钢卷尺:测量范围0~10m;计量性能应满足现行《钢卷尺检定规程》(JJG 4)规定的Ⅱ级要求。

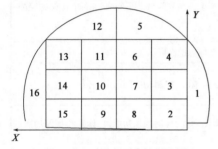

图3-7-10 多点法测试断面示意图

2)测试方法

(1)多点法

①在测试断面,测点分布应根据隧道主洞轮廓,将测试断面划分为16个测试区域,并将测点设于每个测试区域的形心,如图3-7-10所示。

②应根据通风系统设计工况,开启风机,待隧道断面流场均匀后(通常在风机开启30min后,隧道断面流场可以达到均匀)开始测试。

③应将风速表的传感器置于图3-7-10中的各区域形心,测试方向应为隧道纵向,待风速表显示值相对稳定后,读取每个测点风速测试值并记录,同时记录对应的测试区域。

④当测试断面基本对称时,可只测试半幅断面所包含各测试区域形心的风速值。

(2)特征点法

①对测试结果准确度要求不高时,可采用特征点法。特征点在测试断面中应位于建筑限界右顶角的右侧端点垂线上,高度距离检修道(人行道)上方250cm,如图3-7-11所示。

②应根据通风系统设计工况,开启风机,待隧道断面流场均匀后开始测试。

③应将风速表的传感器置于测试断面特征点位置,测试方向为隧道纵向,待风速表显示值相对稳定后,读取特征点位置风速测试值并记录。

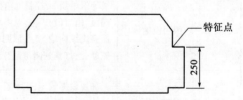

图3-7-11 特征点在公路隧道建筑限界中的位置示意图(尺寸单位:cm)

④每个测试段应测试3个邻近断面,断面的间距宜为(100±10)m。

3)测试要求

(1)测试断面应距离隧道入口、出口60m以上。

(2)测试断面应距离风机出风口60m以上。

(3)测试断面不应选择隧道主洞轮廓明显变化的区域。

(4)在测试期间应保持隧道车行横洞、人行横洞等处于关闭状态。

4)计算

(1)采用多点法时,断面平均风速测试结果应按式(3-7-7)计算:

$$V = \frac{\sum V_i S_i}{S} \qquad (3-7-7)$$

式中:V——断面平均风速(m/s);

V_i——第 i 个测试区域的测点风速值(m/s);

S_i——第 i 个测试区域的面积(m^2);

S——所有测试区域的面积总和(m^2)。

(2)采用特征点法时,断面平均风速测试结果应为邻近3个断面风速测试值的算术平均值。

3. 路墙亮度比测试

1)测试仪器

同道路照明设施路面亮度测试要求。

2)测试方法

(1)应按照隧道路面亮度测试方法,测试隧道路面平均亮度值并记录。

(2)隧道侧壁墙面平均亮度测试区域应包括隧道两侧2m以下墙面,纵向范围应与对应的隧道路面平均亮度测试区域一致。

(3)隧道两侧墙面各测试区域内应均匀选取不少于30个测点。

(4)亮度计的观测点应在被测试道路内,纵向位置距第一排测量点为60m,横向位置距观测方向右侧路缘1/4路面宽度,高度距路面1.5m。

(5)开始测试,读取隧道两侧墙面测试区域内各测点亮度值并记录。

3)测试要求

(1)测试区域宜选择在灯具的间距、高度、仰角、光源的一致性等方面能代表被测照明路段的典型区域。

(2)隧道入口段和出口段路面、墙面平均亮度应在夜间测试。

(3)隧道路面、墙面平均亮度测试区域在测试期间应保持清洁和干燥。

(4)现场进行测试时,应确保灯具发光处于稳定状态。

(5)观测方向应与隧道内车辆行驶方向保持一致。

(6)双向通行的隧道,当灯具采用单侧布设方式时,应对两个观测方向分别测试。

4)计算

(1)隧道侧壁墙面平均亮度应按式(3-7-8)和式(3-7-9)计算:

$$L_{\mathrm{avl}} = \frac{\sum L_i}{n} \tag{3-7-8}$$

式中:L_{avl}——隧道左侧2m以下墙面平均亮度($\mathrm{cd/m^2}$);

L_i——隧道左侧墙面各测点亮度($\mathrm{cd/m^2}$);

n——左侧墙面区域测点总数。

$$L_{\mathrm{avr}} = \frac{\sum L_i'}{n} \tag{3-7-9}$$

式中:L_{avr}——隧道右侧2m以下墙面平均亮度($\mathrm{cd/m^2}$);

L_i'——隧道右侧墙面各测点亮度($\mathrm{cd/m^2}$);

n——右侧墙面区域测点总数。

(2)隧道路墙亮度比测试结果按式(3-7-10)计算。

$$R = \min\left(\frac{L_{\mathrm{avl}}}{L_{\mathrm{av}}}, \frac{L_{\mathrm{avr}}}{L_{\mathrm{av}}}\right) \times 100\% \tag{3-7-10}$$

式中:R——隧道路墙亮度比(%);

L_{av}——隧道路面平均亮度($\mathrm{cd/m^2}$);

L_{avl}——隧道左侧2m以下墙面平均亮度($\mathrm{cd/m^2}$);

L_{avr}——隧道右侧2m以下墙面平均亮度($\mathrm{cd/m^2}$)。

5)测试结果

测试结果为路墙亮度比计算结果,用百分数表示,测试结果数值修约间隔为0.1。

4. 火灾报警系统自动报警响应时间测试

1)仪器设备

(1)火盆及支架:火盆面积为$(0.632 \times 0.632)\mathrm{m^2}$,高度不应小于150mm,容器应无泄漏;支架顶部支撑面积应不小于火盆底面面积,高度为90cm,应由不易燃烧材料制成。

(2)汽车燃油:3L。

(3)秒表:分辨力应优于0.1s;计量性能应满足现行《秒表检定规程》(JJG 237)的规定。

2)测试方法

(1)测试人员应分别位于现场点火处和中心控制室火灾报警控制器处,两处测试人员应能够实时通信。

(2)火盆应稳固放置于被测试区域的道路中心位置。

(3)开始测试,应将规定的燃油、引燃物置于火盆内,实施点火,在点火的同时启动秒表计时。

(4)中心控制室火灾报警控制器开始发出声光报警时,应停止秒表计时,记录响应时间和模拟点火位置。

3)测试要求

(1)测试过程中,隧道内应禁止车辆通行,无关人员不得在测试区域内行走、停留。

（2）距火盆50m范围内严禁有易燃、易爆或其他危险物品，不得有车辆停放。

（3）点火现场必须备足相应的灭火器材，并指定专人负责点火安全，应预先拟订针对点火意外事故的现场处置方案。

（4）一次点火后，应待火盆冷却后，再倒入燃油进行下次测试。

4）测试结果

测试结果为响应时间，单位为s，测试结果数值修约间隔为0.1。

参 考 文 献

[1] 任福田,刘小明,孙立山.交通工程学[M].3版.北京:人民交通出版社股份有限公司,2017.

[2] 王炜,陈峻,过秀成.交通工程学[M].3版.南京:东南大学出版社,2019.

[3] 陈宝智,张培红.安全原理[M].3版.北京:冶金工业出版社,2016.

[4] 徐晓慧,于志青.智能交通技术[M].北京:化学工业出版社,2020.

[5] 李彦宏.智能交通:影响人类未来10—40年的重大变革[M].北京:人民出版社,2021.

[6] 张祖凡,于秀兰,雷维嘉.通信原理[M].北京:电子工业出版社,2018.

[7] 许登元,蒲树祯,李益才.交通通信系统[M].成都:西南交通大学出版社,2012.

[8] 谢雨飞,田启川.计算机网络与通信基础[M].北京:清华大学出版社,2019.

[9] 邹彩梅.通信技术基础[M].2版.北京:中国劳动社会保障出版社,2019.

[10] 刘鸿文.材料力学[M].6版.北京:高等教育出版社,2017.

[11] 秦曾煌,姜三勇.电工学[M].7版.北京:高等教育出版社,2009.

[12] 刘瑾,王颖,李真.大学化学基础实验[M].北京:化学工业出版社,2020.

[13] 杨岳.供配电系统[M].2版.北京:科学出版社,2015.

[14] 任元会.低压配电设计解析[M].北京:中国电力出版社,2020.

[15] 马非,吴梦军,谢洪斌.隧道照明[M].北京:科学出版社,2018.

[16] 赵凯华.光学[M].2版.北京:高等教育出版社,2021.

[17] 柳纯录,黄子河,等.软件评测师教程[M].北京:清华大学出版社,2019.

[18] 张庆宇,王守胜.交通工程检测技术[M].北京:人民交通出版社,2010.

[19] 李锐,邓长江.道路交通安全[M].北京:高等教育出版社,2020.

[20] 卜雄洙,朱丽,吴键.计量学基础[M].北京:清华大学出版社,2019.

[21] 李学华,吴韶波,等.通信原理简明教程[M].4版.北京:清华大学出版社,2020.

[22] 张颖艳,岳蕾,等.光通信仪表与测试应用[M].北京:人民邮电出版社,2012.

[23] 邓忠礼,赵晖,等.光同步数字传输系统测试:修订本[M].北京:人民邮电出版社,2001.

[24] 毛庆传,郑立桥,等.电线电缆手册[M].3版.北京:机械工业出版社,2017.

[25] 曹志刚,宋铁成,等.通信原理与应用——基础理论部分[M].北京:高等教育出版社,2019.

[26] 油俊伟.注册电气工程师执业资格考试公共基础考试复习教程[M].3版.天津:天津大学出版社,2020.

[27] 姜翠宏,肖稳安.防雷装置检测技术与方法[M].北京:中国大百科全书出版社,2021.

[28] 王建军,韩荣良.交通工程设施试验检测技术[M].北京:人民交通出版社,2005.

[29] 中华人民共和国国家标准.道路交通标志和标线:GB 5768.1、5768.3—2009[S].北京:中国标准出版社,2009.

[30] 中华人民共和国国家标准.道路交通标志和标线 第2部分:道路交通标志:GB 5768.2—2022[S].北京:中国标准出版社,2022.

[31] 中华人民共和国国家标准.电工电子产品环境试验 第2部分:试验方法 试验A:低

温:GB/T 2423.1—2008.[S].北京:中国标准出版社,2008.

[32] 中华人民共和国国家标准.电工电子产品环境试验 第2部分:试验方法 试验B:高温:GB/T 2423.2—2008[S].北京:中国标准出版社,2008.

[33] 中华人民共和国国家标准.环境试验 第2部分:试验方法 试验Cab:恒定湿热试验:GB/T 2423.3—2016[S].北京:中国标准出版社,2016.

[34] 中华人民共和国国家标准.环境试验 第2部分:试验方法 试验Db:交变湿热(12h+12h循环):GB/T 2423.4—2008[S].北京:中国标准出版社,2008.

[35] 中华人民共和国国家标准.环境试验 第2部分:试验方法 试验Fc:振动(正弦):GB/T 2423.10—2019[S].北京:中国标准出版社,2019.

[36] 中华人民共和国国家标准.电工电子产品环境试验 第2部分:试验方法 试验Ka:盐雾:GB/T 2423.17—2008[S].北京:中国标准出版社,2008.

[37] 中华人民共和国国家标准.环境试验 第2部分:试验方法 试验N:温度变化:GB/T 2423.22—2012[S].北京:中国标准出版社,2012.

[38] 中华人民共和国国家标准.电工电子产品环境试验 第2部分:试验方法 试验L:沙尘试验:GB/T 2423.37—2006[S].北京:中国标准出版社,2006.

[39] 中华人民共和国国家标准.外壳防护等级(IP代码):GB/T 4208—2017[S].北京:中国标准出版社,2017.

[40] 中华人民共和国国家标准.照明测量方法:GB/T 5700—2008[S].北京:中国标准出版社,2008.

[41] 中华人民共和国国家标准.人造气氛腐蚀试验 盐雾试验:GB/T 10125—2021[S].北京:中国标准出版社,2021.

[42] 中华人民共和国国家标准.道路交通标线质量要求和检测方法:GB/T 16311—2009[S].北京:中国标准出版社,2009.

[43] 中华人民共和国国家标准.信息安全技术 路由器安全技术要求:GB/T 18018—2019[S].北京:中国标准出版社,2019.

[44] 中华人民共和国国家标准.公路交通工程钢构件防腐技术条件:GB/T 18226—2015[S].北京:中国标准出版社,2015.

[45] 中华人民共和国国家标准.高速公路隧道监控系统模式:GB/T 18567—2010[S].北京:中国标准出版社,2010.

[46] 中华人民共和国国家标准.道路交通反光膜:GB/T 18833—2012[S].北京:中国标准出版社,2012.

[47] 中华人民共和国国家标准.太阳能突起路标:GB/T 19813—2005[S].北京:中国标准出版社,2005.

[48] 中华人民共和国国家标准.交通信息采集 微波交通流检测器:GB/T 20609—2006[S].北京:中国标准出版社,2006.

[49] 中华人民共和国国家标准.电子收费 专用短程通信:GB/T 20851—2019[S].北京:中国标准出版社,2019.

[50] 中华人民共和国国家标准.基于以太网技术的局域网(LAN)系统验收测试方法:GB/T

21671—2018[S].北京:中国标准出版社,2018.

[51] 中华人民共和国国家标准.公路沿线设施塑料制品耐候性要求及测试方法:GB/T 22040—2008[S].北京:中国标准出版社,2008.

[52] 中华人民共和国国家标准.高速公路LED可变限速标志:GB 23826—2009[S].北京:中国标准出版社,2009.

[53] 中华人民共和国国家标准.道路交通标志板及支撑件:GB/T 23827—2021[S].北京:中国标准出版社,2021.

[54] 中华人民共和国国家标准.高速公路LED可变信息标志:GB/T 23828—2009[S].北京:中国标准出版社,2009.

[55] 中华人民共和国国家标准.高密度聚乙烯硅芯管:GB/T 24456—2009[S].北京:中国标准出版社,2009.

[56] 中华人民共和国国家标准.公路沿线设施太阳能供电系统通用技术规范:GB/T 24716—2009[S].北京:中国标准出版社,2009.

[57] 中华人民共和国国家标准.防眩板:GB/T 24718—2009[S].北京:中国标准出版社,2009.

[58] 中华人民共和国国家标准.公路收费亭:GB/T 24719—2009[S].北京:中国标准出版社,2009.

[59] 中华人民共和国国家标准.公路用玻璃纤维增强塑料产品:GB/T 24721.1~24721.5—2009[S].北京:中国标准出版社,2009.

[60] 中华人民共和国国家标准.路面标线用玻璃珠:GB/T 24722—2020[S].北京:中国标准出版社,2020.

[61] 中华人民共和国国家标准.公路收费用票据打印机:GB/T 24723—2009[S].北京:中国标准出版社,2009.

[62] 中华人民共和国国家标准.收费专用键盘:GB/T 24724—2009[S].北京:中国标准出版社,2009.

[63] 中华人民共和国国家标准.突起路标:GB/T 24725—2009[S].北京:中国标准出版社,2010.

[64] 中华人民共和国国家标准.交通信息采集 视频交通流检测器:GB/T 24726—2021[S].北京:中国标准出版社,2021.

[65] 中华人民共和国国家标准.交通警示灯:GB/T 24965.1~24965.4—2010[S].北京:中国标准出版社,2010.

[66] 中华人民共和国国家标准.车辆分离光栅:GB/T 24966—2010[S].北京:中国标准出版社,2010.

[67] 中华人民共和国国家标准.公路收费车道控制机:GB/T 24968—2010[S].北京:中国标准出版社,2010.

[68] 中华人民共和国国家标准.公路照明技术条件:GB/T 24969—2010[S].北京:中国标准出版社,2010.

[69] 中华人民共和国国家标准.轮廓标:GB/T 24970—2020[S].北京:中国标准出版

社,2020.

[70] 中华人民共和国国家标准.收费用电动栏杆:GB/T 24973—2010[S].北京:中国标准出版社,2010.

[71] 中华人民共和国国家标准.隔离栅:GB/T 26941.1~26941.6—2011[S].北京:中国标准出版社,2011.

[72] 中华人民共和国国家标准.环形线圈车辆检测器:GB/T 26942—2011[S].北京:中国标准出版社,2011.

[73] 中华人民共和国国家标准.升降式高杆照明装置:GB/T 26943—2011[S].北京:中国标准出版社,2011.

[74] 中华人民共和国国家标准.隧道环境检测设备:GB/T 26944.1~26944.4—2011[S].北京:中国标准出版社,2011.

[75] 中华人民共和国国家标准.公路收费用费额显示器:GB/T 27879—2011[S].北京:中国标准出版社,2011.

[76] 中华人民共和国国家标准.公路防撞桶:GB/T 28650—2012[S].北京:中国标准出版社,2012.

[77] 中华人民共和国国家标准.视频交通事件检测器:GB/T 28789—2012[S].北京:中国标准出版社,2012.

[78] 中华人民共和国国家标准.波形梁钢护栏 第1部分:两波形梁钢护栏:GB/T 31439.1—2015[S].北京:中国标准出版社,2015.

[79] 中华人民共和国国家标准.波形梁钢护栏 第2部分:三波形梁钢护栏:GB/T 31439.2—2015[S].北京:中国标准出版社,2015.

[80] 中华人民共和国国家标准.LED主动发光道路交通标志:GB/T 31446—2015[S].北京:中国标准出版社,2015.

[81] 中华人民共和国国家标准.铝及铝合金铆钉用线材和棒材剪切与铆接试验方法:GB/T 3250—2017[S].北京:中国标准出版社,2017.

[82] 中华人民共和国国家标准.高速公路监控设施通信规程:GB/T 34428.1~34428.6—2017[S].北京:中国标准出版社,2017.

[83] 中华人民共和国行业标准.公路交通安全设施设计规范:JTG D81—2017[S].北京:人民交通出版社股份有限公司,2017.

[84] 中华人民共和国行业标准.公路工程质量检验评定标准 第一册 土建工程:JTG F80/1—2017[S].北京:人民交通出版社股份有限公司,2018.

[85] 中华人民共和国行业标准.公路工程质量检验评定标准 第二册 机电工程:JTG 2182—2020[S].北京:人民交通出版社股份有限公司,2020.

[86] 中华人民共和国行业推荐性标准.公路隧道照明设计细则:JTG/T D70/2-01—2014[S].北京:人民交通出版社股份有限公司,2014.

[87] 中华人民共和国行业推荐性标准.公路隧道通风设计细则:JTG/T D70/2-02—2014[S].北京:人民交通出版社股份有限公司,2014.

[88] 中华人民共和国行业推荐性标准.公路交通安全设施设计细则:JTG/T D81—2017[S].

北京:人民交通出版社股份有限公司,2017.

[89] 中华人民共和国交通运输行业标准.路面标线涂料:JT/T 280—2004[S].北京:人民交通出版社,2005.

[90] 中华人民共和国交通运输行业标准.公路交通安全设施质量检验抽样方法:JT/T 495—2014[S].北京:人民交通出版社股份有限公司,2014.

[91] 中华人民共和国交通行业标准.公路地下通信管道 高密度聚乙烯硅芯塑料管:JT/T 496—2018[S].北京:人民交通出版社股份有限公司,2018.

[92] 中华人民共和国交通运输行业标准.LED 车道控制标志:JT/T 597—2022[S].北京:人民交通出版社,2022.

[93] 中华人民共和国交通运输行业标准.公路用防腐蚀粉末涂料及涂层:JT/T 600.1~600.4—2004[S].北京:人民交通出版社,2005.

[94] 中华人民共和国交通运输行业标准.汽车号牌视频自动识别系统:JT/T 604—2011[S].北京:人民交通出版社,2011.

[95] 中华人民共和国交通运输行业标准.隧道可编程控制器:JT/T 608—2004[S].北京:人民交通出版社,2004.

[96] 中华人民共和国交通运输行业标准.公路隧道火灾报警系统技术条件:JT/T 610—2004[S].北京:人民交通出版社,2004.

[97] 中华人民共和国交通运输行业标准.路面防滑涂料:JT/T 712—2008[S].北京:人民交通出版社,2008.

[98] 中华人民共和国交通运输行业标准.道路交通气象环境 能见度检测器:JT/T 714—2008[S].北京:人民交通出版社,2008.

[99] 中华人民共和国交通运输行业标准.道路交通气象环境 埋入式路面状况检测器:JT/T 715—2008[S].北京:人民交通出版社,2008.

[100] 中华人民共和国交通运输行业标准.公路用钢网复合型玻璃纤维增强塑料管箱:JT/T 800—2011[S].北京:人民交通出版社,2011.

[101] 中华人民共和国交通运输行业标准.公路机电系统设备通用技术要求及检测方法:JT/T 817—2011[S].北京:人民交通出版社,2011.

[102] 中华人民共和国交通运输行业标准.公路隧道发光型诱导设施:JT/T 820—2011[S].北京:人民交通出版社,2011.

[103] 中华人民共和国交通运输行业标准.视频光端机:JT/T 830—2012[S].北京:人民交通出版社,2012.

[104] 中华人民共和国交通运输行业标准.公路用复合隔离栅立柱:JT/T 848—2013[S].北京:人民交通出版社,2013.

[105] 中华人民共和国交通运输行业标准.视频矩阵:JT/T 897—2014[S].北京:人民交通出版社股份有限公司,2014.

[106] 中华人民共和国交通运输行业标准.公路 LED 照明灯具:JT/T 939.1、JT/T 939.2、JT/T 939.5—2014[S].北京:人民交通出版社股份有限公司,2014.

[107] 中华人民共和国交通运输行业标准.高速公路监控系统软件测试方法 第1部分:功

能测试:JT/T 965.1—2015[S].北京:人民交通出版社股份有限公司,2015.
[108] 中华人民共和国交通运输行业标准.高速公路监控系统软件测试方法 第2部分:性能测试:JT/T 965.2—2015[S].北京:人民交通出版社股份有限公司,2015.
[109] 中华人民共和国交通运输行业标准.收费公路联网收费系统软件测试方法 第1部分:功能测试:JT/T 966.1—2015[S].北京:人民交通出版社股份有限公司,2015.
[110] 中华人民共和国交通运输行业标准.收费公路联网收费系统软件测试方法 第2部分:性能测试:JT/T 966.2—2015[S].北京:人民交通出版社股份有限公司,2015.
[111] 中华人民共和国交通运输行业标准.公路用聚氨酯复合电缆桥架:JT/T 1034—2016[S].北京:人民交通出版社股份有限公司,2016.
[112] 中华人民共和国交通运输行业标准.公路机电工程测试规程:JTG/T 3520—2021[S].北京:人民交通出版社股份有限公司,2021.
[113] 中华人民共和国通信行业标准.综合布线系统电气特性通用测试方法:YD/T 1013—2013[S].北京:人民邮电出版社,2013.
[114] 中华人民共和国通信行业标准.以太网交换机技术要求:YD/T 1099—2013[S].北京:人民邮电出版社,2013.